모기 제국

대카리브해의 생태와 전쟁, 1620~1914

생태문명총서 5

모기 제국

대카리브해의 생태와 전쟁, 1620~1914

존 로버트 맥닐John Robert McNeill 지음

김윤경·노용석·장수환·최명호 옮김

한울
아카데미

MOSQUITO EMPIRES

ECOLOGY AND WAR IN THE GREATER CARIBBEAN, 1620-1914

차례

3부 혁명적인 모기

추천의 글

이 책은 1620년부터 1914년까지 카리브해 권역에서 일어난 생태적 변화와 질병의 국제정치적 영향을 다루고 있습니다. 이 지역에서 황열병과 말라리아가 어떻게 번성했는지, 그리고 군대와 정착민에게 어떤 치명적인 영향을 미쳤는지 역사적 사례를 통해 상세하게 설명하고 있습니다.

특히 단순한 질병을 넘어 식민 제국과 혁명의 운명을 결정짓는 중요한 요소로 작용했음을 잘 보여 주는데, 예로 스페인 제국은 이러한 질병들 덕분에 17세기부터 18세기 초까지 자신들의 식민지를 지킬 수 있었고 18세기 후반부터 19세기까지는 아메리카 대륙에서 혁명이 일어날 수 있었습니다. 유럽에서 파견된 군대를 몰살시켜 혁명군이 승리할 수 있는 여건을 마련해 주었기 때문입니다.

모기로 전염되는 바이러스를 연구하는 과학자로서, 기후 온난화로 많은 지역이 열대 및 아열대 전염병, 특히 모기 매개 질병에 더욱 취약해질 수 있다는 점은 큰 관심사인데, 이 책은 인간과 더불어 사는 자연환경, 즉 모기나 바이러스가 어떻게 카리브해 주변 역사에 영향을 미쳤는지 생생하게 설명합니다. 황열병이나 말라리아 대한 외지인과 현지인의 면역력 차이가 가져온 영향은 상당히 흥미롭습니다.

코로나 팬데믹을 거치면서 우리는 바이러스가 어떻게 사회를 바꿀 수 있는지 경험했습니다. 이 책은 이러한 환경 변화에 대한 중요한 시사점을 제공하며, 과거의 경험을 통해 현재와 미래의 전염병 확산에 대해 이해하고 대비하는 데도 도움을 줄 것입니다.

이 책은 카리브해 권역의 역사와 생태적 변화를 이해하는 데 중요한 기여를 하는 뛰어난 연구서이며 생태학과 역사학의 경계를 넘나들어 질병이 인간 사회에 미치는 영향을 깊이 있게 탐구하고 있습니다. 관련 분야의 연구자와 학생뿐 아니라 역사와 생태학에 관심이 있는 한국의 모든 독자에게 이 책을 강력히 추천 드립니다.

최경희(인디애나 대학교 분자 및 세포 생화학과 교수)

한국어판 서문

이 책은 17세기에서 19세기 사이 카리브 지역을 다루며, 이 시기 모기에 의해 전파되는 질병은 수백만 명의 삶에 막대한 영향을 미쳤다. 또한 이 책은 황열과 말라리아가 플랜테이션 경제의 생태적 특징으로 카리브 지역에서 번성했음을 설명한다. 이러한 질병은 특히 전쟁과 식민지화 시도 동안 치명적인 전염병으로 번졌는데, 이는 수만 명의 신규 이주민이 해당 지역에 유입되면서 발생한 결과였다. 이 질병들은 수많은 신규 이주민을 희생시켰으며, 그로써 제국 간 전쟁과 혁명 전쟁의 결과에도 강력한 영향을 미쳤다. 그러나 1900년 이후 상황이 변하며, 의학의 발전으로 카리브 지역에서 황열병과 말라리아는 통제되었다.

한국에서 황열병이 발병했다고 보고된 적은 없지만, 말라리아는 한때 흔한 재앙이었다. 말라리아는 한국전쟁(1950~1953)의 혼란스러운 상황에서 급증했으나, 이후 수십 년간 남한에서는 통제되었고, 1984년부터 1993년 즈음에는 완벽히 박멸되었다. 이후 말라리아는 비무장지대(DMZ) 인근의 군인들을 포함해 연간 400건에서 4천 건 사이의 사례로 축소되었고, 한국에서 발견된 53종의 모기 중 일부가 특정 지역에서 말라리아를 전염시킨다. 반면, 뎅기열은 한국에서 지역적으로 전파되지 않으며, 연간 300건 미만의 사례가 주로 더운 지역에서 유입된다. 지난 70년간 한국은 모기에 의해 전파되는 질병의 위험이 가장 낮은 국가 중 하나였다.[1]

---

1) Jong-Yil Chai, "History and Current Status of Malaria in Korea," *Infection & Chemotherapy*

21세기에 접어들며 환경 변화는 감염병 지도를 다시 한 번 변화시키고 있다. 뎅기열, 웨스트나일 바이러스, 치쿤구니아, 여러 형태의 뇌염, 황열병, 말라리아를 포함한 모기 매개 질병은 매년 약 100만~200만 명의 목숨을 앗아 가고 있다. 기후변화로 인해 모기의 지리적 범위가 확대되면서 모기를 매개로 한 질병의 전파 지역도 확장되고 있다. 모기는 온도에 민감하며, 대부분의 종이 가장 활발하게 활동하는 최적의 온도 범위는 27℃에서 35℃ 사이이다. 대기가 따뜻해지면서 모기는 산악 지역의 더 높은 고도로 올라가고, 북반구와 남반구 모두에서 더 높은 위도로 이동하고 있다. 또한 기후변화로 홍수가 증가하면서 연못과 웅덩이가 형성되어 말라리아를 전파하는 모기가 번식할 수 있는 환경이 조성되고 있다. 일부 지역에서는 기후변화로 인해 모기 서식에 적합하지 않은 지나치게 덥거나 건조한 환경이 형성되면서 모기 매개 질병의 범위가 줄어들 수도 있다. 그러나 현재까지는 전반적으로 모기와 모기 매개 질병의 지리적 범위가 확대되고 있는 상황이다. 이는 한국 또한 전 세계적 추세의 예외가 아니라는 것을 보여 준다.[2]

이는 공중보건에 새로운 도전을 제기할 것이다. 다행히도 21세기에는 1900년 이전의 카리브 지역, 나아가 그 어떤 지역에서도 존재하지 않았던 도구들이 우리의 손에 있다. 우리는 모기가 질병을 전파한다는 사실을 알고 있으며(이는 1890년대 이전에는 알려지지 않았던 사실이다), 모기 물림을 예방하는 방법, 모기 개체 수를 줄이는 방법, 황열병을 예방하는 뛰어난 백신과 말라리아 및 뎅기열

52(2020), 441-452. doi: 10.3947/ic.2020.52.3.441. Jae Hyoung Im, Tong-Soo Kim, Moon-Hyun Chung et al, "Current Status and A Perspective of Mosquito-Borne Diseases in the Republic of Korea," *Vector-Borne and Zoonotic Diseases* 21(2021) doi.org/10.1089/vbz.2019.2588 say malaria vanished in 1979.

2) Hyojung Lee, Jung Eun Kim, Sunmi Lee et al., "Potential Effects of Climate Change on Dengue Transmission Dynamics in Korea," *PLoS One* 13(2018) DOI:10.1371/journal.pone.0199205.

백신 개발도 진행 중이다. 따라서 기후변화가 모기 매개 질병의 전염병으로 이어질 것이라고 단정할 수는 없다.

이는 초기 근대 카리브 지역에서도 자연적으로 발생한 일이 아니었다. 생태적 변화뿐만 아니라 인간이 초래한 전쟁이 그 원인이었다. 오늘날 우리에게 말라리아, 뎅기열, 황열병 및 기타 감염병에 더 유리한 생태적 조건이 다시 갖추어지고 있다. 전쟁이나 공중보건체계의 붕괴는 모기 매개 질병의 재발을 초래하기 쉽다. 그러한 일이 발생하지 않기를 바라지만, 모기 매개 질병이 인간의 삶과 역사에 미칠 수 있는 영향을 이해하려는 노력이 필요하며 이 책이 한국 독자들에게 작으나마 도움이 되기를 염원한다.

존 로버트 맥닐

서문

이 책은 수많은 시간과 노력을 통해 완성되었다. 나는 1979년과 1980년 겨울 세비야의 인디아스 종합 문서고(Archivo General de Indias)에서 18세기 쿠바와 관련한 도서를 읽으면서 황열병과 그 병의 공포스러운 치사율을 처음으로 알았다. 그 당시 나는 학위논문을 마무리하고 있던 25세의 학생이었고, 한 달에 125달러로 생활해야 했기에 그리 여유가 없는 빈궁한 삶을 살았다. 문서고 문이 닫히면 세비야 주변 명소를 돌아다니며 그 매력에 빠지곤 했다. 다만 가난한 학생이었기에 대성당 주변을 걷는 것 외에 다른 일은 꿈도 꿀 수 없었다. 그러나 황열병에 대한 기록물은 의기소침했던 내게 도움이 되었다. 적어도 나는 모기에 물려 치명적인 바이러스로 인해 열병을 앓으면서 목숨을 잃지는 않았다고 자신을 위로했다.

나는 학위논문에서 황열병에 대해 일부 다루었지만, 학위논문을 완성하고 곧장 잊어버렸다. 그리고 2년 동안 학계 취업 시장에서 노력했지만, 자리를 잡지 못했다. 그러다 임시직으로 박사후 연구원이 되었는데 이것은 내게 행운이었다. 이 기간에 나는 황열병의 원인에 대해 더 많이 연구할 수 있었다. 몇 달에 걸쳐 바이러스가 카리브해 전쟁에 미친 영향에 대한 첫 번째 논문을 작성하여 앨라배마의 터스컬루사(Tuscaloosa, Alabama)에서 열린 학술대회에서 (떨리는 심정으로) 발표했다. 이후 나는 운 좋게도 유럽과 러시아, 독일 역사를 가르치게 되었고 덕분에 카리브해는 내 관심사에서 멀어졌다. 나는 이후 3년 이상 황열병에 대해 잊고 있었다.

1985년 조지타운 대학교로 이직하여 국제관계사와 세계사, 아프리카사를 가르치기 시작했다. 너무나 바빠서 수업 외의 것들은 생각할 수조차 없었다. 부임한 후 얼마 지나지 않아 라우잉거 도서관(Lauinger Library)에서 우연히 흥미로운 제목의 검은색 책을 발견했다. 책을 꺼내 목차를 살펴보니 놀랍게도 내가 제2장의 저자였다.

나도 모르는 사이에 터스컬루사 학술대회 논문이 아무런 수정도 거치지 않고 출판된 것이었다. 순간 내 발표논문의 불완전함을 알고 있었기에 민망할 뿐이었다. 이후 연구실로 서둘러 돌아와 내 앙상한 이력에 그 책을 새로운 간행물로 추가했다. 그러면서 언젠가는 황열병이라는 주제로 보다 나은 글을 쓰겠다고 묵묵히 다짐했다. 만약 그날 검은색 책을 우연히 꺼내 들지 않았다면 여러분이 보고 있는 이 책을 쓰려 시도조차 하지 않았을 것이다.

하지만 세월은 속절없이 흘러갔다. 강의에, 다른 책 저술에, 아이들도 키워야 했다(꼭 이런 순서였던 것은 아니다). 1996년 리처드 호프만과 고(故) 엘리노르 멜빌이 요크 대학교에서 열린 환경사 학술회의에 나를 초대했다. 나는 휘갈겨 쓰기와 자기 표절을 통해 36시간 만에 조금 더 나은 발표논문을 써냈다. 나는 새로운 프로젝트와 육아에 관심을 돌리면서 이 일에 대해 다시 생각하지 않았다. 그러던 중 리처드 그로브가 연구실로 찾아와 자신을 소개하면서, 그가 설립하고 편집한 ≪환경과 역사(Environment and History)≫라는 저널에 발표하고 싶은 글이 있는지 물었다. 그래서 요크 대학교에서 발표했던 논문을 그에게 주었다. 이번에는 사전에 게재 사실을 알았고 몇 군데 교정도 보았다. 그는 논문을 1988년에 출간했다. 그러나 나는 이 논문도 여전히 부족하다는 것을 알고 있었다.

논문에 대한 불완전한 해석이 계속 이어지면서 내 마음의 불편함이 깊어졌다. 2004년 이후 나는 황열병 프로젝트를 내 연구와 학문적 열정의 주요 목적으로 삼았다. 새로운 연구 과정에서 몇 가지 새로운 아이디어를 얻었고, 이 주제에 관해 보다 공식적인 발표도 했고, 우호적이고 관용적인 역사학자, 지리학자, 생물학자, 친구 및 친척과 수많은 대화를 나누었다. 저자라면 어느 지점에 이르러 더 많은 연구를 해야 한다는 욕구를 억누르고 자신의 작품이 불완전하다는 필연적 사실을 인정해야 한다. 나는 내가 가 보지 못했거나 충분한 시간 동안 살펴보지 못한 문서고가 여럿임을 알게 되었다. 읽어야 할 책과 논문이 많이 남았다는 점도 알고 있었다. 하지만 새로운 연구 계획이 저렇게 쌓여 있고 행복하게도 아이들도 나를 찾고 있다. 이에 지금 이 책을 내놓는다. 오랫동안 썼고, 희망하건대 덜 불완전한 책이다.

존 로버트 맥닐

감사의 말

나는 이 책을 집필하면서 내가 얼마나 행복한 사람인가를 실감할 수 있었다. 나는 연구를 진행하는 동안 많은 도움과 아이디어가 필요했다. 그리고 나의 주장을 가다듬고 논리적으로 설명하기 위해 많은 자문이 필요했다. 내 생각을 명확한 문장으로 표현하기 위해 날카로운 눈을 가진 독자가 필요했고, 그래서 나의 많은 친구와 동료, 친척이 나와 이 책을 위해 귀중한 시간을 내어 도움을 주었다. Peter Armbruster, Tim Beach, Heidi Elmendolf, Derwin Fish, David Krakauer, Todd Morell, Scott Norton, Emilio Quevedo 등 동료가 비전문가적 질문에도 답변을 주거나 모기와 질병, 생태학 관련 참고문헌을 제공해 주었다. Andrew Bell, Lisa Brady, 고 Philip Curtin, Alejandro de la Fuente, Luis Fajardo, Lil Fenn, Reinaldo Funes, Ignacio Gallup-Diaz, Sherry Johnson, Wim Klooster, Peter McCandless, Phil Morgan, Jean-Francois, Mouhot, Matt Mulcahy, Celia Parcero, Anne Pérotin-Dumon, Ernst Pijning, Lydia Pulsipher, Ben Vinson, Jim Webb, Xenia Wilkinson, Drexel Woodson 등의 학자도 역사학 분야에서 조언을 주었기에 진심으로 감사의 인사를 전한다. Juan-Luis Simal, Vikram Tamboli, Liz Shlala 학생은 나를 대신해 자료를 조사해 주었다. 모두에게 감사를 표한다.

여러 역사학자와 두 명의 정치학자, 지리학자가 원고의 전체 또는 일부를 읽고 좋은 제안을 했으며 필요한 경우 내용을 수정하기도 했다. Trevor Burnard, Ronald Hoffman, Paolo Squatriti, 조지타운 동료인 Tommaso Astarita, Tim

Beach, Carol Benedict, Jim Collins, David Goldfrank, Erick Langer, Chandra Manning, Bryan McCann, Jim Millward가 원고의 전체 또는 일부를 읽고 도움을 주었다(Burnard 교수는 영국기록보관소에서 일하는 동안 우리 가족에게 집과 자동차를 빌려주기도 했다). Alan Karras, Steve Wrage, Alison Games, Charles King, Meredith Mckittrick, Micah Muscolino, Aviel Roshwald, Adam Rothman, John Tutino 등의 동료가 원고 전체를 읽고 많은 도움을 주었다. 또한 조지타운 대학교 동료 16명이 원고의 전체 또는 일부를 읽고 어디에서도 기대할 수 없는 관대함으로 도움을 주었다.

이에 못지않게 감사한 일은 아버지 William McNeill를 비롯해 Ruth McNeill, Bart Jones 등 형제자매가 원고 전체를 읽었다는 것이다. 아버지가 이 프로젝트의 완료 여부를 자주 물어 서둘러 끝낼 수 있었다. 25년 전 내가 각 페이지에 쉼표 10개를 더 뿌리면 글이 더 좋아질 것이라고 말했던 여동생 Ruth McNeill은 이 본문 전체에 흩어져 있는 잘못된 쉼표와 도움이 되지 않는 수십 개의 쉼표를 삭제했다. 케임브리지 대학교 출판부(Cambridge University Press)의 익명 독자 두 명도 유용한 제안을 주었다.

여러 대학과 학술대회의 청중이 이 책의 주제에 대한 발표를 경청하고 신중한 비판과 다양한 질문을 해 주어 내 생각을 정리할 수 있었다. 이런 의미에서 애크론 대학교, 캔터베리 대학교, 듀크 대학교, 조지워싱턴 대학교, 하버드 대학교, 헬싱키 대학교, 존스홉킨스 대학교, 룬드 대학교, 메리랜드 대학교, 미시간 대학교, MIT, 뉴햄프셔 대학교, 펜실베이니아 대학교, 피츠버그 대학교, 위스콘신 대학교, 예일 대학교, 요크 대학교에서 인내심 있게 나의 발표를 들어준 모든 분께 감사를 전한다.

이 책을 집필하는 여러 단계에서 나는 동료의 시간과 전문적인 지식뿐만 아니라 자금도 필요했는데, MacArthur Foundation 및 조지타운의 Walsh School of Foreign Service 등이 해외 현지 조사에 필요한 자금을 제공해 주었다.

마지막으로 내가 가장 빚진 사람 Julie에게 감사 인사를 전한다.

약어

: 약어는 각주에서 사용되었다. 이 책에 사용된 필사본 컬렉션의 전체 목록은 참고문헌에 수록되어 있다

AGI Archivo General de Indias 신세계 총문서관·

AGI AP Archivo General de Indias, Audiencia de Panama 신세계 총문서관 파나마청

AGI SD Archivo General de Indias, Audiencia de Santo Domingo 신세계 총문서관 산토도밍고청

AGS Archivo General de Simancas 시망카스 스페인 국립문서관

AHN Archivo Histórico Nacional 스페인 국립역사문서관

BL British Library 대영도서관 소장 문서

BL Add. MSS British Library, Additional Manuscripts 대영도서관 추가 필사본 소장문서

BN Biblioteca Nacional, Madrid 마드리드 국립도서관 소장문서

csp Calendar of State Papers 국무 문서 색인집(영국의 국무 문서를 연대순으로 정리 요약한 색인집)

MHS Massachusetts Historical Society 매사추세츠 역사협회 보관문서

NLS National Library of Scotland 스코틀랜드 국립도서관 보관문서

PRO Public Record Office 영국 공립기록보관소

PRO ADM Public Record Office, Admiralty Papers 영국 공립기록보관소 해군문서

PRO CO Public Record Office, Colonial Office Papers 영국 공립기록보관소 식민지 사무 문서

PRO PC Public Record Office, Privy Council Papers 영국 공립기록보관소 추밀원 문서

PRO SP Public Record Office, State Papers 영국 공립기록보관소 국무문서

PRO WO Public Record Office, War Office 영국 공립기록보관소 육군문서

SHM Servicio Histórico Militar 스페인 군사역사서비스

- 여기서 Indias는 "신세계"를 의미한다. 스페인어 Indias는 원래 인도를 지칭하는 말이었으나, 신대륙 발견 이후 스페인에서는 아메리카 대륙을 포함한 해외 식민지를 Indias라 불렀다. 따라서 Archivo General de Indias는 스페인의 아메리카 식민지와 관련된 각종 문서를 보관하는 "신세계 총문서관"으로 이해할 수 있다.

01

이 책의 주장(과 그 한계) 요약

아시리아인들은 이리 떼처럼 내려와 양 떼에게 달려들고,

그 군대는 주홍빛과 황금빛으로 빛났었다.

그들의 창의 번쩍임은 바다 위에 뜬 별빛 같았고,

그때 푸른 파도는 갈릴리 깊은 바다에 밤새워 몸부림쳤었다.

여름날 숲의 짙푸른 나뭇잎처럼,

그 무리는 해질 녘 깃발을 들고 나타났다.

가을 바람에 숲의 떨어지는 나뭇잎처럼

그 무리는 바로 다음 날 말라 흩어졌다.

죽음의 천사가 질풍에 나래를 펴고

지나가며 적의 얼굴에 죽음의 입김을 뿜으면,

사자(死者)의 눈은 감겨 싸늘히 식어 가고

그 심장은 크게 한 번 고동치고는 영원히 고요해졌다!

쓰러진 군마는 콧구멍을 한껏 벌렸으나

그 긍지에 찬 입김 솟지 않고

헐떡이던 거품은 풀 위에 뿌옇게 놓였나니,

바위에 부서지는 파도의 물안개처럼 시리다.

— 조지 고든 바이런(영국 시인), 「세나케리브의 파괴」(1815), 1~3연

이 저주 받은 전쟁은 999부분의 설사와 1부분의 영광으로 이루어져 있다.

— 월트 휘트먼(미국 시인)[1]

1727년 영국군 부제독 프랜시스 호지어(Francis Hosier)는 소함대를 지휘해 지금의 콜롬비아와 파나마 해안으로 항해하고 있었다. 그는 상부로부터 남아메리카에서 은을 실은 스페인 함대가 스페인으로 귀환하지 못하도록 해안을 봉쇄하라는 지시를 받았다. 그러나 포르토벨로(Portobelo)를 출발해 항해하던 호지어의 소함대에서 황열병이 발생하여 거의 모든 선원이 사망했다. 그러자 호지어는 자메이카에서 다른 선원을 모집하여 임무를 계속 수행했다. 하지만 황열병은 두 번째 선원들의 목숨도 모두 빼앗아 갔다. 이번에는 부제독도 예외는 아니었다. 총 한 번 쏘지 않는데 약 4천 명의 선원이 죽어 갔다. 그리고 14년 후, 에드워드 버논(Edward Vernon) 제독은 스페인의 거점인 카르타헤나(Cartagena)를 포위하기 위해 콜롬비아 해안으로 약 2만 9천 명의 상륙 부대를 데려왔다. 그러나 몇 달도 되지 않아 2만 2천 명이 사망했는데, 대부분이 황열병이나 말라리아와 같은 질병으로 사망했다. 반면에 스페인령 식민지 주민들은 멀쩡했고, 아메리카 제국에 대한 스페인의 영향력은 확고하게 유지되었다.

당시 이와 같은 원정대들의 사망률은 현저하게 특정 집단에 치우쳐 있었다. 황열병과 말라리아는 특정인들이 더 많이 감염되었고, 이는 정치적인 결과를 가져왔다. 생태 환경은 끊임없이 변화했지만, 1640년대 이후 대카리브해 제도(Greater Caribbean)의 생태에 황열병과 말라리아라는 '쌍둥이 살인마(twin killers)'는 확실하게 포함되어 있었다. 엄밀히 말해서 황열병과 말라리아가 권력투쟁의 결과를 결정한 것은 아니지만, 군사 원정과 정착 계획의 성공 여부를 지배

---

[1]   Traubel(1906~1961, 3: 293). 월트 휘트먼(Walt Whitman)은 미국 남북 전쟁에서 간호사로 복무했다. 조지 고든 바이런(George Gordon Byron)은 그리스 독립 전쟁 중에 말라리아로 사망했다.

한 것은 맞다. 하찮은 모기와 의식도 없는 바이러스가 국제 정세를 결정지었다고 생각하면 인류에 대한 자부심에 금이 가겠지만, 실제로 그러했다.

이 책의 주장

이 책은 대카리브해 제도에서 벌어졌던 부와 권력의 추구가 그곳의 생태계를 어떻게 변화시켰는지를 보고자 한다. 그리고 1620년부터 1914년까지 이러한 생태계의 변화가 제국, 전쟁, 혁명의 운세를 어떻게 바꾸었는지 추적한다.

'대카리브해 제도'는 17세기와 18세기에 수리남(Surinam)에서 체서피크만(Chesapeake)에 이르는 플랜테이션 지대가 되었던 남아메리카, 중앙아메리카, 북아메리카의 대서양 연안 지역을 의미한다. 이 책은 정치사가 만들어지는 과정에 인간뿐만 아니라 바이러스, 말라리아 원충(Malarial plasmodia)2), 모기, 원숭이, 습지 등의 자연환경도 고려해야 함을 말하고자 한다.

16세기부터 대서양의 강대국들(주로 스페인과 프랑스, 네덜란드, 영국)은 아메리카 대륙과 카리브해 제도의 영토, 자원, 인구를 지배하기 위해 서로 투쟁했다. 그리고 18세기 후반에는 아메리카 식민지에서 정치적 독립을 얻기 위한 독립 혁명이 발생했다. 그 결과 미국과 아이티, 스페인령 아메리카 여러 곳에서 독립 공화국이 탄생했다. 독립 혁명에는 조지 워싱턴(Goerge Washington), 투생 루베르튀르(Toussaint Louverture), 시몬 볼리바르(Simón Bolívar) 같은 영웅들의 이야기와 드라마 같은 감동이 가득했다.

역사학자들은 전통적으로 이상의 사건들을 잘 이해하기 위해 사회경제적 요인을 분석해 왔다. 하지만 최근 역사학자들은 이에 더해 생태와 환경의 이해도

---

2) 원충은 기생충으로 원생동물의 한 종류이다. 특정 종의 원충은 인간에게 말라리아를 일으킨다.

필요하다고 본다. 대카리브해 제도의 패권 다툼은 쌀과 사탕수수 등의 플랜테이션이 만들어져 벌채와 토양 침식 같은 급격한 환경 변화가 일어난 상황에서 벌어졌다. 대카리브해의 불안정한 생태계는 인류에게 가장 치명적인 질병인 황열병과 말라리아를 옮기는 모기들에게 이상적인 인큐베이터가 되었다. 황열병 매개체는 이집트숲모기(Aedes aegypti) 종의 암컷이다. 일반적으로 말라리아는 다양한 아노펠레스(Anopheles, 얼룩날개모기속)가 전파한다. 현재 미국의 영토가 된 남부 식민지는 아노펠레스 쿼드리마쿨라투스(Anopheles quadrimaculatus, 학질모기) 종이 말라리아를 퍼뜨려 국가의 운명을 위험에 빠뜨렸다.[3] 플랜테이션 경제로 인한 생태학적 변화는 두 모기 종의 번식과 먹이 조건을 좋게 했다. 이로써 모기들은 아주 중요한 등장인물은 아니더라도, 대서양 국가들의 지정학적 패권에서 주요 요인이 될 수 있었다.

또한 황열병과 말라리아에 가려져 있던 미생물들도 의도치 않게 역사적 행위자가 되었다. 인간은 복잡하고 모순된 욕망을 품기도 하지만 미생물은 그렇지 않다. 그저 번식을 원할 뿐이다. 황열병 바이러스와 말라리아 원충은 지정학적으로 비슷한 피해를 주면서 종종 지역 거주민을 동시에 괴롭혔지만, 다른 영향을 미치는 다른 유기체였다.

면역력이 없는 집단에 황열병은 말라리아보다 더 치명적이었다. 황열병은 도시에서 발생한 반면, 말라리아는 시골에서 많이 걸렸다. 또한 황열병의 경우 감염된 이후 회복한 이들이 면역력을 가지지만, 말라리아 감염자는 또 감염될 수 있었기에 회복을 통해 저항력을 키워야 했다. 여기서는 황열병과 말라리아의 역사적 역할을 간략하게 소개하지만 다음 장에서 더 구체적으로 다룰 예정이다. 대카리브해 제도의 제국사와 혁명을 만드는 데 황열병이 더 큰 영향을 미치며 자주 발생했기에, 이 책에서는 말라리아보다 황열병을 더 깊이 다룬다.

---

[3]   Aedes aegypti 는 전문 문헌에서 A. aegypti 또는 Ae. aegypti 로 나타난다. Anopheles quadrimaculatus 는 A. quadrimaculatus 또는 An. quadrimaculatus 로 표시된다.

모기와 이들이 옮기는 질병은 대카리브해 제도를 대혼란에 빠뜨렸지만, 아주 무차별적이었던 것은 아니다. 어떤 사람들은 황열병과 말라리아 모두에 면역이 없어서 질병에 쉽게 감염되거나 사망했다. 하지만 또 다른 사람들은 두 질병이 유행했던 시기와 장소에서 성장기를 보냈기에 하나 혹은 둘 모두에 저항력이 있어 병에 걸리거나 사망할 확률이 훨씬 적었다. 이 차이점은 이 책에서 중요한 개념이므로 앞으로 '차등면역(differential immunity)'이라 부르고, 말라리아에만 해당될 경우에는 '차등저항(differential resistance)'이라 할 것이다. 복잡한 이 개념에 대해서는 2장에서 자세히 설명하겠다.

황열병과 말라리아가 아메리카 대륙에서 창궐하자 두 질병에 대한 면역력 차이는 정치적으로 매우 중요해졌다. 면역력이 없었던 유럽과 북미 출신 외부인들은 대카리브해에 도착해서 극도로 위험한 상황에 빠질 수 있었다. 또한 타지에서 외지인이 대규모로 유입될 경우, 그 위험성은 확대되었다(2장에서 다룰 예정). 예를 들어, 다리엔(Darien)과 쿠루(Kourou)에서 추진했던 대규모 정착 계획은 전염병의 창궐로 매번 좌절되었다(4장에서 다룰 예정).

대규모 군사 원정 또한 같은 운명을 겪었다. 1800년 이전 서구 열강은 기회가 생길 때마다 전략적·경제적 가치가 있는 상대국의 식민지를 빼앗으려 했다. 특히 서구 열강들은 스페인령 식민지에 눈독을 들였는데, 그 이유는 (1580년 전후) 스페인이 경쟁국보다 국력이 약했고 아메리카 대륙 자산 중 은광이 매우 가치가 있었기 때문이다. 그러나 스페인은 현지에서 병사를 징집하고 주요 거점을 요새화하면서 경쟁국들의 빈번한 약탈에 적절히 대처해 제국을 지켜 낼 수 있었다. 당시 스페인군은 침략군에 맞서 약 2개월 정도만 버틸 수 있으면 승리할 수 있었다. 그 이유는 황열병과 말라리아가 면역 체계가 없는 지역에서 온 적군을 섬멸할 수 있었기 때문이다. 다시 말해, 황열병은 스페인 제국 방위 체계의 한 축을 담당했다. 만약 황열병이 없었다면, 스페인은 18세기 아메리카 식민지 중 다수를 잃었을지도 모른다.

1770년 이후 대서양과 아메리카의 지정학적 정세는 변화했다. 제국주의 경쟁과 더불어 독립 혁명이 대서양 전역에 발발하여 정치적 상황은 더욱 복잡해졌다. 아메리카 대륙에서 태어나고 자란 사람들도 제국의 통제로부터 자유를 얻기 위해 움직였다. 다시 한 번 황열병과 말라리아에 대한 차등면역이 이러한 지정학적 경쟁의 결과를 결정지었다. 대체로 혁명군이 진압군보다 황열병과 말라리아라는 쌍둥이 살인마에 대해 면역력이 높았고, 면역 체계의 활용법을 더 잘 알았다. 즉 전쟁이 단기간에 끝나지 않는다면, 결국 혁명군은 '전염병의 체계적인 게릴라 공격' 덕분에 승리할 수 있었다. 장기전이 승리의 핵심이었다.

1775년에서 1825년 사이 발생한 독립 혁명은 대부분 성공하여 미국과 아이티, 스페인령 아메리카에 여러 신생 공화국이 들어섰다. 이에 주요 분쟁이 진정되고 외국 군대의 주둔이 줄어들면서 아메리카 대륙의 황열병과 말라리아에 대한 지정학적 중요성은 줄어들었다. 하지만 지정학적 중요성이 완전히 사라진 것은 아니었다. 특히 19세기 후반 스페인에 대항하여 쿠바 전역에서 일어난 독립 전쟁에서 차등면역은 상당한 영향력을 행사했다. 하지만 군대와 사회는 전염병을 관리하는 데 능숙해졌다. 20세기 초 의학계에서 황열병과 말라리아가 모기에 의해 전파된다는 사실이 밝혀졌고, 이때 신생 제국인 미국이 부상했다.

미국은 효율적인 모기 방제를 무기로 푸에르토리코의 카리브해와 (일시적으로) 쿠바, (매우 중요한) 파나마 운하에 식민지를 건설했다. 미국이 당시 카리브해에서 광범위한 식민지를 취할 수 있었던 이유는 주둔군이 모기 퇴치 방법을 습득하여 열대 제국의 저렴한 노동력을 얻을 수 있었기 때문이다. 요컨대 이 책은 작은 거인들이었던 암컷 이집트숲모기와 아노펠레스 쿼드리마쿨라투스(학질모기)가 1770년대까지 아메리카 대륙의 지정학적 질서를 지탱했고, 그 이후에는 이 기반이 무너지면서 새로운 독립 국가 시대가 열렸음을 말하고자 한다.

주장의 한계

카를 마르크스(Karl Marx)의 1852년 저서 『루이 보나파르트의 브뤼메르 18일 (The Eighteenth Brumaire of Louis Bonaparte)』의 첫 페이지에는 "인간은 스스로 역사를 만들지만, 자신이 바라는 대로 되는 것은 아니다"라는 문장이 있다.[4] 또한 마르크스는 과거가 현재를 강력히 규정하여 사람이 사유하고 행동할 수 있는 능력을 결정한다고 말했다. 이렇듯 이 책은 인간의 유익한 지혜를 부인하지 않는다. 다만 여기서는 대카리브해 제도에서 과거 인간의 지적 유산뿐만 아니라 생태적 영역에서 진화된 여러 조건도 인간사를 제약했음을 말하고자 한다. 즉 사람들은 그들의 역사를 만들었지만, 생태 환경이 허락하지 않았기 때문에 바라는 대로 역사를 만들 수는 없었다.

또한 이 책은 그 반대 명제도 사실임을 말하고자 한다. 즉 군인, 정치가, 노예, 혁명가 등이 특정한 방식으로 행동했기 때문에 모기와 바이러스가 역사를 만들 수 있었다는 것이다. 이러한 맥락에서 생태학은 변칙적인 인간 역사를 만들지만, 이것을 가능하게 했던 것은 역사적 우연과 인간이 초래한 환경적 변화이다. 예를 들어, 노예무역을 통해 아메리카 대륙에 황열병과 말라리아가 도착하지 않았다면, 이 책에서 거론되는 사건들은 결코 발생하지 않았을 것이다. 그러므로 카리브해 제도에서 발생했던 질병 환경은 일종의 '문화적 가공물(cultural artifact)'이다. 가령 미국이나 아이티에서 혁명이 발생하지 않았다면, 말라리아나 황열병이 당시 아메리카 대륙의 제국들을 황폐화할 수 없었을 것이다. 또한 당시 의학이 황열병 앞에서 무력하게 무너지지 않았다면 차등면역 효과는

---

4) http://www.marxists.org/archive/marx/works/1852/18th-brumaire/index.htm에서 참조. 독일어 원문에 대한 다양한 번역본이 있으며, 다른 영문 번역본에 대한 예시는 다음과 같다. "Men make their own history, but they do not make it under conditions of their own choosing." 달리 명시하지 않는 한 이 책에서 사용하는 번역은 필자가 행한 것이다. 일부 독자를 위해 중요하다고 생각되는 곳에는 원어를 제공한다.

사라졌을 것이다. 따라서 인간과 자연은 함께 역사를 만들지만, 둘 모두의 의도가 관철된 것은 아니다.

이 책이 모기 결정론이나 환경 결정론을 주장하는 것은 아니지만, 그렇게 보일 수도 있다. 나는 이 책의 주장 중 새로운 것을 강조하기 위해, 다른 저자들도 종종 그러하듯이, 몇몇 사항을 다소 배제할 것이다. 나는 대담하고 단도직입적인 용어로 주장할 것이며 너무 형식적으로 책을 구성하지는 않을 것이다. 원인과 결과가 단순한 몇몇 구절들은 일부 독자들에게 결정론적으로 보일 수도 있을 것이다. 또한 1741년 카르타헤나 스페인 군대와 아이티 반군 노예, 그리고 요크타운 조시 워싱턴의 영웅적 사건 등은 조금 축소해서 다루고 있기에, 일부 독자들이 실망할 수도 있다. 하지만 나는 이 책을 통해 독자들이 생태와 지정학의 상호적 영향을 강조하는 혼합된 관점을 보았으면 한다. 왜냐하면, 생태와 지정학 각각은 사건이 진행되는 동안 서로를 이끌었고, 엄청난 공진화를 만들었기 때문이다.

인류 역사 대부분은 인간 사회와 자연이 함께 포함된 공진화 과정이다. 그러나 이것은 상황에 따라 큰 차이가 있고, 때로 사회와 자연은 서로에게 영향을 거의 미치지 않기도 한다. 예를 들어, 19세기 중반에 있었던 '교황 무오류성(papal infallibility, 敎皇無謬性)'과 관련한 철학·신학 논쟁[5]은 생태학의 고려 사항이 아니었으며, 이 문제를 해결하기 위해 생태학적 영향을 고려할 필요는 없었다. 그러나 다른 시기와 장소에서는 인간사와 생태사가 밀접하게 연관되어 있고, 때로는 모기나 바이러스가 인간의 운명을 침해할 때도 있었다. 다시 말해, 작고 생각도 없는 생명체의 각본에 (의도하진 않았지만) 인간이 소품처럼 사용되기도 하는 것이다.[6]

---

5) 교황이 전 기독교의 수장으로서 신앙이나 도덕과 관련하여 어떤 결정을 내릴 경우, 이 결정은 성령의 특은으로 보증되기 때문에 오류가 있을 수 없다는 교리를 말한다. ─옮긴이주

6) Cloudsley-Thompson(1976)은 곤충 중심 역사를 개척했다.

다행히도 오늘날 인류는 역사상 최고의 건강과 장수를 누리고 있기에, 이러한 점들을 인식하기 어렵다. 최근 인류는 역사상 유례없는 건강과 장수의 황금기를 맞이했다. 하지만 일부 국가에서는 추세가 역전되어 기대 수명이 감소하고 있다. 만약 에이즈(AIDS)의 전염이 억제되지 않거나 만연하는 다른 감염병과 결합한다면 황금기는 막을 내릴 수도 있다. 인류는 지난 한 세기 동안 인간의 건강과 생태계의 나머지 종을 인간의 의지에 따라 (한계 내에서 그리고 의도치 않은 결과 없이) 다스리고 있다. 하지만 이것이 얼마나 이례적이며, 과거에는 전혀 존재하지 않았다는 것을 기억해야 한다.[7]

황열병과 말라리아의 '활약상'들을 제대로 기억해서 기록하는 것은 쉽지 않다. 모기나 병원체는 회고록이나 선언문을 남기지 않기 때문이다. 1900년 이전 질병 건강 상식은 이들의 역할을 기록하지 못했고, 아무도 어떤 중요성이 있는지에 대해 관심을 가지지 않았다. 그래서 현재 기록문서보관소에서도 관련 흔적을 찾아볼 수 없는 것이다. 보건 의료가 발달한 현재에도 역사가들은 그 중요성을 깨닫지 못하는 경우가 많다. 역사학자들도 다른 사람들처럼 인간의 역할과 선택을 강조하는 인간사를 선호하기 때문에 생태학이나 전염병학(epidemiology) 영역으로의 탐구는 시도하지 않았다. 그러나 모기와 병원체는 대카리브해 제도에서 단순히 생존과 생식을 위해 날아다니면서, 역사 기록물과 회고에서 볼 수 있는 중요한 인간사에 영향을 미쳤다.

주장 창의성의 한계

2500년 전, 투키디데스(Thucydides)는 펠로폰네소스 전쟁을 말하면서 자신의 고향 아테네를 휩쓸고 있는 전염병을 유심히 관찰해야 한다고 생각했다

---

7)   McNeill(2000: 194~211)은 이 주제를 탐구한다.

(Book II, chapters 47~54). 그 이후로, 이 장의 앞부분에서 소개한 바이런의 6장 시구(stanzas)가 보여 주듯이, 기록자와 후대 역사가들은 전염병이 지정학 등 인간사에 영향을 미칠 수 있다고 믿었다. 당시 사람들은 죄지은 집단이나 그 지도자를 벌하기 위해 신이 노하여 질병이 생긴 것으로 이해했다. 그러나 역사가들은 이러한 해석에 회의적이었다. 역사가들은 전염병이 특별한 이유 없이 발생한다고 보았기 때문에, 질병을 깊게 연구하지 않았다. 전염병의 영향력은 중요했지만, 그러한 원인을 찾는 것은 역사가의 탐구 영역 밖에 있는 것처럼 보였다. 또한 많은 역사가가 전염병의 영향력이 시간이 지나면서 점차 약해진다고 보았다. 그러므로 병의 전염력은 여러 전투부대를 휩쓸면서 나날이 약해져, 결국 초기에 전염된 사람들만 죽고 이후에는 아무 결과를 초래하지 않는다고 생각했다. 이러한 이유로, 미국 독립 전쟁이나 나폴레옹 전쟁에서 전투보다 질병에 의한 사망자가 더 많았음에도 불구하고 질병에 대해 전혀 언급이 없는 것이다.[8] 투키디데스 또한 이와 관련하여 문제의 전염병이 아테네를 강타했고 적군에게 유리하게 작용했다는 점에 주목했지만, 아테네 패배를 설명하면서 전염병에는 거의 비중을 두지 않았다.

그러나 지난 반세기 동안 전염병학에 정통한 역사학자들은 (항상은 아니지만) 종종 인간 사회의 다른 측면에서처럼, 질병이 사회 간 접촉에서 얼마나 중요한지를 입증하곤 했다.[9] 역사학자들이 서로 가까운 국가 간 전쟁에서 전염병을 중요하게 생각하지 않는 데는 몇 가지 이유가 있다. 이웃한 국가 사이에서는 대부분 같은 면역 및 질병 감수성을 가진 경우가 많다. 따라서 발진티푸스와 이질

---

[8]   Smallman-Raynor and Cliff(2004: 34). 이 두 전투에서 영국군은 전투로 인한 사망보다 질병으로 인한 사망자가 약 8배 많았다.

[9]   이에 대해 연구한 선구적 역사학자로는 Alfred Crosby(1972, 1986)와 Philip Curtin(1968), William McNeill(1976) 등이 있다. 전쟁에 관심 있는 의학 저자가 선행 연구를 수행한 경우는 주로 Prinzing(1916), Zinsser(1935), Major(1940) 등이 있다. Smallman-Raynor and Cliff(2004)가 가장 최근의 일반적인 치료법을 다루고 있다.

은 수천 명에게 퍼질 수도 있었지만, 어느 한쪽에만 일방적인 피해를 주지 못한다. 그래서 역사에서는 이 질병들이 무시되거나 단순히 기록만 될 뿐이었다(하지만 그렇게 되면 이 장의 첫 부분에서 소개했던 휘트먼의 중요한 관찰을 놓칠 수도 있다). 다시 말해, 서로 다른 지역에서 군대를 파견하더라도 유럽인이 또 다른 유럽인과 싸우거나, 중국인이 또 다른 중국인과 싸울 경우, 질병은 장기전에 영향을 미치지 않는다.

하지만 질병의 중요성이 올라갈 수도 있다. 이 경우는 우선 군대가 본국에서 멀리 떨어져 타국의 낯선 질병 환경에서 전쟁을 수행할 때이다. 또한 면역력과 질병 감수성이 현저히 다른 사람들을 상대로 전투할 때도 질병의 중요성은 높아진다. 예를 들어, 18세기 아시아 내륙 초원에서 천연두에 면역력이 있던 청나라군은 그렇지 않은 준가르(Dzungar) 군대에 비해 우위를 점할 수 있었다.[10] 준가르 부족은 유라시아 인구 밀집 지역에서 멀리 떨어져 있었기에, 보통 어린 시절에 걸리면 획득할 수 있는 천연두에 대한 면역력이 없었다. 그러나 성인이 된 중국인 대부분은 면역력이 있었다. 마찬가지로, 스페인 정복자들이 16세기 멕시코나 페루에서 아메리카 원주민과 전쟁을 치를 때 천연두(smallpox)와 홍역(measles), 볼거리(mumps), 백일해(whooping cough), 인플루엔자(influenza)에 대한 면역력은 적들보다 더 강력한 이점이었다. 이것은 이른바 '군중 질병(crowd diseases)'에 더 완벽한 면역력을 보유한 집단이, 그렇지 않은 집단에 비해 지속적으로 이점을 누렸다는 것이다. 이러한 상황은 20세기 이전 세계사에서 일상적인 일이었다.[11] '미생물 무기(microbial sword) 문명'이라 불리는 이 현

---

10) Perdue(2005: 47~48, 91~92)에 따르면 청나라군은 윈난(Yunnan) 남서쪽에서도 전쟁을 수행했다. 이때 청 왕조는 말라리아가 군대와 관리들에게 너무나 치명적이었기 때문에 윈난에서의 팽창 야망을 축소해야만 했다. Bello(2005: 283)의 인용에 따르면, 한 중국인은 일기에 "이들은 용감하지도 용맹하지도 않았고, 무기도 무뎠다. 그들은 중국 군대에 훨씬 못 미쳤지만, 험준한 지형과 악성 말라리아를 이용해 자신들을 방어하고 있었다"라고 기록했다.

상의 핵심은 군중 질병이 수백만 명의 군중 사이를 순환하면서 소아 감염병 (childhood infections)으로 남는다는 것이다. 군중 질병은 인구밀도가 높고 상호 작용이 활발하며, 면역력을 획득한 생존자가 있는 곳에서 우세했으며, 특정 환경조건에 의존하지 않았다.

본국에서 멀리 떨어져 육상이나 해상에서 전쟁을 수행할 때, 전혀 몰랐거나 대처할 수 없는 끔찍한 질병을 만나는 것은 항상 그렇지는 않지만 흔히 발생했다. 가장 적절한 사례는 침략군이 풍토병(특정한 환경조건 때문에 아직 외부로 퍼지지 않은 질병)이 만연한 곳에 들어갔을 때 일어났다. 이때 풍토병은 그 지역 사람들의 보호막 역할을 했다. 말라리아와 황열병이 전파되기 위해서는 모기가 필요하고, 모기는 특정 조건(특히 온도)이 필요하므로, 이 사례에 속한다고 볼 수 있다. 특정한 조건이 유지되는 곳에서만 말라리아와 황열병이 만연했다. 그리고 이 지역에 거주하는 인구는 주로 말라리아로 인해 아동기에 사망할 확률이 상당히 높았다(황열병의 경우는 매우 낮다). 하지만 그 대가로 지역민들은 (성인이 되면) 치명적 질병에 대한 면역력을 얻어 침략자와 맞설 수 있게 되었다. 예를 들어, 사하라 사막과 희망봉 사이의 아프리카 사회 대부분은 말라리아와 (때에 따라) 황열병에 대한 면역력이 있었기 때문에, 외부 침략자보다 우위에 있을 수 있었다. 그러나 현대 군사의학이 1890년대까지 발전하여 이러한 우위를 줄여 나갔고, 그 결과 유럽 제국주의가 볼 때 아프리카는 저렴하고 매력적이며 정복 가능성 높은 식민지가 되었다.[12]

대카리브해 제도의 황열병과 말라리아는 천연두나 홍역과 같이 문명을 방어

---

11) Crosby(1986); McNeill(1976).

12) Curtin(1998). 제2차 세계대전 당시에도 말라리아는 일본과 영국, 미국 군의관들이 최선을 다해 노력했지만, 동남아시아 및 남태평양 전역에서 중요 요소로 작용했다. 하지만 이 경우, 모든 군대가 말라리아에 대한 경험과 저항력이 없는 지역에서 병사들을 모집했기 때문에 동일하게 심각한 고통을 겪었고, 어떤 군대나 한쪽 편에게 편파적으로 작용하지는 않았다.

하기 위한 무기가 아니었다. 이 질병은 적과 아군을 구분하지 않고 모든 사람을 거침없이 도륙했다. 황열병과 말라리아는 본디 아프리카에서 아메리카로 새롭게 들어온 질병이었기에, (아메리카) 토착민들의 방패 역할을 할 수 없었다. 이러한 측면에서 황열병과 말라리아는 다음과 같은 독특한 특징을 보였다. 첫째, 여러 조건이 결합하여 차등면역을 만들고 전염병이 자주 발생했다. 이러면서 황열병과 말라리아의 영향력이 비정상적으로 확대되었다. 둘째, 세계사에서 군중 질병은 상당히 일관된 역할을 했는데, 이와 달리 말라리아와 황열병은 대서양 세계 정치의 새로운 흐름이 나타나면서 18세기 후반 이후 급격히 중요해졌다. 셋째, 아이티를 제외한다면, 아프리카 유래 질병인 황열병과 말라리아는 주로 유럽계 사람들에게 정치적 피해를 입혔다. 아프리카 출생이나 그 혈통들이 거의 모든 사례에서 중요한 역할을 맡았던 것은 사실이지만(어떤 경우에는 그것 때문에), 황열병과 말라리아가 유럽인들에게 더 많은 정치적 영향력을 미쳤다는 것은 사실이다.

이제 본격적으로 요한계시록에 나오는 '죽음의 네 기사(four horsemen of the apocalypse)'[13] 중 대카리브해 제도 연안을 질주했던 전쟁과 역병의 기사를 살펴보도록 하겠다.

---

13) 요한계시록에 등장하는 네 기사를 말하며, 각각 백색·적색·흑색·청색 말을 타고 있고, 질병·전쟁·기근·죽음을 상징한다. ─옮긴이주

1부 상황 설명

1620년 이후 대카리브해 제도로 유입된 유럽 정착민과 아프리카 노예 유입은 새로운 양상의 생태학적 변화를 이끌었다. 특히 이 변화는 그 지역을 황열병과 말라리아 모기 매개체들이 서식하기에 좋은 환경으로 만들었다. 2장과 3장에서는 이러한 생태학적 변화와 관련한 모기들의 습성, 두 질병의 특징, 그리고 사람들이 황열병과 말라리아를 막기 위해 주로 했던 헛수고들에 대해 간략히 설명하고자 한다.

02

대서양 제국과 카리브해 제도의 생태

> 자연의 방식에는 악이 있을 수 없다.
> — 『명상록(The Communings with Himself of Marcus Aurelius Antonius)』, 마르쿠스 아우렐리우스

로마 황제 마르쿠스 아우렐리우스(기원후 121~180년)는 대부분 문제에 금욕주의적 태도를 취했으며 인간의 죽음도 무심하게 바라봤다. 우리 중에도 무심하지 못한 이들은 황열병 바이러스와 그 매개체인 이집트숲모기를 악으로 규정할 가능성이 높다. 황열병과 이집트숲모기는 1647년부터 1900년 사이 서인도 제도에서 인간에게 역사상 최악의 피해를 줬다. 말라리아와 그 매개체도 충분히 치명적이었지만 아마도 황열병과 이집트숲모기만큼은 아니었을 것이다. 모기와 병원균은 스스로 역사를 만들 수 없다. 인간의 행위가 이들이 활동할 '역사적 무대'를 만든 것이다.

이 장에서는 17세기와 18세기 초 대카리브해 지역에 한정해 한편으로 정치와 전쟁의 관계를, 다른 한편으로는 환경적 변화를 설명하고자 한다. 환경적 변화라는 주제는 영국령 북아메리카(British North America)의 남부 식민지를 다룰 때도 언급할 것이다(6장). 대카리브해에서는 다른 무엇보다 설탕을 생산하기 위한 사탕수수 플랜테이션 체제가 성행했다. 플랜테이션 체제는 이 지역의 생

태적·인구학적 변화를 가져왔고, 모기와 병원균이 더 완벽하게 적응할 수 있는 토대를 마련해 주었다. 또한 설탕 플랜테이션은 대서양 세계에서 제국주의 지정학의 가치를 올리기도 했다.

대서양과 아메리카의 지정학, 1620~1820

콜럼버스가 아메리카와 구대륙을 연결한 이후 수백 년 동안, 인류 역사상 가장 참혹한 인구학적 재앙이 아메리카를 휩쓸었다. 1492년 당시 아메리카 원주민(Amerindians)은 약 4천만~7천만 명(혹은 그 이상)이었을 것으로 추정된다. 이들은 이전에 유라시아와 아프리카의 군중 질병을 전혀 경험하지 못했고, 말라리아와 황열병에 대해서도 몰랐다. 하지만 1492년 이후 원주민들은 가혹한 전염병에 시달렸고, 전쟁, 강제 이주, 노예화로 고통 받았다.[1] 1650년에 이르면, 1492년의 아메리카 원주민 인구 중 약 10%만이 살아남았다. 거의 모든 아메리카 '원주민 제국'들은 멸망했고, 천연자원의 대부분도 유럽인의 손에 들어갔다. 이 중 가장 중요한 자원은 안데스와 멕시코 지역에 있던 금광, 은광과 사탕수수 재배에 적합한 비옥한 토양이었다.

카리브해 섬과 주변 저지대에서도 인구학적 참사가 발생했다. 이 지역이 유럽 및 아프리카 대륙과 지리적으로 인접해 있다는 사실은 선박, 화물, 선원들이 페루보다 카리브해 지역에 더 많은 외래 질병을 유입시켰음을 의미했다. 멕시코와 페루의 경우 아메리카 원주민의 언어와 문화가 '혼종'(메스티소, mestizo)이라는 이름하에 성공적으로 살아남았다. 하지만 카리브해 거의 모든 섬과 일부 본토 해안 원주민의 유산은 문화적·유전적으로 모두 파괴되었다.[2] 이후 카리

---

1)   Livi Bacci(2005, 2006)는 데이터를 검토하면서, 전염병 및 기타 장애의 피해뿐만 아니라 출산율 감소를 강조하고 있다.

브해 지역의 인구와 문화는 서유럽과 대서양 연안의 아프리카 문화와 결합되었고, 멕시코나 안데스 산맥 주변보다 훨씬 낮은 비율로 원주민 문화가 살아남았다. 아메리카 원주민이 몰살되고 토착 정치세력이 파괴된 이후 대서양 유럽 국가들은 그 지역을 지배했다.

물론 첫 번째 지배자는 스페인이었다. 전염병과 '정복자들(conquistadores)' 덕분에 스페인은 아메리카 대륙에 있던 '제국들'을 재빨리 굴복시켰다. 정복지 대부분은 느슨하게 지배되었지만, 광산과 귀금속이 있던 주요 정복지는 1650년까지 스페인에 의해 강력하게 지배되었다. 1650년 당시 스페인의 인구는 고작 700만~800만 명이었고 자원 또한 넉넉하지 않았지만, 그 야망은 창대했다. 1700년까지 스페인의 통치자였던 합스부르크(Habsburg) 가문은 왕가의 권리와 유럽 가톨릭을 수호하기 위해 끊임없이 전쟁을 일으켰다. 당시 스페인에게 신대륙 광산이 없었다면, 유럽이나 대서양에서 그렇게 강력한 힘을 발휘할 수 없었을 것이다. 따라서 세계적으로 라틴아메리카의 광산이 가장 수익성이 좋았던 16세기 후반부터, 스페인 제국의 최우선 정책은 아메리카 대륙의 부를 지키는 것이었다. 이를 위해 카야오(Callao)와 카르타헤나, 포르토벨로, 베라크루스(Veracruz), 아바나(Havana) 등의 주요 항구에 전함을 배치하고 요새를 만들었다. '아메리카 식민 제국'의 은과 무역은 스페인을 강대국으로 만들었다.[3]

포르투갈은 1500년부터 브라질을 점령하면서 아메리카에서의 존재감을 드러냈다. 브라질은 곧 아프리카와 인도, 동남아시아의 전초기지까지 확장될 포르투갈 해상 제국의 일부였다. 1650년 포르투갈 인구는 200만 명이 채 안 되었고, 국내에 부의 원천이 될 만한 자원도 없었다. 이렇듯 열악한 사정에도 불구하고 포르투갈의 통치자들은 식민지 쟁탈의 야망을 품었다. 1580년부터 1640

---

2)   카리브해 정복의 효과는 Whitehead(2000)에 의해 검토되었고, 아프리카 질병의 역할은 Curtin(1993)이 요약하고 있다.

3)   초기 스페인 제국의 수많은 책 중 가장 뛰어난 것은 Kamen(2003)이다.

년까지 포르투갈의 통치자는 스페인 합스부르크 왕가였다. 1690년대까지 브라질 중부의 다이아몬드 광산과 금광(미나스 제라이스, Minas Gerais)은 브라질 경제구조를 바꾸어 놓았다. 같은 시기 북동부 지역 플랜테이션 농장에서는 앙골라 노예를 이용해 사탕수수와 기타 작물을 생산했다. 이런 곳들은 브라질 내에서도 가장 중요한 지역이 되었다. 17세기 초, 북동부 브라질의 수익성이 높아지자 네덜란드인들은 이곳을 점령하기 위해 상당한 노력을 기울였다. 하지만 그들은 1653년 포르투갈에 패배해 물러나고 말았다. 포르투갈인들은 카리브해에 식민지가 없었으며 그 지역과의 무역도 거의 없었다.

17세기 중반 프랑스의 인구는 약 1,700만 명이었고, 아메리카 대륙 일부에만 식민지가 있었다.[4] 프랑스는 국가 수입의 중요한 토대가 되는 비옥한 농지가 있었다. 그리고 섬유 무역 또한 성장하고 있었기 때문에 재정적으로 식민지 정복에 집중할 필요가 없었다. 프랑스는 북아메리카에서 현재 캐나다 영토인 퀘벡(Quebec)과 해안 일부를 식민지로 삼았다. 프랑스는 1620년대에 카리브해의 작은 섬 일부를 점령했다. 그리고 1697년부터 이스파니올라(Hispaniola)섬의 서쪽 3분의 1 면적인 생 도맹그(St. Domingue)를 획득했다. 1700년경까지 프랑스는 루이지애나, 미시시피, 북미의 오대호 중심부를 점령했지만, 그 영향력은 미비했고 통제력 또한 약했다. 이처럼 1700년 이전까지 프랑스는 아메리카 대륙을 프랑스 정책의 우선순위로 고려하지 않았다. 이러한 이유로는 아메리카 대륙이 프랑스 왕국의 부나 권력에 큰 도움이 되지 못했다는 점도 있지만, 1650년대까지 내전 및 외부와의 전쟁이 지속되었다는 것도 또 다른 원인이었다. 프랑스는 아메리카 대륙에 거의 무관심했고, 유럽 내에서 자원 대부분을 확보하고 소비했다. 생 도맹그가 중요한 플랜테이션 식민지가 될 때까지 프랑스 상인들은 대서양 노예무역에서 두각을 드러냈으며, 북서 대서양 대구 어장은 1730년대에 호황을 맞이했다.

---

4)   이와 관련한 유용한 연구로는 Boucher(2008)가 있다.

17세기, 네덜란드는 세계사에서 불가능할 것 같았던 성과를 달성했다. 네덜란드는 포르투갈과 마찬가지로 인구가 200만 명에 불과했다. 하지만 네덜란드는 일본, 대만에서부터 자바, 실론(스리랑카), 남아프리카공화국, 아메리카 대륙에 이르기까지, 배가 항해할 수 있는 모든 곳에서 무역, 전쟁, 식민지화를 진행했다. 그러나 네덜란드는 포르투갈과 달리, 스페인 합스부르크 왕조와의 분쟁과 프랑스와의 전쟁 등, 지속적으로 유럽 영토 전쟁에 휘말리고 있었다. 네덜란드는 아메리카 대륙에 뉴욕(1660년대까지)과 수리남(1660년대 이후), 그리고 1620년부터 1640년 사이에 10여 개의 카리브해 작은 섬들을 지배하고 있었다. 이 점령지 중 그 어느 곳도 큰 부를 창출하지는 못했다. 하지만 이곳들은 네덜란드 무역업자와 침략자들에게 중요한 상업 기반, 특히 네덜란드 경제의 근간 중 하나인 청어 사업에서 소금 공급원 역할을 했다. 네덜란드는 또한 1624년부터 1653년까지 브라질 북동부 지역의 사탕수수 재배 지역도 지배했다. 이렇듯 무역 기반 경제를 바탕으로 전 세계에서 활동한 네덜란드인들은 정부에 소속된 이들과 무역, 해적질, 식민화를 수행한 준정부 민간 기업으로 구분할 수 있다. 이들은 유럽 본토에 많은 요새를 건설했지만, 아메리카 대륙에서는 요새화보다 선박에 집중적으로 투자했다.[5] 이 결과 네덜란드는 소규모 식민지와 정착지를 잃게 되는 경우가 많았다. 특히 1650~1670년경에는 그들의 경제가 눈에 띄게 활력을 잃기 시작했다. 재정적 제약으로 인해 네덜란드는 아메리카 대륙에 관한 관심을 줄일 수밖에 없었다. 이 무렵 네덜란드는 주변 열강으로부터 압박 받았고 네덜란드를 도와줄 국가는 거의 없었다. 하지만 네덜란드는 1650년대 후반에도 스페인으로부터 남아메리카 북부 지역을 빼앗으려는 야망을 가지고 있었다.[6]

---

[5] Klooster(1997: 3)에 의하면, 1648년경 네덜란드인들은 유럽 다른 지역 선박의 총합보다 더 많은 배를 보유하고 있었다.

[6] Klooster(1998: 38).

1650년, 영국 인구는 약 500만 명(스코틀랜드와 아일랜드를 포함하면 거의 800만 명)이었다.[7] 당시 영국은 여러 측면에서 볼 때 대서양 세계에서 가장 파괴적 힘을 가진 '악당'이었다. 섬나라 영국은 1660년 내전이 종결되면서 자국 내 군대 육성이나 요새 건설의 필요성이 줄어들었다. 이후 이들은 해군 육성에 집중하여 1690년대 즈음 대서양에서 가장 강력한 해군을 보유하게 되었다. 1650년 당시 무역과 식민지에 대한 영국의 야망은 네덜란드, 포르투갈, 스페인보다 작았지만, 프랑스보다는 훨씬 컸다. 영국은 1707년 이후 약 200년 동안 대영제국(Great Britain)으로 불릴 만큼 세계 역사상 두 번째로 큰 제국을 형성하게 된다. 영국은 북아메리카 동부 해안에 식민지를 가졌고, 이곳의 인구는 1700년까지 빠르게 증가했다. 또한 1630년까지 카리브해 지역에서는 작은 섬 몇 개만을 가지고 있었지만, 1655년 이후 자메이카라는 큰 섬을 정복하게 되었다. 하지만 설탕 생산의 수익성이 높아지는 18세기까지 이러한 식민지에서 큰 부를 창출하지는 못했다. 영국의 강력한 해군력은 왕실 해군과 사략선(私掠船, privateer)[8]으로 구성되었다. 이들은 대서양을 장악하여 경쟁국들의 선박과 식민지를 공격하면서 세력을 넓혔기에 '악당(predator)'으로 불리게 되었다.

대서양의 다섯 강대국은 왕실의 이익과 종교적 적대감, 힘의 균형 등을 고려해 다양한 형태로 서로 동맹을 맺거나 대립했다. 여기서 무력 대립은 일상적이었다. 각국의 군주들은 해적을 후원했는데, '애국적'이라고 알려진 영국의 '물개(Sea dogs)'[9]와 네덜란드의 '바다 거지(Sea beggars)'는 그들 후원자를 제외한 모든 국적의 배와 항구를 약탈했다. 이러한 약탈이 진행되는 동안, 평화는 또 다

---

7) 잉글랜드와 스코틀랜드 왕실은 1603년에, 의회는 1707년에 통합되었다. 아일랜드는 17세기를 거치면서 점차 영국의 지배하에 놓이게 되었다. 스코틀랜드인과 아일랜드인 모두 종종 반란을 일으켰지만, 대부분의 이들은 영국 왕실을 섬기면서 살았다.
8) 민간 소유이지만 정부로부터 적선을 공격하고 나포할 권리를 인정 받은 배를 말한다. - 옮긴이주
9) '물개'는 영국 엘리자베스 1세가 용인했던 사략선 업자들을 말하여, 대표적인 '물개' 그룹으로는 존 호킨스(Sir John Hawkins)와 프랜시스 드레이크(Sir Francis Drake) 등을 들 수 있다. - 옮긴이주

른 약탈이 발생하기 전 잠깐의 공백일 뿐이었다.

17세기 후반에 프랑스와 영국은 가장 번성했다. 네덜란드와 영국은 1652년부터 1674년까지 세 번의 전쟁을 치렀는데, 이 전쟁으로 상대적으로 네덜란드는 약해졌지만, 영국은 부강해졌다. 또한 네덜란드는 루이 14세 치하의 대서양세계 최강국으로 부상한 프랑스에게 더 많은 공격을 받았다(1672~1679년). 프랑스는 9년 전쟁(1688~1697년)과 스페인 왕위 계승 전쟁(1700~1715년) 등을 통해 더 많은 적이 생겼고, 이 모든 전쟁에서 대규모 연합군에 맞서 싸워야 했다. 이러한 전쟁들은 주로 유럽에서 일어났지만, 이들 국가 모두는 아메리카 대륙의 전쟁에도 연관되어 있었다.

아메리카 대륙의 군사작전에는 소수의 인원과 전함만이 동원되었다. 1650년 이전까지 어떠한 국가도 대서양을 넘나드는 군사작전을 성공적으로 펼칠 수 없었다.[10] 대서양을 횡단하려면 물류 수송을 비롯한 여러 문제가 산적해 있었다. 아메리카 대륙의 식민지는 (스페인을 제외한) 강대국들에게 방어와 유지를 위해 막대한 비용을 부담할 만한 가치가 없는 곳이었다. 그래서 한 세력 또는 다른 세력이 대서양을 안전하게 건너 상당 규모의 병력을 주둔시키거나, 식민지 인구와 아메리카 원주민 동맹으로부터 병력을 모집하는 데 성공했을 때, 그 세력은 빠른 성공을 거두었다. 그러나 1690년 이전까지 은광을 제외한다면 아메리카 대륙에 크게 가치 있는 것이 없었기에, 대서양 지정학에는 큰 변화가 없었다. 스페인이 광산과 주요 항구들을 쥐고 있는 한, 아메리카 대륙에서의 전쟁은 작은 규모였다.

하지만 1690년부터 1750년 사이 상황은 바뀌었다. 담배(1620년대 이후)와 사탕수수(1640년대 이후) 플랜테이션 재배로 인해, 아메리카 대륙은 방어에 큰 비용이 들어가지 않는다면 좋은 부의 원천으로 인식되기 시작했다. 또한 유럽의 해군과 군사력은 1660년 이후 매우 빠르게 성장했는데, 특히 대서양을 가로지

---

10)　Fissel and Trim(2005).

르는 수륙양용 공격 능력이 더욱 발달했다. 게다가 1690년대 즈음 가장 강력했던 영국 해군은 스페인을 아메리카 대륙에서 연일 격파했다. 이러면서 아메리카 대륙에서 대규모 전쟁을 수행할 동기가 그 역량과 더불어 증가했다.[11]

1700년, 스페인의 마지막 합스부르크계 왕인 카를로스 2세가 후손 없이 사망하면서 대서양의 지정학적 정세는 급변하기 시작했다. 카를로스 2세가 유언으로 프랑스 루이 14세의 손자 중 한 명에게 스페인 왕위를 물려주면서 이전 수백 년간 적이라 여겼던 프랑스와 스페인 왕조가 한편이 되었다. 이렇게 형성된 부르봉 왕조는 다른 유럽 강대국들의 반대에도 불구하고(스페인 왕위 계승 전쟁) 양국을 통치하게 되었다. 부르봉 왕조의 성립으로 대서양의 혼란하고 변화무쌍한 세력 구도는 안정되었다. 프랑스와 스페인은 한 세기 동안 강력한 동맹국으로서 모든 주요 전쟁에서 영국과 싸웠다.

당시 벌어졌던 주요 전쟁들은 아래와 같다.[12]

- 1739~1748년: 젱킨스의 귀 전쟁(War of Jenkins' Ear, 오스트리아 왕위 계승 전쟁으로 확대)[13]
- 1756~1763년: 7년 전쟁(The Seven Years' War, 1754년 발발했으며, 아메리카 대륙에서 벌어진 프랑스 인디언 전쟁이라 불렸다)
- 1775~1782년: 미국 독립 혁명(1778년에 프랑스와 스페인이 전쟁에 합류)
- 1792~1815년: 프랑스 혁명 전쟁과 나폴레옹 전쟁

이 일련의 전쟁들은 유럽 정치에서 러시아와 독일이 부상할 수 있는 토대를

---

11) Rodger(2004); Giere(2006).
12) Simms(2007)의 최근 연구 참조.
13) 젱킨스의 귀 전쟁은 1739년에 발생한 영국과 스페인의 전쟁이며, 영국의 선장 로버트 젱킨스가 스페인에 의해 귀가 잘린 데서 유래했다. 이 전쟁은 이후 오스트리아 왕위 계승 전쟁으로 확대되면서 유럽 전역에서 발생한 전쟁이 되었다. ―옮긴이주

마련해 주었다. 하지만 대서양 차원에서 보자면 영국과 프랑스의 200여 년에 걸친 전쟁이었고, 결국 영국이 승리했다.

18세기에 네덜란드가 쇠퇴하고 '패밀리 콤팩트(Family Compact)'라 불리는 강력한 프랑스-스페인 축이 형성되었다. 이러면서 대서양의 지정학은 외형적으로 단순해진 듯 보였지만, 실상 그렇게 단순하지도 않았다. 국가의 공식적인 군사작전 외에도 해적들(freebooters, pirates, buccaneers)은 전쟁과 평화 시기를 가리지 않고 무모한 약탈을 자행하느라 바빴다. 해적들은 군주와 성직자들의 명령을 따랐지만, 자신들의 이익도 추구했다. 또한 전쟁은 계속 전문화되어 갔지만, 그렇다고 열정적인 아마추어들이 완전히 배제된 것은 아니었다. 적어도 특정 시기와 장소(카리브해 제외)에서 아메리카 원주민들은 당시 정치에 영향을 미치는 큰 규모의 반란을 일으켰다. 가장 큰 반란은 안데스 산맥에서 일어났는데, 1780~1783년 투팍 아마루(Tupac Amaru)가 반란을 일으켜 일시적으로 스페인 지배권을 뒤흔든 것이었다. 노예 반란과 탈출 노예들의 독립 공동체 마룬(maroon)의 건설은 특히 브라질에서 빈번히 발생했다. 이러한 점으로 볼 때, 당시 대서양-아메리카의 지정학은 제국주의 국가뿐만 아니라 다양한 세력들의 경쟁이 혼재되어 있었다고 볼 수 있다. 그러나 해적이나 아메리카 인디언, 탈출 노예들의 활동은 결국 유럽 국가권력에 굴복할 수밖에 없었다.

이와 같은 변화의 주된 이유는 유럽 강대국들의 무기가 계속 강화되었기 때문이다. 1650년 이후, 유럽 국가들은 해군력을 포함한 더 크고 전문화된 군대를 육성하기 위해 효율적인 국가 재정 기틀을 마련했다. 이를 통해 유럽 열강들은 18세기 아메리카 대륙을 지배할 수 있었다. 특히 영국은 해군력에 지속적으로 투자하고 재정을 탄력적으로 운용하면서 가장 강한 군사력을 유지할 수 있었다.

1776~1825년 아메리카 대륙에서 여러 혁명이 성공하면서, 유럽의 지배는 막을 내렸다. 모든 혁명에는 제각기 고유한 원인과 역사적 맥락이 있었는데, 이는 이후의 장에서 설명할 것이다. 영국령 북아메리카, 아이티, 스페인령 아메리카

에서의 혁명은 각각 새로운 국가를 수립하면서 유럽 제국의 영향력을 축소했고, 이와 동시에 대서양-아메리카 지정학과 세계 역사에 새로운 시대를 열었다. 이들의 성공은 모두 부분적으로 황열병이나 말라리아 덕분이었다.

카리브해의 생태적 격변, 1640~1750

대서양-아메리카의 지정학적 격변은 생태적 격변과 동시에 일어났고, 어느 정도는 생태적 격변의 원인이 되기도 했다.[14] 카리브해 연안의 어떤 생태적 격변은 카리브해의 특정한 현상과 관련이 있었으며, 더욱이 일부 현상의 경우 대서양-아메리카 전체 격변 때문에 발생했다. 다른 지역과 마찬가지로, 1492년 이전의 아메리카 원주민들은 자신들의 생존을 위해 자연을 이용하고 있었다. 당시 원주민들은 불이라는 단 한 가지 도구만을 가지고 있었다. 하지만 결코 자연을 이용함에 있어서 결단력이나 독창성이 부족하지는 않았다. 1492년 이후 원주민 인구가 감소하자 예전에 (수확을 위해) 주기적으로 화전을 하던 곳에 더 이상 불을 피울 일이 없어졌다. 또한 원주민들의 경작지와 마을은 점차 줄어들거나 사라졌다. 이러면서 1500년부터 1620년 사이 대부분의 대서양-아메리카 지역 숲이 다시 울창해지는 재조림(reforestation) 현상이 나타났다. 17세기 타지에서 온 여행자와 이주민들이 마주했던 아메리카의 웅장한 숲은 아주 오래전부터 그러했을 것으로 여겨지지만, 사실 최근에 와서야 울창해진 것이었다.

또한 유라시아와 아프리카에서 유입된 동식물이 아메리카 대륙의 생태적 변화를 이끌기도 했다. 변화를 주도한 주요 동물들은 말, 소, 양, 염소, 돼지 등 대

---

14) 여기에 대해서는 기본적으로 Crosby(1972, 1986)의 연구를 참조하기 바라며, 이 외에도 Cronon(1984), Silver(1990), Watts(1987), Dean(1995), Sauer(1969), Melville(1994), Anderson(2004), Funes(2004), Harris(1962, 1965) 등의 문헌을 참조하기 바란다.

지도 2.1. 거대한 카리브해

형 포유류 가축이다. 이 동물들은 아메리카의 식단에서 새로운 단백질 공급원
이나 농업, 제분소를 위한 동력 수단이 되었다. 하지만 이것들은 토양과 농작
물, 원예에 있어서 새로운 위협이 되기도 했다. 이 외래종들은 카리브해 섬과
주변 저지대를 포함한 아메리카의 야생에서 무리를 형성하여 자유롭게 방목되
었다. 초기 카리브해 해적들과 많은 사람은 소와 돼지 등을 의도적으로 섬에 고
립시켜 방목한 후, 이들을 사냥하여 식량과 가죽으로 사용했다.

새로운 식물에는 유용한 작물과 성가신 잡초 등이 혼재되어 있었다. 온대기후의 정착민과 일부 원주민은 밀과 호밀 또는 보리가 이 지역의 밭에서 잘 경작된다는 것을 알았다. 카리브해에서 가장 중요했던 새로운 식물은 곡물이 아니라 바나나와 감귤류 과일, 사탕수수였는데, 모두 남아시아 혹은 동남아시아에서 기원한 것이었다. 무엇보다 사탕수수는 카리브해 생태계 변화를 주도하면서, 필자가 앞으로 언급할 '크레올 생태계(creole ecology)'를 만들었다. 이 생태계는 토착종과 외래종이 뒤섞여 만든 불안정한 집합적 혼종 생태계를 말한다.

설탕 혁명과 인구

식물학적으로 사탕수수는 뉴기니가 원산지인 식물이다. 사탕수수는 아마 기원전 500년경부터 인도와 중국 농민들의 식단에 있던 것으로 보인다. 그리고 이것은 이집트와 키프로스, 크레타, 스페인 남부, 모로코 등의 지중해 지역에서 노예들이 재배해 시장에 내다 판 최초의 플랜테이션 작물이기도 했다. 15세기 포르투갈 선원들은 사탕수수를 마데이라(Madeira)나 상투메(São Tomé) 같은 대서양 섬으로 가져왔고, 이후 16세기 초에 브라질로 운반했다. 브라질은 플랜테이션 모델을 새롭게 만들면서 세계 최고의 설탕 생산지가 되었다. 아메리카 대륙에서 사탕수수는 단순한 '식물' 그 이상의 것이었다.

설탕, 커피, 쌀, 담배, 인디고(Indigo) 중 무엇을 재배하던, 플랜테이션 시스템은 노예노동과 대규모 생산, 단일경작(monoculture)을 기본으로 하고 있다. 이것은 햇빛과 토양의 영양소를 최대한 빨리 이윤으로 만드는 단기 전략이었다. 또한 사탕수수 플랜테이션은 카리브해에서 삶과 죽음을 결정하는 가장 중요한 기반이었다.[15]

17세기 초 브라질 북동부에 수익성이 높은 사탕수수가 재배되었다. 이후 새로 만들어진 네덜란드 서인도 회사의 직원, 기업가, 군인들이 이곳에 눈독을 들

---

15) 플랜테이션 제도에 대해서는 Curtin(1990)의 연구를 보기 바란다.

이기 시작했다. 이들은 브라질 최고의 사탕수수 재배 농지를 정복하고 수십 년 동안 점유했으며, 암스테르담을 설탕 정제와 마케팅의 선도적 중심지로 만드는 데 일조했다. 하지만 1640년대 전쟁 상황이 네덜란드에 불리해지자 브라질 북동부에 거주하던 네덜란드인들은 설탕 사업 지식을 가지고 바베이도스(Barbados)로 옮겨 갔다. 이후 이들이 설탕 혁명을 일으켰고, 이것이 서인도 제도의 인구와 생태, 역학, 경제, 정치 등을 변화시켰다.[16]

사탕수수는 토양과 기후 덕분에 카리브해 섬에서 잘 자랐다. 그러나 성공적인 설탕 산업을 위해서는 또 다른 것이 필요했는데, 그중 하나가 값싼 연료였다. 설탕 결정을 만들려면 사탕수수즙을 끓여서 정제해야 한다. 이에 농장은 땔감을 구하기 쉬운 나무숲 근처에 있어야 했다. 낮은 연료비는 아메리카 대륙(브라질과 카리브해)의 설탕이 지중해 설탕과 경쟁하여 유럽 시장에서 우위를 점할 수 있는 조건이었다. 결국, 숲이 없는 작은 섬들은 토양 영양분의 부족뿐만 아니라 연료 부족이라는 이유로 경쟁력에서 밀렸다.

대규모 노동력은 사탕수수 플랜테이션의 또 다른 필수 조건이었다. 산림지에서 사탕수수 농장을 만들기 위해서는 주로 나무를 베고 불태우고 그루터기를 뽑는 등 엄청난 양의 노동이 필요했다. 또한 플랜테이션 운영에도 많은 노동력이 필요했다. 설탕을 끓이기 위해 땔감을 구하는 것은 거의 1년 내내 수행되는 작업이었다. 그리고 건기(12~5월)에 행해지는 계절노동인 수확 역시 중요한 작업이었다. 사탕수수를 자르고 나면 사탕수수즙이 발효된다. 그래서 즙이 발효되기 전 하루 이틀 안에 재빨리 빻아야 했다. 그리고 빻은 이후 즙은 바로 끓여야 했다. 이렇기에 모든 사탕수수 재배지에는 수확에 대비할 수 있는 충분한 노

---

16)   설탕의 역사는 Galloway(1989), Curtin(1990), Mincz(1985)의 연구에서 요약되었다. 특히 대서양 설탕 역사의 확립에 대해서는 Schwartz(2004)를 참조하기 바란다. '설탕 혁명'이라는 용어에 대해서는 Higman(2000)를 참조했다. Menard(2006)는 이러한 용어의 적합성에 대해 이의를 제기했다. 그러나 설탕의 생태학적 중요성(Menard의 관심사가 아님)과 관련하여 이 용어는 적절하다.

동력이 필수적이었다.

사탕수수 플랜테이션이 카리브해에 처음 도입되었을 때, 전반적으로 땔감 등은 충분했지만 노동력이 부족했다. 섬의 원주민은 거의 사망했고 이들을 대체하는 이민자도 없었다. 네덜란드, 프랑스, 영국인들이 소유권을 주장하는 섬들에는 1620년까지 사람이 거주하지 않았다. 카리브해의 스페인 식민지는 멕시코와 페루 지역의 부가 넘쳐나던 1535년까지는 사람이 별로 없었다. 스페인령 자메이카에는 1640년 당시 약 1,500명이 살았고, 1661년 실시된 영국의 첫 번째 인구조사에서는 3,874명의 주민이 있었음을 보여 준다.[17] 1620년경, 가장 큰 섬인 쿠바에는 아마도 7,500명 이하의 인구가 있었을 것으로 추정된다.[18] 1620년 이후 카리브해 동부의 작은 섬에서 담배가 발견되어 유럽에 거대 시장이 들어설 준비가 되었다. 이렇게 되자 영국과 프랑스의 계약 노동자 수만 명이 세인트키츠(St. Kits)와 과들루프(Guadeloupe), 마르티니크(Martinique) 같은 섬으로 이주했다. 그러나 1640년까지 카리브해 도서 지역의 총인구는 20만 명 이하로 추산되며, 그중 대부분이 곧 유럽으로 돌아갈 단기 노동 이주자였다.

하지만 사탕수수 플랜테이션은 모든 것을 바꿔 놓았다. 바베이도스는 대규모 사탕수수 재배를 실시한 최초의 섬이었다. 그곳의 인구는 1620년 1,400명에서 1642년 4만 명으로 급증했고, 1713년에는 6만 명 이상이 되었다.[19] 자메이카 인구는 1750년까지 14만 2천 명으로 증가했으며, 이 중 90% 이상이 노예였다.[20] 1687년까지 약 8천 명의 인구를 보유했던 프랑스 식민지 생 도맹그는 1730년 9만 2천 명, 1750년 18만 2천 명으로 인구가 증가했다.[21] 설탕 산업으

로의 전환이 늦었던 쿠바조차도 1700년부터 1755년 사이에 인구가 세 배로 늘어 약 16만 명이 되었고, 이 중 4분의 1은 노예였다.[22] 설탕이 더 늦게 들어온 세인트루시아(St. Lucia)는 1760년대 중반에 인구 5,021명이었으나, 1777년에는 1만 9,295명을 기록했다.[23] 사탕수수 재배에 적합한 대부분의 지역에서 유럽인과 아프리카 노예들의 비율은 일반적으로 1 대 10 정도였다.[24] 1750년까지 카리브해 섬 전체 인구수는 100만 명을 넘어섰을 것으로 추산되며, 그중 4분의 3은 노예였다.[25]

설탕 경제가 출현한 이후 이주가 계속 이어져 인구 폭발이 가능할 수 있었고, 이러한 이주의 대부분은 대서양 노예무역이었다. 카리브해 지역으로 여성 유입은 많지 않았고, 대부분 지역에서 출생률이 사망률보다 훨씬 낮았다. 1750년 이전 카리브해로 유입된 아프리카 노예는 대략 150만 명이었고,[26] 유럽인의 수는 50만 명으로 추산된다. 이를 통해 볼 때, 1750년까지 약 200만 명이 대서양을 건너 카리브해로 갔지만, 총인구는 100만 명을 조금 넘는 수준이었다. 결국, 카리브해로 많은 인구가 유입되었지만, 사탕수수 플랜테이션과 노예제로 인해

---

21) Boucher(2008: 239); Engerman and Higman(1997: 48). Pritchard(2004: 65~66)에 추가 자료가 포함되어 있다.

22) McNeil(1985: 35).

23) 세인트루시아 관련 자료는 Anne French, *St. Lucia Up To Now*에 보고되었고, St. Lucia National Archives, pp. 6~7에 기록되어 있다. Breen(1844: 277)에 따르면 최초의 설탕 플랜테이션 농장은 1765년 세인트루시아에서 시작되었으며, 1780년에는 30개의 농장이 운영되었다.

24) Palmer(1997)에는 유용한 데이터가 많다. 1770년대 네덜란드 수리남에서 가장 높은 비율이 나타났으며 약 1 대 35였다. 자메이카는 1722년 1 대 10 비율을 넘어섰으며, 세인트키츠와 네비스(Nevis), 몬세라트(Montserrat), 안티구아(Antigua) 또한 1770년대에 같은 비율이었다. 바베이도스, 마르티니크, 과들루프, 쿠바 등 주요 설탕 섬 중 4개는 1 대 10 비율을 달성하지 못했다(Watts, 1987: 311~325).

25) Steckel(2000: 494).

26) Palmer(1997: 22).

또 그만큼 많은 인구가 죽어 나갔다.

또한 사탕수수 플랜테이션은 황금알을 낳는 거위이기도 했다. 행운의 농장주(불운한 농장주도 많았다)는 노예들을 착취하여 엄청난 재산을 축적할 수 있었다. 1776년 애덤 스미스(Adam Smith)는 대체로 설탕 생산 이윤이 "유럽이나 미국에 알려진 다른 플랜테이션 농업 이익보다 훨씬 더 크다"라고 말했다.[27] 서인도 제도는 1750년에 이르러, 설탕 수입을 통해 단지 스페인 은이 지나가는 통로가 아닌 그 자체로 이윤을 창출하는 곳이 되었다.

설탕 혁명과 크레올 생태학

설탕 혁명들은 인구 변동뿐만 아니라 독특한 생태계를 창조했다. 야생 가축들이 서식하던 숲과 사바나(Savannah)는 동물을 사육하고 작물을 재배하는 곳으로 변해 갔다. 광활한 지역이 사탕수수와 여러 작물, 가축 방목용으로 개간되었다. 설탕을 끓이기 위해서는 더 많은 숲이 필요했다.[28] 18세기 쿠바에서, 상당한 크기의 설탕 공장은 시간당 한 그루의 거대한 나무를 연료로 소비했다. 나무숲이 연료로 사용되면서 많은 곳의 동식물 종들이 멸종했고, 새로운 식물과 동물은 환경에 적응하며 번성했다. 토양 침식과 영양분 고갈이 개간과 경작으로 빠르게 진행되었다. 큰 섬에서 말과 소, 여러 들짐승을 키우기 위해 대규모 목장(ranches)이 들어섰고, 이외의 땅에서는 늘어나는 인구를 먹이고 입히기 위해 식량과 섬유질 작물이 재배되었다. 그러나 가장 큰 문제의 핵심은 사탕수수 플랜테이션이었다.[29]

---

27) Smith, Watts(1987: 382)에서 재인용.

28) Moreno Fraginals(1978: 74)의 연구에서는 12m³로 장작을 추정한다. 설탕 공장의 경우 시간당 약 100kg의 설탕을 생산하므로, 설탕 평균 8kg당 1m³의 장작이 필요하다. 자메이카 트레인(Jamaica Train)으로 알려진 신기술을 사용해 1820년까지 쿠바에서 설탕을 끓일 때 연료 효율을 두 배로 늘렸다. Funes(2004: 60~80)는 1600년부터 1771년 사이 설탕 생산이 쿠바의 숲에 어떤 피해를 주었는가에 대해 자세히 설명하고 있다.

바베이도스는 이런 생태적 변화를 겪은 최초의 섬이었다. 변화는 순식간에 일어났다. 1620년대까지 이 섬에는 사람이 살지 않았고, 해안선까지 울창한 밀림을 이룬 것이 인상적인 곳이었다. 1631년 섬을 방문한 헨리 콜트(Henry Colt) 경은 "머스킷(양손으로 조작할 수 있는 소총)병 40명의 훈련 장소를 찾을 수 없을 만큼 섬 전체가 나무와 수풀로 가득하다"라고 기록했다.[30] 영국인 정착 초기부터 목화와 담배 등의 플랜테이션 작물과 여러 식량 작물이 바베이도스에서 재배되기 시작했다. 이때 개척자들은 경작지를 만들기 위해 서부 지역 수풀을 불태웠다. 바베이도스는 1647년까지 여전히 섬의 약 60%가 열대우림이었다.[31] 리처드 리곤(Richard Ligon)이 거주할 당시(1647~1650년)에도, 밀림은 '짜증스러울 정도'로 넓게 퍼져 있었다.[32] 그러나 1650년대 후반부터 지방 의회는 목재 부족을 걱정하면서 벌목을 제한하기 시작했다. 하지만 이러한 노력에도 불구하고, 밀림은 순식간에 사라졌다. 1665년 이후, 밀림에 대한 기록은 남아 있지 않으며, 1666년에 이르러 바베이도스는 수리남으로부터 목재와 땔감을 수입해야만 했다.[33] 1671년 플랜테이션 농장주들은 땔감 수급 문제가 상당히 심각하다는 것을 알았다. 이들은 "바베이도스의 나무가 모두 없어져, 설탕을 끓이기 위해서는 영국에서 석탄을 가져올 수밖에 없다"라고 말할 지경이었다.[34]

---

29) Watts(1987); Kimber(1988). Griggs(2007)는 19~20세기 동안 퀸즈랜드(Queensland)에서 설탕의 생태학적 효과에 대해 풍부한 기술을 하고 있다.

30) Colt(2002: 17).

31) Watts(1966: 42)가 Ligon(1657)의 정보로 그린 지도에서 판단했다.

32) Ligon(1657: 41, 72~79)은 나무의 높이와 쓰임새에 대해 기술했다.

33) Watts(1966: 45). 목재 수입: 1666년 4월 13일 클라렌든(Clarendon)에서 윌러비(Willoughby)로. Clarendon MSS 84, folios 134-5, Bodleian Library(Oxford).

34) "Memorial of the Island of Tobago," P.R.O., C.O 1/21, f. 171(Watts, 1996: 45에서 인용). Kimber(1988: 212~213)는 1708년 마르티니크에서 설탕을 끓이기 위해 석탄을 수입했음을 기록하고 있다. 대서양 건너에서 석탄을 수입하는 것은 경제성이 없기 때문에 가까운 지역의 목재를 연료로 사용했다. Ligon(1657: 101)은 바베이도스에 목재가 없기 때문에 "가능한 한 많은 숲을 보존해야 한다"라고 언급했다. Gragg(2003: 18~19)는 바베이

바베이도스 밀림의 급속한 파괴는 또 다른 생태적 변화를 일으켰다. 벌목된 자리에 들어선 잡초 중 상당수는 대서양을 건너온 외래종이었다. 이 종들은 거목이 벌목된 땅에서 풍부한 일조량을 받으며 급속히 성장했고, 바베이도스 대부분을 뒤덮었다. 특히 쥐를 비롯한 외래종들이 개간된 사탕수수밭에 들끓었다. 섬에 서식하던 토종 조류와 원숭이류(tree-dwelling monkey) 대부분은 사라졌다.[35] 바베이도스는 경사가 완만함에도 불구하고 토양 침식과 황폐화 때문에 사탕수수 생산량이 급격히 감소했다. 이에 플랜테이션 농장주들은 더 많은 노예가 필요하게 되었다. 노예 중 일부는 침식된 흙을 바구니에 담아 머리에 이고 오르막길로 나르는 일을 했는데 이는 마치 시지프스(Sisyphus)를 보는 것 같았다. 바베이도스는 협곡이 수없이 많고 가파르게 형성되어 있어서, 농장주들이 말보다는 당나귀와 낙타를 타고 다녔다.[36] 1668년 11월, 폭우가 쏟아져 교회 묘지에 큰 도랑이 형성되었고, 이때 야적장에 있던 1,500개의 관과 그와 관련된 매장품이 바다로 떠내려갔다.[37] 이렇게 해안가로 떠내려간 흙과 토사는 새로운 습지를 형성했다. 이러한 과정을 거치면서 바베이도스는 모기 번식에 보다 유리한 환경이 되었다.[38] 하지만 기적적으로 바베이도스에는 학질모기와

도스의 급속한 파괴를 언급했다.

35)　1631년 헨리 콜트 경은 섬에 검은 새와 산비둘기, 비둘기, 펠리컨 등의 조류가 있었음을 기록하고 있다. Ligon(1657: 60~61)은 바베이도스에 12종 이상의 조류가 있었으며, 이름이 없는 종은 더 많다고 언급했다. 1652년 한 방문객이었던 하인리히 폰 우체리츠(Heinrich von Utcheritz)는 "새소리는 들리지 않는다"라고 주장했다(Gragg, 2003: 22~23 참조). Kimber(1988: 180~211)는 이 기간 동안 마르티니크에 유입된 식물에 대해 논의하고 있다. Chanvalon(2004) 저작은 마르티니크 생태 연구를 위한 가장 중요한 자료이다 (1750년대 기준).

36)　Ligon(1657: 58). 리곤은 여기서 "assinigoes"로 언급하고 있는데, 이것은 아조레스 제도(Azores)에서 당나귀를 가리키는 말이다.

37)　Bridenbaugh and Bridenbaugh(1972: 185).

38)　이러한 변화에 대해서는 Watts(1987: 219~223) 참조. Handler(1969: 6)는 1661년 모기에 대한 방문자의 불만을 다시 기록했다. 로버트 맥코믹(Robert McCormick)은 그의 스케치

말라리아가 없었다. 서인도 제도를 기준으로 볼 때 바베이도스는 건강하고 안전한 섬으로서의 명성을 유지했지만, 다른 섬은 그렇지 못했다.

몬세라트는 수십 년 후 바베이도스와 비슷한 변화를 겪었다. 고도가 약 천 미터에 달하는 이 섬은 1631년 당시 울창한 산림으로 뒤덮여 있었고, 1650년 후반기까지도 정착지가 거의 없었다. 그러나 1650년대 영국의 침입으로 인해 굶주림과 가난에 허덕이던 아일랜드인 다수가 몬세라트로 몰려왔다. 1654년까지 몬세라트의 사탕수수 생산량은 미미한 수준이었지만, 이후 수십 년 동안 급증하기 시작했다. 1676년까지 몬세라트 삼림의 3분의 1이 개간되었고, 아프리카 노예가 아일랜드인들을 대체했다. 그리고 설탕이 경제의 중심이 된 1770년대에 이르자 섬의 삼림은 거의 사라지게 되었다.[39]

몬세라트 밀림 개간의 환경적 결과는, 가파른 경사 때문에 토양의 물리적 변화가 더 뚜렷하다는 특징을 제외하면 바베이도스와 거의 유사했다. 플랜테이션 업자들은 1673년 초에 배수로를 점검하기 시작했고, 1702년 토양 보존을 위한 법을 통과시켰다. 또한 그들은 1738년에 이르러 잦은 홍수 피해를 줄이기 위해 법적 조치를 취하기도 했다. 그러나 교란된 섬 생태계를 안정시키는 것은 쉬운 일이 아니었고, 특히 18세기 사회와 정부의 능력으로는 해결하기 어려운 과제였다.[40]

북에 1824~1825년 동안 바베이도스와 안티구아, 세인트키츠, 세인트루시아, 네비스 및 토바고(Tobago)의 삼림 벌채 상태를 그려 놓았다. 그는 배와 풍차, 건물, 그리고 종종 야자나무를 세심하게 그렸다. 이 섬들에 대한 그의 스케치는 Wellcome Library(London), Manuscript 3356에 있다.

39) Pulsipher(1986). 마르티니크의 삼림 개간에 대해서는 Kimber(1988: 176, 209)를 참조하기 바란다.

40) Pulsipher(1986). 이외 바베이도스와 몬세라트의 삼림 개간 및 보존 노력에 대해서는 Grove(1995: 63~71)를 참조. Kimber(1988: 181)는 마르티니크의 18세기 침식을 "심각하다"라고 말했다. 스페인 식민 시기 카리브해의 산림 보호 노력을 포함한 산림 정책에 대해서는 Giraldo(1991)를 참조하기 바란다.

다른 섬들도 바베이도스의 생태 변화 과정을 그대로 답습했다. 1656년 마르티니크를 다시 방문한 어떤 이는 개간이 광범위하게 진행되어 섬의 모든 곳에서 말을 탈 수 있었다. 하지만 이것은 15년 전 그의 첫 방문에서는 상상할 수도 없었던 일이라 언급했다.[41] 1791년 세인트빈센트(St. Vincent) 식물원의 감독관은 다음과 같이 말했다. "서인도 제도 플랜테이션 업자들의 무자비하고 우둔한 모습에 놀라울 따름이다. 그들은 세인트빈센트와 도미니카(Dominica)를 제외한 모든 섬에서 자연 밀림을 파괴하고 있다. 농장주의 도끼가 닿는 곳에는 유용한 나무가 없다. 바베이도스, 안티구아, 세인트키츠는 밀림이 파괴되어 경작에 부적합한 곳이 되었다.…"[42]

카리브의 여러 섬에 정착한 사람들은 사탕수수 농장 부지보다 더 넓은 대지를 개간했다. 그들은 미학적인 이유로 영국(혹은 프랑스와 스페인)의 확 트인 풍경을 재현하려 했고, 가축 방목 부지를 확보하려 했다. 또한 정착민들은 밀림을 개간하면 질병이 덜 발생할 것이라 생각했다. 왜냐하면 각종 식물이 높은 습도와 열로 부패되면서 발산하는 "독성(miasmas)"이 줄어든다고 보았기 때문이다.

사탕수수 플랜테이션은 서인도 제도의 인구 특징과 노예사회, 크레올 생태계라는 새로운 경관을 만든 주요 원동력이었다. 이러한 사회생물학적 혁명은 마데이라와 카나리아 제도(Canary Island)에서와 마찬가지로 설탕이 중요한 생산물이 된 동부 앤틸리스(Antilles) 작은 섬들에서 가장 먼저 발생했다.[43] 히스파니올라와 자메이카 같은 큰 섬의 설탕에 의한 생태적 변화는 1713년 이후에나 일어났고, 쿠바에서는 1740년 이후에 발생했다. 사탕수수 플랜테이션 투자자들은 작은 섬의 토양이 척박해지고 연료 목재가 부족해지자 좀 더 크고 숲이

---

41) Du Tettre(1667~1671, 2:28).

42) 1791년 알렉산더 앤더슨(Alexander Anderson)이 조지 용헤(George Yonge) 경에게 보낸 서신(PRO, War Office Papers, 4/4).

43) 마데이라의 사례는 Vieira(1999: 88~113), 세인트키츠와 네비스의 사례는 Merrill(1958), 마르티니크의 사례는 Kimber(1988: 171~180)의 연구를 참조.

우거진 섬으로 투자처를 옮겼다. 큰 섬의 경우 넓은 지역에 퍼져 있는 목초를 벌채하는 데 더 많은 시간이 걸렸고, 토종 생물을 멸종케 하는 것도 훨씬 어려 웠다. 니콜라스 호셉 데 리베라(Nicolás Joseph de Ribera)에게 1755년 쿠바는 "거목의 밀림이 끝없이 이어진 곳"처럼 보였다.[44]

그럼에도 불구하고, 사탕수수 재배가 성행하던 히스파니올라와 자메이카, 쿠바에서는 밀림에 세금을 부과했다. 리베라가 "울창한 밀림(continuous forest)" 을 말할 당시, 쿠바에서는 스페인 해군 무기고 건축을 위한 벌목이 빠르게 진행 되고 있었다. 또한 18세기 말까지 사탕수수즙을 끓이기 위한 벌목으로 거의 매 년 1제곱킬로미터의 삼림이 파괴되었다.[45] 다른 규모가 큰 섬들과 마찬가지로, 쿠바에서는 플랜테이션을 탈출한 노예들이 고지대 산림에 마룬 공동체를 형성 했다. 이것은 농장주들에게 밀림을 벌목하고 불태워야 할 더 큰 이유가 되었다. 큰 섬의 경우 상대적으로 적은 토지 황폐화와 동식물의 멸종이 발생했다. 하지 만 밀림의 파괴 동기가 무엇이었던지 간에, (연료 확보와 농장 개간, 마룬 공동체 파괴를 위한) 삼림 파괴는 작은 섬과 마찬가지로 큰 섬에서도 사회생태적 영향 을 미쳤다.[46]

---

44) Funes(2004: 49)에서 인용.

45) Funes(2004: 106~113)의 여러 연구들을 바탕으로 만들어진 수치이다. 삼림 보호 조치는 큰 섬들에서 간혹 행해졌지만 잘 알려지지 않았다. Gabriel Debien(Boomgaard, 1992: 214에서 인용)은 18세기 생 도맹그의 농장주들이 간혹 설탕을 끓이기 위한 목재를 지속적 으로 확보하기 위해 일부 토지를 보존했다고 말한다.

46) Bridenbaugh and Bridenbaugh(1972: 268~272)는 1640년부터 1690년 사이 영국 치하 카 리브해 지역의 삼림 파괴에 대한 유익한 정보를 주고 있다. 쿠바 동부 지역 숲속의 마룬 공동체에 대해서는 La Rosa Corzo(1988)의 연구를 참조하기 바란다. 또한 자메이카 마룬 공동체에서 숲의 중요성 지적은 Dallas(1803)의 저작을 참고하기 바란다. 서인도 제도 덴 마크 식민지에서의 삼림 파괴가 그곳에 있던 마룬 공동체를 푸에르토리코로 이동하게 한 사실의 연구는 Hall(1985)의 저작에 나와 있다. 최근 수리남 설탕 플랜테이션에서의 삼림 파괴와 그 영향에 대해서는 Boomgaard(1992)와 Stiprian(1993)의 연구를 참조 바란다. Descourlitz(1935)는 1803년경 생 도맹그의 생태를 분석했다.

설탕 생산이 불러일으킨 생태적 변화에는 간접적 영향도 있어서 해양 동식물계에도 영향을 미쳤다. 예를 들어, 18세기 이전 카리브해는 수천만 마리의 대모(hawksbill, 玳瑁: 바다거북의 일종−옮긴이주)와 바다거북(green turtle)이 생태계의 일원이었다. 하지만 이들 대부분은 남획으로 말살되었고, 이로 인해 산호 생태계(reef ecologies)의 근본이 변화했다. 1637년 아바나를 지나던 토머스 게이지(Thomas Gage)는 거북이만이 유일하게 먹을 수 있는 고기라고 언급했다.[47] 1650년대 중반 바베이도스에서 30개월을 보낸 리처드 리곤은 "바다에서 제공하는 최고의 음식인 바다거북"을 애틋하게 회상했다. 리곤은 "거북 사냥꾼들이 지나치게 많은 거북이를 포획하는데, 지팡이로 거북이의 등을 뒤집어 못 움직이게 한 후 사냥한다"라고 말했다.[48] 한 선장은 1657년과 1659년에 각각 25톤과 22톤의 소금에 절인 거북이 고기를 자메이카로 운송한 것으로 기록되어 있다.[49] 1670년경 스페인 문서에 의하면 "자메이카 영국인의 일상적인 주식"은 거북이 고기였다.[50] 1690년대에 마르티니크에 살았던 라바트 신부(Father Labat)는 섬 생활에서 주식인 거북이 수확의 중요성을 언급했다. 영국령 서인도제도에서 노예와 가난한 백인은 거북이 고기를 먹었다. 일설에 의하면 1700~1730년경 자메이카에서 대부분의 식용 고기는 거북이었다.[51] 결국, 거북이 고기는 영국에서 별미로 고급 레스토랑의 메뉴가 되었고, 특유의 맛과 더불어 진통 효과가 있어 더 유명해졌다. 하지만 1800년에 이르면, 카리브해 일부 지역,

---

47) Gage(1648: 196).
48) Ligon(1657: 36). 리곤은 "물론, 이 불쌍한 먹을 거리 거북이만큼 달콤하고 즐거운 삶을 사는 생물은 바다를 포함한 지구 어디에도 없고, 그보다 더 섬세하고 영양가 있는 생물도 없다"라고 쓰고 있다.
49) Parsons(1962: 28).
50) 마드리드 국립도서관(Biblioreca Nacional, Madrid), MSS 17,635, ff. 228~232, Descripción de la Isla de Xamaica(자메이카 섬 묘사).
51) Labat(1722, 1:296~305); du Tettree(1973, 2:214~219).

특히 바다거북이 가장 많았던 케이맨 제도(Cayman)에서도 바다거북을 거의 찾아볼 수 없게 되었다. 플랜테이션 시스템은 카리브해 인구 증가와 유럽 시장과의 연결을 가져왔다. 하지만 이 결과는 거북이에게 재앙을, 카리브해 산호초에 새로운 생태 환경을 가져다주었다.[52]

해양이건 육지이건, 일반적으로 작고 한정된 생태계는 작은 동요에도 민감하며 한 상태에서 다른 상태로 쉽게 변화한다. 사람 몇 명, 염소 몇 마리, 심지어 특수한 상황에서는 모기 수천 마리가 큰 영향을 미칠 수 있다. 카리브해 플랜테이션 경제와 수만 명의 인구 유입은 엄청난 변화를 가져왔지만, 그 변화의 속도는 다양했다. 작은 섬에서는 사탕수수 플랜테이션의 생태적 변화가 매우 빨랐다. 하지만 전체 카리브해의 변화는 상대적으로 서서히 나타났다. 사탕수수(및 다른) 플랜테이션을 위한 밀림 개간은 히스파니올라와 쿠바 같은 큰 섬에서 19세기와 20세기까지 지속되었다.

황열병과 카리브해 생태학

생태적 변화는 사회적 변혁과 마찬가지로 예상치 못한 결과를 초래한다. 카리브해에서 발생한 설탕 혁명의 의도치 않은 결과들로는 토양 침식, 연료 부족, 쥐의 번식 등이 있었다. 이것들은 모두 농장주들이 인지하고 있었다. 하지만 그들이 알지 못했던 가장 중요한 생태적 변화로는 카리브해의 생태가 이집트숲모기의 서식에 좋은 환경이 되었다는 것이다. 또한 자신들이 만든 사회적·인구학적·군사적 환경이 황열병 바이러스 순환에 유리한 조건이 되었다는 사실도 몰랐다.

바이러스는 이상한 존재이다. 그것들은 단백질 포장지에 싸여 있는 조촐한

---

52)   Jackson(1997).

유전자 물질이다. 그들은 스스로 번식할 수 없기에, 다른 생명체의 세포를 통제하고 그것을 바이러스 복제 기계로 만든다. 단일 바이러스는 단기간에 수백만 개가 복제될 수도 있다. 한 노벨 생물학상 수상자는 "지구상에서 인간의 지속적 번영에 가장 큰 위협 요소는 바이러스"라고 말한 바 있다.[53]

황열병 바이러스는 뎅기열(dengue fever)과 웨스트나일 바이러스(West Nile virus), 일본뇌염(Japanese encephalitis) 등의 70여 종과 더불어 플라비바이러스(flaviviruses) 속(屬) 계열에 속한다. 현재 황열병 바이러스는 유전학적 증거로 볼 때, 아마도 탄생한 지 3천 년 정도 되었을 것 같다. 이 바이러스는 동아프리카나 중앙아프리카에서 발생했을 가능성이 높다. 그리고 아프리카 내에서는 상당한 유전적 다양성이 있지만, 아메리카 대륙에서는 그렇지 않다. 미국에서 발견된 바이러스는 유전적으로 서아프리카 변이와 거의 동일하며, 이것은 콜럼버스 이후 서아프리카 거주민이 아메리카 대륙에 이주해 왔음을 암시한다.[54]

옐로우 잭과 검은 토사물: 증상 및 민감성

1900년이 되기 전까지 250년간 황열병은 카리브해의 백인들 사이에서 가장 무서운 질병이었다. 이 병은 황달이 주요 증상이어서 황열이라고 불렸으며, 이

---

53) Crawford(2003: 2).

54) 필자는 바이러스와 질병에 대해 Barrett and Monath(2003), Monath(1999), Monath (2001), Vasconcelos(2003), Tsai(2000), Vainio and Cutts(1998), Tomori(2004), Restrepo (2004), Barrett and Higgs(2007) 등의 연구를 참조했다. 현재 몇 가지 측면에서 시대에 뒤떨어진다는 고전적인 연구로는 Carter(1931)와 Strode(1951)의 연구를 들 수 있다. 황열병의 기원이 아프리카라는 주장은 한때 의심 받았지만 게놈 분석에 의해 정설화되었고, 특히 황열병 바이러스가 아프리카 원숭이보다 남미 원숭이에게 더 치명적이라는 사실로 인해 더욱 강하게 입증되었다(Marianneau et al., 1999). 그리고 필자가 볼 때 황열병의 기원이 아프리카라고 지적한 최초의 연구자는 Mackrill(1796: 17)이며, 그는 이 병을 '아프리카 열병(African fever)'이라고 불렀다. Wilkinson(1995)이 제기했던 마야문명 멸망과 황열병의 연관성은 더 이상 타당성이 있는 것으로 보이지 않는다.

외에도 다양한 이름으로 지칭되었다. 검역 규제로 황색 깃발을 게양했던 19세기 무렵에는 종종 "엘로우 잭(Yellow jack)"[55]이라고 불렸다. 또한 스페인 사람들은 이 병의 주요 증상을 근거로 "검은 토사물(Black vomit)"이라고도 불렸다.

황열병의 증상은 아주 끔찍했다. 이 끔찍한 증상 때문에 발병 여부를 쉽게 알 수 있었다. 운이 좋은 경우, 황열병은 고열, 근육통, 두통, 때로는 메스꺼움과 현기증이 3~4일 지속되다 사라진다. 이 경우에는 황열병을 다른 질병과 혼동하기 쉽다. 운이 나쁠 경우, 증상이 완화된 지 하루 후 황달과 내출혈이 동반된 "독성 단계(toxic phase)"로 들어간다. 치명적인 경우, 피해자들은 코와 귀로 피를 흘리고 섬망을 겪으며 가끔 응고된 피를 토한다. 이때 토사물은 대개 커피 찌꺼기 색과 농도를 가진 검은색이다.[56] 이 증상은 의학 지식이 없는 사람들도 쉽게 알아차릴 수 있기에 황열병은 다른 질병보다 진단하기 수월하다.[57]

---

55) Moreau de Jonnès(1820: 7~10)는 프랑스와 스페인, 영국에서 사용되는 황열병의 수십 가지 명칭에 대해 나열하고 있다.

56) Pinckard(1806, 2:262~263)는 커피 가루 이미지를 사용해 황열병의 치명적인 증상을 상세히 묘사하고 있다. Warren(1741: 12~18)도 Poupptés-Dcsporres(1770, 1:191~201)와 Labat(1722, 1:72~74, 435~440, 4:2~6)처럼 황열병 증상에 대해 자세히 설명하고 있다. 라바트 신부는 황열병이라고 여겨지는 병에 대해 1694년 6월과 1697년 5월 두 차례에 걸쳐 'Mal de Siam(시암의 저주)'이라는 용어를 사용했다. 그러나 황열병의 재발은 알려져 있지 않기 때문에, 이상 질병들 중 하나 또는 그 이상은 아마도 다른 질병일 가능성이 있다.

57) 하지만 이것이 절대적인 방안은 아니다. 소급 진단은 항상 불확실한 측면이 있다. 뎅기열은 종종 출혈열이나 검은 구토가 발생한다는 것을 제외하고는 모든 증상이 동일하다. 루스매개성 재귀열(Louse-borne relapsing fever)은 황열병 증상과 상당히 비슷하기도 하며, 말라리아와 장티푸스도 황열병으로 오인할 수 있다. 감염은 희생자마다 다르게 나타나고, 병원균은 진화하는 데도 불구하고 17세기와 18세기의 관찰자들은 성급하게 결론을 내렸다. Patch(1996)는 유카탄의 전염병 연구에서 가장 기발한 진단 도구를 발견했다. 사제들은 황열병으로 죽어 가는 사람들에게 세 가지 마지막 의식을 거부했는데, 왜냐하면 교구민들이 그리스도의 몸에 토하는 것이 너무 충격적이라 여겼기 때문이다. 패치는 사제 행위의 기록에서 황열병 전염병과 다른 전염병의 차이를 구별할 수 있다고 믿는다. 황열병으로 죽은 사람들은 세 가지 마지막 의식 중 두 가지, 즉 속죄와 병자성사의 복음만을 얻었을 뿐, 죽어 가는 사람들에게 성체를 거행할 때 성찬례가 불려지는 것처럼, 임종 시에

황열병에 의한 혼수상태와 사망은 보통 검은 구토를 동반한다. 사망자 대다수는 죽음을 악몽의 끝으로 여겼을 것이다.[58] 황열병은 보통 간과 신장의 기능 저하, 순환기 붕괴로 사람들을 죽음에 이르게 한다. 증상의 시작부터 사망까지는 약 2주가 걸린다. 대개 면역 체계는 일주일 안에 항체를 형성하는데, 이것이 항상 도움이 되지는 않는다. 어떤 경우에는 항체 형성이 회복을 방해할 수도 있다. 한 의료 관리자는 "질병 급성 단계에서의 면역 메커니즘이 발병에 어떤 영향을 미치는지는 불분명하다"라고 말했다.[59] 면역 체계는 피해자를 지속적이고 극심한 고통으로 몰고 가며, 오히려 강력한 (예를 들어 1918년 유행성 독감으로 형성된) 면역 체계는 환자에게 악영향을 미칠 수도 있다.

그래서 역설적으로 인생 전성기(강하고 충만하며 젊음)의 젊은 성인들은 사망 위험이 가장 큰데, 이것은 과잉 면역 반응이 원인일 수 있다.[60] 1818년 마르티니크의 한 프랑스 의사는 "운동 체질의 아메리카인"이 황열병에 가장 취약하다는 사실을 관찰했는데, 그는 그 원인을 '증류주 남용'으로 꼽았다.[61] 어린아이들은 일부 죽기도 하지만 대개 열이 조금 나고 아프다는 사실조차 못 느끼는 경우가 많았다. 1818년에 세인트키츠에서 존 서스톤(John Thurston) 박사는 "10세

받는 성찬(viaticum)은 없는 것으로 보았기 때문이다.

58) 나는 쿡 제도(Cook Islands)에서 황열병과 비슷한 플라비바이러스인 출혈성 뎅기열에 걸린 적이 있는데, 그 당시 며칠 동안 말할 수 없이 비참한 나날을 보내면서 나 자신의 죽음을 정신없이 바라보았다. 1796년부터 1797년까지 가이아나(Guyana)에서 복무했던 영국 의료관 조지 핀카드(George Pinckard)는 황열병이라고 믿었던 병에 대해 설명하면서 비슷한 상황을 기록하고 있다. Pinckard(1806, 3:135~150) 참조.

59) Monath(1999: 1262).

60) Moseley(1795: 416~417). Pinckard(1806, 3:231)에 의하면, "건강과 활력도 안정감을 주지 않고, 오늘 한 번 힘자랑을 하는 사람은 내일 관 속에 들어갈 수 있다"라고 말했다. 라피(Lapey) 신부는 1648년 유카탄의 황열병 발병을 관찰하면서 "가장 건강한 젊은이들이 가장 심하게 공격 당하고 사망했다"라고 언급했다. Ziperman(1973: 105)에서 인용.

61) Wellcome Library, American MSS 113, Certificats de Guadeloupe, ff. 56~57, Gardey à Chervin, 6 février 1818.

이하 또는 55세 이상에서 황열병이 걸린 사례를 한두 번밖에 본 적이 없다"라고 말했다.[62] 이것은 노인들이 특별히 건강해서가 아니라, 이전에 질병에 노출되어 면역력을 가졌을 가능성이 더 크다. 황열병 바이러스에 감염된 환자는 몇 주 동안 새끼 고양이처럼 약해지지만, 이를 통해 평생 면역력을 얻을 수 있다.

나이뿐만 아니라 성별도 황열병 감염에 영향을 미쳤을 수 있다. 17세기와 18세기 사람들은 흔히 남성이 여성보다 취약하다고 보았는데, 이는 남성의 무절제한 생활로 인한 취약성 때문이었다. 따라서 사람들은 남성이 여성보다 감염에 취약하다는 것을 상식으로 받아들였다.[63]

1647년 바베이도스에 큰 전염병이 돌았는데, 특히 이 병은 세인트 미카엘스(Saint Michaels)나 브리지타운(Bridgetown)에서 맹위를 떨치며 많은 사람들을 집어삼켰다. 하지만 다른 전염병들이 그러하듯이, 여성들보다 남성들에게 상대적으로 많이 발병하는 것으로 관찰되었다.

18세기 유명한 의사 중 한 명인 제임스 린드(James Lind)는 "서인도 제도에서 여성이 남성보다 건강 상태가 훨씬 좋고, 아마도 여성이 절제된 생활을 하기에 남성보다 황열병에 덜 걸리는 것으로 보인다"[64]라고 말했다. 1732년부터 1747

---

62) Wellcome Librnry, American MSS 113, Cercilicats de Guadeloupe, ff. 60~62, Thurston to Chervin 20 March 1818. Buchet(1997). 이 기록은 배의 견습생들이 프랑스 해군의 일반 선원들보다 더 많이 카리브해의 순양함에서 살아남았음을 보여 준다. 바베이도스의 병원 감사관은 1819년 황열병이 유행했던 것을 상기하면서, 노인들이 덜 영향을 받은 것 같다고 말했다. PRO, WO 334/165, ff. 20, "Extract of Annual Report to Accompany the Annual Return of Sick," 30 July 1839.

63) BL Sloane MSS 3662, ff. 62~54(원고의 이 부분은 앞뒤로 써 있음), "Description of Barbados".

64) 제임스 린드는 감귤류가 괴혈병을 예방할 수 있음을 1747년 최초의 임상 시험(Lind, 1788: 117~118)을 통해 알린 유명한 해군 의사이다. 1779년부터 1783년까지 자메이카의 영국 육군에서 복무한 존 헌터(John Hunter)는 린드의 의견에 동의하면서 "계산적인 용어로 표현하자면, 여성의 삶은 적어도 남자보다 두 배는 더 좋다"라고 말했다. 그는 또한 여성들이 "삶에 있어서 그들의… 절제"(Hunter, 1788: 25~26)에 의해 보호 받고 있다고 덧붙였

년까지 생 도맹그에 살았던 프랑스의 한 의사도 다음과 같이 비슷한 내용을 말했다. "황열병은 많은 남성을 빠르게 무덤에 몰아넣었지만, 여성의 경우 단 한 명의 감염자밖에 볼 수 없었다."[65] 실제로 남성이 여성보다 황열병에 더 취약하다면, 이 차이는 아마도 신체적 민감성이기보다는 감염원에 대한 노출 빈도의 문제일 것이다.[66] 현대 의학에서는 이 부분에 대해 거의 언급하지 않고 있으며, 가끔 "남성의 경우 여성보다 조금 더 빈번하게 발병"한다고만 말한다.[67]

다. 내가 발견한 유일한 반대 주장은 1817년 전염병에 걸린 농장주 매튜 루이스(Matthew Lewis)의 견해이다. 그는 황열병이 자메이카에서 "특히 군인들의 아내들 사이에서" 퍼졌다고 언급했다(Lewis, 1999: 209). Winterbottom(1803, 1:14)은 서아프리카에서 유럽 여성들이 유럽 남성들보다 황열병에 더 잘 저항한다고 언급했다. 이상 저자들은 종종 질병을 무절제와 연관시켰기 때문에 남성이 여성보다 더 자주 고통 받는다는 사실을 쉽게 받아들였다.

65) Pouppé-Desportes(1770, 1:40). 원저: "*Le mal de Siam a mis une infinité d'hommes au tombeau en très-peu de temps; mais je n'ai vu qu'une femme qui en ait été attaquée*(시 암병은 단기간에 수많은 남성을 죽음으로 몰아넣지만, 제가 본 여성은 단 한 명뿐이었습니다)." Moseley(1795: 416~417)는 여자와 어린이, 그리고 마른 사람이 황열병에 덜 감염되는 것으로 생각했다.

66) Lind(1788: 117~118)와 Pinckard(1806, 3:426~427)는 다음과 같이 설명하고 있다. 가장 조밀하거나 단단한 섬유질을 가진 사람들은 황열병에 걸릴 빈도 및 확률이 가장 높으며 가장 빠르게 파괴된다. 여성과 어린이, 그리고 이전 심각한 질병에서 회복 중인 사람, 수은 요법의 사용으로 체중이 줄어든 사람은 황열병의 공격 대상이 되는 경우가 더 적다. Jackson(1791: 250)과 Rodriguez Arguelles(1804: unpaginated prologue)의 저작 참고. 프랑스령 가이아나의 여성 질병에 대한 Bajon(1777~1778, 1:34, 88~114)의 연구도 황열병에 대해 구체적으로 언급하지 않았지만, 일반적으로 여성이 남성보다 더 건강하다고 생각한다.

67) Monath(2001: 12). 아마도 질병 발생률의 차이는 '벡터 선호도의 반영(reflection of vector preferences)'일 것이다. 나는 이집트숲모기와 관련해서는 어떠한 증거도 보지 못했지만, 분명 카리브해의 주요 말라리아모기인 아노펠레스 알비마누스(Anopheles albimanus)는 여자보다 남자를 무는 경향이 높다. Waddell(1990~1992)은 19세기 스페인에서 여성보다 남성에게 훨씬 더 높은 발병률을 보였던 몇 가지 황열병 전염병을 보고했다.

황열병 사망률

운이 좋게도 오늘날 황열병 환자들의 약 75~85%는 경미한 증세를 보이며, 중증 환자 중 20~50%만이 사망한다. 전체적으로 보자면 약 3~13%의 치사율이다. 현재까지 알려진 치료법은 없다. 하지만 다행스럽게도 황열병 바이러스는 현재 쉽게 통제할 수 있는 바이러스 중 하나이다. 왜냐하면 바이러스 매개체는 (앞으로 보게 되겠지만) 까다로운 모기 중 하나이지만 1930년대 이후 효과적이고 안전한 백신이 개발되었기 때문이다.[68]

역사적으로 볼 때, 황열병의 치사율(즉 감염된 사람이 사망할 확률)은 어느 보고서에서 언급한 85%보다 더 높을 수 있었다.[69] 하지만 대부분의 경우 집계와 보고가 너무 불완전해서, 공식 통계보다 더 많은 사람이 병에 걸렸고 소리 소문 없이 회복되었다. 따라서 보고된 사례와 사망률의 신빙성에 대해서는 회의적인 시각을 가질 수밖에 없다.

얼마 안 되지만 잘 정리된 여섯 건의 황열병 발병 기록은 높은 사망률 사례 보고를 뒷받침하고 있다. 1853년 황열병이 버뮤다의 영국 수비대를 덮쳤으며, 감염된 829명 중 360명이 사망했다(43%).[70] 1856년 세 척의 영국 증기선이 아이티 항구에 정박한 후 황열병에 감염되었고, 가장 운이 좋았던 선박에서 병에 걸린 사람들의 30%, 그리고 가장 불행했던 선박에선 48%가 사망했다.[71] 이 비율은 사례 사망률(감염된 사람 중 사망한 사람의 비율)이 아니라 고립된 모집단의 전체 사망률이었다. 1861년 프랑스의 생나제르(St. Nazaire) 항구에서 44명이

---

68) Barrett(1997). 백신은 달걀에서 제조되며, 쉽게 대량 생산할 수 없다.

69) Slosek(1986: 249)은 치사율의 상한선을 94.5%라고 말한다. Monath(1999)은 1~80%의 치사율 범위를 말하지만 그러한 모든 수치의 신빙성을 강조한다.

70) PRO CO 37/150, f. 81, "Report of the Commissioners on the Yellow Fever at Bermuda 1853."

71) "Report upon Yellow Fever in HM Ships on the West Indies Station in 1856" by Sir John Liddell, 19 July 1856. National Maritime Museum(Greenwich), MLN/153/9/.

황열병에 걸려 26명(사망률 59%)이 사망했다. 1990년 이탈리아 오페라단이 브라질 건국 400주년 기념일에 오페라 아이다를 공연하기 위해 브라질의 도시 벨렘(Belem)을 방문했다. 이때 이탈리아인 중 29명이 황열병에 걸려 19명(65%)이 사망했는데, 이는 최상의 의료 서비스를 제공한 지방 당국으로서는 아주 당혹스러운 결과였다.[72] 1920년, 멕시코 당국은 505건의 황열병 사례와 249명(49%)의 사망자를 기록했다.[73] 1995년 페루에서는 황열병이 발생하여 800명 중 38%가 사망했다.[74] 비교해 보자면, 효과적인 예방을 하기 전의 천연두 사망률은 약 20~50%였고, 선(腺)페스트(흑사병)의 경우는 80%에 달했다.[75]

과거에 황열병 사망률이 더 높았던 이유는 무엇일까? 두 가지 주요 가능성으로 이를 설명할 수 있다. 첫째, 바이러스 노출 위험이 감소해 감염자가 줄었다는 것이다. 둘째, 치명률이 감소하면서 감염자 중 적은 수만 사망했다는 것이다. 첫 번째 설명의 경우는 어떠한 전염병 상황에도 적용할 수 있다. 오늘날 바이러스는 모기 방역 및 백신으로 인해 더 이상 감염 가능성이 그리 높지 않다. 또한 미예방접종자가 황열병 위험 지역으로 이동하는 경우는 거의 없다.

게다가 이 책에서 사용된 많은 역사 자료들은 군인이나 노예들로부터 얻은 것이다. 황열병이나 기타 평범한 전염병이 발생하면 많은 사람이 이주를 통해 감염을 피하기도 했다. 예를 들어, 1793년 필라델피아에서 황열병이 발생했을 때 필라델피아 인구의 3분의 1에서 2분의 1 수준인 약 2만 명의 주민들이 도시

---

72) Hillemand(2006); Coleman(1984); Costa(1973: 71~73). 나는 후자의 사례를 참고하기 위해 제니아 윌킨슨(Xenia Wilkinson)의 연구를 참조했다. Curtin(1998: 3~5, 9~11)은 황열병의 극단적인 사망률 개념을 뒷받침하는 19세기 서아프리카의 유럽군 사망률 수치를 보고했다. 1825년부터 1826년까지 감비아에서 황열병으로 인해 120명 단위의 부대에서 279명이 목숨을 잃었는데, 이 통계상의 모순은 계속적으로 부대 인원이 충원되었기 때문에 가능한 것이었다.

73) Solórzano Ramos(1997: 173).

74) Barrett and Higgs(2007).

75) Livi-Bacci(2006: 206). 그러나 페스트 사망률이 이 수준에 도달하는 경우는 거의 없었다.

를 탈출했다.[76] 그러나 카리브해에서 군인과 선원, 노예들은 전염병으로부터 도망칠 자유가 없었다. 따라서 일부만이 카리브해를 떠났으며, 이런 이유로 이들은 감염원으로부터 노출의 위험을 줄일 수 없었다.[77]

노출 위험 외에도 현대 황열병은 감염자 중 사망자 수가 적을 가능성이 있다. 이론적으로 지난 1~2세기 동안 바이러스가 독성이 약해지도록 진화했을 가능성이 있으며, 이를 통해 이 수수께끼를 깔끔하게 설명할 수 있다. 그러나 이 방식으로 결론에 도달하기는 쉽지 않아 보인다. 왜냐하면 게놈 증거에 따르면 바이러스가 지난 500년간 매우 안정적이었음을 보여 주기 때문이다.[78] 물론 바이러스와 여타 병원균들은 숙주가 다음 숙주를 찾을 때까지 생존하는 것이 진화적으로 중요하다. 하지만 숙주의 체내에서 다량 번식을 위해 높은 수준의 독성이 필요한 경우, 진화적 대가가 항상 독성 감소로 이어지는 것은 아니다. 그리고 진드기나 곤충에 의해 전달되는 아르보 바이러스(Arbovirus)는 반드시 인간을 숙주로 삼아 번성하고 진화해야 한다는 압박이 적다. 예를 들어 황열병 바이러스의 1차 서식지는 사람이 아닌 모기이다. 그래서 전파력을 극대화하려는 진화적 압력은 인간이 아닌 이집트숲모기의 체내에서 더 강하게 작용했다. 실제로 모기 매개 병원균은 인간을 아프고 무기력하게 만들어서 그들의 1차 숙주

---

76) Kornfeld(1984: 189). 이 당시 약 1만 명의 필라델피아 주민들이 전염병으로 사망했다.

77) 서인도 제도의 탈영률은 전염병 시대에 프랑스와 영국 해군에서 가장 높았다(Bucher, 1997b). 포르토프랭스(Port-au-Prince) 군 병원에서 10년 동안 근무한 한 프랑스 의사는 황열병 입원자 중 적어도 8분의 7이 사망했다고 주장했다. Wellcome Library, American MSS 133, ff. 35~36, Leuren à Chervin, 17 Avril 1818. 게다가 군인과 선원, 하인들은 과도한 알코올 섭취로 인해 간이 손상되어 황열병에 더 취약해졌을 것으로 추정된다. Buckley(1998: 293)는 여러 문서에서(pp. 281~294) 영국 병사가 거인국의 술꾼(Brob-dingnagian swiller)이라는 견해를 제시한다. 그러나 젊은 남성이 황열병으로 노인보다 더 쉽게 사망했다는 빈번한 관찰은 평균적으로 청년의 간이 알코올에 의해 덜 손상되었을 것이라는 설명과 배치된다.

78) Barrett and Higgs(2007).

인 모기를 죽일 수 없도록 하는 것이 이득일 수 있다.[79] 뎅기열 바이러스는 황열병과 달리 지난 200년 동안 자유롭게 변이를 일으켜 독성이 약한 변종보다 독성이 더 강한 변종으로 진화했다.[80] 그래서 이 가능성은 희박해 보인다.

또 다른 생물학적 가설은 전 세계 많은 지역에서 잠재적 황열병 환자들이 뎅기열 감염을 통해 자연면역을 가질 수 있다는 것이다. 플라비바이러스(양성 RNA 게놈 병원체)의 한 종류인 뎅기열 바이러스는 보통 모기에 의해 전염되며, 황열병에 대해 어느 정도 '교차면역(cross-immunization)'을 부여하는 것으로 보인다. 뎅기열은 황열병처럼 17세기 카리브해에 도착해 1827년부터 널리 퍼진 것으로 추정된다.[81] 이 병은 1970년대 이후부터 카리브해와 브라질에서 흔한 질병으로 자리 잡았다. 최근 몇 세기 동안 아시아에서 뎅기열이 확산한 것은 이집트숲모기가 있어도 황열병이 발생하지 않을 수 있음을 설명하는 주요한 가설이다. 이 가설이 훨씬 가능성이 커 보인다.

오늘날 황열병 사망률은 미미하다. 공식 자료에 따르면, 황열병에 의한 사망은 아프리카에서 연간 2천~5천 명, 남미에서 수백 명 정도이며, 주로 페루와 볼리비아, 브라질의 아마존 지역에서 발생한다. 전체 공식 보고서에 기록되지 않은 사망자 사례를 고려하면, 황열병에 의한 사망자는 연간 약 3만 명으로 추산되며, 주로 아프리카에서 약 20만 명이 감염된다.[82] 하지만 말라리아와 에이즈

---

79) 병원균이 어떻게 진화할 수 있는지에 대한 접근 가능한 설명은 Ewald(1994: 36~55)를 참조. 에발트의 연구는 진화생물학자들 사이에서 논란이 많다. 여기서 나의 견해는 주로 de Roode(2008) 등에 기초한 것이다. 그리고 데이비드 크라카우어(David Krakauer)에게 감사를 표한다.

80) Tabachnik(1998: 413). 뎅기열은 '폭발적 방사선(explosive radiation)'을 받으며 새로운 형태로 진화하고 있다.

81) Frederiksen(1955); Downs(1982); Slosek(1986: 253); Vainio and Cutts(1998). Ashcroft (1979a)는 인도에서 근무했던 영국군 중 뎅기열에 감염된 군인이 서인도 제도로 갔을 때 황열병에 걸릴 확률이 훨씬 낮다는 것을 발견했다.

82) Barrete and Higgs(2007)와 Restrepo(2004)가 인용한 WHO의 사망 인구수.

로 인한 사망자는 이보다 100배 이상 많다. 오늘날 황열병은 브라질 이외의 지역에서는 거의 연구가 진행되지 않을 정도로 더 이상 치명적인 질병이 아니다.

황열병 전파와 면역

역사적으로 황열병은 아메리카 대륙에서 면역력이 없는 사람들이 이집트숲모기에 노출되어 발생했다. 그러므로 카리브해 황열병의 유행 원인은 그 매개체인 모기에게서 찾아야 한다.

카리브해의 질병 매개체: 이집트숲모기

이집트숲모기의 생활 반경은 황열병의 전염 가능 범위를 말한다.[83] 바이러스와 마찬가지로 모기는 아프리카에서 기원했으며, 노예선을 타고 아메리카 대륙에 최초로 왔을 것으로 추정된다.[84] 아메리카에 서식하던 모기들은 이집트숲모기가 선호하는 지역에 서식하지 않았기 때문에, 둘 사이 직접적인 경쟁은 없었다. 이집트숲모기는 대서양을 횡단할 때 기생충, 예를 들어 심장사상충 등에 감염되기도 했을 것으로 보인다.[85]

다른 모기와 마찬가지로, 이집트숲모기는 네 단계의 짧은 인생을 산다. 이들은 알에서 태어나는데, 모든 상황이 순조롭다면 유충과 번데기를 거쳐 모기가

---

83) 이집트숲모기에 대해서는 Chriscophers(1960); Clemencs(2004); Rodhainand and Leon (1997); Spielman and D'Antonio(2001)의 연구를 참조했음. 나는 이집트숲모기와 뎅기벡터의 권위자인 동료 피터 암브루스터(Peter Armbruster)(조지타운 대학교 생물학과) 옆에서 모기처럼 윙윙거리며 많은 것을 배울 수 있었다.

84) 이집트숲모기의 기원이 아프리카라는 것은 이 모기가 아메리카 대륙의 모기들보다 아프리카의 모기들과 더 유사하다는 측면에서 증명되고 있다.

85) 침입종으로서의 질병 매개체에 대해서는 Lounibos(2002)를 참조 바람. 이집트숲모기에 대해서는 235~236페이지에 기술하고 있음.

된다. 다른 대부분의 모기들과 달리 이집트숲모기는 늪이나 웅덩이보다 용기에 담긴 물에서 번식하기를 좋아한다. 우물, 물탱크, 열린 통, 양동이, 화분 등이 그들이 좋아하는 장소이다. 일부 연구에 따르면, 이집트숲모기는 점토 바닥이나 점토로 된 물 용기를 더 선호한다고 한다.[86] 이집트숲모기 암컷은 물 표면이 아닌 물통의 축축한 벽에 알을 낳는다. 알은 건조한 상태에서 몇 주 동안 생존할 수 있다. 이 상태에서 물통에 물이 차면 알이 부화한다. 따라서 카리브해 우기의 시작, 즉 가뭄의 끝은 보통 모기 개체 수 증가가 시작되는 시기이다. 예를 들어, 1817년 베라크루스의 한 기상학자는 폭우 일주일 남짓 후에 "모기가 너무 많아져서… 집집마다 모든 벽이 검게 보였다"라고 언급했다.[87]

다른 모기들과 달리, 이집트숲모기의 알은 유충과 번데기로 성장하기 위해 깨끗하고 오염되지 않은 물이 필수적이다. 이집트숲모기의 알은 종종 새, 물고기, 개구리, 거미, 잠자리, 말벌의 먹이가 되거나 몇몇 기생충의 먹이가 되기도 한다. 이러한 위험을 피한 알은 유충으로서 7~9일, 그 후 2~3일 동안 번데기로 있다가 모기 성충으로 성장한다. 전체적인 성장 속도는 날씨가 서늘하면 느려지고 날씨가 따뜻하면 빨라진다.

이집트숲모기가 본격적으로 날기 시작하면 바닥 근처에서 낮게 나는 것을 좋아한다. 이집트숲모기 암컷은 윙윙거리는 다른 종과는 달리 조용하게 사람의 발목 주위를 물며, 새벽이나 황혼 무렵의 따뜻하고 습한 날씨에 더욱 자주 문

---

86) Ramenofsky(1993: 325), Carter(1931) 참조. 현대 의학에서는 점토와 연관된 언급이 없다. 나는 모기 전문가와 토양 화학자들에게 어떤 식으로든 점토의 영양분이 물에 침출되어 모기 유충의 성장을 도울 수 있다고 생각하면서, 특히 이집트숲모기 알이나 유충에 어울리는 점토가 있을 수 있는지를 물었지만, 아무도 이에 대해 수긍하지 않았다. 카터가 연구했을 당시에만 점토가 물통으로 사용되었다는 것이 점토의 매력을 감소시켰을 수도 있다. 1950년 이후 현대사회는 점토를 대신해 금속과 플라스틱이 대세를 이루고 있으며, 이집트숲모기는 점토 용기에 알을 낳을 수 있는 기회가 거의 없어졌다.

87) Antonio Lopez Macoso(Knaut, 1997: 6217에서 재인용). 베라크루스에는 아마도 이집트숲모기 이외에 다양한 모기 종류들이 존재했을 것이다.

다. 모든 모기가 그렇듯이 암컷만 흡혈을 하는데, 이것은 산란을 위해 필요한 것이다.

암컷 이집트숲모기는 배고플 때 인간의 피를 자신 체중의 세 배까지 마실 수 있다. 모기의 흡혈 소요 시간은 혈관 찾는 것을 포함해 2~5분이 걸린다. 흡혈을 마친 이집트숲모기는 너무 비대해져 잘 날지 못하기에 벽이나 안전한 곳을 찾아 휴식하며, 3~4일 동안 다시 흡혈하지 않는다. 두세 번 흡혈한 모기들은 알을 낳기에 적당한 곳을 찾아 나선다. 보통 암컷 이집트숲모기는 2~4주 동안 살면서 일주일에 한 다발의 알을 낳을 수 있지만, 날씨가 따뜻해지면 비행, 식사, 소화, 산란 등 모든 것이 가속화된다. 일부 장수하는 모기들은 6~8주 동안 살기도 한다.

굶주린 이집트숲모기는 시각적·화학적 센서로 희생자가 될 인간을 찾는다. 이 센서는 습한 공기 속에서 더 잘 작동한다. 10미터 떨어진 곳에서 움직이는 물체까지 감지할 수 있고, 수증기와 이산화탄소의 따뜻함 그리고 호흡의 리듬 등에 이끌려 대상을 찾는다. 그들은 특히 사람 땀에 있는 적정 농도의 암모니아와 젖산을 좋아한다.[88] 그래서 여자나 아이들보다 땀을 많이 흘리는 성인 남성들이 이집트숲모기에게 특별한 매력을 갖고 있는지도 모른다. 사탕수수 농장의 일꾼들이나 땅을 파는 군인들처럼 땅 가까이에서 가쁘게 숨을 쉬며 땀을 많이 흘리며 일하는 인체가 모기 기준으로 볼 때 가장 매력적인 표적이다. 암컷 이집트숲모기는 까다로운 포식자이다. 이들 중 90% 이상은 인간만을 물며, 아주 절박한 상태에서만 다른 포유동물을 흡혈한다. 이집트숲모기는 이런 '먹이 집중(feeding focus)' 현상 때문에 인간에게 질병을 일으키는 매우 효율적 매개체가 되었다. 왜냐하면 이집트숲모기는 소와 돼지, 말이 아닌 인간에게만 바이러스를 주입하기 때문이다.

이집트숲모기는 특정 구역에만 서식하면서 장거리 모험을 꺼리는 '소심한 비

---

88) Kent et al.(2008); Ghaninia et al.(2008).

행사'이지만 간혹 원거리를 날아갈 때도 있다. 모기들은 본능적으로 물통(water casks)에 집착하기 때문에 긴 항해를 견딜 수 있는 '밀항꾼'이 되었고, 이로써 알과 애벌레, 그리고 다 자란 모기들이 바다 사이를 가로질러 여행할 수 있게 되었다. 실제로 원거리 비행을 꺼리는 습성 때문에 많은 이집트숲모기가 배를 타고 바다를 건넜다. 즉 홀로 장거리를 날아간 모기는 굶어 죽거나 익사하지만 배를 탄 모기는 사람과 물통 그리고 약간의 온기만 있다면 어느 곳이든 생존할 수 있었다.

습하고 따뜻한 날씨가 생존의 필수 요소였기에, 이집트숲모기의 활동 범위는 제한적일 수밖에 없었다. 시원하거나 건조한 환경에서는 날거나 물기보다는 쉬는 것을 선호하여 황열병 유행 또한 잦아들게 된다. 대개 생존을 위해서는 10℃(50℉) 이상, 물기 위해서는 17℃(63℉) 이상, 최상의 상태를 유지하기 위해서는 24℃(75℉) 이상의 온도가 필요하며, 가장 이상적인 온도 범위는 27~30℃(81~88℉)이다. 40℃(104℉)를 넘는 것은 크게 좋지 않고 심지어 치명적인 결과를 낳을 수 있다. 이집트숲모기의 알은 성충보다 더 넓은 온도 범위에서 생존하는데, 심지어 서리도 견딜 수 있다. 하지만 알이 부화하기 위해서는 물이 필요하고, 유충이 자라기 위해서는 따뜻한 물이 필요하다. 이 요건은 이집트숲모기가 연중 내내 카리브해 저지대 전역에서 생존할 수 있고, 특히 해안(도시들이 있는 곳)과 남미의 리우데자네이루 남쪽까지도 살 수 있음을 의미한다. 북아메리카에서 이집트숲모기 알은 온화한 겨울에도 살아남을 수 있고 봄 기후에도 부화할 수 있다. 더 따뜻한 기후에서 온 선박은 매년 여름마다 더 강력한 모기들을 데려올 수도 있다. 따라서 1711년 퀘벡주나 1726년 더블린주 사례처럼, 황열병은 위도가 높은 지역에서도 계절에 따라 드물게 나타날 수 있다. 또한 찰스턴과 사우스캐롤라이나(South Carolina), 부에노스아이레스(Buenos Aires)의 경우처럼 아열대 위도의 여름에도 황열병은 발생할 수 있다.

황열병은 전염병으로 유행하면서 세계적인 주목을 받았다. 하지만 전염병이 되기 위해서는 상당히 까다로운 조건을 만족시켜야 했다. 황열병이 발병하기 위해서는 이집트숲모기가 부화하고 성장하기 위한 적절한 온도와 습도 등이 필요했다. 그리고 황열병의 대상인 인간에게도 특별한 조건이 필요했다. (원숭이가 많지 않은 상황에서) 지속적으로 전염병이 돌기 위해서는 보통 사람이 아닌 특별한 조건을 충족하는 사람(바이러스 보균자―옮긴이주)이 필요했다.[89]

황열병 바이러스가 많은 인간에게 전파되고 죽음을 몰고 오기 위한 여부는 모기에서 인간으로, 그리고 다시 모기로의 전파 효율성에 달려 있다. 모기 매개 질병의 경우, 전염을 극대화하기 위해 다음의 세 가지 조건이 중요하다. 첫째, 인간과 전염 매개체의 밀도, 둘째, 매개체의 먹이 집중, 즉 전염 매개체가 인간만을 무는지 아니면 다른 포유동물들도 함께 무는지의 여부이다. 셋째, 전염 매개체의 수명이다. 늙은 모기는 감염자를 물어서 바이러스를 가졌을 가능성이 높기 때문에 제일 위험하다. 여기서 모기의 먹이 집중 조건은 매우 중요하다. 왜냐하면 모기의 무차별적 물기는 종종 바이러스에 전혀 영향을 받지 않는 포유류에게도 바이러스를 주입하기 때문이다.

황열병 유행에 매개체 수는 아주 중요하다. 이집트숲모기의 약 60%만이 황열병 바이러스를 전염시킬 수 있으므로(매개체 능력, vector competence) 매개체 수가 매우 중요하다. 사람의 경우 약 2주 동안 병을 앓고, 그 후 죽거나 면역력을 가지게 된다. 이집트숲모기는 최근 사망한 시체를 포함해 누구든 물 수 있지만, 황열병 감염자들의 피는 발병 초기 3~6일 동안만 감염력이 있다. 모기 한 마리가 일생 동안 감염시킬 수 있는 횟수는 아마도 10~20회 정도에 불과하다. 전염 주기는 많은 수의 모기와 이에 물린 감염자가 있어서 바이러스가 사람과 사람 사이로 전파될 때 견고해진다. 이것은 왜 황열병이 이집트숲모기가 번성하는 여름철에 주기적으로 나타났는지를 설명하는 데 도움이 된다.

또한 황열병이 유행하기 위해선 아주 많은 인구가 밀집되어 있어야 한다. 그

---

89) 모기 사이에서 암컷 어미로부터 암컷 새끼로의 바이러스 수직감염(vertical transmission)이 가능하지만 많지 않으며, 이집트숲모기의 경우 1% 미만에서만 나타난다.

렇지 않으면 바이러스는 빠르게 전파될 수 없다. 매개체(모기)의 제한된 비행거리와 감염자들의 짧은 감염 기간 그리고 여러 요인으로 인해 황열병은 인구가 분산된 상태에서는 전파되기 어렵다. 이런 이유로 황열병 유행은 인구가 밀집된 도시를 배경으로 하는 경우가 많다. 그리고 면역자들은 바이러스를 파괴하기 때문에 비면역자들 비율이 높은 것이 황열병이 유행하는 데 유리하다.

황열병 면역

모기가 면역이 생긴 혈관에만 바이러스를 주입한다면 전염 사이클은 중단된다. 아프리카와 브라질의 현대적 예방접종 프로그램에 의하면, 총인구의 60%가 면역력을 가졌더라도 여전히 황열병은 유행할 수 있다. 하지만 80% 이상이 면역력을 가진다면, 감염된 모기가 비면역자를 물지 못하고 죽는 경우가 많아지기에 더이상 황열병은 유행할 수 없다.[90] 면역자의 비율을 높여 전염병을 막는 것을 "집단면역(herd immunity)"이라고 한다. 최근 어떤 지역에 황열병이 퍼졌지만, 전염에 취약한 인구가 적어서 유행하지 못했다. 아프리카 혹은 아메리카의 황열병 발병 지역에서 자란 사람이 80% 정도라면, 바이러스는 나머지 20% 사람들을 감염시킬 수 없다. 왜냐하면 20% 사람들은 80% 면역자들에 의해 보호 받기 때문이다. 집단면역은 카리브해 지역에서 생소한 개념이었지만, 이것은 실제 역사에서 상당히 큰 역할을 했다.

황열병에 대한 유전적 저항력 또는 완전 면역의 가능성은 있다. 하지만 이것을 이론적으로 설명하거나 전 인류에게 보편 적용하는 것은 쉬운 일이 아니다. 장기적으로 볼 때 진화를 통해 특정 감염에 저항력을 제공하는 유전적 특성이 생성될 수 있다. 이것은 보통 지리적으로 안정된 인구 사이에서 수 세기에 걸쳐 형성되는 특성이 있다. 아프리카계(특히 서아프리카계) 인종의 다수는 소위 '겸상적혈구 특성(sickle cell trait)'을 지니고 있는데, 이것은 가장 치명적인 말라리

---

90) Massad et al.(2003).

아에도 강한 저항력을 가지고 있다. 구체적으로, 서아프리카인 약 4분의 1이 이러한 특성을 지니고 있으며, 아프리카계 미국인의 10분의 1도 그렇다. 게놈 증거에서 알 수 있듯, 현재의 황열병이 약 3천 년 동안 서아프리카에 존재했다면, 그곳에 살고 있던 인류들은 이 질병에 대한 저항력을 진화시켰을 것이다. 만약 그렇지 않다면 진화생물학자들에게는 놀라운 일이 될 것이다. 더구나 기록에 의하면 미국과 쿠바, 브라질의 많은 전염병 사례에서 유럽계 사람들의 사망률이 아프리카계 사람들보다 훨씬 높았다. 그러나 저항력에 대한 직접적인 증거와 이를 설명할 수 있는 겸상적혈구 특성 같은 식별 가능한 메커니즘은 없다. 그리고 일부 연구자와 학생들은 이 주장에 대해 회의적인 시각을 가지고 있다. 왜냐하면 이 주장이 아프리카인과 그 혈통에게만 적용된다는 것을 알고 있지만, 마치 피부색이 다른 사람들 사이에 내재된 생물학적 차이처럼 보이기 때문이다.[91] 특정 지역의 질병 발병률과 사망률에 대한 흑인과 백인의 차이를 설명한 것도 있다. 하지만 이것들은 질병에 대한 차등 노출, 후천면역의 다른 패턴이 일방적 관점에서 기술되어 있다.

카리브해 흑인 노예 대다수는 세네감비아(Senegambia), 골드코스트(Gold Coast), 베냉만(Bight of Benin), 비아프라만(Bight of Biafra), 북부 앙골라(northern Angola) 등의 황열병 발생 지역에서 온 사람들이었다.[92] 이들 중 유전적

---

91) 최근 이러한 진술에 대해서는 Watts(2001), 그리고 이에 대응하여 Kiple(2001)의 연구가 있다. 내가 이 점에 관해 상담한 생물학자들은 한결같이 유전성 면역이라는 생각을 받아들였다.

92) Burnard(2001, 2008: 144)는 자메이카에 도착한 노예 13만 명의 지리적·인종적 기원에 대한 데이터를 가지고 있으며, 이들 노예 중 다수가 스페인령 카리브해 정착촌에 팔려 갔다. 이러한 노예 중 약 93%는 골드코스트와 앙골라에서 출발했는데, 이곳은 19세기에 황열병이 창궐했던 곳이다(필자는 훨씬 이전부터 병이 창궐했으리라 추측한다). 이러한 노예 중 일부는 유년기를 내륙 안쪽에서 보냈고, 어떤 경우에는 황열병 지역에 있지 않았을 수도 있다. 하지만 그들이 서아프리카의 막사에서 살아남았다면, 아마 황열병도 살아남았을 것이다. 어린 시절의 바이러스 노출과 노예화, 그리고 이후의 노출에 의해, 유전적으로 황열

저항력이 없는 사람들은 대부분 유년 시절 황열병 감염을 통해 면역력을 가졌을 것이다. 따라서 역사적 증거를 추적해 황열병의 유전적 면역 문제를 증명하지 못한다. 이 문제에 관한 세계보건기구의 입장은 신중하고 불가지론적이며 더 많은 연구의 필요성을 강조하고 있다.[93]

만약 황열병에 대한 유전적 저항력이나 면역력이 있다면, 그것은 인종이나 피부색이 문제가 아니라 조상 대대로 내려온 질병 환경의 결과일 것이다. 중서부 아프리카 거주민과 그들의 조상은 황열병에 대한 면역력을 어느 정도 가지고 있었을 것으로 추측된다. 하지만 아프리카의 다른 지역에서 온 사람들은 저항력이 있었을 수도 있고 없었을 수도 있다. 다시 말해서, 황열병이 발생한 곳에는 유전적이든 후천적이든 면역력을 가진 사람들이 있었다.

황열병에 대한 유전적 면역(혹은 저항력)은 이 책의 주요 내용이 아니다. 전혀 없을 수도 있고, 아프리카계 인구의 면역력(또는 저항력)이 모두 후천적일 수도 있다.

황열병 발생 지역 밖에서 태어나고 자란 노예들도 중서부 아프리카의 도시와 항구, 노예 수용소를 거쳐야 했다. 그들은 세계에서 황열병 발병률이 가장 높은 환경에서 몇 주, 몇 달을 보냈다. 노예가 거래되는 동안의 사망률은 15~

병에 저항하지 않았다면, 아메리카 대륙으로 보내진 아프리카인은 거의 모든 경우에 면역력을 얻게 되었을 것이다. Trans-Atlantic Slave Trade Database(http://www.slavevoyages.com/tast/assessmem/estimates.faces)의 지도 또한 노예의 압도적인 비율이 황열병이 널리 퍼져 있던 아프리카의 지역 다수에서 왔으며, 노예무역 기간에도 그러했을 것이라고 짐작된다. 하지만 지리적으로 황열병 창궐 지역이나 노예 다수의 출신 지역(배에 실린 지역과 달리)을 파악하는 것이 불가능하기에, 이 문제를 둘러싼 불확실성은 존재한다.

93) Vainio and Cutts(1998: 30). 이 연구진은 쿠바에서 인종적 요인이 뎅기열 저항의 한 요소라고 말하지만 단지 뎅기열 지역에 살았던 쿠바 흑인들의 거주 지역을 반영하는 것일 뿐 나머지 쿠바인들에 관해서는 설명하지 못한다. Halstead(1997: 37)는 일반적으로 흑인 사이에서 발생하는 뎅기열에 대한 유전적 저항 사례를 제시하며(나는 이것에 대해 회의적이다), 이것에 대해 알려진 메커니즘이 없다는 것을 인정하고 있다.

30%로 상당히 높았다. 그리고 생존자 대부분은 이 경험을 통해 이전에 없었더라도 황열병 면역력을 갖게 되었을 것이다. 카리브해 후손 대부분은 어린 시절에 황열병을 앓았고(만약 그들이 정말로 유전적으로 보호 받지 않았다면), 이후 면역력을 얻어서 살아남은 것이다. 정확하지 않지만, 필자의 지식으로 볼 때, 유전적 저항력은 존재하는 것으로 보인다. 그러나 제국과 혁명의 운명에서 중요한 것은 면역이 유전적인지 후천적인지가 아니라 차등면역과 저항력의 존재 여부였다.

대서양 역사를 살펴보면 이전까지 살펴보았던 것보다 더욱 잔인한 아이러니가 존재한다. 노예들은 아메리카 대륙에 황열병, 열대열 말라리아(falciparum malaria), 십이지장충(hookworm) 등과 같은 새로운 감염병을 가져왔다. 그들은 질병에 대한 (선천적이든 후천적이든) 저항력이나 면역력도 물려받았기 때문에, 결국 노예들은 형태의 노동(유럽인 계약직 하인이나 임금노동자)보다 더 가치 있는 존재가 되었다. 차등면역은 노예와 노예무역의 경제 논리를 강화하여 노예제도를 지리적으로 더 넓게, 시간적으로 더 길게, 더 집약적으로 만들었다.

정글 황열병

적어도 현재로서 아메리카 대륙의 황열병은 '정글(sylvan, sylvatic, jungle) 황열병'이라 불리는 형태로 거의 국한되어 있다.[94] 이 형태에서는 바이러스가 '헤마고구스(Haemagogus)' 속의 모기를 통해 '나무에 서식하는 원숭이'를 감염시킨다. 이 바이러스는 주로 '고함 원숭이(howler monkey)'를 폐사시키며, 다른 종들은 죽이지 않는다.[95] 사람이 감염되기 위해서는 밀림의 우거진 윗부분으로

---

94) 정글 황열병에 대해서는 Vasconcelos(2003: 280~281)를 참조.

95) 이 부분은 황열병이 인간 사이에서 왜 진화하지 못했는가에 대한 다른 가능성을 제기한다. 역사 대부분에서 바이러스는 (모기를 포함해) 원숭이에서 진화하는 것이 더 성공적이었을 수 있다. 나는 의학 문헌에서 이런 생각을 접해 본 적이 없지만, 만약 이 주장에 근거가 있다면 다른 누군가가 이미 생각했을 것이다.

올라가거나 거목을 벨 때 감염된 모기와 접촉해야만 한다. 이 질병은 오늘날 주로 아마존의 벌목꾼에게서 발병한다. 하지만 감염된 모기 범위 내에 예방접종을 받지 않은 사람이 적기 때문에 전염병을 유발하지 않는다.[96] 더구나 문제의 모기들은 대개 인간의 피를 좋아하지 않는다. 하지만 만약 감염된 사람이 이집트숲모기가 많이 있는 도시로 간다면, 1998년 볼리비아 산타크루스처럼 정글 황열병이 유행할 수도 있다. 정글 황열병은 그 이름처럼 바이러스의 저장소가 정글이므로 박멸될 가능성이 낮다. 실제로 1985년 이후 아프리카와 남미에서 발병률이 증가하고 있는데, 이는 사람들이 때때로 사람을 무는 헤마고구스 모기가 서식하는 숲을 계속 침범했기 때문일 수 있다. 황열병이 조금씩 늘어나는 이유에는 다른 환경적 변화가 있다. 그것은 모기 방제 프로그램의 중단과 지구 온난화로 인한 매개체(모기) 활동 범위의 확장이다.[97]

황열병 전염과 사탕수수 플랜테이션

바이러스의 입장에서 볼 때, 1640년 이전 카리브해의 환경은 썩 좋지 않았다. 당시 온도와 강우량은 매개체에게 적합했지만, 매개체 번식에 필요한 물웅덩이와 매개체 수가 부족했다. 그리고 결정적으로 모기가 물 수 있는 사람 수도 부족했다. 카리브해 역사에 어떤 영향력을 행사하기 전 황열병은 우선 그 지역에 정착해야만 했다. 황열병 바이러스는 스스로 정착할 수는 없었지만, 17세기 중반부터 외적인 요인에 도움을 받기 시작했다.

설탕 혁명은 이집트숲모기와 황열병 유행의 발판을 마련해 주었다. 우선 광

---

96) 특히 브라질에서는 광범위한 황열병 지역으로 이주하는 사람들에게 백신 접종을 권유하고 있다(Massad et al., 2003).

97) Barrett and Higgs(2007).

범위한 삼림 벌채는 조류의 서식지를 감소시켰다. 전염병이 유행하기 위해서는 지역 환경에 적응한 늙은 모기의 수가 많고 모기를 먹이로 삼는 조류가 적은 환경이 가장 효과적이다. 이 환경에서 바이러스는 더 많이 순환되었을 것이다. 모기 알과 유충이 먹히는 것은 감소했을 수 있다. 하지만 정확한 평가를 위해서는 고인 물의 모기 포식자인 잠자리와 개구리, 고인 물에 서식하는 작은 생물들에 대한 시대별 개체 수 조사가 필요하다.

설탕 혁명이 모기 포식자에게 미치는 영향이 어떠했든 간에, 사탕수수 플랜테이션은 이집트숲모기의 번식과 먹이 환경에 놀라운 영향을 미쳤다. 유럽으로 설탕을 보내는 농장과 항구는 이집트숲모기에게 이상적인 인큐베이터이자 식량 저장고였다. 도시와 마찬가지로 사탕수수 플랜테이션에는 많은 사람이 거주했기에 대량의 물을 저장해야 했다. 든든한 수원(水源)이 없다면, 사람들은 건기에 대비해 물탱크와 물통, 양동이 등에 물을 저장해야 했다. 특히, 작은 섬의 경우에는 건기에 물이 많지 않고 안정적인 하천이 없었기에 물 저장이 필수적이었다.[98] 또한 사탕수수 플랜테이션에서는 물을 담는 용기로 점토 항아리를 사용했다. 17~18세기 설탕을 가공하려면 부분적으로 결정화된 설탕을 점토 항아리에 한두 달 동안 넣어 당밀이 빠져나가는 동안 반정제 설탕이 남아야 했다. 이 항아리는 치어리더의 메가폰처럼 좁은 끝부분에 작은 구멍이 뚫려 있는 원뿔 모양이었다. 규모가 작은 농장에선 그런 항아리 수백 개가 필요했고, 큰 농장에선 수만 개가 필요했다. 사탕수수를 수확한 후 3~5개월을 제외하고 그 통은 비어 있었다. 이 항아리들은 진흙으로 만들어졌고 주인의 재산에 애정이 없는 노예들이 다루었기 때문에 부서지는 경우가 많았을 것이다. 점토 항아리와 냄비 파편들은 빗물을 쉽게 흡수했다. 그 속에는 당분이 잔류해 있어서 이집트

---

98) Ligon(1657: 28~29)은 바베이도스의 하천 부족으로 인한 저수지 및 연못의 보급에 주목하고 있다. 트라팜(Trapham)은 1670년대에 쓴 글에서 자메이카 식민지 거주자들이 모기 알이 들끓는 물을 마셨고, 장내 기생충 때문에 고생했다고 말한다(Kupperman, 1984: 231).

숲모기 유충의 먹이인 박테리아 개체 수를 극대화하는 데 이상적이었다. 이 설탕 잔류물이 애벌레의 영양소 공급에 간접적으로 도움을 주었건 아니건, 설탕 재배지는 이집트숲모기 개체 수 증가에 중요한 역할을 했다. 1640년 이후, 카리브해는 이집트숲모기가 번식하기에 점점 더 적합한 곳이 되어 갔다.[99]

또한 먹이 환경도 더 좋아졌다. 설탕으로 인해 인구는 증가했고 도시화가 진행되었다. 따라서 인간의 피를 갈망하는 이집트숲모기에게 더 많은 흡혈 기회가 주어졌다. 게다가 이집트숲모기도 설탕 등의 당분을 좋아한다. 달콤한 액체라면 무엇이라도 좋았겠지만, 사탕수수즙은 더할 나위 없었다. 암컷 모기는 당연히 피를 빨아먹어야 하지만 모든 모기는 사탕수수즙이나 꿀을 먹고도 살 수 있다. 모기는 사탕수수 플랜테이션의 확산으로 사탕수수즙에 쉽게 접근할 수 있게 되었다. 또한 이러한 사탕수수즙은 모기에게 비행 에너지를 제공하고 모기의 수명을 연장했다(수컷이 짝을 찾을 가능성이 커졌다). 그래서 암컷이 충분한 흡혈원을 찾을 수 있을 만큼 수명 연장의 가능성을 높였다. 따라서 사탕수수 플랜테이션 생태계는 이집트숲모기에게 식량을 공급했고, 그 개체 수를 증가시켰다. 게다가 설탕 산업의 부흥은 서아프리카로부터 더 많은 노예와 노예선을 유입했다. 이에 배를 타고 밀항하는 모기가 더 많아지면서 카리브해는 이집트숲모기의 새로운 식민지가 될 가능성이 커졌다.[100]

또 다른 생태학적 변화도 황열병을 카리브해의 재앙으로 만드는 데 도움이 되었을지 모르는데, 그것은 바로 원숭이의 이동이다.[101] 수많은 항해를 통해 서아프리카의 원숭이는 대서양을 횡단했다. 1640년에서 1690년 사이 황열병

---

99) Goodyear(1978: 10~13). 설탕 잔류물에 대한 것은 나의 개인적 생각이다.
100) 실험실 증거로 볼 때, 만약 당분이 충분히 공급된다면 이집트숲모기가 사람을 공격하는 횟수도 줄어든다는 것을 볼 수 있다. 하지만 이 실험이 실험실 조건 외부에서도 동일한지에 대해서는 불확실하다. 어쨌든 만약 풍부한 당분 공급이 이집트숲모기의 개체를 두 배로 증가시킨다면, 인간에 대한 공격이 줄어들 수 있을 것이다(Foster and Eischen, 1987).
101) 이 단락은 Denham(1987)의 데이터에 기초한 추측이다.

바이러스에 감염될 수 있는 녹색원숭이 같은 아프리카 원숭이 일부 종들이 카리브해 제도에 도착했다. 당시 서인도 제도는 원숭이 천국이었다. 밀림 지대가 많았고 인간과 개 이외에는 포식자도 없었다. 원숭이는 개간되어 사라져가는 밀림에서 과일과 초목을 먹고 살았으며, 사탕수수밭과 농장을 자주 습격하기도 했다. 원숭이 역시 사탕수수 먹는 것을 아주 좋아했다. 밀림 지대가 축소되고 농경지가 확장됨에 따라 원숭이 개체군은 아마도 더 자주 농장을 습격해야 했고, 인간 정착지에 더 가까이 다가갔을 것이다. 결국, 원숭이들은 밀림이 거의 없어진 1680년대 바베이도스에서 '유해 동물(pests)'이 되었고, 곧이어 네비스와 세인트키츠에서도 그렇게 되었다. 게다가 원숭이를 애완동물로 키우는 당시 풍습은 모기가 멀리 이동하지 않아도 원숭이와 사람 사이에 황열병 바이러스를 쉽게 전염시킬 수 있었을 것이다.

(원숭이 생태계의 재구성에는 많은 불확실성이 있지만) 만약 카리브해에 원숭이 생태에 대한 재구성이 정확하다면, 많은 섬에서 원숭이들이 바이러스 보유 숙주가 되었을 가능성이 높다. 1640년 이후 10년이 지날 때마다, 섬에 정글 황열병이 발생할 가능성은 향상되었지만, 적절한 숲 서식지가 부족해져 원숭이 개체 수가 급감하는 상황에 이르렀다. 아마도 반세기 혹은 그 이상의 기간 동안, 작은 섬들에서 정글 황열병 발생에 적합한 조건이 조성되었을 것이다. 또한 쿠바와 자메이카, 히스파니올라 등의 큰 섬과 중남미 본토(바이러스를 옮길 수 있는 토착 원숭이 종이 실마리라면, 아프리카에서 바이러스가 새로 유입되지 않은 시기에도 지역민들이 황열병에 대한 면역력이 있던 곳) 역시 적절한 원숭이 서식지가 있었고 개체 수도 많았을 것이다. 만약 이 모든 가정이 사실이라면 지역민이 면역력이 있던 이유를 설명하는 데 도움이 될 수 있다. 특히 큰 섬과 대륙 본토(mainland)에서, 도시뿐만 아니라 시골과 농경지에서도 황열병이 유행할 수 있음을 설명할 수 있다.

마지막으로, 원숭이 요인과 관계없이, 설탕 산업과 경제성장은 카리브해에서 더 많은 선박과 선원, 도시 정착민들의 유입을 불러일으켰다. 거대하고 밀집된 사회에서 신생아와 유아들이 꾸준히 출생했고, 바이러스 관점에서 볼 때 이들은 '항체가 없는 혈류'들이었다. 어떤 지역에서건 바이러스는 생존을 위해 한 곳의 혈류에서 다른 혈류로 신속히 이동해야 했다. 이러한 점에서 인구가 밀집한 도시는 바이러스의 좋은 서식지가 되었으며 이집트숲모기의 관점에서 도시는 엄청난 양의 인간 혈액인 모인 곳으로 살기에도 적합했다. 그리고 도시민들은 상수도 파이프 시스템이 설치되기 이전에 항상 물을 수조와 물통, 양동이, 항아리, 물탱크 등에 저장했기에, 카리브해의 도시들은 이집트숲모기의 번식을 위한 최적의 장소였다.

설탕 수출은 카리브해 항구도시의 성장을 촉진했다. 설탕 혁명이 진행되면서 점점 더 큰 상선을 처리하고 공급할 수 있는 큰 항구가 등장했다. 농장 수익이 증가함에 따라 더 많은 군인, 선원, 관리를 수용해야 한다는 논리가 발전했고, 수용 능력도 향상되었다. 플랜테이션 경제는 상업, 군사, 정부 기관 성장의 기반이 된 것이다.

17~18세기 서인도 제도에서, 1700년에 약 3만 명의 인구를 가진 도시는 아바나가 유일했다. 아메리카 대륙에서 아바나보다 큰 도시는 멕시코시티밖에 없었다. 그러나 인구 2천 명에서 1만 명 사이의 작은 도시들도 상당히 많았다. 플랜테이션 경제는 특히 설탕과 연관된 지역에서 자치권을 장려했다. 반정제 설탕은 저장이 잘 되지 않았기 때문에, 농장주들은 유럽 정제소로 제품을 빨리 보낼 수 있는 항구가 필요했다. 일반적으로 농작물은 오랜 육로 이동이 어려웠기에 농장과 가까운 곳에 항구가 필요했다. 이렇듯 수많은 항구에 많은 배가 있는 한, 바이러스의 순환은 계속될 수 있었다.

모든 대서양 횡단 선박은 수십 배럴의 물이 필요했다. 심지어 현지 선박에도 물 몇 통은 필요했기에, 모든 항구와 선박은 담수 저장고이자 이집트숲모기의 인큐베이터였다.[102] 설탕이 카리브해에 많은 부를 창출하자 이곳은 곧 대규모

---

102) Smith and Gibson(1986: 331)에 인용된 1902년 연구에 따르면, 감비아의 작은 범선은 매

전쟁터가 되었다. 이에 일부 항구도시들은 해군 함대를 운영하기 위해 수백 혹은 수천 배럴의 물을 저장할 수 있는 수조와 연못, 우물, 운하 등의 인프라를 구축했다. 이러한 점에서 이집트숲모기에게 카리브해 항구보다 더 적합한 서식처는 없었을 것이다.

많은 항구가 빈번한 운송으로 서로 연결된다는 점은 매개체와 바이러스 모두에게 좋은 상황이었다. 따뜻하고 습한 갑판 아래 물통을 많이 실은 선박은 이집트숲모기를 위한 리무진과 같았다. 상업이 성장하면서 카리브해의 모든 항구는 하나의 연결망이 되었고, 사실상 바이러스가 한 몸에서 다른 몸으로 이동하는 데 필요한 거대한 발판 역할을 했다. 배들이 매개체를 운반하는 동안, 선원들은 바이러스를 자신의 혈관 속에 넣고 이동했다. 설탕 무역(다른 것들과 마찬가지로)은 매년 수천 명의 선원을 서인도 제도로 데려왔고, 이들 중 상당수는 면역 체계가 갖춰지지 않은 상태였다. 그들은 쉽게 병에 걸렸고, 전염성 때문에 이 모기에서 저 모기로, 그리고 이 항구에서 다른 항구로 바이러스를 옮기는 역할을 했다. 황열병은 프랑스령 서인도 제도에서 'mal des matelots', 즉 '선원병(sailors' disease)'이라는 이름으로 불리기도 했다.[103] 사실상 선박은 슈퍼 매개체로서 모기와 바이러스를 한 항구에서 다른 항구로 이동시켰다. 그리고 항구는 슈퍼 호스트로서 모기와 바이러스를 따뜻하게 환대했다. 이렇게 설탕 혁명은 플랜테이션 농업의 발전과 인구 증가, 배와 항구로 이루어진 새로운 세계를 만들었고, 그 세계는 황열병 매개체와 바이러스에게 낙원과 같았다.

주 2천 마리의 이집트숲모기를 번식시키는 것으로 밝혀졌다.

103) 헨리 워렌(Henry Warren)은 선원들이 겪은 황열병에 대해 다음과 같이 적고 있다. "… 지난 6년 동안 폐하께서는 이 병으로 인해 2만 명의 유용한 신하를 잃으셨습니다. 그중 가장 위대한 신하들은 항해하는 이들이었습니다…"(Warren, 1741: 73~74). 여기서 5년은 1733년부터 1738년이었다.

말라리아와 모기, 사탕수수와 벼 플랜테이션

　앞서 설명한 생태학적이고 사회적인 변화는 황열병의 전파에 상당한 도움이 되었다. 또한 이 변화는 말라리아 기생충과 그 모기의 성장에도 도움을 주었다. 여기서는 관련 내용의 일부만 대략적으로 말하지만 생태학과 말라리아와의 연관성에 대해서는 자메이카(4장)와 미국 혁명(6장)과 같은 특정 상황의 예를 들면서 다시 설명하도록 하겠다.

　말라리아는 인간의 가장 오래된 질병 중 하나로 매우 치명적이다.[104] 현재 이 질병은 주로 아프리카의 어린이를 중심으로 연간 200만 명 이상의 사망자를 발생시킨다. 말라리아는 기생충에 의해 발병한다. 네 가지 변종으로 나뉘는 말라리아 원충 가운데 중요한 두 가지는 경미한 증상을 일으키는 '삼일열 말라리아 원충(Plasmodium vivax)'과 더 치명적인 '열대열 원충(Plasmodium falciparum)'이다. 이 기생충은 인간에 기생하는 기간과 암컷 말라리아모기에 기생하는 기간으로 구분되는 복잡한 수명 주기를 보인다. 모기 안에서 기생하는 시기를 '외인성 주기(extrinsic cycle)'라 부르는데 보통 9일에서 21일이 걸린다. 기생충은 모기 안에 기생할 때 따뜻한 온도에서 더 빨리 번식한다. 외인성 주기에서 삼일열 말라리아 원충의 경우 15℃, 열대열원충일 경우 20℃ 이상의 온도가 필수적이다. 기생충은 모기에게 해를 끼치지는 않는다.

　감염된 말라리아모기가 사람을 물면 혈류로 기생충이 주입되어 내적 순환을 시작하며, 이후 기생충은 간으로 이동한다. 기생충은 번식을 활발히 한 다음 적혈구로 옮겨 가고, 질병의 증상이 나타나기 전 인체에 7~30일을 잠복한다. 잠복기 동안 면역 체계에 의해 발견되지 않는다면, 기생충들은 적혈구 내에서 활발히 번식할 수 있고 그 결과 수십 마리의 기생충이 몇 조로 늘어나게 된다.

　말라리아의 증상은 오한, 고열, 발한, 우울증 등인데, 대체로 다른 질병의 증

---

104) Webb(2008); Packard(2007).

상과 구별하기가 쉽지 않지만, 고열이 발생했다 가라앉기를 반복하는 특이한 패턴이 있다. 말라리아의 형태에 따라 발열과 오한은 다른 간격으로 나타난다. 먼저 '간헐열(intermittent fever)' 혹은 '격일열(tertian fever)'과 같은 옛 용어는 환자의 발열이 하루 간격으로 나타나는 것이다. 그리고 '사분열(quartan)'은 발열 사이의 간격이 이틀임을 말한다. 한 번에 한 종류 이상의 말라리아에 감염될 수 있기 때문에 열과 오한의 주기는 복잡하게 바뀔 수 있다. 말라리아는 종종 심장 박동 수 증가와 가벼운 황달 증세를 보이며, 비장이나 간이 붓기도 한다. 열대열 악성 말라리아의 경우, 혈관이 끈적끈적한 퇴적물로 막히고, 장기 부전과 발작, 혼수상태, 심각한 빈혈, 심혈관 쇼크 등의 증상이 나타난다. 말라리아는 영양실조나 면역 체계가 약해진 이들에게 치명적이고, 황열병과는 달리 성인보다 아이에게 더 위험하다.

일반적으로 말라리아는 면역력을 갖기 어렵다. 하지만 사하라와 칼라하리 사막 사이의 아프리카인은 적혈구에 더피(Duffy) 항원이 없는 유전적 특성 때문에 삼일열 말라리아 원충에 면역력이 있다. 이 면역은 수백 세대 동안 말라리아에 노출되면서 삼일열 말라리아 원충에 대해 저항성을 갖게 된 것이다. 더욱이 서부와 중앙아프리카인들은 치명적인 열대열 말라리아 원충 변종에 장기간 노출되면 빈혈 위험이 증가함에도 불구하고, 유전적 내성이 진화하고 생존하는 데 더 유리했다. 이것은 소위 겸상적혈구 형태로 나타나는데, 서아프리카 출신과 그 혈통 사이에선 일반적이지만, 아프리카 전체로 보면 보편적이지 않다. 겸상적혈구는 사람의 헤모글로빈을 열대열 말라리아 원충이 소화할 수 없도록 만든다. 말라리아가 오랫동안 존재해 온 다른 지역의 사람들도 다양한 형태로 유전적 보호막을 진화시켰다.

유전적 측면과 관계없이, 누구든지 말라리아를 반복적으로 앓고 살아남으면 면역력이 아닌 저항력(내성, resistance)을 얻을 수 있다. 기생충은 여러 단계를 거치고 단계마다 다른 항체가 기생충에 대한 보호 기능을 제공하기 때문에 후천적 저항력은 오늘까지도 완전히 이해되지 않은 복잡한 문제이다. 하지만 요컨대 말라리아를 자주 앓은 사람일수록 말라리아에 대한 저항력이 생길 가능성이 높지만, 완전히 면역력이 생기는 경우는 드물다. 이러한 저항력 구조는 유전적으로 전해지는 두 가지 유전적 보호막 중 하나가 포함되지 않은 사람(일반적으로 어린아이)이나, 말라리아에 노출된 경험이 없어 항체를 갖추지 못한 성인에게 말라리아가 가장 위험하다는 것을 의미한다.

따라서 풍토성 말라리아 지역에서 태어나고 자란 사람 중 어린 시절부터 말라리아에 자주 감염되어 성인이 되어서도 살아남은 사람은 말라리아에 아주 강한 저항력을 갖게 된다. 하지만 말라리아 발생 지역이 아닌 곳에서 태어나 성장한 사람은 그들의 조상이 말라리아 지역에서 태어나지 않았다면 저항력을 가질 가능성이 매우 희박하다. 그래서 이러한 사람들은 열대열 말라리아 원충에 감염된다면 심각한 후유증이 남거나 사망할 가능성이 매우 크다.

말라리아가 소수가 아닌 많은 사람을 감염시키고 죽이는 것이 문제가 아니라 모기에서 사람 혹은 다른 모기로 어떻게 효율적으로 전염되는가가 문제이다. 황열병 같은 모기 매개 질병과 마찬가지로 이러한 효율성은 주로 인간과 매개체의 밀도, 매개체의 먹이 환경, 매개체의 수명 등과 관련이 있다. 이 중에서 가장 중요한 것은 매개체의 수명이다. 늙은 모기는 감염자를 물어 말라리아 원충을 전염시킬 가능성이 크기 때문에 매우 위험하다. 감염에 최적인 따뜻하고 습한 날씨에, 한 명의 감염자는 다른 100명에게까지 말라리아를 단시간 내에 전파할 수 있어 다른 질병보다 전염성이 높다.[105]

아노펠레스 속에는 약 400종의 모기가 지구에 서식하고 있다. 이 중 30종이나 40종이 말라리아를 감염시킬 수 있다고 본다.[106] 이러한 모기 종은 황열병

---

105) 평균적으로 에이즈 환자는 다른 사람보다 약간 더 많은 사람을 감염시킬 가능성이 있으며, 홍역 환자는 약 12~14명이다. 매개체에 의해 말라리아(및 황열병)와 같은 질병은 훨씬 더 쉽게 전염될 수 있다. 따라서, 다수의 비면역자가 존재하는 경우 전염병을 일으키기 쉽다(Spielman and D'Antonio, 2001: 96~97).

106) 아노펠레스의 특징에 대해서는 Clements(2004)와 Spielman and D'Antonio(2001)의 연구

모기와 먼 친척인데, 황열병 속인 에이디즈(*Aedes*)와 아노펠레스 속은 아마도 아프리카에서 150만 년 전에 분화된 것으로 보인다.[107] 일부 아노펠레스 종들은 인간 피를 매우 선호한다. 따라서 세계에서 가장 치명적 곤충인 아프리카의 아노펠레스 감비아(Anopheles gambiae: 감비아 학질모기−옮긴이주)는 말라리아의 매우 효율적인 매개체들이다. 일부 종은 인간 이외 다른 포유류를 선호하여 인간을 거의 물지 않는다. 황열병 매개체는 서인도 제도에서 황열병이 발병하기 전에 아메리카 대륙에 정착하는 과정이 필요했다. 하지만 아노펠레스는 콜럼버스 교환(Columbian Exchange: 콜럼버스의 신대륙 발견 이후 유럽과 신대륙 간의 교환−옮긴이주) 이전부터 이미 아메리카 전역에 존재했고, 그들 중 몇몇 종은 말라리아 기생충을 숙주로 삼을 수 있었다. 대서양을 횡단하는 서아프리카인 대부분은 말라리아를 혈관에 지니고 왔기 때문에, 노예 거래가 시작되면서 아메리카 아노펠레스 개체군에 말라리아 원충은 지속적으로 유입되었다. 따라서 말라리아는 아메리카 대륙에서 여러 상황이 허락되었다면 황열병보다 더 강력하게 유행할 가능성이 컸고, 아마도 콜럼버스 교환 이후 지속적으로 퍼졌을 것이다. 몇몇 기록에 의하면 말라리아로 보이는 증상은 16세기 초부터 서인도 제도에서 확인되었다고 한다.[108]

카리브해 말라리아 주요 매개체는 아노펠레스 알비마누스였고, 그다음은 아노펠레스 달린기(*Anopheles darlingi*)였다.[109] 가장 효율적인 말라리아 매개체는 북아메리카 종인 아노펠레스 쿼드리마쿨무스(*Anopheles quadrimaculmus*, 6장 참조, 혹은 아노펠레스 쿼드리마쿨라투스)와 아프리카 종인 아노펠레스 감비아

를 참조하기 바란다. 이 외에 질병통제예방센터의 웹사이트(http://www.cdc.gov/malaria/biology/mosquito/#generalinformation)도 유용하다.

107) Kent et al.(2008).

108) Webb(2008: 66~91).

109) 얼룩날개모기(*Anophelines*)에 대해서는 Komp(1942), 아노펠레스 알비마누스에 대해서는 Frederickson(1993)을 참조.

였다. 카리브해 동부의 작은 섬들은 감염 효과가 떨어지는 매개체인 아노펠레스 아쿠아살리스(*Anopheles aquasalis*)의 영역이었다.110) 이 종들은 인간의 피를 좋아하지 않았으며, 이로 인해 카리브해 동부 섬들은 다른 큰 섬들과 해안 지대보다 좀 더 건강한 환경을 유지할 수 있었다. 카리브해에서 말라리아 감염성이 낮다는 것은 매개체 밀도가 낮고, 동시에 알맞은 숙주가 적었음을 의미한다.

설탕 플랜테이션으로 인한 변화는 두 가지 측면에서 말라리아 전염을 가능하게 했다. 모기 개체 수에 가장 중요한 요인은 보통 번식 환경인데, 특히 아노펠레스 알비마누스의 경우에 더욱 그렇다. 도랑과 운하의 건설, 그리고 관개 경작과 같은 환경 변화는 모기의 번식에 중요한 영향을 미친다.111) 아노펠레스 알비마누스는 수명이 짧은(보통 27일 이하) 해안 모기이기 때문에, 좋은 번식 조건은 특정 지역에서 생존하는 데 필수 조건이다. 이 모기는 출생지로부터 1킬로미터 이상 (건조기에는 더더욱) 비행하는 일이 없다. 삼림 벌채와 토양 침식으로 새로운 저지대 담수와 늪 등의 번식하기 좋은 서식지들이 만들어졌다. 특히 아노펠레스 알비마누스는 수생식물과 해조류 덤불 속에서 번식하는 것을 좋아하고, 태양에 노출되는 것도 좋아한다. 수리남 등의 논 주변 환경은 앞의 환경과 상당히 일치하기에, 모기의 서식에 적합하다. 그곳의 네덜란드 농장주는 (네덜란드 전통) 관개식 농장을 만들기 위해 토지와 물길을 재정비했다. 심지어 이들은 사탕수수 플랜테이션에 작은 배를 이용해 사탕수수를 제분소까지 운반할 수 있는 관개 운하를 만들기도 했다. 의도한 것은 아니었지만, 이들은 수생식물이 가득하면서 햇빛에 노출된 정체된 도랑을 만들어, 아노펠레스 모기의 번식용 인큐베이터를 완성한 것이다.112)

---

110) Flores-Mendoza et al.(1996). 아노펠레스 아쿠아살리스의 식습관 선호도에 관한 내용 참조.

111) Frederickson(1993: 55). 이 책의 아노펠레스 알비마누스에 대한 데이터 일체는 Frederickson을 참조했다.

112) 생 도맹그에서의 관개에 대해서는 Stiprian(1993: 81~98)과 Debien(1941: 107)의 연구를 참조하고, 아노펠레스와 삼림 개간에 대해서는 Guerra, Snow and Hay(2006)를 참조.

실제로 플랜테이션 경제와 관련된 생태적 변화는 아노펠레스 알비마누스의 번식에 도움을 주었다. 빗물이 고인 웅덩이가 생기면 물고기와 모기 유충의 다른 포식자들이 접근할 수 없는 환경이 조성된다. 이 환경은 아노펠레스 모기에게 너무나 좋은 환경이었다. 나무를 벌목하거나 건물을 세우고, 우물을 파며, 농작물을 심는 행위 모두는 모기의 생존에 더욱 유리하게 작용했다.

사탕수수 플랜테이션 농장들은 대부분 가축을 키우고 있었는데, 특히 소와 노새는 아노펠레스의 훌륭한 자양분이었다. 가축이 하는 일은 사탕수수를 설탕 공장으로 운반하고 제분소에서 동력을 공급하는 것이었다.[113] 대부분의 아노펠레스 종은 인간만큼, 혹은 그 이상으로 말과 소의 피를 좋아한다. 아노펠레스 알비마누스와 아노펠레스 달린기는 둘 다 인간보다 소와 말을 훨씬 좋아하지만 아노펠레스 달린기의 경우 밀림이 파괴된 환경에서는 인간 피를 선호한다.[114] 농장 가축 덕분에 더 많은 혈액을 얻게 된 아노펠레스 종의 수명은 늘어났고, 번식 또한 더 활발해졌다.

가축은 또한 간접적으로 아노펠레스의 번식을 도왔을 수 있다. 왜냐하면 사람들은 가축을 관리하기 위해 물웅덩이를 만들었는데, 모기가 소 우리의 물웅덩이에 알 낳는 것을 좋아했기 때문이다. 리처드 리곤에 의하면, 바베이도스에는 개울이 거의 없었기 때문에 땅 주인들이 소에게 물을 주기 위해 웅덩이를 만들었다고 한다.[115] 그는 덧붙여 바베이도스에서 "각다귀(gnats)나 스타우트(stouts)보다 더 심하게 물고 쏘는 모기(musketos)가 고민거리이고, 영국에서 이것

---

113) Debien(1941: 40)은 18세기 초 생 도맹그 농장의 소나 노새, 말을 언급했는데, 한 마리당 대략 노예 두 명과 맞먹는 역할을 했다.

114) Frederickson(1993: 12~14). 아노펠레스 알비마누스의 숙주 선택에 대한 부분 참조. 페루 아마존에서의 실험에서 아노펠레스 달린기는 삼림이 파괴된 환경에서 사람을 물 가능성이 278배 더 높은 것으로 나타났다(Vittor et al., 2006).

115) Ligon(1657: 28~29)과 Frederickson(1993: 2)은 가축에게 물을 제공하는 물웅덩이와 논이 아노펠레스 알비마누스가 알을 낳기에 좋은 곳이었다고 적고 있다.

들은 소들을 쏘는 (그리고 일반적으로 늪지대에서 볼 수 있는) 것"이라고 말했다.116) 카리브해 지역은 사탕수수 플랜테이션 이전에도 아노펠레스 알비마누스와 아노펠레스 달린기에게 적합한 서식지를 제공했지만, 농장과 관개시설 그리고 가축의 존재가 이러한 모기 종에게 더욱 좋은 환경을 만들어 주었다.

가축이 많아질수록 더 많은 수의 아노펠레스가 존재했다. 하지만 이것이 반드시 더 많은 수의 말라리아를 의미하지는 않았다. 인간과 가축이 함께 살았던 곳에서는 때때로 말라리아 발생률이 증가했는데, 이것을 '동물강화(zoopotentiation)' 과정이라고 부른다. 하지만 사람이 가축과 멀리 떨어진 곳에 있거나 가축을 우리에 가두어 둔 곳에서는, 보통 가축이 아노펠레스 종을 끌어들여 인간의 말라리아 감염 가능성을 낮추었다. 이것이 바로 "동물예방(zooprophylaxis: 소나 기타의 동물을 모기에게 줌으로써, 사람을 모기로부터 보호하는 것)"이라는 이종간 집단면역이다. 카리브해에서는 가축을 밤에 우리에 가두기도 했지만, (아노펠레스가 선호하는 식사 시간에) 때로는 숲에 방목하기도 했다. 확실한 것은 아니지만, 카리브해 농장에선 가축이 말라리아의 인간 감염을 높이기보다 낮췄다고 보는 것이 설득력 있다. 어쨌든 풍부한 포유류의 존재는 아노펠레스 종의 전체 개체 수를 증가시켰고, 가축이 갑자기 사라지는 특수한 경우에 굶주린 아노펠레스는 필사적으로 인간에게 달려들곤 했다.117)

아노펠레스 개체 수 증가와 플랜테이션 농장 가축의 상호 연관성은 약간 모호할 수 있지만, 벼농사의 경우는 확실하다. 6장은 특히 사우스캐롤라이나의 상황을 다루고 있는데, 여기서 몇 가지 일반적인 부분을 말하고자 한다. 카리브

---

116) Ligon(1657: 62). "stout"은 말벌을, "marish"는 습지를 의미한다. 하지만 그가 말한 모기는 아노펠레스 종이 아니었으며, 1927년까지 바베이도스에서 기적적으로 존재하지 않았던 것으로 보인다(Webb, 2008: 78).

117) 나는 '동물강화'와 '동물예방'에 대해서 Sota and Mogi(1989), Bouma and Roeland(1995), Bogh et al.(2001), Saul(2003)의 연구를 참조했다. 이 이슈에 대해 나와 토론한 짐 웹(Jim Webb)에게 감사드린다.

해의 여러 지역은 관개시설을 통해 쌀을 생산했다. 사우스캐롤라이나 외곽에서는 보통 환금작물이 아니라 생계형 작물로서, 특히 노예를 먹이기 위해 벼를 재배하곤 했다. 관개시설을 통해 벼를 재배하는 곳마다 아노펠레스도 함께 성장했다. 조류(alga, 藻類)와 여러 유기물질로 가득 찬 잔잔하고 따뜻한 물은 아노펠레스가 알을 낳기에 너무나도 좋은 장소였다. 이 지역의 잦은 집중호우는 벼 재배에도 필요했지만 거의 연중무휴로 아노펠레스에게 영양소를 공급했다. 이 때문에 말라리아는 특정 계절에 치우치지 않고 일 년 내내 유행할 수 있었다. 또한 논의 범람과 건조라는 반복적인 패턴을 통해 모기 유충을 먹이로 삼는 포식자 집단의 개체 수가 억제되었다. 여러 방식으로 재배되는 다양한 쌀의 품종 또한 서로 다른 유형의 아노펠레스가 번성하는 이유가 되었다. 전 세계적으로 볼 때 쌀과 모기, 말라리아 사이의 관계는 매우 밀접하다.[118]

기후변화, 엘니뇨, 모기, 전염병

생태학, 인구통계학, 면역학 외에도 기후변화와 기후 이상(climate anomalies)은 모기 매개 질병의 발생 빈도와 치명성에 영향을 미쳤다. 날씨, 특히 강우량, 습도, 기온은 모기의 활동성에 큰 영향을 미쳤다. 이 문제들은 불확실성이 매우 높고, 이로 인해 지역별 변동성이 상당히 클 것이다.

일반적으로 북반구의 경우 기온이 17세기와 18세기 소빙기(小氷期)부터 따뜻

---

118) Webb(2008: 40, 56, 76); Packard(2007: 55~61, 76~79). 특히 서아프리카의 사례는 Briet et al.(2003)과 *Acea Tropica*, vol. 89, no, 2(January 2004)를 참조하고, 브라질의 경우에는 Dos Santos et al.(2004)의 연구를 참조하기 바란다. Fernando(1993)의 연구도 유용한 정보를 제공한다. 말라리아와 쌀의 연관성에 대한 연구는 1925년 당시 이탈리아 국립경제부 산하 농업총국(Ministerio dell'Economia Nazionale)에서 시작되었고, 18세기 스페인의 발렌시아에서도 카리브해에서의 쌀과 아노펠레스의 관계를 연구했다(Riera, 1982).

해지기 시작했다. 소빙기 동안 카리브해는 현재보다 온도가 더 낮고 건조했기 때문에, 소빙기를 지나면서 모기에게 더욱 최적화된 기후가 나타났다.[119] 비록 이전 기후도 이집트숲모기의 활동에는 부족함 없이 따뜻했다. 하지만 1750년 이후의 온난화 추세는 모기가 활동할 수 있는 이상적인 기온을 더 자주, 더 오랫동안 지속시켰다. 이 결과 흡혈과 모기 번식, 이에 따른 황열병 바이러스 유행의 주기도 점점 짧아졌다. 또한 이러한 환경 변화로 인해 이집트숲모기의 활동 범위가 더 높은 고도나 위도에서 생활할 수 있도록 확장되었을 것으로 본다 (오늘날 기후 온난화로 인해 모기의 활동 영역은 급속히 확대되어 북극 인접 지역에까지 이르렀다).[120] 다시 말해서, 온난화는 17세기 중반 이후 황열병 유행의 가능성을 높였을 수 있다.

기후가 질병에 영향을 미치는 또 다른 요인은 이상기후 현상의 빈도와 심각성인데, 특히 강우와 가뭄을 통해 드러난다. 카리브해 지역의 장마는 4~5월부터 11월까지 이어지는데, 5~6월, 9~10월에 절정을 이루지만 때때로 가뭄이 찾아오기도 한다. 가끔 카리브해 지역 가뭄은 엘니뇨(El Niño) 현상과 연관되어

---

119) Winter et al.(2000); Watanabe et al.(2001). 푸에르토리코 주변 산호의 산소동위원소로 판단할 때 해수면 온도는 가장 추웠던 기간(1700~1705년, 1780~1785년, 1810~1815년)의 샘플링에서 현재보다 2~3℃ 낮았던 것으로 보인다. 저자들은 이것이 기단(air messes) 때문이라고 보고, 실제 기온도 훨씬 낮았을 것이라고 본다. 그러나 유감스럽게도, 이 데이터는 17세기에 대해 설명하지 않는데, 만약 카리브해가 반구 패턴을 따랐다면 더 추웠을 것이다. 베네수엘라 해안의 퇴적물에 기초한 Haug et al.(2001)의 추론은 Hodell et al.(2005)가 유카탄에서 조사했던 것과 마찬가지로, 카리브해의 소빙하기가 비정상적으로 건조했다는 견해를 지지하고 있다. 카리브해 기후 역사에 대한 것은 Curtis et al.(2001)를 참조하고, 내가 접하지 못했던 중요한 자료로는 Talman(1906)을 들 수 있다.

120) 분명 평균기온의 작은 변화는 질병 전파의 효율성에 큰 영향을 미칠 수 있다. 남아메리카에서 2℃ 온도 상승은 뎅기열에 대한 벡터 효율의 2~5배 증가로 해석된다(Githeko et al., 2000: 1140). 물론 이것은 측정이 아니라 예측일 뿐이며, 뎅기열은 일반적으로 이집트숲모기에 의해 전파되지만 황열병과 다르다. 그럼에도 불구하고 추정치는 감염 주기 온도의 민감도에 대한 약간의 아이디어를 제공할 수 있다.

있지만, 이 외에 다른 독립적인 요인으로 발생할 수도 있다.[121] 안정된 수원(또는 이후 수돗물)이 있고 아무도 물을 저장하지 않는 곳에서, 가뭄은 모기 번식을 제한함으로써 이집트숲모기 개체 수를 억제했다. 이 때문에 황열병(또는 뎅기열) 발생률도 줄어든 것이 틀림없다. 하지만 장마가 길어지면 황열병 발생률은 급격히 증가했다. 그러나 안정적 수원이 없는 곳에서는 가뭄이 역설적으로 이집트숲모기의 번식을 높이기도 했다. 많은 사람이 여러 곳에 물을 저장하기 위해 애를 썼기 때문이다. 특히 물을 적극적으로 저장하는 행위는 가뭄이나 홍수 등의 상황에 따라 이집트숲모기의 창궐을 불러일으킬 수 있다. 가뭄 후 비가 오면 모기 개체 수가 최대로 늘어나고, 황열병이 발생할 위험도 매우 커진다. 최근 연구에 따르면 엘니뇨(전문가들이 El Niño-Southern Oscillation: ENSO라는 용어를 선호하기 때문에 ENSO+1로 알려져 있다)가 발생한 다음 해에, 카리브해에는 비가 평소보다 일찍 내리고 오래 지속되며, 이집트숲모기의 개체 수도 최대로 늘어나는 현상이 나타난다. 요컨대 엘니뇨와 그 후속 환경이 전염병에 이상적인 조건을 만든 것이다.[122] 아마도 가장 합리적인 결론은 엘니뇨가 황열병 발병에 도움이 되기는 했지만, 결코 필요조건은 아니었다는 것이다.[123] 앞으로 살펴보

---

121) Malmgren et al.(1998)은 1911년 이후 푸에르토리코의 강우 변동을 엘니뇨가 아닌 북대서양 기류 때문이라고 보았다. 전체 개요에 대해서는 Giannini et al.(2000)과 Jury et al.(2007) 참조. 보통 멕시코만과 카리브해 북서부는 엘니뇨 현상뿐만 아니라 북아틀란타 고원의 진동에 큰 영향을 받는다. 엘니뇨 현상은 일반적으로 멕시코만과 카리브해 북서부에 더 많은 비를 내리게 하지만 남아메리카 북부와 카리브해 남부에는 가뭄이 든다.

122) Chen and Taylor(2002); Jury et al.(2007); Amarakoon et al.(2004); Gagnon, Bush and Smoyer-Tomic(2001).

123) 이 점에 대해서는 두 가지 가능한 이유가 있다. 첫 번째는 이 단락에서 주장하다시피 매개체(vector)가 많다는 것이다. 하지만 추가적으로 (또는 대안으로), 따뜻한 조건은 모기의 성장과 활동, 바이러스 번식 속도를 가속화한다. 말라리아의 경우, 따뜻함은 모기 내에서 변형체의 번식을 가속화한다. 콜롬비아에서 엘니뇨와 말라리아의 연관성에 대해 연구한 Poveda et al.(2001)는 엘니뇨 기간 동안 기온이 따뜻해지면 말라리아모기의 포자 생성 기간이 단축되어 말라리아 전파가 증가한다고 말한다. 콜롬비아에 대한 다른 연구로 Pabon

겠지만, 정치적으로 중요한 전염병 중 몇 가지는 엘니뇨로부터 발생했고, 미국 남부(엘니뇨 시기 가장 습한 곳)의 황열병 역사도 엘니뇨와 상당히 높은 관련성이 있는 것으로 보인다.[124]

같은 맥락에서, 가뭄 또한 말라리아 위험을 증가시키는 아노펠레스 모기 개체 수 증가에 영향을 미칠 수 있다. 심각한 가뭄은 아노펠레스 모기 대부분을 죽이지만, 마찬가지로 그들의 포식자 또한 대부분 제거한다. 이후 비가 다시 오면 아노펠레스는 자신의 천적들보다 더 빨리 말라 버렸던 습지를 정복할 수 있었다. 가뭄이 끝난 다음 우기에 아노펠레스는 보통 때보다 20배 이상 번식할 수 있는데, 이때 아노펠레스는 이전 어디에도 존재하지 않았던 강력한 말라리아 전염병 매개체가 될 수 있다.[125]

결론

인구 구조와 생태계, 면역, 기후 등 여러 가지 변수는 카리브해의 황열병과 말라리아 전염병 유행에 많은 영향을 미쳤다. 앞선 내용을 종합해 보면 아래와 같은 네 가지 포괄적인 결론에 도달할 수 있다.

첫째, 황열병은 차등면역으로 인해 이집트숲모기 영역에서 태어나고 자란 사람보다 외부의 정복자와 이민자들에게 더 많은 피해를 끼쳤다. 또한 황열병

---

and Nicholls(2005)가 있다. 기후와 모기 매개 질병 사이의 연관성에 대하여 Sutherst (2004)를 검토했다. 특히 1680~1720년 전체 지구 온도가 더 낮았기 때문에 엘니뇨 기간 동안의 더 따뜻한 온도는 오늘날보다 17세기와 18세기에 더 중요했을 수 있다.

124) Diaz and McCabe(1999). 이들의 연구는 매개체 수가 급증하기 위한 조건으로 따뜻한 온도와 대홍수(가뭄이 아님) 사이의 연관성을 보고 있다.

125) Chase and Knight(2003). 이들의 반직관적인 연구는 북미에서 관찰된 것과 통제된 실험 모두를 기반으로 하고 있다.

은 성인보다 어린이, 그리고 서부 혹은 중서부 아프리카인들에게 덜 치명적이었다. 이 병에 제일 위험한 사람들은 황열병이나 뎅기열 지역 밖에서 자란 청년층이다. 따라서 서인도 제도로의 유럽 이민자 증가는 전염병의 유행을 일으킬 수 있었다.

둘째, 황열병은 이집트숲모기의 생태적 특징 때문에 시골 사람보다 도시 거주민에게 더 위험했다. 그리고 플랜테이션 농장 주변에 사는 사람들이 농장 외부의 서늘하고 건조한 지역 거주민보다 상대적으로 위험했다. 동시에, 유년기 노출 가능성으로 인해 카리브해의 도시나 농장에서 평생을 산 사람은 황열병에 대한 후천적 면역력을 보유할 가능성이 컸다.

셋째, 다른 조건이 동일하다면, 기후변화와 유럽으로부터의 이민 증가, 사탕수수 재배의 확대, 선박 운송의 결과가 시간이 지남에 따라 황열병 위험을 증가시켰을 가능성이 크다.

넷째, 말라리아는 일반적으로 도시 질병이기보다는 시골 질병이며 밀림이 벌채되고 경작된 곳, 특히 쌀 생산 지역에서 많이 발생했다. 이 병은 성인보다 어린이에게 더 위험했고 다수의 서아프리카와 중앙아프리카 출신 사람들은 강력한 유전적 방어막을 지니고 있었다. 이 지역 출신이 아닌 경우 여러 차례의 감염을 통해 말라리아에 대한 저항력을 얻게 되었지만, 이것이 면역을 의미하지는 않았다. 황열병과 마찬가지로, 말라리아 또한 외부로부터의 인구 유입이 급증하면서 대규모로 유행하게 되었다.

17세기 중반 이후, 카리브해의 플랜테이션 산업에 따른 생태적 변화는 황열병과 말라리아의 유행 가능성을 높인 크레올 생태계를 만들었다. 이 중 황열병은 특히 사탕수수 생산과 연관성이 있다. 사탕수수 플랜테이션은 노동력 확보를 위한 노예무역, 생산 단위로서의 플랜테이션(농장), 수출을 위한 항구도시 형성이라는 세 가지 중심축이 있었다. 이 세 가지 중심축 모두가 결합하면서, 황열병 매개체에 좋은 생존 환경이 조성되었다.

하지만 바이러스 측면에서 볼 때 새로운 환경과 인구 증가가 항상 도움이 된 것은 아니었다. 물론, 이집트숲모기의 몸은 바이러스에게 좋은 서식지를 제공했고, 바이러스가 항구도시 등을 통해 여러 지역에 퍼질 수 있었다. 밀림이 우거진 섬(그리고 내륙 지역의 밀림)의 원숭이는 바이러스가 모기에서 모기로 옮겨가는 것을 도왔을지도 모른다. 설탕 혁명으로 증가하는 인구는 바이러스의 입장에서 보자면 좋은 환경이었다. 그러나 불행하게도 너무 많은 사람, 특히 노예들이 면역력을 가지고 있어서 바이러스의 번식이나 확산이 어려웠다. 바이러스는 항구도시와 플랜테이션 노예들 사이에서 잠시 생존할 수 있었다. 하지만 바이러스는 감염되기 쉬운 인간의 몸을 고갈시켜서 면역력이 없는 어린이들이 많지 않다면 원숭이를 제외하고는 갈 곳이 없게 된다. 특히 바이러스는 (면역력을 가졌을 확률이 높은) 중서부 아프리카 출생자가 많은 곳에서 고전을 면치 못했다. 따라서 바이러스에게 설탕 혁명은 복합적이며 모순적인 축복이었다.

집단면역의 가능성을 감안한다면, 바이러스는 카리브해 특정 지역에서의 생존이 상당히 불확실했다. 이러한 상황에도 불구하고 바이러스가 카리브해 어딘가에서 생존할 수 있었던 것은 이집트숲모기의 흡혈 본능과 인간의 혈류가 만방에 널려 있었기 때문이다. 이것은 큰 항구일수록 가능성이 높았다. 왜냐하면 큰 항구에는 공격 대상이 될 수 있는 아동 다수가 있기도 했지만, 멀리 떨어진 고위도 지역에서 온 이주민들이 있었기 때문이다. 새로운 이주민들이 유입되면, 바이러스는 대량 복제라는 난동을 부리기 위해 수많은 인간 세포를 장악하고, 수많은 모기를 바이러스로 가득 찬 다트로 만들 수 있는 좋은 기회를 가졌다. 즉 인간들이 전염병(epidemic)이라 부르는 상황이 만들어진 것이다.

설탕으로 인한 인구학적·생태학적 혁명은 말라리아의 유행에 어느 정도 도움은 주었지만, 결정적이진 않았다. 아노펠레스 종 모기는 콜럼버스 이전에 카리브해에 이미 존재했었고, 말라리아 원충은 1492년 직후에 도착했을 것으로 추정된다. 설탕 생산 때문에 삼림 벌채가 심해지면서 토지 침식과 늪 조성이 많아졌고, 이것은 아노펠레스 종 번식에 어느 정도 도움이 되었다. 하지만 더 중요한 것은 아노펠레스 종이 흡혈할 수 있는 많은 사람과 가축의 유입이 이루어진 것이다. 벼 재배는 아노펠레스 종에 더 많은 도움이 되는 것으로 알려졌지만, 사우스캐롤라이나와 수리남 이외의 지역에선 그리 유행하지 않았다.

말라리아는 16세기 초부터 카리브해 지역의 풍토병으로 큰 피해를 낳았다. 그러나 사람이 많이 살지 않는 대부분의 지역에서 말라리아는 거의 발생하지 않았다. 말라리아는 특히 말라리아 원충을 보유한 아프리카인이 증가함에 따라 점점 많은 지역으로 확산했다. 말라리아는 사람들이 아노펠레스 종이 있는 곳에 거주하고, 그리고 집단면역을 제공할 수 있는 내성이 강한 사람이 많지 않았을 때 유행할 가능성이 컸다. 이런 방식으로 말라리아는 황열병과 마찬가지로 카리브해의 일부를 천천히 정복하거나 식민지화했다.

황열병과 말라리아 두 질병 가운데 더 극적인 영향을 미친 것은 황열병이다. 가장 치명적인 형태의 말라리아인 열대열 악성 말라리아 원충은 일반적으로 환자의 약 10%만을 사망에 이르게 한다. 또한 더욱 널리 퍼진 삼일열 말라리아 원충은 일반적으로 약 1%의 치명률을 보인다. 따라서 말라리아가 황열병처럼 군대 전체를 쓸어버리는 경우는 드물었다. 17~18세기 카리브해를 방문한 사람들은 불행히도 이집트숲모기와 아노펠레스 종에게 물리는 경우가 많았고, 황열병 바이러스와 말라리아 원충의 감염을 방지할 수 있는 것은 없었다. 아마도 다수가 두 가지 질병을 한꺼번에 앓았을 것이다. 두 가지 질병이 동시에 생겼다면, 주로 황열병이 선두에 서서 카리브해로 들어온 비면역인과 내성 없는 사람들의 삶을 위태롭게 했고, 다수의 목숨을 야만적으로 앗아 갔다.

03

치명적인 열병, 치명적인 의사

이 장에서는 대카리브해의 황열병과 말라리아를 둘러싼 초기 역사를 다룬다. 그리고 이들 열병을 확인하고 치료하기 위해 벌였던 '헛된 노력'도 살펴본다. 1650년 이후, 대카리브해는 대서양 유럽과 대서양 방면 아프리카, 아메리카 토착 사회로부터 다양한 전통 의학을 받아들였다. 하지만 어느 것도 황열병에 걸린 이들에게 도움이 되지 않았다. 오직 기나나무(cinchona) 껍질에서 채취한 가루 형태의 키니네만이 말라리아 치료에 도움이 되어 널리 쓰였다. 카리브해에 새로 도착한 유럽인들도 황열병과 말라리아로 고통 받았다. 이들은 유럽 의사에게 치료를 받았지만 대부분 신통치 않았다. 발열 환자 중 가장 불행한 사람들은 의사가 없는 상황에 처한 이들이었다. 이들은 의사 대신 토착민 여성들의 간호를 받았다. 이 여성들은 보통 아프리카계 카리브인들로, 환자에게 필요한 기본적인 돌봄만 제공할 뿐이었다. 황열병, 그리고 조금 덜하지만 말라리아와 관련된 제대로 된 의학 대처법은 없었다. 이러한 사실은 이들 두 감염병이 250년 동안 대카리브해 지역의 지정학적 중요성을 만드는 데 중요한 역할을 했음을 말한다.

나는 이 장에서 논하는 의학적 사고와 관행이 해당 분야의 전문 역사학의 기준에 미치지 못한다는 것을 인정한다. 나는 이따금 17세기와 18세기 의학 저술가와 의사들을 우스꽝스럽게 그리기도 했다. 많은 역사학자, 특히 의학사 전공자들은 이를 '몰역사적(沒歷史的)'이라 여길 것이다. 의학적 지식을 역사적 맥락 속에서 바라봐야 하고, 당시 의학 지식을 따랐던 사람들이 비웃음 당하기보다는 더 나은 대우를 받아야 한다는 그들의 주장에 동의한다. 우리가 지금 따르고 있는 의학적 관행 중 일부 역시 200년 후에는 웃음거리로 여겨질 것이다. 나는 그보다 더 일찍 의학이 발달해 사람들이 21세기 초 의학을 두고 몰역사적으로 우스꽝스럽게 여기게 되기를 진심으로 바란다.

초기 황열병과 피해자들

황열병 창궐에 있어서 어떠한 재미난 요소는 없었다. 짐작건대, 황열병은 초기에 산발적으로 나타났지만, 1647~1652년 사이에 최초로 전염병 형태로 발생했다.[1] 왜냐하면 이 시기에 20~30년 동안 비면역 이민자가 증가하고, 노예무역을 통해 서아프리카에서 이집트숲모기가 보다 많이 들어오면서 매개체의 번식과 먹이 조건이 개선되었기 때문이다. 또한 1647년에 발생한 강한 엘니뇨가 그 가능성을 높였을지도 모른다.

황열병은 설탕의 섬이었던 바베이도스에서 시작되었다. 이 섬에서 약 6천 명, 즉 7명 중 1명이 황열병으로 사망했다. 전염병이 한창일 때 도착한 리처드 리곤은 "죽은 자들이 너무 많아 묻을 수 없을 정도였다"라고 기술하고 있다.[2] 이후 전염병은 과들루프, 세인트키츠, 쿠바, 퀴라소(curaçao), 유카탄, 플로리다(Florida), 중앙아메리카 해안에 위치한 여러 항구까지 퍼졌다. 다양한 증거로

---

1) Cordero del Campillo(2001)는 초기 황열병 전염병에 대한 증거를 검토한다. Bustamente (1958: 35~64)와 Guerra(1966, 1999)는 콜럼버스 도착 이후 서인도 제도에서 황열병 전염이 발생했음을 기술하고 있다. 이것의 일반적인 견해는 Curtin(1993)을 참조.

2) Gragg(2003: 166); Ligon(1657: 25).

볼 때, 황열병으로 인해 지역 인구의 20~50%가 사망했을 것이라 추정할 수 있다.[3] 이 대재앙 이후 황열병은 약 40년간 자취를 감추었다가 1690년대에 다시 나타난 것으로 보인다. 잠시 사라졌던 이유는 아마도 바이러스가 감염되기 쉬운 숙주에 들어가 일부는 죽이고 나머지에게 면역력을 주었기 때문이다. 이 전염병은 높은 비율의 면역자를 만들었고, 이후 수년 동안 바이러스의 활동 범위가 상당히 줄어들었다. 질병에 노출되지 않았던 새로운 숙주가 없는 환경에서, 황열병은 어린이들 사이에서만 유행하게 되었다. 하지만 어린이들도 아무런 증상이 없는 경우가 많았고 단기간에 바이러스 면역력을 갖게 되었다.

바이러스가 생존자들에게 강력한 면역력을 부여한다는 사실과 전염 주기의 불명확성이 결합하면서, 황열병은 카리브해에서 불규칙하고 일시적인 무서운 패턴을 띠게 되었다. 1640년대 후반과 같이 여러 가지 조건이 맞으면 한 지역을 초토화할 수도 있었다. 무서운 유행 이후에 황열병은 이후 수십 년 동안 사라질 수 있다. 아니면 질병이 없는 상태에서 자연적으로 증가하거나 비면역자들의 유입을 통해 충분한 수의 숙주가 확보될 때까지 소아병(풍토병)으로 전락할 수도 있고, 인간 대신 밀림 원숭이를 숙주로 삼아야 할 수도 있었다. 만약 충분한 수의 비면역자들이 도착하고 충분한 수의 이집트숲모기가 부화하며, 선박을 통해 바이러스가 실려 온다면, 이 병은 다시 발생할 것이 거의 확실하다. 황열병 발병은 현재 지식으로 본다면 이해하기 쉽다. 하지만 황열병은 1690년대부터 1900년대까지 발병의 무작위성과 예측 불가능성, 높은 사망률 등으로 인해 카리브해에서 가장 무서운 질병으로 인식되었다.[4]

---

3) 아바나에서는 인구의 약 3분의 1이 사망했다고 하고(de la Fuente, 1993: 67), 유카탄에서는 아마 50% 정도로 보고 있다(Patch, 1996). Bustamente(1958: 70)는 황열병이 1640년대부터 베라크루스와 메리다(Mérida, Yucatan)에서 유행했다고 한다. 1690년대까지 발병 기록이 없다고 하더라도, 감염 가능한 성인의 수가 적었기 때문에 충분히 가능한 일이다.
4) 오늘날 역학자들은 다양한 질병의 발병 및 정지 주기를 모델링하기 위한 소수의 변수를 포함하는 수학 공식을 가지고 있다. Hay et al.(2000) 참조.

하지만 두 가지 측면에서 볼 때 황열병은 무작위로 발병한 것이 아니었다. 황열병과 말라리아는 건조하고 선선한 기후에서 온 신규 이주민들에게 생기는 질병이었다. 이전에는 아니었다 할지라도 1730년대부터 이 사실은 널리 인정되었다. 1708년경 브라질의 한 의학 전문 잡지는 황열병 감염(1685~1692년)이 한 지역에서 오래 거주한 사람보다 새로 온 사람에게 더 빈번하게 일어난다고 했다.[5] 1735년 카르타헤나를 방문한 스페인 해군 장교 호르헤 후안(Jorge Juan)과 안토니오 데 우요아(Antonio de Ulloa)는 채프토나다(chapetonada: 아메리카 도착 시 유럽인이 걸렸던 첫 번째 병―옮긴이주)가 신규 이민자에게 얼마나 위험한지, 그리고 어떻게 선원들은 사망했지만 크레올은 멀쩡했는지에 대해 기록하고 있다.[6] 1732년부터 1746년까지 생 도맹그에 살았던 한 프랑스인 의사는 황열병이 "프랑스에서 이민자들이 새로 오자마자 마을에 퍼지고 있으며, 그중에서도 그 기후에 살지 않았던 이들에게만 발생하고 있다…"는 것을 발견했다.[7] 1753년 카르타헤나에서 한 스페인 의사의 기록에 따르면 "황열병"이 그 지역 거주자가 아닌 새로 도착한 유럽인들만 공격했다.[8]

1774년부터 1779년까지 자메이카에 살았던 로버트 잭슨(Robert Jackson) 박

---

5) Dias Pimenta(1708), 브라질에서 인용. Ministério da Saúde(1971: 76). 대부분의 저자들이 동의하듯이, 이것이 브라질에서 첫 번째 황열병 유행이었다면, 초기 몇 달 동안 새로 유입된 사람들을 차별하지 말았어야 했다. 왜냐하면 브라질의 모든 사람들(아프리카의 황열병 지역 출신을 제외)이 감염될 수 있었기 때문이다. 그러나 몇 달 후, 면역을 획득한 생존자들은 새로 도착한 사람들보다 더 나은 기회를 갖게 되었다.

6) Juan and Ulloa(1748, 1:59~61). 'Chapetonada(새로 유입된 자의 병)'은 황열병을 가리키는 스페인어였으며, 이 용어는 특히 콜롬비아와 베네수엘라에서 사용되었다.

7) Clark(1797: 53~54)에서 인용. 클라크는 저자를 M. 디스포테스(M. Disportes)로 부르는데 Pouppé-Desportes(1770)인 것으로 보인다. Pinckard(1806, 3:415~446)는 요점을 분명하게 말하고 있고, Sanchez-Albornoz(1974: 102)가 인용한 바에 따르면, 알세도(Alcedo, 1786~1789)도 황열병이 "새로 도착한 유럽인들을 공격한다"라고 썼다.

8) Gastelbondo(1753: 2): "*solamente assalta á los Europeos recien venidos, y no á los Populares de esa Ciudad.*"

사 또한 이것이 열대 지방 거주지와 관련이 있다고 생각했다. "…이 병은 열대 지역에서 오래 산 사람들 사이에서 좀처럼 발견되지 않는다."[9] 대카리브해의 일부인 캐롤라이나 연안으로 파견된 성직자들은 질병으로 인한 불안감을 호소 했다. 유럽의 군인들은 서인도 제도에서 근무하기를 두려워했고, 행선지가 카 리브임을 알게 되면 반항했다.[10] 1755년 두 명의 영국 선원은 서인도 제도로 가느니 채찍 1천 대를 선택했다. 국가 파견 공무원들 또한 서인도 제도에서 근 무하기를 꺼렸다.[11] 18세기 서인도 제도의 사람들은 황열병이 생존자에게 면 역을 준다고 믿었다. 이들은 (생존할 경우) 면역이 신체가 기후에 적응할 수 있 게 해 주는 "윤활제"라고 생각했다.

자메이카 흑인들은 새로운 이민자들을 조롱할 때 다음과 같은 노래를 불렀 다. 의사와 선원, 군인들 모두는 그들이 무슨 이야기를 하는지 알고 있었다.[12]

---

9) Jackson(1791: 250)과 Moseley(1795: 393)도 같은 의견이었다. Rodríguez Argülles(1804: 1)는 거주를 저항의 열쇠로 강조했다. 1793년 도미니카에서 발생한 황열병에 대해 Clark (1797: 2~3)는 인종을 배제하고 유럽과 아프리카 양쪽의 계절 기후를 강조하면서 다음과 같이 말했다. "새로 도착한 사람 중 아주 적은 인원만이 감염을 피했고, 아주 적은 인원만 이 병에 걸린 후 회복되었다. 이 병이 퍼지는 원인은 유럽인과 새로 도착한 이민자의 나이 와 성별과는 관계가 없으며, 다른 섬에서 온 유색인종뿐만 아니라 최근에 아프리카로부터 들어온 흑인들도 모두 이 병의 공격을 받았다… 도시 혹은 섬에 오래 살았던 흑인들은 이 병에 걸리지 않았다." 이것은 갓 도착한 아프리카인이 황열병에 걸리기 쉽다고 말하는 유 일한 견해이다.
10) Houlding(1981: 73).
11) Brumwell(2002: 155~156).
12) 이 노래는 Renny(1807: 241)에서 인용했다. 이것은 포트 로열(Port Royal)에서 과일 장사 를 하는 흑인 여성이 부르던 노래이다. "buckra"는 영국령 서인도 제도에서 조지아 해안과 서아프리카 일부 지역의 굴라어(Gullah) 화자들이 백인을 의미하는 말로서, 종종 백인을 헐뜯는 말로 쓰인다. 과들루프의 한 프랑스 의사는 황열병이 유럽에서 들어온 이주자 집 단을 우선 공격했기 때문에 '유럽인 열병(fièvre Européenne)'이라고 기록했다. Wellcome Library, American MSS 113, ff. 33~34, Lorillard à Chervin, 8 janvier 1818.

새로 온 백인(buckra),

그는 아프고

그는 열이 나고

그는 죽을 것이고

그는 죽을 것입니다.

선선한 기후 지역 출신의 이민자들이 황열병에 걸린다는 생각은 시간이 지
날수록 더욱 견고해졌을 것이다. 열병에 대한 두려움으로 인해 (노예, 선원, 군인
이 아닌) 수많은 이민자와 여행자들의 방문 의지가 꺾였고, 이를 통해 아이러니
하게도 많은 생명을 구할 수 있었다. 신중하고 박식한 사람들이 열병에 대한 두
려움으로 이민을 포기하면서, 이민자들은 상대적으로 더 젊고 가난하며, 덜 교
육 받은 남성들로 채워지게 되었다.

황열병과 말라리아가 예측 가능한 것처럼 보였던 두 번째 이유는 백인에 대
한 명백한 적대감 때문이었다.[13] 17세기와 18세기 서인도 제도 원주민들은 차
등면역의 영향력을 알고 있었다. 하지만 이들은 이것을 유전적 선택이나 여러
집단 사이의 사전 노출 결과가 아니라 서로 다른 인종의 체질 문제로 이해했다.
대부분의 18세기 연구진은 황열병이 인종과 '체질'이라는 기준으로 사람들에게
서로 다른 영향을 미친다고 확신했다. 바베이도스의 헨리 워렌은 1741년 흑인
에 대해 언급하면서, "흑인은 썩은 생선과 개, 고양이, 당나귀, 말, 쥐 등의 고기
를 먹는 무절제한 삶을 산다. 그리고 항상 더러운 옷을 입고, 열과 추위, 오염된
공기에 가장 많이 노출되어 있다. 그런데도 어떻게 질병의 위험에 거의 영향을

---

13) 스페인 성직자 바르톨로메 데 라스 카사스(Bartolomé de las Casas)는 아직 황열병이 없
      었던 16세기 초 카리브해에서 스페인 사람이 아프리카인의 유일한 사망 원인이 교수형이
      라고 생각했던 것을 말한다. 이는 스페인 사람이 아프리카인은 질병에 저항성을 가지고
      있다고 믿었기 때문이다(Honigsbaum, 2001: 41).

받지 않을까?"라고 생각했다.[14] 1748년 사우스캐롤라이나주 찰스턴에서 발생한 황열병에 대해 존 라이닝 박사(Dr. John Lining)는 다음과 같이 기술했다.

> 이 열병에 걸리기 쉬운 대상은 백인 남녀를 비롯해 최근에 추운 기후에서 온 신규
> 이민자, 인디언, 혼혈(Miscees), 전 연령대의 물라토(mulato)였고, 어린이와 최근
> 감염되었다 회복한 사람들은 제외되었다. 실제 우리 인체가 천연두, 홍역, 황열병
> 등을 통해 변화를 겪는 것은 큰 행복이다. 왜냐하면 이 변화를 겪은 이후 그 질병의
> 두 번째 공격으로부터 영원히 보호받을 수 있기 때문이다. 흑인의 체질이 이 열병
> 과 상관이 없다는 것은 매우 특이한 점이다. 흑인 중 많은 수가 의료진만큼 질병에
> 노출되었지만, 그들이 열병에 걸린 사례는 한 번도 보지 못했다.[15]

이에 대한 전형적인 견해는 자메이카의 잭슨 박사(Dr. Jackson)의 주장이다. 잭슨 박사는 "아프리카 연안에서 도착한 흑인이 이 질병으로 공격 받은 것은 관찰된 적이 없다"라고 말했다.[16] 당시 대카리브해의 시대적 상황은 신체 체질이 질병 취약성과 관련되어 있다는 의학 사상이 있었고, 거의 모든 부분에서 인종 개념이 중요했다. 이러한 사회적 분위기를 고려할 때 차등면역(및 취약성)을 인종의 특성으로 해석하는 일은 거의 보편적이었다.

---

14) Warren(1741: 13~14). Bertin(1778: 7~8) 역시 인종이 중요하다고 생각했지만 다른 음식
    으로 이를 설명했다.
15) Lining(1799: 7).
16) Jackson(1791: 249~250)과 Hunter(1788: 24~25)의 견해는 비슷했다. Pouppé-Desportes
    (1770, 1:192)는 생 도맹그에서 유럽인과 크레올의 다른 취약성을 기술하고 있다.

맹독성 약품

대카리브해의 환자들은 거의 치료를 받지 못했다. 만약 치료가 이루어진다면, 그들에게는 유럽 의학과 아프리카계 크레올 의학, 두 가지 선택권이 있었다.

1640년대 아메리카 대륙의 황열병은 유럽 의사들에게는 전문적이고 지적인 도전이었다. 하지만 질병에 취약한 사람에게는 생존의 문제였다. 당시 유럽의 의학 사상가들은 건강과 질병에 대한 환경적 설명, 즉 특정 신체에 적합한 환경을 강조했다. 하지만 그들은 대카리브해에서 낯설고 불안정한 환경을 만난 것이었다. 특히 황열병과 관련해서는 어떤 결실도 맺지 못했다. 좀 더 친숙한 질병인 말라리아의 경우 전통적인 해석을 고수했지만, 민간요법이 좀 더 도움이 되었다.

250년 동안 황열병 감염자는 의료계의 도움을 거의 받지 못했다. 실제 많은 중증 환자들은 의사, 특히 군의관과 거리를 두는 것을 중요하게 생각했다. 17세기 말 영국군의 의료용 상자에는 "독사 기름, 미끼용 벌레, 딱정벌레, 집게벌레, 건조된 각종 동물 가루 등 다양한 동물 부위를 혼합한 성분"의 치료제가 있었는데 그 자체로 매우 혐오스러웠다.[17] 한 세기가 지난 후에도 군의학은 아무런 진보를 이루지 못했다. 1797년 지금의 가이아나에서 영국군 의무병으로 복무하던 조지 핀카드는 채프먼(Chapman)이라는 수류탄 투척병을 만났다. 핀카드는 채프먼에게 고열이 있으니 연대 병원으로 가라고 말했다. 그러자 채프먼은 "저는 아프지 않습니다. 그런데 병원에 가면 열이 나고 죽을 것 같습니다. 진짜 저는 아프지 않고, 매일 많은 사람이 황열병으로 죽어 가는 병원에 가느니 차라리 자살하겠습니다"라고 말했다. 결국 채프먼은 병원에 가지 않았지만, 몇 시간 후에 죽고 말았다.[18] 존 그랜트(John Grant)는 좀 더 운이 좋은 경우이다. 그는

---

17) Cantlie(1974, 1:57).
18) Pinckard(1806, 3:112~114). 1748년 출판된 소설 『로데릭 랜덤(Roderick Random)』은 저

영국 최강의 여단급 육군 전투부대 블랙워치(Black Watch) 소속으로서, 1759년 과들루프에서 열병으로 쓰러졌다. 그는 영국 해군 의사들이 피를 너무 많이 뽑아 죽을 수도 있었지만, 다행히 의료진 함대가 떠나는 바람에 살 수 있었다고 말한다.[19] 농장주 에드워드 롱(Edward Long)은 훈련 받지 않은 의사들이 검증되지 않은 치료법으로 자메이카의 인구를 말살했다고 비난했다.[20] 군인, 선원, 민간인, 그리고 심지어 왕도 의사와 거리를 둘 이유가 충분했다.

의학적 사고

황열병이나 말라리아를 치료할 때, 유럽의 의사들은 일반적으로 아리스토텔레스(Aristotle), 히포크라테스(Hippocrates), 무엇보다 갈레노스(Galenos)로 이어지는 의학적 전통에 의지했다.[21] 이 전통에서는 거의 모든 의학적 증상에 적용할 수 있는 다용도의 도식이 사용되고 있었다. 이 도식에 의하면, 건강은 네 가지 "체액(humors, bodily fluids)"의 균형과 불균형에 의해 결정된다. 따라서 치료는 점액(phlegm), 황담즙(yellow bile), 흑담즙(black bile), 혈액(blood) 사이의 적절한 균형을 회복하는 것이고, 운이 좋은 경우 식생활 변화를 통해 이를 달성할 수 있었다. 특히 개신교 국가에서는 수은과 같은 소량 독극물의 효능을 믿었던

자가 1741년 카르타헤나 군캠프에 있을 때의 경험을 바탕으로 쓴 것이다. 토비아스 스몰렛(Tobias Smollett)은 사람이 배에 있는 의사와 약을 피해 갈 수 있는 길을 제시하고 있다. Tobias Smollett, *The Adventures of Roderick Random* (Oxford: Blackwell, 1925), vol. I, pp. 266~268.

19) "Journal of Lieutenant John Grant" Brumwell(2002: 160)에서 인용. Duncan(1931: 20)은 미국 의사 제임스 틸턴(James Tilton)을 인용하고 있는데, 틸턴은 미국 독립 전쟁 당시 군대 내부에서 외과 의사의 사망률이 장교보다 높았던 이유는, 전장에서 싸우는 것보다 병원에서 계속 근무하는 것이 더 위험했기 때문이라고 말한다.

20) Long(1778, 2:591).

21) Riera(1981); Porter(1997); Foster(1987); Santos Filho(1977~1991); Sheridan(1985); Porter(1997: chs, 9~10). 열대기후병에 대한 영국인의 사고에 대한 연구로는 Kupperman(1984); Kiple and Ornelas(1996); Harrison(1996)이 있다.

파라켈수스(Paracelsus, 의사 연금술사) 이론이 약간 추가되었다.

당시 상식으로 보면, 발열은 혈액이 과다해서 발생하는 것이었기에 팔의 동맥을 열고 피를 빼는 방혈이 가장 좋은 치료법으로 여겨졌다. 한 사람의 체질은 여러 가지 면에서 약해질 수 있고, 불균형을 초래할 수도 있다. 가령 사람의 식습관은 체액 균형에 좋거나 나쁜 방식으로 영향을 미칠 수 있다. 또한 비정상적인 더위나 추위, 또는 더움과 추위 사이의 급격한 변화도 채액 균형에 영향을 미칠 수 있다. 일부 의사들은 과도한 쾌락 추구가 자칫 균형을 깰 수 있기에 남성들의 '지나친 쾌락(excess of the pleasures of Venus)'을 경고하기도 했다.[22] 그리고 이 모든 변수는 신기하게 상호작용하여 풍부한 진단과 처방을 제공할 수 있다.[23]

이러한 사고와 관련 치료법들은 의학 전문가들 사이에서 수 세기 동안 지속되었다. 16세기 유럽에서 옛것에 대한 숭배가 고조되고 고전 텍스트의 새로운 모국어 번역이 이루어지면서 체액 이론은 새롭게 권위를 얻게 되었다. 17세기보다 과학적인 실험 이론의 출현은 체액 이론에 많은 도전을 가져왔다. 체액 이론은 윌리엄 하비(William Harvey)의 혈액순환 이론(1628년)과 양립할 수 없는 것처럼 보였다. 주로 인도에서 온 아시아 의학 지식이 의구심을 불러일으켰다. 체액 이론과 그 추종자들은 극작가 몰리에르(Molière)에게 조롱 당했고, 많은 말을 하지는 않았지만 수백만 명의 환자들로부터도 놀림을 받았다.[24] 1750년에 이르면 체액 이론을 믿는 사람들은 거의 없었지만 여전히 많은 의사가 동일

---

22) Rodríguez Argüelles(1804: 8). Moreau de Jonnès(1817: 5~7)는 서인도 제도의 유럽인을 괴롭히는 13가지 이유 중 "사랑의 기쁨(les plaisir de l'amour)"을 열거했다(그는 또한 대기 중에 전기 전하도 포함했다). 프랑스 의사 Antoine Poisenier Desperrières(1763)는 "여성 관계(les commerce des femmes, surtout des négresses)"를 피해야 한다고 말했다. Eymeri(1992: 234~235)에서 인용.

23) Kuriyama(1995)는 방혈의 논리와 내구성에 대한 유용한 논의를 제공한다.

24) 몰리에르는 의사들의 갑갑함과 비효율을 조롱하는 세 편의 연극을 썼다. Brockliss and Jones(1997: 336~344)는 그의 견해를 분석하고 있다.

한 치료를 하고 있었다. 그리고 많은 환자가 방혈을 원했기 때문에, 의사들은 갈레노스파(Galenic) 의학을 믿든 안 믿든 그 일을 할 수밖에 없었다. 1807년 토머스 제퍼슨(Thomas Jefferson)은 "대중적으로 잘 알려진 이론에 기반해 치료 받은 환자는 가끔 그 의술에 상관없이 회복되는 경우가 있다"라고 말하면서, 많은 사람이 오래전부터 느끼고 있던 것을 표현했다.[25] 하지만 19세기 말에 설득력 있는 대안이 등장하기 전까지는 당혹감, 환멸, 실험적 시도가 신념이나 실천의 근본적 변화로 이어지지 못했다.[26]

서인도 제도에서는 오랜 경험을 가진 일부 의료 전문가들이 카리브해의 질병이 유럽에서 흔히 볼 수 있는 것과 같은지에 대해 궁금해 하며 의미 없는 논의를 했다. 자신들의 비효율적인 황열병 치료는 때때로 자괴감을 불러일으켰다. 하지만 대다수 유럽 의사들은 그들의 교육, 전통, 치료법을 굳게 고수했다. 그들은 열과 강한 태양이 건강에 해로운 풍경, 호흡과 결합하면서 열대열(tropical fever)이 발생한다고 보았다. 이렇듯 가혹한 환경에 적응하지 못하는 사람들은 누구나 체액 불균형을 겪을 수 있는 것이다.

관습에 얽매이지 않는 지혜는 진실에서 멀리 떨어져 있지 않고, 때로는 아주 가까이 있기도 한다. 위대한 과학자 알렉산더 폰 훔볼트(Alexander von Humboldt)는 멕시코 저지대에서 황열병 발병을 관찰했다. 그는 상태가 엉망인 멕시코 도로를 여행하면서 신체가 황열병에 더 취약해진다고 생각했다. 대개 평범한 멕시코인들은 외국인들이 바나나를 럼(rum)과 함께 마셔서 병에 걸린다고 믿었다.[27] 멕시코 의학 저술가 디에고 프로셀(Diego Procell)은 1760년대 쓴 글에서 황열병이 '보이지 않는 벌레로부터 전염된' 것이라고 말했다. 호세 데 파트리시

---

25) Shryock(1960: 73)에서 인용.

26) Temkin(1973: 134~192); Porter(1997: 163~303); Urteaga(1997: 11~21). Guerra(1968)는 초기 황열병 출판물을 고려하고 있다.

27) Archer(1987: 51, 77).

오 데 로스 리오스(José de Patricio de los Ríos)는 그 벌레가 작은 늪에 있다고 생각했다. 하지만 당시 황열병을 벌레와 연관 짓는 것은 파격적인 생각이었고, 140년이 흐른 뒤에야 옳았음이 증명되었다.[28]

요약하자면, 유럽인들은 황열병과 말라리아에 강하고 약한 것이 사람의 체질, 행동, 환경과 연관이 있다고 생각했다. 어떤 사람들은 본디 체액의 균형이 좋지 않아 약한 특성을 가진다고 보았다. 천성적으로 (혹은 무절제 때문에) 백인 남성은 흑인보다 더 취약한 것처럼 보였다(물론 서인도 제도에 오래 거주하면 백인도 보호 받을 수 있지만). 나이가 한창인 사람들은 소아들보다 황열병에 더 취약해 보였던 반면, 말라리아의 경우에는 그 반대였다. 모든 것은 개인이나 집단의 성격이나 체질에 관한 문제였다. 체질을 넘어 행동도 중요했다. 너무 활동적인 사람이 스스로 병을 유발하는 반면에 비활동적인 사람은 그렇지 않았다고 믿었다.[29] 잘못된 식습관과 옷차림, 술과 성(性)에 대한 탐닉으로도 병이 생길 수 있다고 믿었다. 마지막으로 물리적 환경도 위험 요인이 될 수 있었다. 오물, 썩어가는 초목, 늪, 습도, 무더위, 낮은 고도[30]에서 황열병과 말라리아에 감염될 수 있다고 믿었지만, 청결한 상태나 서늘한 온도, 높은 고도에선 질병에 안전할 수 있다고 믿었다. 환경에 대한 이러한 판단은 현재의 기준에서도 틀리지 않지만, 환자를 그릇된 선입관으로 바라보는 의사로부터 보호하기에는 부족했다.

---

28) AGI(Audiencia de México, leg. 1681) Guijarro Olivares(1948: 370, 375)에서 인용한 Penckard(1804, 3:454)도 모기와 건강을 연결시킨다. "모기와 다른 벌레들에 물린 것과 연관하여, 유럽인들과 기후에 따른 여러 사람들의 차이점은 황열병과 마찬가지로 뚜렷하다. 모기와 파리가 건장한 유럽인을 물면 염증이 생기면서 부어오르고, 궤양이 생기거나 악성 종양으로 퍼져서 생명을 앗아 갈 수도 있다. 하지만 나른한 크레올인이나 흑인들은 이 슬픈 결과를 전혀 예상하지 않고 조용히 벌레가 물도록 내버려 둔다."

29) Bertin(1778)과 Sánchez Rubio(1814)가 강조했다.

30) Clark(1797: 59~60)는 부족한 뇌우에 근거하여 1,400피트 이상에서 황열병이 적다는 것을 발견했고(그는 뇌우가 적었기 때문이라고 생각했다), Leblond(1805)는 황열병에 대한 취약성을 언급할 때 고도를 언급했다.

의료 관행: 방혈법과 키니네

황열병이나 말라리아와 맞닥뜨렸을 때, 체액 이론 신봉자 대부분은 잘못된 전제에서 출발한 의료 관행을 고수했다. 영국 국왕 찰스 2세의 54세 때 일화는 그 시대 말라리아 퇴치에 대한 의학 지식의 수준을 보여 준다. 1685년 어느 날 아침, 왕은 몸이 좋지 않았다. 첫 번째 의사가 도착했을 때 왕은 경련에 빠졌고, 의사가 왕의 팔에서 16온스의 피를 뽑아냈다. 이후 다른 의사들이 치료에 동참했고 그의 어깨에 흉터를 내고 8온스의 피를 더 뽑았다. 다시 말해 왕은 전체 혈액의 약 15%를 뽑아 낸 것이다. 뜨거운 공기로 채워진 컵을 피부에 붙이는 부항(cupping)이 이어졌는데, 이것은 그 당시 공식 같은 관행이었다. 이후 의료진은 구토를 유발하기 위해 왕에게 안티몬(antimony)에서 추출한 구토제를 주었으며 기타 황산염 아연과 함께 일종의 관장약을 주어 관장시켰다. 이후 의사들은 왕의 머리를 면도하여 두피에 물집이 생길 수 있도록 했고 달군 뜸용 철로 피부를 눌러 물집을 만들었다. 찰스 2세는 고문에 가까운 치료를 속수무책으로 받으며 경련을 일으켰다. 왕의 머리에 뭉친 체액을 뽑기 위해 의료진은 발에 고약(plasters)을 발랐다. 이후 그들은 왕에게 재채기 가루와 이완제를 투여하고 하룻밤 동안 내버려 두었다.

왕은 다음 날 잠시 회복되어 블랙체리 시럽을 먹었다. 그러나 사흘째 되는 날, 병이 재발했고, 의료진은 왕에게 땅에 묻힌 적이 없는 사람의 두개골로 만든 가루를 먹이기로 결정했다. 두개골 영양분은 왕의 상태를 완화해 주는 듯했다. 하지만 나흘째 되는 날 재발하자 의료진은 왕의 병을 말라리아로 진단했다. 그들은 말라리아 증상을 완화시키는 알칼로이드를 함유한 기나나무로 재빨리 치료의 방향을 돌렸다. 왕은 기진맥진한 상태에서도 저항했다. 이 나무껍질은 영국에 새롭게 소개된 구급약이지만 약효에는 논란이 있었다. 당시 올리버 크롬웰(Oliver Cromwell)처럼 일부 열성적 개신교도는 예수회가 유럽에 처음 소개한 이 구급약을 '교황주의(papist)'로 생각하여 거부했다.[31] 찰스 2세의 종교적 신념은 위기의 순간에 흔들렸던 것 같다. 평생 개신교도였던 그는 정신착란 상태에서 가톨릭을 받아들이는 듯 보였지만 여전히 키니네 복용을 거부했다. 어쩌면 그는 의사들의 의료 기술에 강한 회의감이 들었을지도 모른다. 그러나 의료진의 권유를 계속 거부할 수는 없었고 결국 키니네를 먹었다. 불행히도 이것은 도움이 되지 않았고, 왕의 기운은 점점 쇠약해졌다. 히포크라테스의 후계자들은 마지막 조치로 페르시아 염소의 위에서 결석을 꺼내 갈아 왕에게 투여했다. 왕은 결국 (계속 치료를 받아야 한다는 공포감 속에서) 사망했다. 그의 치료는 당대의 일반적인 관행에 따라 시행되었고, 정통적인 방법이었다.[32)

황열병 유행 속에 1690년 레시페(Recife)에 도착한 마르키스 데 몬테벨로 (Marquis de Montebelo) 총독은 찰스 2세보다는 운이 좋았다고 볼 수 있다. 그는 브라질에 도착한 지 2주 만에 병이 났다. 리스본에서 그와 동행한 포르투갈 의사가 방혈, 소독, 관장, 물약 등으로 치료했다. 하지만 그의 상태는 더욱 심해져서 브라질 사람이 말하는 '검은 피(rust)'를 토해냈다. 주치의는 3년 동안 황열병 환자를 치료해 경험이 풍부한 브라질 동료에게 환자를 넘겼다. 동료 의사는 총독의 뱃속 체액이 너무 차갑기에 케르메스(kermes) 참나무 씨앗이 들어 있는 국화과 약초(이스코르시오네이라, escorcioneira) 즙을 가능한 한 뜨겁게 해서 삼키라 처방했다. 총독은 포르투갈 산 포도주를 달라고 외치며 저항했지만 끝내 물약을 마셨고, 살아남았다.[33)

서인도 제도에서 유럽 의사 대부분은 비슷한 관행을 따랐고, 치료제는 거의 없었다. 의사들은 모든 종류의 열병에 대한 최선의 치료법으로 피를 뽑는 방혈을 처방했다. 이들은 대개 열이 나기 시작할 때 성인 혈액의 10% 이상인 약 20

---

31) 예수회는 교황청 직속으로, 어떤 교구에도 소속되지 않았기에, 교황의 명령을 직접 받는 집단이란 선입견이 있었기 때문이다. ─옮긴이주

32) Woolley(2005: 345~346)와 Porter(1997: 234). 이들의 연구는 Crawfurd(1909)의 영향을 받았다. 말라리아는 또한 1686년부터 루이 14세를 괴롭혔지만, 그는 기나나무를 정기적으로 섭취하라는 의사의 지시를 따라 살아남았다(Brockliss and Jones, 1997: 312~313).

33) Brazil. Ministério da Saúde(1971: 91).

온스의 피를 뽑았다. 만약 열이 지속된다면, 몇 번이고 반복해서 피를 뽑았다. 열병 희생자는 혈액을 절반 정도 빼야 했다. 17세기 말 자메이카 의사인 한스 슬론(Hans Sloane)은 대부분 열병 환자에게 피를 뽑아 치료했다. 어떤 경우는 여러 나무껍질을 비롯한 약물을 투여하기도 했다.[34] 1843년 한 영국 의사는 다음과 같이 썼다. "유럽인 중에서 특히 군인에게 시기적절하고 자유롭게 란셋(채혈용 침, 바늘)을 사용하는 것이야말로 희망의 닻이다."[35] 그러나 탈수나 빈혈로 고통 받는 사람에게 이 치료법은 고문과 같았고 결국 사망에 이르게 할 수도 있었다.

의사들은 '예수회 나무껍질(Jesuit bark, 키니네)'이 있으면 이를 처방했다. 안데스 북부 동부 경사지의 기나나무 일부 종 껍질에서 추출한 가루는 말라리아에 대한 실질적 치료제였다. 흔히 키니네라 불리는 알칼로이드(질소 포함 유기체) 추출물은 인간 적혈구에서 열대열 말라리아와 삼일열 말라리아 원충을 죽일 수 있었기에 예방제와 치료제로 사용되었다. 안데스 치료사들은 17세기 중반 무렵 예수회가 이것을 유럽으로 가져가기 전까지 오랜 세월 동안 이 나무껍질을 사용해 왔다. 이것은 1680년대에 이르면 일반 의사들도 아는 보편적인 지식이 되었다. 1770년대 수리남 덤불에서 네덜란드 농장주를 대신해 마룬(서인도 제도 산중에 사는 흑인, 탈주 노예)을 쫓으며 수년간 활동했던 60대 스위스 대령 루이 헨리 포거드(Louis Henry Fourgeoud)는 매일 아침 '키니네, 주석영(타타르산 수소포타슘), 감초를 함께 끓인' 물약을 마셨다. 혐오스러운 맛 때문에 부하들은 마시지 않았지만, 약 90% 이상이 말라리아 등으로 죽었을 때 그는 살아남았다.[36] 키니네는 쓴맛 때문에 구역질이 났지만 이를 참을 수 있다면 질병을 예

34) Sloane(1707~1725, 1: xci-cli). 슬론은 선호되었던 치료들에 대해 pp. cxxxiv-cxxxvi에 정리했다. Du Tertre(1973, 2:447~452)는 1670년경 프랑스령 서인도 제도에서 선호되었던 치료법을 설명하고 있다.

35) S. Gordon Warner, "The Fever Prevailing in the Bermudas during the summer of 1843." 이 팸플릿은 PRO/CO/37/164, at folio 262에 있다.

방하고 치료할 수 있었다. 키니네는 서인도 제도에서 열병을 치료하기 위해 의사들이 사용한 유일한 것이었으며, 기적에 가깝게 보였다.

하지만 키니네는 비쌌다. 기나나무는 안데스 산맥의 외진 곳에서만 자생했고, 고도 1,500미터 이상에서 자랐다. 열대우림에는 다양한 종류의 나무가 있기에, 기나나무를 발견하기란 쉽지 않았다. 게다가 어떤 기나나무는 약효가 될 정도의 알칼로이드가 없기도 했다. 그러나 효능이 입증되자 기나나무에 대한 강력한 수요가 생겨났다. 18세기의 일부 스페인 동식물 연구자는 과도한 수확으로 기나나무가 사라질 것으로 보기도 했다.[37]

키니네는 귀했지만, 의사들은 이를 마구잡이로 썼다. 그들은 말라리아뿐만 아니라 키니네가 효과가 없는 질병에도 마구잡이로 처방했다. 핀카드는 황열병과 관련해 이렇게 기록했다. "나는 다음과 같은 사실을 알게 되었다. 베르비스체[Berbische: 오늘날 영국령 가이아나(British Guyana)의 베르비체(Berbice)]에서처럼, 이 병에는 일반적인 열병 치료 방식이 처방되었다. 그리고 거의 대부분 서인도 제도의 유일한 희망이라 할 수 있는 키니네를 치료에 사용했다. 키니네는 충분한 양과 다양한 형태로 처방되었지만, 매번 효과를 보지는 못했다."[38] 1780년대 서인도 제도의 또 다른 영국 군의관 토머스 댄서(Thomas Dancer)도 열병에 걸린 몸에 키니네를 뿌릴 것을 권했다.[39]

다른 의료진들도 키니네와 방혈법 치료 조합이 열병에 가장 효과적이라 믿었다. 1690년대 브라질 의사인 요아오 페레이라 다 로사(João Ferreira da Rosa)는 황금을 넣어 끓인 물을 마시라고 추천했다. 또 갓 죽인 비둘기를 발바닥에 붙여 열을 흡수할 수 있도록 권하기도 했다.[40] 1781년, 현재 니카라과 지역의

---

36) Collis(1965: 180). 주석영(타타르산수소포타슘)은 산성염으로서 요리와 청소제로 쓰인다.
37) 키니네의 역사에 대해서는 다음의 문헌을 참조하길 바란다. Stuart(2004: 28~32), Sumner
     (2000: 64, 202), Webb(2008: 94~95), Rocco(2003), Honigsbaum(2001).
38) Pinckard(1806: 3, 79).
39) Dancer(1781: 49~53).

영국군 원정에 동행한 댄서는 "간헐열(말라리아)" 치료에 아편과 맥주, 포도주를 처방하도록 권했다. 예를 들어, 미열이 있는 경우에는 클라렛(프랑스 적포도주), 심한 경우에는 마데이라(마데이라섬 백포도주)를 권했다.[41] 가이아나에서 황열병에 걸린 핀카드는 동료들에게 자신의 팔에서 "12온스나 14온스"의 피를 뽑고, 키니네, 아편, 포도주, 냉욕과 함께 "관장제(evacuant)"로서 칼로멜(calomel, 甘汞)을 투여하라고 부탁했다. 핀카드는 포도주를 "천국"이라고 생각했다[42](스페인 의사인 아나클레토 로드리게스 아르켈예스(Anacleto Rodríguez Argüelles)는 엄격한 금주를 권고하기도 했다).[43] 영국 군의관 로버트 잭슨은 아편제를 선호했으

---

40) Brazil. Ministério da Saúde(1971: 98). 어떤 경우에는 코펄 오일(Copal oil)을 환자의 항문에 바르거나, 비둘기 똥을 발바닥에 붙이는 것이 좋다고 생각했다.

41) Dancer(1781: 48, 57). 흥미롭게도 일부 중국 의사들도 말라리아 치료를 위해 아편을 피울 것을 권했다(Bello, 2005: 299). 패트릭 오브라이언은 그의 소설 The Commodore의 주요 등장인물 중 한 명인 학식 있는 스티븐 마투린이 코카 잎으로 황열병을 치료하는 것을 기술하고 있다. 하지만 나는 이 '혁신적인 치료법'을 다른 곳에서 본 적이 없다. 이 내용의 출처는 캘리포니아 대학교 산타크루즈의 브렌트 하다드(Brent Haddad) 교수이다.

42) Pinckard(1803, 3:139~143). 핀카드는 이례적으로 황열병에 대한 자신의 노력이 얼마나 무익했는지 인정했다. "키니네, 수은, 방혈, 목욕, 기타 다양한 치료법을 충분히 시도했지만 모두 헛되었고, 모두 효과가 없는 것으로 판명되었다."(3:83) "내가 할 수 있는 전부는 지금 우리 사이에서 가을 낫을 휘두르는 노란 얼굴의 파괴자에게 미약한 저항을 하는 것이다."(3:85).

43) Rodríguez Argüelles(1804: 3~4, 8, 20). John Bell(1791: 122~123)은 알코올이 황열병을 악화시킨다는 것에 동의했다. William Hillary(1766: 146)는 황열병이 "포도주나 술을 너무 자주 마시는 사람들"을 공격한다고 생각했으며, Sloane(1707~1725, 1: cxliv)도 이에 동의하는 것 같았다. "35세쯤 된 존 파커(John Parker)는 탐욕스러운 친구로서 술을 많이 마셨고, 전염병에 계속 걸렸다. 내가 자메이카에 처음 도착했을 때 그는 병에 걸려 있었고, 이후 다른 사람들처럼 회복되었다. 하지만 얼마 지나지 않아 그가 럼 펀치를 엄청나게 마시고 차가운 대리석 바닥에 누워 있는 것을 보았다. 그는 음주 때문에 타락했는데, 조증이 너무 심해 말과 행동이 일관되지 않았고 밤에 수시로 깨는 모습이 관찰되었다. 어느 날 그는 분노가 극도로 치솟았고, 일반적인 치료 방법을 모두 동원했지만, 며칠 후 사망했다." 세인트키츠의 의사인 존 서스톤은 무절제한 생활이 무적의 크레올을 황열병에 걸리기 쉽게 만들 수 있다고 생각했다. Wellcome Library, American MSS 113, ff. 60~62, Thurston

며, 환자의 피를 뽑고, 머리를 깎아 바닷물이나 브랜디에 적신 담요로 환자를 감쌌다.[44] 유명한 해군 의사 제임스 린드는 서인도 제도의 열병에 키니네, 방혈, 아편, 관장, 안티몬을 추천했다. 환자가 정신착란을 일으키는 경우에는 등에 물집을 내고 간혹 스네이크 루츠(蛇木, snakeroot)를 투여하기도 했다. 게다가 린드는 "관자놀이에 거머리를 붙이고 목덜미에 부항을 하는 것도 효과가 있다"라고 말했다.[45] 소수의 의료진은 전통적인 방법에 따라 주석영(酒石英, cream of tartar, 타타르산수소포타슘: 포도주 제조 과정에서 생기는 부산물－옮긴이주)을 처방했다.[46]

대략 1790년에서 1830년 사이 서인도 제도의 영국 군의관들은 방혈법을 적극적으로 받아들이기 전에 황열병과 말라리아 환자에게 수은을 처방했다.[47] 도미니카의 의사인 제임스 클라크(James Clark)는 황열병 치료제로서 환자에게 설사약과 두개골 가루, 복부에 물집 내기, 아편제(때로는 마데이라 와인과 함께)를 함께 처방했고 이따금 식초를 뿌리기도 했다. 그는 방혈을 반대하면서, "우리가 가장 믿을 만한 것, 즉 항해술로 보았을 때 비상용 큰 닻은 수은"이라고 말했다.[48] 적절히 투여된다면 키니네 등이 말라리아를 예방하는 데 도움이 되었지만, 황열병에 걸린 사람에게는 의사가 처방한 어떤 것도 도움이 되지 않았다.

---

to Chervin, 20 March 1818

44) Jackson(1791: 268~272). 잭슨은 브랜디를 주로 마시는 건장한 군인에게 인기가 없었을 것이다.

45) Lind(1788: 240~242, 260). 페레이라 다 로사 역시 1690년대에 거머리를 붙이고 부항을 뜨는 방법을 추천했다. 거머리는 거미망으로 덮인 채 대부분 포르투갈에서 들어왔다. Brazil. Ministério da Saúde(1971: 98).

46) Mackrill(1796: 26)의 사례가 있다. 마크(Mark)는 1790년대 태국에서 근무한 영국 군의관이었다. Bertin(1778); Córdoba(1790); Oyarvide y Samartín(1801); Sánchez Rúbio(1814) 등의 연구에서 비슷한 결과물을 볼 수 있다.

47) Harrison(2007)과 Alsop(2007: 31~32). 해리슨에 의하면, 인도에서 생긴 수은 요법은 왕실 해군에서 대중적이지 않았다고 한다. 반면 앨숍은 Hamilton(2005: 119)의 말을 빌려 수은이 천연두 처방에 상시적으로 쓰였다고 말한다.

48) Clark(1797: 27~37).

그리고 특히 방혈과 수은 치료법은 환자의 면역력을 약화시켰다.[49]

의학적 치료법 이외에 군인과 선원들에겐 민간요법이 있었다. 유럽에는 황열병이 존재하지 않았지만, 말라리아, 즉 영어로 "ague(학질)"의 경우, 따뜻한 계절에 유럽의 많은 지역에서 흔하게 발생하는 질병이었기에 몇 가지 민간요법이 있었다. 예를 들어, 민간요법에는 거미와 거미줄을 섭취하고 소변을 마시거나 나무에 머리카락을 묶어 둔 다음 그 나무를 뽑는 것 등이 있었다. 이것은 주술적으로 해석하면 머리카락과 말라리아 모두를 나무에 묶어 둔다는 의미이다. 진통제 외에 술과 아편, 대마초가 흔하게 사용되었지만 큰 도움이 되지는 않았다. 이러한 조치들은 큰 도움이 되지 않았지만, 아마도 의사가 행한 치료보다는 피해를 덜 끼쳤을 것이다.[50]

환자들에게는 다행히도, 의사의 숫자가 해독제(bezoars)의 수만큼이나 적었다. 1750년 자메이카에서는 황열병에 대해 상반된 의견을 가진 두 의사의 공방으로 사망자 수가 배로 늘어났다. 하지만 이 사건은 섬의 공중 보건을 개선하는 계기가 되었다.[51] 1780년 자메이카에는 의사 75명이 있었고, 그중 10명이 의학 박사 학위(M. D. degree)를 가지고 있었다. 1790년대 쿠바에는 약 100명의 의사가 있었다. 1834년 영국 서인도 제도 전체에서 의사는 400명이 조금 넘었다. 이 동 거리와 교통의 불편함을 고려할 때, 의사에게 처방을 받아 위급 상황에 빠진 환자는 다행히 그리 많지 않았을 것이다.[52]

18세기경 군인들은 일반인보다 의사를 만날 가능성이 더 높았다. 1750년대

---

49) Sheridan(1985: 19~41). 셰리든은 영국 서인도 제도의 저명한 의사들의 견해를 요약했고, Alsop(2007)은 영국의 주요 군사의학 문서를 검토했다. Martínez Cerro(2001)는 18세기 초 스페인 해군의 의료 행위를 분석하고 있다.

50) Dobson(1997: 303~305, 318~319).

51) Ashcroft(1979).

52) 의사 수는 Sheridan(1985: 46, 53)에서 인용. De Barros(2004: 29)는 19세기 초 영국령 카리브해에서 인구 대비 의사 수가 '700 대 1'에서 '1,800 대 1'로 다양했음을 기술하고 있다.

영국군 연대에는 대개 외과 의사를 비롯한 의료진이 있었다. 대규모 원정에는 의사와 함께 야전병원이 설치되었다. 의사 중 일부는 에든버러 대학교와 같은 최고의 의대에서 교육을 받은 이들이었지만 연줄이나 뇌물 등으로 의료 장교가 된 돌팔이 의사도 있었다. 의사를 뽑는 심사 위원회는 18세기 기준으로 보더라도 허술하고 느슨하기로 악명이 높았다. 심사 위원장이 한 후보자에게 다음과 같이 말하는 것을 들었다고 한다. "여러분들이 아주 중요한 문제를 잘 모르고 있지만, 아직 젊고 발전할 수 있다고 봅니다. 이러한 발전 가능성을 고려해서 여러분들에게 합격을 드립니다…."[53] 일반적으로 당시 군 의사는 '가장 저급한 수준의 전문 직업이면서 좌천' 단계로 보였다.[54]

　해군에서도 황열병과 말라리아가 심했지만, 병원은 드물었다. 서인도 제도에서 프랑스의 병원은 1698년 생 도맹그와 1702년 마르티니크에 처음으로 설립되었다. 영국 왕실 해군이 주둔하던 자메이카에는 1729년까지 아무 시설도 없었고, 이후 늪지대 근처에 아주 작은 병원이 들어섰다. 한 제독은 병든 선원들에게 병원이 너무 위험하다고 생각해, 그들을 치료하기 위해 일반 주택을 빌려 사용하기도 했다. 자메이카의 큰 병원은 '7년 전쟁' 중에 지어졌다. 병원이 드물었던 이유는 아무도 입원을 원하지 않았기 때문이다. 묘지로 가는 대기실이라는 악명으로 인해 병원에 대한 수요는 매우 낮았다.[55]

예방 의약품

　황열병과 말라리아의 정체를 잘 모르는 의사들의 치료는 환자들에게 도움이

---

53)　Kopperman(2007: 58).

54)　Hennen(1829: 2), Alsop(2007: 33)에서 재인용. Harrison(2004: 64~68)은 군대 의료 기관에 대해 정리했다. 프랑스군 의료 체계에 대해서는 Comité d'Histoire du Service de Santé 1982, vols. 1~2; for Spanish, Massons(1994, vols. 1~2) 참조.

55)　Bucher(1997b: 179~180). 카리브해에서 활동하던 프랑스와 영국 함대는 항해 첫해와 두 번째 해에 각각 병력의 10%와 5%를 질병으로 잃었다(Ibid, p. 185).

되기보다 해를 끼치는 경우가 더 많았다. 하지만 이들의 의료 행위가 항상 무익한 것만은 아니었다. 앞에서 언급한 바와 같이, 키니네를 적절하게 사용한다면 말라리아 치료에 도움이 되었다. 그 밖에 18세기에 이르러 의사들은 다른 사람들과 마찬가지로 건강에 좋은 계절과 그렇지 못한 계절이 언제인지 알게 되었다. 그들은 서인도 제도에 새로 유입된 이주민이 더 위험하고, 신규 이민자 다수가 대혼란을 야기한다는 것도 알았다.[56] 또한 의사들은 저지대가 고지대보다 더 위험하다는 것을 알았다.[57] 이러한 이유로 1840년부터 영국군은 건강상의 이유로 자메이카 주둔지 일부를 고지대에 배치하기도 했다.[58] 마찬가지로 의사들은 늪지대가 건강에 해롭다는 것을 알고 있었고, 해군 군의관들은 해안가에 사람이 머무는 것이 위험하다는 것을 알았다.[59] 그들은 강한 바닷바람이 모기를 쫓아 주기 때문에 건강에 더 좋다는 것도 알았다.[60]

황열병과 말라리아가 아닌 질병에 대해 18세기 말경 의사들은 몇 가지 유용한 예방책과 치료법을 가지고 있었다. 예를 들어, 철저한 위생 관리를 통해 이

---

56) 열대기후 연구로 가장 널리 알려진 의학 저술가 린드는 "서인도 제도와 같은 특정 지역에서 전쟁이 발생하여 수천 명의 유럽인이 한꺼번에 그곳으로 보내지는 암울한 시기에, 의학 관찰을 위한 광범위한 연구가 이루어진다"라고 언급했다. 이 인용문은 린드의 1768년 판(p. 121)에 있지만, 1788년 판에는 등장하지 않는다. 나는 이 문구를 Alsop(2007: 31)에서 처음 접했다.

57) Jackson(1798: 96~97); Gilbert(1803: 80); Moreau de Jonnès(1817: 41, 44)는 이 사실을 가장 먼저 언급했다.

58) Buckley(1998: 19). 1805년 레이디 메리 뉴전트(Lady Mary Nugent)는 자메이카에서 고지대가 건강에 좋다는 것이 비교적 최근에 이주해 온 사람들 사이에 알려져 있었다고 언급했다(Nugent, 2002: 230).

59) 예를 들어 길버트 블레인(Sir Gilbert Blane)은 오직 흑인 노예만이 해안가에서 거주할 수 있다고 생각했다(Lloyd, 1965: 193~194).

60) 예를 들어 Lind(1788: 113~131, 206~216)가 이 주장을 따랐다. Crewe(1993: 38)에 의하면, 버논 제독은 선원들이 바닷바람을 '의사'로 칭했다고 말한다. Pincard(1806, 3:81)는 우기가 끝날 무렵 무역풍이 불 때 영국령 가이아나에 있던 주민들이 "이제 의사가 온다"라고 말했음을 기록하고 있다.

질과 발진티푸스를 예방할 수 있다거나, 예방접종은 보통 천연두에 효과가 있고, 감귤류가 괴혈병에 매우 좋다는 것 등이다. 의사와 정부 관리들은 종종 격리 조치를 내리곤 했다. 이 조치로 모기의 접근 자체를 막을 수는 없었지만, 감염인의 배를 멀리 떨어져 있게 함으로써 지역 모기들이 치명적인 바이러스나 말라리아 원충에 접근하는 것을 막았다.[61]

예방 조치는 생태학적 변화를 야기하는 데까지 확장되었다. 유럽인은 보통 삼림 벌채를 많이 하면 바람이 더 많이 불어 훨씬 건강해질 것이라 생각했다. 자메이카 농장주 에드워드 롱은 "바베이도스의 건강한 공기는 섬의 나무가 완전히 제거되었기 때문"이라고 기술했다. 1760년대에 멕시코의 의학 작가인 디에고 포셀(Diego Porcell)은 더 건강한 환경을 만들기 위한 수단으로 삼림 벌채와 습지 배수를 추천했다. 하지만 일부 스페인 의사들은 그 반대의 주장을 펴기도 했다. 숲은 건강에 유익하고 밀림 토양은 유해한 습기를 방출할 가능성이 적다는 것이다. 그러나 이런 주장은 소수에 불과했다.[62] 의료인들의 환경 관련 주장들은 현실화하기에 노동력과 비용이 너무 들어 거의 이루어지지 않았다. 그러나 의사들은 지휘관들에게 군부대 위치를 정할 때 나무가 없는 곳을 찾아보라고 강력히 주장하곤 했다.

의사보다 지위가 높은 통치자들과 장군들은 예방책과 관련해 자신들의 견해

---

61) 격리 제도는 옛 증언에 언급되고 있으며, 이것은 14세기 역병 기간 중 생긴 관습이었다. 어떤 항구는 1640년대 황열병 전염병 시기에 격리 제도를 적용했다. Sehdev(2002)와 Moreau de St. Méry(1797~1798, 1:701~702)는 1690년대 생 도맹그에서 황열병을 막기 위한 자가 격리에 대해 언급하고 있고, Grmek(1997)은 격리의 역사에 대해 말하고 있다.

62) 바베이도스에서의 Long(1774, 2:508)과 Pinckard(1804, 2:79~80). 포셀에서 인용. "또한 원주민 마을의 집과 거리를 청결하게 하고, 물을 깨끗하게 하고, 빵 바구니를 말리고, 마을에서 좀 떨어진 산을 개간하여 아이레스(Ayres)에게 길을 내주고, 땅을 경작하도록 의무화해야 한다. 이것이 그들의 건강을 유지하게 하는 방법이다. 이 글은 AGI(Audiencia de México, leg)의 원고에서 발췌한 것이다. Guijarro Olivares(1948: 371). Urteaga(1987: 168~173).

를 고수했다. 1690년대 초 브라질 페르남부코(Pernambuco)의 통치자였던 마르키스 데 몬테벨로 후작은 의사들의 황열병 치료 덕분에 기적적으로 살아남았다. 그는 레시페에서 전염병 예방을 위해 30일간 거리에 불을 피우고, 해질 녘에 포를 발사하고, 거리 청소를 의무화하고, 매춘부를 도시에서 추방하는 등의 조치를 명령했다. 매춘부를 쫓아낸 것은 신을 화나게 하지 않기 위함이었다. 거리의 불 피우기는 모기를 다소 위축시켰을지 모르지만 당연히 전염병은 계속 유행했다.[63] 1795년 세인트루시아에 있는 군부대 내부에서 황열병이 유행했을 때, 존 무어(John Moore) 경은 군대가 식사량을 늘리고 음주와 목욕을 줄이며 "현대식 운동 대신 로마식 운동"을 한다면 건강해질 것이라고 말했다.[64] 하지만 무어의 주장은 별 도움이 되지 않았다. 그 자신도 병에 걸렸고, 섬에 주둔했던 첫해에 부대 총 인원 915명 중 841명이 사망했다.[65]

비용적 측면에서 볼 때 가장 효과적인 예방책은 군대를 모기 없는 고지대에 주둔시키는 것이다. 하지만 군대 운용의 시각에서 볼 때 고지대는 전략적 가치가 없었기에 무의미한 일이었다. 또한 군대는 저지대 농장의 노예 반란 진압까지 맡아야 했기에 고지대에 주둔하는 것이 불가능했다. 그러나 1780년대부터 멕시코 주둔 스페인군은 베라크루스 주변의 저지대에서 더 높은 고도로 군대를 재배치했다.[66]

흥미롭게도 영국령 서인도 제도에 주둔했던 영국군의 건강은 노예제 폐지로 개선되었다. 1833년 노예제 폐지 이전까지 영국군은 그들이 보호해야 할 농장

---

63) Brazil. Minisrtério da Saúde(1971: 91~93).

64) Oman(1953: 157); 적어도 한 명의 영국 군의관은 로마식 운동 방법에 찬성했다(Jackson, 1798: 360~363). 베게티우스(Vegetius)와 요세푸스(Josephus)가 기술한 바와 같이, 로마 군사훈련은 달리기, 도약, 수영, 무거운 물건 들기, 다양한 무기를 던지고 다루는 것을 강조했다.

65) Breen(1844: 103).

66) Massons(1994, 1:473).

과 가까운 저지대에 배치되었다. 19세기 초 자메이카에서는 주둔군의 약 7명 중 1명이 매년 사망했다. 반면 다른 영국령 카리브해 섬들의 경우 이보다는 덜 했다.[67] 모두 고지대가 더 안전하다는 것을 알고 있었고, 실제로 2,500피트(800 미터) 이상에서는 황열병이 발생하지 않았다.

하지만 자메이카 플랜테이션 농장주들은 주둔군이 농장에서 멀리 떨어지지 않길 원했다. 1798년 잭슨 박사는 영국 주둔군이 낮은 해안 지역에서 벗어나 열병이 없는 산악 지대에 주둔하도록 하는 영국령 서인도 제도의 방어 정책을 제안했다. 하지만 영국은 저지대에 군대를 주둔시킴으로써 인간의 생명을 "불 필요하게 희생"시켰다. 농장주들은 노예 반란에 대한 불안으로 군대가 농장에 가까이 있는 것을 원했기 때문에, 잭슨의 제안은 흑인이 영국군에 입대할 수 있 게 되어 이 문제가 해결될 때까지 묵살되었다. 이후 1838년 한 육군 장교의 통 계 보고서에 따르면 잭슨 박사의 주장이 옳았음이 확인되었다. 그리고 영국 정 치에서 플랜테이션 농장주 권력이 점차 약화되면서 새로운 정책이 등장하게 되 었다. 1840년, 영국 군대가 최초로 자메이카의 블루 마운틴(Blue Mountains)에 주둔하기 시작했고, 이후 연간 군 사망률은 급감했다.[68]

아프리카-카리브 의학

대카리브해의 건강과 의학에서 유럽과 갈레노스파의 치료법만이 통용된 것 은 아니었다. 사실, 이 지역의 인구가 점점 더 아프리카 혈통과 아프리카-카리

---

67) 영국령 가이아나는 가장 위험한 항구였다. 핀카드의 연대는 1년 만에 4분의 1 병력을 열 병으로 잃었다(Pincard, 1804, 3:452).

68) Jackson(1798: 96~97, 101); Buckley(1998: 17~19, 23, 299); 모두 Marshall and Tulloch (1838)에서 재인용했다. 황열병에 대한 외과 의사의 보고서에는 1816~1848년 자메이카에 새로 유입된 연대 병력의 운명에 대한 자세한 기록이 있다. 이것은 부대를 고지대로 옮겨 야 한다는 중요성을 확인시켜 주고 있다. Clyde(1980: 21)는 1780년대 도미니카에서 군의 관이 군부대를 고지대로 이동시키고 늪을 배수할 것을 촉구했다고 말한다. PRO PC 1/4565, Staff Surgeon's Report on Yellow Fever, 29, May 1850.

브 문화권에 속하게 되면서, 질병 치료법도 갈레노스식보다 서아프리카 전통을 따르는 경우가 많아졌다. 아프리카 치료사는 카리브해의 약초와 약용식물을 즉흥적으로 사용했는데, 왜냐하면 그들에게 익숙한 서아프리카 식물이 없었기 때문이다.[69] 서아프리카 해안에서는 열병을 치료하기 위해 온수로 목욕하거나 이마에 젖은 천이나 라임 덤불을 덮기도 했다. 18세기 생 도맹그에서 노예들도 같은 방법을 사용했다.[70] 아프리카 카리브해의 치료사는 일상적으로 주문과 주술을 사용했고, 아마도 점점 감소하는 아메리카 원주민들로부터 몇 가지 치료법을 배웠을 것이다.[71] 이 치료법 중 다수는 상처와 부상 치료에서 좋은 징후를 보였고, 이에 차츰 주술적 방법보다 약초를 더 많이 사용하게 되었을 것으로 보인다. 비록 이들 치료법 중 그 어느 것도 황열병에 큰 도움이 되지 않았지만, 분명히 피를 뽑거나 수은을 주입하는 것보다는 덜 해로웠다.[72]

아프리카-카리브 의학은 어느 정도 백인들의 관심을 끌었다. 만약 아프리카인들이 치명적인 열병에 덜 걸렸다면, (일부 관찰자들에게는) 그들의 약과 치료사를 인정하는 것이 논리적으로 보였다. 간혹 가난한 백인은 싸게 치료 받고자 아프리카인을 찾아갔고, 몇몇 유럽 의사는 아프리카의 치료법을 습득하려 노력했다. 1760년대 생 도맹그의 의사인 니콜라스 부르주아(Nicolas Bourgeois)는 "노

---

69) 프랑스 군의관 N. P. Gilbert(1803: 33~39)가 생 도맹그에서 했던 것처럼, 아프리카 치료사의 경우도 당연히 지역 질병을 치료하기 위해 지역 식물을 사용했다.

70) 서아프리카에서의 열병 치료에 대해서는 Winterbottom(1803, 2:17~18) 참조. 나는 이 레퍼런스와 관련해 존 랭킨(John Rankin)에게 도움을 받았다. 생 도맹그에 대해서는 Weaver(2006: 72~73) 참조.

71) Pinckard(1804, 3:377~378). 핀카드의 친구 중 한 명은 가이아나에서 황열병 치료를 위해 '인디언(Indian)' 치료법인 온탕과 냉탕을 번갈아 가는 방법을 사용했다고 말했다.

72) Eymeri(1992: 61~83, 267~270)는 프랑스령 서인도 제도에서 여성 노예 치료사가 행하는 아프로-크레올 의학에 대해 언급했다(Moitt, 2001: 62~68). 19세기 미국 남부의 비슷한 양상에 대해서는 Fett(2002: 60~83, 111~141), 영국령 가이아나에 대해서는 De Barros(2004, 2007)를 참조.

예들이 건강을 유지하는 방법이 우리보다 더 기발하다…"라고 썼다.[73] 1770년
대 수리남의 아프리카 노인인 그라만 콰시(Graman Quacy)는 열병에 효과가 있
을 것으로 보이는 허브의 뿌리를 판매하는 사업을 했다.[74] 1790년대 가이아나
에 주둔한 영국 군의관 조지 핀카드는 '흑인 병원에 상주하는 흑인 의사 밥 박
사'의 (부정확한) 견해를 지지했다. 그 견해에 따르면 열병은 조수에 따라 오름
과 내림을 반복한다고 주장했다.[75] 아프리카인을 경멸했던 농장주 에드워드
롱은 "유럽 의사의 기술이 먹히지 않는 풍토병에 일부 노예의 약초 치료법이 놀
랄 정도로 효과적"이라고 생각했다.[76] 사우스캐롤라이나의 일부 농장주도 노
예의 의료 기술에 감탄했다.[77]

　그러나 라바트 신부[78]와 같은 유럽 농장주 대부분은 노예와 아프리카 의학
을 미신으로, 그리고 그 치료사를 사기꾼으로 간주하며 멸시했다. 의사들은 자
신의 수익을 지키기 위해 이러한 주장에 대체로 동의했다. 생 도맹그에서 식민
지 입법부는 노예와 아프리카계 사람들의 의료 행위를 법적으로 금지했다. 어
쨌든 아프리카 의학은 기니 벌레(Guinea worm)와 염증, 여러 상처의 치료에 효
과적이었다. 하지만 황열병은 키니네 치료 효과가 발견되기 전까지 말라리아가
그랬던 것처럼, 그 누구도 치료할 수 없는 영역에 있었다. 게다가 블랙워치의

---

73) Bourgeois(1788), Weaver(2002: 429)에서 재인용. 또 다른 예는 1760년대와 1770년대에
　　가이아나에서 활동한 젊은 프랑스 의사 장 바티스트 패리스(Jean-Baptiste Parris)로 노예
　　의학에 관심을 보였다(Touchet, 2004: 72). 가이아나의 또 다른 프랑스 의사인 베르트랑
　　바종(Bertrand Bajon)도 마찬가지였다(Bajon, 1777~1778). 쿠루에서의 재난(4장 참조)은
　　당시 의료진이 건강과 질병에 대해 얼마나 무지했는지를 보여 주는 심각한 사례이다.

74) Collis(1965: 207).

75) Pinckard(1806, 3:82).

76) Long(1774, 2:381).

77) Morgan(1998: 624~629).

78) Labat(1722, 1:449~451). 종교뿐만 아니라 과학도 잘 알았던 라바트는 노예의 치료법이
　　"특이하다(bizarre)"는 것을 발견했다.

존 그랜트처럼 운이 나쁘지 않다면, 원정대의 군인과 선원들은 보통 군 의무대에 그들의 운명을 맡기게 된다. 군 의무대는 종종 의학 실험을 하긴 했지만, 아프리카인의 의술을 배우려는 마음은 별로 없었던 것 같다.[79]

경멸과 편견에도 불구하고, 수비대 군인들(최소 장교)은 간혹 아프리카계 여성의 간호를 받아 건강을 회복했다. 스코틀랜드와 네덜란드 혼혈이자 행운아였던 군인 존 스테드먼(John Stedman)은 1770년대 수리남에서 지내면서 자주 병에 걸렸다. 하지만 아프리카-네덜란드 혼혈 소녀인 조안나(Joanna)의 도움으로 매번 회복되어, 결국 그녀와 "결혼"했다.[80] 1780년 자메이카에서 쿠바 콘월리스(Cuba Cornwallis)라는 흑인 여성은 당시 열병에 걸린 22세의 넬슨(Nelson) 경을 간호했고, 넬슨 경은 이후 건강을 회복했다.[81] 1797년 생 도맹그 점령 기간 동안 열병에 시달렸던 토머스 핍스 하워드(Lt. Thomas Phipps Howard) 중령은 유명한 군의관인 로버트 잭슨의 치료에도 좀처럼 차도가 없었지만, "병에 걸린 순간부터 침대에서 떠나지 않고 간호한 흑인 소녀 빅투아르 디유돈느(Victoire Dieudonne)" 덕분에 살 수 있었다.[82] 정부 관리들은 여성이 군의관보다 능숙하게 열병을 치료할 것이라는 (충분히 그럴듯한) 근거로, 현지처(現地妻)로 취하는

---

79) Handler(2000); Weaver(2002); Bougerol(1985); Sheridan(1985: 77~97); Pluchon(1987); Pluchon(1985) 참조. De Barros(2007)는 19세기 영국령 가이아나에서 의사들 사이의 마찰에 대해 소개하고 있다.

80) Collis(1965)는 그들의 관계를 특별히 기술하고 있다. Stedman(1988: 47~48)은 "수리남 결혼"을 묘사하면서, 유럽 남성들이 수리남에 머무는 동안 돈을 주고 아프리카나 크레올 젊은 여성을 그들의 "아내"로 받아들이던 관습을 묘사하고 있다. 하지만 스테드먼은 조안나와의 관계를 좀 더 로맨틱한 시각으로 표현하고 있다.

81) Keevil, Lloyd and Coulter(1957~1963: 41).

82) Howard(1985: 116). 자크 노르빈스(Jacques Norvins)는 "물라토 여인(mulatresse)인 자보 라리비에르(Zabo Lariviere)"의 헌신 덕분에 아이티 혁명 시기 황열병에서 살아남았다고 회상했다. Norvins(1896), Roussier(1937: 13)에서 재인용. 같은 부대에서 프랑스를 위해 싸우는 폴란드 장교들은 흑인 여성이 제공하는 약초와 찜질이 프랑스 의사의 치료보다 황열병에 더 효과적이라고 주장했다(Pachonski and Wilson, 1986: 55).

것을 정당화했다. 19세기 초 가이아나에서 근무한 토머스 스톤턴 세인트 클레어(Thomas Staunton St. Clair) 경은 비용이 많이 들더라도 간호사(혹은 여자 정부)를 곁에 두는 것이 좋다고 말했다.[83]

"우리 장교 중 두 명이 여성들과 함께 막사에서 살고 있었다. 데메라라(Demerara)에서는 마이어스(Myers) 중위가 아름답고 젊은 물라토를, 베르비체에서는 클라크 중위가 예쁜 흑인 여자를 데리고 있었다. 나는 처음 도착해서 일반적 품격에 맞지 않는 이 광경이 못마땅했지만, 병사들에게 (한니발의 군대가 여성과 사치 때문에 어떻게 망했는지 보여 줄 수 있는) 좋은 본보기가 될 수 있어서 참고 있었다. 하지만 나는 결국 내 생각을 바꿀 수밖에 없었다. 치명적인 열병이 지속되는 동안 두 여성의 정성 가득한 보살핌과 치료 덕에 두 장교가 죽음에서 벗어나는 것을 보았기 때문이다."

일반 사병들은 이러한 간호인을 감당할 능력이 없었고, 이에 장교보다 사망률이 높았을 것이다. 열병에 걸린 군인에게 물과 음식을 제공하는 것만으로도 방혈과 수은 처방보다 훨씬 더 큰 효과가 있었을 것이다. 대개 영국령 서인도 연대들에서 근무하던 군인들은 완곡한 표현으로 '가정부(housekeepers)'라 불리는 여성을 구할 시간도, 살 돈도 없었다.[84]

비록 황열병이나 말라리아를 억제하려는 의도는 아니었지만, 서인도 제도

---

83) St. Clair(1947: 15~16), Buckley(1998: 165)에서 재인용.
84) Buckley(1998: 164~165, 343~344). 1818년 베네수엘라에 주둔했던 C. Brown 대위는 "노인 흑인 여성" 덕분에 열병에서 회복되었다(Brown, 1819: 152). 18세기 여성은 영국군 부대를 따라다녔기 때문에 서인도 제도에서 여성 노예를 구하는 것은 상당히 쉬웠다. 미국의 인종차별주의자인 윌리엄 고가스 군의관(Dr. William Gorgas)(8장 참조)조차도 "… 내 경험에 따르면, 흑인 여자의 간호는 전혀 해를 끼치지 않았고, 30년간의 황열병 경험을 돌이켜 볼 때, 나는 내 직업적 형제들(의사들을 의미함―옮긴이주)을 강하게 믿을 수 없었다"(Gorgas, 1915: 65)라고 말할 만큼 흑인 여성의 간호가 중요했음을 말한다.

노예의 관습 중 하나인 해변에서 모기를 막기 위해 저녁에 연기 불을 피우는 행위는 모두에게 이로울 수 있었다. 롱은 (다음과 같이) 자메이카 노예들 사이의 이 관행에 주목했고, 심지어 이를 인간의 건강과 연관시키기도 했다.

"백인들은 습지 토양에서 해로운 기운에 감염되어 병에 걸리지만, 흑인들은 건강하게 지낼 수 있다. 습지 토양에서 흑인들이 건강한 것은 아마도 그들의 관습과 연관이 있을 수 있다. 흑인들의 오두막 대부분은 바닥이 맨땅이며, 여러 층을 가진 경우는 거의 없다. 이곳의 주요 방이나 거실에 계속 불을 피우지 않으면 밤에 해로운 공기가 전달될 수 있다. 연기는 모기를 쫓기 위한 것이었지만, 밤공기를 바로잡고 건강에 해로울 수 있는 습기와 냉기를 물리치는 또 다른 좋은 효과도 있었다."[85]

'노예 혈통'(7장에 자세히 기술할 예정)이라 할 수 있는 베네수엘라의 야네로족(llanero, 오리노코강 유역 아열대 지역의 원주민)은 모기를 막기 위해 나무로 불을 피웠다.[86] 일부 유럽인은 연기를 모기 퇴치제로 사용하기도 했다. 1687년 자메이카를 방문한 어떤 사람은 일부 농장주가 "모기를 없애기 위해 창문을 닫고 숙소 곳곳에서 연기를 피웠다"라고 말한다. 선박의 선장은 갑판 아래 냉기와 습기를 제거하기 위해 연기를 사용하기도 했다.[87] 아마도 담배 흡연의 매력은 모기 퇴치와 관련이 있을 것이다. 물론 연기를 들이마시는 것은 장기적으로 흡연자의 폐에 손상을 준다. 하지만 연기를 들이마시면서 바이러스나 말라리아 원충을 지닌 모기에 물리는 것을 예방할 수 있다면, 흡연은 수명을 단축하기보다는 연장하는 것이다.

---

85) Long(1774, 2:510).

86) Vowell(1831, 1:41).

87) Taylor(2008: 175); Clark(1797: 67~68). Sloane(1707~1725, 1:xxxvi). 3명의 연구자에 의하면 자메이카 농장주는 침대 위에 모기장만 사용했다고 한다.

요컨대 아프리카의 민간요법은 아마도 대카리브해에 만연해 있던 몇몇 질병에서 유럽 의학보다 효과적인 것으로 증명되었다. 황열병에 관해서는 어떤 치료법도 효과가 없었지만, 아프리카계 크레올 치료법은 의료계의 히포크라테스 원칙("먼저 해치지 말라")을 보다 잘 지켰다. 장교들과 달리 질병 환경에 가장 취약했던 유럽 군인들은 불행히도 아프로-크레올 치료를 거의 받지 못한 채 갈레노스의 후예들로부터 치료를 받을 수밖에 없었다.

결론

황열병은 1640년대 후반 대카리브해에서 역동적으로 창궐했다. 이 질병은 선택적 치사율을 보이면서 어린이나 아프리카 출신보다는 성인들과 유럽 이주민의 목숨을 앗아 갔다. 그러나 많은 이를 죽이고 나머지 사람들을 면역시킨 후, 바이러스는 반세기 동안 잠복해 버렸다(그리고 일부 장소에서는 확실히 사라졌다). 1690년대 황열병이 되돌아온 이후부터(다음 장에서 더 자세히 설명할 것이다) 이 질병은 계속 존재하게 되었다. 그 이후로, 새로운 이주자는 공격하지만 서인도 제도에서 태어나거나 오래 거주한 사람을 보호하는 등 더 강한 편파성을 보여 주었다. 황열병에 존재하는 인구통계학적 편파성이라는 위험성은 유럽 의학이나 아프리카 의술에 도움을 받을 수 없는 이들에게만 더 취약했다. 그러나 키니네를 사용하면서 말라리아에 대해 놀라운 성공을 거두었고, 기본적인 간호를 통해 모든 열병에서의 생존 가능성을 높였다. 의학 사상가와 의료인들은 시간이 지나면서 다양한 관찰을 통해 몇 가지를 우연히 알아낼 수 있었다. 그것은 사람에게 유해한 기운을 내뿜는 늪지와 기타 환경에서 멀리 떨어지면 질병의 원인인 모기에 노출되지 않는다는 우연이었다.

황열병 앞에서 의학이 거의 아무 소용이 없던 것과 말라리아의 실질적인 치료에 비용이 많이 든다는 점은 향후 이야기를 진행하는 데 필수 조건이었다. 당시 의학이 발달하지 않아 황열병과 말라리아는 대카리브해의 따뜻한 저지대에서 제국의 투쟁과 식민지 계획에 잔인한 영향력을 행사할 수 있었다.

의학 사상가들이 황열병과 말라리아의 높은 편파적 치사율에 대해 설명을 하지 못한 것도 중요한 영향을 미쳤을 수 있다. 유럽인들은 당혹스러운 서인도 제도의 질병 환경을 보고 아마도 신의 뜻이 작용한다고 생각했을 것이다. 이 경우에는 반드시 정의로운 쪽이 승리해야 한다. 당시 영국 세력권 내에는 개신교 분파가 있었다. 이들은 신이 그들을 쳐부수고 스페인 가톨릭 신자들을 도울 것으로 보지 않았다. 대신, 그들이 아바나나 카르타헤나를 공격한다면 신은 분명히 그들을 보호할 것이라 여겼다. 1770년대 아메리카 대륙에서 유럽 통치에 대한 반항이 시작되었을 때, 신은 정치적 질서를 바로잡기 위해 파견된 유럽 군대에게 재앙을 내리지 않을 것으로 보았다. 더욱이 전염병에 대한 명확한 논리적 설명이 없는 상황에서, 한두 번 일어났던 재앙이 다시 일어나지 않을 것이라 믿는 편이 더 쉬웠을 것이다. 따라서 황열병과 말라리아에 대한 지적 혼동은 왜 유럽 국가들이 그 시기에 반복해서 대카리브해에 군대를 파견해 비운을 맞이하게 되었는지를 설명하는 데 도움이 될 것이다. 지적 및 지정학적 환경은 그러한 원정을 부추겼지만, 질병 환경은 대개 그들을 파멸시켰다.

2부 모기 제국

황열병이 아메리카 대륙에 뿌리를 내리기 전에는 침략과 정착 계획의 성공 확률이 매우 높았다. 하지만 황열병이 자리 잡은 이후, 침략과 정착은 계속 실패했다. 4장과 5장에서는 정복과 정착을 목적으로 한 원정이 대카리브해의 진화하는 생태 및 질병 환경에서 어떻게 진행되었는지 설명한다.

04

열병이 창궐하다
레시페에서 쿠루까지

캐나다에서 칠레에 이르기까지 17세기 아메리카는 몇몇 유럽 정치인과 수많은 모험적인 사업가들의 야심이 넘쳐나는 각축장이었다. 플랜테이션 농업과 무엇보다 멕시코와 페루에서 발견된 어마한 규모의 금은광은 막대한 이윤을 만들었다. 공해상에서, 스페인 보물선은 해적과 사략선의 끊임없는 공격을 받았다. 육지에서의 주요 목표는 농업과 무역에 적합한 부지를 찾거나 해적 활동에 좋은 전략적 거점을 확보하는 것이었다. 17세기 초, 이러한 목표 지역 중 일부는 방어가 잘 이루어지지 않았고 인구가 적었다. 그래서 대단하지 않은 무력으로도 정복하는 경우가 많았다.

황열병이 발생하지 않고 말라리아가 없거나 심각한 수준이 아니었을 때까지, 대카리브해에서 약탈이 성공할 가능성은 상당히 높았다. 서인도 제도 동부의 작은 섬인 세인트키츠는 1665년 전까지 영국과 프랑스 사이에서 일곱 번이나 주인이 바뀌었다. 세인트키츠는 플랜테이션 농업에 적절한 토양을 가지고 있었고, 플랜테이션 섬으로서의 가능성이 있었기 때문에 가치가 높았다. 세인트키츠의 방어 시설은 취약했고 사람도 적어서 수백 명의 무장 병력에게도 무너졌다. 노예는 거의 모든 섬에서 (적과 내통하는) 제5열[1]이 되기 일쑤였기에 외부

---

1) 국가의 외부 경쟁자와 협력하여 국익을 훼손하는 국내 행위자를 의미한다.—옮긴이주

침략자들을 자극했고 때로는 그들의 성공을 돕기도 했다.

이 장에서는 두 개의 초창기 일화를 소개하고자 한다. 1624~1654년 브라질 레시페에서 네덜란드 침략군과 1655~1660년 자메이카에서 영국 침략군이 정복에 성공한 짧은 이야기이다. 이 둘은 모두 황열병이 없는 상황에서 정복에 성공한 사례이다. 두 사례 모두, 말라리아가 침략자들의 발목을 잡았지만 군사적 성공을 막을 정도는 아니었다.

여기에 두 개의 일화를 추가로 소개할 것이다. 1698~1699년 파나마 동부 다리엔 주의 스코틀랜드 침략자와 1763~1764년 가이아나 쿠루에 있던 프랑스인 침략자의 사례이다. 이 두 일화는 치명적인 열병으로 국가가 후원하는 식민지 개척이 처참히 실패한 사례이다. 이들의 주목적은 정복과 식민지화가 아니라 군사기지를 만드는 것이었기에 군인들에 의해 주도되었다. 물론 정착과 정복을 확실히 구분하기는 어렵다.

뒤에 나올 두 가지 재앙 이야기는 1690년대 황열병어 대규모로 유행하면서 지정학적 야망이 어떻게 무너졌는가를 보여 준다. 네덜란드와 영국의 경우처럼 1690년대 이전까지 식민지 확대는 종종 목숨을 대가로 지불했지만 위험 감수는 달콤한 보상을 가져다주었다.

브라질의 네덜란드인, 1624~1654

브라질 북동부는 방어가 허술했지만 농업적 가치가 상당히 높았다. 이런 환경은 17세기 초 네덜란드 서인도 회사의 시선을 강렬히 사로잡았다.[2] 브라질 북동부는 대서양 세계에서 '설탕의 중심지'였고, 설탕 가격 또한 상승하고 있었

---

[2] Boxer(1957), Cabral de Mello(1998), Souza(1948)는 군사적 측면을 세부적으로 다루고 있다. 더 광범위한 부분에 대해서는 Israel(1982) 참조.

지도 4.1. 북동부 브라질

Pernambuco ●Olinda
●Recife

São
Francisco
River

●Bahia

14° South

500 Kilometers

다. 네덜란드는 스페인 합스부르크 왕조와의 긴 전쟁(1567~1648년)에 휘말렸
다. 그러면서 스페인 국력을 약화시키기 위해 해군력에 집중하고 있었다. 네덜
란드 서인도 회사는 아메리카 대륙의 합스부르크 소유 재산을 이용해 돈을 벌

고 장난을 치려는 목적으로 1621년 설립되었다. 1580년 이후 포르투갈 왕조가 멸망하면서 포르투갈과 스페인 왕가는 일시적으로 통합되었기 때문에 브라질의 통치권도 통합 왕가에 귀속되었다. 1624년 네덜란드 원정대는 브라질에서 가장 큰 도시인 바이아(Bahia)를 점령했지만 대규모 스페인-포르투갈 함대의 공격을 받아 1년도 채 되지 않아 항복해야 했다. 브라질을 방어하는 것은 스페인 합스부르크의 최우선 과제였다. 반대로 서인도 회사 이사진은 아메리카 대륙의 합스부르크 재산 전체를 빼앗기 위한 첫 번째 단계로 브라질을 점령하기 위해 애가 타고 있었다. 이사진들은 이른바 '더 나인틴(The Nineteen)'으로 알려진 상업적 마인드의 소유자들이었다. 1628년 서인도 회사 직원 피트 헤인(Piet Heyn)이 쿠바 해안에서 보물 함대를 약탈하여 회사의 금고를 채웠을 때, 이사진은 공격의 순간이 다가왔음을 직감했다.

네덜란드의 브라질 침략

1630년 약 7천 명의 병력으로 구성된 네덜란드군(아메리카로 가는 거대한 침략군)은 브라질로 진격해 항구도시 올린다(Olinda)와 페르남부코 주변을 점령했다.[3] 네덜란드의 페르남부코 공격은 성공적이었다. 페르남부코는 부유한 사탕수수 플랜테이션 지대로서 인구가 약 7만에서 9만 명 정도로 가장 많은 지역이었다.[4] 1635년까지 네덜란드는 포르투갈 거주민을 바이아 밖으로 쫓아낼 수는 없었지만 브라질 북동부 대부분을 차지했다. 네덜란드인들은 이곳에서 뛰어난 인본주의자이자 언어학자, 군인, 외교관, 예술과 과학의 후원자였던 요한 마우리츠 폰 나사우-지겐(Johan Maurits van Nassau-Siegen)의 지도하에 군사적·정치

---

3) 애국적인 브라질 역사학자들은 때때로 수치를 더 부풀린다. Abreu(1997: 74)는 네덜란드군이 수병 3,700명과 병사 1만 3,500명을 보유했다고 말한다. 나는 여기서 Israel(1982: 202)의 의견을 따른다.

4) Cabral de Mello(1998: 454)는 1637년 브라질의 149개 설탕 농장 중 107개가 페르남부코에 있었다고 말한다.

적으로 성공을 거두었다.[5]

　마우리츠의 과제 중 하나는 네덜란드군의 보건 문제였다. 군인들은 이질과 괴혈병, 기타 질병을 앓았다. 25년 넘게 이루어진 브라질 침공으로 네덜란드인 약 2만 명이 사망한 상태였다.[6] 네덜란드에 대항한 군대(대부분 포르투갈, 스페인, 이탈리아 출신)도 같은 질병으로 고통을 겪었다. 카탈루냐의 반란과 포르투갈 분리/독립(둘 다 1640년)은 합스부르크 왕가를 괴롭혔다. 이로 인해 마우리츠에 대한 압박은 상당히 줄어들었다. 이러한 상황에서 건강에 큰 문제가 없다면 네덜란드의 해군력과 부, 전투 기술, 리더십은 한 세대 동안 우세할 수 있었다.

　하지만 네덜란드가 영원히 우세하진 않았다. 1640년 포르투갈과 스페인 왕가의 연합이 끝났다. 네덜란드는 합스부르크 왕가와 전쟁을 지속했지만, 포르투갈 왕가와는 동맹을 맺었다. 그렇다고 네덜란드가 브라질을 떠난 것은 아니었다. 네덜란드는 설탕에 투자했고 상당한 이윤을 기대했다.[7] 이베리아 반도의 포르투갈은 이와 같은 투자를 할 여유가 없었다. 이 와중에 서인도 회사 이사진은 전쟁에 승리했지만 이윤 창출에 실패했다는 이유로 마우리츠 사령관을 본국으로 소환했다. 그 직후인 1645년 현지 농장주인 루소-브라질인(Luso-Brazilians: 포르투갈 출신이지만 브라질에서 태어난 이들)은 토착민과 함께 네덜란드에 대한 반란을 일으켰다.

　토착민들은 네덜란드군보다 풍토병에 잘 적응되어 있었고,[8] 네덜란드군처

---

5)　마우리츠의 서신을 인용한 의견이다(Gouvêa, 1998).

6)　Guerra(1979), Raphael de Jesus, *Castrioco Lusirano*(Lisbon, 1679)에서 재인용. 여기서 "네덜란드인"에는 많은 독일인과 폴란드인, 현지에서 징집된 토착민들이 포함되어 있다(Cabral de Mello, 1998: 244~245).

7)　페르남부코 네덜란드 설탕과 관련한 금융 경제사 연구는 Souty(1988)가 있다. 설탕 생산은 1640년부터 1644년 사이에 급증했다.

8)　동시대의 관찰자 Pierre Moreau(1651: 197~198)가 한 말이다. 1633년 포르투갈의 관리인 비센티 캄펠로(Vicente Campelo)는 필립 4세에게 브라질에서 태어난 병사 한 명이 이베리아인 두 명 이상의 가치가 있다고 썼다. 그는 심지어 현지인들이 모기를 더 잘 견딜 수

럼 외지 음식에 의존하지도 않았다. 그리고 네덜란드군은 1640년대 후반까지 브라질에서 서인도 회사 이사진을 위해 재정적 이익도 창출해야 했다. 하지만 1648~1649년, 서인도 회사 이사진은 군인들에게 급료를 거의 지불하지 않았다. 이에 병사들은 서인도 회사에 배신감을 느끼고 루소-브라질 군대와의 전투에서 일부러 패배했다.[9] 1652년 서인도 회사 이사진과 네덜란드 공화국은 제1차 영국-네덜란드 전쟁(Anglo-Dutch Wars) 때문에 마우리츠 사령관의 후임을 지원할 여지가 없었다. 1654년 네덜란드군은 마지막 보루였던 브라질의 수도 레시페를 잃었다. 초창기 7천 명이었던 네덜란드 군대는 항복할 때 고작 1,300명뿐이었다.

브라질에서 네덜란드인의 건강

브라질의 네덜란드인은 운 좋게도 오래 버티면서 이후의 침략자들과는 달리 황열병에 걸리지 않았다. 16세기에 브라질은 유럽인에게 건강한 지역으로 여겨졌다. 때때로 황열병이 유행했을 수도 있지만, 최초의 전염병은 1685년에 발생한 것으로 보인다.[10] 네덜란드 학자가 쓴 자세한 과학적 연구 보고서는 거의 없지만, 일부에서 황열병의 징후로 보이는 브라질 질병에 대한 언급이 있다.[11] 네덜란드 서인도 회사의 군인이었던 암브로시 리치쇼퍼(Ambrosij Richshoffer)는 브라질에서 대략 3년을 보냈다. 그의 일기에는 탈영 등의 사건이 언급되어 있지만, 질병에 대한 기록은 거의 없다. 다만 새롭게 도착한 부대가 열대기후와 염수 문제로 사망했다는 기록이 있다.[12] 그들은 아마도 말라리아, 그것도 치명

있었다고 기록했다. Cabral de Mello(1998: 258), *Livro primeiro do govemo do Brasil* (1633)에서 재인용.

9) van Hoboken(1955)에 자세히 기술되어 있다.

10) Franco(1976: 10).

11) 예를 들어 Willem Piso, *Hiscoria naturalis brasiliae*(Leiden, 1648) 참조.

12) Richshoffer(1978[1677]). 병을 언급하는 유일한 구절(원문 독일어)의 포르투갈어 번역은

적인 열대열 말라리아에 걸린 것이지 황열병은 아니었을 것이다.

　브라질 주둔 네덜란드 군대의 건강 상태는 서인도 회사의 여러 기록을 통해 어느 정도 알 수 있다. 예를 들어, 1630년 올린다의 네덜란드군 16%가 질병을 앓고 있었고, 1631년에서 1634년 사이 네덜란드군은 레시페에서 매년 약 6%의 병력을 잃었다. 1634년에는 브라질 전체의 네덜란드 군인 중 약 13~15%, 1639년에는 13%, 1649년에는 약 10%가 질병을 앓았다. 질병의 종류들은 괴혈병, 이질, 파상풍, 야맹증 등(리치쇼퍼의 일기가 신뢰할 만하다면 류머티즘 포함)으로 다양했다. 식량은 항상 부족했지만, 군대의 건강은 1세기 후 북아메리카에 주둔할 유럽 군대보다 양호했다. 또한 이들은 서아프리카 해안에 주둔한 네덜란드군보다도 훨씬 건강했다. 예를 들어, 서아프리카에 주둔한 네덜란드군의 연간 사망률은 1645년에 11~21%, 1646년에는 32%였다. 1641년 네덜란드군이 점령한 아프리카의 상투메에서는 말라리아와 황열병이 모두 만연했지만, 브라질에는 황열병이 유행하지 않았다.[13]

　약 30년 동안 브라질 북동부 지역 일부를 점령했던 네덜란드는 해상 장악력 우위와 자금, 마우리츠의 뛰어난 리더십 덕분에 성공할 수 있었다. 하지만 이러

다음과 같다. "(1631년 5월) 13일, 많은 물품을 실은 암스테르담 배가 선창에 들어왔고, 거기에는 군인들이 타고 있었다. 군인들은 다음 날 하선했고, 대부분이 소년들이었다. 그들에게 날씨를 잘 견뎌내며 신의 축복이 있기를 바랐다. 하지만 많은 사람들이 열대기후와 염수에 적응하지 못해 죽어 갔다." van Hoboken(1955: 74)은 1648~1649년 사이 네덜란드 군대가 브라질에 도착하자마자 질병에 자주 걸렸지만, 대체로 회복되었다고 말한다.

13) Ratelband(1953: 157~300), 2006년 6월 26일 빔 클루스터(Wim Klooster) 교수와의 대화와 Guerra(1979: 474), Cabral de Mello(1998: 255)(1639년 2월 18일 마우리츠가 미국 총독에게 보낸 편지 인용)등의 문헌을 통해 데이터를 추가했다. 네덜란드 학자 H. 헥스(H. Haecxs)에게 체계적 자료가 있었는지는 불분명하지만 1645년 브라질에 주둔한 네덜란드군의 33%가 병에 걸렸다고 말한다(Mello, 1998: 255). 비교를 위해 1757년 가을 북아메리카에 주둔한 영국 육군은 병사 1만 8,385명 중 16%가 병에 걸렸다고 보고했다(Brumwell, 2002: 151). Guerra(1979: 478)가 판단하기에 말라리아는 브라질에 있는 네덜란드인 사이에서 두드러지게 나타나지 않았다.

한 성공은 군대가 황열병 없이 비교적 건강한 상태였기에 가능했다. 네덜란드인이 한 세기 후에 왔거나, 황열병이 한 세기 전에 창궐했다면, 서인도 회사는 브라질에서 오랫동안 성공할 수 없었을 것이다. 네덜란드가 결국 브라질을 떠난 것은 질병으로 인한 손실의 작은 부분이었다. 보다 큰 지정학적 변화는 1640년 이후에 발생했고, 특히 1652년 이후에는 브라질에서의 노력이 수포로 돌아갔다. 브라질에서 네덜란드의 적들은 질병으로 인한 고통을 덜 받았지만, 그렇다고 아예 고통을 받지 않은 것은 아니다.

네덜란드인이 브라질에서 황열병에 걸리지 않았다는 것은 행운이었을 뿐이다. 브라질에 도착한 대부분의 노예무역선은 풍토성 황열병이 발생하지 않았던 앙골라에서 왔다. 이로 인해 많은 '인간 화물(human cargoes)'이 브라질에 들어왔음에도 바이러스와 이집트숲모기가 많지 않았던 것이다.[14] 그러나 서아프리카에서 온 일부 노예선들은 바이러스와 모기를 계속 브라질로 들여왔을 것으로 보인다. 그렇지만 1685년 이전 브라질에서 황열병이 발병했다는 명확한 증거는 없다.[15] 바이아와 페르남부코의 사탕수수 농장과 항구도시는 카리브해처럼 이집트숲모기의 이상적인 서식지가 될 수 있었다. 황열병은 1620년대에 상투메에서의 경우처럼 단기간에 발생해 수천 명의 네덜란드군을 죽이고 브라질에서의 정복 활동을 좌절시킬 수도 있었다. 하지만 실제로 그런 일이 일어나지는 않았다.

---

14) 오늘날, 황열병은 앙골라 일부 지역에 존재한다. 아마 17세기에도 그랬을 것이다. 앙골라에서 온 일부 노예들은 전부는 아니지만 황열병에 면역이 있었을 것이다. 따라서 Schwartz (1985: 188)의 말처럼, 1686년에서 1691년 사이 브라질에서 노예가 황열병에 의해 "사망"했다는 것은 가능하다. 다시 말해서, 모든 것은 그들(혹은 조상들)이 자란 지역의 질병 환경에 달려 있었다.

15) Guerra(1965, 1979).

지도 4.2. 자메이카

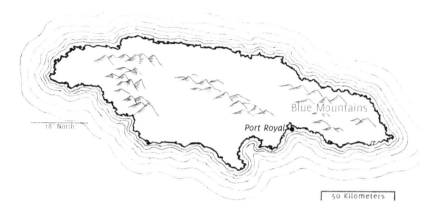

자메이카의 영국인, 1655~1660

네덜란드군이 레시페를 떠난 지 18개월 후, 영국은 스페인령 자메이카를 공격했다. 1654년 네덜란드와 전쟁을 막 시작한 올리버 크롬웰은 영국의 함선과 군인들의 전력이 수준 이하라고 생각했다. 또한 당시 영국의 종교 정치는 불안정한 격동기를 겪고 있었다. 크롬웰은 왕을 처형하여 군주제를 전복하고 국토를 황폐화하면서 분열시킨 청교도 혁명을 통해 등장했다.

성공적인 해외 전쟁은 군인을 해외 전장으로 보내 전쟁의 전리품을 가져오게 하는 것이다. 또한 이것은 크롬웰에게 더 많은 영광과 절실히 필요한 정치적 합법성을 안겨 주는 것이기도 했다. 1650년대에 비로소 영국군은 본국에서 멀리 떨어진 바다를 건너 수륙양용 공격을 수행할 수 있는 병참 능력을 확보했다.

스페인령 자메이카에 대한 크롬웰의 공격

크롬웰은 독실한 개신교도로 (충성스러운 개신교 신자들과 함께) 스페인 제국을 정복하고 식민화하려 했다. 이것은 그의 신앙심을 실현하기 위한 일종의 침략을 의미했다. 그의 군대가 당시 아일랜드에서 수행하던 일도 의도가 유사했고,

네덜란드 서인도 회사가 브라질에서 진행하려던 것과도 유사했다. 그의 야망은 단순히 은 수송 선단을 약탈하는 것에 그치지 않았고, 그 대상을 스페인령 아메리카 전체로 확대했다.[16] 이것은 단순한 약탈을 위한 해적 행위가 아니었다. 그는 "메인랜드(Mayne land) 계획"을 명시적으로 언급하고 지휘관에게 유용한 기지를 확보한 후 카르타헤나와 아바나를 점령하라는 지시를 내렸다. 이것은 명백한 침략군으로서의 명령이었다.[17] 크롬웰의 경우 종교적 동기가 중요했고 브라질보다 카리브해에 초점을 맞추었지만, 본질적으로 서인도 회사 이사진(더 나인틴)과 동일한 욕망을 가졌던 것으로 보인다.

크롬웰과 의회는 파계한 도미니크회 신부 토머스 게이지의 주장에 공감했다. 게이지는 스페인에서 공부한 후 카리브해와 중남미에서 12년을 보냈다. 이후 가톨릭을 포기하고 영국으로 돌아가 청교도들과 연대했다. 게이지는 아메리카에 대한 스페인의 장악력이 약하고 영국이 인도에서 쉽게 승리할 수 있다고 보았다. 또한 청교도가 타락하고 부패한 사제로부터 라틴아메리카를 구원하는 것이 종교적 의무임을 강조했다. 게이지는 영국이 가진 기회에 대해 열광적이고 낙관적이었다. 그리고 "스페인 사람은 게으르고 죄가 많다. 그들은 짐승처럼 자신의 욕정과 대지의 비옥함으로 살을 찌운다. 그리고 전쟁에 훈련되어 있지 않기 때문에 상대가 되지 않는다"라고 말했다.[18]

한편 스페인 합스부르크 왕가는 30년 전쟁(1618~1648년)에서 실질적으로 패배했다. 많은 사망자가 발생했고 자산 또한 낭비했다. 스페인 함대는 영국군에

---

16) Capp(1989: 87~91). 이 탐험에 대한 최고의 설명은 Taylor(1969)이다. 이외 Keevil, Lloyd, and Coulter(1957~1963, 2:55~67) 참조.

17) BL 추가본. MSS 11,410, f. 41ff, "Instructions unto Generali Robert Venables given by his Highnes by Advice of his Councel upon his Expedition to the West Indies." Firth (1900: 111~115)에서 인쇄.

18) *A Colleccion of the Scace Papers of John Thurloe*(London: F. Gyles, 1742, 3:60), Rodgers(2004: 22)에서 재인용. 이 외에 Gage(1648) 참조.

게 격침 당했고, 육군은 프랑스와의 여러 전투에서 패배했다. 더 나아가 1650년대 유럽 전쟁과 내부 반란으로 인해 스페인은 아메리카 제국에 대한 주도권을 유지하기가 어려워졌다. 특히 해군은 그 임무를 감당할 여력이 없었다. 외교 전문가와 스파이들은 빠르면 1647년부터 서인도 제도에 대한 공격 조짐이 있다고 경고했다. 유일한 가시적 성과는 히스파니올라의 방어가 조금 개선되었다는 것이다.[19] 1655년 초 착수된 크롬웰의 침략 계획에는 선박 38척과 병력 약 9천 명이 포함되었다.[20] 이것은 아메리카의 그 어떤 원정과도 비교할 수 없는 규모였다. 게이지는 목사로서 원정대에 소속되었다. 펜실베이니아 개척의 아버지인 윌리엄 펜(William Penn) 제독과 로버트 베너블스(Robert Venables) 장군이 각각 해군과 육군을 이끌었다. 그들은 처음부터 군수물자 부족을 문제 삼아 서로를 헐뜯기 시작했다. 군사의 절반 이상이 영국에서 왔는데, 칼잡이와 사기꾼, 도둑, 바람둥이들이 포함되어 있었다. 이들은 뉴게이트(Newgate: 런던의 감옥)에 수감되는 대신 전쟁터로 온 것이었다.[21] 그리고 나머지 3천~4천 명의 남성은 주로 자신의 위치에 불만이 많은 하층 계급이었고, 바베이도스와 리워드 제도의 영국 정착촌에서 모집되었다. 베너블스는 그들을 두고 "우리가 본 이들 중 가장 욕심 많았다"라고 말했다.[22]

　이 오합지졸 군대와 함께 영국군은 1655년 4월 산토도밍고(Santo Domingo)를 공격했다. 하지만 정체 모를 질병과 굶주림, 그리고 강력한 스페인의 방어와 무능한 영국군 지도부 때문에 힘없이 패배했다. 스페인 병사는 약 40명이 사망

---

19)　Morales Padrón(2003: 179~184).

20)　약 7,500명에서 9천 명으로 추산되며, Firth(1900: xix-xxx)는 이에 대한 증거를 보여 주고 있다. Taylor(1969: 19)의 저작도 참고 바람.

21)　Firth(1900: xxiii), 영국 도서관의 헤일리언 매뉴스크립트(Harleian Manuscripts)에 있는 익명의 증언을 인용.

22)　베너블스의 원정에 대한 자료는 BL(Add. MSS 12,429, ff. 7~72 and Add. MSS. 11,140, ff. 56~143)에 두 가지 복사본이 있다. 이 텍스트는 Firth(1900: 1~105) 연구에 포함되어 있다.

했고, 영국군은 1천여 명이 사망했다.[23]

그 해 5월, 패퇴한 군대가 다시 자메이카를 공격했는데, 당시 그곳에는 약 2,500명의 스페인인과 아프리카 노예가 있었다. 자메이카는 스페인 함대의 주요 항로에 속해 있기 때문에 전략적으로 중요한 전초기지였다. 자메이카 경제는 주로 야생 돼지와 소를 사냥하는 것이었다. 야생동물의 가죽을 주로 수출했고, 설탕 생산량은 미미했다. 섬은 거의 요새화되지 않은 상태였다. 자메이카를 침략한 영국군의 수는 자메이카 전체 인구의 세 배를 능가했다. 영국군은 소수의 스페인계 민병대를 압도하면서 거의 병력 손실 없이 일주일 만에 점령에 성공했다. 스페인 사람들은 가축 등 가져갈 수 있는 재산을 챙겨 쿠바나 산악 지역으로 도망쳤다. 게릴라의 저항이 1660년까지 간헐적으로 지속되었으나, 섬을 탈환하려는 스페인의 노력은 아무런 성과를 내지 못했다.[24]

이것은 롤리(Raleigh), 호킨스(Hawkins), 드레이크(Drake)와 같은 해적과 사략선의 간헐적 공격이 아니었다. 영국군은 계속 자메이카에 머물렀다. 하지만 크롬웰은 충돌을 일으켰던 두 명의 지휘관들을 영국으로 소환해 런던탑(감옥)에 가두어 버렸다. 영국인들은 자메이카에 요새를 건설하는 등 그들의 입지를 확고히 다져 갔다. 영국에서 수천 명의 거지와 부랑자, 죄수를 데려왔고, 스페인 사람과 탈주한 흑인 노예 저항군을 산악 내륙으로 추방했다. 영국은 스페인령 해안과 배들을 추가 공격하기 위해 기지를 확보했다. 크롬웰은 일회성 정복으로 끝낼 생각이 없었다.

질병으로 인한 피해

그러나 크롬웰은 자메이카에서 더 큰 정복 야망이 꺾이는 시련을 겪게 된다.[25] 장마가 시작된 후 베너블스가 도착했다(그는 바베이도스에서 7주 동안 부랑

---

23)   스페인 측에서 출판된 문서의 자세한 설명은 Rodríguez Demorizi(1956~1957)를 참조.

24)   Morales Padrón(2003: 192~216); Taylor(1969:146~196); Wright(1930).

자들과 부족한 보급품을 모았다). 그의 부하들은 지휘관이 선상에 머무르는 동안 비를 맞으며 자야 한다고 불평했다. 예측대로 (적어도 베너블스가 예견한) 질병이 유행하기 시작했다.[26] 3주 동안 약 3천 명이 병에 걸렸다. 6개월 만에 9천 명이 었던 병력이 3,720명으로 줄었고, 그중 2천 명 이상이 "병에 걸려 무기력했다".[27] 1655년 10월 풍부한 경험을 가진 로버트 세지윅(Robert Sedgwick) 소장이 새로운 연대를 이끌고 도착했다. 그는 "젊고 건강한 남성이 열, 오한, 출혈 등의 증상을 앓다 3~4일 만에 사망하는 이상한 현상"을 보았다.[28] 당시 세지윅 자신은 몰랐겠지만, 그는 서인도 제도에서의 새로운 생태-군사적 질서가 탄생하는 것을 목격하고 있었다.

세지윅은 처음에 "환자들이 너무 하찮고 게을러서, (그래서) 살기보다 죽기를 바랐던" 사람들이라서 사망했다고 생각했다.[29] 하지만 세지윅 자신도 도착한 지 7개월 만에 열병으로 사망했다. 1656년 초 자메이카에 있던 영국인 9천 명 중 약 5천 명이 사망했으며, 그중에는 토머스 게이지도 있었다. 삼일열 말라리아를 자주 앓던 크롬웰은 신이 부하들의 교만과 탐욕을 벌하고 있다고 생각했다.[30] 그래서 아일랜드와 스코틀랜드 주둔 부대에서 좀 더 도덕적(청교도적-옮긴이주)이라 여겨지는 1,200명의 노련한 병사들을 파견했다. 도덕적이건 아니건

---

25) 자메이카 전쟁 참전자는 1661년 10월 산티아고 데 쿠바(Santiago de Cuba)를 약탈하고 2주 동안 점령했다.

26) 베너블스가 노엘(Mr. Noel)에게 쓴 편지(1655년 6월)에 보면, "이 비가 우리를 죽일 수도 있다"라고 말했다(Firth, 1900: 49).

27) 1655년 11월 5일 익명의 편지(Bodleian Library, Rawlinson MSS, D1208)를 보면, "나는 이렇게 많은 병사와 장례식과 무덤을 본 적이 없다. 이것은 마치 골고다(Golgotha)와 같다"라고 써 있다(Firth, 1900:142). 그리고 Firth(1900: xxxii) 참조.

28) Thurloe Papers, vol. IV, pp. 153~154, Taylor(1969: 91)에서 재인용.

29) Long(1774, 1:254)에서 인용.

30) 크롬웰은 영국의 저(低) 늪지대인 케임브리지 펜스(Cambridge Fens)에서 자랐는데, 이 시기 그런 환경에서 말라리아 원충은 매우 흔했다. 1658년 그의 죽음은 말라리아와 부분적으로 연관성이 있을 것이다.

간에, 군인들의 상태는 조금 나아졌다. 1660년에 이르러 영국의 자메이카 장악과 군대의 건강 상태가 안정되었다. 이때 자메이카에 투입된 약 1만 명의 병사 중 약 2,200명만이 살아남았다. 자메이카에서 수천 명이 사망한 것이다. 사망자 대부분은 방치되었고, 일부 장교 몇 명만이 영국으로 돌아갈 수 있었다. 아마도 자메이카에서 6천~8천 명이 질병으로 사망했을 것으로 추정된다.[31] 영국에 알려진 모든 감염병에도 살아남던 병사들이지만 자메이카의 "출혈과 열병"에 당하고 말았다.[32]

출혈을 동반한 열병은 민간인들에게도 예외는 아니었다. 크롬웰은 자메이카에 농부들을 빨리 정착시켜 군대의 식량 문제를 해결하고자 했다. 이를 위한 매사추세츠 청교도들의 모집 계획은 실패했다. 하지만 이후 1656년 12월 1,500여 명의 대담한 개척자 집단이 자메이카로 와서 네비스라는 작은 섬에 정착했다. 하지만 1657년 3월 즈음 이들의 3분의 2가 사망했다.[33] 이들은 카리브해에 살고 있었지만, 대부분 네비스가 아닌 영국에서 자란 불행한 개척자들이었다. 그래서 자메이카에서 유행하는 전염병에 대한 저항력이 부족했다.

단서 및 진단: 소, 모기, 영국인, 말라리아

당시 기록만으로 확실히 판단할 수는 없지만, 아마도 문제가 된 질병들은 열대열 말라리아와 이질(dysentery)이었던 것으로 보인다.[34] 자메이카의 주요 말

---

31) Taylor(1969: 205~206); Wright(1930: 122).

32) 수치는 Dunn(1972: 153); Taylor(1969: 92).

33) Taylor(1969: 116~118).

34) 1655년 7월 15일 작성된 익명의 편지에는 '독감과 고열(통상적인 질병)'이 언급되어 있다. Bodleian Library, Rawlinson MSS D1208, printed in Firth(1900: 140). 헨리 휘슬러(Henry Whistler)의 일기에는 이질에 관한 글이 있다. "…비를 맞고 자는 이들 대부분은 혈액 이상 유출을 경험하고 있었고 머리부터 발끝까지 토해 냈으며 설사밖에 할 수 있는 것이 없었다. 또한 하루마다 정찰대 중 50~60명이 최악의 컨디션을 경험했다…" BL Sloane MSS 3926, Henry Whistler, "Journal of Admiral Penn's Expedition to the West

라리아모기는 아노펠레스 알비마누스이다. 이 모기는 주로 초목과 부유물, 해조류가 풍부한 물에서 번식한다. 또한 바퀴나 발굽 자국의 웅덩이에서부터 연못, 호수에 이르기까지 어떤 크기의 물웅덩이에서도 서식과 번식이 가능하다. 유충은 바닷물에서도 잘 견디는데, 특히 햇빛이 가득하거나 부분적으로 비치는 곳에서 가장 잘 자란다. 그러나 알비마누스는 소 혈액을 선호하고 평균적으로 2%만이 말라리아를 전염시킬 수 있는 기간만큼 산다. 그러므로 이 모기는 인간에게 질병을 전염시키기에 상당히 빈약한 매개체라 할 수 있다. 그래서 알비마누스는 대규모로 번식하거나(기후가 매우 중요하다) 소가 부족한 상황에서만 인간에게 말라리아를 전염시킬 수 있다.[35]

크롬웰의 지휘관들은 의도치 않았지만 말라리아 전염 가능성을 높이기 위해 최선을 다했던 것 같다. 베너블스는 우기가 시작될 때 자메이카에 도착하여 그의 부하들이 굶주린 모기에게 노출되도록 했다. 또한 알비마누스가 공격 대상을 소에서 인간으로 바꿀 가능성이 높은 건기에도 머물렀다. 스페인령 자메이카의 주요 경제는 소를 키우는 것이었기에 알비마누스의 번식에 이상적이었다. 그러나 식량이 부족했던 베너블스 군대는 섬에 남아 있던 소와 돼지를 잡아먹었다. 이에 흡혈 대상을 잃어버린 모기는 주위에 있던 유일한 포유류인 인간에게 눈을 돌렸을 것이다.[36] 영국군은 스페인 게릴라가 산속에 있었기에, 대개 저지대와 늪지대가 많은 해안 지대에 주둔했다. 영국 점령군들은 종종 야외에

Indies 1654-55"(19 April 1655), Firth(1900: 156)의 부분 내용임.

35) Komp(1942); Pan-American Health Organization(1993); Molez(1998). Trapham(1679: 103~110)에 의하면, 1670년대 자메이카인이 식수로 사용했던 연못에는 모기 알이 들끓었다고 한다.

36) 세지윅에 따르면, 이 섬은 영국군이 소 2만 마리를 죽이기 전에는 "여러 종류의 소로 가득 차 있었다". Keevil, Lloyd, and Coulter(1957~1963, 2:62)는 자메이카에서 규율이 없는 사람이 "소만 죽이고 싶어 했다"라고 말한다. 소의 존재로 모기 개체 수가 증가하여 말라리아에 걸릴 확률이 높아진다는 것을 의미하지만 어떤 상황에서는 그 반대일 수 있다. 2장에서 동물예방의 위험성에 대해 논의했다.

서 잠을 잤는데, 결국 알비마누스 모기의 주요 먹이가 될 수밖에 없었다. 요컨대 영국인이 소를 먹었기 때문에 모기가 영국인의 피를 흡혈하게 된 것이다.

엘니뇨 또한 영국인들의 불행을 악화시켰을 것이다. 1650년대 초반 특이성 엘니뇨 현상은 1650년, 1652년, 1655년에 나타났다. 엘니뇨 남방진동(El Niño-Southern Oscillation: ENSO)은 보통 자메이카에 매우 따뜻하고 습한 기후를 불러오기 때문에 건기조차도 모기에겐 좋은 환경이 된다.[37] 만약 (우리가 알 수 없는) 다른 조건이 같다면, 엘니뇨는 알비마누스가 살아가는 데 좋은 환경을 제공했을 것이고, 영국인 도착 직후인 1655~1656년에 이 호기는 정점에 달했다.

자메이카 모기는 엘니뇨가 있건 없건 간에 피에 굶주려 있었고 개체 수도 매우 많았다. 1687년 자메이카를 방문한 존 테일러(John Taylor)는 "자메이카 사방 곳곳에 … 쏘고 괴롭히는 곤충들이 떼를 지어 다니며 괴롭히는데, 특히 물가와 더러운 곳 근처에 있는 것"을 보았다.[38] 자메이카의 농장주이자 역사가인 에드워드 롱이 말했듯이, "그런 곳에서 밤을 보내는 것은 위험하고, 곤충들이 떼를 지어 다니며 모든 외부인과 전쟁을 벌인다."[39]

베너블스의 병사들은 1647~1652년 자메이카에서 황열병에 걸렸을지도 모른다. 하지만 1655년 자메이카에 도시나 사탕수수 플랜테이션이 전혀 없었다는 것을 고려한다면, 당시 이례적으로 높은 사망률은 열대열 말라리아에 의한 것으로 의심해 볼 수 있다. 그리고 질병 기록이 정확하지는 않지만, 어느 기록에도 황열병의 특징적 증상이 언급되지 않았다.[40]

---

37) Quinn(1982).

38) Taylor(2008: 174~175).

39) Long(1774, 2:506~507). 롱은 구체적으로 아노펠레스에 대해 언급하지 않았지만, 일반적으로 "모기들은 마치 프로비던스(Providence)의 손처럼, 무식하게 그들 한가운데 거처를 정해 놓은 모든 사람을 쫓아내기 위해 침으로 공격했다"라고 말한다. Lady Maria Nugent (2002: 22)는 1801년 "우리를 거의 먹어 치운 무수한 모기들 … 내 얼굴, 목, 손, 팔이 순교자였다"라고 불평했다.

40) Guerra(1994: 264~265)는 황열병일 가능성이 높다고 생각한다. 서인도 제도의 의학사를

롱은 말라리아 감염을 의심했다. 그는 "그럴 가능성이 높다"라고 말하면서, "질병의 원인은 가을 폭우로 인한 학질과 열병이었다. 당시 이 질병의 치료법인 예수회의 키니네는 사람들에게 알려져 있지 않았고 대개 방혈법으로 치료했다. 방혈법은 치명적이지 않다면 통증을 조금 완화할 수 있었다"라고 말한다.[41] 롱은 문제의 사건이 발생한 지 한 세기가 지나서 회고했지만, 아마도 정확했을 것으로 보인다.

이례적으로 높은 사망률은 열대열 말라리아와 다른 감염이 합쳐져 그런 것 같다. HIV 바이러스와 마찬가지로 말라리아는 인간의 면역 체계를 파괴한다. 따라서 말라리아 전염병은 발진티푸스나 이질과 같은 다른 감염으로 이어져 사망률을 높이고, 다른 감염이 없었다면 생존할 수 있었던 사람마저 죽일 수 있다. 발진티푸스와 이질은 전쟁터에서 흔한 질병이었고, 자메이카 주둔 군대를 괴롭히던 증상과 일치한다. 말라리아는 이러한 질병들의 치사율을 평소보다 더 높게 만들었다.

자메이카 영국군에 닥친 재앙이 실제로 벌어지려면 많은 조건이 들어맞아야 했다. 베너블스는 윌리엄 펜을 비난하고, 펜은 베너블스를 비난했다. 그리고 일부 장교들은 베너블스의 새 아내가 그를 직무에 소홀하게 만들었다는 이유로 비난했다.[42] 그러나 영국군은 지휘관들의 자질은 부족했지만 쉽게 섬을 정복했다. 베너블스와 펜이 율리우스 카이사르(Julius Caesar)나 허레이쇼 넬슨(Horatio Nelson)과 동등한 위치에 있었더라면, 이들은 뒤이은 전염병을 막을 수

가장 먼저 연구한 사람의 견해이기 때문에 존경 받을 만하다. 하지만 나는 텍스트의 증거와 환경 상황이 다른 견해를 뒷받침한다는 것을 발견했다. Taylor(1969: 90)는 말라리아일 가능성이 높다고 생각한다.

41) Long(1774, 1:247).

42) Firth(1900: xl)는[Edmund Hickeringill, *Jamaica Viewed*(1661, p. 67)에서 재인용] 다음과 같은 문구를 인용하고 있다. "그는 집에서 깃발을 가져올 수 없어서 톱세일(윗 돛)을 페티코트(속치마)로 만들기에 제독의 함대를 타기는 부적합하다." 베너블스의 발언으로 볼 때, 많은 여성들이 간호사로서 군사 원정에 따라간 것으로 보인다(Firth, 1900: 102).

없었을 것이다. 장마철에 외부인 9천 명을 카리브해 모기의 활동 반경 안으로 데려온다면, 재앙이 일어날 수밖에 없다.

새로운 체제

영국군은 병력 대부분을 잃었지만 1655년 이후 자메이카를 점령할 수 있었다.[43] 영국의 자메이카 점령은 1797년 영국의 트리니다드(Trinidad) 점령 이전까지(1667년 침략이 아닌 조약으로 소유권을 바꾼 수리남 경우를 포함하지 않는다면), 카리브해에서 한 유럽 강대국이 다른 유럽 강대국의 중요한 소유물을 빼앗은 마지막 사건이었다. 반면에 작고 요새화되지 않은 섬들은 쉽게 표적이 되어 지속적으로 전쟁에서 주목을 받았다. 예를 들어, 세인트루시아는 1651년부터 1814년까지 영국과 프랑스에게 14번이나 교차 지배되었다. 하지만 둘 중 어느 쪽도 카리브해 질병 환경에 대한 저항이라는 측면에서 우위를 점하지 못했다.

카리브해 바다를 주름잡던 제국주의 세력들은 요새화되지 않은 항구와 섬들을 몇 개씩 소규모로 정복할 수 있었다. 영국은 1780년부터 1781년 사이 6개 이상의 작은 섬을 잃었다(모두 곧 되찾기는 했다). 그러나 요새화되거나 인구가 많은 섬들은 황열병과 말라리아가 풍토병이 된 후 거의 무적이 되었다. 이후 수십 번의 정복 노력은 수포로 돌아갔지만, 1762년 아바나의 경우처럼 큰 섬을 점령하는 사례가 나오기도 했다. 하지만 정복자는 승리 이후에 전염병이 돌면서 끔찍한 질병 사망률을 보게 되었고, 정복지를 포기하기로 했다.[44] 다시 말해, 새로운 생태-군사학적 체제가 만들어진 것이다.

페르남부쿠, 자메이카의 점령과 식민지화는 일시적 성공을 거두었지만, 네덜란드인에게는 결과적으로 실패였고, 영국인은 값비싼 대가를 치르고서야 성공할 수 있었다. 네덜란드인은 브라질에서 설탕 생산으로 20년 이상 막대한 수

---

43) 새로 이주해 온 영국인들을 위한 묘지가 아주 오랜 기간 남아 있었다(Burnard, 1999).

44) Bucher(1991)는 제국 탐험에 대한 가장 완전한 설명을 제공하고 있다.

입을 올렸지만 결국 현지의 완강한 저항과 본국에서 발생한 긴급한 위협으로 이 지역을 포기해야 했다. 네덜란드가 이처럼 오랫동안 점령지를 유지한 것을 보면 서인도 회사의 군대가 상대적으로 더 건강했다고 볼 수 있다. 영국군은 네덜란드에 저항하는 루소-브라질 세력과 같은 현지 저항이 거의 없었기 때문에 자메이카를 손쉽게 소유할 수 있었다. 자메이카는 인구가 적은 스페인령 아메리카의 변두리에 있는 반면, 페르남부쿠는 포르투갈령 아메리카의 심장부였다. 영국군은 병력 대부분을 잃었지만 우세했던 반면, 네덜란드군은 비교적 건강했지만 식민지를 잃었다. 이 같은 사실은 당시 대규모 원정군이 이미 대서양을 가로질러 활동할 수 있었지만, 황열병이 아직 유행하지 않았던 과도기적 시기였음을 알 수 있다. 브라질에서 황열병은 아마 아직 존재하지 않았을 것이고, 말라리아와 다른 전염병들은 네덜란드인들을 몰아내는 데 미미한 역할만을 했다. 자메이카에서 말라리아와 이질이 영국군을 무너뜨렸지만, 스페인 세력이 전세를 돌리기에는 역부족이었다. 1655년 스페인은 자메이카를 거의 무방비 상태로 놔둔 채 떠났고, 영국군은 질병이 그들을 방해하기 전에 신속하게 정복했다.

다리엔의 스코틀랜드인, 1698~1699

자메이카에서는 영국군과 동행한 민간인도 질병에 시달렸다. 군사적 침략 여부와 관계없이, 식민화 사업을 위해서는 수천 명의 비면역자들을 질병 매개체 활동 범위로 데려오는 위험을 감수해야 했다. 이러한 사례로는 파나마의 다리엔에 식민지를 세우려는 스코틀랜드 사례와 프랑스령 가이아나의 쿠루에서 식민지를 회복하려는 프랑스 사례가 가장 참담한 것들이다.[45]

---

45) 거의 알려지지 않았지만, 또 다른 사례로 17세기 초 영국이 암마니아(Amamnia)와 가이아나를 식민지화할 때의 사례가 있다. 가이아나 식민지는 1665~1666년에 인구의 3분의 2를

지도 4.3. 파나마와 다리엔

1690년대 스코틀랜드의 추위와 배고픔

17세기 스코틀랜드는 당대 가장 가난한 나라였다. 이러한 가난은 분쟁과 기근, 영국군 때문에 발생한 것이었다.[46] 당시 네덜란드와 영국, 이외 다른 국가

몇몇 전염병으로 잃었는데, 이것은 대개 유럽인들이 피해를 당한 "폭력적인 상황"이었다 ("The Description of Guyana," BL, Sloane MSS 3662). Byams 중장은 "전염병은 비가 내리면서 생겼고, 우리 병사 200여 명과 여성 다수, 아이들이 죽었으며, 이 상황에서 우리는 적과 싸울 수 있는 건강한 병사 100명도 확보할 수 없었다"고 말한다("An Exact Narrative of the Scare of Guiana As It Stood Ano 1665 Particularly of the English Collony of Surynam," BL, Sloane MSS 3662, ff. 27~37). 이 외에 Williamson(1923: 164) 참조.

46) 다리엔의 붕괴와 그 배경에 관한 유용한 설명으로는 Barbour(1907), Prebble(1968), Insh (1932), Hart(1929)의 연구가 있다. 하지만 이 모든 연구에는 역학적인 설명이 없는데, 예를 들어 하트는 "실패의 원인"(pp. 148~169)이라는 장에서 질병을 언급하지 않는다. 유용한 텍스트로는 Forrester(2004), Smout(1963), Armitage(1995), Wmt(2006) 등이 있다. 중요한 스코틀랜드어와 영어 문서는 Insh(1924)와 Cundall(1926)이 편집한 컬렉션에 등장한다. 하트와 쿤달은 또한 스페인 문서의 번역도 제공하고 있으며, 가장 가치 있고 통찰력 있는 목격담은 Borland(1715)이다.

들은 대서양 연안에서 식민지 무역을 통해 부자가 되는 것처럼 보였다. 하지만 스코틀랜드인들은 법적으로 그러한 수익성이 좋은 상업에서 배제되었다(1603년 이후, 그들은 영국에 귀속되었고, 상대적으로 크고 부유한 영국 왕실에 충성했다). 왕에 대한 충성심을 의심 받던 스코틀랜드인들은 1692년 글렌코(Glencoe)에서와 같이 학살 당했다. 1690년대 추운 날씨가 찾아오자 억압이 가미된 가난과 방치는 더욱 견디기 힘들었다. 냉해로 인해 1695년과 1696년에 이어 1698년에도 흉년이 들었고,[47] 이때 스코틀랜드 인구의 6분의 1이 굶어 죽거나 영양실조로 사망했다.[48] 절망에 빠져 있던 스코틀랜드 청년 수만 명은 식사 몇 끼를 대가로 유럽 다른 군주를 위한 용병이 되기 위해 나라 밖으로 쏟아져 나갔다. 영국인은 스코틀랜드인이 다른 이의 것을 탐내거나 훔치지 않기 때문에 성경의 십계명 중 여덟 개만 필요하다고 말했다.

윌리엄 패터슨(William Paterson)은 이 모두를 바꾸려고 했다. 그는 1658년 저지대의 가난한 농장에서 태어났지만 17세부터 부를 찾아 더 넓은 세상을 돌아다녔다. 그는 젊었을 때 서인도 제도를 방문했고, 파나마 지협(당시는 다리엔)을 건넜던 해적 이야기를 들었다. 1670~1671년 헨리 모건(Henry Morgan)과 부하 1,200명은 지협에서 몇 주 동안 해적질을 한 뒤 스페인 식민 도시 파나마를 약탈했다. 또한 패터슨은 작은 네덜란드령 카리브 식민지가 중계지로서 얼마나 성공했는지에 주목했고, 자유무역과 종교의 자유라는 특이한 관념으로 개종했다. 그는 훌륭한 장로교 신자였고, 1680년대 런던에서 본인의 능력에 행운까지 가진 부유한 상인이자 금융가가 되었다. 이후 영국은행 창립(1694년)에도 중심

---

47) Smout(1963: 245~249).

48) Flinn(1977: 7)은 1690년대 스코틀랜드의 인구 감소율을 15%로 보고 있다. 탈선 수치(pp. 164~186)는 5~15%까지 다양하지만 국가의 가장 취약한 부분들은 어떤 기록도 남기지 않았기 때문에, 아마 현실은 더 나빴을 것이다. 북유럽에서의 수확은 크게 실패했기 때문에, 부족한 식량을 메우기 위해 곡물을 수입할 가능성은 적었다. 수확량이 훨씬 많았던 핀란드에서도 흉작으로 인해 1696~1697년 사이 인구의 23%가 사망했다(Jutikkala, 1955).

적 역할을 했다. 하지만 패터슨은 더 큰 꿈이 있었다. 그의 표현에 의하자면, 다리엔은 "세계의 열쇠(key to the universe)"이자 글로벌 시장이 될 수 있었다. 그는 이곳을 통해 대서양과 태평양 무역을 통합하고 중국과 일본의 무역을 개방할 수 있다고 보았다.[49] 만약 모건과 그의 해적들이 파나마의 스페인 전초기지를 약탈할 수 있다면, 근면한 스코틀랜드인들은 평화로운 무역을 통해 얼마나 많은 부를 축적할 수 있을까? 확실히 그들은 콜럼버스의 꿈을 실현하고 중국 수준의 부를 누릴 수 있었다. 패터슨은 지협을 가로지르는 도로와 심지어 운하까지 생각했다. 하지만 그는 파나마에 직접 가 본 적은 없었다.

1680년대와 1690년대에 패터슨은 북유럽 항구에서 다리엔 계획의 투자자를 물색했으나 선뜻 응하는 이를 찾지 못했다. 그는 유머도 말재주도 없었고 지루한 사람으로 통했다. 그는 주로 스코틀랜드인 동료들 사이에서 인기가 좋았다. 1693년 글렌코의 분노를 달래기 위해 윌리엄 3세와 의회는 스코틀랜드인의 무역 회사 설립 허용을 승인했다. 2년 후, 31년 동안 스코틀랜드와 아시아, 아프리카, 아메리카 사이의 무역 독점권을 가진 '아프리카와 인디아에 대한 스코틀랜드 무역 회사(Scotland Trading to Africa and the Indies, 이하 스코틀랜드 무역 회사)'가 탄생했다. 원래 투자자들은 스코틀랜드인과 영국인까지 포함했다. 하지만 영국 상인들의 압력이나 독점을 두려워한 나머지, 신생 회사는 스코틀랜드인의 투자에만 전적으로 의존해야 했다. 패터슨과 회사의 다른 이들은 런던에서 에든버러로 이동해 투자자를 모집했다. 1,400명 이상의 스코틀랜드인이 약 40만 파운드를 약속했고, 이것은 스코틀랜드 유동자본의 4분의 1 혹은 절반 수준으로 추정된다.[50]

---

49) 예를 들어 다음과 같은 패터슨의 문서가 있다. "다리엔에 식민지를 만드는 제안: 스페인으로부터 인디언을 보호하고 모든 국가에 남아메리카의 무역을 획득하는 제안, 1701년." Bannister(1858, 1:117) 인쇄.
50) Insh(1932: 65)는 절반이라고 말한다. 이 수치는 단지 추측에 불과하다. 아마도 애덤 스미스의 추측(1976[1776]: 315)에 근거하여 당시 스코틀랜드에는 100만 파운드가 유통되고

1696~1697년까지, 처음에 다른 많은 계획들을 염두에 두었던 스코틀랜드 무역 회사 이사진은 패터슨의 다리엔 정착 제안에 동의했다. 패터슨은 1681년 라이오넬 와퍼(Lionel Wafer)라는 이의 글을 접하게 되었다. 와퍼는 지협에서 3개월을 보내면서 강에서 채취한 사금에 대해 글을 쓴 해적이자 외과 의사였다.[51] 패터슨은 이 글을 통해 다리엔에 대한 그의 계획을 강화해 나갔다. 그는 다리엔 계획이 "우리 무역의 토대가 될 것이며 황제의 제국만큼 크고 광범위한 발전"을 가져올 것이라고 주장하면서, 가난하고 굶주린 스코틀랜드에게 구원의 미래가 될 수 있다고 생각했다. 또한 다리엔 무역은 "영국 왕실과의 연합에 기초가 될 것"이라고도 주장했다.

중국, 일본, 향신료 섬, 동인도 제도로 가는 항해 시간과 비용이 절반 이상 줄어들고, 유럽 상품과 제조물의 소비는 곧 두 배 이상 늘어날 수 있을 것이다. 무역은 무역을 증가시키고 돈은 돈을 낳을 것이며, 무역 세계는 더 이상 그들의 자산을 늘리기 위해 일하는 것이 아니라, 오히려 무역에 투자하기 위해 자산이 필요해질 것이다. 따라서 바다의 문이자 세계의 열쇠인 이 문을 합리적으로 관리한다면 당연히 그 소유주들은 두 대양의 질서를 만들고 상업 세계의 중재자가 될 수 있을 것이다. 그리고 소유주들은 알렉산더, 카이사르와 같이 피로, 과다한 비용, 위험에 대한 책임이나 죄책감, 피를 뒤집어쓰지 않고도 이를 성취할 수 있다.[52]

저렴한 비용으로 수익성 높은 제국을 건설하고, 영국과 평등하며, 2세기 전 콜럼버스의 야망을 실현한다는 비전은 1690년대 스코틀랜드인의 상상력에 쉽

있었을 것으로 추측한다.

51) 와퍼의 글은 BL, Sloane MSS 3236에 실려 있다. 1699년에 일부 수정된 버전이 출판되었다(Wafer, 1934).

52) Hart(1929: 46~47)에서 인용.

게 호소력을 발휘했다. 지난 10년간 7월에도 서리가 내리던 추위를 겪은 스코틀랜드인들에게, 다리엔의 꿈은 큰 희망이 되었을 것이다. 이사진들은 1698년 봄 와퍼와 협의하여, 영국인들이 다리엔에 먼저 도착하지 못하게 원고 출판을 연기하도록 돈을 지불했다.[53] 그리고 투자금의 4분의 1을 사용하여 선박을 건조하고 보급품을 구입했으며, 자원자를 모집했다. 하지만 그들은 곧 다리엔을 악몽으로 여기게 될 것이다.

최초 항해

1698년 7월 중순, 스코틀랜드 무역 회사의 배 5척이 파나마로 출항했다. 이 중 3척은 전함이었는데, 총 175문의 대포를 장착했다. 배에는 약 1,200명의 남성과 극소수의 여성, 어린이들이 타고 있었다.[54] 배에 승선한 남성들은 스코틀랜드인이었는데, 각각 50에이커의 경작지를 받는 조건으로 배에 올랐다고 한다. 윌리엄 패터슨과 그의 가족도 식민지 주민들 중에 있었다.

스코틀랜드 상류층의 어린 남자아이 수백 명, 윌리엄 왕과 함께 프랑스와의 전쟁에 참전한 후 집으로 돌아온 병사 수백 명(왕은 1698년에 군 급여 대상에서 스코틀랜드인 약 2만 명을 제외했다), 선원들도 있었다. 또한 의사 몇 명과 서기, 성직자(clergymen) 4명, 스페인어 통역사도 포함되어 있었다. 열성적 식민지 주민의 3분의 1은 게일어(Gaelic)만 사용하는 고지대 출신이었다. 아마도 스코틀랜드인 다수는 1698년 여름 영양실조에 걸렸을 것이고, 긴 항해로 인해 면역 체계

---

53) 무역 및 플랜테이션 위원회(Board of Trade and Plantations)에서 일하는 정치 철학자 존 로크(John Locke)는 스코틀랜드를 차단하기 위해 영국의 다리엔 정착을 권고했다. 스코틀랜드 무역 회사의 이사진은 와퍼를 런던에서 에든버러로 데려갔을 때, 영국인들이 그들의 계획을 눈치채지 못하도록 와퍼에게 거짓 신분을 부여했다(Insh, 1932: 110).

54) 아바나에서 심문을 받고 있던 포로 벤저민 스펜서(Benjamin Spenser)는 여성 5명이 다리엔 식민지로 떠났다고 말했다. Massachusetts Historical Society, Hart Papers, Box 3, Item 48. 스페인 문서에 따르면 그중 3명이 살아서 도착했다고 한다(Hart, 1929: 305).

가 약해졌을 것이다. 먹을 것이 없거나 모험심이 강했던 다른 스코틀랜드인 수천 명도 배에 오르고 싶었지만 원정대에는 자리가 없었다. 스페인 문서에 따르면 스코틀랜드 무역 회사에는 이탈리아 용병 6명과 프랑스 용병 3명이 포함되어 있었다고 한다.[55]

이 함대에는 1년치 물품(비스킷, 소고기, 맥주, 브랜디 및 성경)과 가발, 모직 호스(woolen hose), 타탄(tartan), 신발 2만 5천 켤레, 바늘 1만 4천 개, 도끼, 칼, 톱, 기타 무기가 실려 있었다. 그리고 인디언과 조약을 맺을 시 조약서를 인쇄하기 위한 인쇄기도 포함되어 있었다. 또한 그들은 라이오넬 와퍼가 묘사한 '긴 머리 원주민'을 떠올리며 빗 수천 개도 가져갔다. 스코틀랜드 함대는 마데이라에서 대서양을 건너 덴마크령의 세인트토마스(St. Thomas)(현재 미국령 버진아일랜드 제도의 섬)로 향했다. 그리고 그곳에서 일주일 동안 정박한 후, 다시 파나마의 카리브 해안으로 향했다. 11월 초까지 102일의 전체 항해 기간 중 모두 44명이 사망했다. 사망 원인은 20명이 "열병", 23명이 "혈액 이상 유출", 1명이 "충치"였다. 출발 시 승객 상태를 고려한다면 이것은 상당히 양호한 결과였다. 이 죽음을 기록했던 스코틀랜드 무역 회사의 서기는 만약 이 사람들이 스코틀랜드에 머물러 있었다면 더 많이 죽었을 것이라고 언급했다.[56] 또한 11월은 비교적 건조하고 시원해서 항해하기에 좋은 시기였다.

다리엔 해안 주변은 밀림으로 덮여 있었다.[57] 큰 나무가 해안을 따라 늘어서 있었으며, 이곳의 열대우림은 다른 카리브해 지역과 마찬가지로, 16세기 인구

---

55) Gallup-Diaz(2004: 134). AGI, AP, legajo 161, fol. 230 and AGI, AP 164, ff. 604~618 참조.

56) Mackenzie(1699). 이례적인 한 페이지 분량의 문서에 따르면 선상에서 사망한 44명 가운데 43명이 남성이었고, 살아남은 1명은 존 헤이(John Hay) 중위의 아내라고만 기록되어 있었다.

57) 스코틀랜드의 이후 역사가들은 다리엔이라고 부른 것은 현재 파나마의 다리엔 주가 아니라, 오늘날 산블라스(San Blas) 주에 있는 북위 9도, 경도 78도 정도의 해안 지역이었다. 1680년경 지협에 대한 설명은 Wafer(1934)를 참조했고, 지역 인구와 동식물에 대한 설명은 Ventocilla, Herrera, and Núñez(1995)를 참조했다.

감소 이후부터 울창해지기 시작했다. 나무가 없는 풍경에 익숙했던 스코틀랜드인들에게 이런 풍경은 마치 원시림처럼 보였을 것이다. 스코틀랜드인들은 수많은 목재를 보았고 수익성이 좋은 염료 목재를 찾고 싶어 했다. 식민지 개척자 중 한 사람이었던 교인 프란시스 볼랜드(Francis Borland)는 "여기 전체가 키가 크고 두꺼운 나무로 덮여 있으며, 숲이 끝없이 이어진다… 나무는 상당히 많고 광대하다…"[58]라고 적고 있다. 식물 중에는 맛있는 파인애플과 바나나, 카사바(cassava: 고구마와 흡사한 작물), 얌, 기타 식용식물이 있었다. 또한 와퍼가 약속한 대로 그곳에는 페커리(peccaries), 맥, 붉은사슴, 토끼, 살이 찌고 먹기 좋은 원숭이 떼 등 온갖 종류의 야생동물이 가득했다.[59] 해안과 석호(lagoons)에는 쉽게 잡아서 요리할 수 있는 거북과 식용 물고기 떼, 거대하고 느린 바다소 떼가 있었다. 이것들은 배고픈 스코틀랜드인에게 하늘이 보낸 선물처럼 보였을 것이다. 그다지 반갑지 않은 것은 '괴물 같은 북살무사(adders)'와 "더 이상 날 수 없을 때까지 피를 빨아 먹는" 수많은 모기도 있었다는 것이다.[60]

토착 주민 쿠나(Cuna, kuna, San Blas Kuna, Tule: 모두 같은 용어이다)와 스코틀랜드인이 '신중하고 영리하다'라고 여겼던 초코(Choco) 원주민은 스페인과 동맹을 맺지 않은 모든 이들에게 호의적이었다.[61] 그들은 거의 200년 동안 자신

---

58) Borland(1715: 6). 볼랜드는 젊은 시절에 네덜란드 수리남에서 살았던 저명한 성직자였다. 그래서 파나마의 질병에 면역이 있었을지도 모른다(Insh, 1932: 172). 20년 전에 해안을 본 와퍼는 '해안 전체를 뒤덮고 있는 커다란 나무가 많은 숲'에 대해 기술하고 있다. 이 내용이 인용된 와퍼 원고의 발췌문은 Insh(1924: 52)에 있다.

59) Philo-Caledon(1699: 47). 또 다른 스코틀랜드인에 따르면, 나무 위에 사는 원숭이는 "머리와 옷에 배설물을 뿌린다"라고 말했다. *A Letter Giving a Description of the Isthmus of Darien*(1699: 10) 참조.

60) *A Letter Giving a Description of the Isthmus of Darien*(1699: 6). 익명의 저자가 신규 정착민과 모기에 대해 기록했다.

61) 이 인용문은 Hart(1929: 68)의 일기에서 따온 것이다. Borland(1715: 13)는 원주민을 '아주 작은 구역의 땅에서만 농사를 짓' 게으른 사람이라고 말했다. 1699년 2월 또 다른 방문자인 영국의 리처드 롱은 쿠나 사람이 식물을 많이 심지 않기 때문에 '나태(sloothful)'하

들의 영토를 식민지로 만들고 가톨릭을 포교하려는 스페인의 전방위적 공격을 성공적으로 막아냈다. 1698년 즈음, 지협의 인구는 2만 명 미만이었을 것이고, 스코틀랜드의 믿음과는 달리 아메리카 대륙의 왕국은 존재하지 않았다.[62] 대신 매우 작고 역동적인 원주민 공동체가 있었다. 놀랍게도 그들은 거의 무방비 상태였던 이방인들의 정착을 환영했다. 쿠나족은 옥수수, 플랜테인(plantain: 질경이), 카사바를 나누어 주며 병든 이주민들의 건강을 회복시키기 위해 최선을 다했다.[63] 그들은 처음에 스코틀랜드인들을 해적으로 알았으나(프랑스와 영국의 해적에게 공격 당한 적이 많았다), 나중에는 자신들의 적을 물리치기 위해 그들에게 도움을 구했다. 특히 쿠나족은 스페인들보다 낮은 가격에 교역이 이루어지기를 원했다.[64] 스코틀랜드인들이 계속 머물려는 의도가 분명해지자, 쿠나족은 이를 스페인과 다른 아메리카 원주민 집단, 그리고 서로 간의 외교에서 유리하게 이용하려고 했다.[65] 쿠나족은 도끼나 칼에 상당한 관심을 보였지만, 신발과 가발, 타탄 직물에는 관심이 없었다. 결국 스코틀랜드인들이 꿈꾸었던 현지 교역 가능성은 거의 없어지게 되었다.

스코틀랜드인들은 단순히 인디언들과 교역을 하기 위해 온 것이 아니라 두

고, 대부분의 농사일은 여성이 한다고 기술했다. Long to the Duke of Leeds, 15 February 1699, British Library, Additional MSS, 47,132, ff. 54~57 printed in Insh(1924: 100~106; 101페이지 인용). 롱은 또 다른 선장인 로버트 페니쿡(Robert Pennicook)의 조사 내용을 인용해 '매우 터무니없이 천박한 사람'으로 묘사했다(British Library, Additional MSS, 47, 132, fol 49bis). 쿠나에 대한 스코틀랜드인의 태도는 McPhail(1994) 연구에 잘 나타나 있다. 다리엔 지협에 대한 익명의 편지(1699: 16~24)는 신빙성에 의문이 들지만, 쿠나족을 세부적으로 묘사하고 있다. Gallup-Diaz(2004)의 연구는 쿠나족에 대한 최신 연구이다.

62) Gallup-Diaz(2004: xiv); Jaen Suárez(1998). 이 수치는 스페인 문서에 따른 것이다.

63) Philo-Caledon(1699: 43~60).

64) "Captain Pennicook's Jou mall from the Madera to New Caledonia"(1698). British Library, Additional MSS, 40,796, ff. 1~16. 같은 내용이 "Capt. Robt Pennicook's Journal" British Library, Additional MSS, 47,132, ff. 44bis~53에 나타남.

65) Gallup-Diaz(2004: 77~116). 쿠나 외교에 관해 논의함.

대양의 교역을 담당할 식민지 칼레도니아(Caledonia)를 건설하기 위해 온 것이었다. 그들은 식민지를 건설하기 위해 먼저 밀림을 벌목하기 시작했다. 누군가 적은 일기에는 "난공불락의 요새를 만들 수도 있으며, 내부에서는 매년 1만 통(hogshead) 정도의 설탕을 생산할 수 있다. 풍요로운 토양과 좋은 공기, 온화한 기후, 달콤한 물, 이러한 모든 것이 이곳의 삶을 건강하고 편하게 만들고 있다"라고 기록되어 있다.[66] 누군가의 머릿속에는 사탕수수 플랜테이션 구상이 펼쳐지고 있었지만, 스코틀랜드인들은 실제 경작을 하지 않았다. 그들의 최우선 과제는 '수출입항(entrepôt)'을 지키는 것이었다.

1689년 11월과 12월, 때 아닌 비에도 불구하고,[67] 스코틀랜드인들은 넓고 한적한 만 기슭에 세인트앤드루(St. Andrew)라 불리는 요새와 뉴 에든버러(New Edinburgh)로 명명된 마을을 만들기 시작했다. 절벽으로 둘러싸인 땅이 만의 동쪽 절반에 위치해 있었고, 입구 쪽 바위가 물에 잠겨 있어서 이를 모르는 초행자가 접근하기에는 상당히 위험한 곳이었다. 이곳은 특히 담수가 충분하여 방어가 용이했다. 바다로부터 침입하기가 어렵다는 점에서 군사적으로 좋은 지역이라 할 수 있었다. 스페인은 이 신생 식민지를 자신들의 이익에 대한 위협으로 보았고, 1699년 2월 육지를 통해 공격을 시도했다. 이 전투에서 스코틀랜드군 사망자가 2명 발생했지만 거뜬히 스페인 군대를 방어해 낼 수 있었다.[68]

---

66) '인데버 핑크(Endeavour Pink)'호를 타고 항해한 스코틀랜드 무역 회사 직원이 기록하여 스코틀랜드에 보관한 일지(Insh, 1924: 74).

67) '스코틀랜드, 아프리카, 인도 연합 함대가 마데라 섬에서 출발해 미국에 상륙할 때까지 항해하는 동안, 그리고 그 이후에 일어난 가장 주목할 만한 일에 대한 일기 혹은 저널("Journal or Diary of the Most Remarkable Things that Happened during the Scots African and Indian fleet, in their Voyage from the Island Madera to their Landing in America, and since that Time." NLS, Darien MSS, Item 52).' 이것은 Hart(1929: 192~216)와 Burton(1849: 98~116)에 인용된 휴 로즈(Hugh Rose)의 글이다. 로즈의 일기는 11월 12일부터 19일, 24일부터 29일, 12월 1일부터 9일까지 기록되어 있다. 로즈의 일기는 Insh(1924: 78~96)에 인쇄된 선장 로버트 페니쿡의 기록에서 나온 것이다.

하지만 스페인은 지협에 있는 타국의 식민지를 용납할 수 없었다. 스페인 왕가가 의존했던 남아메리카 은의 대부분은 육로와 포르토벨로, 아바나를 거쳐 세비야로 운반되었다. 따라서 스코틀랜드의 의도를 알게 된 스페인이 군사적 조치를 취한 것은 놀랄 일이 아니었다. 실제로 새로 도착한 배의 선원들 사이에서 질병이 발생하여 인력이 부족하지 않았다면 1699년 2월 이전에 이미 공격을 시작했을 것이다.[69]

스코틀랜드 주둔지 선정은 군사적으론 의미가 있었지만, 다른 측면에서는 모호한 선택이었다. 볼랜드는 "우리 부하들이 정착하고 요새를 세운 곳은 저지대였는데, 그곳은 습한 늪지대에 모래가 섞인 땅이었다…"라고 언급했다.[70] 즉 '말라리아 천국'이라는 의미이다. (적어도 돌이켜 보면) 볼랜드는 위험을 인지하고 다음과 같이 말했다. "이곳은 때때로 심한 폭우가 며칠 동안 이어지고 천둥과 번개를 동반하곤 한다. 일 년 중 이 우기에 가장 병에 걸리기 쉬운데, 아마도 이때 대기가 정지하고 고요해지기 때문이다. 이 시기 늪지(Marish)와 물에 잠긴 땅(Drowned)에서 유황성 습기와 증기가 발생하는데, 이것은 특히 이방인들의 건강에 해로울 수 있다."[71]

첫 7주 동안인 1698년 크리스마스까지, 스코틀랜드인 32명이 사망했다. 첫

---

68) 다수의 문서에 의하면, 스페인 당국은 스코틀랜드의 계획에 대해 잘 알고 있었다. 예를 들어, Consejo de Indias al Rey, 12 febrero 1699, AGI, AP, legajo 160. "Memorandum Real, Apuntamiento de las Providencias que S. Magescad ha mandada dar para el desalojo de Escozes del Darien," 30 octubre 1699, AGI, AP, legajo 161은 스코틀랜드인 정착에 대한 스페인 정보 보고서를 요약해 놓았다.

69) Canillas al Rey, 6 mayo 1699, AGI, AP legajo 162. Hart(1929: 261ff)에 번역본이 있다. Canillas al Rey, 25 abril 1700, AGI, AP 164. 이 문서는 "동거를 원하는 흑인과 혼혈, 인디언"이 많아서, 이단의 불씨가 파나마에 퍼질 것을 우려한 스페인의 근심을 강조하고 있다. Storrs(1999) 참조.

70) Borland(1715: 7).

71) Borland(1715: 11).

번째는 11월 14일 "열병"으로 사망한 패터슨의 아내였다. 소년 2명과 남성 29명이 열병(7명), 이상 출혈(19명), 익사(4명)로 사망했고, 토머스 풀러턴(Thomas Fullerton) 대위는 "산책 후 돌연사"했다.[72] 스코틀랜드인들은 1년 중 가장 건강한 시기에도 매주 5명 비율로 사망했는데, 이것은 당시 일반 유럽 가정과 비교해 볼 때 약 10배 정도 높은 수치였다.[73] 그들은 아마도 발진티푸스나 이질과 같은 일반적인 선상 질병으로 고통 받았을 수도 있다. 1월부터 3월까지 건기에는 건강이 좋아졌는데, 일부 주민들은 다음과 같이 말했다.

이 지역이 건강한 곳이라는 것을 알게 되었다. 우리는 장마철에 도착해서 몇 주 동안 거처할 곳이 거의 없었다. 우리 가운데 많은 사람이 질병에 걸렸지만 지금은 회복되었다. 그리고 사람이 많이 모여 있지만 예상할 수 없었을 만큼 건강한 상태이다. 영국과 아메리카 사이의 여러 섬에서 그렇게 위험하다고 말하는 치명적 바이러스성 질병에 대해 우리는 전혀 알지 못한다.[74]

그러나 곧 치명적인 질병이 정착지를 괴롭혔다. 1699년 4월에 비가 다시 내렸고 그와 동시에 열병이 발생했다. 5월 말까지 300명이 사망했고 매일 10명씩 사망했다. 작업과 농사도 중단되었다. 스코틀랜드인들은 얌과 인도 옥수수, 자메이카 완두콩(pease)을 재배했지만 수확량은 그리 많지 않았다.[75] 스코틀랜드

---

72) Mackenzie(1699). 또한 스코틀랜드 국립도서관 MS 846에 있는 'Colin Campbell'의 일기 참조. 발췌문은 스코틀랜드 국립문서보관소에 인쇄되어 있다(1998: 10).

73) 나는 이 비율을 연간 1천 명당 30명으로 추정한다. 다리엔으로 향하던 1,200명이 본국에 남았더라면 대부분 젊었기 때문에 사망률은 더욱 낮았을 것이다.

74) 1698년 12월 28일 칼레도니아 평의회에서 회사 이사진들에게 보낸 편지[Hart(1929: 79)에서 인용]. 1699년 2월 18일에 다른 편지를 작성한 패터슨은 "이 나라는(지역은) 놀라울 정도로 건강하며, 우리가 도착했을 때 병자 다수가 고통 받았지만, 곧 치료되었다"라고 적고 있다[Hart(1929: 237)에서 인용]. 하지만 이 작가들이 후원자였다는 것을 유념해야 한다.

75) Memorandum of the Company Directors, 28 Nov. 1699, Insh(1924: 110)에 인쇄됨.

에서 가져온 음식은 빨리 부패해 버렸기 때문에, 스코틀랜드인들은 새와 원숭이, 그리고 운이 좋은 경우 거북이를 먹었다. 어떤 사람은 "우리 내부에 신성한 신의 피조물을 많이 먹지 않는 고산 지역 출신이 있다는 것은 자비였다"라고 말했다.[76] 우호적인 아메리카 원주민들의 방문은 줄어들었는데, 아마도 스코틀랜드인들이 유용한 동맹이 될 수 없다는 결론을 내린 듯했다. 희망은 시들고 맥주, 브랜디, 마데이라 와인이 부족해지면서 논쟁과 분쟁이 일어났다.[77] 스코틀랜드의 정치 불화와 계급 적대감, 종족 분쟁이 파나마 해안에서 부활했다. 한때 이곳의 50에이커 토지가 자신들에게 잘 맞을 거라 생각했던 이들은 이제 오직 금을 찾아 살아서 집에 돌아가길 원했다. 패터슨은 말라리아로 의심되는 "간헐열"에 걸렸지만 살아남았다.[78] 인근 영국인 정착촌에서 구호품을 확보하려던 노력은 선박이 난파해서 실패했다.

그 후 윌리엄 3세가 아메리카 대륙의 모든 영국 식민지와 정착촌에 스코틀랜드인과의 교역 금지를 지시했다는 말이 들려왔다. 프랑스 루이 14세의 위협이 걱정된 윌리엄 3세는 스페인과의 관계를 개선하고자 했다. 이에 파나마의 스코틀랜드인들에게 어떤 구호품도 전달되지 못하도록 막는 것이 그의 큰 지정학적 계산에 맞았다.[79] 어린 시절부터 현실 정치(Realpolitik) 훈련을 받은 윌리엄 3

---

76) Walter Herries, Prebble(1968: 144)에서 재인용.

77) 1699년 11월 28일, 회사 이사진 회의를 기록한 비망록에 따르면, 도망친 스코틀랜드인 무리는 "새로운 식량과 독한 술이 부족해지면서 질병과 사망이 발생했고, 본국으로 돌아갈 때가 되었다"라고 언급했다(Insh, 1924: 108~112; 인용 p. 109).

78) "Report by William Paterson to the Directors," 19 Dec. 1699, Burton(1849: 178~198). 1698년 6월 5일경, 패터슨은 간헐적인 열병에 걸렸다고 말했다.

79) 월터 스콧(Walter Scott) 경은 『할아버지의 이야기(Tales of the Grandfather)』에서 "식량을 위해 기꺼이 대가를 지불하려 했으나 결국 식량이 없어 목숨을 잃은 사람들은 글렌코의 눈 속에서 총에 맞아 죽은 것이나 다름없이 윌리엄 왕 정부에 의해 살해된 것이다"라고 썼다. Cundall(1926: 55)에서 인용. 그러나 이는 지나치게 왕의 책임으로 돌리는 것이다. 스코틀랜드인들을 죽음으로 몰아넣은 것은 기아가 아니라 열병과 설사였다.

세에게 다른 것을 기대할 수는 없었다. 실제로 스코틀랜드보다 스페인이 프랑스를 상대로 더 많은 도움을 줄 수 있었기 때문이다. 하지만 패터슨과 그의 열정적인 동료들은 경솔하게도 영국 왕에게 더 많은 것을 기대했다.

식민지의 미래는 어두워 보였다. 불평은 불복종과 반란의 불씨로 번져 갔다. 1699년 6월, 새로운 스페인 진압군이 카르타헤나 항구에 집결해 다리엔 스코틀랜드 기지를 공격할 것이라는 나쁜 소식이 도착했다. 치열한 논쟁 끝에 식민지 지도자 집단은 정착촌을 버리고 고향으로 돌아가기로 결정했다. 여전히 열병에 시달리던 패터슨은 끝까지 반대했지만, 배가 닻을 올리자 결국 탑승했다. 6월 말 약 700명이 배 3척을 타고 떠나갔다. 6명은 배를 타고 대양을 건너는 것보다 열병으로 죽는 것을 선택했다. 몇 주 후 스페인 선장이 도착해 정착지에 남은 것을 불태웠고, 이로써 스코틀랜드인의 모든 거주지는 흔적 없이 사라졌다. 선장은 무덤 약 400개를 발견했다고 보고했다.[80] 3개월 후 한 생존자는 "그들이 떠난 이유는… 식량과 술이 부족해서 얌 등을 먹었고, 결국 영양실조로 질병이 발생했으며… 하루에 10~12명이 죽어 나갔다…"라고 말했다.[81]

달아나는 스코틀랜드인에게 불행은 계속 이어졌다. 수백 명의 목숨을 앗아간 전염병과 돛대를 꺾어 버리는 폭풍우, 서인도 제도와 북미 본토 영국 관리들의 적대감은 스코틀랜드인들을 계속 괴롭혔다. 도주하는 스코틀랜드인들을 태웠던 선박의 선장은 질병이 "매우 보편적"이었고 "너무 많이 죽어서 시체 105구를 배 밖으로 던져야 했다"고 기록했다.[82] 스코틀랜드인들의 지원 요청을 거부한 자메이카 총독은 다음과 같이 기록했다. "스코틀랜드인 다수가 칼레도니아

---

80) 그의 보고서는 AGI, AP 160에 있다. Gallup-Diaz(2004: 139)에서 인용. 스코틀랜드 사료에 따르면 이 탐험으로 해안에서 죽은 사람이 약 300명이라고 기록되어 있다.

81) 'John Borland to Daniel McKay', 1699년 9월 7일 보스턴에서 작성. Burton(1849: 152)에 인쇄.

82) 'Letter of 11 August 1699' 스코틀랜드 국립도서관 소장 다리엔 필사본. Hart(1929: 93)에서 인용.

에서 탈출했다. 대부분은 죽었고, 생존자의 경우 너무 비참한 상태여서 슬펐다…"[83] 뉴욕 당국은 동정심을 보이면서 스코틀랜드인들을 몇 주 동안 뉴욕에 머무르게 했는데, 그때 상당수가 건강을 회복했다. 이후 300명도 채 안 되는 생존자를 배에 태워 스코틀랜드로 다시 보냈는데, 이곳에 패터슨이 탑승하고 있었다.

두 번째 항해

패터슨과 살아남은 식민지 개척자들이 스코틀랜드에 돌아오기 불과 며칠 전, 두 번째 탐험대가 다리엔 해안을 향해 출항했다. 칼레도니아에서 첫 식민지 개척자들이 쓴 낙관적인 (혹은 솔직하지 못한) 편지[84]에 고무된 회사는 500명의 식민지 개척자를 추가로 모집했다. 열정이 넘치는 지원자들로 인해 예정 인원 이상이 모집되었고, 스코틀랜드 무역 회사는 최종적으로 배 4척에 여성 100명을 포함한 1,300명의 개척단을 구성했다. 항해 기간 중 160명이 사망했지만,[85] 첫 정착 이후 1년 만인 1699년 11월 칼레도니아만에 도착했다. 사람들은 도착 후 동료와 친족들이 만들어 놓은 화려한 식민지를 만날 것으로 기대했다. 하지만 그들을 기다린 것은 '광대한 황야와 불타 버린 오두막, 관목과 잡초로 뒤덮인 파괴된 요새' 등 방치되고 버려진 황무지였다.[86] 그럼에도 불구하고, 새로운 정착민 집단은 이곳에 남기로 결심했다.

---

83) Sir William Beescon, 1698년 8월 24일, Cundall(1926: 91)에서 인용. 자메이카 플랜테이션 농장주의 경우 스코틀랜드 식민지가 번창하면 하인이 다리엔으로 달아날 것을 두려워했기 때문에 스코틀랜드 식민지를 도울 생각이 없었다(Insh, 1932: 148n, 160). 롱 대위는 'Long to Duke of Leeds'에 자신의 감정을 기록했다. 1699년 2월 15일 Insh(1924: 105)에 인쇄.

84) 예를 들어 *The History of Caledonia*(pp. 18~20, 저자 미상)에는 칼레도니아가 '젖과 꿀 그리고 황금'이 넘쳐나는 곳으로 묘사되어 있다.

85) Borland(1715: 30).

86) Borland(1715: 30).

그 후 역사는 비극과 희극을 오갔다. 비가 오기 시작했고, 열병도 따라 발생했다. 보급품은 썩어 갔고, 잦은 분쟁이 발생했다. 1700년 2월 스코틀랜드인들은 공격 받기를 기다리기보다 가장 가까운 스페인 진영에 기습 공격을 가했다. 기습 공격은 성공적이었지만 열병이 더 무서운 적임을 곧 알게 되었다. "질병 발생률과 치사율… 전염병은 이제 급속하게 확산되어 맹위를 떨쳤으며, 장교와 사령관까지 사망해 우리에게 큰 좌절감을 안겼다."[87] 3월까지 매일 수십 명이 사망했고, 생존자들은 시체를 만에 있는 늪지대에 집단 유기했다.

스페인군의 공격으로 스코틀랜드인의 3분의 1만이 생존했지만, 그마저도 상당수는 부상 때문에 걸을 수도 없었다. 베라크루스에서 카르타헤나에 이르는 많은 항구에 황열병이 유행하는 동안 스페인은 민병대를 중심으로 약 1천 명 이상의 병력을 칼레도니아에 상륙시켜 스코틀랜드인 거주지를 포위했다.[88] 이후 약간의 소모전이 계속되었다. 3월 말까지 스코틀랜드인은 일주일에 100명씩 열병으로 사망했고, 그 달 말에 겨우 300명만이 살아남았다.[89] 볼랜드는 그 분위기를 다음과 같이 기록했다. "이 시기에 여호와의 손길이 우리에게 엄중히 더하사(사무엘서 5장 6절), 질병과 사망률이 훨씬 증가했고, 매일 많은 사람들이 죽어 갔으며, 유능한 장교 대부분이 죽음으로 사라졌다…"[90] 그의 동료 알렉산더 쉴즈(Alexander Shields)는 스코틀랜드인의 불행을 다음과 같은 전통적인 방식으로 해석했다. "우리가 지은 죄 때문에 하나님의 진노가 우리를 정죄했고, 시체를 광야에 버려지게 하려 하심이며 이미 많은 이들이 버려졌다…"[91] 스페

---

87)   Borland(1715: 49).

88)   이 표현은 Canillas al Rey, 14 Abril 1700, AGI, AP legajo 164에 나온다. 카니야스는 민병대 중 5개 중대와 2개 수비대 병사가 참전했음을 보고하고 있다. 민병대는 아마도 스코틀랜드인보다 지역 질병에 대한 저항력이 더 컸을 것이다.

89)   Borland(1715: 71).

90)   Borland(1715: 64).

91)   쉴즈의 편지, 볼랜드와 아치볼드 스토보(Archibald Stobo), 1700년 2월 2일, Borland

인 지휘관 돈 후안 디아스 데 피미엔타(Don Juan Díaz de Pimienta)의 일기를 보면, 스페인 사람들도 발열로 심한 고통을 겪었지만, 카르타헤나에서 새로운 병사를 보충할 수 있어서 병력 손실을 메울 수 있었다.[92] 스페인 함대가 해안에 정박해 있어 스코틀랜드인은 구호품을 받을 수 없었다. 더욱이 스코틀랜드인들은 몰랐지만, 훨씬 더 큰 규모의 스페인 함대가 지협에서 스코틀랜드인을 쫓아내라는 명령을 받고 항해 중이었다.[93] 그들은 항복하거나, 아니면 열병으로 인한 죽음을 기다려야만 했다. 스코틀랜드인들은 항복했고, 1700년 4월 중순에 칼레도니아를 영원히 떠났다.[94]

하지만 항복 후 달아나는 식민지 개척자에게 더 큰 공포가 기다리고 있었다. 자메이카로 향하던 중 열병이 발생하여 매일 12명 이상, 총 250명의 사상자가 발생한 것이다.[95] 자메이카에서는 5월과 6월에 더 많은 사람들이 질병으로 사망했다. 그 해 9월 캐롤라이나 해안에서는 허리케인으로 인해 배 한 척이 산산조각 나며 112명이 익사했다.[96] 9개월 전 스코틀랜드를 떠난 1,300명 중 160명이 항해 중 사망했다. 그리고 300명은 다리엔 식민지에서 사망하고, 나머지 450명만이 다리엔 식민지에서 결국 도망쳤다. 그리고 100명도 채 안 되는 사람이 고향으로 돌아갈 수 있었다.[97] 결국 다리엔 원정에서 지협으로 향했던 스코

(1715: 55). 볼랜드는 이 편지에 세 사람이 서명했고, 쉴즈가 작성했다고 언급했다.

92) 디아스 데 피미엔타의 일기는 Archivo General de Indias, AP, legajo 164에 있다. 이것은 Hart(1929: 353~393)에 의해 번역되었고, Borland(1715: 17~18) 역시 스페인 사람의 질병에 대해 언급하고 있다.

93) Storrs(1999: 25~26). 이 선박은 스코틀랜드인이 떠난 후 도착했다.

94) Borland(1715: 65)는 칼레도니아 포기 결정에 대해 다음과 같이 설명하고 있다. "참사관 및 일등 항해사가 분별력을 갖게 되었지만, 적에 대항해 오래 버틸 수 있는 상태와 능력이 아니었다."

95) Borland(1715: 79).

96) Borland(1715: 83).

97) 이로 인해 자메이카와 식민지에서 밀려난 것으로 추정되는 약 290명이 행방불명되었지만 스코틀랜드로 돌아가지는 않았다. 사우스캐롤라이나에 머물렀던 사람은 시어도어 루스벨

틀랜드인 2,500명 중 약 2천 명이 목숨을 잃었고[98] 투자한 자본 전체를 잃었다.

여파와 진단

스코틀랜드의 투자자 수천 명이 투자금을 날려 버렸다. 분노한 투자자들이 에든버러에 있는 스코틀랜드 무역 회사 사무실을 포위했고, 스코틀랜드인은 식민지 개척 실패를 왕의 탓으로 돌렸다. 정부의 무능을 비난하는 수많은 선전물이 전국을 뒤덮었다.[99] 스코틀랜드 무역 회사와 선장들은 향신료 거래와 노예 무역, 심지어 인도양에서의 해적 행위에 이르기까지 이윤이 되는 모든 것을 시도했다. 패터슨은 매우 의기소침해졌지만, 1701년[100] 영국 당국에 새로운 다리엔 건설 사업을 제안했다. 그러나 그 어떤 것도 다리엔 계획에서 발생한 손실 21만 9천 파운드를 만회할 수 없었다.[101] 이에 영국은 스코틀랜드 의회의 빚을 모두 갚고 영국과 스코틀랜드 의회를 연합하여 스코틀랜드 무역 회사 주주가 입은 손해를 배상하겠다고 제안했다. 이 당시 상황을 고려하면 이는 스코틀랜드인에게 거부할 수 없는 제안이었다. 패터슨과 같은 헌신적인 스코틀랜드 애국자조차도 1707년의 연합법을 지지했다.[102] 대영제국은 이렇게 다리엔 열병의 도움을 받아 탄생하게 되었다.[103]

트(Theodore Roosevelt)의 증조모인 진 스토보(Jean Stobo)였다. Hart(1929: 143~144); Cundall(1926: 99~100).

98) 아바나에 수감된 스펜서에 따르면 다리엔에 갔던 여성 다섯 명 중 한 명이 살아남았다. MHS, Hart Papers, Box 3, Item 48.

99) Insh(1932: 235)에 자세한 내용이 기재되어 있다.

100) 윌리엄 패터슨은 '스페인 폭정으로부터 원주민을 해방시키고 아메리카에 10개의 인디아를 만들어 다리엔 지협에 사람들을 정착시키기 위한 계획'을 제안했다(1701). British Library, Additional MSS, 12,437.

101) 40만 파운드 중 21만 9천 파운드만이 계획이 실패하기 전에 요청되었다(Hart, 1929: 41).

102) 건강을 회복한 후 패터슨은 영국 의회에 입당하지 못하고 런던에서 수학 교사로 몇 년 동안 생계를 이어 갔고, 1718년에는 국가에 봉사하는 대가로 의회에서 1만 6천 파운드의 합의금을 받았다. 그는 1719년에 사망했다(Forrester, 2004).

열병과 관련한 확실한 기록은 없지만 1699년 함대의 일원이었던 패트릭 맥도월(Patrick MacDowall)은 열병으로 투병한 경험을 다음과 같이 기록했다.

몸에 붉은 얼룩이 질 정도로 매우 열이 높았고, 내 온몸은 완전히 창백한 붉은색이었다. 처음에는 구토를 너무 하고 싶었다. 따뜻한 물을 마셔서 토했다. 노랗고, 쓰고, 불쾌하고, 담즙 같은 것들을 토해 냈는데, 이건 아무것도 아니었다. 4~5일 동안 매우 아팠다. 심한 두통, 눈 통증, 관절과 뼈마디마다 아팠고 피로가 계속 이어졌다. 기절이라도 하고 싶었다. 시간이 상당히 흐르고 나서 내 몸은 너무나 쇠약해져 있었고, 심지어 아직까지 혼자 걸을 수조차 없다.[104]

맥도월은 피를 빼내서 이 증상을 제거해 달라고 요청했지만, 대신 의료진은 잦은 구토로 인해 물집이 잡힌 관자놀이와 목에 반창고를 붙일 뿐이었다. 결국 그는 살아남았다. 볼런드는 "악성 열병과 그 증상"에 대해 썼으며 "건강했던 사람이 이 허무한 병으로 너무나 빨리 목숨을 잃었다"라고 기록했다.[105] 다리엔 시의회는 "두통과 복통, 발열, 혈류"를 언급했다.[106] "하지만 안타깝게도 문서의 증거는 빈약하고 결정적이지 않다.

가능한 해석은 다음과 같다. 스코틀랜드에서 출발한 긴 항해에서 단 40명만 사망한 최초 원정대는 세인트토마스와 다리엔 해안 사이에서 대부분을 잃은 것으로 보인다. 1698년 11월과 12월, 식민지에서 초기 사망률이 급증한 것은 아

---

103) 연합법에 따라 스코틀랜드의 독립이 무산되었지만, 이를 상쇄하는 조항이 다수 포함되어 있었다. 특히 왕이 통치하는 지역 어디에서나 무역의 자유를 누릴 수 있다는 점이 그러했다. 그런데도 스코틀랜드인 다수는 이 조건을 적극적으로 받아들일 수 없었고, 1715년과 1745년에 운명적인 반란이 일어나기도 했다.

104) Prebble(1968: 183). 원본은 National Library of Scotland, Darien Papers, 49/353-60에 있다.

105) Borland(1715: 64, 78).

106) 1699년 12월 23일 스코틀랜드 무역 회사 책임자에게 보내는 편지. Hart(1929: 129)에서 인용.

마도 세인트토마스에서 머무는 일주일 동안 발생한 감염과 이미 선상에 퍼져 있던 질병이 결합한 결과로 예상된다. 이후 1월과 2월에 건강 상황이 개선되었지만, 4월과 5월, 6월에 비가 내리면서 질병이 재발했는데, 이때 감염 상황은 더욱 심각했다. 보통 다리엔 해안은 카리브해의 주요 말라리아 매개체인 알비마누스가 서식하기에 최적의 지역이었다. 그리고 당시 주변에 있던 맹그로브와 염습지(鹽濕地) 주변 해안 정착지는 이상적인 번식지였다. 주변에 포유류가 거의 없었기 때문에 모기들은 열심히 정착민을 물었다. 하지만 말라리아, 심지어 열대열 말라리아만으로도 그렇게 많은 사람이 빨리 사망할 가능성은 희박하다. 따라서 이들은 황열병에 걸렸을 가능성이 높다. 황열병으로 인해 새로 유입된 이주민 다수가 사망했을 가능성이 있다. 그리고 황열병과 열대열 말라리아, 이질병 등 여러 질환이 동시에 발생한 결과였을 가능성도 있다.[107]

두 번째 탐험의 경우에는 1699년 11월 도착 직후부터 사망률이 매우 심각한 수준으로 높았다. 그리고 생존자가 지협을 탈출하면서 배에서도 사망자가 발생했다. 스페인군과의 전투에서 사망한 사람은 극소수였다. 첫 번째 탐험과 마찬가지로 황열병은 이질, 말라리아, 그리고 아마도 뎅기열과 함께 발생했을 것으로 추측된다. 문서 증거는 물론 다른 설명도 이것과 일치한다. 또한 식민지의 생태적 조건 및 피난선에서 높은 사망률이 지속되었다는 점도 설명할 수 있다. 황열병은 1647~1652년 이후 처음으로 널리 퍼진 전염병으로, 1690년대 카리브해의 항구와 해안을 휩쓸었다는 사실도 이를 뒷받침한다. 그리고 질병 면역력을 향상시키기에 좋은 환경인 바다나 플랑드르(Flander)의 캠프 및 막사에서 수

---

107) 배에 머물렀던 사람들은 해변에 간 사람들보다 분명히 좋은 보건 상태를 유지했는데, 스코틀랜드인은 배에서 "럼주와 독한 술"을 쉽게 구할 수 있었기 때문이라고 생각했다. 하지만 모기에 덜 노출되었다는 것이 더 그럴듯한 설명이다[1699년 11월 28일, 스코틀랜드 무역 회사 이사의 문서, Insh(1924: 110)에 인쇄됨]. McSherry(1986)는 진단에서 맥도월을 인용하면서 뎅기열 가능성이 높다고 생각했고, 이것이 아니라면 황열병과 말라리아였다고 생각한다.

년간 위험을 견뎌 낸 남성들의 높은 사망률도 설명할 수 있다.

황열병은 보통 도시에서 발병하는데, 뉴 에든버러는 그다지 도시다운 곳이 아니었다. 그러나 모기는 분명히 세인트토마스의 함대에 합류했다. 그리고 스코틀랜드인은 다리엔에 상륙하고 몇 달 지나 건기를 맞이했다. 이때 물을 저장하기 위한 물통과 물탱크를 만들었는데, 이곳은 이집트숲모기 유충의 서식지로 안성맞춤이었다. 또한 다리엔 해안의 "많은 원숭이들"이 바이러스 저장소가 되었을 수도 있다. 일부 모기들은 스코틀랜드로 옮겨 가기까지 했다.[108] 1698년 11월 4일 작성된 기록에 따르면 스코틀랜드인은 원숭이를 애완동물로 키우기도 했다.[109] 바이러스가 스코틀랜드인을 기다리고 있었는지 아니면 스코틀랜드인이 세인트토마스에서 바이러스를 가지고 왔는지 확실하지는 않다. 하지만 적절한 숙주를 발견했다는 건 여러 증거에 의해 뒷받침된다. 가장 큰 시사점은 그 당시 카리브해 전역에 끔찍한 치사율의 바이러스가 있었다는 것이다. 황열병과 다른 감염이 복합적으로 발생해 다리엔으로 갔던 스코틀랜드인 2,500명 중 70%가 사망했을 가능성이 있다.[110]

불행하게도 스코틀랜드인들은 잘못된 시간과 장소를 선택했다. 그들은 지정학적으로나 역학적으로 파나마의 지협을 정복하려는 야망을 품었지만, 무지했다. 무엇보다 그들은 운이 좋지 않았다. 1690년대에는 다음과 같이 불리한 상황 세 가지가 존재하고 있었다. 첫째, 소빙기 중에서도 가장 추운 날씨로 인해 스코틀랜드에 기근이 발생한 것이다. 이로 인해 식민지 개척자 일부는 출발 당시부터 건강 상태가 이미 좋지 않았으며, 스코틀랜드의 식량이 부족하고 귀했

---

108) Borland(1715: 15).

109) '인데버 핑크'호에 승선했던 스코틀랜드인 선원 중 한 명의 일기에 기록된 내용. 이 내용은 Insh(1924: 75)와 Hart(1929: 67)에도 인용되어 있다. 원숭이가 세인트토마스인지 아니면 다리엔에서 온 것인지 여부는 알 수 없다. 또한 황열병 바이러스를 옮겼을 수도, 그렇지 않았을 수도 있다.

110) 이 수치는 스코틀랜드 문서 보관소(1998: 9)에 근거한 것이다.

기 때문에 스코틀랜드 무역 회사가 다리엔 식민지에 필요한 재정과 물품을 제
공하는 데 어려움이 있었다. 둘째, 카리브해 전역에 황열병이 유행하면서, 이
지역에 새로 이주한 사람들은 지구상에서 가장 치명적인 바이러스의 먹잇감이
될 수밖에 없었다. 1690년대에는 멕시코와 카리브해에 가뭄이나 홍수, 서리 등
극단적인 기상 조건이 자주 발생했고, 가뭄과 홍수가 연이어 발생해 질병 매개
체 수를 늘리는 데 도움이 되었을 것이다.[111] 셋째, 유럽과 대서양 간에 지정학
적 중요성이 커지면서 스페인은 다른 국가의 지협 정착을 저지했다. 또한 잉글
랜드의 왕이자 스코틀랜드 왕은 네덜란드의 수호자 역할을 더욱 중요하게 생각
했기 때문에 스코틀랜드인들의 이러한 야망을 적대적으로 바라볼 수밖에 없었
다. 스코틀랜드 군대가 10년 후에 이 같은 시도를 했더라면, 불리한 상황 대부
분이 사라졌을 것이고, 성공 가능성은 더욱 높았을 것이다. 사실 그들은 무지하
고 운이 없었으며 이러한 결과로 인해 상당한 타격을 입었다.

　지정학적 조건이 좋았더라도 스코틀랜드인은 열병으로 사망했을 것이다. 볼
런드는 책의 첫머리에 다리엔의 건강 문제를 재조명한 후 다음과 같이 썼다.
"그래서 다리엔에 대해서는 다음과 같이 말할 수 있을 것 같다. 다리엔이여, 너
는 사람을 삼키며 주민들을 먹어 버린다. 그곳(다리엔)에서 우리 식민지는 번성
하지 않았고, 번성할 수도 없었지만, 세계의 어떤 적도 우리를 그렇게(열병처럼)
괴롭힐 수는 없었을 것이다" 그는 책의 마지막 부분에서 이처럼 암울한 상황을
다음과 같이 묘사한다. "스코틀랜드 다리엔 정착민은 현지 기후 때문에 질병에
허덕였고 건강 상태가 좋지 않았다. 그래서인지 스페인 사람들은 오래전에 그
곳을 떠났고, 스페인보다 훨씬 더 북쪽 위도에 사는 우리가 여기에서 번성하고
번영하기를 기대했을지도 모른다. 다리엔은 스코틀랜드인에게 너무 덥고, 살아

---

111) 날씨에 관해서는 Endfield(2008) 참조. 날씨와 질병 매개체에 대해서는 Acuña-Soto et
　　al.(2002)와 이 책의 2장을 참조. 2장에서는 가뭄과 폭우가 이집트숲모기에게 가장 유리한
　　기후 조건이라고 언급한다.

남기에는 비용과 고통이 너무나 많았던 곳이었다."112) 뉴질랜드에서 노바스코
샤(Nova Scotia)에 이르는 소위 건강을 유지할 수 있는 위도 지역에는 스코틀랜
드인 후손 수백만 명이 살고 있지만, 다리엔에 존재하는 오늘날 스코틀랜드인
의 흔적은 세인트앤드루 요새와 넓은 만 옆에 있는 곳을 가리키는 푼타 에스코
체스(Punta Escoces)라는 지명과 같은 희미한 흔적 외에는 아무것도 남아 있지
않다.

쿠루의 프랑스인, 1763~1764

쿠루는 프랑스령 가이아나의 소박한 마을로 광활한 쿠루강과 대서양이 만나
는 곳에 있다. 오늘날에는 유럽 우주국의 발사 장소로 널리 알려져 있다. 쿠루
는 1852년부터 1952년 사이 영어권에서 악마의 섬(Devil's Island)으로 불린 유
형지(penal colony)였다. 1763년부터 1765년까지 쿠루는 아메리카 대륙 역사상
가장 극적이고 치열했던 식민지 개척 현장이었다.113)

---

112) Borland(1715: 19, 100).

113) 현대적으로 이를 가장 잘 설명한 것으로 Michel(1989)의 연구를 들 수 있다. 나는 Chaia
    (1958)가 주장한 의학적 설명은 납득하기 어렵다. 생존자의 기록으로는 Bajon(1777)이 있
    다. Camper(1802)는 재난에 관한 군의관의 보고서이다. 프랑스 정부는 1842년 일종의 문
    헌(Ministère de la Marine et des Collony, 1842)을 통해 실패한 식민지 개척 사례집을 발
    간했는데, 이 문서들의 주요 원본은 Bibliothèque Nationale, nouvelles acquisitions
    françaises, MSS 2,571~2,583 and in the Collection Moreau de St. Méry, Archives
    Nationales, Série Colonies, C14.에 있다. 전체 원문은 Polderman(2004)에 있으며, 같은
    책 596~698페이지에 원본 문서 다수가 공개되어 있다. 이 외에도 도움이 되는 논문으로는
    Pouliquen(2002), Rothschild(2006), Hodson(2007), Epstein(1984), Lowenchal(1952) 등
    이 있다.

지도 4.4. 가이아나와 쿠루

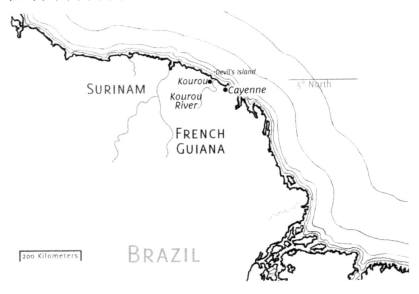

18세기의 쿠루

현재 프랑스령인 가이아나에는 대략 6천 년 전부터 인간이 거주했다. 이 지역은 60여 년간 네덜란드, 영국, 프랑스 해적과 정착민 사이의 소규모 각축전이 벌어진 후, 1664년 프랑스로 편입되었다. 프랑스 정착촌은 주로 카옌(Cayenne) 지역에 집중되어 있었지만, 강의 하구에도 소규모의 집성촌이 있었다. 카옌은 1667년에 잠시 영국군에게, 1676년에는 네덜란드군에게 함락되었다. 프랑스령 가이아나 원주민은 아메리카 대륙에 퍼진 유라시아와 아프리카 질병으로 인해 인구가 급감했다. 1700년에는 약 3만 명, 1800년에는 겨우 2천 명만이 살아남았다.[114] 정착하기 위해 온 사람은 거의 없었다. 1716년 프랑스령 가이아나에는 3천 명의 유럽인과 아프리카인만이 살았고, 1737년에는 약 4,800명이 살았

---

114) Polderman(2004: 166)은 프랑스령 가이아나 원주민 수를 1676년에 약 1만 7천 명, 1763년에는 겨우 수백 명으로 추산하고 있다.

다. 이 중 89%가 아프리카계 혈통으로 대부분은 노예였다. 18세기에 황열병은 거의 20년 주기로 유행했다.[115] 여성이 부족하고 질병 환경이 치명적이었기 때문에 프랑스령 가이아나의 출생률은 사망률보다 낮았으며 지속적인 이민을 통해 이 문제를 해결했다. 이 현상은 아메리카 대륙의 플랜테이션 농장에서 보편적인 것이었다. 가이아나는 프랑스 당국이 관리하지 않은 방치된 식민지였다. 1749년에 작성된 공식 보고서에는 가이아나에 대해 "식민지 개간 사업 이후 전혀 발전하지 못했으며, 버려진 이주민들은 왕에게 골칫거리였다"라고 서술되어 있다.[116]

대부분의 사람들은 이곳을 저주 받고 희망이 없는 땅이라 판단했다.[117] 내륙으로 10~60킬로미터 뻗어 있는 해안평야의 토양은 주로 풀과 맹그로브로 덮인 소금 습지였다. 해류를 따라 남아메리카 북쪽의 아마존 충적토가 유입된 해안가 토양은 유황과 소금 함유량이 과도하게 높아서 정상적인 경작을 할 수 없었다. 해안평야는 너무 평평해서 해안에서 5킬로미터 이상 떨어진 곳까지 조수가 밀려들었다. 기후는 항상 덥고 습했다. 1년에 200~250일은 폭우가 내렸다. 3월부터 6월까지는 기후가 변덕스러웠고, 8월과 9월, 10월은 비가 전혀 내리지 않았다.[118] 그 시기에는 강풍과 조류가 강하고, 뚜렷한 표지점이 없어 해안을 항해하기 힘들었다. 그러나 모든 불리한 조건에도 불구하고, 해안 평야는 여러 생물이 번성한 곳이었다. 무수한 식물 종[119]과 새, 물고기, 조개, 파충류, 거북이,

---

115) Cardoso(1999: 336). Arcur(2002: 581, 693)는 1747년에 홍역이 발생했고, 1717년과 1760년에는 천연두가 유행했음을 기록하고 있다. 써메스(Thurrmes)의 인구통계 데이터(2006: 81~90)와 Thibaudault(1995: 37)에도 유사한 데이터가 있다.

116) "Mémoire concemant la colonie de Guyane," 27 Mar. 1749. Epstein(1984: 85)에서 인용.

117) Michel(1989: 28~34)은 18세기 자료에 기반하여 지리학적 설명을 하고 있다. Bajon(1777~1778, 2:177~402)은 1760년대와 1770년대 프랑스령 가이아나의 식물군, 동물군, 농업을 설명하고 있다.

118) Cardoso(1999: 46~50).

119) Aublet(1775)가 이러한 종에 대한 분류와 설명을 하고 있다.

원숭이, 맥(tapir), 페커리, 재규어, 악어, 카이만(caiman, 아메리카산 악어-옮긴이주), 뱀 등 다양한 생물이 살고 있었는데, 유럽인에게 대부분은 매우 생소한 것이었다.[120] 또한 유럽인에게 내륙의 울창한 밀림 역시 생소했다. 이러한 밀림은 해안에서 시작하여 남쪽 아마존까지 분포되어 있었다. 해안과 밀림은 모두 모기가 번식하기 좋은 환경을 제공했다.[121]

사회적으로 중요하고 유일한 마을은 카옌이었다. 카옌은 해안 바로 옆의 섬에 있는 몇 안 되는 고지대 중 한 곳이었고, 그곳에는 1760년 나무나 흙으로 만든 건물이 약 150~200개가 있었다. 마을 주변으로 농장 일부가 있었고 사탕수수, 인디고, 아나토(염료의 원천), 카카오, 면화를 재배했다. 이 농장 역시 갯벌 늪 바로 위에 있었다. 사탕수수 플랜테이션은 1740년대부터 쇠퇴하기 시작했고, 1760년경에는 8개에서 9개 정도의 농장만 남아 있었다.[122] 수리남 인근 해안의 조수 습지를 제방으로 쌓고 이를 이용하던 네덜란드 농장주들에 비해 프랑스 농장주들은 자본과 전문성이 부족했다. 그 결과 사냥과 낚시를 할 수 있는 부지 이외의 대부분은 쓸모없는 것으로 치부했다. 그들은 경험적으로 늪에서 멀리 떨어진 곳에 집 짓는 법을 배웠다. 베테랑 농장주는 "여기에 집을 짓는 것은 상당히 경솔한 일이다. 왜냐하면 늪지에서 엄청난 습기가 올라올 것이기 때문"이라고 지적했다.[123] 일부 프랑스 정착민은 일을 하러 온 것이 아니라 잘살기 위해 이곳으로 왔다. 1750년대 이들에게 환대 받았던 한 영국인 방문객은 다음과 같이 말하고 있다. "그들의 주된 일은 쾌락을 찾는 것이고, 만약 그들이 심리적으로 조금이라도 불안을 느낀다면 그것은 쾌락이 부족했기 때문일 것이다."[124] 1763년 가이아나의 프랑스인 총 575명이 카옌과 그 주변에 살았고, 7

---

120) Touchet(2004); Cardoso(1999: 53~60).
121) Aublet(1775, 4:xv~xviii)은 1762~1764년 식물을 수집했는데, 무엇보다도 모기에 대해 불평이 많았다.
122) Cardoso(1999: 217). 면화와 카카오에 대해서는 Cardoso(1999: 231~234) 참조.
123) Préfoncaine(1764: 7), Lowenthal(1952: 26)에서 인용.

천 명의 아프리카인들도 그러했다.[125]

쿠루에는 이주민이 거의 살지 않았다. 예수회 선교단이 1713~1714년에 설립되었을 뿐이다. 이곳은 가끔 카옌 식민지 정부와 불화를 빚기도 했지만, 대부분은 외딴 지역으로 떨어져 있었다. 몇몇 예수회 사제, 기독교로 개종 중인 소수의 원주민과 아프리카인을 모두 다 합하면 대략 200명 정도였다. 이처럼 쿠루는 한적한 지역의 외곽에 위치해 있었다.[126] 하지만 이 상황은 곧 지정학적 영향으로 바뀔 운명이었다.

슈아죌의 계획

7년 전쟁은 프랑스에게 좋지 않은 결말을 가져왔다. 유럽에서는 프로이센에 대항한 연합군이 패배했다. 인도에서는 영국에게 거의 모든 것을 빼앗겼고, 공해상에서는 영국 해군에게 참패를 당했다. 아메리카 대륙에서는 더 심한 실망감으로 다가왔다. 영국군은 캐나다, 케이프브레튼섬(Cape Breton), 루이지애나, 그리고 3개의 작은 카리브해 섬인 도미니카, 그레나다(Grenada), 토바고를 점령했다. 1763년 파리 조약에서, 영국은 스페인령 플로리다를 얻었고, 프랑스는 루이지애나를 스페인에 헌납해야 했다. 프랑스는 이제 쾌락을 추구하는 식민지 가이아나를 제외하면 생 도맹그와 과들루프, 마르티니크, 뉴펀들랜드 앞바다의 작은 섬 두 개만이 수중에 남게 되었다.

프랑스 대전략 담당 장관인 듀 드 슈아죌(Due de Choiseul)은 수천 명의 식민지 개척자들이 북아메리카에서 영국의 승리를 위해 싸웠다는 사실에 주목했다.

---

124) Jefferys(1760: 234). Aublet[Thibaudault(1995: 75)에서 재인용]에 의하면 프랑스 수비대 장교들은 'en orgie'에 살았다고 한다.
125) Michel(1989: 37~39); Cardoso(1999: 329); Polderman(2004: 269~453). 플랜테이션과 인구(p. 281)에 관한 논의 참조.
126) 쿠루에서의 예수회 선교 관련해서는 Polderman(2004: 232~253)과 Thibaudault(1995: 33~39) 참조. 직접 목격 증언은 Artur(2002: 555~556) 참조.

캐나다를 잃은 프랑스에게는 아메리카 대륙에 충성스러운 이주민이 더 이상 남아 있지 않았다. 정치적으로 신뢰할 수 없는 노예들만이 생 도맹그, 과들루프, 마르티니크에 가득했다. 슈아죌은 전쟁이 다시 발발하면 나머지 두 섬이 쉽게 영국에 점령 당할 것이라 우려했는데, 모두가 예상했던 것이다. 이 전략적 난국에 그의 해결책은 쿠루였다.[127]

슈아죌은 비밀리에 가이아나에 열대 퀘벡(tropical Quebec)과 유사한 새로운 식민지를 계획했다. 그것은 캐나다 퀘벡주와 비슷한 식민지를 가이아나 근처에 건설하는 것이었는데, 일명 주이다. 그는 설탕 농장과 노예로 구성된 전통적인 식민지 건설을 거부하고, 노예 없이 백인들로만 구성된 식민지를 원했다.[128] 백인으로 주민을 구성한다는 것은 비인간적 노예제도에 대한 도덕적 반성에서 나온 것이 아니다.[129] 이것은 모든 일을 노예들이 하면 유럽인이 게을러질 수 있다는 관점에서 출발한다. 그리고 무엇보다도 7년 전쟁에서 매사추세츠, 뉴욕, 펜실베이니아는 영국을 위해 많은 군사력을 제공했지만, 노예 식민지는 그렇게 할 수 없다는 생각에 기인한다.

충성스러운 백인 주민들로 구성된 강력한 식민지는 마르티니크와 과들루프를 보호할 것이고, 이후에는 프랑스가 영국에 복수하면서 아메리카 대륙의 일부 소유물을 정복할 수 있다고 보았다. 프랑스 해군이 영국을 상대로 겪은 어려움을 고려한다면, 이미 대서양을 건너가 정착한 이들로 군대를 꾸리는 것은 아주 현명해 보였다. 슈아죌은 번성하는 식민지가 프랑스 제조업자들의 새로운 시장이 될 수 있을 것이라 생각했다. 그는 영국의 방해 없이 정착민 1만 8천 명

---

127) Ministère de la Marine et des Colonies(1842: 3~4).

128) Ministère de la Marine et des Colonies(1842: 3, 6~12). 그는 또한 알자스 출신 남작이 제안한 가이아나에 영주와 총독 사회를 만들자는 제안을 거부했다. 같은 책(pp. 12~14); Larin(2006: 70). Choiseul's plans: Daubigny(1892); Marcus(1905) 참조.

129) 슈아죌은 자신의 계획이 "정의와 인간의 관점"과 일치하다고 기록한 적이 있다. Daubigny (1892: 42)와 Ministhe de la Marine et des Colony(1842: 4)에서 인용된 슈아죌의 기록 참조.

을 모집하여 신속하게 가이아나에 정착시키고자 했다.

슈아죌이 아메리카 대륙에서 프랑스 부흥을 계획하는 동안, 가이아나의 농장주인 슈발리에 앙투안느 블랴투 데 프리폰테인(Chevalier Antoine Bruletout de Préfontaine)은 가이아나의 국가 주도 식민화를 시작해야 한다고 보았다. 군인이었던 프리폰테인은 스물두 살 때부터 20년간 가이아나에서 살았기에 지역의 특성을 잘 알고 있었다. 그는 1762년 파리의 중농주 모임에서 이런 의견을 말하기도 했고, 베르사유에서 슈아죌과 만나기도 했다. 그는 슈아죌과 그 참모들이 참조했던 책에 자신이 알고 있는 정보를 상세히 기술하기도 했다.[130] 슈아죌은 프리폰테인을 자신의 지정학적 꿈을 이루어 줄 사람이라 생각하면서 상을 수여했다. 그리고 가이아나에서 정착지 찾는 임무를 프리폰테인에게 맡겼다. 그러나 슈아죌은 소수의 식민지 주민을 수년에 걸쳐 조금씩 보내고, 아프리카 노예를 수입하자는 프리폰테인의 제안에는 귀를 기울이지 않았다. 프리폰테인은 평범한 서인도 제도의 노예 식민지를 원했지만, 그에게 맡겨진 임무는 아메리카 대륙에서 프랑스를 구출하는 것이었다. 그는 정박지가 있고 예수회 교회에서 키우는 가축 몇 마리와 노예 100여 명이 있는 쿠루강 유역의 한 지점을 선택했다.[131]

슈아죌은 정착촌 총독으로 지중해 몰타섬에서 15년을 보냈지만 가이아나에 대해서는 전혀 몰랐던 42세의 기병이자 식물학 애호가를 임명했다. 에티엔 프랑수아 튀르고(Étienne François Turgot)는 저명한 가문 출신으로, 그의 남동생은

---

130) Préfontaine(1763). Chaia(1958: 6) 등의 몇몇 기록에 의하면, 이 책은 슈아죌에 의해 출판되었다.

131) 프리폰테인의 생애는 Thibaudault(1995: 47~56)에 기술되어 있다. Michel(1989: 44)은 쿠루가 수리남에서 멀고 네덜란드인의 분노를 불러일으킬 가능성이 낮기 때문에 쿠루를 선택했을 수 있다고 한다. 튀르고에게 주어진 왕실의 지시는 프랑스 정착지에 있을지 모르는 네덜란드의 침입 가능성에 대한 대비였다(Ministère de la Marine et des Colonies, 1842: 15).

훗날 루이 16세의 관료 중 최고위직에 올랐다. 프리폰테인은 튀르고의 소개로 파리 살롱과 정치계에 진출할 수 있었다. 튀르고의 첫 번째 임무는 정착민 1만 8천 명을 모집하는 것이었다. 튀르고와 그 대리인들은 놀라운 성공을 거두었다. 그들은 토지 무상 제공, 풍성한 수확물, 30개월 동안의 정부 지원 등 엄청난 약속들을 내걸었고, 가이아나에서 삶의 기회를 잡을 준비가 되어 있는 1만 5천 명 이상의 남성, 여성, 아이들을 모집했다.[132] 대부분은 (최근 7년 전쟁으로 적군에 의해 황폐화된) 알자스(Alsace)와 라인란트(Rhineland) 출신이었고, 일부는 벨기에, 스위스, 몰타, 아일랜드, 오스트리아, 캐나다 출신도 있었다. 극소수는 프랑스 혈통의 언어, 문화를 가진 아카디언(Acadian) 난민이었는데, 이들은 1755년 노바스코샤에서 추방되어 프랑스 정부 지원금으로 생활하던 사람들이었다. 슈아죌은 그들을 강인한 식민지 주민으로 여겼다.[133]

프랑스기록보관소의 문서들에는 쿠루로 가는 도중에 [로슈포르(Rochefort) 근처] 생장당젤리(St. Jean D'Angély)를 지나갔던 1만 3천 명 이상의 불운한 영혼들의 이름이 기록되어 있다. 대부분은 독일계 성씨이고, 이주민 중 다수는 젊은 가족들로 보인다.[134] 슈아죌은 국가권력은 인구에 있다고 생각했고, 프랑스 인구가 감소할지도 모른다는 걱정에 외국인 모집을 승인했다(실제로는 그렇지 않았다). 유대인과 개신교들도 환영했다. 슈아죌은 유용한 광물들이 발견되기를 희망하며 광부들과 담배 재배자들도 받아들였다. 그리고 이상하지만 음악가 열 가족, 배우와 어릿광대들, 심지어 경제학자를 포함한 전문적 기술자들을 모집했다. 프랑스 외무부 장관은 작은 부분까지 세심한 주의를 기울였는데, 정착민

132) 모집과 정산에 대한 공식적인 기록은 Artur(2002: 713~715).
133) 캐나다인과 아카디아인의 채용에 대해서는 Larin(2006). 아카디아인과 독일인의 채용에 대해서는 Hodson(2007: 109~116) 참조.
134) Thibaudault(1995: 248~503)는 4개의 기록보관소에 보관된 7개의 공식 등록부에 있는 약 1만 5천 명 신병들의 이름과 직업을 정리했다(p. 243). Larin(2006: 179~232)은 쿠루를 위해 모집된 캐나다인을 나열하고(모두 간 것은 아님) 많은 이들의 간략한 전기를 기록했다.

들이 직면하게 될 향수병에 대비해 그들의 사기를 북돋을 탬버린 연주자 6명을 특별히 요청했다. 승선 항구 로슈포르에서 정착민 이동을 맡았던 프랑스 해군 관리 말레(Mallet) 남작은 "하룻밤 사이에 돈을 벌려고 생각한 모든 계급의 바보 무리를 보는 것은… 통탄할 광경"이라고 생각했다. 이 무리에는 농민 외에도 자본가, 좋은 집안의 젊은이들, 장인 가족, 도시민, 신사, 공무원과 군인들, 마지막으로 광대와 음악가 무리 등이 있었다.[135] 쿠루로 향한 1만 3천~1만 4천 명 중 40%가 18세 미만이었다.[136] 쿠루 정착민들은 1763년 이전 프랑스계 미국인 연간 최대 이민자 수를 약 20 대 1로 앞질렀으며, 프랑스 식민지 전체에 수입된 연간 노예 수(1749~1777년)를 모두 합친 것과 거의 비슷했다.[137]

슈아죌과 튀르고는 그들의 새로운 식민지가 하루빨리 운영되기를 원했다. 1763년 2월 슈아죌은 왕에게 "땅을 개간하고 경작하기 위해 계속 많은 사람들을 보내 줄 것"을 요구했다.[138] 1763년 10월, 프리폰테인과 벌목꾼 300여 명은 정착 예정지에 도착했다. 그의 첫 번째 추진 과제는 인구를 늘리기 위해 원주민들을 설득해 원주민 여성과 프랑스 출신 남성 간의 결혼을 장려하는 것이었

---

135) Malouet(1802, 1:5). 나의 번역과 약간 다른 번역이 Lowenthal(1952: 29)에 나타난다. 음악가와 광대에 대해서는 Ministère de la Marine et des Colonies(1842: 5)를 참조 바란다. Rothschild(2006: 79)는 경제학자를 언급했다. 티볼트(Thibaudault)의 목록에 따르면 대다수는 노동자였으며 빵 굽는 사람, 목수, 석공, 이상한 가발 상인 한두 명이었다. 탬버린 연주자에 대해서는 Aarchives Nationals d'Outre-Mer, Colonies, B 177, Choiseul à de Raignes, 13 février 1763 참조. Jean-François Mount의 참고문헌을 참조했다.

136) Michel(1989: 56, 89). 많은 사람들은 건국자이자 망나니였다(같은 책, pp. 66~69). Thibaudault(1995: 248~334)의 가이아나로 향하는 식민지 주민 8천여 명의 목록에는 어린이와 젊은 가족이 많이 포함되어 있음을 알 수 있다. 총 이민자 수는 1만~1만 6천 명까지 다양하다. Malouet(1802, 1:6)은 1만 4천 명이라고 기록했다. Larin(2006: 74~75)의 리뷰도 참조 바람.

137) 프랑스 노예무역에 관한 데이터는 Stein(1979: 211)과 Klein(1999: 211)을 참조 바람.

138) Archives Nationales d'Outre-Mer, Colonies, B117, Choiseul 11 de Fraignes, 13 fevrier 1763.

다.[139] 최초의 배 8척은 식민지 개척자 1,429명을 태우고 7주간의 항해 후 크리스마스날 쿠루에 도착했다. 이들을 이끈 식민지 총독은 장 바티스트 티보 드 샹발롱(Jean-Baptiste Thibault de Chanvalon)이었다. 공식적으로 그는 프랑스에만 머물렀던 튀르고에 이어 두 번째 총독이었다. 샹발롱은 그가 '캠프'라고 부르던 반쯤 지어진 마을을 발견했다. 그곳은 몇 에이커가 정리되어 있었지만 허리 높이의 나무 그루터기로 가득 차 있었다. 처음에 그는 정착민들이 "집을 짓고 가축을 키우기만" 하면 되는 비옥한 토양의 광활하고 아름다운 대초원을 유쾌하게 이야기했다.[140] 샹발롱은 1764년 겨울과 이른 봄에 쿠루강 유역 상류 90킬로미터 지점까지 정착민들이 살기에 적합한 부지를 찾으러 다녔다. 그러나 2월에 또 다른 정착민 413명이 도착하자, 샹발롱은 그들을 거주시킬 공간이 없다고 불평했다.[141]

얼마 지나지 않아 다시 정착민 1,650명이 도착했다. 샹발롱은 마르티니크에서 태어나고 자라서 대카리브해 제도에 대해 어느 정도 알고 있었다. 그는 당시 너무 많은 정착민들이 짧은 기간 동안 식민지에 도착해 이들을 수용할 준비가 미흡하다고 불평했다. 또한 보내진 사람들은 투옥이나 총살 위협 없이는 일하지 않으려는 게으름뱅이라고 한탄했다.[142] 하지만 샹발롱의 편지는 늦게 도착했고, 프랑스 항구에는 더 많은 이주 지원자들이 모여들었지만 이들은 현지인들에게 인기가 없었다. 그래서 배들은 계속 항해했다. 1764년 2월과 6월 사이, 농작물이 수확되기 전에 약 7천 명이 더 도착했다.[143] 그들은 프랑스에서 가져

---

139) Ministère de la Marine et des Colonies(1842: 29).

140) Correspondance de l'intendant, lettre numéro 4(샹발롱 감독관의 네 번째 답장, Ministère de la Marine et des Colonies, 1842: 37에서 인용). 1763년 12월 원문에는 다음과 같이 적혀 있다: "il ne s'agit que d'y construire leurs logements et d'y jeter des bestiaux"(그곳에 집을 짓고 거기에 가축을 던지기만 하면 된다).

141) Ministère de la Marine et des Colonies(1842: 40, 44~45).

142) 1764년 2월 18일 그리고 1764년 3월 29일 대신에게 보낸 티보의 편지, Michel(1989: 63, 79)에서 인용. 샹발롱(2004)은 1763년 마르티니크의 자연환경에 관한 책을 출판하기도 했다.

온 보급품으로 생계를 유지했다. 소, 양, 돼지, 말, 당나귀, 염소, 닭, 오리, 거위 등을 실은 각 보급선은 노아의 방주 같았다. 미래의 식민지를 유지하는 데 필요한 군대와 이주민의 생존을 위해, 대부분의 가축들은 가이아나에 도착한 지 며칠 혹은 몇 주 이내에 도축되었다. 샹발롱은 의류와 각종 도구, 포도주를 요구했지만, 먹여 살려야 할 사람들이 더 많이 도착했다. 그는 또한 캐나다로 보내려다 가이아나에 잘못 온 양모 모자와 스케이트까지 받았지만 약속된 의약품은 끝내 도착하지 않았다.[144] "동부 프랑스의 인간 쓰레기"로 비유되던 한 정착민 집단은 가이아나 첫 도착 항구인 카옌에서 당국에 의해 상륙이 거부 당했다.[145] 쿠루에 있는 개간된 토지에 그들 모두를 수용할 수 없었다. 그래서 샹발롱은 당시 "악마의 섬(Iles du Diable)"이라고 알려진 인근 세 개 섬에 새로 도착한 이들을 정착시켰다. 이후 섬의 이름을 교묘하게 '구원의 섬(Îles du Salut)'으로 바꾸었다. 1764년 4월 샹발롱은 주민 150명이 질병에 걸렸다고 보고했다.

치명적인 전염병은 1764년 6월에 발생했다. 프랑스 의사 자크 프랑수아 아르튀르(Jacques François Artur)에 따르면 당시 장마가 평년보다 오래 지속되었다고 한다. 수천 명이 거주할 집과 텐트가 부족해 야외에서 생활해야 했다. 따라서 모기가 만연할 가능성이 높은 상황에 노출될 수밖에 없었다.[146] 구원의 섬에는 아직 병원이 세워지지 않았고, 내륙의 불완전한 병원은 환자들로 가득 차 있었다. 의료 용품이 부족했고 그나마 있는 것도 당시 유행하던 질병에는 무용지물이었다.[147] 쿠루에 있는 거의 모든 의료진은 병에 걸려 있었다.[148] 당시

143) Michel(1989: 81). 식민지 해군 담당 공식 기록(1842: 51)에 의하면 1764년에 지원자 9천 명을 보냈다고 한다.

144) Larin(2006: 72).

145) 식민지 해군의 공식 기록(1842: 48).

146) Artur(2002: 68). 긴 장마와 부족한 텐트에 대해서는 아르튀르가 튀르고에게 보낸 서신에서 인용.

147) Polderman(2004: 483)에 인용된 문서에 따르면, 튀르고는 1764년 6월 쿠루를 위해 감초

치료는 관행에 따라 방혈법을 사용했는데, 이와 관련해 당시 부족했던 의료 서비스가 어쩌면 은총이었을 수도 있다. 샹발롱 또한 1764년 6월 말에 병에 걸렸고, 이로 인해 8월까지 파종하지 못했다. 샹발롱은 결혼식과 연회를 후원하면서 사기를 북돋우려 노력했다. 야외극장을 짓고, 고향 마르티니크 당국에 좋은 집안의 젊은 여성들을 쿠루에 신부로 보내 달라고 호소도 했다. 그러는 사이 그는 작은 반란을 무력으로 진압하기도 했다.[149]

하지만 그의 가장 큰 적은 미생물이었다. 전해진 바에 의하면, 1764년 7월, 쿠루의 건강한 성인 남성은 50명뿐이었다. 12월까지 약 6천 명이 "악성 열병(fièvres malignes)"에 걸렸다. 사냥할 수 있는 건강한 남성이 너무 적어 식량이 부족했다.[150] 프리폰테인은 20년 전 가이아나에서 전염병에 노출된 후 면역력이 생겼기에 살아남을 수 있었다.[151]

카옌까지 항해했지만 쿠루에는 신중하게 상륙하지 않았던 튀르고 총독이 샹발롱과 당시 상황의 책임을 놓고 다투었다. 둘 다 모두 누군가가 이 문제에 책임을 져야 한다는 것을 알고 있었고, 1764년 크리스마스에 샹발롱은 체포되었다. 튀르고는 1765년 초 쿠루에서 완전 철수하기로 결정하기 전에 1만 2천 헥타르에 대한 자신의 소유권을 확보하기 위해 3개월 동안 머물렀다. 모든 이들에게 포기가 너무 늦게 결정된 것이었다. 1765년 1월 슈발리에 드 발자크(Chevalier de Balzac)가 수행한 것으로 보이는 쿠루 최초이자 유일한 인구조사

가루, 압생트, 장미수, 오리나무의 꽃, 기타 쓸모없는 약을 주문했다고 한다.
148) 아르튀르가 튀르고에게 보낸 서신을 기준으로 서술함. Artur(2002: 47)에서 인용.
149) 식민지 해군의 공식 기록(1842: 53~55). 마르티니크의 젊은 미혼 여성이 실제로 쿠루에 갔다는 증거는 없다.
150) 식민지 해군의 공식 기록(1842: 62~63); Thibaudault(1995: 121).
151) Michel(1989: 82~84). 또한 가이아나 왕실 의사의 편지도 참조, Michel(1989: 171~172). Thibaudault(1995: 56)는 미셸과 달리 프리폰테인이 1764년 8월에 병에 걸렸지만, 9월에 인근 지역을 정찰한 기록이 있다고 말한다. 티볼트의 책은 출처가 확실하지 않는 인용문과 상상의 대화가 포함된 이상한 책이다.

에서는 겨우 918명의 살아 있는 영혼이 유령들 사이에 존재하고 있었다.[152]

1764~1765년에 1만 400~1만 900명의 유럽 이주민이 쿠루에 도착한 것으로 보인다. 군인까지 포함하면 총 이주민 수는 최소 1만 2천 명이 넘었고, 일부 기록에서는 1만 4천 명 이상으로 추산한다. 샹발롱을 포함해 민간인 1만 1,200여 명이 쿠루에서 살아남아 프랑스로 돌아왔다. 극소수이지만 일부는 마르티니크나 생 도맹그 등 타 지역으로 이주하기도 했다. 약 1만 1천 명의 유럽계 이주민들이 주로 1764년 6월과 1765년 4월 사이에 쿠루 지역에서 사망했다.[153] 프랑스 문헌에는 언급되지 않았지만 일부 아메리카 원주민과 아프리카인도 사망했을 것으로 추정된다. 하지만 그 수는 쿠루의 정착촌 성립 초기에 그리 많지 않았다.[154] 유럽인의 사망률은 85~90%에 달했다. 이로써 아메리카 대륙 식민지 개척사에서 최대 인명 손실이 발생한 최악의 실패가 막을 내렸다.

진단과 여파

질병과 그 피해에 대한 명확한 진단은 불가능하다. 그러나 (다리엔 정착민들의 말에 의하면) 가장 유력한 설명은 다음과 같다. 몇몇 감염이 동시에 맹위를 떨쳤는데, 그중에서도 황열병이 최악이었다는 것이다. 황열병 감염자를 직접 진료한 이들의 기록은 실증 자료로서 가장 정확한 증거이다. 식물학자 겸 왕실 의사인 장 바티스트 파트리스(Jean-Baptiste Patris)는 쿠루에서 사망자 검시를 도운 병원 감사관이었다. 그는 병의 증상에 대해 "검고 피투성이 토사물을 동반하며

---

152) 식민지 해군의 공식 기록(1842: 72). 쿠루에서 건강을 잃었지만 1777년까지 살았던 튀르고의 친척인 발자크는 아마도 쿠루를 그리워했을 것이다.

153) Larin(2006: 129). Raynal (1770, 1:26~29)에 따르면 1만 명이라고 하는데, 60가족이 머무는 동안 1만 2천 명이 도착했고 2천 명이 돌아갔다.

154) Michel(1989: 89~91); Eymeri(1992: 236)에 의하면 1만 명의 유럽 이주민이 사망했고 사망자의 총합은 약 1만 4천 명이라 한다. 사망자의 총합은 이보다 조금 더 많았을 가능성이 있다.

고열이 있는 경우 보통 5일 이내에 사망한다"라고 기록했다.[155] 그리고 이것이 황열병의 증상 중 자주 나타나는 "시암의 저주(mal de siam: 황열병을 의미하는 스페인어 표현)"와 유사하다고 언급했다. 이것은 출혈성 뎅기열일 수도 있고, 황열병일 수도 있다. 하지만 일반적으로 뎅기열만으로는 쿠루에서 기록한 사망률이 나올 가능성이 크지 않다(물론 가능하기도 하다). 파트리스는 또한 "삼일열, 사일열(fievres tierces et quartes: 습한 환경에서 나타나며 3~4일마다 발생하는 말라리아)", 발진티푸스(typhus: 바다 항해에서 자연스럽게 동반된다), "양성(benign, 良性)"이 질을 언급했다. 카엔에 있는 프랑스 군 병원의 수석 외과 의사, 피에르 캄펫(Pierre Campet)은 1764년 11월 쿠루에서 온 난민 수백 명을 치료했다. 그들은 "잉크처럼 검은 물질을 토해 내는 전염병"을 앓았는데, 이는 황열병 가능성을 강하게 시사한다.[156] 캄펫은 또한 카엔의 한 동료가 1765년 초에 "검은 구토(vomissement noir)"로 죽었다고 언급했다.[157]

쿠루에서 환자들을 치료한 또 다른 의사 베르트랑 바종은 문제의 감염병이 황열병이라는 것을 부인했다. 바종은 프랑스령 가이아나의 개척자였고 그곳이 건강한 지역임을 말하고 싶어 했다. 그는 과거에 황열병, 천연두, 홍역 등이 발생한 적이 없다고 (격하게) 계속 주장했다. 하지만 그의 노트에는 1764~1765년에 발생한 전염병에 출혈과 황달, 구토 등의 증상이 있다고 적혀 있다. 또한 이 증상이 감염자에게 가장 강력한 영향을 미쳤으며, 1766년이 되어서야 완전히 사라졌다고 언급하고 있다. 서인도 제도에서 여러 차례 전염병을 자세히 목격

---

155) Michel(1989: 171~172)에서 인쇄된 1766년 2월의 편지; Thibaudaulc(1995: 119)에서 부분적으로 인용. 원문제목: "Les fièvres aiguës accompagnées de vomissements noirs et sanguiru qui emponenc en cinq jours…"(검은 구토를 동반한 급성 발열과 5일 이내 나타나는 출혈). 파트리스는 이 열이 1765년 4월 이후 다시 발생하지 않았다고 언급했다.

156) Campet(1802: 73). 원문: une maladie epidemique dans laquelle on vomit une marerielle noir comme l'encre(검은 잉크와 같은 구토를 유발하는 전염병).

157) Camper(1802: 78).

한 프랑스의 과학자 알렉상드르 모로 드 조네스(Alexandre Morau de Jonnès)는 바종이 실수 또는 고의로 황열병을 제대로 식별하지 못했다고 결론 내렸다.[158]

문서로 기록된 단서들은 이러한 증상들이 분명 황열병에서 나타날 법한 것임을 암시하지만 기타 사례나 정황 등을 보면 다른 병으로 해석될 여지도 있었다. 한 가지 분명한 것은 전염병은 기존의 지역에 거주하던 인구가 아니라 새로 유입된 사람들에서만 발병했다.[159] 그러나 프리폰테인과 샹발롱이 전염병에 걸리고도 살아남은 것은 황열병 진단의 또 다른 근거가 된다. 왜냐하면 발생 가능한 감염 질병 가운데 황열병만이 완전한 면역을 제공하고, 그들은 각각 그 지역에서 수십 년을 보냈기 때문이다. 질병 중 가장 치명적인 황열병은 단독으로 당시 인구의 85~90%를 죽였을 수도 있다. 단정하기보다는 가정하는 것이 더 타당한 방법일 수도 있겠지만, 특히 많은 아이가 쿠루에서 죽었기 때문에, 황열병을 포함한 두 가지 이상의 질병이 수천 명의 불운한 사람들을 죽였다고 보는 편이 더 합리적일 것이다.[160]

쿠루에서의 대재앙은 자연스럽게 프랑스 내에서 반향을 일으켰다. 약 3천만

---

158) Moreau de Jonnès(1820: 75~80); Bajon(1777~1778, 1:58~71). 바종은 또한 '코출혈(hemorrhages par le nez)'을 앓았던 사람 대부분이 곧 사망했다고 언급했다(p. 69). 이것은 뎅기열에 반대되는 입장인데, 뎅기열은 코출혈을 수반하지만 환자의 약 10%만 사망하기 때문이다. 바종은 이 전염병이 말라리아일 수는 없지만, 뎅기열이나 황열병일 수는 있다고 썼다(p. 70). 그리고 "일반적으로 전염병에 걸리면 13~16일 만에 환자가 사망하고 황열 증상이 지속해서 나타난다"(p. 63)(2장 참조)라고 쓰고 있다. Campet(1802: 74)은 쿠루에서의 "열병과 괴혈병, 이질" 등을 언급하고 있다.

159) Thibaudault(1995: 121).

160) Bancroft(1769: 396~397)는 가이아나의 말라리아와 황열병을 설명하고 있다. Polderman(2004: 564~566)은 1764년 프랑스령 가이아나가 6년 동안의 고립 이후 서아프리카 질병 요인과 재결합되었음을 보여 준다. 1709년 이후 반세기 동안 프랑스령 가이아나에는 매년 서아프리카 노예로 가득 찬 한두 척의 배가 도착했지만, 1758~1763년 전쟁 기간에는 없었다. 하지만 1764년 식민지와 서아프리카 기니 해안이 다시 연결되어 배 3척(그리고 420명의 노예)이 카옌에 도착했는데, 이들이 감염과 매개체를 가져왔을 수도 있다.

리브르(livre: 옛날 프랑스의 화폐 단위, 영국의 파운드와 거의 같은 가치)가 소비되었고, 1만 1천 명 이상이 희생되었다. 샹발롱은 무능과 재정 관리 부실 혐의로 기소되었다. 1767년 바스티유 감옥에 수감되었고, 이후에 몽생미셸 섬(Mont St. Michel)의 감옥에 이감되었다. 그의 아내는 수녀원으로 보내졌다. 슈아죌이 "미치광이 악당"이라고 불렀던 튀르고도 혐의를 받았으며, 파리에서 추방 당했다.161) 리모주(Limoges)의 감독관으로 왕을 섬기던 그의 형제(후에 그는 저명한 경제학자이자 재무 장관이 됨)는 법정에서 처벌 수위를 낮추기 위해 튀르고의 인맥을 이용했다. 슈아죌은 부하들에게 쿠루에 대한 모든 책임을 떠넘겼고, 운 좋게도 1770년까지 권력을 유지했다. 정계에서 물러난 후 샹발롱과 튀르고의 처벌은 조금 완화되기도 했다. 샹발롱은 무죄로 풀려나 판결에 대한 배상을 받았다. 튀르고는 가족이 있던 노르망디에 조용히 정착했고, 가이아나 후추(Guyanan pepper)를 자기 땅에 심는 등 농업과 식물학에 관심을 가졌다.

프리폰테인의 재산은 몰수되었고, 1770년 가이아나로 돌아와 1787년 죽을 때까지 인디고 농장에서 조용히 살았다. 슈아죌은 1785년에 많은 빚을 진 채로 죽었다. 쿠루 대재앙 이후 수십 년 동안 프랑스령 가이아나는 유럽인에게 죽음의 장소로 알려졌다. 그곳은 자연스레 프랑스의 중범죄자와 반체제 인사를 유배하는 장소가 되었다. 유배는 가장 격동적 시기였던 프랑스 혁명 때 소규모로 시작해, 1852년에 유배지가 문을 연 이후에는 계속 유지되었다. 이렇게 유배지는 한 세기 동안 지속되었으며, 이전 정착민처럼, 대부분의 죄수들도 몇 달 동안만 살 수 있었다.162)

---

161) Choiseul(1904: 410), Rothschild(2006: 84)에서 재인용.
162) 쿠루의 공식 조사와 여파는 Michel(1989: 107~151)과 Rothschild(2006)에서 다루고 있다. 가이아나에 대한 프랑스의 접근 방식에 대한 영향은 Mam-Lam Fouck(1996: 66)가 언급하고 있다. Toth(2006)는 유배지 역사를 탐구하고 있다.

결론

다리엔과 쿠루는 잊혀졌다. 소수의 역사학자만이 그곳에서 무슨 일이 일어났는지 알고 있다. 하지만 당시의 여러 재난들은 스코틀랜드와 프랑스에 정치적 혼란을 가져왔고, 아메리카 대륙에서 미래에 일어날 일들의 단초를 제공했다. 또한 이것은 1640년대 이 지역에 황열병이 창궐한 이후 대카리브해에 대규모 유럽인 정착을 막았던 외부에서 유입된 질병의 힘을 보여 준다.

황열병이 만연하기 전, 유럽인들의 정착과 정복은 미생물계의 방해를 받지 않고 아메리카 대륙에서 계속 진행되었다. 브라질에 머물렀던 네덜란드인과 마찬가지로 앞선 정착민과 정복자는 이들을 축출하려는 후발 정복자보다 질병의 고통을 덜 받았다. 이 상황은 17세기 중반까지 위태롭게 이어졌으며, 이때 영국인은 말라리아(및 이질)가 유행하기 전에 자메이카를 점령했다. 만약 자메이카가 전투 요새화되어 더 견고한 방어를 했다면, 말라리아가 창궐해 정복이 불가능했을 것이다. 또한 영국이 1647년이나 1648년에 군대를 파견했다면, 이미 만연해 있던 황열병 때문에 1655년과 1656년 사이 영국군에 유행했던 질병보다 더 많은 사망자를 더 빠른 시일 내 발생시켰을 것이다. 그러나 크롬웰은 운 좋게도 황열병이 대카리브해에서 유행한 지 불과 몇 년 후에 공격을 감행했다.

대카리브해 전역(그리고 여름엔 보스턴 북쪽까지)에 다시 황열병이 기승을 부렸던 1690년대에는 다리엔처럼 요새화되지 않은 곳도 결과적으로 모기와 바이러스 때문에 유럽 이주민 정착이 실패했다. 쿠루에서처럼 대규모로 정착하려는 이후의 시도들도 실패했다. 17세기 동안 위태했던 대카리브해의 스페인 지배력은 모기와 미생물 때문에 간신히 유지될 수 있었고, 열병도 점점 심해졌다.

05

황열병 유행과 영국 야망의 실패, 1690~1780

> 만약 내 병사들이 생각이란 것을 시작한다면, 아무도 대열에 남아 있지
> 않을 것이다. — 프리드리히 대왕(Frederick the Great)[1]

황열병은 1690년대부터 서인도 제도에서의 정착 계획뿐만 아니라 모든 종류
의 군사작전을 지속적으로 방해했다. 말라리아 역시 걸림돌이 되었지만, 황열
병보다 그 정도가 약했다. 가장 큰 규모의 군사 원정은 1741년 카르타헤나와
1762년 아바나에서 시도된 영국의 군사 원정이었다. 특히 카르타헤나 포위 작
전은 1790년대까지 역사상 최대 규모의 상륙작전이었다. 이것은 스페인령 아
메리카 영토와 무역을 완벽히 장악하려는 시도였다. 황열병이 없었더라면 영국
은 틀림없이 카르타헤나에서 승리했을 것이고, 그러면 크롬웰이 한 세기 전에
구상했던 꿈을 완성했을 것이다. 아바나에서는 황열병으로 군대가 초토화되어
영국의 정복은 (많은 희생을 치르고 이긴) 피로스의 승리(pyrrhic victory)가 되어
버렸다.

---

1)   Houlding(1981: v)에서 인용.

황열병과 스페인 제국의 방어

스페인 왕실은 아메리카 점령 한 세기 동안 제국 방어에 많은 비용을 들이지 않았다. 왜냐하면 적들이 먼 거리로 인해 병참에서 어려움을 겪을 것으로 예상했고 실제로도 그러했다. 프랜시스 드레이크나 존 호킨스 같은 탐험가들과 해적들은 가끔 배 몇 척을 약탈하거나 방어가 허술한 일부 정착지를 급습해 약탈하기도 했다. 하지만 스페인의 적들은 정복해서 뺏은 것들을 계속 점유하고 보유할 자원과 수단이 없었다.[2]

요새와 질병

멕시코와 안데스 산맥의 은이 카리브해로 흘러들어 오기 시작하자, 스페인에게 아메리카 대륙의 방위는 더욱 중요해졌다. 네덜란드와 영국, 프랑스의 해적 행위가 더욱 빈번해지자 이를 막기 위한 적극적인 정책이 필요했다. 게다가 스페인의 모든 적들은 약탈 욕망이 가득했고 스페인령 아메리카의 일부나 전부를 차지하려는 시도를 계속했다. 카리브해 도서 지역을 방위하기 위한 방안에는 의견이 분분했다. 전략 중 하나는 모든 중요한 항로를 방어할 수 있는 충분한 해군력을 구축하는 것이었다. 이 전략은 위기가 왔을 때 함선과 편대를 본국 해역으로 출동시킬 수 있다는 장점이 있었지만, 이를 유지하는 데 막대한 비용이 든다는 단점이 있었다. 1580년대 스페인 왕실에는 아메리카 대륙으로부터 은이 대규모로 유입되었지만 유럽에서 세력을 확장하려는 군사적 욕심 때문에 영구적 파산 위기에 처했다. 1580년대 스페인 왕실은 카르타헤나와 아바나 앞바다를 순찰하기 위해 갤리선 몇 척을 배치했다. 하지만 1641년까지 카리브해에 함대를 배치하지 못했고, 1680년대에 이르러서야 투자를 할 수 있었다.[3] 스

---

2)   Hoffman(1980); Andrews(1978).

3)   Torres Ramírez(1981).

지도 5.1. 스페인령 카리브해의 요새들(1750년경)

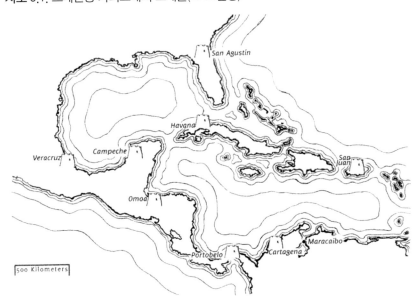

스페인 해군은 1588년 영국 침공의 비참한 실패(칼레 해전—옮긴이주) 이후, 1720년대까지 어려움을 겪었다.

대신 스페인은 성 요새화에 투자했다. 요새화는 비용이 많이 들지만, 건설후 해군 함대보다 유지 비용이 적었다. 그리고 운이 좋아 지역 민병대 병력을 활용한다면 상당한 군비를 절약할 수 있었다. 게다가 잘 설득하면 요새화 작업에 아메리카 원주민들의 도움도 받을 수 있었다. 하지만 원주민들은 언제든지 비스케이(Biscay)만이나 지중해로 가버릴 수 있는 선박 건조에는 자발적인 도움을 주지 않을 것이었다.

16세기 후반부터 스페인은 서서히 아메리카 대륙에 강력한 요새 네트워크를 구축했다. 네트워크 구축의 궁극적인 목표는 영토 수호보다 무역과 보물선 플로타(flota: 스페인의 해양 선박—옮긴이주)와 갤리언(galeón: 15~17세기에 주로 구대륙과 신대륙 간의 무역에 사용된 큰 범선—옮긴이주) 항로에 있는 무역 거점을 보호하는 것이었다. 카르타헤나와 아바나는 스페인 무역 시스템에서의 역할 때문에 가장 주목을 받았다. 원칙적으로, 서인도 제도와의 무역은 세비야(또는 1717년 이후 카디스)를 출발한 후 먼저 카르타헤나에 들르고, 그 후에 화물을 스페인령 아메리카 전역에 분배하는 방식으로 진행되었고, 이 과정에서 호송선이 함께 움직였다.

카르타헤나에는 해군 함정이 있었기 때문에 안데스 산맥의 은이 지나가는 파나마 지협의 카리브해 연안까지 보호할 수 있었다. 전략적 요충지로서 때때로 "신세계로 가는 열쇠"라고 불린 아바나는 스페인으로 향하는 '보물선'의 최종 기항지 역할을 했다. 푸에르토리코의 산후안(San Juan)에도 요새가 생겼고, 베라크루스도 얼마 후에 요새를 가졌다.[4] 소규모 항구는 방어가 거의 되지 않았는데, 파나마의 포르토벨로와 같은 중요한 거점조차도 1770년대까지 요새화가 거의 진행되지 않았다. 이것은 아마도 지역 민병대를 모집할 수 없었고, 스페인에서 온 수비대가 질병으로 너무 빨리 죽었기 때문일 것이다.[5]

자금은 항상 부족했고, 군 전략가와 관리자들은 방어가 너무 허술하다며 항상 불평했다. 지방 의회와 스페인 왕실은 위기 상황이 발생하거나 공격을 당해 방어의 취약성이 입증된 후에만 비용을 지불하려는 것처럼 보였다. 프랑스 해적들은 아바나(1550년대)와 카르타헤나(1697년)까지 약탈했고, 영국 해적들은 1668년 카르타헤나를 약탈했다. 하지만 카르타헤나와 아바나는 점진적으로 최신 기술로 만들어진 성과 성벽, 보루, 성채 등을 갖춘 난공불락의 요새가 되어 갔다. 이것은 당시 라틴아메리카의 다른 도시에서는 볼 수 없는 것들이었다.[6]

17세기 후반의 요새 축조는 세련된 기술이었다. 1450년과 1800년 사이 유럽

---

4) Calderón Quijano(1984b).

5) Kuethe(1983: 14). Gastelbondo(1753)는 플로타 선원들이 카르타헤나와 포르토벨로에서 황열병으로 심하게 고통 받았다고 언급했다. Alcedo(1786~1789)의 연구는 Slinchez-Albornoz(1974: 102~103)에서 인용.

6) Parcero Torre(1998: 18~34); Albi(1987: 130~135); Segovia Salas(1982); Calderón Quijano(1984); Kagan(2000); Parker(2000).

의 기술자들은 공성전과 요새화를 위한 과학기술을 꾸준히 개발했다. 1670년
대에 프랑스 엔지니어 세바스티앵 르 프르스트르 드 보방(Sébastien le Prestre de
Vauban)은 약 8주 동안 어떤 공격에도 버틸 수 있도록 설계한 거대한 포병 요새
(artillery fortresses)를 고안했다. 이것은 (요새 내에서 적의 공격을 방어하는 동안)
프랑스 아군 지원 병력이 요새로 진격해 포위를 격파할 수 있도록 설계된 것이
다.[7] 유럽에서 요새들은 1683년에서 1815년 사이에 시도된 모든 포위 공격 중
4분의 3을 성공적으로 방어했다.[8] 하지만 보방이 고안한 요새는 유지 비용이
많이 들고 상당한 규모의 수비대와 포병, 보급품을 필요로 했다. 왕은 영토 확
보를 위해서 이 비용을 지출할 수밖에 없었다. 스페인을 비롯한 모든 열강들은
요새를 구축하는 데 필요한 전문 지식을 개발했다.[9]

아메리카 대륙에 비싼 요새를 짓는 것은 말이 안 되는 것이었다. 구호 물품
이나 병력은 8주 이내에 요새까지 도착하지 못할 가능성이 높았다. 최상의 조
건이라 해도 대서양을 가로질러 구조대가 출동하는 데는 수개월이 걸렸다. 이
런 상황에서는 보급품이 풍부하고 방어력이 좋은 요새라 할지라도 제대로 포위
되면 함락될 것이었다. 프랑스는 지금의 루이스버그(Louisbourg)의 노바스코샤
에 요새를 지었는데, 결국 그것은 돈 낭비였다. 이 요새는 7주 동안 지속된 포
위 공격 끝에, 1745년과 1758년 두 차례에 걸쳐 함락되었다.

아메리카 대륙에 요새를 건설하기 위한 조건은 단 한 가지였다. 그것은 지원
군이 8주 이내에 충분히 도착할 수 있느냐의 문제였다. 1690년대 이후 카리브

---

7)   Vauban(1968: 12). Duffy(1985)도 참조.
8)   Landers(2004: 401~403)의 연구에 의하면, 87번의 공성전 중 성곽 수비에 성공한 것은 67
      번이다. 1683년과 1815년 사이 이 성공률은 상당히 안정적이었으나, 오스트리아 왕위 계
      승 전쟁보다는 다소 떨어졌다.
9)   Zapatero(1978)는 17세기와 18세기의 스페인 군사 전문 지식을 검토하고 있다. Duffy
      (1979) 참조. Albi(1987: 127~140); Pares(1936: 240~252)는 서인도 제도의 프랑스와 영국
      요새 중 질이 좋지 않던 '불량품'에 대해 연구하고 있다.

해 일대에서는 이런 작전이 가능했지만, 피에 굶주린 모기 떼가 군인들이 예상할 수 없는 시간과 장소에 공격할 수 있었다.

아무도 모기의 정확한 역할에 대해 알지 못했다. 하지만 스페인군 참모진을 포함한 모든 사람들은 황열병과 여타 질병들이 카리브해에 새로 유입된 사람들을 집중적으로 노린다는 것을 알고 있었다. 다년간의 경험과 관찰을 통해, 그들은 멀리서 온 원정군이 결국 질병으로 사망하리라는 것을 알고 있었다. 군사기술자 돈 실베스트레 아바르카(Don Silvestre Abarca)는 포위 공격 2주차부터 질병에 의한 피해가 발생할 것으로 예측했다.[10] 1779년 인디아 공의회(Council of the Indies) 의장 호세 데 갈베스(José de Gálvez)는 스페인이 카리브해에서 적을 물리치기 위해 얼마나 "기후"에 의존했는지를 다음과 같이 설명했다. "훌륭한 주둔군, 보급품, 전투 대비 태세 이외에도, 적들은 너무 위험한 기후에 직면하여 군대가 약화되고, 병사와 식량 공급을 망칠 것이다…."[11]

누에바에스파냐(New Spain) 부왕령 동쪽 해안의 베라크루스에서는 스페인 제국 방어에서 황열병의 역할이 특히 두드러졌지만 유난히 복잡했다. 베라크루스 주변 열대 저지대에서는 아마도 1640년대부터 만성적인 황열병이 발생했을 것이다. 1740년 영국의 한 장교가 언급했듯이, 여름에는 방문객들이 이 지역에 목숨을 걸고 와야 했다.

---

10) SHM-Madrid, Sección Histórica del Depósito de la Guerra(4.1.1.1), Defensa de La Habana y sus castillos por el brigadier ingeniero director D. Silvestre Abarca(실베스트레 아바르카 기술 장교가 만든 아바나 방어 요새들); AHN, Estado, leg. 3025, Relación del estado actual de las fortificaciones de la Plaza de San Cristóbal de La Habana y demás fuertes y castillos dependientes por el ingeniero D. Francisco Ricaud de Tirgale, 8 Julio 1761(1761년 7월 8일, 군사기술자 프란시스코 리카우드 데 티르갈레에 의해 축조된 아바나 산크리스토발 광장의 요새 관련).

11) AGI. Santa Fe, 577-A, Don José de Gálvez a Manuel Antonio Flórez, Marchena Fernández(1983: 195)에서 인용.

사람들에게 베라크루스는 해로운 곳으로 보였다. 특히 플로타가 있거나 대규모 인파가 모이는 경우에는 더욱 그러했다…; 그리고 폭염 기간 동안 수많은 사람들이 마을 안에 산다면, '흑색 구토물(vomito prieto)'을 동반한 '전염병'에 감염될 위험이 있으며, 이 병으로 많은 사람이 죽었다.[12]

여름철 해안 저지대 전역에는 소나기가 내리는데, 이것은 유럽 군대 전체 사단을 파괴하기에 충분했다.[13] 베라크루스에 주둔병을 유지하는 것은 상당히 어려웠다. 왜냐하면 멕시코 고원지대나 스페인에서 모집된 군 병력은 황열병에 걸려 본 적이 없거나 말라리아 경험도 없는 사람들이었다. 이들은 끔찍한 비율로 병에 걸려 사망했고, 가장 최악의 연도(1799년)에는 연간 50%가 넘는 사망률을 기록했다. 멕시코 고원 출신 신병들은 베라크루스 복무를 꺼렸다.[14] 현지에서 충원된 병력은 조금 나은 편이었지만, 이 지역에는 인구가 적었기 때문에 병력이 모자랐다. 18세기 후반, 유럽 (및 중부 멕시코) 군대 내의 높은 질병 발병률은 부대에 흑인을 영입하는 근거가 되었다. 흑인들이 질병에 더 강하다고 보았기 때문이다. 보통 적들의 침략 위기가 오면 부대를 산 아래로 이동시켰는데, 그곳은 이집트숲모기의 활동 지역이었다. 베라크루스가 새로 온 사람들의 '죽음의 덫'이라는 것을 모두 알고 있었기에, 해안을 향해 행군할 때마다 대규모 탈영병이 발생했다. 결국 최고 지휘관들은 전쟁 중에 베라크루스를 방어해서는 안 된다는 교리를 개발했다. 실제로 적군을 격멸하는 가장 확실한 방법은 누에

---

12) British Library, Additional MSS 32,694, "An Account of the Havanna and Other Principal Places belonging to the Spaniards in the West Indies," 14 April 1740(서인도 제도 스페인령에 속하는 아바나와 다른 주요 장소에 대한 설명, 1740년 4월 14일), fol. 76. 1640년대부터 황열병이 이곳에서 유행했다는 것이 Bustamente(1958: 70)의 견해이다.
13) Informe del brigadier Fernando Miyares, 21 Junio 1815, SHM-Madrid, c. 97, Ortiz Escamilla(2008: 39)에서 인용.
14) Castro Gutierrez(1996: 98). 나는 인용을 위해 친구인 존 튜티노(John Tutino)의 도움을 받았다.

바에스파냐 병력이 멕시코시티로 가는 산길 주변에 숨어 있는 동안 적군이 항구에 상륙해 머무르는 것이었다. 이것은 훌륭한 전략이었으며, 러시아가 침략자를 물리치기 위해 "동장군(General Winter)"에 의존한 것과 유사했다. 그러나 1778년 이후 베라크루스 상인들은 도시와 그들의 재산을 지킬 수 있을 만큼 강력해졌고, 이 정책으로 인해 스페인 군대나 식민지 민병대에서 복무하던 많은 고지대 농민들이 총 한 발 쏘지 못한 채 목숨을 잃기도 했다.[15] 이 점에서 베라크루스 상인들은 영국군 수천 명이 황열병으로 사망하는 대가를 치르면서까지 자신들의 투자처를 보호했던 자메이카의 농장주와 유사했다.

수비대와 질병

침략자들이 황열병 없는 지역에서 왔고 대다수의 방어자들이 이미 면역력을 가지고 있다면, '기후(climate)'의 힘에 의존하는 것은 당연한 일이었다. 요새화가 빈약했던 16~17세기 초 침략자들은 주로 해적과 사략선이었는데, 일반적으로 이들은 보통 한두 척의 배와 100명도 안 되는 선원으로 구성되어 있었다. 1620년대 이후 영국, 네덜란드, 프랑스가 소앤틸리스 제도(Lesser Antilles)의 여러 섬에 정착하면서 현지에서 모집된 사람들로 대규모 원정이 가능해졌다. 실제로 1655년 바베이도스와 여러 섬들은 히스파니올라와 자메이카를 공격하는 데 3천여 명의 병력을 지원했다. 하지만 곧 영국, 네덜란드, 프랑스가 정착한 섬에서는 노예가 다수를 차지하게 되었고, 정치적 안정을 위해서는 무장한 유럽인들이 지속적으로 주둔할 필요가 있었다. 1670년 이후, 바베이도스나 마르티니크의 노예주들 중 어느 누구도 스페인 영토를 넓히기 위해 대규모 백인 부

15) Archer(1977: 38~60); Archer(1971); Archer(1987); Albi(1987: 132); Booker(1993); Bustamente(1958: 80~83); Knaut(1997); Ortiz Escamilla(2008: 52, 77~80). 1778년, 새로운 규정은 스페인 제국 내 무역을 자유화했고, 이후 베라크루스는 빠르게 성장하여 무역 중심지로 발전했다. Lind(1788: 115)는 멕시코시티가 베라크루스보다 더 '건강했음'을 설명하고 있다.

대가 자기 지역을 떠나는 것을 좋아하지 않았다. 군사적 모험을 위해 노예나 자유 흑인(free blacks)을 무장시키는 것은 대부분의 백인들에게 두려움의 대상이었지만, (나중에 살펴보겠지만,) 결국 그 일은 실제로 일어났다. 만약 스페인 근거지에 대한 대규모 공격이 감행된다면, 그것은 유럽에서 오는 재수 없는 바이러스 먹잇감(virus fodder: 바이러스에 약한 유럽 군인—옮긴이주)들의 상륙작전일 것이다.

공격을 성공적으로 방어하기 위해서는 황열병(그리고 말라리아)에 강한 이들로 구성된 수비대가 필요했다. 스페인에서 갓 도착한 부대는 누구보다도 이 질병에 취약하다는 사실이 거듭 입증되었다.[16] 서인도 제도에 파견된 새로운 스페인 부대는 처음 몇 달 동안 질병으로만 병력의 약 4분의 1을 잃을 수 있었다.[17] 어린 시절을 카리브해에서 보내면서 질병을 이겨 낸 현지 모집 민병대가 가장 잘 버텼다. 스페인령 카리브해 지역의 인구가 매우 도시적이라는 사실은 어린 시절 황열병을 앓은 민병대의 비율이 비정상적으로 높다는 의미였다. 그러나 카리브해 저지대에서 수년을 버텨 온 스페인 출신의 노련한 군인들은 훈련과 기강이 없기로 악명이 높았던 민병대원보다 열병에 잘 견디는 훨씬 나은 군인이었다. 베테랑 지휘관들은 경험이 많은 농장주가 숙련된 노예를 선호하면서 신참에게 적은 비용을 지불하는 것처럼, 노련한 군대를 선호하면서 새로 도착한 군인들의 건강 문제를 염려했다. 당시에는 아무도 이해하지 못했지만, '집단면역'은 새로 도착한 소수 병력이 황열병 위험 없이 카르타헤나, 아바나, 베라크루스의 요새에 정착할 수 있음을 의미했다. 그러나 대규모 유입은 황열병

---

16) 예를 들어, 1756~1757년 카라카스(Caracas)의 주둔지 중에서 "*Notóse que sólo los soldados españoles sucumbieron, mientras que no eran atacados por la epidemia ninguno de los hijos de Caracas*(카라카스의 아들들은 아무도 전염병에 걸리지 않은 반면, 스페인 병사만 굴복했다는 사실에 주목)" Archila(1961: 375). 카라카스에서는 1694년과 1756~1757년, 1787년, 1793년, 1798년에 황열병이 돌았다. Córdoba(1790)는 황열병이 스페인에 가장 치명적인 질병이었다고 말한다.
17) Marchena Fernández(1983: 213).

유행의 발판이 되었다.

카리브해에서 스페인 제국을 방어하기 위한 이상적 군사작전 방식은 침략자들의 공격을 견딜 수 있는 튼튼한 요새와 민병대 및 노련한 정규군 또는 그 둘모두로 이루어진 수비대를 결합한 것이다.[18] 그렇게 방어된 항구나 식민지는 스페인이 상륙 공격으로부터 보호할 수 있을 만큼 안전했다. 1764년 이후, 스페인 제국의 국방 개혁은 아메리카 대륙의 민병대와 요새화를 강조했다.[19] 수십 년 동안 여러 번의 전쟁이 있었지만, 스페인은 1760년대에 와서야 서인도 제도의 새로운 생태 및 역학 체제에 맞게 방어 태세를 조정했다.

지옥 같았던 1690년대

제국주의 경쟁에서 새로운 생태계의 중요성은 1690년대 서인도 제도에서 대규모 전쟁이 벌어지면서 비로소 드러나기 시작했다. 루이 14세의 세력이 너무 거대해져서 '이웃 국가의 안락함'을 위협할 정도가 되자, 나머지 국가들은 프랑스에 대항하는 동맹을 맺고 전쟁에 나섰다. 아우크스부르크 동맹(League of Augsburg) 전쟁 혹은 '윌리엄 왕(King William) 전쟁'으로 알려진 9년 전쟁(1688~1697년)에서 영국, 스페인, 네덜란드(그리고 일부 약소국)는 서인도 제도를 포함한 육지와 해상 모두에서 프랑스와 싸웠다. 당시 해양 전투는 갈수록 프랑스보

---

18) 18세기 후반 스페인 왕실은 정규군을 유지하는 데 민병대보다 7배나 많은 비용이 들었고, 이것은 중요한 고려 사항이었다(Albi, 1987: 97). 정규군은 지불할 돈이 있어도 항상 공급이 부족했다.

19) Albi(1987: 93~140); Parcero Tome(1998); Archer(1997: 10); McAliscer(1954); Kueche (1978); Kuethe(1984). Bucher(1997b: 191) 등은 특별한 인용 없이, 스페인 사람들이 황열병의 방어 가치를 이해하고, 그것을 'fièvre patriotique(애국심)'로 불렀다고 말한다. 나는 스페인어 관련 자료에서 그런 용어를 본 적이 없지만, 그 용어는 아주 적절한 표현이라고 생각한다.

다 영국에 유리해졌고, 영국 해군성은 프랑스의 사탕수수 플랜테이션 섬에 상륙작전을 감행하기로 결정했다. 하지만 그들은 다른 이들과 마찬가지로 1652년 이후 대카리브해에서 유행했던 황열병에 대해 잘 알지 못했다.

1690년, 로런스 라이트(Lawrence Wright) 대위는 프랑스로부터 세인트키츠를 탈환했지만 황열병으로 병사의 절반을 잃는 암울한 결과를 낳았다.[20] 1692년 랄프 렌(Ralph Wrenn) 준장은 황열병으로 자신의 목숨과 선원 절반 이상을 잃었고, 배를 조종할 선원이 부족해 일부 배들은 모래톱과 암초에 부딪쳐 침몰했다.[21] 1693년 프랑스령 서인도 제도와 캐나다를 공격하기 위해 파견된 프랜시스 웰러(Francis Wheler) 제독은 바베이도스에서 발생한 열병으로 거의 절반의 병력을 잃었고, 그 결과 마르티니크 점령 시도를 잠시 포기했다. 캐나다를 공격하는 도중에도 그의 함대는 계속해서 열병에 시달렸다. 그는 보스턴에 들러 코튼 매더(Cotton Mather)에게 선원 2,100명 중 1,300명(62%), 군인 2,400명 중 1,800명(75%)을 질병으로 잃었다고 보고했다.[22] 그는 뉴펀들랜드의 프랑스 어촌에 대포를 몇 발 쏜 후 절뚝거리며 집으로 돌아갔다. 모기와 영국 해군의 관계는 아직 끝나지 않았다. 1695년 로버트 윌모트(Robert Wilmot) 제독은 생 도맹그 공격에 실패하면서 병력의 61%(해변으로 간 병력의 77%)를 잃었다. 이 모든 것들은 '윌리엄 왕 전쟁'이라는 큰 구도에서 본다면 소규모의 군사작전이었지만, 영국 해군성에는 가장 치명적인 사건들이었다.[23] 매년 (혹은 2년마다) 새로

---

20) Guerra(1996: 27)는 황열병이라 하지만 문헌상의 증거는 희박하다. Ehrman(1953: 609); Bucher(1992, 2:782)는 원정대의 사망률에 대해 연구하고 있다. Moss(1966: 14~26)는 질병에 대해 보다 맹목적으로 설명하고 있다.

21) 자세한 내용은 Nathaniel Champney's BL, Harleian MSS, 6378; Kendall to Blathwayt, 20 April 1692, CSP, Colonial Series, America and West Indies(1689~1692, 13:627). 이 외에 Moss(1966: 26~27) 참조.

22) Keevil, Lloyd and Coulter(1957~1963, 2:182~183), Mather, '*The Ecclesiastical History of New England*(Hartford, 1854, 1:226)에서 인용. 이 외에 Moss(1966: 27~29) 참조.

23) Erhman(1953); Keevil, Lloyd, and Coulter(1957~1963, 2:181~184); Moss(1966). 더 세부

운 선단을 아메리카 대륙에 파견하는 관습으로 인해 황열병에 면역력이 없는 불운한 선원 수천 명이 이집트숲모기를 겪게 되었고, 그들 중 다수가 사망했다. 하지만 이러한 암울한 사실들은 영국 해군성에 그리 큰 문제가 아니었던 것 같다. 카리브해로 가던 프랑스 선단 역시 심각한 피해를 입었다.[24] 하지만 이것은 프랑스 해양청(Ministry of Marine)이 카르타헤나에 대한 프랑스의 계획을 바꿀 만큼의 걱정거리는 아니었다.

오늘날 콜롬비아의 카리브해 연안에 위치한 카르타헤나는 1533년 개척되었다. 이곳이 수십 년 만에 남미 카리브해 연안의 주요 거점이 된 이유는 넓고 안전한 만을 갖춘 아메리카 대륙에서 가장 좋은 항구 중 하나였기 때문이다. 카르타헤나는 전략적·상업적 중요성으로 인해 엘리자베스 시대의 '바다개' 존 호킨스(1568년)와 프랜시스 드레이크(1586년)로부터 공격을 받기도 했다. 1598년 이후, 스페인이 인디아스 제도와의 무역을 위해 선단 호송 체계를 조직했을 때, 카르타헤나는 유럽에서 스페인 식민지로 오는 배들을 위한 첫 번째 기항지였다. 초창기 카르타헤나는 요새화도 제대로 되어 있지 않았고, 조심해야 할 황열병도 없었다.

하지만 프랑스 함대가 카르타헤나를 목표로 삼았던 1697년[25] 카르타헤나는 요새화되고 황열병 역시 만연해 있었다. 해군 장교 출신인 장 베르나르 루이 데

적인 내용은 CSP(1693~1696: 31~101)를 참조. 예를 들어 1693년 5월 10일 'Codrington to the Lords of Trade and Plantations'(pp. 100~101)를 참조하면, 웰러는 노력했음에도 장마철과 유럽 군대의 병약함, 현지 보충 병력의 부족함 때문에 실패했다고 언급한다.

24) Bucher(1991, 2: 782~784).

25) Solano Alonso(1998: 79)는 17세기 카르타헤나에서 'vomito negro(검은 구토)'가 흔해졌다고 말한다. 현대 학자들은 1651~1652년에 황열병이 발생했다고 언급하는데, 이것이 카리브해에서 처음으로 발생한 전염병으로 보고 있다. 또한 17세기 후반까지 소규모의 전염병이 수없이 발생했다고 말한다. Soriano Lleras(1966: 52); Valtierra(1954: 751~754) 참조. 도시 요새화에 대한 역사는 Segovia Salas(1996); Zapatero(1979); Marco Dorta(1960) 참조.

장 푸앙티스 남작(Jean Bernard Louis Desjeans, Baron de Pointis)이 이끄는 원정
에는 생 도맹그 출신의 해적 650명을 포함해, 군함 7척, 인원 약 5천 명이 동원
되었다. 남작은 카르타헤나를 장악한 후 군사전략상 중요한 파나마 지협의 상
부 쪽에 전략적인 프랑스 기지를 만들고자 했다. 1697년 4월 12일 기습 작전과
늦은 우기 덕분에,[26] 프랑스군은 아무런 저항 없이 카르타헤나 인근에 상륙하
여 낡아 빠진 보루와 외곽 요새를 장악할 수 있었다. 스페인은 재빨리 다른 전
초기지를 포기하고, 해적이 아닌 군대만이 도시에 진입할 수 있다는 조건으로
항복에 동의했다. 5월 초, 남작은 단 60명의 병력만 잃은 채 카르타헤나를 점령
했다. 그러나 카르타헤나의 항복 직후 폭우가 쏟아지기 시작했고, 이후 이집트
숲모기 떼가 몰려왔다.

  프랑스군은 해적들이 외딴 요새에 갇혀 있던 2주 동안 도시를 약탈했다. 그
러나 병사들은 그 과정에서 협상한 것보다 더 많은 전리품을 얻었는데, 그것은
바로 황열병이었다. 바이러스는 일주일도 안 되어 800명 이상을 감염시켰고,
그들 대부분이 사망했다. 프랑스에서 갓 도착한 군대는 서인도 제도에 이미 살
고 있는 사람들보다 더 많은 피해를 입었다. 남작은 5월 24일 그곳을 떠났다.
남작은 원정을 회고하면서, 후회하며 서둘러 떠났음을 분명히 말했다: "승리와
부에 대한 모든 생각은 병과 죽음에 대한 것으로 바뀌었다. 나는 세계에서 가장
아름다운 항구에서 내 노력의 결실뿐만 아니라 왕께서 내게 맡긴 함대마저 모
두 잃을까 두려웠다."[27] 전리품으로 가득 찬 배에서 열병에 시달리던 남작은

---

26) Pointis(1698: 140).

27) Pointis(1698: 141). *"Toutes les idées de triomphe et richesse étaient effacées par celles
     de la maladie et de la mort. Je me croyais en état de perdre dans le plus beau port du
     monde, non seulement le fruit de mes peines, mais l'escadre que le roi m'avait confiée*
     (승리와 부에 대한 모든 관념은 병과 죽음의 관념에 의해 지워졌다. 나는 세상에서 가장
     아름다운 항구에서 내 고난의 결실뿐만 아니라 왕이 나에게 맡긴 함대를 잃을 처지에 있
     다고 생각했다)."

해적과 전리품을 나누기보다는 서둘러 프랑스로 돌아가기로 결정했다. 이에 해적들은 도시를 재차 약탈해 주민들을 잔혹한 고통에 빠뜨리는 것으로 복수했다. 그러나 약탈을 당한 카르타헤나인들은 떠나는 프랑스인보다 운이 좋았다.

귀환하는 길에 프랑스 함대는 서인도 제도에서 존 네빌(John Nevill) 제독이 지휘하는 영국-네덜란드 연합 함대(Anglo-Dutch fleet)와 마주쳤다. 네빌 제독은 프랑스 함대를 찾기 위해 파견되었다. 네빌은 카르타헤나 함락 후 이를 발견했지만, 프랑스군은 황열병 환자를 태운 병원선 한 척을 잃은 채 가까스로 탈출했다. 네빌은 그의 일지에서 프랑스 함대가 "병으로 많은 사람을 잃었기 때문에" 본국으로 돌아갈 수 있을지 의문을 가졌다고 기록했다.[28] 이 바이러스는 영국과 네덜란드까지 퍼져 나갔고, 제독을 포함해 병사 1,800명이 사망했다. 프랑스 함대는 남은 병력의 24%를 열병으로 잃고 그들을 바다에 버린 채, 8월 브레스트(Brest)로 귀환했다. 또 다른 34%는 아팠지만 하선할 때까지는 살아 있었다. 그들 중 많은 사람들이 이내 사망했다. 그러나 남작은 살아남아 루이 14세에게 전리품을 바쳤고, 1705년까지 해군에서 복무하며 부유한 삶을 살았다. 결국 카르타헤나는 계속 스페인령으로 남게 되었다. 남작은 도시를 정복할 수 있었으나 그곳에 머물 수는 없었다.[29]

라이트, 렌, 웰러, 월모트, 푸앙티스, 네빌의 휘하에 있던 병사들과 선원에게 닥친 불운은 다리엔에서 스코틀랜드군을 무너뜨린 불운과 한통속이었다. 이들

---

28) 네빌의 일지는 Merriman(1950: 299~311)에서 인용(p. 306). 네빌은 카르타헤나에 하루 정박했고, 그의 선원들은 그곳에서 황열병에 걸렸다.

29) 기록에는 고위직의 기억이 포함된 것(Pointis, 1698; Ducasse, 1699), 역사적 서술과 관련된 내용(Morgan, 1932; Porras Troconis, 1942; Pritchard, 2004: 326~331), 그리고 Bucher(1991, 1:482~486, 508, and 2:181, 193, 784)의 분석이 있다. 푸앙티스의 무기와 장비에 대해서는 Buchet(1991, 2:1162~1230), Archives Nationales, Marine, 662/36, "Armament en course de l'escadre de M. le Baron de Pointis, 1697"에서 설명하고 있다. Matta Rodríguez(1979)와 Ruíz Rivera(2001)는 스페인 문서를 사용하여 연구를 진행했다. 다른 연구로는 Nerzic and Buchet(2002)가 있다.

은 황열병이 모든 항구를 휩쓸던 1690년대 카리브해에 처음 도착했기에 불행을 겪어야 했다. 1690년대에는 민간인 또한 고통을 겪었다.[30) 이것은 무엇보다도 전쟁과 식민지화로 인해 새로운 이주민이 유입된 결과였다. 그러나 다른 한편으로는 비정상적으로 모기에게 좋은 날씨 때문에 매개체가 풍부해졌기 때문일 수도 있다. 최근의 연구(2장 참조)는 엘니뇨와 남방진동(ENSO: 엘니뇨와 라니냐를 발생시키는 인도양과 남반구 적도 태평양 사이의 기압 진동) 이후 1년 동안 매개체의 번성이 최고조에 이른다는 사실을 보여 준다. 1692년, 1694~1696년의 엘니뇨는 이집트숲모기의 부화와 생존에 이상적인 조건을 가져왔다. 따라서 1692~1697년은 카리브해 지역의 모기에게는 좋았지만 사람에게는 좋지 않은 시기였다.[31)

황열병의 위험은 1690년대 이후에도 심각하지 않았지만 지속되었다. 스페인 왕위 계승 전쟁(1701~1713년) 기간 동안의 여러 해군 원정은 황열병으로 인해 치명적인 사망률을 기록하기도 했고, 그렇지 않은 경우도 있었다.[32) 이 책의 시작을 함께한 프랜시스 호지어 부제독은 아주 큰 불운을 겪었다. 영국과 스페인의 관계가 위기에 처한 1726년(또 다른 엘니뇨가 발생한 다음해)[33), 그는 스페인 카리브해 연안을 순찰하는 임무를 맡았다. 서인도 제도의 항구 몇 곳을 방문한 후, 부하 선원들이 황열병에 걸렸고, 병은 몇 달 동안 배에서 유행했다. 그는

---

30) PRO, CO 37/164, f. 250 'Epidemic Fevers at Bermuda'는 1699년 버뮤다 일대의 악성 열병으로 다수가 사망했음을 언급하고 있다. Labat(1722, 4:211~212, 251~253)는 1698~1699년 마르티니크와 과들루프에서 발생한 황열병에 대해 기록하고 있다. Moreau de St. Méry(1797~1798: 701~702)는 1690년대 생 도맹그에서 발생한 황열병을 언급하고 있다.

31) ENSO에 대해서는 Quinn and Neal(1992)와 Quinn(1992)의 연구가 있다. Poveda et al.(2001)은 콜롬비아에서 ENSO와 ENSO+1년 동안 삼일열 말라리아 원충과 열대열 말라리아가 급증했음을 보여 준다.

32) Bucher(1991, 2:784~788).

33) 새로운 ENSO 자료에 의하면, 1720년대 10년간 특히 활발했다. Garcia-Herrera et al. (2008).

한꺼번에 3,300명 이상의 병력을 지휘한 적이 없었다. 하지만 자메이카 해안에서 끌려온 교체병을 포함해 4,750명의 병력을 지휘했고, 이 중 4천 명 이상 (84%)이 목숨을 잃었다. 호지어 자신도 카르타헤나 인근을 항해하던 중 배에서 사망했다.[34] 이 소름 끼치는 사건은 영국 선원들 사이에서 전설이 되었다. 이후 이것은 슬픈 발라드의 주제가 되어, 서인도 제도가 남자들이 죽으러 가는 곳으로 명성을 얻는 데 일조했다.[35] 1730년 호지어를 방해하려고 출동한 스페인 함대는 무의미하게 황열병으로 병사 2,200명을 잃었다. 사실 이때 스페인 함대의 파견은 굳이 필요하지 않은 짓이었다.[36]

1690년부터 1730년까지 수십 년 동안 서인도 제도에서 군사작전이 얼마나 치명적인 위험성을 내포하고 있는지는 분명해졌다. 이러한 위험 요소는 밀림에 서식하는 원숭이와 모기 개체군 사이에 황열병 바이러스가 퍼지면서 발생했을 것이다. 바이러스의 지속적인 저장소는 거의 모든 곳에 존재했지만, 특히 큰 숲, 원숭이가 있는 본토 내륙과 큰 섬에 존재했다. 1690년대부터 황열병은 확실히 대카리브해 지역에서 안정적인 풍토병으로 자리 잡았다. 그리고 황열병이 유행하기 위해서는 이집트숲모기 떼와 비면역자의 대거 유입만 있으면 된다고

---

34) PRO, Admirality 1/230은 1726년 6월부터 1727년 8월까지 호지어가 보낸 몇 통의 편지와 보고서를 포함하고 있다. 그의 마지막 기록에는 1727년 8월 14일, "State of HM's Ships at Cartagena(카르타헤나에서의 함선 상태)"에서, 생존자 2,776명 중 793명이 질병에 걸렸다고 말한다. 호지어는 8월 25일 사망하는데(어떤 문서에는 그의 사망 장소가 자메이카이고, 바다가 아니었다고 기록되어 있다), 나머지도 그처럼 죽었을 가능성이 높다. 호지어 명령과 관련한 문서는 British Library, Additional MSS 33028, ff. 48~174에 있다. Long (1774, 2:111)은 Keevil, Lloyd, Coulter(1957~1963, 3:97~100)처럼 짧은 언급을 하고 있다. Correspondence in the *Calendar of State Papers*(국가교신기록, 1728~1729: 164)에는 호지어가 1727년 7월 럼주가 부족한 것을 걱정했다고 나와 있다.

35) 예를 들어 인기 발라드 곡 〈Admiral Hosier's Ghost(호지어 제독의 유령)〉을 들 수 있다. 1739년 리처드 글로버(Richard Glover)에 의해 만들어졌다. 이 내용은 Keevil, Lloyd, and Coulter(1957~1963, 3:99~100)에도 등장한다.

36) Guerra(1966: 27), Gastelbondo(1753)에서 인용.

보는 것이 타당하다. 하지만 이러한 사실은 런던에서 군사전략을 계획하는 이들의 야망을 억제하는 데 아무런 영향을 미치지 않았다. 이들은 스페인의 약점을 알게 되었고, 또한 영국의 힘에 대한 신뢰가 커지고 있었다. 이들의 야망은 곧 카르타헤나에 집중되었다.

카르타헤나 포위 공격의 생태, 1741

푸앙티스 남작의 공격 이후 수십 년 동안, 카르타헤나는 지역 거점이자 스페인 제국 무역의 중심지 역할을 재개했다. 그러나 선단 호송 체계는 축소되었고, 이것은 스페인령 아메리카에서 급증하는 유럽 상품 수요를 충족시키기에 역부족이었다. 마지막 함대는 1739년에 떠났다. 18세기 초 내내 카르타헤나에서는 영국과 네덜란드 상인에 의한 밀수가 활발했다. 지방 관리는 밀수를 묵인하면서 규제하는 것보다 더 많은 이익을 얻을 수 있었다.[37] 카르타헤나의 배후지에서는 금, 은, 진주, 에메랄드, 설탕, 면화, 카카오, 가죽, 식물성 약품, 뛰어난 목재가 생산되었다. 카르타헤나는 상업적 역할 외에도 오늘날 베네수엘라, 콜롬비아, 파나마, 에콰도르의 대부분을 포함하는 광활한 영토인 누에바그라나다 부왕령(1717년 설립)의 해군과 군사 중심지 역할을 했다.[38]

모든 무역항과 군항(軍港)이 그러하듯, 카르타헤나에도 유동 인구가 많았다. 인구는 대개 1만 명 미만이었고, 주로 아메리카 원주민, 아프리카계, 유럽계 혼혈인이 섞여 있었다.[39] 카르타헤나는 스페인 제국으로 들어오는 대부분의 아

---

37) Grahn(1997).

38) 수출 목록은 Zapatero(1957) 참조. 1740년 누에바그라나다 부왕령은 숲이 울창했고, 인구 대부분은 콜롬비아 고원지대에 살고 있었다(Palacio, 2006: 35, 171); (Gordon, 1977: 69~70). 카르타헤나의 군사적 역할에 대해서는 Fermindez(1982: 15~57); Segovia Salas(1996: 14~34) 참조.

지도 5.2. 카르타헤나와 그 주변(1741년경)

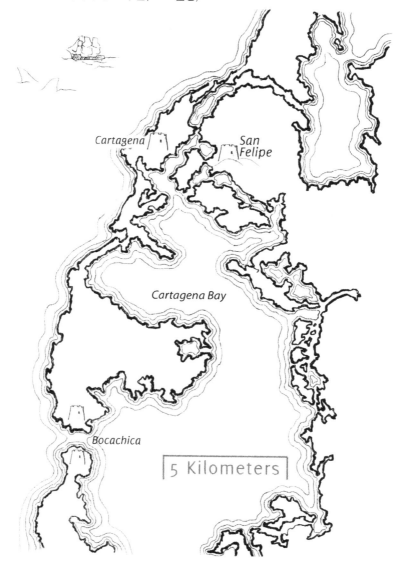

프리카 노예선이 처음 도착하는 항구로서 상당한 규모의 서아프리카 인구를 수용했다. 1714년과 1736년 사이에 카르타헤나는 영국 남해 회사(British South Sea Company)를 통해 공식적으로 노예 1만 475명을 수입했고, 당시 이 회사는 합법적인 독점 무역권을 가지고 있었다. 노예들 중 대다수는 아칸족(Akan)과 에웨족(Ewe)이었고, 서아프리카 해안의 엘 미나(El Mina), 우이다(Ouidah), 자메이카를 거쳐 도착했다. 자메이카와 쿼라소를 경유하는 불법 노예 수입은 이 수치의 최소 세 배에 달했고, 그 총액은 4만 명(연간 약 2천 명)에 이르렀다.[40] 서아프리카와 자메이카에서 온 노예선에는 이집트숲모기도 추가 유입되었을 것으로 추정되므로, 도시에는 황열병 매개체가 결코 부족하지 않았다.

카르타헤나에는 '새로운 이민 모기'도 유입되었지만, 카르타헤나와 그 배후지에는 '자체 모기'도 잘 번식하고 있었다. 다른 항구와 마찬가지로, 카르타헤나에는 많은 양의 물이 저장되어 있었다. 1735년, 스페인 해군 장교인 호르헤 후안과 안토니오 데 우요아는 비가 거의 내리지 않는 카르타헤나의 건기(약 4~5개월) 동안 도시에 물을 제공하는 수많은 저수조에 주목했다.[41] 저수조가 있는 곳에는 틀림없이 이집트숲모기도 있었다. 카르타헤나에는 쓸 만한 농업 배후지가 있었으며, 설탕과 소가 주요 생산물이었다. 당시 구역 내의 모든 스페인 플랜테이션[실제로는 주로 카우카(Cuaca) 계곡의 농장]은 카르타헤나를 통해 설탕을 운송했기 때문에, 도시는 농촌에 있던 이집트숲모기 인큐베이터와 정기적으로 접촉할 수밖에 없었다.[42] 1739년까지 자메이카와 서아프리카 해안으로부터의 선박 통행이 빈번했고, 도시와 강 상류 배후지에 적절한 번식지가 있었기 때문에, 카르타헤나는 분명 이집트숲모기에게 활기찬 대도시였을 것이다. 따라서, 황열병 발병을 위한 한 가지 필수 조건이 충족되었다.

40) Castillo Mathieu(1981: 266~70, 275~276).

41) Juan and Ulloa(1748, 1:ch. 5); Uprimmy and Lobo Guerrero(2007).

42) 카르타헤나 내륙 지방의 설탕에 대해서는 McFarlane(1993: 39, 41, 45~47) 참조.

특히 갤리언선이 머물던 시기에는 유동 인구가 상당해서 카르타헤나는 거의 모든 전염병의 교차로가 되었다.[43] 감염병은 쉽게 새로운 숙주를 발견했고, 신규 이민자와 거주민 모두 낯선 질병과 빈번하게 맞닥뜨렸다. 보통 갤리언선의 다음 기착지였던 포르토벨로 근처에서는 갤리언 선원 중 절반에서 3분의 1 정도가 사망하면서 '스페인인의 무덤(Sepultura de Españoles)'이라는 별칭을 얻게 되었다.[44] 18세기 중반 포르토벨로에는 약 500채의 집만 있었고, 시장에 장사하기 위해 사람들이 몰리던 때(가능한 한 이른 시간)에만 활기를 띠었다. 상주인구와 임시 유동 인구가 더 많은 카르타헤나는 아마도 포르토벨로보다 더 다양한 종류의 질병이 유행했을 것이다.

필수 요소인 모기와 사람만 있다면, 황열병 바이러스는 카르타헤나에서 계속 유행할 수 있지만, 그렇다고 아무런 어려움이 없었던 것은 아니다. 스페인에서 온 신병들로 채워진 수비대는 말할 것도 없고 대서양 전역에서 온 선원들의 경우처럼, 이 도시에는 황열병 바이러스에 대한 면역력이 없는 인구가 많았다. 하지만 안타깝게도 바이러스의 관점에서 볼 때, 카르타헤나 거주민의 상당수는 서아프리카 혈통의 사람들로 구성되어 있었다. 아마도 그들은 완전히 혹은 부분적으로 황열병 면역력이 있었을 것이다. 게다가 많은 카르타헤나 주민들은 카르타헤나 혹은 카리브해 다른 지역에서 태어나 자라면서 황열병 환경에서 살아남았을 가능성이 높다. 이러한 집단은 바이러스에 감염되지 않으며, 감염에 취약한 사람들에게 집단면역을 줄 수 있다. 도시인구에 여성과 가족 구성원이 적었기 때문에 어린 자녀들의 비율은 그다지 높지 않았다. 이 바이러스는 때때로 도시에서 완전히 사라졌을 수도 있다. 후안과 우요아는 선원 2,200명이 황열병으로 사망한 1729년 이전에는 그 병이 없었다고 기록했다.[45] 하지만 도시

---

43) Díaz Pardo(2006); Chandler(1981).
44) Juan and Ulloa(1748, 1:129~130). Gasrelbondo(1753)도 참조.
45) Juan and Ulloa(1748, 1: 59~61); Restrepo(2004: 71). Moseley(1795: 402)는 스페인 선원

에서 황열병이 사라졌다고 해도, 인근 숲에는 원숭이들이 서식하고 있어서 바이러스의 저장고 역할을 했다. 어떤 시기에 황열병은 도시의 풍토병으로서 아이들과 새로운 이주민, 이집트숲모기 사이에서 돌아다녔을 것이다. 또 다른 때에는 그렇지 않았을 수도 있지만 오직 감염된 원숭이를 통해서만 카르타헤나에 머물렀을 것이다. 어쨌든 황열병 바이러스는 카르타헤나 안팎에 숨어 있었고, 그 구역 내에 돌아다니는 상당 규모의 비면역자들을 이용할 수 있었다.[46]

카르타헤나 주변에는 아노펠레스가 많이 서식하고 있었다. 습지, 맹그로브 늪, 석호로 이루어진 지역 지형은 아노펠레스가 번식하기에 적합했다. 그리고 요새화를 위해 파낸 수많은 해자(垓字)는 고인 물과 해조류, 수생식물로 채워져 있어서 아노펠레스 유충에게 더할 나위 없이 좋은 환경을 제공했을 것이다. 이주 노예들은 이 지역에 말라리아 기생충을 꾸준히 가져왔다. 이로 인해 카르타헤나 내륙 지역에는 16세기부터 삼일열 말라리아와 열대열 말라리아가 모두 풍토병으로 있었다. 말라리아에 저항성이 없는 사람은 특히 우기에 카르타헤나 근처에 도착하면 병에 걸릴 확률이 매우 높았다.

제독 버논, 카리브해로 가다

영국과 부르봉 가문 사이에 거의 25년 동안 평화가 지속되다 1739년 다시 전쟁이 발발했다. 영국 상인들은 스페인령 아메리카의 무역 제한에 반대하면서, 주저하는 로버트 월폴(Robert Walpole) 총리에게 침략 전쟁을 벌일 것을 강하게 주장했다. 스페인의 상업 이해관계자들은 스페인 제국에서 이루어지는 영국의 밀수에 반대하며, 자신들의 법적 특권을 주장했다. 결국 전쟁은 유럽의 왕조 투쟁과도 결부되었다. 이 전쟁은 대서양에서 '젱킨스의 귀 전쟁'(1739~1748년)으

들이 이 일로 인해 가장 큰 피해를 받았다고 한다.

46) Gast Galvis(1982)는 카르타헤나 주변 지역의 황열병에 대한 정보를 제공했다. 20세기 초 콜롬비아의 정글 황열병에 관한 Bates(1946)의 연구도 참고하길 바란다.

로 불린다. 이는 스페인의 만행을 고발하기 위해 1738년 하원 위원회에서 자신의 잘린 귀를 흔든 한 선장의 이야기에 기반하고 있다. 이것은 스페인에서 "La Guerra del Asiento(조약 전쟁)"이라는 평이한 이름으로 알려져 있다. 이 조약은 스페인령 아메리카에서 영국의 상업 활동을 규제하는 1713년 무역 조약을 의미한다. 유럽에서 벌어진 전쟁은 '오스트리아 왕위 계승 전쟁'(1740~1748년)으로 불리며 유럽의 모든 주요 열강이 연합한 전쟁으로 알려지게 되었다. 영국과 프랑스 사이의 전투는 인도, 북아메리카, 해상에서도 벌어졌다.

1739년 영국과 스페인이 전쟁에 돌입하면서 영국 전역에서 서인도 제도 원정 계획이 싹텄다. 1726~1727년 호지어의 보물 항구 봉쇄는 안 하는 것보다 더 나쁜 결과를 낳았다. 열성적인 '탁상공론자'들은 크롬웰이 한때 계획했던 것처럼 스페인 제국의 식민지를 장악할 계획을 세웠다. 쿠바에서 칠레에 이르는 거의 모든 곳이 고려 대상이었다.[47]

1739년 말 서인도 제도 원정이 시작되었다. 서인도 제도에 가기를 원하는 고위 장교는 아무도 없었기에, 그 영광은 전쟁을 열렬히 지지하는 야당 정치인이자 보직 없이 반쯤 퇴역한 상황이었던 해군 장교 에드워드 버논에게 돌아갔다. 버논은 10대 때 해군에 입대했고 21세에 대위가 되었다. 그는 카리브해에서 상당한 경험을 쌓았지만 1728년 이후 현역으로 복무하지 않았다. 이후 그는 크게 눈에 띄지 않는 국회의원으로 제2의 경력을 쌓았다. 아마 그의 가장 큰 장점인 황열병에 대한 면역력은 인정 받지 못했을 것이다.

20년 동안 아무런 조치도 취하지 않았던 상태에서, 영국군 관료 조직이 행동을 개시하는 데는 어느 정도 시간이 걸렸다. 하지만 몇 달 만에 영국군은 함선 9척으로 구성된 공격 부대를 구성했다. 버논은 전쟁이 선포되기 전인 1739년 7월 항해를 시작해 10월에 자메이카에 도착했는데, 당시 평균보다 조금 많은 약

---

47) BL, Additional MSS 32694, Newcastle Papers, ff. 1~100, 여기에는 스페인령 아메리카에 대한 다양한 목표를 달성하기 위한 제안이 포함되어 있었다.

7%의 병력을 잃은 상태였다.

버논은 자메이카에서 자문을 구한 후 스페인 보물선을 찾기 위해 포르토벨로를 선택했다. 그는 포르토벨로에서 항복하기 이틀 전 형식상 저항을 하는 나약한 수비대만을 보았다. 버논은 당시 건기인 11월과 12월에 몇 주간 머무르면서, 대단치 않은 요새를 파괴했다. 이후 그는 승리를 만끽하며 자메이카로 돌아와 함대를 재정비했다. 영국에 성공 소식이 전해져 버논은 명예훈장을 받았다. (유명 벼룩시장이 있는) 현재 런던의 포르토벨로 거리는 이때 만들어졌다.

3월이 되자 버논은 다시 항해를 준비했다. 그는 카르타헤나의 방어선을 자세히 살핀 후, 작은 항구인 차그레스(Chagres)를 공격하기로 했다. 7시간 동안의 공격으로 차그레스의 작은 성을 지키던 수비대는 항복했다. 이곳 연안의 많은 스페인 사람들은 영국이 제공하는 무역 기회를 환영했고, 형식상의 짧은 저항 후에 바로 버논에게 협력했다. 차그레스를 점령한 후 버논은 이 대단한 성과에 고무된 런던이 지원군을 보냈다는 사실을 알게 되었다. 그래서 그는 스페인 선박을 공격하는 것보다 더 큰 일을 시도하기 전에 지원군을 기다리기로 했다.

충분한 병력과 보급품을 구하는 데 수개월이 걸렸기 때문에, 그는 기다리고 또 기다렸다. 1715년 스페인 왕위 계승 전쟁과 스코틀랜드의 반란을 진압하는 데 큰 역할을 한 스코틀랜드인 캐스카트(Cathcart) 경이 이끄는 지원군은 1740년 10월 영국에서 출항했다. 도미니카로 가는 도중 캐스카트가 사망하여, 지원군은 지휘관 없이 1741년 1월 자메이카에 도착했다. 군 지휘권은 독자적 지휘권을 행사하거나 분노에 찬 총소리를 들어본 적 없는 토머스 웬트워스(Thomas Wentworth)에게로 넘어갔다. 버논은 후에 웬트워스가 장군보다 변호사가 더 잘 어울리는 샌님이라고 말했다.[48] 몇 주 동안 정비하면서 프랑스 함대 추격에 실패하기도 했던 버논과 웬트워스는 카르타헤나로 항해하여 3월 4일 도착했다. 당시 군대의 규모는 함선 29척, 여러 종류의 선박 186척, 선원 1만 5천 명 등 약

---

48) Houstoun(1747: 241).

2만 9천 명 규모였다. 이것은 이 해역에서 본 가장 큰 규모의 군대였고, 아마도 세계 역사상 가장 큰 규모의 상륙 공격 부대였을 것이다.

지상군에는 영국에서 온 8개 연대 병력 8천 명이 있었다. 이들 대부분은 최근에 동원되어 전투에 처음 참가한 상태였다. 이 작전에 참여했던 소설가 토비아스 스몰렛은 그의 저서『로데릭 랜덤』31장에서 "그들 대부분은 아직 규율에 익숙하지 않았고, 몇 달 전만 해도 쟁기질을 하던 이들"이라고 기록했다. 다른 3,400여 명은 매사추세츠에서부터 노스캐롤라이나에 이르는 북아메리카 식민지에서 추가로 모집되었다. 한 영국 해군 장교는 이들을 "대장장이, 재단사, 이발사, 구두 수선공, 그리고 식민지에서 동원할 수 있는 모든 악당"이라고 묘사했다.[49] 그들 중에는 조지 워싱턴의 이복형이자 버지니아(Virginia) 중대의 대위였던 로런스 워싱턴(Lawrence Washington)도 있었다. 영국은 찰스턴과 사바나에서 황열병 참전 용사를 모집하는 게 더 좋았겠지만, 사우스캐롤라이나와 조지아의 민병대는 스페인령 플로리다를 상대로 한 성과 없는 전투를 벌이고 있었다. 대체로 18세기 영국의 기준으로 볼 때, 면역 체계가 준비되지 않은 미숙한 군대였다.[50]

카르타헤나에서의 스페인 방어 전략

1739년, 전쟁이 다가오자 카르타헤나는 공격에 대비했다. 12세부터 군대 생활을 시작한 바스크인 블라스 레소 이 올라바리에타(Blas Lezo y Olavarrieta)가 보잘것없는 해군을 지휘했다.[51] 레소는 열다섯 살 때 전투에서 왼쪽 다리를 잃었고, 스물다섯 번째 생일을 앞둔 전투에서 왼쪽 눈과 오른쪽 팔을 잃었다. 이에 굴하지 않고 그는 스페인 해군에서 빠르게 출세했고, 군 경력 대부분을 지중

---

49)   Charles Knowles, Harding(1991: 70)에서 인용.

50)   Houlding(1981: 408)은 카르타헤나로 보내진 연대에 대해 기록하고 있다.

51)   Quintero Saravia(2002)의 전기 참조.

해에서 쌓았다. 1737년 그는 카르타헤나 방어 임무를 맡았고, 그곳에서 22번째 이자 마지막 전투를 치른다. 카르타헤나의 육군은 평생 군인으로 활동한 바스크인 세바스티안 데 에슬라바(Sebastián de Eslava)가 이끌었고, 그는 누에바그라나다의 새 부왕으로 임명되었다. 에슬라바는 1740년 4월 추가로 투입된 600여 명의 병사들과 함께 주둔지에 도착했다. 레소는 1737년부터, 에슬라바는 1740년부터 전투가 시작되었을 무렵에도 완공되지 않은 카르타헤나 요새의 개보수 공사를 감독했다. 두 사람 사이에는 어느 정도 갈등이 있었다. 아마 레소의 경력과 에슬라바의 정치적 연륜 때문에 그럴 수밖에 없었을 것이다.

카르타헤나와 그 주변은 1697년 이후 스페인 최고 군사기술진의 감독 아래 강화된 강력한 요새를 갖추고 있었다. 1731년에는 군사공학 학교를 설립하기도 했다. 이 지역에는 석회암이 풍부했는데, 노예들이 이 석회암을 채굴하여 성벽, 보루, 요새 설치에 이용했다. 높고 두꺼운 돌담들이 도시를 에워쌌고, 항구와 그 접근로는 포대로 가득 차 있었다. 그리고 강력한 석조 요새 6개가 예상 공격로의 길목을 지키고 있었다.[52]

스페인 군사기술자들은 카르타헤나가 플랑드르(Flandre)와 다르다는 것을 알았다. 그들은 스페인군이 공격 받을 때 단계적으로 후퇴하여 공격 속도를 늦추고, 이후 질병이 침략자들에게 큰 혼란을 줄 것까지 예상하는 방어 시스템을 구축했다. 카르타헤나의 기획자들은 6~8주간 공격을 지연시킬 수 있는 방어책이 필요하다고 생각했다. 한 기획자가 나중에 말했듯이, 침략자들은 "새롭게 도착한, 더욱이 휴식하지 못한 유럽인들 사이에서 언제나 감염될 수 있는 이 지역의 병에 걸리게 되었다".[53] 버논은 공격군이 카르타헤나에서 머물 수 있는 시간이

---

52) Marco Dorta(1900: 210~215); Segovia Salas(1996); Zapatero(1989).

53) Engineer Antonio de Arévalo, Segovia Salas(1996: 30)에서 인용. 세고비아 사라스는 이 구문에 대한 인용을 적지 않아 정확한 날짜를 알 수 없다. 아레발로는 1742년부터 수십 년 간 카르타헤나 요새를 건설한 것으로 보인다(Marco Dorta, 1960: 281~275).

6주라고 생각했다.[54]

　1741년 3월 버논과 웬트워스의 함대가 스페인 방어망 안으로 들어왔을 때, 레소와 에슬라바는 소형 구축함 6척과 대포 1천 여 문 , 정규군 약 2,100명을 가동할 수 있었다. 1740년 12월 24일의 보고서에 따르면, 병력 2,100명 중 282명은 환자였다. 1736년 카르타헤나의 정규군 대부분은 상설 부대로 구성되어 있었다. 그들의 면역 체계는 이미 여러 테스트를 통과한 상태였다. 레소는 특히 소총, 화약, 식량이 부족하다고 생각했다. (그 환경에서 영국군에게는 불가능한 전략이었지만) 에슬라바는 도시가 아사할지도 모른다는 두려움에 떨었다. 하지만 1741년 초 카르타헤나를 떠난 저명한 스페인 제독 로드리고 데 토레스(Rodrigo de Torres)는 도시의 방어가 훌륭하다고 생각했다.[55] 민병대 약 1천 명과 아메리카 원주민(활잡이) 600명, 선원 1천 명이 정규군에 보충되었다.[56] 이들(4,700여 명) 중 700여 명만이 현지 질병 환경에 경험이 없었다. 민병대원이든 정규군이든 거의 모든 사람들이 현지 질병에 대한 저항력이나 면역력을 획득했을 가능성이 높았다. 게다가 외부 요새의 사람들을 제외하면, 정규군은 면역력이 아주 강한 1만여 명의 카르타헤나인들과 함께 있었다. 카르타헤나 민병대는 비록 규율이나 용맹함에서 두각을 나타내진 않았지만, 대부분은 남성으로 구성되었으며, 특히 이들 중 다수는 황열병에 강한 면역을 가진 아프리카인 혹은 아프리카계 혈통이었다.[57] 이처럼 열병에 강한 이들로 군대를 보충하면서, 봄비가 시

---

54)　Vernon to Newcastle and Wager, 1741년 4월 15일(4월 26일, 구력), Ranft(1958: 229)에서 참조.

55)　Torres à Marquis de Larnage, 1741년 2월 26일, Library of Congress, Vernon-Wager MSS. Quintero Saravia(2002: 169~170).

56)　AGI, Audiencia de Santa Fé, leg. 572, f. 685, Estado de laInfantería, 24 Dec. 1740. 스페인 5개 연대 병력에 대한 서로 다른 증언들로는 Bermudez(1912: 16)의 전체 3,300명, 가장 적은 숫자로 Zapatero(1957: 132)의 2,800명, Segovia Salas(1996: 54)의 전체 6천 명이 있다.

57)　Kueche(1983: 16); Helg(2004: 100~105); Zapatero(1957: 130). 5개 민병대 중 2개 중대

작된 후, 레소와 에슬라바는 수많은 이집트숲모기 부대를 아군으로 삼았다.[58]

성벽으로 둘러싸인 이 도시는 강한 바람과 해류에 노출된 해안에서 카리브해의 파도에 맞섰고, 얕은 수심은 해군 함선을 위협했다.[59] 도시로 접근하는 가장 쉬운 방법은 도시 약 15킬로미터 남쪽에 있는 보카치카(Bocachica)라는 수로를 통과하는 것이었다. 보카치카 통로는 넓은 내륙 호수로 연결되었고, 이 중 북쪽은 카르타헤나 항구로 사용되었다. 버논의 함대는 1741년 3월 13일 카르타헤나 앞바다에 도착했고, 몇 차례의 예비 포격 후 3월 20일부터 부대의 상륙이 시작되었다.[60] 그 사이 일주일 동안 스페인은 해군과 민병대를 동원하여 요새

는 '흑인'으로 구성되어 있었다.

58) 이 지역에 정통한 한 영국인은 카르타헤나 주변에서 "열병, 모래파리, 모기와 여러 해충은 아주 지독하다"고 경고했다. BL Additional MSS 32,694, f. 92, "An Account of the Havannah and Other Principal Places…(아바나와 주요 지역에 대한 증언)"(1740). 1741년 스페인인이 소를 모두 내륙으로 이동시켰기 때문에, 암모기는 인간에게 더 관심을 가졌을 것이다(Nowell, 1962: 481).

59) 공성전에 대한 이야기는 Beatson(1804, 1:89~109); Fortescue(1910: 63~74); Bermudez (1912); Ranft(1958: 15~19); Nowell(1962); Kempthorne(1935); Richimond(1920, 1:101~ 137); Restrepo Canal(1941); Zapatero(1957: 134~154); Harding 1991: 83~122); Zulueca (1992); Quintero Saravia(2002: 230~272) 등에 수록되어 있다. Marchena Fernandez (1982: 127~138)에는 전쟁 중 일어난 일상적인 상황에 대한 유용한 정보가 수록되어 있다. 전쟁 참가자에 대한 문서로는 Eslava(1894); AGI, Audencia de Santa Fé, legajo 1009, "Informe de Navarrete sabre el Ataque de Vernon," 1741년 5월 27일; Servicio Histórico Militar(Madrid), Signatura 52116, "Diario Puntual de lo acaecido en la defonsa que hizo la Plaza de Cartagena de Yndias, sitiada y atacada par la nunca vista y formidable Esquadra Ynglesa(카르타헤나 인디아스 광장의 방어전에서 일어난 일에 대한 일기)"가 있다. 그리고 Ranft(1958)에 있는 버논의 문서와 의회도서관에 있는 버논과 와거가 주고 받은 서신, Manuscript Division; BL Additional MSS 40830, ff. 1~12, "An Account of the Expedition to Cartagena(카르타헤나 원정의 증언)" 등도 있다. 이 사본은 Vernon-Wager 서신에 수록되어 있으며, 해군 공학자 찰스 놀즈(Charles Knowles)가 쓴 것으로 보인다. 팸플릿 추가 버전(Dublin: Faulkner, 1743)도 있다. 블라스 데 레소의 일기를 포함한 유용한 스페인 문서들이 AHN Estado 2335에 있다. 스페인의 포위 일기는 Lucena Sal moral (1973)의 문서에 기록되어 있다.

외곽을 강화했다.

영국에서 계획한 대로 모든 것이 진행되었더라면, 캐스카트의 군대는 두세 달 빨리 영국을 떠났을 것이고, 건기가 끝날 무렵인 3월 말이 아니라 건기가 시작되는 12월 말에 카르타헤나에서 작전을 시작했을 것이다. 그러나 수십 년간 평화로워 활동이 없었던 상황에서 (그리고 정부와 군부의 기록적인 부패 속에서) 거대한 상륙 공격 부대를 모으고 장비를 갖추는 것이 빠듯한 일정에 이루어질 수 없었다. 특히 버논은 너무 늦게 도착해서 너무 오래 머무는 것의 위험성을 누구보다도 잘 알고 있었다.[61]

보카치카를 통해 카르타헤나에 접근하기 위해서는 네 개의 작은 요새와 하나의 포대, 그리고 도시가 내려다보이는 산 라자로(San Lázaro) 언덕(고도 20미터)에 있는 산 펠리페(San Felipe)라는 거대한 요새를 돌파해야 했다.[62] 푸앙티스 남작은 1697년 이 길을 따라 산 펠리페를 점령한 후 군사를 지휘하여 성벽을 뚫고 돌파했다. 버논은 1697년 이후 방어력이 얼마나 강화되었는지 알지 못한 채 그 방법을 따르기로 했다. 웬트워스 장군은 공성전을 검토한 후 정통적인 전

---

60) 날짜에 대한 주석: 영국은 1752년에 오늘날 우리가 사용하는 그레고리력을 채택했다. 나는 이 책에서 주로 그레고리력을 사용하지만 당시 영국 문서에서는 일반적인 날짜보다 11일 앞선 율리우스력을 사용했다. 사건과 문서의 시점을 이해하는 것이 중요하기에, 나는 인용 문서의 날짜를 구력(율리우스력)에서 신력(그레고리력)으로 변경했지만, 괄호 안에 구력을 기술하기로 했다. 스페인은 1580년대부터 현대 달력을 사용해 왔다.

61) 1740년 10월 1일(9월 21일, 구력), Vernon to Cathcart, Ranft(1958: 127); 1741년 3월 22일(3월 11일, 구력), Vernon and Ogle to Wentworth, Ranft(1958: 185); 1741년 4월 17일(4월 6일, 구력), Vernon and Ogle to Wentworth: "… 당신에게 우리 국왕의 관심과 우정이 있기에 계속 반복했던 이야기를 하지 않을 수 없다. 가장 무서운 적은 다가오는 비에 군대를 노출시키는 것이고, 이 기간을 피해야 한다는 것이다"(Ranft, 1958: 217).

62) 이에 대한 설명은 1741년 5월 9일 Eslava al Marqués de Villadarias와 1741년 5월 3일 Carlos Desnaux의 "Descripción de la Fortaleza o Castillo de San Phelipe de Barajas…(산펠리페 데 바라하스 요새에 대한 설명)" 문서에 있다. 두 문서는 모두 AHN, Estado 2335에 있다.

략을 택했다. 그는 포병대를 구축하고 성벽을 부수어 군대가 돌진할 수 있는 구멍을 만드는 고전적인 방식으로 작은 요새들을 하나씩 제거하고자 했다(가장 먼저 돌진하는 이들은 대부분 사살될 것이어서, 영국군은 이들을 '버려진 희망'이라 불렀다). 웬트워스의 전략은 황열병이 없던 북유럽 환경에 적합했다.

군대가 상륙한 후 처음 며칠 동안 질병이 퍼졌다.[63] 버논은 동료 제독인 샬로너 오글(Chaloner Ogle)에게 "질병으로 병력이 매일 줄어들고 있어서 늑장 대응은 파멸"이므로 최외곽 요새에 신속하게 포를 겨누라고 촉구했다.[64] 해군의 도움으로 영국군은 보카치카와만을 지키는 작은 요새를 점령했지만, 스페인의 첫 번째 요새를 함락하기까지 16일 동안이나 포격전을 벌였다. 개전 5일이 지난 후, 레소는 400명의 남은 병력을 구하기 위해 보카치카 요새(San Luís)에서의 후퇴를 고려했다. 하지만 요새 기술자 카를로스 데스누스(Carlos Desnoux)가 설득해 후퇴하지 않기로 했다. 데스누스는 병력과 시간을 맞바꾸는 것의 가치를 상관보다 더 명확하게 파악하고 있었다.[65] 레소와 에슬라바는 4월 4일 만에 정박된 선박에서 만나 불리하게 돌아가는 전황에 대해 논의했다. 이때 포탄이 선실을 강타해 에슬라바의 다리 한쪽과 레소의 남은 팔에 파편이 박혔다.

상황은 빠르게 악화되었다. 4월 초, 스페인군은 공격 받은 위치에서 후퇴하고 있었다. 레소는 (적들이 사용하지 못하게—옮긴이주) 자신의 배를 침몰시켰고, 버논의 선박 중 일부가 보카치카를 지나 만에 들어왔다. 버논 제독은 런던에 작전의 최종 성공을 예측하는 확신에 찬 전갈을 보내며, 첫 번째 요새의 격파를 "주님께서 행하신 일"로 돌렸다.[66] 이 소식이 런던에 전해지자 영국 전역에 승전 종소리가 울려 퍼졌다. 버논을 위한 더 많은 훈장이 제작되었는데, 레소가 무릎

63) 저자 미상(1744: 8). 이 자료에서는 3월 20일(3월 9일, 구력) 일기에 질병이 언급되어 있다.
64) PRO, SP, 42/90, f. 59, Vernon to Ogle, 1741년 3월 28일(3월 17일, 구력).
65) Zúñiga Ángel(1997), 보카치카 전쟁 부분에서 언급하고 있다.
66) 1741년 4월 12일(4월 1일, 구력), Vernon to Newcastle and Wager, Ranft(1958: 211).

을 꿇고 항복하는 모습이 새겨져 있었다. 그러나 스페인군은 항만의 항해 가능한 통로에 상선을 침몰시키는 등 침략자들의 길목을 막기 위한 여러 조취를 취했다. 스페인은 영국군의 진격을 조금 더 늦출 수 있다면, 시간과 '기후'는 그들 편이라고 생각했다.

웬트워스는 진지를 구축하고 남은 병력을 하선시킨 후 산 라사로 언덕 근처에 자리 잡았다. 하지만 부주의한 실수로 병사들의 텐트가 해변에 도착하지 못했고, 병사들은 모기의 먹잇감이 되기 쉬운 노천에서 잠을 자야 했다. 이후 병사들 사이에 질병이 만연했다. 버논이 웬트워스에게 보낸 편지에는 계절이 변하는 상황에서 신속한 행동을 촉구했지만, 그는 이 노력에 많은 기여를 하고 싶지 않다는 의사도 드러냈다(즉, 선원들을 보내지 않으려 했다). 웬트워스는 산 라사로 요새 성벽에 구멍을 내고 싶었다. 그래서 해군에게 자기 부대의 유효 사거리에서 벗어나 있는 산 라사로를 포격해 달라고 요청했다. 하지만 버논은 이 요새를 '하찮은' 요새[67]로 여겼기에 웬트워스의 요청에 짜증이 났다. 스페인군 장교의 설명에 따르면, 웬트워스의 기술진은 화약 냄새를 맡아 본 적이 없었고, '포대를 구축하는 것보다 건초 더미를 만드는 일'에 더 적합했다.[68] 육군과 해군 간의 경쟁과 마찰이라는 뿌리 깊은 문제가 영국군의 발목을 잡는 가운데, 여러 가지 일정이 지연되면서 상황이 악화되었다. 매일같이 수백 명이 열병으로 죽어 나갔다.

결국 웬트워스는 산 라사로에 구멍이 뚫릴 때까지 기다리지 않고 자신의 운을 시험해 보기로 했다. 어쩌면 버논이 이 결정으로 몰아넣은 것일 수도 있고,[69] 아니면 웬트워스 또한 요새에 구멍이 나기 전에, 그의 군대가 열병으로

---

67) 1741년 4월 18일(4월 7일, 구력), Vernon and Ogle to Wentworth, Ranft(1958: 219).

68) BL, Additional MSS 22680, ff. 5~7, "A Brief Relation of the Expedition to Cartagena being an Extract of a Letter wrote by a Spanish Officer(카르타헤나 원정대의 관계에 대해 작성한 스페인 장교의 편지)"(날짜 없음). 이것은 스페인의 의견이므로, 진위에는 의심의 여지가 있다.

먼저 죽을 수 있다고 생각했을 수도 있다. 이것은 일반적 포위 공격 전술에 위배되는 절망적 도박이었다. 그러나 질병으로 병력 손실이 매일 발생함을 고려한다면 최선의 선택이었다.[70] 4월 20일 동이 트기 전에 영국군 1,500여 명(스페인 기록에 따르면 보통 3,500여 명)이 스페인군 250여 명이 방어하고 있던 산 라사로에 대한 공격을 시작했다.[71] 하지만 영국군의 무능함과 현지 가이드의 교활함 때문에 영국군 다수가 숲속에서 길을 잃었다. 현지 가이드들은 공성전용 사다리를 요새로 향하는 길로 운반하지 않고 옆으로 내던졌다. 병사들은 다시 사다리를 끌어올렸지만, 사다리가 너무 짧아 성벽에 닿지 않았다. 몇 시간 동안의 격렬하지만 무의미한 전투 끝에 영국군은 장비 대부분과 사망자 179명, 부상자 475명을 남기고 철수했다.[72] 스페인군은 2명이 사망하고 13명이 다쳤다.[73] 죽기 직전의 한 영국 대령은 "지휘관은 현지 가이드의 목을 매달고, 왕은 지휘관의 목을 매달아야 한다"는 말을 남겼다.[74]

---

69) 내가 본 이 결정에 대한 가장 신중한 분석인 Harding(1991: 112~114)은 웬트워스가 버논의 기술자인 찰스 놀즈의 잘못된 결정에 이끌렸다는 견해를 보인다. 하딩은 버논이 비난을 피하기 위해 자신의 서신 내용 중 일부를 삭제하거나 강조했다고 비판하고 있다.

70) 저자 미상(1744: 40), 4월 21일(4월 10일, 구력) 일기 항목에 질병이 시간당 증가했다는 구절이 있다.

71) Zapatero(1957: 137)는 수비대가 500명이었다고 한다.

72) 레소의 말에 의하면 600명의 영국군이 죽었다. 'Diario de lo acontecido en Cartagena de Indias desde el día 15 de marzo de 1741 hasta el 20 de mayo del mismo año'(1741년 3월 15일부터 5월 20일까지 카르타헤나 일지). AHN, Estado 2335. 그는 영국군이 도망칠 때 사다리와 곡괭이, 삽, 소총을 두고 왔다고 말한다.

73) 1741년 5월 27일, Carlos Desnaux al Marqués de Villadarias, AHN Estado 2335.

74) Fortescue(1910, 2:71)에 의하면, 소설 『로데릭 랜덤』 33장에서 스몰렛은 산 라사로를 습격할 때 영국 병사들이 곰의 턱 아래로 뛰어들어 죽고 마는 자국의 투견 마스티프(mastiffs)처럼 행동했다고 썼다. 생존자 중 한 명은 퀘벡의 영국인 영웅 제임스 울프(James Wolfe)의 아버지였고, 어린 울프는 아버지 연대와 함께 카르타헤나로 출항할 예정이었으나 아이러니하게도 병 때문에 영국에 머물렀다(Keevil, Lloyd, and Coulter, 1957~1963, 2:106).

그 후 며칠 동안 상호 간에 비난이 쏟아지는 가운데, 버논과 웬트워스는 도시와 산 라사로 요새 모두에 포격을 지속했다. 그들은 두 번째 공격을 생각했다. 하위 지휘 계통에서는 "카르타헤나를 점령할 생각은 사라졌고, 우기가 다가오면서 우리는 그곳을 떠날 수밖에 없었다…"라고 했다.[75] 스페인 기록에 따르면, 황열병은 영국인들이 점령한 요새의 우물물을 마시고 감염된 이질 때문에 더 치명적으로 기승을 부렸다고 한다.[76] 4월 18일에서 4월 21일 사이, 영국군은 해안가에 상륙한 병력 6,600명 중 3,400명을 잃었고, 전투를 수행할 수 있는 인원은 3,200명뿐이었다. 약 2,500명이 사망한 것으로 보인다. 4월 21일에 내린 폭우는 앞으로 더 나쁜 상황이 닥칠 것을 예고하는 신호였다(5월 7일 이후부터는 매일 비가 내렸던 것으로 보인다).[77] 포위 공격이 본격적으로 시작된 지 33일 만에 버논과 웬트워스는 '군 내부의 질병을 이유'로 전체 계획을 포기하는 데 합의했다.[78] 4월 26일, 웬트워스는 전투를 수행할 수 있는 인원이 1,700명이고, 그중 믿을 만한 병력은 1천 명에 불과하다고 기록했다.[79] 전투에 참가했던 한 군인은 "군대가 놀라울 만큼 빠르게 병들었고 사망자들이 가장 행복해 보일 정도였다. 장군은 더 이상 자신을 방어하거나 공성전을 계속 수행할 수 없다고 선

---

75) BL, Sloane MSS 3970, "An Account of Admiral Vernon's Attempt Upon Carthagena in the West Indies(버논 제독이 서인도 제도에서 카르타헤나를 공격한 이야기)".

76) "Diario Puntual de lo acaecido en la defensa que hizo de la plaza de Cartagena de lndias(카르타헤나 인디아스 광장의 방어전에서 일어난 일에 대한 일기)". Servicio Histórico Milirnr(Madrid), Signatura 52116.

77) 나는 이것을 국립해양박물관 ADM/L/W123에 있는 'Log of HMS Windsor'로 추론한다. 4월 하순에 비가 내리는 것은 오늘날의 카르타헤나에서 일상적이다.

78) 1741년 5월 7일(4월 26일, 구력), Vernon to Newcastle and Wager, Ranft(1958: 229). 1741년 5월 6일(4월 25일, 구력)의 전쟁 비망록 사본에는 "군대는… 매일 엄청난 숫자가 병들어 가고 있고, 날이 가면 갈수록 심해지고 있다"라고 언급하고 있다. Library of Congress, Vernon-Wager MSS.

79) 1741년 5월 7일(4월 26일, 구력), Wentworth to Newcastle, Fortescue(1910, 2:74)에서 재인용.

언했다"[80]라고 하며 4월 27일에는 부대가 전멸할 위기에 놓였다고 기록했다.

군대 내 질병이 너무 확산되어, 건강에 해로운 상황이 지속된다면 결국 군대 전체
가 완전히 파멸할 것처럼 보였다. 따라서 장군과 주요 육군 장교들은 항구를 보호
하는 요새를 파괴하자는 제독의 제안에 동의했다. 이 일이 완료되고 항해에 필요한
물을 실은 후 전 함대는 자메이카를 향해 출항했다.[81]

4월 28일쯤 마지막 총성이 울리고 최후의 생존자들이 승선했지만, 함대 장교
들은 8일 동안 보카치카 주변에 남아 있는 스페인 요새를 파괴하고 포로를 교
환하기 위해 노력했다. 이 시점에 영국 육군과 해군의 사망자는 약 8천 명 이상
이었다.

카르타헤나에 모습을 드러낸 지 약 54일 만인 5월 7일, 영국 함대가 자메이
카를 향해 출항하기 전까지 선원과 군인 수백 명이 정박 중 사망했다. 해리 버
나드(Harry Burnard) 대령은 건강했던 동료들의 사망이 빈번했고, 영국에서 온
그의 연대 700명 중 600명이 죽었으며, 살아남은 이들은 '기후가 빚어 낸 음울
한 파괴'로 인해 고통 받았다고 했다.[82] 외과의사의 조수이자 버논의 선원으로
일했던 스몰렛은 '지독한 열병' 걸렸는데, 이 병에 걸린 4분의 3이 사망했다.[83]

---

80) BL, Additional MSS, 40830, "An Account of the Expedition to Carthagena(카르타헤나 원
    정의 증언)". 이 글은 웬트워스와 군대에 대해 항상 비판적이었던 찰스 놀즈가 썼다.

81) 저자 미상(1744: 47).

82) 1741년 5월 6일(4월 26일, 구력), Burnard to (his brother?), BL, Additional MSS, 34207,
    ff. 9~12.

83) 소설 『로데릭 랜덤』 34장에서 카르타헤나 작전을 설명하는 스몰렛은 어떤 면에서는 정확
    하지만 약간 다른 시각에서 보면 과장된 어조로 버논과 웬트워스 두 명 모두를 심하게 비
    꼰다. 외과의사의 동료였던 스몰렛은 배에 남아 해안에서 일어나는 일을 간접적으로만 들
    을 수 있었다. 그는 산 라자로 습격에서 영국군의 손실을 과장해서 표현하기도 했다. 스몰
    렛은 배 위에서 포격전을 경험했고, 이 때문에 그의 소설에는 럼주와 파편, 절단술 등이

그와 버논은 병사들의 시체를 바다에 던져 상어밥이 되게 했다고 기록했다.

부대원 중 한 명이었던 일라이뱅크(Elibank) 경은 '추가 식량'을 제공 받은 상어들이 황열병에게 감사해야 한다고 말했다.[84)

이로써 가장 불쾌하고 피곤했던 전쟁이 끝났다. 이 전쟁에 참여한 사람들은 전쟁의 모든 불편함을 감내하면서도 전쟁에서 누릴 수 있는 어떤 편의도 얻지 못했음을 더욱 절감했다. 특히 인구가 밀집된 지역이나 온화한 기후에서 전장을 경험하는 이들이 알지 못하는 여러 불편함까지 겪어야 했다. 가장 끔찍한 일은 우리가 하선한 날부터 시작되었다. 그때까지만 해도 질병의 원인이 피로와 고열, 좋지 않은 물, 소금 공급 등이고, 장교와 군인에게 보급품이 동일하게 지급되지 않아서 생긴 문제라고 보았다. 우리가 다시 배에 올라 퇴각한 이유는 전장을 더 지키는 것이 불가능하다는 것을 깨달았기 때문이다. 매년 이맘때면 어김없이 천둥과 번개를 동반한 강한 폭풍우가 발생했다. 유럽에서 느끼는 것과는 비교할 수 없는 수준이었다. 항상 그랬던 것처럼 이것은 이후 광범위한 질병과 죽음을 불러왔다. 우리는 카르타헤나 항구에 머물렀던 3주 만에 장교를 포함한 병사의 3분의 1을 잃었다. 죽은 자들은 모두 똑같은 과정을 겪었는데, '열병'을 앓다가 5일 이내 사망했고, 혹여나 그보다 오래 생존하더라도 결국 흑토병(黑吐病, 피가 섞인 거무칙칙한 구토물을 토하는 증상이 있음)이라는 더 큰 고통을 겪다 숨을 거두었다.

검은 구토물은 스페인군에게 영향을 미치지 않았다. 카르타헤나를 방어하는

자주 등장한다.

84) BL Additional MSS, 35898: "A Journal Written of the Expedition that sailed from Spithead in the West Indies under the command of the Right Honourable Lord Cathcart, in the Month of Oct. 1740(1740년 10월, 명예로운 캐스카트 경의 지휘 아래 서인도 제도의 스핏헤드에서 항해한 탐험 일지)," f. 120. 일부 내용이 Lewis(1940: 263)에 인용되어 있다.

동안 스페인군은 200~600명이 희생되었다.[85] 카르타헤나 포위 공격 중 황열병에 관한 기록물은 어디에도 없었다. 1740년 말부터 1741년 초 사이 황열병이 발생해 스페인에서 온 지원군 3분의 1이 사망했다. 이때 황열병에 걸렸던 사람들은 버논의 공격 시기에 이미 사망했거나 회복된 상태였다.[86] 아이러니하게도 역학적으로 보자면, 스페인에서 대규모 추가 지원 부대가 합류하지 않았기 때문에 카르타헤나 방어는 성공할 수 있었다. 도시 인구 1만 명 중 황열병 생존자 수백 명이 집단면역을 제공했기 때문에 황열병 바이러스는 활개 치지 못했다. 레소와 에슬라바는 더 많은 지원 병력을 원했을지 모르지만, 오히려 지원 병력이 없었던 것이 그들에겐 다행이었다.

레소는 1741년 9월에 부상으로 죽었다. 에슬라바는 1759년까지 살면서 여러 정부 고위직을 지냈다. 두 사람 모두 왕으로부터 감사의 표시로 귀족 칭호를 얻었다. 그리고 스페인 제국과 독립 이후의 콜롬비아의 영웅이 되었으며, 그들의 얼굴과 이름이 우표와 도시 거리를 장식했다. 그들은 서로 마찰이 있었지만[87] 성공적인 시간을 보냈다. 각자의 장점을 빈틈없이 활용했고, 신중하게 '기후'에 도박을 걸어 스페인의 대승을 이끌면서 스페인령 아메리카 제국을 구해 낼 수 있었다.[88] 그러나 이집트숲모기와 황열병 바이러스는 어떠한 영예도 얻지 못

---

85) Eslava(1894: 214)는 200명이라고 썼으나, 다수의 역사학자는 600명이라는 주장에 더 공감한다.

86) "Diario Puntual de lo acaecido en la defensa que hizo de la plaza de Cartagena de Indias(카르타헤나 인디아스 광장의 방어전에서 일어난 일에 대한 일기)", Servicio Historico Militar(Madrid), Signatura 52116. Marchena Fernandez(1982: 138) 역시 참조. 카르타헤나에 주둔 중이었던 스페인군의 건강에 대한 정보는 (내가 아는 바로는) 없다. Marchena Fernández(1983: 194~237)는 18세기 아메리카 대륙에 주둔했던 스페인 군대 전체의 건강을 연구하고 있다.

87) AGI, Audiencia de Santa Fe, legajos 572 and 940. 여기에는 스페인 당국의 상호 배임과 비겁함을 고발하는 편지 다수가 포함되어 있다.

88) 카르타헤나를 잃은 것이 스페인 아메리카 제국의 대부분 혹은 전부를 잃는 결과로 이어졌는지는 아무도 말할 수 없다. 젱킨스의 귀 전쟁 관계자는 그러길 바랐을 것이다. 스페인의

했다.

영국 함대가 자메이카로 돌아간 후에도 황열병 희생자는 계속 발생했다. 그 후 3주 동안 병사 1,100명이 추가로 사망했다. 1741년 6월 초까지 캐스카트의 병력 9천 명 중 3천 명만이 임무를 수행할 수 있는 상태였으며, 그 달 말 무렵에는 2,100명만이 살아남았다.[89]

관타나모에서의 죽음, 1741

버논과 웬트워스는 살아남았다. 그들은 살아남은 병력을 이끌고 산티아고데 쿠바를 공격하기로 했다.[90] 산티아고 데 쿠바는 쿠바 남동부에 있는 항구 요새이자 해적선의 은신처로서, 자메이카에서 유럽으로 향하는 항로에서 항상 문제가 되었던 곳이다. 자메이카 농장주와 상인들은 쿠바 동부를 장악하여 해적 행위가 근절되고, 자메이카에서 북아메리카와 유럽으로 가는 최적의 항로인 윈드워드 통로(Windward Passage: 쿠바와 히스파니올라 사이)가 안전해지기를 바랐다. 런던에 있는 버논의 상관들은 그가 산티아고를 점령하고 북아메리카에서 온 충성스러운 영국인들과 함께 정착해 쿠바 동부를 (반세기 전 히스파니올라 서부가 프랑스 식민지가 된 것처럼) 영국의 식민지로 만들기를 원했다. 실제 버논은 웬트워스의 북아메리카군이 쿠바에 정착하여 영국의 쿠바 식민지화가 시작되기를 원했다.[91]

해군 역사학자 세사레오 페르난데스 두로(Cesareo Fernández Duro)는 그렇게 되었을 것이라고 주장했다(Nowell, 1962: 501에서 재인용). 영국은 이후 프랑스령 캐나다와 네덜란드령 남아프리카를 흡수했지만, 스페인령 아메리카보다는 덜 매력적이었다.

89) 6월 10일(5월 30일, 구력) 귀환과 관련해, Harding(1991: 124)은 영국인 1,909명과 아메리카 원주민 1,086명이라 말하고, Fortescue(1910, 2:74)는 영국인 1,400명과 아메리카 원주민 1,300명이었다고 말한다. 6월 30일(7월 19일, 구력) 귀환 인원은 2,142명이었다.

90) 1741년 6월 6일(5월 26일, 구력), Council of War, Vernon-Wager MSS, Library of Congress.

91) 1741년 5월 7일(4월 26일, 구력), Vernon to Newcastle and Wager, Ranft(1958: 229~230)

산티아고 데 쿠바는 구미가 당기는 표적이었다. 1662년 영국 해적들은 그곳을 쉽게 약탈했다. 1741년에 산티아고 데 쿠바에는 약 1만 명이 있었고, 방어 부대는 민병대와 두 개의 원주민(Indio) 부대를 포함해 약 700명으로만 구성되어 있었다.[92] 1739년 전쟁 발발 이후 조금 강화되었지만 카르타헤나에 비해 요새화는 미미한 수준에 머물렀다. 그러나 산티아고 데 쿠바는 거의 사람이 살지 않는 산으로 둘러싸인, 입구가 좁은 작은 만에 자리 잡고 있었다. 버논과 웬트워스는 (혹은 버논 단독으로) 동쪽으로 80킬로미터 떨어진 넓고 인구가 없으면서 무방비 상태였던 관타나모(Guantánamo)만을 기지로 삼아 육로 공격을 감행하기로 했다. 1741년 8월 말, 이들 함대는 만으로 진입했고, 이후 그곳에서 별다른 소득 없이 4개월의 시간을 보내게 된다.[93]

육지 쪽에서 산티아고 데 쿠바를 공격하는 것은 비현실적이었다. 관타나모로 가려면 길고 거의 텅 빈 사바나와 삼림지대를 통과해야 했다. 이것은 곧 영국군이 모든 보급품을 이곳으로 운반해야 한다는 의미였다. 지형을 탐사하는 과정에서 스페인군과 쿠바 민병대의 기습이 있었다. 버논의 재촉에도 불구하고, 웬트워스는 육로 상륙을 거부했고, 또한 웬트워스의 주장에도 불구하고, 버논은 해상을 통한 산티아고 데 쿠바 항구 공격을 거부했다. 그래서 군대는 관타나모 주변을 요새화하고 눈에 보이는 모든 곳에 영국 식민지에 걸맞은 영어 지

는 "만약 그들이 아메리카에 정착한다면, 이미 인구가 넘쳐나는 자신들의 고향으로 돌아오는 것보다 훨씬 좋을 것이고, 거기서 제조업을 시작해 조국을 위협할 수도 있다"라고 언급함. 또한 1741년 10월 26일(10월 15일, 구력)과 1741년 11월 10일(10월 31일, 구력), Newcastle to Vernon, BL, Additional MSS 32698, ff. 138, 240; 1741년 7월 2일(6월 21일, 구력), Wager to Vernon, Ranft (1958: 242~243). 이 외에 Pares(1936: 92) 참조.

92) 이상 병력 숫자는 Portuondo Zuniga(1996: 59, 68)에서 참조.

93) 이 작전과 관련한 자료는 "Diario de lo occurido en Santiago de Cuba desde la primera noticia de la intentada invasión por los ingleses(영국군에 의해 감행된 첫 번째 산티아고 데 쿠바 공격에 대한 일지)"에 있다. AGI, Audiencia de Santo Domingo, leg. 364; Portuondo Zúñiga(1996: 69~72); Harding(1991: 123~137); Pérez de la Riva(1935).

220 2부 모기 제국

명을 붙이고 그 자리에 머물렀다.

늦여름 비가 내렸고, 예상대로 황열병이 군대에 퍼졌다. 9월 초, 웬트워스는 군인 2,300명 이상이 임무를 수행할 수 있다고 보았지만, 한 달이 지나자 임무 수행이 가능한 자는 겨우 1,400명이었다.[94] 11월에 비가 그쳤지만 황열병이 당장 완화되지는 않았다. 왜냐하면 이집트숲모기 마지막 세대가 사라지는 데 몇 주가 걸렸기 때문이다. 11월 중순이 되자 웬트워스는 버논에게 관타나모 주변을 지킬 병력이 충분하지 않다는 서신을 보냈다(이후 둘은 더 이상 연락하지 않았다).[95] 그달 말 웬트워스는 1천 명이 조금 넘는 잔여 병력을 이끌고 자메이카로 돌아갔다. 12월에 버나드 대령은 자신의 연대에서 영국 출발 당시 장교 인원보다 20명 더 많이 죽었다고 형제에게 편지를 썼다. 즉 기존 장교와 대체 장교들 대부분이 사망한 것이었다. 살아남은 388명(버나드의 이전 서신을 신뢰할 수 있다면 대부분은 대체 병력이다) 중 383명은 병을 앓고 있었다.[96]

1742년 봄 버논과 웬트워스는 책임감을 잃지 않고 스페인 제국에서 가장 열병이 심한 파나마 해안 공격을 계획했다. 지원군 2천 여명이 영국에서 도착했지만, 자메이카에서 병에 걸리기 시작했다. 파나마 원정은 며칠밖에 지속되지 못했다. 수송선이 해안에 도착하자마자 지휘관들은 임무를 수행할 수 없다고 판단했고, 병사 200명을 질병으로 잃은 채 자메이카로 귀환했다.[97] 이 지경이 되자 버논과 웬트워스는 추가 손실을 줄이고자 모든 계획을 그만두기로 했다.

---

94) 1741년 9월 7일(8월 27일, 구력), Wentworth to Vernon, PRO SP 42/90, f. 320. 그리고 1741년 10월 9일(9월 29일, 구력), PRO SP 42/90, ff. 332~323 Council of War.

95) 1741년 11월 14일(11월 3일, 구력), Wentworth to Vernon, BL, Additional MSS, 40829, f. 35, 많은 보고서에는 특히 장교들이 부족했다고 적고 있다.

96) 1741년 12월 18일(12월 7일, 구력), Harry Burnard to his brother, BL, Additional MSS, 34207.

97) Harding(1991: 137~148).

사망자 추정, 1740~1742

1740~1742년, 서인도 제도에 파견된 영국군 1만 명 중 약 74%가 1742년 10월까지 사망했다. 사망자 중 약 6%만이 전투 중 사망했다. 캐스카트와 함께 항해했던 최초의 집단 중 90%가 사망했다.[98] 북아메리카의 사정은 조금 나은 편이었다. 복무한 4,200여 명 중 65%는 서인도 제도에서 사망했고, 그중 약 3%는 전투 중 사망했다. 북아메리칸 사상자가 적었던 이유는 그들이 무능하고 신뢰할 수 없다는 인식 때문에 전투에 출전한 병력이 적었기 때문이다. 또한 서인도 제도로 오는 여행 기간이 유럽보다 짧아 더 적은 사망자가 나왔다. 하지만 북아메리카인들도 황열병 면역력이 없는 버지니아와 북쪽에서 왔기 때문에 영국군처럼 빨리 사망한 것으로 보인다. 카르타헤나와 산티아고 데 쿠바 공격에 참전한 영국군 1만 4천 명 중 약 1만 명이 사망했고, 그 외 몇 명은 본국으로 돌아가다 사망했을 것이다.[99]

선원들의 사망 집계에 대한 공식 수치는 존재하지 않지만, 버논이 선원들을 채우기 위해 웬트워스 병사들을 계속 징집했다는 사실은 선상에서도 사망자가 심각했음을 의미한다. 선원과 군인들이 바다와 항구에서 함께 생활했고, 선박의 갑판 아래 따뜻하고 습한 구역은 이집트숲모기떼에게 서식처를 제공했다. 그리고 버논의 함대는 카르타헤나와 관타나모만에 몇 주 동안 정박해 있었는데, 그곳에서는 선원들이 해변으로 노를 저어 가고 모기가 배에 날아들었다. 만약 선원 사망 비율이 군대에서의 사망 비율과 같다면,[100] 선원 1만 5천여 명 중

---

98) Keevil, Lloyd, and Coulter(1957~1963, 1:78).

99) 공식적인 귀환자 정보는 PRO CO 5/41 and 5/42에 있다. Harding(1991: 202~206)은 여러 데이터를 유용한 표로 만들었다. Ames(1881: 365)에 의하면, 카르타헤나로 파견된 매사추세츠군 중 10%만이 귀환했다고 한다. 1741년 스페인의 말라가(Málaga)에서 전염병이 발생했다고 하는 것을 볼 때, 황열병이 아마도 대서양을 건너간 듯하다(Reyes Sahagun 1742).

100) Harding(1991: 149)은 선원 사망률이 군인의 사망률만큼 심각하다고 믿고 있다.

4분의 3인 1만 1,750명이 여러 이유로 사망한 것이다. 군인과 선원을 합치면 버논의 원정에서 2만 9천 명 중 2만 2천 명이 사망했을 것이고, 아마도 2만 1천 명은 질병으로 사망했으리라 추정된다.

홍미로운 것은 버논과 웬트워스, 그리고 그들의 런던 상관들 중 그 누구도 영국군과 식민지인들의 고통과 죽음에 대해 유감을 표명하지 않았다는 것이다. 버논은 작전 초기에 병원 시설을 확충하기 위해 사비를 일부 사용하기도 했지만, 이것은 온정이기보다는 실무적인 조치였다. 관타나모만의 기함에서 동생에게 편지를 쓰면서 제독은 살아 있다는 사실에 안도하는 듯했다. "그러한 질병과 분열된 의회 속에서도, 하나님의 뜻대로 나를 건강하게 지켜 주시고."[101] 그와 당시 사람들은 불행한 사람들을 냉담하게 바라보며 당연시하는 무자비한 사회 속에서 살았다. 다른 사람의 고통에 무관심하지 않고는 제독이나 장군이 되지 못했고, 농장주나 노예 상인이 될 수 없었다. 그 이유가 무엇이든, 지휘관과 전략가들의 무덤덤한 태도는 그렇게 많은 군대가 죽는 것을 목격한 경험에서 비롯된 것은 아니었다. 다시 말해서 지휘관과 전략가들은 그렇게 많은 군인들의 사망을 목격했다 해도 이에 전적으로 무관심했으며, 여기에는 다양한 사회적 원인이 있었다. 유럽의 오스트리아 왕위 계승 전쟁에서 영국군의 약 8%가 부상과 질병으로 사망했다. 스코틀랜드 반군을 진압하기 위한 6개월간의 재커바이트(Jacobite) 반란 전쟁(1745~1746년)에서, 영국 왕실은 군인 1만 6천 명을 파견했고 이 중 약 300명(2% 미만)이 질병으로 사망했다. 군인과 선원 모두에게 카리브해 질병 환경은 영국이나 유럽(또는 북아메리카)에서의 전투 상황보다 훨씬 더 위험하다는 점이 증명되었다. 대규모 원정에 참가하는 것은 전투로 인한 사망 위험 측면에서 좀 더 안전할 수 있다. 하지만 이것은 가장 위험한 복무였는데, 감염자 수천 명이 황열병 바이러스의 전염과 무제한 번식에 좋은 기회를 제공했기 때문이다.[102]

---

101) 1741년 12월 7일(11월 26일, 구력), Vernon to James Vernon, Ranft(1958: 250).

영국 전략 입안가들은 이런 암울한 상황에 전혀 개의치 않는 듯 보였지만, 장교와 병사들은 그렇지 않았다. 1730년대부터 군인들은 서인도 제도 근무를 피하고자 대체 복무자를 돈 주고 샀고, 장교들은 부대가 출항할 때 장교직을 사임하거나 집에 숨어 있기도 했다. 점차 고위 지휘부는 서인도 제도에 엘리트 부대를 보내지 않았고, 능력이 떨어지는 부대나 장교를 처벌하는 장소로 서인도 제도를 선택했다.[103]

어쨌든 카르타헤나와 산티아고 데 쿠바에서 스페인 영토를 정복하려는 영국의 야망은 수포로 돌아갔다. 여기에는 물론 영국인의 허풍과 말다툼, 그리고 스페인의 용맹함도 관련이 있다. 그러나 황열병이 없었더라면, 영국군은 어떻게 해서든 승리했을 것이다. 그리고 1739년 전쟁에 나섰을 때 버논과 그의 상관들이 그토록 열망했던 결과를 이루었을 것이다.

7년 전쟁과 아바나 포위 공격의 생태, 1762

군대와 국고가 극도로 고갈된 상황에서 유럽의 군주들은 1748년 평화에 합의했다. 하지만 엑스라샤펠 조약(The Treaty of Aix-la-Chapelle)은 명목상 휴전에 불과했기에 1754년 전쟁이 다시 시작되어도 아무도 놀라지 않았다. 7년 전쟁

---

102) Candie(1974, 1:93, 100)의 자료에서 인용한 사망률 수치. Raudzens(1997: 11)가 목록을 작성한 오스트리아 왕위 계승 전쟁의 7개 주요 전투 중, 승자의 사망률은 3~16%이고, 패자의 사망률은 6~26%이다. 라우젠스의 수치는 단순 전투(battle)에 해당하며, 장기적 군사작전(campaigns)에는 적용되지 않는다.

103) O'Shaughnessy(1996: 106~111). 1738년 서인도 제도의 영국 해군 승무원들은 평시(in peacetime) 6~9개월간의 항해 동안 선원의 8~16%가 질병으로 사망했다(Crewes, 1993: 63~98). 육군 또한 서인도 제도에서 전투 상황이 아닌 상태에서 빠르게 죽어 갔는데, 1738~1745년 안티구아에서는 원 병력의 150%를 잃어버리기도 했다(O'Shaughnessy, 1996: 110). 서인도 제도를 유형지(귀향지)로 사용하는 것은 죄수를 조지아(George)나 호주(Australia)와 같이 질병이 만연한 곳으로 '운송(transportation)'하는 관행과 유사했는데, 그들은 눈에 띄지 않고, 정신을 잃었으며, 1년 안에 사망할 가능성이 있었다.

(미국에서는 종종 프렌치 인디언 전쟁으로 알려져 있다)은 펜실베이니아주 오지에서 서서히 시작되었다. 이 전쟁은 북아메리카와 유럽, 인도, 필리핀, 서인도 제도, 여러 해상에서 벌어지면서 세계 전쟁이 되었다.

영국과 프로이센은 포르투갈, 독일의 소국들, 이로쿼이 아메리카 원주민 동맹(Iroquois Confederacy), 프랑스와 대립 중이던 여러 남아시아 왕국들로 구성된 느슨한 연합을 이끌고 프랑스, 프랑스령 원주민들, 아메리카 및 남아시아 동맹국, 오스트리아, 스웨덴, 스페인(1761년 이후)과 맞서 싸웠다. 대체로 영국은 유럽 전장을 프로이센의 프레드릭(Fredrick) 대왕에게 맡기고, 프랑스 해외 식민지와 1761년 이후 스페인 식민지를 공격하는 데 집중했다. 윌리엄 피트(William Pitt)의 사역과 연관된 이 전략은 초기 몇 번의 역경 끝에 프랑스 루이스버그(1758년), 과들루프(1758년)[104], 퀘벡(1759년), 인도의 모든 프랑스 거점(1757~1761년) 정복으로 결실을 맺었다. 이후 스페인이 참전하면서, 피트의 야망은 '인디아스 제도의 핵심'인 아바나로 바뀌었다.

아바나는 스페인령 아메리카의 전략적 요충지였다. 보물을 실은 함대는 대서양을 횡단해 스페인으로 가기 전 이곳에 정박했다. 아바나 항구는 아메리카 대륙 최고 규모였고 스페인 해군 카리브해 함대 본부 역할을 했다. 쿠바의 조선소에서는 스페인 해군의 전함 5척 중 가장 큰 전함을 포함한 2척이 건조되었다. 쿠바에서 건조된 전함은 열대우림의 단단한 나무로 만들어져 스페인에서 건조된 것보다 내구성이 두 배 이상 좋았다. 그리고 어느 스페인 조선소보다 더 저렴하게 배를 건조했다.[105] 마지막 전쟁이 끝난 후, 아바나는 번창하는 설탕 산업의 중심지가 되었다. 아바나의 설탕 수출은 1749년과 1760년 사이에 다섯 배

---

104) 과들루프의 변변치 않았던 요새는 열병이 영국군을 격멸하기 전에 정복을 허용했다 (Smelser, 1955).

105) McNeill(1985: 173~176); Ortega Pereyra(1997). BL Additional MSS, 15,717, f. 35, "Estado que manifiesta las fuerzas marittimas del Rey de España"(1771)에 따르면 스페인 해군에 있는 80발 이상의 함포들은 모두 아바나에서 건조되었다고 한다.

나 증가했다. 1761년 약 100개의 플랜테이션이 항구에서 내륙 간 20~30킬로미터 지점 사이에서 아바나를 에워싸고 있었다. 매년 약 5개 이상의 새로운 플랜테이션이 문을 열었다. 아바나 인근 농장에서는 연간 약 4,600톤의 설탕이 생산되었고, 쿠바의 나머지 지역에서는 1천 톤이 만들어졌다. 하지만 이러한 설탕 생산 규모는 작은 설탕 섬의 평균 수출량에 미치지 못했고, 자메이카나 생도맹그 설탕 수출량의 15%에도 미치지 못하는 수준이었다. 그러나 선각자들은 쿠바 서부의 설탕 수확량이 서인도 제도의 다른 지역보다 많아질 것을 예견하고 있었다.[106] 피트의 입장에서 아바나는 그 어느 때보다 더 달콤한 상품으로 보였다.

영국의 수륙양용 원정

1761년 1월 스페인과 전쟁을 선포한 지 일주일도 되지 않아 피트의 참모진은 아바나 공격을 준비하기 시작했다.[107] 57일 만에 수륙양용 원정대가 항해에

---

106) Biblioteca Nacional(Madrid), Seccion de Manuscritos, 20144, José Antonio Gelabert a Don Julian de Arriaga, "Proyecto para que se tomen los azucares de Cuenca de la Real Hacienda," 25 abril 1759: AGI(Santo Domingo 2015)에 복사본 포함. Marrero(1972~1992, 7:11~23); McNeill(1985: 162~166)도 참조. Moreno Fraginals(1976, 1:40~42)에서 비교 생산 수치를 언급함.

107) 이 작전에 대한 권위 있는 저서는 없다. 그러나 유용한 저서로는 Parcero Torre(1998); Syrett(1970) 등이 있다. 보다 오래된 저서의 경우 Valdés(1814); Guiteras(1856); Hart(1931); Zapatero(1964: 164~175); Femàndez Duro(1901, 7:39~81); Pezuela(1868, 1: 418~519); Corbett(1907, 1:146~184). Garcia del Pino(2002)는 애국적이며 적극적으로 아바나 대중 계급의 미덕을 소개했다. Keppel(1981)의 연구는 특히 영국군 동향 파악에 도움이 된다. Calleja Leal and O'Donnell(1999: 103~179)은 스페인군의 동향을 파악하는 데 도움이 된다. 보고서(p. 164)에 따르면 조지 워싱턴은 아바나에서 영군군에 복무했다. Castillo Manrubia(1990)는 2차 출처로 구성했으며 해군 정보를 가장 많이 포함하고 있다. 아바나 총독의 일일 서신은 AGI, Ultramar 169에 있다. 그의 일지는 Pezuela(1868, 3: 17~51)에 인쇄되었다. 익명의 스페인 저널이 SHM, Ultramar, 4.1.1.7에 등장한다. 이 중 하나는 해군 장교로 추정되는 'J.M. y J.'에 의해 작성되었으며 Martfnez Dolmau(1943:

나섰는데, 이것은 '7년 전쟁' 후반기 영국 군사 산업의 효율성을 입증하는 위대한 위업이었다. 군 지휘권은 14세부터 장교로 복무했지만 전투 경험이 부족했던 앨버말 백작 조지 케펠(George Keppel)에게 돌아갔다. 그는 개별 인맥이 좋았다. 그의 형제 2명 또한 원정대의 고위 장교 직책에 이름을 올렸다. 그리고 조지 포콕(George Pocock) 부제독은 해군을 이끌었다. 그는 1725년 19세에 해군에 입대했고, 1733년부터 주로 서인도 제도에서 함대를 지휘했다. 앨버말과 포콕의 목표는 이미 서인도 제도에 주둔하고 있는 부대와 북아메리카 지원병을 연합하여 아바나를 점령하는 것이다. 이후 그들이 원하는 스페인령 지역을 추가로 점령하고, 마지막으로 프랑스로부터 루이지애나를 탈환하라는 지시를 받았다. 이 원정대는 열병이 자주 발생할 것으로 예상했고, 병사 110명당 의사 1명을 배치하는 등 전례 없는 규모의 의료진을 구성했다.[108]

앨버말과 포콕은 4월 말 바베이도스에 도착했다. 5월 말경에는 생 도맹그 북쪽 해안을 순항하면서 아바나에 상륙하기 위한 마지막 부대를 기다리고 있었다. 최종적으로 영국 원정대는 대형 전함 20척과 소형 전함 10척, 그리고 군인 1만 1,098명을 태운 수송선 200척으로 구성되었다. 기록에 따르면 군인들 중 1,241명이 병에 걸렸다.[109] 앨버말은 "선원과 군인들이 이곳에서 일하기 어렵

65~101)에 수록되어 있다. 포병과 둑, 참호용 자재, 야전삽 등에 관해 언급하는 영국 수석 공병인 패트릭 매켈러(Patrick MacKellar)의 저널은 BL Additional MSS, 23678; in PRO CO 117/1 ff. 110~118에 수록되어 있으며 Beatson(1804, 2:544~565)에 인쇄되었다. 저자 미상(1762)(*An Authentic Journal*)에 보다 구체적인 내용이 포함되어 있다. 추가 자료의 경우 Archivo Nacional de Cuba(1948, 1951, 1963)에 수록되어 있다. 1948년 권에는 앨버말(Albemarle) 가문의 개인 기록 보관에 있는 다양한 문서가 포함되어 있다.

108) Candie(1974, 1:117~118)에서 군의관 정보를 참조했다. 앨버말의 명령은 PRO CO 117/1, ff. 24~35에 기재되어 있다.

109) Lt.-Gen이 지휘하는 H. M. 부대의 일반적인 귀환을 요약했다. Lord Albemarle(23 May 1762)는 Syrett(1970: 126)에 인쇄되었다. 사이렛(Syrett)은 원본의 수치를 수정했다. 1만 998명이라는 수치는 Archive Nacional de Cuba(1948: 79)에 수록되었으나 정확하지 않다.

다"라는 이유로 노예 수백 명을 사서 임대했는데, 이는 고된 노동이 열병을 유발했기 때문이다.[110] 지휘관들은 북아메리카에서 병력 4천 명이 더 도착할 것으로 기대했지만 질병과 허리케인 시즌이 얼마 남지 않아서 더 기다릴 수 없었다.[111] 그들은 쿠바의 해류, 암초, 산호초의 위험성 때문에 쿠바의 북쪽 해안을 따라 최단 항로를 택했는데, 이것은 색다른 접근 방식이었다. 6월 6일 영국군이 아바나 앞바다에 도착했을 때 아바나 총독은 미사에 참석하고 있었으며, 대규모 함대와 군대가 출동했다는 사실을 전혀 알지 못했다.

아바나 방어 전략

1762년 아바나 인구는 4만~5만여 명으로 아메리카 대륙에서 가장 큰 도시 가운데 하나였다. 아바나에는 당시 쿠바 인구의 4분의 1 이상이 거주하고 있었다.[112] 아바나 인근 외곽 지역에는 약 5천~6천 명이 더 거주하고 있었다. 이들 대부분은 쿠바에서 태어나고 자랐지만, 꼭 아바나 지역 출신은 아니었다. 그들의 조상은 주로 카나리아 제도 출신의 스페인 사람이었지만, 많은 이들이 프랑스, 아일랜드, 이탈리아, 그리스 등 여러 곳에 뿌리를 두고 있었다. 아메리카 인디언 혈통을 가진 사람은 극소수에 불과했다. 인구의 약 4분의 1은 아프리카에서 태어난 노예들이었다. 노예들 중 절반은 콩고와 중앙아프리카에서 왔고, 나

---

110) Albemarle to Egremont, 27 May 1762, PRO CO 117/1, f. 70.

111) BL Additional MSS 32694 "An Account of the Havanna and Other Principal Places belonging to the Spaniards in the West Indies," 14 April 1740, f. 76에 따르면 영국군은 "유럽인이 아프기 시작하는 시기는 5월 중순부터 10월 초까지이며 덥고 비가 많이 오기 때문에 유럽인이 작업하기 힘들다"라고 예상했다.

112) The Visita of Bishop Morell y Santa Cruz, AGI SD 534 (and a copy in 2227)에서는 1755년부터 1757년까지 아바나 및 주변 지역 인구를 2만 6천 명으로 보고한다. 그러나 이 수치는 낮게 산출되었다. McNeill(1985: 37~38); Marrero(1972~1992, 6:47~48) 참조. 1760년 산출(Declaración de Juan Ignacio de Madariaga, 14 abril 1763, AGI SD 1587)에 따르면 아바나 인구는 4만~5만 명으로 추산된다.

지도 5.3. 아바나와 그 주변(1762년경)

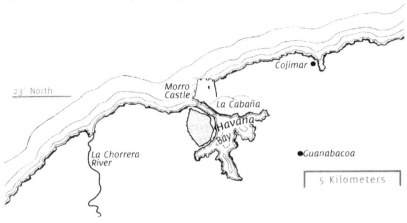

머지 절반은 서아프리카에서 왔다.[113] 노예 이외에 아바나 인구의 5분의 1 또는 6분의 1이 자유 흑인이었기 때문에, 전체 인구에서 아프리카인과 아프리카계 쿠바인의 비율은 약 40~45%에 달했다.[114]

아바나는 넓은 만의 서쪽에 있었으며 폭이 불과 200미터에 불과한 긴 수로를 통해 바다와 연결되어 있었다. 이러한 지리적 특성으로 인해 도시와 항구는 자연 방어가 가능했다. 게다가 도시 성벽 안에 요새도 있었다. 수로 어귀가 있는 도시 북쪽의 서쪽 둑에는 방파제와 라 푼타(La Punta)라는 두 번째 요새가 있었다. 수로의 동쪽 약 7미터 높이의 곳에는 항구 입구와 도시를 방어하기 위한 엘

---

113) AGI(Contadurfa 1167)에 수록된 한 문서에 기반한 내용이며, Marrero(1972~1992, 6:33)에 요약된 1794년 쿠바 동부로 밀수된 노예의 기원을 다루고 있다. AGI SO 504의 또 다른 문서의 경우 Marrero(1972~1992, 6:36)에 요약되어 있으며 1759년 아바나에서 매매된 노예 182명의 기원을 다루고 있다.

114) 쿠바 제1차 인구조사(1774)에 따르면 쿠바 인구의 55%가 백인이고, 45%가 노예 및 자유 흑인으로 구성되어 있다. 1762년에는 백인 인구가 조금 더 높았지만, 쿠바 인구에서 아바나가 정확히 얼마를 차지했는지 확인하기는 어렵다. 1762년 아바나 자유 흑인 민병대의 경우 남성 800명 이상으로 구성되었다(Garcia, 2002: 165).

모로(El Morro)라는 요새가 있었다. 엘 모로는 스페인 최고의 군사 건축가(그리고 노예 부대)가 꼼꼼하게 건설한 대표 요새이다. 돌로 두꺼운 성벽을 쌓았고, 동쪽과 육지 쪽에는 바위를 깎아 만든 깊고 건조한 해자가 있었다.[115] 따라서 공격 부대는 엘 모로에 근접한 길목에 참호를 만들 수 없었다. 그리고 포위해서 굶겨 죽일 수도 없었다. 엘 모로는 여러 개의 창고와 물탱크에 식량과 물을 보관하고 있었고, 밤에는 작은 배를 타고 아바나에서 해협을 건너는 것이 그렇게 위험하지 않았다. 또한 공격 부대가 전함을 이용해 해협으로 진입하는 것은 불가능했다. 왜냐하면 성벽을 따라 설치된 함포와 엘 모로의 함포 사이를 뚫고 들어가야 했기 때문이다. 실제로 1555년(거의 요새화되지 않았을 때) 이후 아바나를 공격하려는 모든 시도는 실패로 끝났다. 스페인 장교들이 아바나를 난공불락으로 간주했던 나름의 이유가 있었겠지만, 그중 가장 큰 이유는 엘 모로였다.[116]

그러나 1761년 여름 프랑스의 한 군사기술자가 지적했듯이, 엘 모로 남동쪽에는 요새와 항구를 내려다볼 수 있는 라 카바냐(La Cabaña)라고 불리는 언덕이 있었다.[117] 1762년 이 언덕은 숲으로 우거져 있었다. 1750년대 내내 스페인 당국은 이 언덕을 요새화하여 아바나 방어를 완성하고자 했다.[118] 1760년 영국과의 전쟁이 임박해 아바나에 새 총독이 파견되자, 서인도 제도 담당 장관은 새로 임명된 후안 데 프라도(Juan de Prado) 총독에게 라 카바냐를 요새화하라고 직

---

115) Mante(1772: 432~433)에 따르면 깊이 45~63피트 및 너비 43~105피트로 구성된 도랑이 다양한 지점에 있었다. 만테(Mante)는 포위 작전의 보조 공병으로 참전했다. 또 다른 전쟁 참가자인 Archibald Robertson(1930: 63)의 일지에도 이와 유사한 수치가 나타난다.

116) Parcero Torre(1998: 18~30)는 아바나 요새를 가장 잘 서술하고 있다. 1762년까지 아바나 요새의 역사적 발전의 경우 Pérez Guzmdàn(2002: 135~143)이 상세히 설명하고 있다. Blanes Manin(1998, 2001: 76~87) 역시 참조하길 바란다.

117) 아바나 및 다른 요새와 성의 요새화 현황에 대한 D. Francisco Ricaud de Tirgale의 1761년 7월 8일 기록.

118) 예를 들어, 라 카바냐 산의 요새화 프로젝트를 촉구하는 총독이 국왕에게 주는 협의 보고서(signed: Cagigal 1759), SHM 4.1.1.1.

접 지시했다.[119] 그러나 영국 함대가 도착했을 때 요새화는 거의 시작되지도 않은 상태였다.

후안 데 프라도 마예라 포르토카레로 이 루나(Juan de Prado Mayera Porto carrero y Luna)는 군인 집안 출신으로 1731년 오란(Oran) 전투와 스페인의 이탈리아 전쟁에 참전했다. 1760년 아라곤, 발렌시아, 무르시아의 보병 부관으로 근무하던 중 형이 아바나로 발령을 주선했다. 그는 먼저 산티아고 데 쿠바를 시찰했고, 1761년 2월 초 아바나에 도착해 쿠바의 총사령관으로서 아바나 군대를 지휘했다.

이 부대는 1719년부터 아바나에 배치된 '상시 주둔' 대대로 구성되어 있었다. 1762년 5월, 2개 대대와 일부 기마병이 충원되어 총 정규 병력은 2,400명에 이르렀다. 이 중 321명은 환자로 분류되어 있었고, 나머지 소수 인원은 도시 외곽에 주둔했다.[120] 영국군이 도착했을 때 아바나에는 아마도 2천 여 명의 건강한 군인들이 있었을 것이다.[121] 또한 시기에 따라 유용하게 동원할 수 있는 약 3,300명의 민병대가 그들을 지원하고 있었다. 이 외에도 함선 12척과 호위함 3척으로 구성된 해군 함대가 선원 5,500여 명과 함께 항만에 정박해 있었고, 많은 수병이 해안 근무를 하고 있었다. 1762년 6월 아바나를 방어하는 병력은 총 1만~1만 1천 명에 달했다.[122]

---

119) Arriaga a Prado, 23 agosto 1761, AGI, SD 1581. 1755년 보고서에 따르면 주교가 페르디난드 6세에게 문제를 제기했다(AGI SD 534, Morell al Rey, 2 julio 1755).

120) 1762년 5월부터 군대 상태(estados de tropas)에 관한 정보가 AGI, SD 1581, 1584, 1585에 나타난다. Albi(1987: 46~49)는 방어군과 관련한 내용을 서술한다.

121) Proceso y (sentencia?) dada al Gobernador de la Habana Juan de Prado(1765), BN-Madrid, MSS 10,421. 프라도는 '환자를 포함하여(sin descontar los enfernnos)' 포위 초기에 정규군이 2,681명이라고 언급한다. 그는 또한 민병대 2,430명도 언급한다.

122) Estado de la fuerza de milicias, 6 junio 1762, AGI SD 1584; El Marqués del Real Transporte a Arriaga, 26 abril 1762, AGS, Marina, 406. An Account of the Havanna, BL Additional MSS 32694, ff. 73~74의 경우 쿠바 민병대의 전투력을 호의적으로 설명하지만

아바나에는 대포나 포탄이 부족하지도 않았다. 아바나의 성벽과 요새에는 195문의 대포가 날카롭게 세워져 있었고, 창고에는 여분의 대포가 비축되어 있었다. 1758~1759년 스페인은 아바나에 새 대포와 충분한 양의 탄약과 화약을 보냈다. 해군 함대는 600여 문의 대포를 더 실었다. 그러나 소형 무기는 공급이 부족했을 수도 있다.[123]

또한 아바나의 수비대는 자연으로부터 도움을 기대할 수도 있었다. 1월부터 4월까지 강한 북동풍이 불기 때문에 수많은 암초로 둘러싸인 쿠바의 북쪽 해안에 함대가 상륙하는 것은 상당히 위험했다. 또한 8월부터 10월까지 발생하는 허리케인은 단 몇 분 만에 전체 함대를 파괴할 수 있었다. 침략자들이 이런 위험을 피하면서 10월부터 12월까지 포위 공격을 성공하지 못한다면, 그들은 황열병의 위험에 직면해야 했다. 1761년 기술자 프란시스코 리카우드(Francisco Ricaud)가 분명히 밝혔듯이, 요새와 지뢰는 공격을 지연시킬 수 있지만, "경험에 따르면 군대를 쇠약하게 만드는 것은 기후뿐"임을 보여 준다.[124]

1762년 이전 아바나의 황열병

아바나에서는 오랫동안 황열병이 유행했다. 1649년 잔혹한 전염병은 도시 인구의 3분의 1을 희생시켰고, 1651년, 1652년, 1654년에도 전염병이 반복적으로 발생했다.[125] 이 재앙부터 아바나에서는 바이러스에 맞선 250년의 긴 투쟁

스페인어 출처 대부분은 그렇지 않다. 스페인어 문서(Esrado que maniliesra el numero de Plazas de que escaban tripuladas y guamecidas los vaxeles de la Esquadra de S.M.C. en este Puerto de la Havana, 7 junio 1762, PRO CO 117/2 f. 34)에는 소형함 2척과 선원 총 4,781명을 기록하고 있다.

123) 아바나 광장에 설치되었다 철거된 대포에 관한 소식… 1762년 6월 6일, 1763년 6월 16일, AGI SD 1578.

124) 1761년 7월 8일, AHN Estado 3025, 아바나 광장 동쪽의 카바냐 요새 프로젝트와 산카를로스 성(Castillo de San Carlos)의 일반적 지침서.

125) de la Fuente(1993: 65~67). Le Roy y Cassa(1930) 및 Martinez Fortún(1952: 29~30)에 문

이 시작되었다. 주요 전염병은 1709년, 1715년, 1730년, 1731년, 1733년, 1738년, 1742년에 발생했다. 그리고 거의 매년 도시의 어린이와 신규 이민자, 선원들 사이에서 소규모 전염병이 발생했다.[126]

아바나 도시 환경은 기온과 번식 서식지 측면에서 이집트숲모기에게 매우 적합했다. 카리브해에서 가장 큰 도시이자 가장 활발한 항구 중 하나인 아바나에는 광범위한 물 저장 시설이 있었다. 앞서 언급한 바와 같이, 1750년대 아바나 주변 내륙 지역에는 수많은 사탕수수 플랜테이션이 생겨나서 번식 환경은 더욱 좋아졌다. 일반적으로 장마는 5월에 시작되어 6월에 정점을 찍은 다음, 8월과 9월에 열대성 폭풍으로 두 번째 정점에 이른다. 습도와 온도는 항상 높은 편이며, 둘 다 5월과 6월에 약간 상승한다. 이 말인즉 이집트숲모기의 개체 수는 보통 6월에 폭발적으로 증가하여, 여름 내내 모기들이 피를 찾아 헤맨다는 의미이다. 모기들은 6월부터 11월까지 여러 세대에 걸쳐 부화할 수 있었다.

아바나와 주변 배후지에는 포유류의 피가 상당히 풍부했다. 도시와 교외에 거주하는 사람 5만 명 이외에도, 인근 사탕수수와 담배 플랜테이션에는 모기가 빨아먹을 수 있는 인간 혈류가 수천 개나 있었다. 이집트숲모기는 인간의 피를 선호하지만 급할 경우 주변에 있는 모든 것을 흡혈한다. 사탕수수 플랜테이션 대부분에는 소와 말이 있었다. 그리고 플랜테이션이 없던 곳에는 더 많은 소와 말 목장이 있었다. 따라서 1762년 아바나와 그 주변은 이집트숲모기에게 지구상 최적의 서식 조건을 제공했을 것이다.

서화가 잘 이루어지지 않은 낮은 수치가 나타난다.

126) López Sfachez(1997: 151~162); Espinosa Cortes(2005: 29~33). 1730년대 초반의 전염병은 1647~1652년과 1690년대 발생한 전염병처럼 단일 사건으로 간주하는 것이 바람직하다. 생 도맹그 및 찰스턴(Charleston)은 마찬가지로 1730년대에 열병이 다수 발생한 것을 경험했으며, Henry Warren(1741: 73~74)에 따르면 1733~1738년 서인도 제도에서 영국인 약 2만 명(대부분 선원)이 '악성'으로 사망했다. 전염병 발생률이 급증한 이유는 1715년 이후 평화 시기에 대카리브해의 이민자들이 증가한 결과일 수도 있지만, 아바나에 영국 해군이 도착한 것도 주요 원인이었다.

매개체는 물론이고 바이러스도 아바나가 자신들의 요구에 매우 적합하다는 것을 알았다. 아바나 주변 내륙 지역에는 숲이 있었고, 숲에는 바이러스가 무한 정 생존할 수 있는 원숭이가 있었다. 왕실은 해군 조선소를 위해 아바나만 주변 의 삼림을 보존했다. 그래서 아바나는 아메리카 대륙과 규모가 비슷한 도시보 다 근처에 숲이 더 많았다(따라서 원숭이와 황열 바이러스가 더 많이 서식할 수 있었 다). 많은 도시 인구는 신생아와 유아, 즉 많은 비면역 혈류(nonimmune blood-streams)를 의미했다. 대부분의 카리브해 도시에는 젊은 남성 인구가 많았기 때 문에 가정 구성과 출산율이 낮았다. 유서 깊은 대도시로서 아바나는 다른 카리 브해 지역보다 더 많은 기성 인구, 더 많은 현지 출생자, 더 많은 여성, 더 많은 결혼, 더 많은 가족, 더 많은 아기들이 있었다.

이 아기들은 곧 황열병에 걸렸고, (어린이들 사이에서는 드물게) 황열병으로 사 망하거나 면역력을 갖게 되었다. 게다가 아바나 인구의 약 10분의 1에서 5분의 1은 대서양 아프리카의 황열병 지역 출신이었다.[127] 따라서 카르타헤나에서와 마찬가지로, 대부분 면역력이 있던 거주민들은 황열병 바이러스의 유지와 순환 에 어느 정도 역할을 하긴 했지만, 전염병 확산에는 그렇게 기여하지 않았다.

하지만 바이러스에게는 다행스럽게도 타 지역의 새로운 사람들이 아바나에 몰려들었다. 아기를 비롯해 스페인 출신 이민자들과 쿠바 내륙 마을에서 온 젊 은이 등, 비면역자 혈류가 끊임없이 도착한 것이다. 이주민들 중 일부는 면역력 을 가지고 있었지만, 나머지는 그렇지 않았고, 특히 스페인인들은 면역력이 없 었다. 더욱이 아바나에는 대서양 전역에서 온 임시 방문자, 선원, 상인 등 유동 인구가 많았다. 적어도 보물 함대가 항구에 정박했을 때는 그 수가 수백, 심지

---

127) Moreno Fraginals(1976, 2:86)의 추정에 따르면, 1740~1790년 아바나 플랜테이션 농장에 있던 노예 중 88%가 아프리카에서 태어났으며, 이것은 상당히 높은 수치였다. 또한 도시 인구의 4분의 1이 노예였던 것으로 추산된다. 이 수치는 아프리카 태생의 자유 흑인 인구 를 고려하지 않은 것이다.

어 수천 명에 달했을 것이다. 이들 중 일부가 전에 카리브해(또는 서아프리카)를 방문했을 때 황열병에 걸린 후 살았다면 면역력이 있었을 것이다. 그러나 다수는 그렇지 않았다. 따라서 아바나의 생태학적·인구학적 상황은 많은 이집트숲모기 개체 수에 따라 약간 변동은 있겠지만 항시적인 바이러스 공급을 보장했다. 언제든지 우기에 신규 이민자가 많이 유입되면 황열병은 확실히 유행했다.

그러한 전염병 중 하나가 1761년 여름에 발생했다. 스페인이 전쟁에 참전한지 한 달도 되지 않아 마드리드 국방부 장관은 1749년 이후 최초로 쿠바 아바나에 대규모 부대를 증원하도록 명령했다. 신규 부대는 1740년 카르타헤나에 파견되었던 부대와 동일했다. 이것은 스페인이 기후 적응의 중요성을 파악해서 아메리카에 활용할 부대를 별도로 준비했음을 말한다.[128] 카디스를 떠난 남성 약 1,440명 중 68명이 도중에 사망했고, 약 300명은 푸에르토리코 또는 산티아고 데 쿠바에서 하선했다. 그리고 약 1천 명이 아바나에 상륙했다. 하지만 이들 사이에 이미 황열병은 창궐해 있었고, 상륙하자마자 병은 빠르게 퍼졌다. 이들이 도착한 시기는 가장 최악인 6월 말이었다. '엘 보미토(El vómito, 구토-옮긴이주)'는 신병들과 수송선 6척에 탑승한 선원들, 그리고 쿠바 주둔 부대의 베테랑들에게까지 퍼졌다.[129] 병원에는 환자가 넘쳐 나기 시작했고, 지역 주민들을 격리해야 했으며, 이들 중 일부는 병에 걸렸다. 후안 데 프라도가 마드리드에 보고서를 보낸 11월까지, 증원군 1천 명 중 183명이 사망했고, 쿠바 주둔 부대에서 45명이 추가로 사망했다. 선원과 민간인의 사망자 수는 알려지지 않았지만, 일부 역사가는 아마도 1,800명 또는 3천 명으로 추정하기도 한다.[130] 1761년에

---

128) Albi(1987: 38).

129) Gutierre de Hevia (the Marques del Real Transporce) a Arriaga, 28 julio 1761이 Calleja Leal and O'Donnell(1999: 93)에 인용되었다.

130) Prado a Arriaga, 12 noviembre 1761, AGI SD 1581; 프라도가 아리아가(Arriaga)에게 보내는 서신 일부는 전염병을 언급하고 있으며 AGS(Marina 405)에 포함되어 있다. 프라도는 황열병 희생자 수를 총 187명으로 기록했지만, 나는 183명만을 확인했다. Fermández

발생한 황열병으로 큰 대가를 치렀지만, 1762년 6월까지 많은 수의 아바나 스페인 군대와 도시 거주민은 대부분 황열병에 대한 면역력을 갖게 되었다.

1761년의 재앙에도 불구하고, 황열병이 스페인 방어군의 동맹이라는 데는 의심의 여지가 없었다. 그 누구도 카르타헤나의 선례를 잊을 수 없었다. 1761년 7월, 아바나의 수석 군사기술자는 도시가 해군, 요새, 수비대, 그리고 "해로운 기후"에 의지하고 있는데, 이것은 이미 이들 적들의 희생을 통해 확인되었다고 밝혔다.[131] 버논과 놀즈 제독 등 일부 영국 군인들도 1740년대에 이 부분을 지적했다. 1771년을 돌아보며 새뮤얼 존슨(Samuel Johnson)은 스페인의 영토가 "대포가 장착된 벽이 아니라 깊은 바다의 폭풍과 땅의 증기, 재앙의 불길과 역병의 창궐에 의해 방어되고 있다"라고 좀 더 다채롭게 설명했다.[132] 다시 말해서 모든 사람들이 황열병이 무엇을 할 수 있고 해 왔는지를 알고 있었다.

Duro(1895~1903, 7:43)가 군인 및 선원 1,800명이 사망했다고 주장하는 반면에, Levi Marrero(1972~1992, 6:3)는 Marrfnez Fortun(1948)을 따라 대략 3천 명을 주장한다. Guerra(1994: 370) 또한 이 수치를 사용하며, 최악의 상황에서 매일 40~50명이 사망했다고 언급한다. 그러나 이러한 수치는 선원과 민간인을 포함하더라도 너무 많다. Guijarro Olivares(1948: 376)는 1761 후안 안토니오 데 라 코리나(Juan Antonio de la Colina)에서 갈레오테스(갤리선 노예를 칭함) 집단을 이끌고 베라크루스에서 아바나로 황열병을 전파했으며, 1년 사이에 군인 및 선원 1,800명이 사망했다고 언급한다. Garcfa del Pino(2002: 75~76)는 그러한 전염병이 스페인 군대의 무능함을 은폐하기 위해 사용되었다고 주장한다. 이 문제는 1763~1764년 프라도가 궁정에서 결혼했을 때 정치적인 문제가 되었다.

131) Relación del estado actual de las forrificaciones de … La Habana … por el ingeniero D. Francisco Ricaud de Tirgale, 8 julio 1761. AHN, Estado 3025. 원문은 다음과 같다. "… los peculiares perniciosos influxos de esce clima que ian a costa enemiga tenemos ya experimemado…(이 기후의 특이한 해로운 영향은 우리가 이미 적의 희생으로 경험했다)".

132) Johnson(1977[1771]: 373~374). 놀즈는 1748년 서인도 제도 작전에 대해 "기후로 적보다 더 파괴적인 전쟁을 곧 치룰 것이다"라고 썼다. BL, Additional MSS 23,678, f. 17, McNeill (1985: 102)에서 보다 긴 내용을 인용했다.

포위 공격

포콕의 함대와 앨버말의 군대는 1762년 6월 6일 아바나 앞바다에 도착했다. 그들은 66일 만에 도시를 정복했지만, 전염병이 창궐하면서 떼죽음을 당했다. 도시의 방어 체계를 파악한 영국군은 먼저 엘 모로 공격 계획을 세웠다. 앨버말은 부하들에게 아바나가 "황금으로 뒤덮여" 있기 때문에 모두 "유대인만큼 부자가 될 것"이라 말했다고 한다. 군대는 6월 7일 아침 폭우 속에서 코히마르(Cojimar)의 동쪽에 상륙하기 시작했으며, 아무런 저항도 받지 않았다.[133] 곧 영국군은 수천 명의 병력을 상륙시켰고, 짧은 교전 끝에 아바나 남동쪽의 과나바코아(Guanabacoa) 마을을 함락시켰다. 과나바코아는 코히마르강의 상류에 있었는데, 영국군은 식수를 확보하기 위해 이 지역을 점령했다. 그리고 영국군은 과나바코아에서 외곽 지역을 감시하면서 약간의 식량을 얻을 수 있었다.

라 카바냐 고지대에 요새가 없는 것을 확인한 영국 보병은 6월 11일 이곳을 점령했다. 이때에도 가벼운 저항이 있었을 뿐이다. 영국군은 대포, 탄약, 말, 기타 보급품을 해안으로 옮겼다. 그런 다음 해안과 라 카바냐 사이 숲에 길을 만들어 모든 물품을 고지대로 옮기는 지루하고 고된 작업을 시작했다. 엘 모로와 아바나 인근 항만에 위치해 있던 스페인 군함은 이 작업 내내 포격을 가했다.

라 카바냐 꼭대기에 포를 설치하는 데는 한 달이 걸렸다. 스페인군은 6월 29일과 7월 22일 두 번에 걸쳐 라 카바냐 탈환을 시도했지만 모두 실패했다. 첫 포격이 시작된 7월 초순부터 영국군과 스페인 요새 사이의 치열한 공방전이 벌어졌고, 항구에 정박 중이던 스페인 함대들도 이를 지원했다. 영국 함선들도 엘 모로와 잠시 포격전을 벌였다. 이때 요새는 피해가 없었지만, 함선에는 약간의 피해가 생겼다. 라 카바냐에서의 포격은 점차 효과를 발휘하여 엘 모로 주변 육

---

133) 우기와 관련해서는 6월 7일 Anonymous(1762: An Authentic Journal)에 추가되었다. 포위 초기 이야기가 Robemon(1930: 49~63)의 일지에 나온다. Albemarle's quotations from Mante(1772)에서 앨버말의 인용문이 Keppel(1981: 36)에 인용되었다.

지에 있던 스페인군들을 격파하기 시작했다. 많은 암석과 스페인 머스킷 총병 때문에 어려움이 있었지만, 영국군은 엘 모로 외곽 성채 아래에 매장된 지뢰를 천천히 제거해 나갔다.

한편, 6월 15일부터 영국군은 서쪽에서 도시를 포위하여, 아바나의 포사격 사정권에서 벗어난 작은 강 초레라 어귀에 병사 2,800명을 안전하게 상륙시켰다. 여기서 영국군은 배에 물을 공급했다. 그리고 아바나 식수 공급 수로를 차단했다. 하지만 영국군은 도시와 항만을 포위하고 주변 지역과의 교신을 차단하기에 인력이 부족했다. 그래서 포위 공격이 계속되는 동안 물, 식량, 병력, 보급품이 아바나로 계속 흘러들어 갔고, 항상 도시의 창고와 물수조는 물자가 충분히 채워져 있었다. 결국 영국군이 이기려면 엘 모로를 함락시켜야 했다.

많은 장애물들이 포위군을 방해했다. 영국군은 작전 지역 주변에서 깨끗한 물을 찾을 수 없어 3킬로미터 이상 떨어진 개울에서 물을 길어와 포병과 공병에게 줘야 했다. 6월 7일과 16일 비가 내린 후에는 예기치 않은 건조한 날씨 때문에 엄청나게 물이 부족했다. 영국군은 종종 아바나 서쪽 초레라강에서 도시 동쪽의 작전 지역까지 배를 타고 물을 운반해야 했다. 영국군은 암석 지대가 많아 참호를 팔 수 없었기에 병력과 군수품을 은폐할 수 없었다. 그들은 라 카바냐 정상의 대포를 받치는 모래주머니에 들어갈 흙을 구할 수 없어서 일부는 흙 대신 나무를 사용했는데, 이 중 몇 개에 불이 붙어 며칠 동안 타기도 했다.[134]

게다가 해군 함장 돈 루이스 데 벨라스코(Don Luís de Velasco)가 지휘하는 엘 모로 방어병들은 필사적으로 전투에 임했다. 매일 밤 아바나에서는 새로운 보급품과 병사들을 만의 해협을 가로질러 엘 모로로 쉽게 보낼 수 있었다. 부대들은 요새 안팎에서 며칠마다 교대되었다. 영국의 한 작가는 7월 4일 "엘 모로 작전은 매우 힘들어 보이고, 스페인군은 예상보다 강력하다"라고 말했다.[135]

---

134) Memorandum of Lt.-Gen. David Dundas는 Syrett(1970: 314~326)에 인쇄되었다. 해당 인용구는 323페이지에 있다.

하지만 영국군은 운이 좋았다. 벨라스코와 프라도, 파니아드(paniads)는 "기후"가 영국군에게 타격을 줄 것이라 믿었다. 그러나 6월에 이어 7월에도 건조한 기후가 계속되었다. 6월 16일과 18일 이후에도, 평년처럼 내리던 여름비가 내리지 않았다. 영국군은 물이 부족했기 때문에 이것을 불행이라고 생각했다. 제임스 밀러라는 병사는 다음과 같이 기억했다. "…질 나쁜 물은 상황을 치명적으로 몰고 갔고, 병사들의 혀는 미친 개처럼 바싹 말라붙어 있었으며, 물 1쿼트에 1달러를 지불했다…." 당시 밀러는 포위 작전이 실패할 것이라고 생각했다.[136]

그러나 계절에 맞지 않는 여름 가뭄(아마 또 다른 엘니뇨의 효과일 수도 있다)은 영국군이 얻을 수 있었던 최고의 행운이었다.[137] 건조한 상태(2장 참조)는 이집트숲모기의 부화와 비행, 흡혈 행위를 억제한다. 따라서 프라도의 절지동물 '연합군'이 힘을 발휘하지 못했다. 그 결과, 포위 공격이 시작된 후 처음 55일 동안 영국군은 그다지 질병에 신경 쓰지 않았다. 하지만 앨버말은 병사를 빠르게 잃고 있어서 엘 모로 함락 전 철수를 걱정하고 있었다. 실제로 7월 17일, 앨버말

---

135) 저자 미상(1762)(*An Authentic Journal*).

136) James Miller, "Memoirs of an Invalid," Public Archives of Canada, Amherst Papers, Packet 54, f. 43(Syrett, 1970: xxix에서 인용). 저자 미상(1762)(*An Authentic Journal*)는 6월 5일 이전에 비가 내렸고 6월 21~24일까지 "비가 필요하다"라고 했으며 7월 4일에는 "물이 필요하다"라고 했고 7월 23~27일에는 "물이 정말 필요하다"라고 말한다. 매켈러의 7월 2일 일기에는 6월 18일 이후 지난 14일 동안 비가 내리지 않았다는 내용이 있다. BL Additional MSS 23678에 실린 놀즈의 아바나 공성전 고찰(Remarks upon the Siege of the Havana)에 7월 2일 당시의 "극히 건조한 날씨"에 대한 언급이 있다. Diario de el Sitio de la Abana enviada a la Corte por el Lord Albermarle(sic), BN-Madrid, MSS 2,547에 따르면 6월 18일에는 스페인이 포위군을 몰아내기 위해 엘 모로 동쪽 숲에 화공을 펼 수 있을 정도로 건조했다. 같은 날 앨버말은 포콕에게 "날씨가 너무 건조하고 물 때문에 몹시 힘들다"라는 서신을 보냈다(Keppel, 1981: 55).

137) Quinn(1992)에 따르면 1761~1762년 엘니뇨 현상이 목격되었으며, 쿠바의 경우 비정상적으로 낮은 해수면 온도와 대류 감소 결과로 여름 가뭄이 발생한다. 1997~1998년 엘니뇨로 인해 50년 만에 쿠바에 가뭄이 발생했다(Jury et al., 2007).

은 승리를 위해 병력이 더 필요하다고 런던에 편지를 보냈다.[138] 그러나 포콕은 육상 전투를 위해 선원들까지 활용했는데, 라 카바냐 주둔 포병과 선원들은 놀라울 정도로 건강했다. 배에 남아 있던 선원들 역시 건강에 이상이 없었다. 하지만 맹그로브 늪지에서 나룻배로 물자 운반을 하던 사람들은 "독감, 발열, 학질"에 걸려 힘들었다.[139] 7월 21일, 영국군은 과나바코아 주둔 병력 2,400명 중 2,100명이 질병에 걸리자 그곳을 포기해야 했다. 포위 공격 7주째인 7월 27일, 계절에 맞지 않게 모기가 적었지만, 영국군 절반 가량이 전투에 투입될 수 없는 상태였다. 7월 28일까지 황열병은 더 확산되었고 영국군은 "계속 공격을 받았다면 질병으로부터 스스로를 지킬 수 없었을 것"이라 말했다.[140] 그러나 프라도의 입장에서 볼 때 영국군의 고통은 심하지 않았다.

프라도와 달리 앨버말에게 동맹군들은 그 모습을 드러냈다. 7월 27일 황열병이 영국군 사이에 퍼져 있을 때, 뉴욕으로부터 건강한 아메리카 지원병 3,188명이 상륙했다. 이들은 몇 달 늦었지만 포위 공격이 절정이던 시기에 도착했다. 공병대는 7월 30일 폭탄을 터트려 엘 모로의 성벽에 구멍을 냈다. 그 틈을 향해 엄청난 양의 포격이 이루어진 후 새로 도착한 병사들을 포함한 영국군이 돌진했다. 몇 시간 만에 14명의 사망자를 내고 영국군이 요새를 점령했다. 스페인군은 아바나의 최후 방어선을 잃게 된 것이다.[141]

---

138) Albemarle to Egremont, 17 July 1762, PRO CO 117/1, f. 96에 따르면 앨버말은 4,063명이 아팠다고 보고했다. General Return of H.M forces under … Albemarle 17 July 1762 PRO CO 117/T, f. 93. 7월 13일 그는 에그로먼트(Egremont)에게 서신을 보냈으며 "군대 내 질병 증가 및 혹독한 더위 그리고 다가오는 장마로 인해 향후 성공을 낙담할 수 없는 상황이다"라고 언급했다(PRO CO 117/1, f. 79).

139) Dundas Memorandum은 Syrett(1970: 324)에서 인용됨.

140) 저자 미상(1762)(*An Auchencic Journal*) 7월 28일과 29일. Mante(1772: 430) 또한 7월 말 영국군의 질병과 고통을 언급한다.

141) 엘 모로를 빼앗기면서 스페인군 또한 130명이 전사했으며, 37명이 부상 당했고 326명이 포로가 되었고 213명이 배에서 익사하거나 사망했다. "State of the Garrison of Fort Morro

이후 12일 동안 폭우가 쏟아지자 영국군은 엘 모로의 포를 이용해 아바나 도시와 스페인 해군 함정을 공격했다. 또한 라 카바냐에서도 포격을 계속했다. 이러한 가운데 8월 2일에 더 많고 건강한 북아메리카인들이 도착했다. 그들은 아바나 서쪽 측면 공격 부대로 투입되었고, 아바나는 동쪽과 서쪽 그리고 북쪽에 정박한 함대로부터 포격을 받게 되었다.

엘 모로의 몰락은 후안 데 프라도를 난처하게 만들었다. 영국 포병대의 공격 목표가 엘 모로라면 아바나시와 민간인은 당장 위험에 직면하지는 않았다. 민병대를 포함한 그의 부대는 잘 싸웠다. 그는 인근 지역에 인력과 식량 지원을 호소하여 도움을 받았기 때문에 아바나는 거의 어려움을 겪지 않았다. 프라도는 6월 내내, 그리고 7월 동안 황열병이 도시를 구해 주기를 기다리며 시간을 끌었다. 그가 희망을 품을 수 있었던 근거는 영국 탈영병들이 알려 준 그들 군영 내 질병 상황이었다.[142] 그러나 엘 모로가 함락된 후, 영국군의 대포와 곡사포 포격은 남아 있는 모든 아바나 거주민들의 생명과 재산을 위협했다. 프라도의 명령에 따라 6월 7일 이후 수천 명의 여성과 아이들이 아바나에서 탈출했지만, 이후에도 약 2만 명이 아바나에 머물렀다. 8월이 되면서 마침내 늦장마가 시작되어 모기 개체 수가 늘어나 황열병이 유행할 것을 알았다면, 그는 훨씬 더 오래 버텼을지도 모른다. 그러나 이 사실을 몰랐던 그는 삼면 공격 시작 직후인 8월 11일 항복 조건을 따지기 시작했고, 1762년 8월 14일 마침내 항복했다.

스페인군은 전투에서 군인과 선원, 민병대를 합쳐 1천 명에서 2천 명 사이가 사망했다. 8월 13일 기준 영국군은 290명이 사망하고 56명이 '치명상'을 입었으며, 영국 해군은 86명만이 전사했다.[143] 그러나 8월에 비가 내리면서 황열병이

---

when taken by storm the 30th of July 1762," PRO CO 117/1, f. 130).

142) Martfnez Dalmau(1943)에 기록된 익명의 일기에 탈영병이 6월 14일과 8월 5일 사이 10차례에 걸쳐 질병이 발생했다고 언급한 사실이 기록되어 있다.

143) Parcero Torre(1998: 173~174); 방어군 1천 명 이상이 부상을 입었다. Relación de Herridos, 25 agosto 1762, AGS, Hacienda 1056; 스페인 왕정에 보낸 일지에서 앨버말은 스페인

5장 황열병 유행과 영국 야망의 실패, 1690~1780 **241**

기승을 부리기 시작했다. 수백 명의 스페인 선원들이 병에 걸렸고, 수천 명의 영국 군인과 선원들도 마찬가지였다. 돌이켜 보면 앨버말은 9월에 런던으로 편지를 보내 "질병 때문에 병력이 매우 줄었고 모든 우물물은 마실 수가 없다. 만약 지휘관이 단호했다면, 어떤 결단을 내렸을 것"[144]이라고 말했다. 프라도가 1~2주만 더 버텼다면 방어에 성공했을 것이고 에슬라바나 블라스 레소와 같은 영웅이 되었을지도 모른다. 또한 앨버말은 만약 북아메리카 군대가 적시에 도착하지 않았다면, 포위 공격은 실패했을 것이라고 말한다.[145]

앨버말은 북아메리카 부대가 적시에 도착했다고 생각했고, 이것은 그가 알고 있는 것보다 더 옳았다. 앨버말은 북아메리카 부대가 계획대로 5월에 합류하기를 원했지만, 북아메리카 부대가 그러지 않았던 것이 다행이었다. 북아메리카 부대가 계획대로 도착했다면 그들 역시 영국군만큼 극심한 고통을 겪었을 것이고, 8월이 되면 이들 4명 중 3명 정도가 사망하거나 전투 능력을 상실했을 것이다. 그러나 북아메리카 부대는 도착 후 최소 1~2주 동안 건강을 유지하면서, 영국군이 가장 필요로 하는 적시에 투입되었다. 따라서 북아메리카인들이 앨버말의 바람대로 제시간에 도착했거나 7월 말보다 늦게 도착했더라면 포위 공격은 아마 실패했을 것이다.

사망자 1,200명과 부상자 1,500명을 기록했다. Diario de el Sitio de la Abana enviada a la Corte por el Lord Albermarle [sic], BN-Madrid, MSS 2,547. "부대가 쿠바에 상륙한 후 1762년 8월 13일까지 사망자, 부상자 실종자, 전사자의 귀환"을 Beaston(1804, 3:406)에 밝혔다.

144) Albemarle to Newcastle, 29 September 1762, BL Additional MSS 32,942, f. 388; printed in Archive National de Cuba(1948: 195). 앨버말의 서신은 그가 1762년 8월과 9월에 병에 걸렸다는 것을 보여 준다.

145) Albemarle to Egremont, 21 August 1762, PRO CO 117/1, f. 137. 놀즈는 "Remarks upon the Siege of Havana," BL Additional MSS 23,678, f. 28. On f. 35에 동의했으며, 그는 다음과 같이 썼다. "… 시간은 낭비되고 질병으로 병사가 줄었기 때문에, 성공은 기적에 가까웠다. 여기서 놀즈는 매켈러의 해군 비판에 맞서 육군을 비판하고 있다.

여파: 아바나에서의 죽음과 1763년의 평화

아바나는 영국에게 엄청난 상이었다. 영국은 전쟁을 통해 3,400만 페소, 즉 70만 파운드 상당의 부를 획득했다. 담배와 설탕, 그리고 기타 약탈한 것까지 합치면 전리품은 3만 파운드 이상이었다. 영국군은 또한 전체 스페인 해군 장비의 약 5분의 1을 차지했고, 엄청난 양의 군수품을 획득했다.[146] 또한 영국군은 서인도 제도에서 가장 강력한 요새를 갖춘 항구를 소유하게 되었고, 이를 신속히 수리하기 시작했다.[147]

하지만 전리품과 함께 바이러스가 찾아왔다. 최근 도착한 북아메리카인들은 주로 뉴잉글랜드와 뉴욕 출신의 남성들로 심각한 피해를 입었다. 그중에는 코네티컷 출신의 이스라엘 퍼트남(Israel Putnam)이라는 벙커힐(Bunker Hill) 전투의 미래 영웅이 있었다. 퍼트남의 중대는 96명의 남성 중 76명(83%)이 모두 황열병으로 사망했다.[148] 매사추세츠 출신의 직업군인 조셉 고햄(Joseph Gorham) 소령은 병사 253명과 함께 8월 6일 아바나에 도착했다. 10주 후 생존자들이 뉴욕으로 가는 배에 올랐을 때는 이미 102명(40%)이 사망한 후였다. 고햄과 동행한 로드아일랜드 분대는 아바나에서 대원 212명 중 111명을 잃었는데, 여기서 2명은 전투 도중 사망했고 나머지(53%)는 질병으로 사망했다.[149] 티콘데로가

---

146) Parcero Torre(1998: 176~187)는 스페인의 피해를 요약한다. "Return of Guns, Mortars, and Scores Found in the City of Havana ⋯ 13 August 1762," 8 October 1762, PRO CO 117/2, ff. 24~28(a copy is in PRO ADM 1/237, ff. 84~88)에는 포획한 군용 물품 목록이 있다. 프라도는 무기나 탄약이 부족하지 않았다. "A List of Ships of War that were in the Harbour of the Havana⋯" 21 August 1762, PRO CO 117/1, f. 134.

147) "Estimate of the Expenses of the Fortifications at the Havana," PRO CO 117/1, f. 275. 이 문서는 1762년 9월 이후 5개월 동안의 비용을 기록하기 때문에 1763년 초에 작성된 것으로 보인다.

148) Putnam(1931: 5). 그의 코네티컷 연대는 아바나에서 병사 200명을 잃었고 귀환하는 길에 400명을 추가로 잃었다.

149) Gorham(1899: 162, 168). Gorham의 수색대는 귀환하는 길에 질병으로 부대의 여성 두 명을 잃었다.

요새(Fort Ticonderoga)를 볼 수 있다는 희망을 품고 17세에 입대한 코네티컷주 킬링워스의 레비 레드필드(Levi Redfield)는 8월 10일 아바나에 도착해 10월 28일까지 머물렀다. 그는 그곳에 머물면서 "대원 대부분이 서인도 열병으로 죽었다"라고 기록했다. 집으로 돌아가는 도중에도 더 많은 사람이 죽었다.[150]

북아메리카인들이 최악의 상황이었을지 모르지만, 황열병은 빠르게 앨버말의 부대 전체를 무력화시켰다. 스페인의 각 거점이나 프랑스령 루이지애나로 확산되는 것은 의심할 여지가 없었다. 온전한 부대가 없고 매일 병력이 줄어드는 상황에서 쿠바 서부 해안 지대를 사수하는 것은 상당히 어려운 일이었다. 그 임무에는 건강한 남성 4천 명이 필요했고, 앨버말은 질병 상황을 고려할 때 영구 주둔군 6천 명이 필요하다고 생각했다.[151] 영국이 비슷한 시기 인수한 캐나다 주둔 병력의 약 두 배에 달하는 숫자였다. 그러나 앨버말의 공식 보고에 따르면 10월 중순 임무를 수행할 수 있는 인원은 2,067명이었고, 그가 계산한 결과는 700명에 불과했다.[152] 다시 말해서 부대원 대부분은 이미 감염되었거나 사망한 것이다.

전쟁이 끝난 후 황열병 피해자들이 늘어갔다. 스페인이 항복할 때 696명의 영국 장교와 병사들이 "질병"으로 사망했다. 10월 7일, 앨버말은 다음과 같이 썼다. "우리는 스페인 항복 이후에 3천 명 이상을 매장했다." 기록보관소에 남아 있는 마지막 귀환일인 10월 18일까지 (전투 중 전사자가 305명, 부상자가 255명인 데 반해) 4,708명이 질병으로 사망했다. 앨버말은 아바나에서 평화롭게 지낸 두 달 동안, 북아메리카에서 영국군이 7년 전쟁을 치르면서 사망한 병사보다 더 많은 병사를 황열병으로 잃었다.[153]

---

150) Redfield(1798: 3~9).

151) Albemarle to Egremont, 7 October 1762, PRO CO 117/1, f. 149.

152) "General Return of Officers, Sergeants, Drummers & Rank and File … from the 7th of June to 18th October 1762," PRO CO 1 17/J, f. 158; Albemarle to Egremont, 7 October 1 762, PRO CO 11 7/ 1, f. 145.

한편, 영국 해군은 병사를 너무 많이 잃었기 때문에 포콕이 더 이상의 작전을 수행할 수 없다고 보고했다. 10월에 그는 다음과 같이 보고했다.

> 6월 7일부터 9일까지 선원 800명과 해병 500명이 사망했고 86명이 포위 공격 중 전사했다. 그러나 현재 주간 기록에 의한 환자 수가 선원 2,673명, 해병 601명임을 고려한다면, 더 많은 사망자가 나올 가능성이 크다.[154]

따라서 10월 9일 기준 선원 1,300명이 질병으로 사망했다. 만약 10월 9일에 질병에 걸린 선원 중 절반이 나중에 죽었다면, 해군은 약 3천 명을 질병으로 잃은 셈이다. 육군과 마찬가지로 해군에서도 전염병이 계속 되었다면 그 수치는 더 커졌을 것이다. 포콕이 1763년 1월 키니네 구매에 1,500파운드를 썼다는 점을 고려하면, 해군은 여전히 많은 병자를 보유하고 있었고, 더 많은 사망자가 발생했을 가능성이 높다.[155]

1762년 10월 공식 손실을 집계한 후 몇 달 동안, 군대는 아바나에서 수백, 어쩌면 그 이상을 잃었고, 건강을 회복하기 위해 북아메리카로 보내진 병사들 사이에서도 더 많은 사망자가 나왔다. 1763년 봄, 아바나에 남아 있던 잔존 병력은 5월 말에 다시 발병을 겪었다.[156] 따라서, 군인 7천 명을 질병으로 잃었고, 아바나 점령 대가로 군인과 선원을 포함한 총 1만 명이 사망했다는 것이 합리

---

153) "Return of the Killed, Wounded, Missing and Dead since the Army landed on the Island of Cuba(쿠바 상륙 이후 군대의 전사자와 부상자, 실종자, 사망자)," 13 August 1762, PRO CO 117/1 ff. 106~107. "General Return of Officers, Sergeants, Drummers & Rank and File… from the 7th of June to 18th October 1762," PRO CO 117/1, f. 158. Albemarle to Egremont, 7 October 1762, PRO CO 117/1, f. 145.

154) Pocock to Clevland, 9 October 1762, PRO ADM 1/237.

155) Pocock to Clevland, 13 January 1762, PRO ADM 1/237, f. 103. 키니네는 말라리아에만 도움이 되었지만 서인도 제도에서 발생하는 모든 열병에 사용되었다.

156) Keppel to Egremont, 31 May 1763, PRO CO 117/1, f. 221.

적인 추측일 것이다. 하지만 전투에서 사망한 전사자는 700명도 안 되었다. 이 집트숲모기는 스페인 군대보다 무려 약 14배에서 15배나 많은 영국군을 죽인 것이다.

질병으로 인한 끔찍한 피해는 당대 지식인들에게 깊은 인상을 남겼다. 벤저민 프랭클린(Benjamin Franklin)은 아바나 점령을 축하하면서 영국인 친구에게 "지금은 거의 몰살되었지만 그 용감했던 베테랑 군대에서 일어났던 엄청난 전염병 피해를 고려한다면, 우리는 이 전쟁에서 가장 고귀한 승리를 얻었다고 볼 수 있다"라고 썼다.[157] 1771년 승리를 돌아보며 새뮤얼 존슨은 "내 조국이 다시는 그와 같은 정복으로 저주 받지 않기를 바란다!"라고 평했다.[158]

아바나에서 황열병이 여전히 기승을 부리는 동안 영국과 프랑스 외교단은 평화 협상을 시작했다. 프랑스는 평화가 절실히 필요했다. 영국에서 정책 엘리트들은 두 진영으로 나뉘었다. 어떤 이들은 프랑스와 스페인을 상대로 유리한 고지를 점하고자 했고, 다른 이들은 평화를 유지하고 자신들의 이익을 공고히 하고자 했다. 처음에 아바나 정복은 전쟁 강경파들의 손을 들어 주었다. 아바나를 잃은 스페인의 아메리카 방어 체계는 심각하게 약화되었고, 영국은 여러 가지 매력적인 추가 목표 중 하나를 선택할 수 있었다. 그러나 앨버말의 군대가 몰락하면서 평화를 원하는 사람들이 우세해졌다. 더 이상의 카리브해 정복은 가능성이 희박할 뿐만 아니라 성공하더라도 바람직하지 않은 것으로 보였다. 루이지애나를 공격하기에는 병력이 너무 적었고, 이 또한 또 다른 질병과 부딪힐 수도 있었을 것이다. 1763년 2월 체결된 파리 평화 조약으로 아바나는 스페인에 반환되었지만, 스페인령 플로리다는 영국에 주어졌다. 스페인이 이 조건을 받아들이도록 프랑스는 루이지애나를 스페인에 양도했다.[159]

---

157) B. Franklin to G. Whitefoord, 7 December 1762, BL AM Add MSS 36, 593, f. 53.

158) Johnson(1977: 374).

159) "Instructions for the Honourable William Keppel …" Archive Nacional de Cuba(1948:

영국군의 루이지애나 공격을 막았던 병력 부족은 다른 방식으로 북아메리카에 영향을 미쳤다. 1763년 폰티악(Pontiac)의 반란이 일어났을 때 북아메리카 영국 군대에는 빠르게 대응할 만한 병력이 너무나 부족했다. 이 반란에서 아메리칸 인디언 연합은 특히 프랑스로부터 막 획득한 광범위한 내륙 지역에서 영국의 통치에 도전했다. 반란이 확산되다 교착 상태로 끝나자, 영국은 식민지 주민과 아메리카 원주민을 분리하기에 이른다. 영국은 동부 식민지 주변에 경계선을 긋고 애팔래치아(Appalachians)에서 미시시피, 플로리다에서 캐나다에 이르는 거대한 인디언 보호구역을 만들기로 결정했다. 이 같은 정책은 영국 정부에 대한 식민지 주민들의 분노를 키웠고, 결국 미국 혁명이 발생하는 데 조그마한 기여를 했다.[160]

아바나를 일시적으로 빼앗겼던 경험은 스페인에게 끔찍한 타격이었다. 왜냐하면 아바나가 전략적으로 매우 중요하고 무적의 도시로 여겨졌기 때문이다. 이 패배로 인해 스페인은 1760년대 아메리카 대륙의 방어 체계를 전반적으로 재편하게 되었다. 이 재편에는 라 카바냐의 고지대를 요새화하는 것도 포함되었다. 스페인은 1762년 황열병이 자신들을 구하러 왔다는 것을 늦었지만 깨달았다. 라 카바냐를 지켰던 것처럼, 스페인이 영국군의 공격을 1~2주만 지연시켰더라도 스페인이 이겼을 것이다. 따라서 '인디아스 제도의 핵심'을 방어하기 위한 전략은 여전히 요새화와 열병에 의존하고 있었다.[161]

후안 데 프라도와 다른 고위 관리들은 마드리드에서 재판을 받았다. 그들의

102~104에 인쇄됨). 앨버말은 1762년 12월 말까지 영국이 아바나를 유지할 것이라고 생각한 것 같다. 윌리엄 케펠(William Keppel)에게 보낸 지시에는 고아 지원 계획 등 선의를 얻기 위한 노력이 상세히 기록되어 있다.

160) Syrett(1970: xxxv)에 의해 제안되었다.

161) Parcero Torre(2003); Abarca(1773)는 방어 기능마다 공격 부대를 지연시킬 수 있는 기간에 대한 세부 정보가 포함되어 있다. 그는 'el clima'(fol. 106)가 1762년 포위 공격보다 3주 더 긴 3개월 이내에 공격 측을 파괴할 것이라고 확신했다.

죄목은 라카바냐를 요새화하지 못한 것과 영국군에 맞서 돌격하지 않았다는 등의 여러 죄목이었다. 판사는 프라도에게 유죄를 선고했다. 일부는 그가 처형되기를 원했지만, 왕은 그 대신 그를 12년 동안 궁정에서 추방하고, 영원히 관직에 진출할 수 없게 했으며, 그의 재산을 몰수하여 왕실 국고에 귀속시켰다.[162] 그는 1770년 살라망카 근처 마을에서 사망했다. 꿈에 그리던 부자가 된 앨버말은 1772년 마흔 여덟의 나이로 세상을 떠날 때까지 건강 악화로 고통 받았다. 포콕 제독 역시 부자였지만(아바나에서 받은 그의 몫은 12만 2천 파운드가 넘었다), 영국으로 돌아오는 길에 폭풍우로 배 여러 척을 잃고 다시는 지휘권을 부여 받지 못했다. 그는 1792년에 사망했고 웨스트민스터 사원에 안치되었다. 돈 루이스 데 벨라스코는 엘 모로 함락 직후 부상으로 죽었다. 그의 용맹함은 카를로스 3세에게 깊은 인상을 남겼다. 왕은 '벨라스코'라는 이름의 해군 함선 제작을 명령했으며 이를 실행했다. 그러나 이집트숲모기는 이번에도 인정 받지 못하고 명예도 얻지 못했다. 그러나 황열병이 어떤 작용을 했는지 모두가 알고 있었다.

결론

요새화와 황열병은 스페인 제국의 방어에 큰 도움이 되었다. 물론, 프랑스 동맹과 점잖은 해군이 그러했듯이 용감한 군인들과 다른 종류의 감염병들도 이바지한 바가 크다. 그러나 스페인의 아메리카 방어 체계 핵심은 황열병과 함께 강력한 조지아 시대 영국군의 공격도 격퇴할 수 있을 것 같았던 요새화된 항구였다. 스페인은 카르타헤나와 산티아고 데 쿠바, 그리고 뒤늦게 아바나에서도 황열병 피해를 입었다. 아바나에서 황열병은 스페인의 패배를 막기에 너무 늦

---

162) BN-Madrid, MSS 10,421에는 192 folios of the Proceso y [sentencia?] dada al Gobema dor de la Habana Juan de Prado(1765)가 있다.

게 도착했다. 하지만 황열병은 아바나를 점령한 영국에게 승리를 만끽할 수 없도록 복수를 했고, 역병을 창궐시켜 파리 평화 조약에서 도시를 스페인에 다시 반환케 하는 데 일조했다. 스페인은 플로리다를 잃고 루이지애나를 얻었고, 아바나를 반환 받아 제국을 지켰다.

아바나에서 영국군은 황열병으로 죽어 가면서도 승리자로 만족감을 느꼈다. 카르타헤나에서 그들은 패전국이 되어 죽었다. 그 사이 영국은 상륙작전 능력을 향상시켰고, 카르타헤나보다 아바나에서 육군과 해군이 더 잘 조율된 것은 사실이지만, 시간적 차이는 크게 나지 않았다. 1741년 황열병은 제대로 포위 공격 준비가 되기도 전에 요새를 격렬히 공격했지만, 1762년에는 포위군이 엘 모로의 성벽을 돌파하기 전까지 움직이지 않다가 그 이후에야 공격을 시도했다. 1762년 포위 공격은 66일 동안 지속되었지만, 1741년의 공격은 46일에 불과했다. 아바나에 황열병이 좀 더 일찍 찾아왔다면 프라도는 영웅이 되었을 것이고, 포콕과 앨버말은 망신을 당했을 것이다. 다양한 요인이 있었으나 황열병의 늦은 출현은 아마도 여름 가뭄 때문이었을 것이다. 엘 모로가 2주만 더 버텼다면, 앨버말은 남은 군대를 이끌고 퇴각했을 것이다. 정치와 전쟁에서 비와 모기, 바이러스를 포함한 모든 것은 타이밍이 중요하다. 마크 트웨인(Mark Twain)은 "역사는 그대로 반복되지 않지만, 그 흐름은 반복된다"라는 명언을 남겼다. 1741년 카르타헤나와 1762년 아바나 포위 공격은 비슷하게 연결되어 있다. 하나는 실패했고 다른 하나는 성공했지만, 두 경우 모두 황열병이 상륙 부대를 격파하면서 스페인 제국을 향한 영국의 야망을 저지했다.

베라크루스, 카르타헤나, 아바나 등 대카리브해 전역의 스페인군 관리들은 황열병의 위험성을 알게 되었다. 그리고 1760년대에 이르러서는 방어 체계의 일부로 이를 명시했다. 아마도 빈번한 발병으로 인해 그들 마음에 황열병이 최우선으로 자리 잡았을 것이다. 그러나 1815년과 1830년 사이 마드리드의 스페인 군 당국은 '기후'에 대한 지식이나 두려움이 전혀 없는 것처럼 베네수엘라와 멕시코의 해안 '살육장(killing grounds)'에 원정군을 투입했다. 한편 프랑스와 영국 전략가들은 이전은 아니더라도 1730년대가 되면 대카리브해 원정 전쟁에서 어떤 일이 벌어질지 알고 있었던 것 같다. 그런데도 건기 동안 침략을 끝내지 못하는 경우가 종종 발생했고, 이럴 경우 역사가 반복되지 않을 거라 생각하면서 신이 자신들의 부대를 위험으로부터 보호해 줄 거라 믿었을 것이다. 스페인, 프랑스, 영국의 전략가와 정치인들은 모두 경험을 통해 교훈을 얻었지만, 때로는 그 교훈을 잊거나 무시하기도 했다.

영국은 1780년 지금의 니카라과를 공격하면서 카르타헤나와 아바나의 교훈을 무시하는 듯 보였다. 미국 혁명 전쟁(다음 장에서 훨씬 더 자세히 설명한다) 중 자메이카 총독은 중앙아메리카 일부를 합병하고 카리브해와 태평양 연안에 영국 해군력을 구축하는 데 허가를 얻었다. 스페인 제국의 근간을 위협한 안데스 산맥의 투팍 아마루 반란(1780~1783년)은 영국의 야심을 다시 한 번 불태웠다. 이미 선장이었지만 아직 22세가 되지 않았던 허레이쇼 넬슨은 탐험대와 함께 산후안강 하구로 항해했다. 탐험대는 건강한 상태로 도착하여 현지 아메리카 원주민[미스키토(Miskito) 또는 모스키토(Moskito)라고 부른다]을 동맹군으로 모집한 후, 강을 거슬러 산후안 요새로 밀고 올라갔다. 18일간의 포위 공격 끝에, 비가 내리는 4월에 산후안 요새를 점령했다. 넬슨은 승리하기 전에 병에 걸렸지만, 다행히도 자메이카로 돌아가야 하는 새로운 보직을 명령 받았다. 한편 넬슨의 부대원들은 극심한 전염병에 시달렸고, 강 상류로 올라간 1,800명 중 380명만이 살아남았다. 포위 공격 중 전사한 사람은 두세 명이었고, 또 다른 한 명은 뱀에 물려서 죽었다. 사망자의 77% 이상은 질병으로 죽었다. 포로로 잡힌 스페인 사람들 대부분도 죽었고, 영국 아메리카 인디언 동맹군들도 마찬가지였다.

문제의 질병은 탐험에 참여한 아프리카인(및 아프리카계 혈통의 사람들)에게는 거의 영향을 미치지 않았다. 영국 해군 의사 겸 목격자인 토머스 댄서는 "흑인의 피가 섞인 해안가 인디언은 다른 사람들처럼 빨리 병에 걸리지 않았다"라는 흥미로운 사실을 관찰했다. 군 의사인 존 헌터도 이 작전에서 차등면역이 작용했다고 말하며 다음과 같이 적었다. "이에 대한 가장 강력한 증거는 산후안 요새 작전에 참가했던 군인들이 거의 죽은 것에 반해 함께 파견된 흑인들은 거의 한 사람도 죽지 않았다는 것이다."[163]

이 정황 증거는 니카라과 작전의 끔찍한 사망률을 떠올리게 한다. 니카라과 작전은 말라리아, 황열병, 뎅기열 등 아프리카계 사람들이 어느 정도 저항력을 가지고 있는 모기 매개 질병이었던 것으로 보인다. (나를 포함한) 많은 이들은 급성 사망률을 고려할 때 대부분 황열병에 의해 사망한 것이라 본다.[164] 그러나 늪이 많은 강가의 지형, 요새 외부에 이집트숲모기의 좋은 서식지가 없는 것, 그리고 (검은 토사물이 언급되지 않는) 증상 설명은 말라리아가 유행했을 수도 있다는 짐작을 하게 한다. 영국 원정대 장교인 스티븐 켐블은 일기에서 자신과 부하들이 걸린 병을 "학질"이라고 반복적으로 묘사했다. 그는 "다량" 섭취한 키니네 덕분에 건강을 회복했다고 주장했다. 켐블은 댄서와 같이 황열병이나 검은 구토물에 대해서는 언급하지 않았다.[165] 열대열 말라리아의 경우에도 사망률이 77%로 매우 높지만, 여러 문서와 생태학적 정황으로 볼 때 말라리아로 진

---

163) Dancer(1781: 12); Hunter(1788: 23). Moseley(1795: 147)는 "흑인(negroe)의 경우 매우 일부만 질병에 걸렸다"라고 기술했다. 같은 해안의 또 다른 스페인 기지인 오모아(Omoa) 요새 공격에 대해서는 다음과 같이 덧붙였다(p. 147). "… 상륙한 유럽인 절반이 6주 만에 사망했다. 그러나 흑인은 거의 사망하지 않았으며, 200명 중 그 누구도 '아프리카'(원본 내용) 태생이 아니었다." 영국 장교인 스티븐 켐블(Stephen Kemble)은 일지에 다음과 같이 기록했다. "온두라스만 출신 흑인은 기후에 잘 견뎠으며 다른 어느 민족보다 이 나라에서 군 생활을 하는 것이 적합했다"(Kemble, 1884~1885, 2:14).

164) McNeill(1999). Beatson(1804, 6:230~231)에는 산후안 요새에서 스페인 항복 문서가 포함되어 있다. 제7조에 대한 응답으로 영국 사령관은 다음과 같이 작성했다. "본인은 모기를 절제 범위 내로 유지하기 위해 최선을 다할 것을 맹세한다." 이 문장을 처음 보았을 때 나는 이것인 항복의 역사에서 사나운 곤충이 나오는 독특한 언급이며, 모기 매개 질병 가능성에 대한 증거일 수도 있다고 생각했다. 하지만 이 구절은 전쟁에서 영국의 동맹인 미스키토 인디언을 언급한다.

165) Kemble(1884~1885, 2:48~58)은 학질을 여섯 번 언급했다. 그는 또한 열병이 뎅기열이나 황열병보다는 말라리아에 더 가깝다고 묘사했다(1884~1885, 2:15~16).

단하는 것이 합리적이다. 아마도 다른 감염 질병이 혼합된 열대열 말라리아라로 추측하는 것이 가장 정확할 듯하다.

넬슨은 가까스로 살아났고, 1년 이상 자메이카와 영국에서 투병 생활을 했다. 이후 그는 건강을 회복하여 평판이 높아졌고, 트라팔가르(Trafalgar)와 같은 영광을 향한 길을 걷게 되었다.[166] 산후안 요새의 전염병 때문에 영국은 중앙아메리카 일부를 점령하고 태평양에 해군 기지를 확보하려는 희망이 꺾였다. 이것은 스페인에게 "기후"야말로 가장 강력한 동맹국이라는 믿음을 확인시켜 주는 계기가 되었다.[167] 인명 손실 측면에서, 이 전투는 미국 독립 전쟁 중 영국이 가장 많은 희생자를 낸 전투였다. 니카라과의 모기들은 1780년 여름 벙커힐, 롱아일랜드(Long Island), 화이트 플레인즈(White Plains), 트렌턴(Trenton), 프린스턴(Princeton), 브랜드와인(Brandwine), 저먼타운(Germantown), 몬머스(Monmouth), 킹스 마운틴(King's Moutain), 카우펜스(Cowpens), 길포드 코트하우스(Guilford Courthouse)에서 치른 전투에서보다 더 많은 영국군을 죽였다. 그러나 정치적 측면에서 볼 때, 15개월 후 요크타운(Yorktown) 포위전에서 훨씬 더 큰 대가를 치렀다.

---

166) 최고의 출처는 Dancer(1781), Kemble(1884~1885), Moseley(1795: 135~148)이다. Knight (2005: 55~61), 특히 Sugden(2004: 148~175, 810~811)은 넬슨의 경험을 구체적으로 묘사하고 있다. 영국 작전에 관한 보고서 및 서신은 PRO CO 137/77 and 137/78에 있다.

167) '기후'는 스페인 신병 또한 위협했다. 예를 들어 멕스코만(Gulf Coast)에서 영국군을 공격하여 니카라과에서 축출하고 자메이카를 탈환하기 위해 1780년 말 7천 명으로 구성된 부대를 보냈으며, 1781년 1월까지 병사 4천 명 이상(57%)이 질병으로 사망했다(Saavedra de Sangronis 1989: 103~104, journal entry for 23 January 1781). 1780년 12월 6일 글에서 Saavedra de Sangronis는 카리브해 작전에서 열대성 질병의 유입을 다음과 같이 요약했다. "적의 포격으로는 신중히 부하를 잃지만 기후의 영향은 무질서하게 부하를 죽이므로 작전을 서두르는 것이 좋다"(Ibid, p. 63).

3부 혁명적인 모기

1770년대에 대서양 아메리카 세계에서 차등면역의 지정학적 중요성은 변화했다. 이전에 차등면역은 여러 제국 세력들 사이의 영토 분쟁을 안정화하는 데 도움을 주었다. 특히 아메리카에서 스페인 제국을 보호하는 데 도움이 되었다. 니카라과의 산후안 요새의 사례에서 볼 수 있듯이 차등면역은 계속해서 그런 역할을 했다. 그러나 1770년대에 이르러 차등면역은 반란군들이 제국의 질서를 바꾸려고 하는 것을 돕기도 했다. 정치적 역동성은 아메리카에서 태어나고 자란 많은 사람들이 현실을 뒤집으려고 노력하는 방식으로 발전했다. 예를 들어 수리남의 반군 노예들은 차등면역의 혜택을 받았다. 영국령 북아메리카에서는 인구 증가, 부, 자신감, 왕과 의회의 대우에 대한 좌절감으로 많은 미국인이 1770년대 독립 혁명의 길로 들어서게 되었다. 한 세대 후, 생 도맹그의 노예들과 남아메리카의 크레올 엘리트들도 혁명을 선택했다. 19세기 말 쿠바인들도 마찬가지였다. 수 세대에 걸쳐 역사가들은 이 혁명의 시대를 훌륭하게 조명해 왔다. 하지만 그들의 스포트라이트에서 제외된 한 가지 사실은 혁명가들을 승리로 이끈 모기의 역할이다.

06

콘월리스 후작과
아노펠레스 쿼드리마쿨라투스의 대결, 1780~1781

서문

이 장에서는 수리남 대서양 해안과 미국 남부라는 두 새로운 지역에서의 환경 변화와 모기, 매개체 질병, 차등면역에 대해 다룰 것이다. 수리남의 이야기는 상대적으로 짧다. 차등면역의 힘을 보여 주긴 하지만 수리남에서의 반란은 미국 혁명(American Revolution)보다 훨씬 작은 결과를 초래했다. 이 장에서는 영국이 자메이카를 정복한 것을 제외하고는 카리브해의 초기 이야기 중 일부인 말라리아에 초점을 맞춘다. 따라서 이 장에서 다루는 정치적 역학 관계, 사건의 장소, 매개체, 주요 질병이 모두 이전 장에서 다룬 것과 다르다. 하지만 앞장에서와 마찬가지로 인간의 피를 노리는 모기가 인간의 정치를 만들었다는 것은 동일하다.

노예 봉기와 수리남의 마룬

17세기 후반부터 네덜란드 플랜테이션 농장주는 수리남 연안 강을 따라 아프리카 노예 노동과 설탕, 커피, 코코아, 면화를 수출 작물로 하는 플랜테이션 경제를 조직했다. 1770년까지 약 5만에서 6만 명의 노예가 400~500개의 플랜테이션에서 고된 노동을 했다.[1] 농장에서 도망친 노예들은 내륙의 드넓은 늪지대 숲에 마룬 공동체를 형성했다. 이들은 정기적으로 농장을 습격하여 반격을 촉발했다. 이것은 이전에는 아니더라도 1749년까지는 연례행사처럼 계속되었다.[2] 한 기록에 의하면 1772년부터 수천 명에 달했던 마룬들[3]은 2천~3천 명의 병력을 갖추고 농장을 공격했다.[4] 그들은 숫자도 적고 무기도 거의 없었지만 강력한 동맹이 하나 있었다.

수리남에는 자연적으로 형성된 많은 늪지와 네덜란드 농장주들이 설계하고 노예들이 건설한 해안 간척지가 있었다. 이로 인해 말라리아가 풍토병이 되었고, 우연히도 아노펠레스가 서식하기 좋은 환경이 되었다. 수리남에서는 쌀이 주식이었다. 쌀은 수출용 작물은 아니었지만 노예들과 때로는 백인들이 먹었다. 마룬 또한 늪지에 쌀을 재배했다. 잦은 홍수와 풍부한 유기물 찌꺼기 때문에 논은 수리남에 서식하는 말라리아 매개체인 아노펠레스 달린기에게 이상적인 보금자리가 되었다. 1770년대 중반, 네덜란드령 수리남에는 상상할 수 없을 정도로 모기가 많았다.[5] 핀카드 박사가 회상한 바와 같이 한 세대 후에도 그대로였다. "… 우리는 저 성가신 벌레들, 모기에 잡아먹힐 위험에 처해 있다. 모기들은 대담하게 우리를 계속 공격했고 우리는 모기를 쫓기 위해 작은 나뭇가지를 손에 들고 계속해서 다리와 얼굴에서 그놈들을 쫓아야 했다."[6] 수리남에는

---

1) Goslinga(1979: 100). Herlein(1718); Hartsinck(1770); Pistorius(1763); Malouet(1802, v. 3)에서 인용.

2) Fermin(1778: 138~172). Thompson(2006) 참조.

3) Boomgaard(1992: 216). 5천 명에서 1만 명으로 추산하는데 다른 자료는 2만 명으로 추산하기도 한다.

4) 1774년 11월 15일 암스테르담 시의회의 결의에서 발췌(대영도서관 MSS 35,443, fol. 149).

5) Stedman(1988: 46). 스테드먼은 모기가 유럽에서 새로 온 사람들을 더 좋아한다고 생각했으며 현지인들은 모기를 막기 위해 담배를 태웠다고 말했다.

다양한 종류의 모기가 있었지만, 쌀 경작 환경으로 인해 아노펠레스 달린기가 대표적이었다.

게다가 논농사는 끊임없는 노동이 필요했기 때문에, 암컷 모기들은 노예로부터 인간의 피를 쉽게 얻을 수 있었다. 노예 중 많은 사람들은 아프리카 출신이었기에, 그들의 대부분은 혈류 속에 말라리아 원충을 갖고 있었다. 그래서 수리남 논에 있던 아노펠레스 달린기는 항상 말라리아에 감염될 수 있었다. 따라서 쌀 경제는 아노펠레스 달린기의 서식을 개선하는 동시에 말라리아 전염 기회를 증가시켰다. 이로 인해 수리남은 말라리아에 저항력이 없는 사람들에게는 매우 위험한 지역이 되었다. 새로 이주한 주민들은 빗물을 물탱크에 저장했다. 이것은 설상가상으로 의도치 않게 이집트숲모기 유충에게 좋은 서식지를 제공했고, 수리남에 잦은 황열병 발생을 초래했다.[7]

1770년대 초, 마룬들이 플랜테이션을 공격하자 네덜란드는 병사 1,650명을 파견했다. 당시 수리남은 유럽인의 건강에 특히 해로운 곳이라고 알려져 있었다.[8] 그래서 아마도 많은 이들은 수리남으로 가는 것을 꺼려했을 것이다. 네덜란드군은 정치적으로 성공했지만, 인구통계학적으로는 실패했다. 네덜란드군이 마룬을 더 깊은 숲속으로 몰아넣으면서 플랜테이션은 급한 위협에서 벗어날 수 있었다. 하지만 살아남아 유럽으로 돌아간 병사의 수는 200명 정도였다. 2장에서 소개한 스코틀랜드와 네덜란드 혼혈이면서 행운의 군인이었던 존 스테드먼은 1777년 원정이 끝났을 때 사망자 수를 다음과 같이 기록했다.

거의 1,200명에 달하는 신체 건강한 사람들 중 집으로 돌아온 사람은 100명도 되지

---

6)   Pinckard(1804, 2:210).
7)   Malouet(1802, 3:257). Stiprian(1993)은 18세기 네덜란드 수리남의 전반적인 생태를 보여준다. 수리남의 쌀-말라리아 연관성은 다음을 참조. Hudson(1984); van der Kuyp(1950).
8)   Fermin(1778: 208~209).

않는다. 그들 중 아주 건강한 사람은 20명도 되지 않았다. 나머지(극소수의 남은 구호 대원을 제외하면)는 모두 송환되거나, 병에 걸리거나, 모든 치료가 끝나 퇴원하거나, 실종되거나, 기후 때문에 사망했다…9)

스테드먼은 계속해서 차등면역의 중요성에 대해 언급하면서 다음과 같이 말했다.

이전에 서인도 제도에 있었던 장교와 사병 중에는 아무도 죽지 않았다. 하지만 전체 병사 1,200명 중 병에 걸리지 않은 사람이 단 한 명임을 나는 기억한다.10)

스테드먼은 서인도 제도가 초행인 사람들에게 "기후"가 왜 그렇게 살인적인지 알지 못했다. 하지만 수리남에서 발생한 질병의 강한 편향성에 대해서는 의심을 남기지 않았다. 수리남의 늪지대와 활발한 벼농사를 고려하면 병사들을 죽음에 이르게 한 질병은 말라리아였을 가능성이 크다. 하지만 서인도 제도의 베테랑들은 질병에 거의 걸리지 않는 반면 다른 이들은 병에 걸렸다는 차이점은 아마도 황열병 가능성을 시사한다. 황열병은 생존자들에게 말라리아보다 더 완벽한 면역 효과를 준다.

군인들은 여성과 술, 음식에 매료되어 주요 도시인 파라마라이보(Paramaraibo)에서 많은 시간을 보냈고, 그로 인해 도시 내에 있는 이집트숲모기를 끌어들였다. 1779년 수리남에서 황열병이 발생했을 때, 암스테르담에 보낸 편지에

---

9) Stedman(1988: 607). 네덜란드 문서에 따르면 네덜란드군의 전력은 1,200명이 아니라 1,650명이다. 또한 Hoogbergen(1990: 104) 참조. 1774년 11월 15일 암스테르담 시의회의 결의에서 발췌(대영도서관 MSS 35,443, fol. 149). 수리남에서 자란 300명의 마룬 군단(또는 총 1,800명)을 포함하여 1,200명과 600명의 지원군을 말한다.
10) Stedman(1988: 607). 1774년 9월 6일, (대영도서관 MSS 35,443, f. 128~130), 늪지 지형을 통해 적갈색을 쫓는 군대 사이에 만연한 질병에 주목함.

는 다음과 같이 기록되어 있다. "하선 후 이곳에 처음 온 사람들과 선원들은 …
소위 초콜릿병(vomito negro, chapetonnade)에 걸리게 되는데, 이 병은 담즙을
토한다. 종종 심한 발작을 일으키고, 이 경우 3~4일 이내에 죽게 된다."[11] 네덜
란드인 중 일부는 마을에서 황열병에 걸렸을 것이고, 일부는 숲에서 작전 중 말
라리아에 걸렸을 것이다. 그리고 그들 중 다수는 황열병과 말라리아에 둘 다 걸
렸을 것이다. 어떤 경우이든, 스테드먼의 설명은 차등면역이 아메리카 열대 지
역 반군에게 얼마나 강력한 지원군인지를 보여 준다.

수리남의 마룬들은 열심히 싸웠지만 그들은 너무 적고 분열되어 있었으며
무장이 부족했다. 그래서 싸움이 네덜란드 군대를 격퇴하고 플랜테이션 식민
지배를 무너뜨리는 정치적 승리가 되지 못했다. 수리남에서는 모기와 질병이
군대를 파괴할 수 있었지만 정치 질서를 무너뜨릴 수 없었다. 반면 북아메리카
에서 혁명가들은 수리남의 마룬들보다 더 강하게 결속하고 있었다.

남부 식민지의 혁명과 말라리아

마룬들이 수리남의 늪지대에서 전쟁을 벌이는 동안 북아메리카에서는 더 큰
반란이 일어났다. 반란의 결과 1775년에 전쟁이 발발했다.[12] 반란을 일으킨 미
국인들은 영국군에 대항하기 위해 조지 워싱턴이 이끄는 약 300만 명에 달하는
대륙군(Continental Army)을 조직했다. 몇 년간의 끝없는 공방전 끝에, 1779년
영국은 주로 뉴욕과 같은 항구도시에 확고하게 자리 잡았고, 미국인들은 그들
을 몰아낼 수 없었다. 반면 미국인들은 대부분의 시골을 장악하고 있었고, 영국

---

11) Goslinga(1979: 107)에서 (귀속이나 인용 없이) 인용.

12) 전쟁의 정치 및 군대사에 대해 Mackesy(1965); Pancake(1985); Lumpkin(1981); Black
      (1996); Weintraub(2005); Middlekauff(2005); Wilson(2005); Ferling(2007)를 참조.

지도 6.1. 캐롤라이나와 체사피크(1780년경)

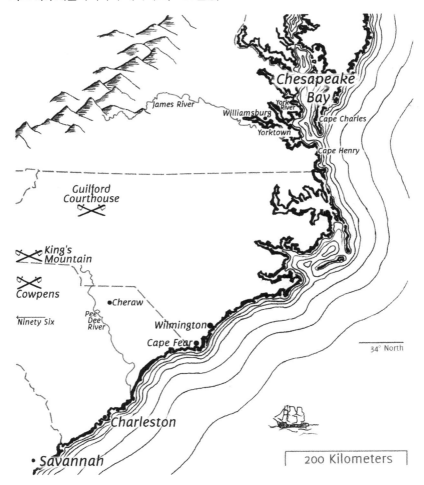

군은 그들을 결정적인 전투로 유인할 수 없었다. 불안한 재정, 군대의 불확실한 충성심, 신생 의회의 다툼, 천연두와 기타 질병으로 인한 희생에도 불구하고 워싱턴이 군대를 유지할 수 있었던 것은 상당한 성과였다. 영국은 대규모 병력(총 6만 명을 파견했고 그중 절반은 독일 용병이었다)을 먼 곳에 오랫동안 파견하기 위해 많은 비용을 쏟아부었다.

여기서의 주장은 간단하다. 미국 혁명에서 영국의 남부 원정은 결국 1781년 10월 요크타운에서 패배하고 말았다. 패배의 이유 중 하나는 영국군이 미군보다 말라리아에 취약했기 때문이다. 말라리아는 1690년 이후 캐롤라이나 저지대(Carolina Lowcountry)에서 만연했는데, 이것은 부분적으로 농업 생태가 변화했기 때문이다. 평균적으로 미국인들은 이전에 말라리아에 반복적으로 노출된 적이 있기 때문에 영국군보다 더 강한 저항력을 가졌다. 말라리아에 대한 차별적 감수성은 영국군의 전략을 힘들게 하면서 탈출구 없는 딜레마에 빠뜨렸다. 남부에서 영국군은 군대 배치에서 둘 중 하나를 선택할 수 있었다. 하나는 부대를 영국 해군의 손이 닿는 해안에 주둔시키는 것인데, 이 경우 병력을 쉽게 재보급하고 강화할 수 있지만 건강을 유지할 수는 없었다. 또 다른 하나는 해안을 떠나는 것인데, 이 경우에는 더 나은 건강을 기대할 수 있지만 안정적으로 병력을 재보급하거나 강화할 수 없었다.

미국 혁명에서 말라리아와 천연두

미국 혁명에서 감염병은 전투에서보다 훨씬 더 많은 사람들을 죽였다. 그중에서도 가장 치명적이었던 말라리아와 천연두는 차등면역 때문에 상당히 편파적인 모습을 보였다.[13] 미국군은 대부분 천연두가 풍토병이 아닌 지역에서 자

---

13) Duncan(1931: 371)의 추정에 따르면 독립군과 영국군에서 질병으로 인한 사망자가 전투 사망자보다 10 대 1의 비율로 더 많았다. 전쟁이 진행되는 동안 워싱턴의 군대는 매년 병으로 18%, 부상으로 2%의 병력을 잃은 것으로 추정된다. 독립군의 질병 사망자는 전쟁 초기에 천연두와 발진티푸스로 주로 발생했다. Duncan(1931: 374)은 영국인이 질병으로 매년 10% 사망했고 독일인은 6% 사망했다고 추정하는데, 이는 18세기 군대에서 흔했던 천연두, 발진티푸스 및 기타 질병에 대한 경험이 반영된 것으로 보인다. 다른 저자들은 미국 독립 전쟁 중 영국군의 전투 사망에 대한 질병 사망의 비율을 8 대 1로 제시하며, 이 수치는 해밀턴에서 유래했을 것이다(1794, 2:262). 영국 해군에서 비율은 16 대 1이었다고 한다(Keevil, Lloyd, Coulter, 1957~1963, 3:137). Kipping(1965)은 전쟁에 참전한 독일 출신 병사 1만 7천여 명 중 4,626명이 질병으로 모두 사망하고 357명이 전투에서 사망했다고

랐다. 즉 천연두를 접하지 않았기 때문에 영국군과 독일군보다 천연두에 더 취약했다[헤센주 출신이 많아 미국인들이 헤센인(Hessians)이라고 불렸던 독일인 3만 1천여 명이 미국 혁명 당시 영국의 지휘 아래 복무했다]. 반면 영국군과 독일군은 천연두 생존자가 거의 대부분이었기 때문에 천연두에 면역력이 있었다.[14] 게다가 1756년부터 많은 영국군이 천연두 예방접종을 받았는데, 이것은 매우 빈번한 관행이었다. 1770년대 일부 연대에서는 접종이 의무화되었다.[15] 미국 독립 혁명 당시 천연두가 북아메리카 전역에서 창궐했고 이 병의 편파성은 조지 워싱턴에게 가장 골치 아픈 문제 중 하나였다.[16] 전쟁 초기에 그는 "적의 칼보다 그것(천연두)이 더 두려웠다"[17]라고 기록했다. 이전의 영국 연대 사례를 참고하여 워싱턴은 군대 전체에 백신 접종을 의무화하기로 결정했다. 강제 접종으로 소수의 사망자가 발생했지만, 나머지는 살아남았다. 살아남은 대륙군은 천연두에 대한 효과적인 방어막을 확보했다. 접종하지 않았다면, 다른 질병이 영국군을 고갈시킨 것보다 더 빨리 대륙군을 고갈시켰을지도 모른다.

반면에 영국군 대부분은 말라리아를 겪어 본 적이 없었다. 1750년 이전 켄트(Kent)와 에식스(Essex)의 습지와 저지대에는 삼일열 말라리아 매개 모기가 서식했고, 그 결과 영국의 다른 지역보다 질병이 심각했다. 독일의 습지 환경도 마찬가지였다. 그러나 18세기로 접어들면서 점점 영국과 독일의 많은 젊은이들이 말라리아에 걸리지 않게 되었다. 이것은 부분적으로는 습지에 배수로가 만들어지고 소의 수가 증가했기 때문이다. 북유럽의 아노펠레스는 피를 빨 수

보고하며 비율은 13 대 1이다. Eelking(1863)은 독일인 사이에서 질병에 대해 자주 언급하지만 구체적인 내용은 거의 제공하지 않는다.

14) Duncan(1931: 372)은 영국군 군의관의 말을 인용하여 영국군과 독일군 병사 9명 중 2명만이 천연두로 사망했다고 한다.

15) Kopperman(2007: 69~70, 75~76).

16) Fenn(2001: 92~103)의 매혹적인 설명과 Becker(2005)의 철저한 논의를 참조.

17) 1777년 1월 6일 워싱턴 장군이 윌리엄 쉬펜 박사에게 보낸 편지(Fen, 2001: 92에서 인용).

있는 소가 많아지면서 말라리아 매개체로서 점점 더 효과가 떨어졌다. 이에 따라 사람들은 점차 삼일열 말라리아에 걸리는 일도, 이에 대한 저항력도 없어졌다.[18] 심지어 삼일열 말라리아에 면역을 가진 소수의 사람들조차도 열대열 말라리아에 취약한 것으로 밝혀졌다. 열대열 말라리아는 캐롤라이나(Carolinas)와 체서피크에서 일상적으로 발생하는 여름 질병이지만 유럽에서는 전혀 발생하지 않는다. 유럽과 아메리카 대륙의 생태적 조건과 변화는 말라리아에 대한 차등면역과 어느 정도 관련이 있다.

질병으로 인한 인명 피해는 미국 주둔 영국군의 병력 수급과 유지에 가장 큰 문제가 되었다. 1779년까지 서인도 제도 주둔군의 연간 손실이 15~25%에 달했지만, 긴급하게 조치를 취해 대체 병력을 간신히 모집할 수 있었다. 영국군은 캐나다, 뉴잉글랜드, 뉴욕에 많은 병력을 주둔시켜 반란군에 대응한 결과, 연간 병력 손실이 1~6%로 감소하는 등 군대의 건강이 개선되었다. 하지만 1780년 영국이 원대한 전략을 펼쳐 더 많은 군대를 말라리아(및 황열병) 발생 지역에 파견하면서 이 균형이 무너졌다.

(이전 장에서 언급한 것처럼) 니카라과 전투에서 2,500명이 사망했고, 1780~1781년 열병에 휩싸인 세인트루시아 점령 과정에서 추가로 약 5천 명이 사망했다. 이것은 서인도 제도 주둔군의 일상적 근무 과정에서 발생하는 병력 손실 이외의 추가 사항이었다. 또한 1779~1783년 정규 군대 주둔으로 인한 인적 낭비 외에도 자메이카에서 발생한 열병으로 병력 3,500명이 사망하는 등 영국군은 병력 유지 측면에서 상당한 곤경에 처하게 되었다. 1780년 영국군은 사우스캐롤라이나의 아노펠레스 모기 서식지 근처에 단일 최대 규모인 약 9천 명의 병력을 배치했지만, 손실된 병력을 상쇄할 만큼 빠르게 병력을 재모집할 수 없었

---

18) 독일 북부의 말라리아 감소는 Blackbourn(2006: 64)에 요약되어 있음. 소의 역할에 대해서는 Kjaergaard(2000: 19) 참조. Dobson(1997: 287~367); Bruce Chwatt and de Zulueta (1980)도 참조.

다.[19] 영국군은 면역력이나 예방접종으로 말라리아를 막을 수 없었다.

남부 결전 전략과 미국 혁명

1777년 미국 독립 전쟁 중 프랑스와 스페인은 새러토가(Saratoga) 전투를 통해 미국이 쉽게 패배하지 않을 것이 입증되자 1778년(프랑스)과 1779년(스페인)에 잇따라 참전했다. 동시에 영국과 네덜란드가 상호 전쟁에 돌입했다(1780년대 후반). 따라서 영국은 여러 개의 국제전을 동시다발적으로 치르게 되었다. 전쟁 발발 당시 4만 8천 명에 불과했던 영국군은 벵골에서 바베이도스, 그리고 그 너머까지 병력이 분산되어 있었다. 아메리카 주둔 영국군은 엄청난 정치적 비용을 치르지 않고서는 현지에서 보급을 받을 수 없었다(식량과 보급품을 징용하는 것은 충성파(Loyalists)[20]를 혁명가로 만들기도 했다). 그래서 영국 해군은 아메리카 대륙의 모든 영국 영토를 지켜야 했다. 전쟁이 확대되면서 영국 해협과 북해, 서인도 제도, 지중해, 인도양에서 위협 받던 해군의 전력도 한층 약해졌다.

프랑스, 스페인, 네덜란드가 참전하면서, 카리브해의 풍요로운 설탕 섬을 장악하기 위해서는 북아메리카 전쟁을 끝내고, 병력이 더 중요한 전장으로 이동해야 했다. 1775~1778년 사이 북부 아메리카 식민지에서 벌어진 전투는 영국인들을 좌절시켰다. 영국은 워싱턴의 군대가 무너지면 왕에게 충성하는 식민지 주민들에게 영국의 권위가 쉽게 회복될 것이라 기대했다. 그러나 워싱턴은 몇

---

19) Hunter(1788: 56~58), 자메이카 및 세인트루시아; Kopperman(2007)과 O'Shaughnessy (1996: 106~111)는 일반적인 인구통계 어려움에 대해 설명함. 1770년대와 1780년대 해군의 어려움은 Wilkinson(2004)에 의해 분석되었다. 제임스 그랜트(James Grant)가 헨리 클린턴(Henry Clinton) 경에게 보낸 편지(12 May 1779, Society of the Cincinnati Library, Manuscript Collection, L2001F518)에 따르면 세인트루시아에서 군대는 1779년 5월까지 "이 기후에서 평소보다 더 건강한 상태"를 유지했음.

20) 충성파, 혹은 충성주의자는 미국 혁명 당시 영국 왕실에 충성했던 13개 식민지 출신의 정착민으로, 토리당원, 왕당파, 왕의 부하라고도 불린다. 이들은 미국 독립을 바라는 애국주의자들에게 '미국의 자유를 훼손하는 사람들'이라며 공격 당했다. - 옮긴이주

차례 소규모 전투에서 패배했지만, 롱아일랜드(1776년)에서의 패배 이후 다른 대규모 전투에서 승리했다. 전쟁이 국제화되면서, 1778년 말과 1779년 대부분의 교착 상태는 지속될 수 없었고, 이제 시간은 미국에게 유리하게 흘러가는 것처럼 보였다. 영국에서 잘 알려지지 않았던 이 전쟁은 영국을 분열시키는 정치적 이슈가 되었다. 영국은 신속하게 문제를 해결할 수 있는 새로운 전략이 필요했다.

런던의 영국 군벌과 아메리카 육군 사령관인 헨리 클린턴 경은 미국 남부에서 결전을 벌일 전략을 세웠다. 그들은 북부에서 전세를 뒤집기에는 충성파가 너무 적고 소심하다고 생각했다. 영국은 버지니아, 캐롤라이나, 조지아에 많은 수의 충성파가 있다고 믿었다.[21] 또한 그들은 남부 식민지의 수익성 높은 담배와 쌀 수출을 붕괴시켜 대륙군을 도와주는 반군들의 자금줄을 막으려 했다. 조지아에서의 작은 승리에 고무된 영국은 1780년 초 남부의 주요 도시인 찰스턴을 포위하고 5월에 전쟁을 벌였다.[22] 캐롤라이나에는 확실히 충성파가 있었지만, 그들보다 아노펠레스 모기가 훨씬 더 많았다.

캐롤라이나와 그곳의 모기

1670년 이후 바베이도스 식민지 개척자들과 다양한 계층의 영국인이 캐롤라이나 해안 지대에 정착하기 시작했다. 사우스캐롤라이나는 1690년대에 빠르게 성장하는 노예 플랜테이션 사회가 되었다.[23] 1520년대 이후 조금씩 감소하던

---

21) 당시 런던의 전쟁 전략을 책임지고 있는 제르맹 경은 1780년 11월 말까지 미국인의 절반 이상이 "영국에 호의적"이라고 믿었다(Marshall, 2005: 357). 남부의 충성파에 대해서는 Smith(1964); Lambert(1987); Piecuch(2008) 등을 참조하라. 후자는 충성파의 힘에 대한 쟁탈전이 건전한 정책이었다고 주장한다.

22) 엄밀히 말하면 찰스턴은 1783년까지 찰스 타운이었다. 이 책은 현대식 이름을 사용한다.

23) 관련 내용은 Olwell(1998); Wood(1974); Coclanis(1989); Edelson(2006); Carney(2001) 의 저작을 참고하고 생태적 상황의 경우 Silver(1990). 인접한 조지아 해안에 대해서는 Stewart(1996), 특히 3장을 참조하라.

아메리카 원주민 인구수는 1670년 이후 급격히 줄어들어 영국인의 정착이 더 쉬워졌다. 이곳의 땅은 평평해서, 초기 정착민이 "볼링장(Bowling ally)"에 비유하기도 했다.[24] 유유히 흐르는 강물은 소나무 숲과 활엽수림 사이를 굽이굽이 통과하고, 편백나무 늪과 늪지대에서 하구와 바다로 흘러들어 갔다.

1730년대 이곳의 주요 작물은 쌀이었다. 쌀은 로우컨트리(Lowcountry)라 불리는 케이프 피어(Cape Fear)부터 사바나까지 이르는 습지 저지대에 적합한 작물이었다.[25] 이러한 환경에서 벼를 재배하려면 제방을 쌓고 늪을 배수하는 등 끝없는 노동력과 세심한 관개 관리가 필요했다(두 번째로 중요한 플랜테이션 작물인 인디고[26] 역시 관개가 필수적이었고, 내륙 습지에서 처음 재배되었다).

서아프리카 벼 재배 지역에서 온 일부 노예들은 갯벌 하구와 내륙 늪지대에서 벼를 재배하는 데 필요한 노하우를 가지고 있었다. 1760년경 그들의 지식과 기술, 노동력은 매년 수만 톤의 쌀을 수출하는 번성하는 플랜테이션 체제를 만드는 데 도움이 되었다. 그들은 그 늪지대를 "캐롤라이나의 황금 광산"으로 만들고 있었다.[27] 1700년에서 1780년 사이 농장주들은 노예 10만여 명을 수입했다. 노예들은 카리브해의 사탕수수 경작 지역과 유사한 크레올 풍경을 만들고

---

24) "오래된 편지(An Old Letter)" in Langdon Cheves, ed., 샤프츠베리 논문 및 기타 캐롤라이나 관련 기록에서(*The Shaftesbury Papers and Others Records Relating to Carolina*, Charleston: South Carolina Historical Society, 1897), vol.5:308, Coclanis(1989: 30) 및 Morgan(1998: 30)에서 인용.

25) Dethloff(1988: 41)에 따르면 쌀의 수출은 1710년대에 연간 평균 300만 파운드, 1730년대에 2천만 파운드, 1770년대에 6,500만 파운드로 증가했다.

26) 콩과의 식물로 학명은 인디고페라 틴토리아(Indigofera tinctoria). 주로 인도에서 생산되었지만, 아프리카나 아시아 다른 지역에서도 생산되어 원산지인지는 알려지지 않았다. 천을 염색하는 염료의 이름이기도 하며 청바지의 색깔인 남색. 흔히 쪽빛이라고 하는 색깔을 의미하기도 한다.—옮긴이주

27) Johan David Schoepf, *Travels in the Confederation(1783~1784)*(Philadelphia, 1911), vol. II, 180, Morgan(1998: 33)에서 인용. Wood(1974); Littlefield(1981); Camey(2001); Edelson(2006); Eltis et al.(2007)에서 벼농사 플랜테이션 경제와 관련된 아프리카 전문 정보를 참조.

유지하는 데 여생을 보냈다.[28] 수리남에서와 마찬가지로 노예들이 만든 환경
은 아노펠레스 모기의 이상적인 서식지였다. 2장과 3장에서는 서인도 제도의
아노펠레스 모기와 말라리아 생태에 대해 설명했다. 하지만 서인도 제도와 캐
롤라이나 아노펠레스 모기 및 말라리아 생태는 세부 사항이 달랐고, 상당히 복
잡했다.

아메리카 대륙에는 여러 종의 아노펠레스 모기가 서식하고 있었다. 이 중 20
세기 미국 동부에서 지배적인 것은 아노펠레스 쿼드리마쿨라투스였다.[29] 이
종은 플로리다에서 다코타, 멕시코에서 퀘벡에 이르기까지 매우 널리 분포하는
것으로 미루어 보아 18세기에도 지배적이었을 것으로 추정할 수 있다.[30] 이 종
은 10°C(50°F)에서 40°C(104°F) 사이의 기온에서 서식할 수 있다. 가장 이상적인
온도는 약 35°C(95°F)인데, 캐롤라이나와 버지니아의 습한 한여름 날씨가 여기
에 해당한다. 캐롤라이나 저지대의 1년간 기후는 아주 따뜻한 날씨가 6개월 이
상 이어져, 매년 아노펠레스 쿼드리마쿨라투스가 12세대 이상까지 번식할 수
있다.

아노펠레스 쿼드리마쿨라투스는 연못, 늪, 도랑, 관개용 밭과 같은 담수 가장
자리 주변에서 번식하는 것을 선호한다. 그리고 유충은 염수와 바닷물이 드나
드는 늪지에서도 생존할 수 있다. 유충은 조류와 박테리아 등 유기물이 풍부한
따뜻한 물에 떠다니거나 새로 돋은 식물에 의해 보호될 때 가장 잘 자란다. 암
컷은 일생 동안 (평균적으로) 9~12회에 걸쳐 2천 개의 알을 낳는다. 주로 암컷은
사람이나 가축의 근거리에 동면하다가 기온이 20°C(68°F) 되는 봄이 오면 다시

---

28) Morgan(1998 :61)에서 수치 인용.
29) Kaiser(1994); O'Malley(1992); Horsfall(1972: 134~159).
30) Wood(1974: 86)는 아노펠레스 쿼드리마쿨라투스가 정착민이 처음 도착했을 때 이미 캐
     롤라이나 습지에 서식하고 있다고 한다. M. D. Young et al., "The Infectivity of Native
     Malarias in South Carolina to Anopheles quadrimaculatus," American Journal of
     Tropical Medicine, 28(1948), 30: 1~11에서 인용.

활동하기 시작하는데, 보통 죽기 전에 알을 한 번 더 낳을 수 있을 정도로만 활동한다.

1690년 이후, 로우컨트리 플랜테이션의 환경은 점차 아노펠레스 쿼드리마쿨라투스 번식에 이상적인 조건을 제공했다. 카리브해의 사탕수수 플랜테이션이 이집트숲모기에게 좋은 서식지를 제공한 것처럼, 캐롤라이나 저지대의 크레올 생태와 벼 재배지는 아노펠레스 쿼드리마쿨라투스에게 최적의 조건을 제공했다. 사우스캐롤라이나 저지대는 미곡 경제가 시작되기 전부터 아노펠레스 모기의 서식에 적합했지만, 얕게 고인 물과 유기물 찌꺼기로 가득 찬 밭의 광범위한 관개는 그 조건을 더욱 좋게 만들었다. 일반적으로 논에는 연간 네 차례 홍수가 발생하므로 따뜻한 달은 아노펠레스 쿼드리마쿨라투스의 유충이 성장하는 데 적합한 환경이 된다. 게다가 노예들은 충분한 관개용수를 공급하기 위해 저수지를 건설하고, 도랑과 운하로 밭을 둘러쌌다.[31]

캐롤라이나 플랜테이션 경제의 성장은 아노펠레스의 번식뿐만 아니라 먹이

---

31) 미국 남부의 쌀 플랜테이션과 아노펠레스 모기 관련 연구는 Steelman et al.(1981); Sandoski et al.(1987)를 참조 바람. 또한 옥수수가 널리 재배되어 학질모기가 캐롤라이나에서 번성했던 것일 수도 있다. 플랜테이션 농장의 3분의 1이 옥수수를 재배했고, 대부분이 노예를 먹이기 위해 1에이커의 옥수수 밭을 소유하고 있었다(Morgan, 1998: 48~50; Edelson, 2006: 90). 에티오피아의 최근 연구에 따르면, 옥수수 꽃가루는 학질모기 유충에게 이상적인 먹이인데, 만약 바람이 옥수수 꽃가루를 수중 요람으로 운반할 수 있을 만큼 옥수수 밭이 충분히 가깝다면 유충은 번데기 단계까지 생존할 가능성이 훨씬 더 크다고 한다. 에티오피아의 관련 아노펠레스 종은 아라비엔시스(arabiensis)이고, 다른 아노펠레스 종이 옥수수 꽃가루의 존재에 그렇게 호의적으로 반응하는지는 (적어도 나에게는) 불확실하다. 아마 모든 꽃가루라도 그럴 수 있으며, 에티오피아의 경우 우연히도 옥수수였다. 또한 이 옥수수는 새로운 잡종 옥수수로, 아노펠레스 아라비엔시스에게 가장 좋은 적절한 계절에 꽃가루를 방출한다. 18세기 캐롤라이나에서 재배된 옥수수가 아노펠레스 쿼드리마쿨라투스 모기에게 적합한 계절에 꽃가루를 방출할 수 있었을까? 아마 그럴 수도 있고, 그렇다면 로우컨트리 농장은 특히 아노펠레스 쿼드리마쿨라투스에게 좋은 인큐베이터가 되었을 것이다. 이 에티오피아 연구는 McCaan(2005: 174~196)에 소개되어 있다.

공급에도 도움이 되었다. 성충이 된 수컷 아노펠레스 쿼드리마쿨라투스는 보통 일주일 정도만 살며 꿀과 자당을 먹으면서 같은 종의 암컷을 찾는 데 모든 에너지를 쏟는다. 암컷은 평균 1~3주 동안 생존한다. 암컷은 달콤한 물질을 먹을 수도 있지만 번식하기 위해서는 반드시 혈액을 섭취해야 한다. 암컷은 주로 새벽과 해 질 녘에 사슴, 소, 말 등 대형 포유류를 먹이로 삼지만, 특히 인간을 가장 좋아한다. 개나 돼지의 피는 급한 경우 먹을 수 있지만, 닭과 토끼의 피는 먹을 수 없다. 아노펠레스 쿼드리마쿨라투스는 아노펠레스 감비아만큼 효율적이지는 않지만, 사람의 피를 좋아하기 때문에 말라리아 매개체 중에서는 탁월한 놈으로 간주된다.

17세기만 해도 캐롤라이나 해안 지역은 인구밀도가 낮았다. 하지만 이후 쌀 재배 증가와 아프리카인 유입으로 인구가 빠르게 증가했다. 1710년에는 찰스턴 주변 지역에 약 9천 명(흑인과 백인 비율이 거의 비슷하다)이 거주했다. 1770년에는 로우컨트리에 약 8만 8천 명이 거주했는데, 주로 아프리카 태생이거나 그 혈통이었다(78%).[32] 말라리아 피해가 적고 이민자들이 쉽게 기회를 찾을 수 있는 오지에서 인구는 더 빠르게 증가했다.

캐롤라이나 지역에서는 빠르게 증가하는 인구뿐만 아니라 목마른 아노펠레스를 위해 사슴과 소의 피 메뉴도 제공되었다.[33] 사우스캐롤라이나에는 끝없이 많은 사슴 떼가 있었고, 엄청난 양의 사슴 가죽 수출이 이루어졌다(사슴 가죽은 쌀 다음으로 가치가 있었다). 사냥꾼이 사슴을 죽이자 정착민들은 소를 들여왔다. 로우컨트리 농장들은 보통 목초지와 소들을 자체적으로 관리했다. 간혹 노예 카우보이들의 관리 아래 인근 숲에서 소 수백 마리의 사육이 이루어지기도

---

32) Coclanis(1989: 68). 당시 식민지 전체로는 약 17만 5천 명으로 아프리카 혈통의 거의 60%이다(Gordon, 2003: 17).

33) 적어도 루이지애나에서 벼농사 지역의 소 밀도가 높아지면 모기 개체 수가 증가했다(McLaughlin and Focks, 1990).

했다. 캐롤라이나 오지에는 더 많은 소들이 있었고, 소들은 판매되고 도축되기 위해 항상 해안으로 모여들었다. 거의 모든 농장에 말 몇 마리가 있었고, 절반 이상은 돼지를 키웠다.[34] 쌀 덕분에 식물계는 아노펠레스 애벌레의 복지에 아낌없이 기여했고 사람, 사슴, 소 덕분에 동물계는 암컷 아노펠레스에게 먹이를 제공했다.

전반적으로 캐롤라이나 저지대에서 아노펠레스 쿼드리마쿨라투스 서식 환경은 18세기 내내 현저하게 개선되었다. 날씨도 협조해 줬다. 1750년대부터 1770년대까지 사우스캐롤라이나의 날씨는 평균보다 습했고, 모기 개체 수 증가에 중요한 봄비가 특히 많이 내렸다.[35] 당시 캐롤라이나인들은 여름과 초가을에 모기가 얼마나 많았는지 자주 언급했다. 엘리자 핑크니(Eliza Pinckney)는 "모기(muskatoes)와 모래파리(sand flies)가 득실거린다"라고 불평했고, 조지 오길비(George Ogilvie)는 "모든 모공의 피를 빨아먹는 모기 떼(Muskitoe)"를 언급했다.[36] 매개체와 숙주의 밀도가 높으면 말라리아가 전파될 확률이 높아졌다.

말라리아, 말라리아 면역, 그리고 말라리아에 대한 인식

아노펠레스 쿼드리마쿨라투스가 많아지자 말라리아 원충은 사람에서 사람으로 쉽게 이동할 수 있었다. 노예선은 매년 서아프리카, 중앙아프리카, 서인도제도에서 새로운 말라리아 변종을 가져왔다. 수리남에서와 마찬가지로, 쌀 경제는 아노펠레스 쿼드리마쿨라투스에게 가장 좋은 번식 환경을 주면서 인간 혈

---

34) Morgan(1998: 52) 1730년부터 1776년까지 로우컨트리 농장의 가축에 관한 수치를, Edelson(2006: 113~124)은 토지 이용 패턴을 통해 설명하고 있다. 소와 돼지, 양의 증가는 1682년 토마스 애쉬의 관심을 끌었다(Ashe, 1682), 이는 Salley(1911: 139~159, esp. p. 149)의 연구에 나와 있다.

35) Stahle and Cleaband(1992)의 기후 데이터와 Stahle(2005)의 8월 2일 개인 서신.

36) 핑크니는 Wood(1974: 75~76)에서 오길비는 Edelson(2006: 145)에서 인용함. Wood(1974: 76)에서 인용된 한 여행자는 모기의 "독"을 방울뱀의 독에 비유했다.

류 속에 말라리아 원충이 활개치도록 했다. 모기를 통한 감염 가능성이 극대화된 것이다. 여름과 초가을에 로우컨트리는 굶주린 모기들로 윙윙거렸고, 몇 번 물면 거의 모든 모기들이 말라리아를 옮겼다.[37]

그래서 1690년 이후 몇 년 동안 캐롤라이나 해안 지역은 점점 위험한 곳이 되었지만, 일부 사람들은 다른 이들보다 더 위험했다. 서아프리카나 그 혈통 출신들은 대개 다른 사람들보다 말라리아에 대한 두려움이 적었다. 현지에서 태어나고 자란 사람들은 어린 시절 살아남았다면 보통 강한 면역력을 가지고 있으며 큰 걱정거리가 없었다. 그러나 가끔 (평생 잠복해 있다가 수시로 재발할 수 있는) 삼일열 말라리아에 걸릴 수 있었다. 말라리아가 없는 지역(주로 고위도 지역)에서 캐롤라이나로 온 사람들은 큰 위험을 감수해야 했다.

18세기 중반까지 캐롤라이나 저지대의 모든 사람은 점차 말라리아를 일상적인 삶과 죽음의 한 부분으로 받아들였다.[38] 노예들은 말라리아로부터 비교적 안전했지만 쌀농사를 그들의 건강에 가장 위험한 것으로 여겼다. 노예 인구는 1750년대나 아마 1770년대까지 자연적으로 증가하지 않았는데, 대부분 말라리아에 걸린 어린이들의 사망률이 높았기 때문이다.

당시 사람들도 일반적으로 습지, 특히 벼농사 플랜테이션과 열병과의 연관성을 인지했다. 1764년에서 1765년 사이 캐롤라이나를 여행하던 영국 장교 아담 고든(Adam Gordon) 경은 자신도 모르게 둘 사이의 연관성을 다음과 같이 언급했다. "보통 사우스캐롤라이나 어느 지역이든지, 여름에 많은 양의 고인 물이 있는 논둑과 늪 지역은 건강에 해롭다. 왜냐하면 여기서는 많은 벌레가 생기면

---

37) Packard(2007: 57~58).

38) Caplin(1993)은 Merrens and Terry(1984)처럼 사우스캐롤라이나의 백인에게 말라리아가 얼마나 무섭고 동시에 일상적이었는지를 표현한다. Miranda(1963: 33)는 로우컨트리의 백인에게 학질이 얼마나 일상적인 질병이었는지를 기록했다. 그는 1783년 8월부터 10월까지 캐롤라이나를 방문했다. 이 부분은 내 동료인 앨리슨 게임스(Alison Games)의 도움을 받았다. 로우컨트리의 말라리아 초기 역사에 대해서는 Childs(1940)를 참조했다.

서 가을 열병과 감기를 유행시키기 때문에…"39) 토머스 제퍼슨은 벼농사 때문에 일 년 중 한 계절 동안 나라 전체가 물에 잠겨야 하고, 매년 수많은 주민이 전염병으로 죽는 것을 안타깝게 생각했다.40) 백인들은 가급적 여름에는 쌀 플랜테이션에서 멀리 떨어져 말라리아가 적은 내륙에서 보내고자 했다. 미국 혁명 이전 몇 년 동안, 가장 부유한 가족들은 열병을 피하기 위해 로드아일랜드(Rhode Island)에서 여름을 보냈다.41) 사람들은 서서히 습지나 논 옆에 집짓기를 피했다.42)

하지만 이러한 지식으로는 당시 사람들에게 '국가적 열병'으로 불리면서 로우컨트리 인구를 황폐화시키던 것을 막지 못했다. 1783년 독일인 여행자가 말했듯, "캐롤라이나는 봄은 낙원, 여름은 지옥, 겨울은 병원"이었다.43) 매년 여름과 가을, 특히 비가 많이 오는 해에는 수천 명이 죽었다. 1750년 이전 30년 동안 말라리아뿐만 아니라 황열병의 영향도 받은 찰스턴에서는 세례를 받은 사람 3명 중 한 명이 사망했다. 당시 모든 사람들은 배후지보다 찰스턴이 더 건강한 곳이라 여기고 있었다.44) 로우컨트리의 유럽인 인구는 1770년대까지 자연적으로 증가하지 못했고, 그 이전에는 이민자들의 유입으로 인구가 증가했다. 습지와 말라리아가 창궐하는 이스트 앵글리아(East Anglia)와 켄트 지역 출신이 아니

---

39) Duffy(1953: 213)에서 인용.

40) Carney(2001: 147)에서 인용.

41) 이와 관련하여 백인 캐롤라이나 거주민은 영국의 습지인 이스트 앵글리아 혹은 켄트 지역의 관습을 모방했다. 16세기부터 18세기 초반까지 이스트 앵글리아와 켄트 지역에서 여름 말라리아는 풍토병이었고, 해당 교구 목사들은 말라리아를 피하기 위해 내륙에 거주하는 것을 강조했다(Dobson, 1997: 295~297).

42) Wood(1974: 74).

43) Johan David Schoeph, *Travels in the Confederation(1783-1784)*(Philadelphia, 1911, 2:172), Merrens and Terry(1984: 549)에서 인용.

44) Duffy(1953: 212~113). Fraser(1989)는 특히 1740년대 중반에 몇몇 황열병 유행에 대해 언급한다. 황열병은 말라리아와 거의 비슷한 시기인 1690년대에 처음 나타난 듯하다.

라면 질병 저항력이 없는 영국의 이민자들은 고통과 죽음을 당할 가능성이 가장 높았다. 로우컨트리의 계절별 사망률은 말라리아의 위험성을 보여 준다. 한 교구에서 20세 미만 사망자 중 77%가 말라리아 기간인 8월부터 11월 사이에 사망했다. 어린이들의 사망률 역시 말라리아의 위험성을 보여 준다. 세례를 받은 남자 아이 57%와 여자 아이 33%가 5세 이전에 사망했으며, 태어난 첫해에 사망한 사람의 90%가 말라리아가 발생한 4개월 동안 사망했다.[45] 생존자의 혈류에는 말라리아 기생충이 떠다니고 있었다. 이것은 면역 체계가 없는 신규 이민자들을 위협할 수 있는 미래 감염의 저장고였다.

말라리아와 미국 식민지 남부 영국군의 대결, 1780~1781

이것이 1780년 초 영국군이 침공한 로우컨트리의 상황이었다. 북아메리카 영국군 사령관인 헨리 클린턴은 찰스턴 포위 공격을 지휘했다. 그러나 성공적인 공격 직후 그는 뉴욕으로 돌아와 육군을 찰스 콘월리스(Charles Cornwallis) 소장에게 맡겼다. 콘월리스는 케임브리지의 토리노 육군사관학교를 졸업하고 7년 전쟁 중 유럽의 여러 지역에서 전투를 치렀다. 군인 출신으로 총리, 대주교와 친분을 가진 백작이었던 그는 왕의 보좌관으로 일할 정도로 정치적 인맥이 뛰어났다. 아마추어들이 이끄는 군대에서 콘월리스는 유달리 전문적이었고, 자신의 일에 몰두했다.[46]

찰스턴에서 지휘를 맡게 된 콘월리스 장군은 약 9천 명의 정규군과 어색한 정치적 연합을 주도했다. 그는 특히 오지에 있는 충성파의 지원을 기대했다. 또한 남부 식민지의 50만 명에 달하는 노예가 아군이 될 것으로 기대했고, 실제로

---

45) Merrens and Terry(1984); Terry(1981: 92~93); Packard(2007: 58)에서 인용함. Dobson (1989: 271~273, 294)은 남부 식민지가 북부 식민지보다 건강하지 못했던 주요 원인이 말라리아라고 언급한다. 정착민 인구통계는 Coclanis(1989: 42~43)에 요약되어 있음. 가장 부유한 사람들만이 기나나무 껍질을 살 수 있었다. Wood(1974: 76)를 참조 바람.

46) Wickwire, Franklin and Wickwire, Mary(1970) and Frey(1981: 18~19).

아군으로 확보하기도 했다. 1775년 버지니아에서 왕실 총독은 반란군에 맞서 싸우겠다는 노예들에게 자유를 약속했다. 1779년 6월 클린턴은 영국 왕실을 위해 싸운 흑인들에게 전쟁이 끝나면 보호와 자유를 주겠다고 선언했다. 노예 수천 명이 속박에서 풀려났지만, 영국군에서 노동자로 고된 삶을 사는 양면적인 대접을 받았다.[47]

영국 남부 전략의 핵심은 충성파에 있었다. 클린턴과 콘월리스는 영국군이 특정 지역을 일시적으로 점령한다면 1~2년 전 조지아에서 그랬던 것처럼, 충성파가 왕을 섬기면서 왕실을 위해 영토를 안정적으로 점령하고 관리할 것이라 생각했다.[48] 그러면 정규군은 자유롭게 이동하여 다른 곳에서 작전을 반복할 수 있었다. 영국이 당시 전 세계적으로 얽힌 상황에서 가능한 한 적은 인력과 자원을 투입하고, 전쟁에 충성파와 같은 그 지역민들을 이용하는 전술(policy of Americanization)을 통해 남부 식민지를 획득할 수 있었다.[49]

콘월리스와 그의 부하들은 인간과 미생물을 포함한 다양한 형태의 적과 맞닥뜨렸다. 1780년 초, 영국이 찰스턴을 점령하고 미국 반란군 5천 명은 몇 달간 선선한 날씨를 만끽했다. 의회는 영국에 맞서기 위해 소규모 군대를 파견했는데, 그 군대의 지휘자는 새러토가 전투를 이끌었던 허레이쇼 게이츠(Horatio Gates) 장군이었다. 게이츠 장군은 1,600명 이상의 정규군을 지휘한 적이 없었다. 하지만 콘월리스는 캐롤라이나주 전역에 있는 게릴라 전술에 능한 혁명적 비정규 민병대도 걱정해야 했다. 그리고 무엇보다 치명적인 것은 봄의 낙원이 여름의 지옥으로 바뀌면서 말라리아에 대해 걱정해야 한다는 것이었다. 영국은 남부 전략을 추진하면서 이 장의 서두에서 언급한 것처럼 어색한 위치에 군대

---

47) Piecuch(2008); Frey(1981: 18~20).
48) 영국은 1778년 말에 사바나를 점령했고 전쟁이 끝날 때까지 그 지역을 사수했다. 1779년 10월 프랑스-미국 합동군이 탈환을 시도했으나 치명적인 전염병으로 실패했다. 1780년 이전 남부 지역의 전투는 Wilson(2005)을 참조함.
49) Shy(1990: 193~212) 참조.

를 배치했다. 콘월리스는 배가 부대에 도달할 수는 있으되, 말라리아모기는 접근할 수 없는 장소를 찾아야 했다. 하지만 5월과 11월 사이 남부에 그런 곳은 없었다.

　1770년대와 1780년대에 미국으로 건너온 영국군은 상당히 취약한 상태였다. 영국군들은 항상 영양실조와 여러 질병에 시달렸다. 군대에 입대하면 식생활이 개선되는 경우가 많았지만, 반드시 건강이 개선된 것은 아니었다. 아메리카로 파견된 사람들은 먼저 건강에 해로운 유혹과 많은 병원균이 있는 승선 항구의 위험을 견뎌내야 했다. 그런 다음 그들은 6주 이상의 항해를 하면서 혼잡한 환경과 상한 음식에 직면했다. 1780년에 서인도 제도로 파견된 부대는 바다를 건너는 동안 병력의 5~25%를 잃었다.[50] 북아메리카로 가는 항해는 일반적으로 여정이 짧았기 때문에 조금 더 건강했다. 그렇지만 많은 사람들이 항해 도중 사망했고, 더 많은 사람들이 병에 걸렸다. 아메리카 대륙에 도착한 사람들은 낯선 질병 환경에 노출되었다. 북아메리카를 포함한 모든 곳의 수용소, 병영, 수비대의 위생 상태는 혼잡하고 불결한 경우가 많았다. 18세기 영국군은 위생 규정을 개발하여 일부 전염병을 통제하는 데 도움이 되는 것을 마련하기도 했다.[51] 설상가상으로 아메리카 주둔 영국군은 바다 건너에서 군대를 보급하는 데 어려움을 겪어 식량이 부족한 경우가 많았다. 이로 인해 병사들은 감염, 특히 말라리아에 더 취약할 수밖에 없었다.

　영국이나 독일 출신 병사들은 말라리아가 없는 환경에서 온 사람들이 압도

---

50)　대영도서관에 보관된 기록물 MSS 38,345 "1775~1782년 동안 서인도 제도에 파견된 군대의 수에 대한 설명" 참조. 이질의 역할에 대해서는 프라틱 타쿠라바티(Pratik Chakrabati)가 언급했던 Haycock(2002)을 참조. Buchet(1997)에 따르면 서인도 제도로 항해하는 프랑스 선박은 맥주보다 포도주를 운반했기 때문에 손실이 다소 적었다. 맥주를 주로 운반했던 영국군은 맥주가 상해서 포도주과 물을 구하기 위해 마데이라 제도에 정박해야 했고, 항해 속도가 느려지고 사망률이 높아졌다.

51)　Canclie(1974); Frey(1981: 22~52) 참조.

적으로 많았다. 예를 들어, 1778년에 입대한 남자 1만 5천 명 중 3분의 2가 스코틀랜드 출신이었다. 아메리카에 파견된 영국군은 보통 몇 주 또는 몇 달 동안 고향을 떠나 있어야 했다. 1780년까지 많은 사람들이 아메리카에서 장기간 복무했지만, 주로 뉴잉글랜드나 뉴욕에서 복무했다. 한 연대는 1778년부터 남부에 주둔하고 있었는데, 대부분의 병사들이 한두 차례 말라리아에 걸린 적이 있었을 것으로 추정된다. 서인도 제도나 인도(영국 동인도회사가 자체 군대를 유지하던 곳)에는 어떤 연대도 복무하지 않았다. 따라서 대부분 병사들의 면역 체계는 말라리아를 대비할 수 없었다.[52]

일반적으로 의사는 거의 도움이 되지 않았다. 영국군은 1750년대 이후 의료 시설을 크게 확장했지만, 당시 최고의 의사를 모집하는 데는 어려움을 겪었다. 또한 아무리 숙련된 의사라도 치료한 환자보다 죽인 환자가 더 많았을 것이다. 말라리아(또는 실제로 거의 모든 질병)에 걸린 병사들이 의사의 손에 넘어가면 피를 흘리며 죽어 갈 것이었다. 영국(및 미국) 군대에서는 의사에 대한 불신이 흔했다. (3장에서 언급한) 영국의 민간요법은 아무런 효과가 없었고, 병사들이 아메리카에서 배울 수 있는 치료법도 없었다. 미국인은 층층나무(dogwood), 튤립, 복숭아나무의 나무껍질이나 뿌리로 만든 가루를 먹었고, 유황, 설탕, 철광산에서 나온 물을 섞어 만든 음료를 마셨다. 실제로 미국인들은 영국의 군의학 기술을 부러워했다. 하지만 미국 의사들이 상처 치료에 다람쥐 뇌로 만든 습포제를 사용했다는 점을 고려하면 그리 놀랍지 않다.[53]

---

52) Frey(1981: 3~21); Babies and Howard(2009: 79~94).

53) 3장 및 Frey(1981: 47~52) 참조. 미국의 말라리아 민간요법은 Kalm(1771, 1:373~376); Stephenson(2007: 168~169, 172) 참조. 대륙군의 의료 문제는 Middlekauf(2005: 525~534)와 Duncan(1931) 참조. Dann(1980: 184)에 따르면 "미군 병사 제임스 퍼거스는 1779년 찰스턴에 있는 병원에 입원하라는 권고를 받았을 때 필라델피아, 프린스론, 뉴어크에 있는 병원을 보면서 그냥 야외에서 죽는 것이 나을 것 같다"라고 대답했다. 내가 아는 한, 1770년대까지 미국인들은 말똥 포세트를 마시는 말라리아에 대한 17세기 민간요법에 더는 의존하지 않았다. 포세트는 당을 첨가한 뜨거운 우유를 와인이나 에일에 넣어 마시는

18세기 의사들의 가장 좋은 말라리아 치료제는 "(3장에서 논의되었던) 키니네"였다. 그러나 키니네는 비쌌고, 영국군은 이를 충분히 보유하지 못했다. 1778년 스페인은 키니네 수출을 금지했다. 자신들만을 위해 키니네를 사용하고 적대 세력의 손에 들어가는 것을 막기 위해서였다. 더구나, 영국이 확보할 수 있는 물량도 거의 없었지만, 캐롤라이나보다 인도와 서인도 제도에서 더 시급하게 필요했다. 따라서 찰스턴 남부 식민지에서 작전을 수행하는 부대는 의료 지원이 없어 심각한 건강 위험에 직면해 있었다.[54]

콘월리스는 말라리아 문제를 잘 알고 있었다. 1780년 이전 조지아와 사우스캐롤라이나에서 활동했던 영국군은 학질 시즌에 어려움을 겪었고, 이 기간을 피하기 위해 작전 시간을 조정하고자 노력했다. 콘월리스는 사우스캐롤라이나에서 클린턴의 뒤를 이어 취임한 후 다음과 같은 글을 썼다. "6월 말부터 10월 중순까지 해안 100마일 이내(찰스턴을 제외하고)의 기후가 너무 나쁘다. 그래서 이 기간 동안 군대를 주둔시키면 군사작전에 어떤 도움도 되지 못할 것이며 군대가 완전히 괴멸될 수도 있다."[55] 남부 지역 작전이 시작된 지 18개월이 지난후 영국군 총사령관인 제르맹(Germain) 경도 로우컨트리의 여름과 초가을의 위험을 알게 되었다. 그는 1781년 6월 콘월리스에게 "남부 지방에서 질병 환자가 줄거나, 활동할 수 있는 시즌이 올 때까지 (최소한의) 지원병을 활용하라"고 지시했다.[56]

문제를 인식한다고 해서 영국이 문제를 해결할 수 있다는 의미는 아니었다. 콘월리스가 인정했듯이 찰스턴에 주둔하는 것이 건강에 가장 좋은 선택이었다. 그곳은 바람이 잘 통하는 곳에 위치한 덕분에 아노펠레스 모기 수를 줄이고 찰

음료이다. Childs(1940: 263).

54) Perez-Mejia(2002: 32); Frey(1981: 47) 참조.

55) 콘월리스 장군이 제르맹 경에게 1780년 8월 20일에 보낸 서신, Germain Papers, Clements Library, University of Michigan(Duncan, 1931 :312에서 인용).

56) 1780년 이전 남부 영국군의 건강 문제에 대한 부분은 Wilson(2005: 67, 71)에서 인용.

스턴을 말라리아의 위험으로부터 구해 냈다. 찰스턴은 가끔 황열병이 발생하기도 했지만, 다행히 전쟁 중에 영국군과 도시민들을 덮치지는 않았다. 하지만 찰스턴을 벗어나면 말라리아에 걸릴 가능성이 높았다. 남부 전략이 성공하려면 콘월리스는 겨울과 봄에 영토를 점령하고 늦여름 이전에 충성파에게 영토를 넘겨야 했다. 그는 느린 출발을 했다. 찰스턴 포위 공격은 "국가적 열병"이 시작되기까지 몇 달 남지 않은 5월까지 계속되었다.

찰스턴 점령 후 첫 몇 주 동안, 콘월리스는 재빨리 캠든(Camden)과 나인티식스(Ninety-Six) 마을 같은 중요한 내륙 거점을 확보했다. 또한 체로(Cheraw)와 행잉 록(Hanging Rock)과 같은 작은 거점을 확보하고 크고 작은 주둔지를 남겼다. 이는 영국군이 아메리카 영토를 점령하기 위해 시도한 가장 큰 규모의 작전이었다. 반란군은 그때까지 사우스캐롤라이나에 없었고 민병대도 흩어져 있었다. 영국은 조지아와 캐롤라이나를 통제할 수 있는 충성파들을 찾기 시작했다. 당시 지역 주민들은 혁명파와 충성파로 나뉘어 피비린내 나는 비공식 내전을 벌였다. 1780년 7월이 되자 민병대는 다시 활동하기 시작했다. 예상대로 영국 수비대는 한여름에 병력의 3분의 2가 "열병과 학질"[57]에 걸려 체로에서 철수해야 했다.

1780년 8월, 말라리아가 군대를 완전히 장악하기 직전, 콘월리스는 캠든에서 게이츠의 군대에 일격을 가했다. 민병대로 구성되어 있던 게이츠의 병력은 뿔뿔이 흩어졌다. 그의 800명 정규군은 허겁지겁 노스캐롤라이나로 후퇴했다. 영국군이 반란군에게 확실한 패배를 안겨 준 것은 이 전투가 마지막이었다. 콘월리스는 캠든 전투에서 병사 2,240명 중 68명만 잃었지만, 이 무렵부터 영국군이

---

57) Jackson(1791: 300); Pancake(1985: 82). McCandless(2007)는 조지아와 사우스캐롤라이나의 영국군에서 말라리아가 얼마나 심각한지를 나타내는 몇 가지 예를 보여 준다. 내가 본 그의 설명은 남부 지역의 전선을 형성하는 데 있어 이 요소에 적절한 비중을 두는 유일한 사례이다.

말라리아에 걸리기 시작했다. 8월 23일 콘월리스는 클린턴 경에게 "병이 매우 심각하고 정말 놀랍다. 특히 장교들의 피해가 컸고, 헤이즈 박사와 거의 모든 병원 의사들도 병에 걸렸다. 이제 내 가족과 장교들은 아무것도 할 수 없다"[58] 라고 말했다. 콘월리스의 게이츠 추격은 캠든 병원에 병사 3명 중 1명꼴인 800 여 명이 입원해 있는 상황 때문에 상당히 어려웠다. 앞으로 몇 달간 그의 부대 는 질병 때문에 기동성이 제약될 것이었다. 그리고 그는 캐롤라이나 주변의 게 릴라에게 공격 당해 포로가 되거나 사망할 수 있는 병사들을 보호해야 했다.[59]

영국의 점령 전략에 따라 약 9천 명의 병력이 캐롤라이나의 로우컨트리와 피 드몬트(Piedmont)에 배치되었다. 그중에는 영국인 7천 명, 독일인 500명, 그리 고 사우스캐롤라이나, 펜실베이니아(주로 아일랜드 태생), 뉴저지, 뉴욕 출신의 충성파 1,200~1,500명이 포함되어 있었다. 1780년 더운 여름 날씨에 힘을 얻은 모기가 물기 시작하면서 말라리아가 확산되었다. 사우스캐롤라이나는 고도로 상업화된 플랜테이션 경제 때문에 마차 도로가 많았고 항해가 가능한 강도 많 았다. 이것은 통신이 원활하고 군대가 빠르게 이동할 수 있음을 의미한다.[60] 말라리아로 쓰러진 환자들도 휠체어에 태워 가까운 군 병원으로 옮길 수 있었 다. 이런 방식으로 말라리아는 병든(혹은 감염되었지만 아직 증상이 없는) 영국군 의 신체를 통해 빠르게 이동했고, 감염되지 않은 모기가 이 군인들을 물었다. 병에 걸린 사람이 증가하면서 감염된 남성을 무는 모기도 늘어났다. 8월 말까 지 영국군 내부에 전염병이 돌았다. 하지만 대부분의 현지 주민(캐롤라이나 출신 콘월리스의 충성파를 포함한다)들은 이에 저항성을 가지고 있었다. 콘월리스는 한

---

58) 디 존 헤이즈 박사는 콘월리스 장군의 최고 의료 책임자였다. "가족"이란 표현은 콘월리스 장군에게 아마도 그의 개인 참모진에 있는 모든 장교를 의미했을 것이다. Duncan(1931: 313)에서 인용.

59) 수치 데이터는 Savas and Dameron(2006: 249~252)에서 인용. 캠든 및 기타 사우스캐롤 라이나 전투에 관련된 부분은 Gordon(2003); Pancake(1985)에서 참조.

60) Edelson(2006: 130~132, 151~152)은 민간인 맥락에서 질병의 이동과 확산에 대해 논의한다.

연대가 "질병으로 완전히 파괴되어 몇 달 동안 현장 복귀가 어려울 것"이라고 기록했다.[61] 6개월 후인 1780년 가을, 콘월리스는 자신의 군대가 질병으로 "거의 괴멸"했다고 썼다.[62] 콘월리스도 말라리아에 감염되었다. 10월 초, 샬럿(Charlotte)에서 서쪽으로 50킬로미터 떨어진 킹스 마운틴에서 콘월리스의 충성파 수천 명이 패배하고, 그중 4분의 1이 전사했다. 당시 콘월리스는 킹스 마운틴에서 40킬로미터 떨어진 곳에 앓아누워 있었다. 로스쿨을 중퇴했고 평판이 포악했던 기병대 사령관 배내스터 탈턴(Banastre Tarleton)도 그날 충성파 지도자가 긴급하게 지원을 요청했지만 몸이 너무 아파서 충성파를 구하러 갈 수 없었다.

콘월리스와 탈턴은 소, 돼지, 닭, 기타 식용 가축을 구매하거나 징발하여 영국군 내부의 말라리아 유행을 가중시켰을 수 있다. 영국군은 찰스턴과 항구에서 멀리 떨어져 주둔할 때 식량을 확보하기 위해 상당한 노력을 해야 했다. 이로 인해 사우스캐롤라이나, 특히 영국군 주둔지 근처의 가축과 가금류 개체 수는 상당히 감소했을 것이다. 사우스캐롤라이나의 아노펠레스 쿼드리마쿨라투스는 포유류 먹이가 줄어들자 말라리아 매개체로서의 효율성을 높이기 위해 인간의 피에 더 집중했다.[63] 어쨌든 따뜻하고 습한 환경이 계속되는 한 모기는

---

61) 콘월리스 장군이 클린턴 경에게 1780년 8월 29일에 쓴 편지 내용 중 일부(Pancake, 1985: 115).

62) 콘월리스 장군이 클린턴 경에게 1781년 4월 10일에 쓴 편지 내용 중 일부(Frey, 1981: 43).

63) 3장에서 언급했듯이, 소 개체 수가 많을수록 모기의 생존율이 높아지고 사람과 동물이 가까이 사는 곳에서 말라리아 발병률이 높아지는 것으로 보인다. 하지만 말라리아 발병률이 급격히 올라가는 경우는 소 개체 수가 갑자기 감소하여 학질모기가 인간의 피를 찾게 하는 것이다. Sota and Mogi(1989); Bouma and Rowland(1995) 참조. 또한 남부 전쟁과 함께 학질모기의 번식 환경이 좋아졌다는 점도 있다. 노예들은 도망쳤고, 다른 노예들은 천연두 전염병으로 죽었다. 그래서 벼농사 지대의 댐과 다른 상수도 시설을 유지 보수하는 데 어려움을 겪었다. 그래서 적군의 재산을 파괴하기를 간절히 원하는 군대와 게릴라들에 의해 피해가 발생한 경우도 있었다. 이것이 벼 플랜테이션 농장보다 아노펠레스 유충이 성장하기 더 좋은 환경이 되었던 것이다. Chaplin(1992: 37~39).

물고 번식할 것이다. 오직 서늘한 날씨만이 영국군을 구할 수 있었다.

1780년 11월이 되자 계절의 변화가 콘월리스를 살렸다. 11월 중순, 찰스턴 주둔지 병원의 환자 수는 198명이었고, 전 주의 사망자는 5명이었다. 이것을 보면서 콘월리스의 주치의 존 헤이즈(John Hayes)는 "이제 비로소 건강을 되찾았다"라고 여겼다. 헤이즈는 말라리아 재유행을 예상하고 "최상급의 키니네 200근"을 주문했다.[64]

군의관 로버트 잭슨은 남부 전선에서 복무했는데, 그를 통해 영국군이 겪은 말라리아의 어려움을 조금 짐작할 수 있다. 그는 1779년 조지아에서 처음 근무를 시작했다. 몇 달이 지난 4월 말, "간헐열이 나타나 급속도로 퍼졌고, 6월 말에는 연대뿐만 아니라 주둔지에서 이 성난 질병에 걸리지 않은 사람이 거의 없었다"라고 말한다.[65] 찰스턴 포위 공격 이후 잭슨은 사우스캐롤라이나의 콘월리스 부대 본부에서 복무했고, 체로에서 많은 병든 병사들을 돌보았다. 잭슨의 말처럼 따뜻한 날씨가 지속되는 동안 상황은 크게 개선되지 않았다. "8월(1780년)과 9월의 상당 기간 동안 군대는 캠든 근처에 진을 치고 있었다. 날씨는 지나치게 더웠고 열병이 빈번하게 발생했다. 열병은 통상 간헐적으로 발생하는 특징이 있었지만, 때때로 악성적이고 위험했다."[66] 오직 겨울만 안심할 수 있었다. 잭슨은 이어서 다음과 같이 말했다.

이듬해 겨울 작전은 매우 활발했다. 부대는 광범위한 지역으로 진군했고, 이것은 매우 힘든 임무들이었다. 그러나 가끔 강제 행군을 하거나, 강을 건너고, 비에 노출되고, 빵이 부족하고, 쇠고기가 많지 않고, 럼주가 부족했지만 부대는 대개 아주 건

---

64) 콘월리스 장군에게 헤이즈 박사가 1780년 11월 15일 보낸 편지. 공식전쟁기록(PRO 30/11/4).

65) Jackson(1791: 295).

66) Jackson(1791: 300~301).

강한 상태였다는 점을 말하고 싶다. 병약했던 환자들은 활력을 되찾았다. 4월 말 윌밍턴(Wilmington)에 도착했을 때, 내가 속한 부대에 전투에 부적합한 인원은 거의 없었다.[67]

콘월리스 부대는 더 추워진 날씨에 카우펜스 전투(1781년 1월)에서 패했고, 길포드 코트하우스(1781년 3월) 전투에서는 치열한 전투 끝에 승리했다. 이 두 번의 전투에서 약 200명이 사망했다. 그런 전투에서 이겨야만 전쟁에서 승리할 수 있었다.[68]

싸우지 않으면 패배할 수밖에 없었다. 콘월리스는 캠든 전투 이후인 1780년 12월 이후, 너새니얼 그린(Nathanael Greene)이 이끄는 미군과 '고양이와 쥐'를 연상케 하는 기진맥진한 싸움을 벌이고 있었다. 1742년 로드아일랜드 출생 쿼이커(Quaker) 교도인 그린은 전쟁 초기에 병참 장교로 두각을 나타냈다. 캠든에서의 참사를 잘 알고 있던 그린은 작은 전투에서 여러 번 패했지만 한 번의 전투에 모든 것을 걸지 않으려고 조심했다. 그는 콘월리스의 병력을 깊숙한 내륙 지역으로 유인하면서 영국 보급기지로부터 점점 멀어지게 했다.

일반적으로 영국군은 어떤 전투에서도 우세했지만 점령한 지역을 지킬 병력이 거의 없었다. 그리고 영국군이 지역 관리와 치안을 맡긴 충성파는 콘월리스가 살아남아 승리할 것이 확실해지기 전까지는 주어진 임무를 하지 않으려 했다. 그래서 콘월리스 장군은 정치적 균형을 바꿀 결정적 승리를 이끌기 위해 캐롤라이나 전역에서 미국인들을 추적했다. 하지만 그린은 현명하게도 그런 기회를 주지 않았다. 한때 콘월리스는 후퇴하는 그린 부대를 필사적으로 잡기 위해 소금, 탄약, 의약품을 제외한 모든 보급 열차를 불태우라고 명령하기도 했다.

그린의 부대 또한 질병에 시달렸고 전사자보다 질병에 의한 사망자가 더 많

---

67) Jackson(1791: 303~304).
68) Babits(1998); Babits and Howard(2009) 참조.

왔다. 하지만 전반적으로 그린 부대는 영국군보다 건강했다. 그린 부대의 의무대는 탈턴의 의료 비축물 약탈과 파괴 습성 때문에 항상 의료용품이 부족했다. 하지만 부하들의 강한 면역 체계 때문에 영국군보다 건강할 수 있었다. 그럼에도 불구하고 그린은 따뜻한 계절에 말라리아를 경계해야 했다. 1781년 한여름에 키니네가 바닥난 그린은 부대를 건강에 좋다고 생각되는 산티(Santee) 지역의 언덕으로 이동시켰다. 그린 부대원 중 일부는 그 해 가을 심한 질병을 앓았고, 이듬해인 1782년 가을에는 100명 이상이 말라리아로 사망했다.[69] 그러나 그린 병력의 약 3분의 2는 현지에서 모집한 민병대원, 캐롤라이나 질병 환경에서 살아남은 참전 용사, 특히 말라리아를 반복적으로 겪은 생존자들로 구성되어 있었다. 그린은 2만 명의 민병대를 500명의 가치도 안 되는 병력이라며 대수롭지 않게 여겼다.[70] 하지만 그들은 20년간 캐롤라이나주에서 여름을 보낸 덕분에 말라리아에 대한 저항력이 있었다.

게이츠와 그린이 지휘했던 정규군도 말라리아에 상당한 저항력이 있었다. 그들의 병사들은 버지니아(7개 연대), 메릴랜드(Maryland, 7개), 노스캐롤라이나(4개), 델라웨어(Delaware, 1개) 출신으로, 대부분 해안(coastal), 해안 저지대(tidewater), 미국 동부에서 남부에 걸쳐 있는 구릉 지역인 피드몬트에서 왔다. 이 지역들은 1770년대에 대부분의 인구가 거주했던 곳이다. 남부 작전에 참전한 2개 포병 연대와 3개 기병 연대는 메릴랜드, 버지니아, 필라델피아 지역 출신이었

---

69) 그린 장군의 참모 중 한 명인 오토 윌리엄스(Otho Williams) 대령은 1781년 10월 10일 산티의 구릉지대에서 그린 장군에게 편지를 보내 "열병이 너무 만연하여 대대가 중대를 구성할 수 없으며 건강한 의사나 외과 의사도 없다"라고 썼다(Conrad, 1997, 9:440). 헨리리(Henry Lee)는 회고록에서 이렇게 썼다. "그린 장군의 부대원들은 이 구릉지대를 진정으로 자비로운 언덕이라고 부른다. 두 번이나 그린 장군이 병들고 다치고 지친 군대와 함께 쉴 수 있었다. 그리고 아주 습도가 낮아 두 번이나 우리는 건강과 힘을 회복했다"(Lee, 1869: 448).
70) 1781년 2월 3일 그린 장군이 존 내시 노스캐롤라이나 주지사에게 보낸 편지(Middlekauf, 2005: 510, n.22).

다. 18세기의 모든 군대가 그랬듯이 대륙군 출신은 대부분 농민이었다. 또한 그린의 부대에는 영국이 체서피크만을 봉쇄하면서 작은 항구에서 일자리를 잃은 선원들이 있었다. 농장의 일꾼이든, 부두 노동자든, 아니면 완전히 다른 직업 출신이든, 미국 정규군의 대부분은 삼일열 말라리아에 걸리거나 일부는 열대열 말라리아에 걸린 경험이 있을 것이다. 이것은 의도했다기보다 우연이었겠지만, 미국인들은 남부 전선에서 싸울 부대를 적절히 선택한 것이다.[71]

1781년 봄 길포드 코트하우스 전투 이후, 콘월리스는 자신이 난처한 상황에 놓인 것을 알게 되었다. 그는 열병이 다가오는 시즌이지만 결정적 승리가 필요했기에 자신의 기지에서 멀리 떠나 그린 부대를 공격했다. 그는 전투에서 승리했지만, 거의 모든 미국인들(전체 약 4,500명)이 도망갔다. 영국군이 사살한 미군은 70명뿐이었다. 그린은 모든 전투에서 패배하고도 작전에서 승리할 수 있었다. 그린은 훗날 "우리는 싸우고, 두들겨 맞아도, 일어나서 다시 싸웠다"[72]라고 말했다. 미군들이 모두 도망쳐 나간 후, 열병이 곧 영국군을 덮칠 것이었다.

1781년 4월 콘월리스는 휴식과 증원, 재보급을 위해 부대를 노스캐롤라이나 윌밍턴 해안으로 이동시켰다. 그는 부대가 건강을 회복했지만, 여름이 시작될 때를 대비해 다시 내륙으로 가야 한다고 결론지었다. 콘월리스는 "지난 가을 군대를 거의 파멸에 이르게 한 치명적인 질병으로부터 부대를 보호할 수 있는 유일한 곳은 고원지대"[73]라고 생각했다. 그는 다시 말라리아 시즌이 오면 남은 모든 것이 파괴될 것이라고 생각했다.

---

71) 부대원의 출신에 대한 세부적인 정보는 Wright(1983: 195~351); Babies and Howard (2009: 75) 참조. 주로 남부와 동중부 출신 부대의 선택이 질병 저항력을 염두에 두고 이루어졌을 수도 있겠지만, 나는 그것을 확인할 수 있는 근거를 찾지 못했다. 랜들 패커드(Randall Packard)는 미국 독립군의 출신 지역을 확인하는 것이 중요하다고 충고해 주었다. 뉴잉글랜드 남부의 말라리아에 대한 부분은 Duffy(1953: 204~214) 참조.

72) 1781년 5월 1일, 그린 장군이 라파예트에게 보낸 편지, Idzerda(1977: 74~75).

73) 1781년 4월 10일 콘월리스 장군이 클린턴 경에게 보낸 편지, 미시건 대학교에 보관된 클린턴 아카이브 중, Frey(1981: 43).

영국군은 말라리아가 없던 1780년 12월부터 1781년 5월까지 두 차례에 걸쳐 사우스캐롤라이나를 점령하고 충성파에게 통치권을 넘겼다. 1780년, 그들은 5월까지 찰스턴을 포위하느라 바빴다. 1781년에 그들은 그린을 캐롤라이나에서 쫓아냈지만 반란군을 격파하지 못했다. 결정적인 승리는 오지 않았고, 무더운 여름은 병력을 약화시켰다. 캐롤라이나 저지대의 모기와 열병 속에서 또 여름을 보낸다면 아메리카에서의 승리 가능성은 낮아질 것이다. 콘월리스는 자신이 캐롤라이나에서 할 만큼 했다고 결론지었다. 그는 고원지대를 지킬 병력이 충분하지 않았다. 그리고 전쟁의 결과가 불투명하다면 충성파들은 그를 위해 싸우지 않을 것이다. 그는 로우컨트리에서 군대의 건강을 보장할 수 없었다. 그곳에서는 열병 때문에 체력이 고갈되어 수비대를 유지하는 것조차 어려웠다. 탈턴은 훗날 실패를 반성하면서 "기후와 그 지역에서의 피로는 이론적으로 극복할 수 없고, 이야기를 하자면 거의 믿기 어려운 … 그 계절 기후는 특히 남자에게 해로웠다"라고 언급했다.[74] 탈턴은 한 가지를 과장되게 표현했는데, 기후는 일반적인 "남자"가 아니라 영국과 독일 출신 남자에게 특히 적대적이었다.

4월 25일, 이 불쾌한 현실에 굴복하여 콘월리스는 캐롤라이나를 포기했다. 그는 찰스턴과 몇 곳의 거점을 지키기 위해 수비대를 남기고, 이외 병력 대부분을 북쪽으로 이동시켜 버지니아와 체서피크 지역으로 향했다. 콘월리스는 더 안전하고 건강이 기대되는 땅에서 소규모 영국군과 합류했다. 그는 상관의 명령 없이 스스로의 의지로 이렇게 했고, 이 사실을 알게 된 상관은 불만을 터트렸다.[75] 당시 상관과 콘월리스도 몰랐겠지만, 사실 콘월리스는 아노펠레스 쿼드리마쿨라투스로부터 도망치고 있었던 것이다.

---

74) Tarleton(1787: 507).
75) 그린(2005: 4~5, 7~9)은 버지니아로의 퇴각에 대해 흥미로운 논의를 하고 있다.

요크타운

버지니아에서는 소규모 영국군이 자유롭게 습격을 벌이고 있었고, 이에 맞서는 것은 민병대와 소수의 정규군뿐이었다. 1781년 3월부터 반란을 일으킨 버지니아 주민들은 22세의 귀족 라파예트(마리-조셉 폴 이브 로크 길베르 뒤 모티에, Marie-Joseph Paul Yves Roch Gilbert du Motier) 후작의 지휘 아래 싸웠다. 라파예트는 11세부터 프랑스 군사교육을 받았다. 13세에는 막대한 유산을 물려받았고, 16세에는 공작의 딸과 결혼하면서 상당히 많은 지참금을 받았다. 19세에는 대륙군 소장으로 임명되었다. 그는 워싱턴 편에서 수년간 싸웠고 버지니아로 파견되었을 때 약 5천 명의 병력을 모았다. 콘월리스 부대가 버지니아의 영국군과 연합하면서, 라파예트의 임무는 콘월리스를 감시하면서 남쪽 그린 부대로 보내야 하는 보급품을 콘월리스가 빼앗지 못하게 하는 것이었다. 그는 그린이 전에 그랬던 것처럼 콘월리스와 고양이-쥐 게임을 하면서 조심스럽게 전투[그가 싸웠던 가장 큰 전투였던 그린 스프링(Green Spring)에서 패배했다]를 피했다.[76]

1781년 5월 버지니아 피드몬트에서 몇 차례의 습격에 성공한 콘월리스는 해안 저지대로 이동하라는 명령을 받았다. 그의 사령관 클린턴은 드 그라세(de Grasse) 제독의 프랑스 서인도 함대가 뉴욕을 공격하기 위해 워싱턴 부대에 합류할지도 모른다고 우려했다. 클린턴은 콘월리스에게 해안가에 있는 '건강한' 정박지를 찾으라고 지시했다. 정박지는 명령이 떨어지면 수송 수단으로 수일 내에 뉴욕으로 병력을 보내는 것이 가능한 곳이어야 했다. 콘월리스는 명령에 복종했지만 해안을 피하고 싶어 이의를 제기했다. 6월 30일, 그는 윌리엄스버

---

76) Davis(1970); Bougerie and Lesouef(1992); Ketchum(2004); Hallahan(2004); Greene (2005); Grainger(2005)에는 비록 질병에 대한 내용은 부족하지만 요크타운의 유용한 이야기가 기록되어 있다. James' journal(1896: 111~129)은 해군 장교의 관점에서 포위 공격에 대한 설명을 제공한다.

그(Williamsburg)에서 "이 만에서 병든 방어진지를 유지할 가치가 있는지 각하께서 고려해 주실 것을 요청합니다"라는 글을 썼다.[77] 그는 모든 사람이 그랬듯이 체서피크 해안이 여름철 말라리아에 취약하다는 사실을 잘 알고 있었다.[78] 8일 후 그는 다시 이 문제를 언급하며, 자신의 입장이 "우리에게 몇 에이커의 건강에 좋지 않은 늪이 돌아올 뿐"이라고 밝혔다.[79]

7월 17일에 그는 "아픈 사람이 많다"라고 보고했다.[80] 콘월리스는 클린턴의 지원군을 원했고, 클린턴은 콘월리스의 지원군을 원했다. 그러나 클린턴이 책임자였기에 콘월리스는 마지못해 제임스강과 요크강 하구 저지대에 머무르면서, 8월 1일 요크타운에 군대를 배치하기로 결정했다. 요크타운은 요크강 하구에 위치한 쇠락한 담배 및 노예 항구였으며, 약 2천 명이 거주했다. 콘월리스는 두 개의 늪 같은 개울 사이에서 마을과 하구를 내려다볼 수 있는 낮은 절벽 위에 진지를 꾸렸다. 한 펜실베이니아 사람에 따르면, 근처에는 벼가 자라고 있었다고 한다.[81] 1781년 8월은 덥고 습한, 모기가 많은, 나쁜 시기였다.[82]

---

77) 콘월리스가 클린턴 경에게 1781년 6월 30일에 쓴 편지 내용 중 일부, 공식전쟁기록(PRO 30/1/74, f. 26).

78) 1680년대에 이르러 말라리아(열대열 말라리아 포함)가 체서피크 주변에 발생했고 1750년대에 지역 풍토병이 되었다(Rutman and Rutman, 1976). 또한 Kalm(1771, 1:365~376); Duffy(1953: 204~214) 참조.

79) 콘월리스가 클린턴 경에게 1781년 7월 8일에 쓴 편지 내용 중 일부, 공식전쟁기록(PRO 30/11/71, f. 33).

80) 콘월리스가 클린턴 경에게 1781년 6월 30일에 쓴 편지 내용 중 일부, 공식전쟁기록(PRO 30/1/74, f. 44). Wickwire(1970: 455)에서 인용한 클린턴 보고서의 "백작 콘월리스(Earl Cornwallis) 휘하 군대의 누차적 귀환"에 따라 6월 15일 934명, 7월 15일 1,044명, 8월 15일 1,222명이 귀환했다고 보고함.

81) 윌리엄 펠드먼(William Feldman)의 1781년 9월 6일 일기 중 "펜실베이니아 전선 일기", Lmn and Egle(1896: 720).

82) 매년 8월 요크타운은 더웠다. 독일계 일기 작가인 요한 콘라드 돌라(Johann Conrad Döhla)는 8월 31일에 그 달 전체가 "매우 더웠다"라고 기록했다. 그린 장군(2005: 91, 133)은 날씨가 9월부터 10월까지 따뜻하고 습한 상태를 유지했다고 말했다. 프랑스 장교는 9월

한편, 클린턴 경의 예상과는 다르게 프랑스 함대는 뉴욕이 아닌 체서피크를 향했다. 드 그라세는 프랑스와 영국이 대개 그러하듯, 북아메리카 식민지보다 서인도 제도를 더 높게 평가했다. 하지만 허리케인 시즌 동안 함대는 카리브해에서의 주요 작전을 피했다. 따라서 드 그라세 제독은 허리케인의 위험이 사라질 몇 주 동안 북아메리카 해역에 머물기로 했다. 프랑스 함대는 콘월리스를 포위하여 워싱턴에게 정말 좋은 승리의 기회를 만들어 주었다. 의회는 파산했고 1781년 초 대륙군은 두 차례 반란을 일으켰다. 그러나 이제 워싱턴은 미국인들의 사기가 꺾이기 전에 압도적 승리를 가져올 기회를 얻게 된 것이다. 그래서 워싱턴은 기회를 놓치지 않고 로샹보 장군(Jean-Baptiste Donatien de Vimeur, Comee de Rochambeau, 직업군인)이 이끄는 프랑스군과 함께 남쪽으로 이동해 라파예트가 지휘하는 소규모 부대에 합류했다.[83] 프랑스 함대에 뉴욕이 아닌 체서피크로의 항해를 조용히 조언하고, 1781년 8월 생긴 기회를 활용하라고 워싱턴에 촉구한 사람은 바로 로샹보 장군이었다.

1781년 9월 초 워싱턴과 로샹보가 남쪽으로 진군하는 동안 드 그라세 제독은 케이프 전투(Battle of the Capes)에서 영국 함대를 격퇴했다. 체서피크강 하

28일 일기장에서 무더위를 호소했다(Clermont-Crevecoeur, 1972: 57). 펜실베이니아 체스터 카운티 출신의 벤저민 바르톨로뮤(Benjamin Bartholomew, 2002: 16~17) 대령은 8월 초 리치몬드 남부가 "참을 수 없이 더웠다"라고 썼으나 8월 11~18일 요크타운 근처는 더 시원했다고 썼다. 바르톨로뮤는 9월 초와 10월 11~12일에 다시 비가 내리는 것을 기록했다. 1781년 8월과 9월에, 특히 9월 21일까지 폭우에 고온의 기후가 이어지는 여러 기상 관측이 "펜실베이니아 전선 일기"에 나타난다(Linn and Egle, 1896: 716~733). 9월 21일부터 더 시원한 기온이 언급된 후 기상 관측은 중단되었다. 비슷한 예가 "Revolutionary War Diary by an Officer by the Third Pennsylvania Continencal Line, May, 26 1781-July 4, 1782", Society of the Cincinnati Library, Manuscript Collection L2007G37에 나와 있다. 1780년과 1781년에 버지니아 해안은 1928~1978년 평균보다 비가 많이 내려 학질모기의 번식 조건이 개선되었다. http://iridLldeo.columbia.edu/SOURCES/.LDEO/.TRL/.NADA2004.pdsiaclas.html(2008년 7월 14일 참조)

83) 15권의 Rochambeau Papers는 미국 의회 도서관에 있음.

구는 여전히 봉쇄되어 있었다. 콘월리스의 부대는 말라리아 위험에 노출된 채 해안에 고립되어 있었고, 영국 해군은 그를 구출하러 갈 수 없는 최악의 상황에 처해 있었다. 워싱턴과 로샹보의 접근 소식을 접한 콘월리스는 다른 영국 함대가 돌파해 자신을 구해 줄 때까지 버티는 수밖에 없었다.[84] 워싱턴과 로샹보는 9월 중순 버지니아의 라파에트와 합류하여 1만 6천 명이 넘는 정규군과 약 3천 명의 민병대를 이끌고 요크타운을 포위했다.[85] 로샹보와 그의 장교들은 경험이 풍부했는데, 요크타운은 로샹보의 15번째 포위 공격지였다. 클린턴은 빨리 다른 함대와 구호 원정을 파견하겠다고 약속했다. 그 원군이 도착할 때까지 콘월리스에게는 건강한 병사들이 필요했다.

콘월리스 병사들의 대부분은 아노펠레스 쿼드리마쿨라투스의 땅에서 두 번째 학질 시즌을 보내고 있었다. 기껏해야 병사의 10%만이 1778년 이후 남부에서 복무하면서 네 번째 시즌에 진입해 있었다. 말라리아 저항력을 키우는 고된 과정에서 콘월리스 부대는 평균적인 미군보다 20년 정도 뒤처져 있었다. 콘월리스는 이 격차를 좁힐 수 없었다.

의사인 잭슨은 포위 공격이 시작될 때부터 요크타운에 있었고 영국군의 건강 상태에 대한 기록을 남겼다. 그의 71연대는 콘월리스와 함께 버지니아로 북상하던 중 7월 포츠머스(Portsmouth)에서 간헐열에 걸렸으나 건강을 회복했다. 하지만 건강한 상태는 오래가지 못했고, 간헐열이 재발했다. 잭슨은 이미 남부에서 세 차례의 작전을 견뎌낸 자신의 부대가 가장 건강하다고 생각했다(잭슨은 "키니네"를 매우 신봉했고, 이것과 버지니아 스네이크루트(snake root)[86]를 섞어 신속하고 많은 양의 약을 처방하기도 했다. 그리고 그는 출혈, 물집, 지혈, 아편제 등의 교과

---

84) Sands(1983: 1~92)는 요크타운 작전을 해군 측면에서 언급한다.

85) 수치에 대한 보고서는 서로 약간 다르다. 이 수치는 Ferling(2007: 53)에서 인용함.

86) 뱀 물린 데 좋다는 각종 식물과 그 뿌리. 주로 아메리카와 서인도 제도의 따뜻한 지역에서 자라며 멕시코에는 150종 이상이 있다. 일부는 미국 동부의 서늘한 지역에서 자생한다. ─옮긴이주

서적인 치료법이 미국에서는 효과가 떨어진다고 생각했다. 이러한 처방과 대응 등을 통해 볼 때 잭슨의 부대가 가장 건강했을 수도 있다.|87)

요크타운 포위 공격이 시작될 무렵 71연대에는 심각한 질병의 유행으로 복무 가능 상태의 병사가 6~7명에 불과했다. 그러나 간헐열과 이질(잭슨이 말라리아의 결과로 간주했던 것88))이 다른 연대들을 괴롭혔다. 잭슨은 의사들이 키니네를 "아껴" 썼기에 여러 사람들이 괴로웠다고 말한다. 또한 "모든 독일(Hessians) 병사들은 키니네에 부정적이었고, 이 결과 질병 치유가 잘 되지 않았다고 말했다.89) 9월에서 10월로 접어들자 말라리아가 콘월리스 부대의 영국군과 독일군들을 괴롭혔다. 워싱턴의 군대만큼이나 말라리아에 강했던 충성파 중 일부는 버지니아 농장에서 탈출한 많은 노예들과 마찬가지로 천연두에 시달렸다.90)

9월 28일 참호 공격을 시작한 로샹보와 라파예트, 워싱턴은 능숙하고 신속하게 포위 공격을 진행했다. 그들은 프랑스 함대가 오래 머물 수 없고 서인도 제도로 돌아가야 한다는 것을 알고 있었다. 또한 11월이 되어 학질 시즌이 끝나면 영국군이 활력을 되찾을 것이라는 점도 알고 있었다. 그들이 서둘러야 할 이유는 충분했다.

3주 후인 10월 19일 콘월리스는 항복했다. 콘월리스는 포위 공격을 언급하면서 프랑스와 미국의 포위 공격 기술을 인정했다. 하지만 다른 것보다 더 강조한 것은 군의 사기를 저하시켰던 질병의 중요성이었다. 항복한 다음 날 콘월리스는 클린턴 경에게 다음과 같은 편지를 썼다.

---

87) Jackson(1791: 310~326)에서 치료법에 대해 인용함.
88) 말라리아가 인간의 면역 체계를 강력하게 억제하는 요인이라는 점에서, 그가 이런 연관성을 인정한 것은 옳은 일이었다. 콘월리스 군대에서 복무하던 독일인 Döhla(1990: 162)는 1781년 9월 11일 일기에 이질과 '고열'을 언급했다.
89) Jackson(1791: 304~305, 329). 미국 의사 제임스 틸턴에 따르면 요크타운의 프랑스인들도 키니네를 피했다고 한다(Tilton, 1822, Duncan, 1931: 354에서 인용).
90) Becker(2005: 181~187).

각하 송구스럽게도, 저는 요크(York)와 글로스터(Gloucester, 요크강 하구 건너편에 있는 작은 야영지)의 주둔지를 포기하고 제 휘하 부대가 항복했다는 사실을 각하께 알리게 되어 유감입니다 … 병력은 질병과 포위 공격의 포화로 많이 약화되었고, 적이 측면을 확보하여 모든 면에서 규칙적이고 신중하게 작전이 진행되는 것을 보면서, 저는 적에게 타격을 가할 수 있는 효과적 공격을 감행할 수 없었습니다 … 적의 공격과 특히 질병으로 우리 병력 수는 감소했으며, 계속되는 경계 근무와 끊임없는 임무로 인해 병사들의 체력과 정신이 많이 지쳐 있었습니다 … 우리 병력은 질병과 기타 손실로 매일 줄어들었고, 임무를 수행할 수 있는 장교와 기술병 등 3,200여 명과 글로스터의 기병대를 포함한 600여 명에게 우리 쪽에서 항복할 것을 제안했습니다.[91]

10월 24일, 그렇게 고대했던 영국 함대가 병력을 태운 채 뉴욕에서 출발하여 체서피크 어귀에 도착했지만 이미 콘월리스가 항복한 뒤였다. 콘월리스가 며칠만 더 버틸 수 있을 만큼 강했다면, 혹은 영국 해군이 해상에서 프랑스 해군을 물리칠 수 있었다면, 포위 공격은 다르게 끝났을지도 모른다.

과연 콘월리스는 패배를 피할 수 있었을까? 로샹보, 탈턴, 그리고 이후 몇몇 역사가들은 9월 29~30일 밤 콘월리스가 최외곽 방어선에서 병력을 철수할 때 결정적인 실수를 저질렀다고 생각한다. 이 시점에 콘월리스는 뉴욕으로부터 23척의 지원 함대와 5천 명의 병사를 기다리고 있었다. 그리고 클린턴은 10월 5일까지 출항할 것이라고 장담했었다. 콘월리스 부대는 질병으로 병력이 부족해 넓은 방어선을 지키지 못했다.[92] 하지만 콘월리스는 결코 무능하지 않았다. 그

---

91)   콘월리스 장군이 클린턴 경에게 1781년 10월 20일에 쓴 편지 내용 중 일부, 공식전쟁기록 (PRO 30/11/74, ff. 106~110).
92)   Bonsal(1945: 151~152), Grainger(2005: 109~110) and Greene(2005: 115~123), James 1896: 119~120)는 영국인이 10월 5일까지 구조 받기를 기대했다고 한다.

는 의약품을 제외하고는 모자란 물자가 없을 정도였다.[93] 다만 건강한 병사만 모자랐을 뿐이었다.

일반적으로 재앙을 피하려면 콘월리스가 포위망을 뚫고 탈출하거나 포위망을 아주 오래(아마도 일주일 이상) 버텨야 해전 상황이 바뀔 수 있었다. 어떤 행동을 취하든 모두 그가 갖지 못한 것들을 필요로 했을 것이다. 탈출은 워싱턴과 로샹보가 도착하기 전 라파에트와의 전투에서 승리하는 것을 의미했다. 그러고 나서 강을 건너거나 적진을 통과하면서 남쪽의 캐롤라이나나 북쪽의 뉴욕으로 도망쳐야 했다. 콘월리스는 싸울 경우 많은 병사를 잃을 것이며, 병든 병사들을 미국 민병대의 자비에 맡겨야 한다는 것을 알고 있었다.

'7년 전쟁'의 모든 참전 용사들이 잘 알고 있듯이, 포위 공격을 일주일 더 견디어낸다는 것은 매일 밤 출격해 포위군의 진격을 방해한다는 의미였다. 즉 적군이 포병을 유리하게 배치하는 것을 막기 위해 사실상 병력과 시간을 맞바꾸는 것이었다. 이것은 효과가 있었을 수도 있다. 만약 콘월리스가 5일만 더 버텼다면 영국 함대가 프랑스 함대를 쓸어 버리고 그를 구하러 왔을지도 모른다. 몇 주만 버텼다면 드 그라세 제독과 프랑스 함대는 영국 함대가 요크타운에 쉽게 접근할 수 있도록 서인도 제도로 떠났을 것이다.

드 그라세 제독은 처음에 동맹국들에게 10월 15일까지만 머무르겠다고 말했다. 하지만 강력한 압박에 시달리던 그는 10월 말까지 머물기로 합의했다(그는

---

93) 미국 포병 장교인 헨리 녹스(Henry Knox)가 제출한 문서("Recum of Ordnance and Military Stores Taken at York and Gloucester … 19th of October, 1781")와 Tarleton(1787: 451~454)에 의하면 콘월리스 장군의 부대가 항복했을 때 충분한 탄약과 보급품이 있었다고 한다. 또 다른 문서("Return of Provisions and Stores in the Ports of York and Gloucester" 1781년 10월 19일, 457쪽)에 따르면 영국군은 밀가루 36톤, 빵 30톤, 쇠고기 통조림 10톤, 돼지고기 37톤과 기타 등등의 식료품을 보유한 상태로 항복했다고 한다. 그럼에도 불구하고 James(1896: 120)는 포병 탄약의 부족을 언급한다. 약품의 부족 가능성에 관하해 프랑스 장교 Nicolas-François-Denis Brisout de Barneville은 1781년 10월 19일 영국 일간지에 이렇게 썼다. "병자들로 가득하고 모든 것이 부족한 그들의 병원."

11월 4일에 떠났다). 그러나 빨리 떠나고 싶은 드 그라세 제독의 마음을 이용하려 했으면, 병력과 시간을 맞바꾸면서 강력한 방어진을 구축해야 했었다. 그와 대적하던 프랑스군과 미군들은 콘월리스가 그렇게 하지 않는 것을 이상하게 여겼다. 딱 한 번(10월 16일), 영국군이 밤에 몰래 빠져나와 대포 몇 발을 쏘고 프랑스군 몇 명을 총검으로 찔러 죽인 적이 있다. 이때 사상자 10여 명이 발생했다. 콘월리스는 클린턴에게 편지를 보내면서 포위 공격을 견뎌내는 데 필요한 건강한 병사들이 부족하다고 말했다.[94]

　1780년 처음 찰스턴에 도착했을 때, 영국군은 약 9천 명이었다. 이후 17개월 동안 많은 병력이 죽거나 보충되었다. 콘월리스는 요크타운 포위 공격 초기에 약 8,700명을 지휘했고, 항복 당시에는 강 건너 글로스터의 1,850명을 포함해 약 7,660명이 항복했다.[95] 만약 그의 진술대로 10월 19일 기준 전투 가능 인원이 요크타운에 3,200명, 글로스터에 600명이었다면(이것은 군조사위원회의 조사를 받을 것으로 예상되는 사건이다),[96] 콘월리스 병력 중 150~300명만이 전투에서 사망하고 300~600명이 부상 당한 것이니, 사상자는 전체적으로 4~10% 수준이었다.[97] 그렇다면 나머지 병사들은 '질병'으로 인해 정말 끔찍한 고통을 겪었음

---

94) 콘월리스 장군의 부대원이었으며 영국 육군의 전열 보병 연대 병장 로저 램(Roger Lamb)은 다음과 같은 회고록을 작성했다. "… 끊임없는 감시와 끊임없는 임무의 피로에 지쳐 적의 공격보다 질병으로 더 숫자가 줄어든 현재의 수비대와 함께 방어 작전을 수행하려는 것은 광기일 것이다"(Lamb, 1809: 378~379).

95) 그린 장군(2005: 17, 33)에 따르면 콘월리스 부대원은 포위 작전이 시작될 때 7,200명, 9월 20일까지 8,900명, 항복 당시 해군과 노예 1,500~2천 명과 해방된 노예들을 포함하여 9,700명이 있었다고 한다.

96) 콘월리스 장군의 삼촌 에드워드는 1756년 미노르카(Minorca) 포위 공격에 관한 공식 조사 대상 중 하나였다. 그는 전문적 사항에 대해선 무죄를 선고 받았다. 존 빙(John Byng) 제독은 "최선을 다하지 못했다"라는 이유로 총살 당했다. 이러한 사건은 확실히 콘월리스 장군에게 친숙했다. 대영제국사(1757).

97) Hallahan(2004: 206); Savas and Dameron(2006: 336); Ketchum(2004: 247)에서 영국인이 요크타운에서 556명의 사망자와 부상자가 발생했다고 기록했다. 탤턴이 작성한 보고

을 말한다. 당시 콘월리스의 설명에 따르면, 콘월리스 병력의 절반 이상(51%)은 너무 아파서 싸울 수 없었다.[98]

콘월리스의 진술만이 유일한 것은 아니다. 요크타운에서 병든 영국군 병사의 수는 때때로 2천 명으로 추정되기도 한다.[99] 미군 장교 세인트 조지 터커(St. George Tucker)의 일지에 따르면 영국군 5,818명 중 1,875명 혹은 약 32%가 전투 능력을 상실했다.[100] 프랑스군 참모진의 공식 일지에는 항복할 당시 영국군 중 1,875명이 환자였으며 나머지 3,935명은 상대적으로 건강한 상태였다고 한다. 요크강 건너 글로스터에서 잡힌 또 다른 1,850명에 대해선 특별한 언급이 없다.[101]

두 명의 영국군 탈영병이, 10월 4일 2천 명 정도가 질병에 걸려 있다고 말했다.[102] 포위 공격에 참가한 미군 장교 헨리 리는 전체 7,107명 중 전투 가능한 병력이 4,017명이라고 밝혔다. 이는 항복 당시 3,090명(44%)이 환자거나 부상자였음을 의미한다.[103] 콘월리스 부대에서 파견 근무를 담당했던 로저 램도 일반 병사 5,950명 중 4,017명이 전투를 수행할 수 있다(혹은 33%가 환자)라고 동일하게 보고했다.[104] 이 수치는 콘월리스가 보고한 수치와 일치하지 않는다.

서(1787: 451)는 요크타운에서 영국인 309명이 사망했다고 기록했다. 프랑스군은 전사 389명, 부상 679명이라 기록했다(Gallatin, 1931: 27). 2차 자료들이 제공하는 수치는 서로 다르지만 콘월리스 장군이 전투에서 부대원의 10% 이상을 잃었다는 어떠한 기록도 없다.

98) 이는 3,800명이 근무에 적합하고 3,860명이 전투 불능 상황이었음을 보여 준다. 보고된 수치의 불일치를 고려하면 이 또한 근사치일 수 있다.

99) 예를 들어, Ferling(2007: 536). Reiss(1998: 211)와 Duncan(1931: 352)은 콘월리스 부대의 16%가 말라리아로 인해 작전을 수행할 수 없었다고 하는데 이는 콘월리스 장군이 스스로 제출한 자료에 비해 아주 적은 숫자이다.

100) Riley(1948: 393).

101) Gallatin(1931: 9).

102) Ketchum(2004: 224).

103) Lee(1869: 514).

104) Lamb(1809: 380). 여기에서 램은 출처를 밝히지 않고 다른 저자의 말을 인용한다. 램의

미국과 프랑스가 자신들의 영광을 부풀리기 위해 더 낮은 수치를 보고했다고 볼 수도 있지만, 콘월리스가 자신의 치욕을 감추기 위해 수치를 부풀렸다고 생각할 수도 있다. 그러나 콘월리스는 미국이나 프랑스와 달리 자신의 부대를 묘사하고 있었기 때문에 조사위원회나 군법회의가 자신의 말을 신중하게 분석할 수 있다는 것을 알고 있었다. 그의 진술은 프로이센 출신의 에발트 대위의 일기를 통해 확인할 수 있다. 에발트는 "10월 7일 콘월리스의 병사들 중 거의 모두가 열병에 걸려 있었고, 부대원은 7천 명에서 3,200명으로 줄어들었으며, 3,200명 중 건강하다고 할 수 있는 사람은 1천 명도 되지 않았다"[105]라고 기록했다. 포위 공격에 참여한 해군 장교 바르톨로뮤 제임스(Bartholomew James)의 일지에 의하면, 영국군은 항복할 당시 450명이 질병으로 사망했다(이 수치는 요크타운에 있는 영국군 질병 사망률에 대해 내가 찾은 유일한 수치이며, 다른 것들에 대한 그의 수치는 이상하다). 제임스는 항복 직후 며칠 동안 "간헐열"을 피한 영국군은 "거의 없었다"라고 말했다.[106]

요크타운의 프랑스인과 미국인이 말라리아에 걸리지 않은 이유는 무엇일까? 물론 그들도 말라리아에 걸렸지만, 너무 드물고 늦게 걸려서 문제가 되지 않았다. 버지니아에 도착했을 때, 프랑스계 미국인 부대는 18세기 군대 기준으로 최상의 건강 상태를 유지하고 있었다. 워싱턴 부대는 뉴욕 근처에 배치되었고, 로샹보 부대는 풍요로운 뉴잉글랜드에서 여름을 보냈다. 라파예트 부대와 합류하기 위해 남쪽으로 향하는 동안 아프다고 보고된 사람은 거의 없었다. 라파예트 휘하에서 여름 내내 버지니아에 머물렀던 소수의 프랑스군은 말라리아에 시달

정확성은 의심의 여지가 있다. 그는 또한 뉴욕에서 요크타운까지의 거리를 실제로는 약 370마일이나 500마일 이상이라고 썼다(Lamb, 1809: 389).

105) Ewald(1979: 338~339). 에발트의 일지는 현장에서 작성되었지만, 전쟁 후에 수정했기 때문에 그가 존경했던 콘월리스 장군의 자료에서 인용했을 수도 있고 그들 모두 일지를 돌려받았을 때, 같은 참모장교에게서 들었을 수도 있다.

106) James(1896: 127~128).

렸고, 그중 절반가량은 임무 수행이 어려웠다.[107) 라파예트 휘하 미군은 오히려 더 잘 지냈다. 8월 말 라파예트의 소규모 프랑스계 미국인 부대는 드 그라세 제독과 함께 입항한 프랑스 군인들을 맞이했다. 이들 3,400명은 최근까지 생도맹그에 주둔하고 있던 병력이었다. 이들은 서인도 제도의 말라리아 변종 속에서 여름을 보낸 생존자들이었고, 그 결과 강한 저항력을 가졌을 것이다.[108)

---

107) Duncan(1931: 351); Reiss(1998: 210). 1781년 7월, 8월, 9월에 콘월리스 부대 주둔지 가까이에 주둔했던 라파예트 장군은 밀가루, 소금, 신발, 의복, 탄약, 마차, 민병대, 돈, 그리고 무엇보다도 말이 부족하다고 심하게 불평했다. 그러나 그는 근처 사람들에게 보낸 수백 통의 편지에서 그의 군대 중 질병에 대해 언급하지 않았다. 그는 9월 초에서야 자신의 간헐적 발열을 기록했다. 이 시기의 라파예트 편지 수백 통이 Idzerda(1977: 228~426)에 기록되어 있다. 흥미롭게도 앤서니 웨인(Anthony Wayne) 장군은 1781년 9월 11일 라파예트에게 편지에 "겁쟁이 열병(Caitiff fever)"(Ibid, p. 399)을 언급했다. 1781년 8월 24일 프랑스의 한 친구에게 보낸 편지에서 라파예트는 "이 나라의 더위가 너무 심해 8월 한 달간 움직일 수 없을 정도이다. 그것은 질병이라는 추가적인 어려움을 초래한다. 현재 거의 모든 사람이 열이 있다. 반면에 나는 도무지 낫지 않는다"라고 썼다. 라파예트 장군이 필립 루이 드 노아일 왕자에게 1781년 8월 24일에 보낸 편지는 Gottschalk(1942: 292)에 인용되었다. 이 번역본은 Gottschalk(1942: 292)에서 참조했는데, 한 번도 보지 못한 원본은 개인 소장품이다. 그가 지휘하는 사람들을 의미하는 그의 "사람들"에 관한 부분은 대단히 과장된 것으로 아마도 그는 단지 자신의 프랑스 군대를 의미하거나, 개인 참모들을 의미하는 듯하다. 버지니아에 있는 동지들에게 보낸 편지에서 그는 그러한 주장을 하지 않았지만, 8월 24일 워싱턴 장군에게 보낸 한 편지에서도 그는 필요한 것들의 목록 아래에 약품에 대해 언급했다. 8월 26일 편지를 보면 그는 대륙의 독립군이 술(알코올이 포함된 음료)을 마시지 않고 11일을 지냈기 때문에 병에 걸렸다는 사실을 알게 되었다. 라파예트 부대에 합류한 미 독립군은 버지니아 출신이었고, 그래서 말라리아에 노출되어 성장했다. 프랑스 태생을 제외하고, 라파예트의 군대는 요크타운으로 주둔하기 이전에 말라리아로 (또는 다른 무엇이든) 약간의 고통을 겪었던 것 같다.

108) 이들 중 일부에는 요크타운의 모기들에게 말라리아를 더 많이 전파한 감염자들이 포함되었을 가능성도 있다. 서인도 제도의 프랑스 부대 인원으로 자주 언급되는 숫자는 3천 명 또는 3,200명이지만 해당 지휘관의 서신에는 3,470명으로 기록되어 있다. 1781년 8월 31일 마퀴스 드 세인트 사이먼 위베르 장 빅토르(Marquis de Saint-Simon Hubert Jean Victor)가 라파예트 장군에게 보낸 편지 Idzerda(1977: 376~377). Wooden(1976: 403)이 유일한 작가이다! 예상외로 부대원의 질병 저항성에 대해 언급했다.

워싱턴과 로샹보는 포위 작전 초기부터 감사할 일이 많았는데, 부대원들의 건강이 그 목록에서 가장 높은 순위를 차지했다.

연합군은 포위 공격에서 거의 온전하게 살아남았다. 전투에서 사망한 사람은 거의 없었다(약 2%).[109] 전염병 또한 약간의 피해를 주었다. 로샹보의 프랑스 연대는 콘월리스의 영국인과 독일인처럼 말라리아에 취약했다. 그러나 그들의 적군과 라파예트 부대와는 달리, 그들은 콘월리스 부대가 주둔한지 약 50~70일 후인 9월 말에야 해안 저지대에 도착했다. 말라리아 원충은 사람들 사이를 순환하는데 약간 시간이 걸리며 혈류에 들어간 후 질병을 유발하는 데 최대 한 달이 걸린다는 점을 주목해야 한다. 포위 공격이 지속되는 동안 프랑스군은 놀라울 정도로 건강했다.[110] 하지만 영국군이 항복한 이후 그들의 취약성이 드러나기 시작했다.

그 후 몇 달 동안 수십 명이 사망하고 수백 명이 말라리아에 걸렸다. 로샹보 역시 말라리아에 걸렸다. 그의 군대는 10개월 간 해안 저지대에 머물렀고, 1782년 6월부터 다시 말라리아에 시달리기 시작했다. 허드슨 밸리(Hudson Valley)까지 북쪽으로 진군한 후 8월이 되자 군대의 4분의 1 이상이 병원에 입원했고, 58명이 사망했다.[111]

---

109) Ketchum(2004: 247)은 프랑스군 중 389명이 죽거나 다쳤으며 그중 사망자는 98명이라고 기록했다. 그리고 미 독립군 중 299명의 장교와 사병이 죽거나 다쳤다고 기록했다. Savas and Dameron(2006: 336)은 더 낮은 수치로 기록했다. 콘월리스 장군은 확실히 적군 사이에 천연두를 퍼뜨리기 위해 최선을 다했고 감염된 노예 수백 명을 그의 야영지에서 추방하기도 했다(Fenn, 2001: 132~133). Becker(2005)는 이것이 의도적이었다고 확언할 수는 없다고 한다.

110) Greene(2005: 231)은 한 번에 최대 400명의 프랑스 군인이 감염되었다고 한다. 그라스 제독에 따르면 9월 말 프랑스 함대에는 약 1,500~1,800명의 환자가 있었다고 한다. Idzerda (1977: 405).

111) Library of Congress, Manuscript Division, Rochambeau Papers, 9:215; Scott(1998: 81, 96, 100). 요크타운에서 북쪽으로 행군하는 것을 포함하여 로샹보 군대의 경험에 관한 서술은 프랑스 공병(François-lgnacc Ervoil d'Oyré)의 원고에 있다. 미국에서 프랑스 군대

미국인 중 뉴잉글랜드 사람들만이 해안 저지대 기후가 초래하는 질병에 고생했다. 워싱턴은 로드아일랜드 1개 연대와 뉴욕 최북단 세인트로렌스 계곡에서 온 1개 연대, 코네티컷 해안과 뉴욕 남부 사람들로 구성된 1개 부대를 이끌고 남쪽으로 진군했다. 그의 병력 대부분은 펜실베이니아 동부와 허드슨 계곡 하류(6개 연대) 또는 뉴저지(2개 연대)와 메릴랜드(2개 반 연대) 출신이었다. 이 부대는 그린만큼 말라리아 환경에 적합하지 않았지만, 뉴잉글랜드와 일부 뉴욕 사람들을 제외하면 대부분 말라리아를 반복적으로 경험했을 것이다. 그리고 메릴랜드나 델라웨어 계곡 출신의 병사들은 평생 거의 매년 말라리아에 시달렸을 것이다.[112]

뉴잉글랜드 출신 병사들은 결국 버지니아의 열병을 이겨내지 못했다. 1781년 여름에 요크타운으로 진군한 코네티컷 부대는 주로 감기 몸살과 발열 등 경미한 건강 문제를 겪었다. 그중에는 의사의 조수가 된 입대병 조시아 앳킨스(Josiah Atkins)도 있었다. 그는 7월 16일 일기에 "다음 달이 열병과 학질의 계절"이라는 기록을 남겼다. 그 후 몇 주 동안 그는 병자 수가 증가했다고 여러 번 썼고, 9월 15일에는 "우리 병사들을 계속 덮치고 있는 감기와 열병"에 대해 기록했다. 10월 15일 요크타운으로 이동하기 전에 쓴 그의 마지막 글은 다음과 같다. "나는 아주 미미하지만 회복하고 있다. 현재 열과 오한이 매우 심하다." 그는 얼마 지나지 않아 사망했지만, 다행히도 그의 일기는 미망인에게 전달되어 역사가들에게 전해졌다. 앳킨스는 류머티즘, 이질, 성병뿐만 아니라 학질과 "간헐열"에 대해서도 언급했다. 그러나 그의 동료들은 주로 말라리아로 고통 받았을 가능성이 높아 보인다. 그들은 1750년경 이후 말라리아에 노출되지 않은 코네티컷 출신이었다. 그 지역 물이 "북부 병사들의 건강에 매우 해롭다"고 판단한 라파예트의 판단은 크게 틀리지 않았다.[113]

의 움직임에 관한 메모. 신시내티 도서관 학회, 원고 컬렉션, L2008F163.1-5.
112) Wright(1983: 195~351)의 부대 기원에 대한 세부 정보 참조.

두 가지 요인이 프랑스계 미국인 부대원의 건강에 유리하게 작용했다. 워싱턴과 로샹보 휘하에는 말라리아에 취약한 "북부 군인"도 있었지만, 말라리아에 강한 병력이 더 많았다. 게다가 9월 말 요크타운에 도착했을 때는 날씨가 다소 선선해져 모기에게 덜 물리는 시기였다.[114]

환자를 돌보는 일을 담당했던 프랑스 병참 장교 클로드 블랜차드(Claude Blanchard)의 일기에 따르면, 포위 공격이 시작된 9월 28일에는 단 300명의 병자만 보고되었고, 10월 11일에는 400명, 10월 13일에는 500명이 되었다.[115] 이 수치는 18세기 군대 기준으로 볼 때 말라리아가 창궐하는 버지니아 해안 저지대는 말할 것도 없고 어떤 지역이건 가장 훌륭한 건강 상태로 여겨진다.

만약 포위 공격이 며칠 더 지속되었다면 말라리아로 인해 프랑스군과 미군의 전투 능력이 지장을 받았을지도 모른다. 블랜차드의 보고서는 콘월리스가 항복하기 직전 며칠 동안 동맹국들 사이에 급속한 감염이 있었음을 암시하고 있다. 제임스 태처(James Thacher)는 대륙군의 외과 의사로서 거의 모든 것을 주의 깊게 관찰했다. 그는 10월 16일 자신의 일기에 "우리 뉴잉글랜드 군대는

---

113) 1781년 6월 16일 라파예트 장군이 워딘 장군에게 보낸 서신. Gottschalk(1942: 248)에서 인용. 관련 일기 항목은 Akins(1975: 45, 49~50, 53, 55, 58, 61)에서 인용. Gillece(1990: 121~122)는 말라리아가 요크타운의 미 독립군을 괴롭히는 주요 질병이라 한다.

114) Batholomew(2002)는 요크타운 일기장의 가장 빈번한 기상관측을 제공하고 8월 초의 더위와 8월 11~18일의 선선한 날씨 및 9월 21일 "놀라운 선선한" 날을 강조했다. "펜실베이니아 전선 일지"(Linn and Egle, 1896: 716~733)에도 9월 21일 이후의 더 시원한 날씨가 기록되어 있다. "Revolutionary War Diary by the Officer by the Third Pennsylvania Continental Line, May, 26, 1781—July 4, 1782", Society of the Cincinnati Library, Manuscript Collection L2007G37 참조. 9월 28일에 포위공격이 본격적으로 시작된 후 참조 가능한 일지와 일기장에서는 날씨에 대한 언급이 거의 없다. 그러나 요크 반도의 모기가 9월 말과 10월보다 8월에 더 활동적이었다는 텍스트 증거(그리고 계절의 전환)를 고려하면 대규모의 프랑스 부대가 도착하기 전에 영국군에 말라리아를 전염하기에 좋은 조건이었다는 것은 일리가 있어 보인다.

115) Blanchard(1876: 145~150).

이제 매우 병약해졌고, 가을철 기후에 만연한 간헐적이고 일시적 열병이 유행하고 있다"라고 썼다.[116] 10월 19일 워싱턴은 "프랑스와 미군 1,430명이 병에 걸렸다고 보고했다."[117] 그러나 영국군은 바로 그 날 항복했다.

카르타헤나나 아바나에서와 마찬가지로 차등저항이 작용했다. 워싱턴, 로샹보, 라파에트는 운 좋게도 요크 강변의 늦여름과 초가을 날씨에 적합한 항체를 가진 군대를 꽤나 잘 모집했다. 게다가 그들 동맹 중 가장 취약한 부대는 전쟁이 끝나기 한 달 전에야 도착했다. 이들이 병에 걸려 포위 공격의 결과에 영향을 미치기에는 너무 늦었다. 따라서 요크타운에서의 마지막 며칠 동안, 워싱턴 휘하 병사들은 3~8%가 병에 걸려 있었다. 그리고 콘월리스 휘하 병사들은 프랑스 참모들의 수치로 보면 25%, 콘월리스 자신의 말을 믿으면 51%가 병에 걸려 있었다.[118]

요크타운에서는 모기 매개 질병이 포위망을 뚫고 포위된 사람들을 괴롭혔는데, 이것은 카르타헤나와 아바나에서 나타난 패턴과 반대였다. 그 이유는 간단하다. 차등면역은 지속적으로 지역 주민들에게 유리했고 북부 지역 사람들에게 불리하게 작용했다. 카르타헤나와 아바나에서는 질병에 대한 면역력이 높은 지역 주민들이 포위 당했고, 요크타운에서 지역 주민들은 포위 공격자였다.

---

116) Thacher(1862: 286).
117) Hallahan(2004: 209). 워싱턴 장군은 항복 조건을 정하기 전에도 환자들을 위한 병원 공간을 마련하기 위해 분주했다(Gillett, 1990: 123).
118) 이 수치들은, 블랜처드와 워싱턴의 수치를, 미국과 프랑스 사이에 존재하는 미군 병력의 범위로 간주하고 있는 것이다. 요크타운에서 병이 "양측 모두를 괴롭혔다"라는 그린(2005: 232)의 발언은, 엄밀히 말하면, 사실이지만, 여전히 오해의 소지가 있다. 놀랍게도, 그린은, 이번 선거운동에서 병에 대해 전혀 언급하지 않은 몇 안 되는 역사학자 중 한 사람이다.

결론

1770년대 중반 수리남의 마룬은 말라리아와 차등면역의 도움으로 자유를 지켜 냈다. 반란을 일으킨 미국인들은 말라리아와 차등저항의 도움으로 1780~1781년 영국의 남부 전략을 물리치고 자유를 쟁취했다. 마룬과 미국 반군은 공통점이 거의 없었다. 하지만 양쪽 모두 목표를 달성하기 위해 파견된 군대보다 말라리아에 대한 저항력이 훨씬 강했다.

콘월리스는 북아메리카 주둔 영국군의 4분의 1을 데리고 항복했다. 이 소식이 런던에 전해졌을 때 지브롤터는 스페인과 프랑스군에 의해 포위되어 있었다. 또한 북해는 네덜란드와 프랑스 함대의 위협을 받고 있었고, 인도는 불길에 휩싸였으며, 프랑스 함대는 인도양을 배회하고 있었다. 게다가 서인도 제도에서는 작고 방어력이 약한 영국령 섬들이 프랑스와 스페인의 공격에 무너지고 있었다. 이러한 상황에서 핼리팩스(Halifax), 뉴욕, 찰스턴, 사바나 등지에 영국 함대와 수비대가 주둔하고 있었지만, 아메리카 식민지 반란을 진압할 수 있을지는 의문이었다. 평화 협상은 22개월이 더 걸렸고, 그 기간 동안 미국에서는 소규모 전투만 벌어졌다. 요크타운과 모기들은 영국의 희망을 끝내고 미국 전쟁을 결정지었다.[119]

물론 모기와 말라리아 스스로가 미국 독립 전쟁에서 승리한 것은 아니었다. 워싱턴과 그린은 그들이 해 왔던 것처럼 신중하게 싸워야 (또는 싸움을 피하기도) 했다. 그리고 프랑스는 개입해야 했다. 영국은 남부 전략에 사활을 걸어야 했고, 드 그라세 제독은 체서피크를 향해 항해해야 했다. 그리고 지금과 같은 결과가 나오기 위해서는 다른 많은 것들이 제자리에 있어야 했다.[120] 하지만 이

---

119) 영국군의 귀환으로 인해 영국에 말라리아가 발생하기도 했으며, 이로 인해 영국의 사망률이 일시적으로 급증하기도 했다(Dobson, 1997: 346, n. 226).

120) Ferling(2007: 572~573)은 버지니아로 진군한 콘월리스 장군의 심각한 실수, 윌리엄스부

러한 상황에서 모기와 말라리아는 교착 상태의 문턱에서 승리를 빼앗아 변화를 가져올 수 있었다.

즉, 말라리아에 대한 차별적 취약성으로 인해 콘월리스 부대는 불리한 상황에 처하게 되었고, 이에 대한 해결책이 없다는 문제가 발생했다. 모기와 말라리아는 콘월리스를 캐롤라이나에서 몰아내는 데 도움을 주었고, 요크타운의 군대를 병들게 하여 반격 작전을 수행할 병력이 부족하도록 만들었다. 영국에 대한 미국의 저항은 말라리아에 대한 미국인들의 저항력 때문에 훨씬 효과적이었다. "열병"으로 인한 영국군 사망률은 전쟁 중 전투 사망률의 약 8배에 달했다. 그래서 질병에 대한 저항력이 조금만 우위에 있어도 상당한 이점을 얻을 수 있었다. 이 전쟁은 대포와 총보다 말라리아 원충과 천연두 바이러스 때문에 더 많은 사람들이 죽었고, 전투 부상자보다 질병 환자가 더 많은 소모전이었다.

콘월리스와 아노펠레스 쿼드리마쿨라투스의 경우, 영국군 사망률은 카르타헤나와 아바나에서 영국군(redcoats)[121]이 겪은 것의 극히 일부에 불과했다. 그 이유 중 하나는 말라리아가 일반적으로 황열병보다 치사율이 낮고, 로우컨트리와 해안 저지대 질병 환경이 서인도 제도보다 외부인에게 덜 위험했기 때문이다. 콘월리스의 병사들은 말라리아에 도움이 되는 키니네 가루를 먹기도 했지만, 황열병에는 아무런 치료제가 없었다. 또한 콘월리스는 캐롤라이나에서 가장 열병이 심한 지역을 피해 도망쳤지만, 웬트워스와 앨버말의 군대는 그대로 남아 있었다. 그러나 요크타운에서 말라리아로 수천 명의 병력이 전투 불능 상태에 빠지면서, 콘월리스가 병력을 가장 필요로 했던 몇 주 동안 큰 차질이 발

르크에 대규모의 영국군을 주둔시킨 클린턴 경의 잘못된 결정, 그라스 제독을 서인도 제도에서 북쪽으로 보낸 프랑스의 결정과 그라스 제독의 함대를 뉴욕이 아니라 체서피크로 향하게 한 로샹보 장군의 은밀한 결정과 전쟁의 승패까지 모든 것이 기적이라 판단한다.

121) 붉은 제복은 17세기 말부터 19세기까지 역사 속 영국군의 정복이 붉은색 코트였기 때문에 붙여진 용어이다. 원어로서 레드코트는 그 군복을 뜻하기도 하지만 당시 군복을 착용한 군인 또는 당시의 영국 군대를 의미하기도 했다. - 옮긴이주

생했다.

　말라리아가 콘월리스의 발목을 잡지 않았다면, 그는 사우스캐롤라이나와 조지아를 무기한 점령할 수 있었을 것이다. 그리고 그가 의지했던 충성파가 더 많이 그의 편에 섰을지도 모른다. 결국 게이츠와 그린 장군은 남부에서 치른 거의 모든 전투에서 패배했고, 요새화된 해안 진지에서 영국군을 축출할 수 없었다. 오직 말라리아로 무장한 모기만이 이를 해낼 수 있었다. 영국의 남부 전략이 영국령 북아메리카를 유지하기 위한 전략으로 성공할 가능성은 거의 없었다. 말라리아가 없었다면 남부 플랜테이션 식민지는 플로리다, 노바 스코샤, 뉴브런즈윅(New Brunswick), 프린스 에드워드 아일랜드(Prince Edward island), 퀘백(Quebec)이 그랬던 것처럼 충성심을 유지했을 것이다. 그리고 남부 플랜테이션 식민지는 영국령 서인도 제도의 플랜테이션 지역과 연결되어 캐나다의 남부 버전이 만들어졌을 것이다. 또한 신생국 미국은 북아메리카의 아주 좁은 땅만 가질 수 있었을 것이다. 하지만 그렇게 되지 않았다. 작은 암컷 모기 아노펠레스 쿼드리마쿨라투스가 미국 건국의 어머니들 사이에 우뚝 서게 된 것이다.

　콘월리스는 운 좋게도 군대에서 황열병을 피할 수 있었다. 찰스턴에서는 1693년에서 1763년 사이에 7개의 주요 전염병이 발생했고 1793년 이후에는 더 많은 전염병이 유행했다.[122] 그러나 1780년에서 1781년 사이에는 황열병이 발생하지 않았다. 나폴레옹 전쟁 중 서인도 제도에서 영국과 프랑스 군대가 다시 걸린 황열병은 말라리아, 심지어 열대열 말라리아보다 훨씬 더 치명적인 질병이었다.

---

122) Duffy(1953: 162).

07

혁명적인 열병, 1790~1898
아이티, 뉴 그라나다, 그리고 쿠바

> 자연이 우리에게 대항한다면, 우리는 싸워서 자연이 우리에게 복종하게
> 할 것이다. – 시몬 볼리바르[1]

1781년 콘월리스의 패배가 미국 혁명을 결정지었지만, 곧 더 많은 것이 뒤따랐다. 18세기 후반에 아메리카 자유민 인구의 수와 부가 증가했으며, 확신과 야망이 커졌다. 무역과 정치적 발언의 기회를 제한하는 구체제 군주들에 대한 그들의 좌절감이 점차 고조되었다. 그러한 좌절감은 북아메리카의 13개 영국 식민지에서와 마찬가지로, 프랑스와 스페인 식민지에서도 혁명이 일어나는 데 기여했다. 생 도맹그에서는 특이하게도 혁명이 대규모 노예 봉기로 발전했다. 군주들은 그들의 아메리카 제국을 유지하고자 하는 희망을 가지고 각각의 혁명에 무력으로 대응했다. 그러나 그들이 카리브해의 모기 해안(니카라과와 온두라스 해안지역-옮긴이주)으로 군대를 보냈을 때, 그들은 전염병에 불을 붙였으며, 그 전염

---

1) "Si se opone la Naturaleza, lucharemos contra ella y haremos que nos obedezca," Indalecio Liévano Aguirre, Bolívar(Bogotá: Intermedio, 2001), p. 84에서 인용. 볼리바르의 이 말은 1812년에 자연이 스페인 사람들을 지지한다는 것을 지진이 보여 주고 있다고 어느 수도승이 그에게 말한 데 대한 응답으로 나온 것이었다.

지도 7.1. 생 도맹그(1790년경)

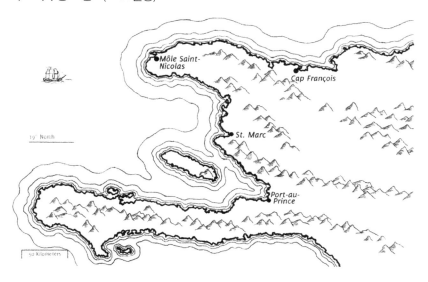

병은 어떤 혁명군이 할 수 있는 것보다도 훨씬 더 철저하게 그들의 군대를 파괴했다. 영리한 혁명가들은 황열병에 대한 면역력에 차이가 있다는 것을 인식하고 그에 따라 전쟁을 수행했다.

이 장에서는 황열병(그리고 말라리아)과 생 도맹그, 뉴 그라나다(New Granada) 부왕령, 쿠바에서 일어난 혁명 이야기를 다룬다. 이 이야기는 1790년대부터 1890년대까지 한 세기에 걸쳐 있다. 하지만 각각의 경우, 광범위한 패턴은 동일했다. 현지에서 태어나고 자란 군대가 혁명을 막거나 되돌리기 위해 유럽에서 파견된 군대와 혁명 전쟁을 벌였다. 반란군의 무기는 항상 형편없었으며, 군기는 흐트러져 있었다. 그러나 그들은 자국의 치명적인 질병에 더 큰 저항력을 가지고 있었으며, 특히 종종 황열병에 대한 면역력을 가지고 있었다. 자연은 볼리바르에게 복종하지 않기는 했지만, 대체로 그의 편이었다.

생 도맹그, 1790~1804

　지금의 아이티인 생 도맹그는 이스파니올라섬의 서쪽 3분의 1을 차지했다.[2] 그곳에는 작고 비옥한 평야가 여러 개 있었는데, 그것들은 울창한 숲이 우거진 산들로 나뉘어 있었으며, 그 산들의 꼭대기는 1,500~2천 미터 높이에 달했다. 1697년 조약으로 프랑스가 공식 획득한 생 도맹그는 곧 프랑스 식민 체제의 심장이 되었다. 특히 프랑수아곶(Cap Français) 동쪽으로 뻗어 있으며 물이 풍부한 북부 해안평야의 기후와 토양은 사탕수수에 잘 맞았다. 그곳의 구릉은 커피 재배에 이상적이라는 것이 입증되었으며, 커피는 1750년 이후에 붐을 이루었다. 식민지의 비옥한 지역은 보호 산맥의 북쪽에 있었으며, 자메이카나 쿠바와 달리 허리케인의 화를 거의 느끼지 못했다. 토지는 풍부했고 토양은 1780년까지만 해도 여전히 비옥했기 때문에, 대체로 이곳은 세계에서 설탕과 노예로 돈을 벌기에 가장 좋은 곳이었다. 1780년대경 생 도맹그에는 약 8천 개의 농장이 있었으며, 생 도맹그가 대서양 세계에서 생산되는 설탕과 커피의 거의 절반을 차지했다. 인디고, 면화, 담배, 카카오도 수출 작물로 여겨졌다. 이 식민지는 프랑스 해상 무역의 3분의 1을 차지했다. 일주일에 30척의 선박이 이곳의 항구들을 방문했다. 1년에 3만 명에 달하는 아프리카 노예가 생 도맹그에 도착했는데, 그로 인해 아메리카 대륙의 플랜테이션 지역 어디에서나, 사실 세계 어느 곳에서나 노예들의 가장 유력한 목적지가 되었다.

인구와 사회

　1780년대 무렵, 노예는 생 도맹그 인구의 90% 이상을 차지했으며, 그 숫자는 약 50만 명에 달했다. 그들 중 3분의 2가 아프리카 태생이었다. 그들 중 상당한

---

[2]　생 도맹그는 Saint-Domingue, St.-Domingue, Saint Domingue가 되기도 하고, 18세기 일부 영어 문헌에서는 San Domingo로 표기되기도 한다.

비율의 인구가 "콩고인(Congos)"이라고 불렸고, 대개 북부 앙골라와 서부·중앙 아프리카 출신이었지만, 그들은 여러 지역에서 왔으며 24개 이상의 언어를 사용했다. 저지대 설탕 농장에서는, 더 많은 비율의 인구가, 대략 절반 정도가 현지에서 태어났으며, 오늘날 아이티 크리올(Creole)의 조상이 쓰던 공용어(lingua franca: 모국어를 공유하지 않는 사람들 간의 소통을 위한 연결 언어—옮긴이주)를 사용했다. 그들 중 일부는 본국어인 프랑스어를 사용하기도 했다. 카리브해 다른 지역의 노예들과 마찬가지로, 생 도맹그의 노예 50만 명도 주로 플랜테이션에서 일했으며, 잔혹함과 굴욕으로 얼룩진 짧은 삶을 살았다. 그들 중 3분의 2가 남성이었다.

생 도맹그에서 유색인종(gens de couleur)이라고 불리는, 아프리카 혈통이나 아프리카와 유럽 혼혈 혈통의 자유인 3만 명은 식민지 인구의 약 5~6%를 차지했다.[3] 아프리카 혈통을 가진 사람 중에서 눈에 띄는 비율이 "유색인종"으로서 자유인 자격을 얻었다. 7세대 전의 조상을 기준으로 사람을 설명하기 위한 용어가 풍부하게 존재했으며, 127/128이 아프리카 혈통인 사람들이건 1/128이 아프리카 혈통인 사람들이건 그들을 위한 단어들이 있었다. 하지만 좀처럼 사용되지는 않았던 것 같다.[4] 대부분의 아메리카 물라토와 메스티소와는 달리, 생 도맹그의 물라토와 메스티소에는 부유한 농장주와 노예 소유주가 많이 포함되어 있었다. 보통 백인 아버지를 두었던 그들은 재산을 물려받았다. 그러나 그 밖의 많은 사람은 땅과 노예를 사기 위해 고군분투했으며, 설탕이나 커피 시장이 호황을 누리면서 부자가 되었다. 아마도 유색인종이 생 도맹그의 재산과 노

---

3) 이 용어에는 순수 아프리카 출신의 자유로운 흑인이 포함되기도 하고 그렇지 않을 때도 있다. 생 도맹그의 사회학 용어는 내가 여기에서 제시하는 것만큼 간단하지 않았다.

4) Moreau de St. Méry(1787~1788, 1:5~99) and Lacroix(1995[1819]: 36~40)는 생 도맹그 사회에 대한 자세한 어휘를 제공하지만 실제로 그러한 등급을 구분할 수 있는 사람은 거의 없었으며, 내가 여기에서 사용하고 있고, 생 도맹그 학자들 대부분이 오랫동안 사용했던 세 가지 범주 시스템을 가장 많이 사용했다.

예의 4분의 1을 소유했던 것 같다. 일부 자유 유색인들은 프랑스에서 교육을 받았으며, 대부분은 크리올의 언어보다 프랑스어를 구사했고 아프리카 종교보다 가톨릭을 선호했다. 그들은 매일 인종차별적인 경멸을 견뎠으며 공직을 맡을 수는 없었지만, 기업가적인 재능은 어느 정도 발휘할 수 있었다. 그들은 또한 민병대와 시골 경찰대에서 두각을 나타냈다. 거의 모든 사람이 생 도맹그에서 태어났다. 약 6 대 5 비율로 여성이 남성보다 더 많았다.

생 도맹그의 백인 인구는 약 4만 명으로 1780년대 전체 인구의 6~7%였으며, 주로 프랑스에서 왔다. 4분의 1만이 식민지에서 태어났다. 백인 중에는 약 4 대 1 비율로 남성이 여성보다 더 많았으며, 아이들은 거의 없었다.[5] 일부 백인들은 농장주나 상인으로 막대한 재산을 축적하거나 상속 받았다. 나머지 백인들은 입는 옷 외에는 거의 옷이 없었고 행상인이나 장인, 심지어 설탕 끓이는 집에서 임금노동자로 힘겹게 살았으며, 유색인종 및 노예와 경제적으로 경쟁했다. 그들의 가장 소중한 자산은 하얀 피부였다. 민간인으로서 그들만이 법적으로 무기를 소지하거나 공직을 맡을 수 있었다. 그들은 서로 다른 점이 있었지만, 자신들의 특권이 꼭 필요하다는 점과 유색인과 노예들을 그들의 굴레에 묶어 두는 것이 중요하다는 점에는 모두 동의할 수 있었다.[6]

질병 환경

서인도 제도의 다른 지역과 마찬가지로, 생 도맹그는 거의 모든 사람에게 건강에 해로운 곳이었지만, 일부 사람들에게는 더 그러했다. 인구 증가는 이민을

---

5) Houdaille(1973: 863). King(2001: 43)은 성비가 3 대 2였다고 말한다.
6) 생 도맹그의 인구와 사회에 관한 묘사는 Butel(2002: 143~178); Geggus(2002: 5~8); Garrigus (2006); Dubois(2004: 5~71); King(2001); Laurent-Ropa(1993: 97~155) 참조. 내가 그랬듯이, 모든 사람이 Moreau de St. Mery(1787~1788, 1:5~99)에 많이 의존하고 있다. Malouer(1802, v. 4)는 또 다른 중요한 1차 자료이다. 이 글에서도 이용된 교구 등록부의 인구통계 데이터는 Houdaille(1973: 863~865)에도 나와 있다.

통해서만 가능했다. 전염병은 사람들이 태어나는 것보다 더 빠르게 사람들을 죽였다. 넓은 의미에서, 백인들이 질병을 가장 두려워했으며, 유색인종은 가장 적게 두려워했다.[7]

노예들은 대부분 험난한 대양 횡단 끝에 건강이 좋지 않은 상태에서 도착했으며, 종종 1년 이내에 사망했다. 생 도맹그에 도착한 대부분의 노예는 15세에서 30세 정도였지만, 도착했을 때 그들의 기대 수명은 10년 미만이었으며, 이는 카리브해 노예 인구 사이에서 보통이었다.[8] 천연두, 장티푸스, 파상풍, 매종(열대 피부병 중 하나-옮긴이주), 십이지장충 및 수십 가지 다른 전염병과 기생충이 그들을 잡아먹었다. 빈번한 영양실조와 열악한 상태는 질병 부담 위험을 증가시켰다. 그러나 노예, 특히 아프리카 태생의 노예는 말라리아에 비교적 저항력이 있었고 황열병에 면역력이 있었던 것 같다.[9]

유색인종은 누구보다 건강하게 오래 살았다. 거의 모두 현지에서 태어났기 때문에 "감염(seasoning)"의 위험에 직면하지 않았다. 그들의 생활 조건과 영양은 일반적으로 노예보다 나았으며, 때로는 훨씬 나았다. 그들의 아프리카 유전형질은 그들 중 일부에게 말라리아와 (아마도) 황열병에 대한 저항력을 제공했다. 사회적으로 아프리카 혈통의 비중이 클수록 신분은 낮아졌다. 그러나 역학적으로, 그 비중이 클수록 평균적으로 말라리아와 황열병으로부터 더 안전했다

---

7)   생 도맹그의 질병 지리학을 위해서는 Gilbert(1803: 10~26) 참조.
8)   Weaver(2006: 21)는 생 도맹그의 아프리카 태생 노예의 절반이 도착한 지 3년 안에 사망했다고 말한다.
9)   대서양 횡단 노예무역 데이터베이스(http://www.slavevoyages.org)에 따르면, 생 도맹그 (1750~1790)에 도착한 노예의 4% 미만은 황열병이 (아마도) 없는 아프리카 남동부에서 왔다. Miller(1988: 10)의 지도에서 판단해 볼 때, 중서부 아프리카에서 온 많은 비율의 사람(약 55%) 중 적은 수가 앙골라 고지대 출신이었을 수도 있으며, 또한 황열병으로부터 자유로웠던 것 같다. 그러나 대서양 횡단 노예무역 지도를 보면, 중서부 노예 승선 항구가 완전히 쿠보(Kuvo)강 북쪽에 있음을 알 수 있으며, 따라서 (확실하지는 않지만) 이 노예들은 고지대 출신일 가능성은 작았다.

(아프리카 내에서도 조상이 어디에 살았는가에 많은 것이 달려 있었기 때문에 "평균적으로"라고 말해야 한다). 자유 유색인 중에서는 여성이 성병에 걸릴 위험이 컸을지도 모른다. 왜냐하면, 여성에게 가장 유망한 삶의 전략 중 하나가 부유하거나 신분 상승 중인 프랑스인의 정부가 되는 것이었기 때문이다. 이러한 불륜 관계는 보통 일시적이었으며, 그래서 수도 많았으며, 따라서 성병 감염이란 면에서 관련자 모두에게 위험했다. 생 도맹그의 한 프랑스 작가는 매독이 식민지에서 가장 널리 퍼진 질병이라고 주장했다.[10]

백인은 비록 사회 피라미드의 맨 꼭대기에 있었지만, 건강과 기대 수명이라는 면에서는 맨 밑에 있었다. 교구 기록부에 따르면 그들의 사망률은 유색인종의 사망률보다 약 두 배 높았다.[11]

백인의 대부분은 프랑스에서 태어났으며, 그래서 카리브해로 이동할 때 특히 말라리아와 황열병에 걸릴 위험이 컸다. 프랑스인 변호사 모로 드 생 메리(Moreau de St. Méry)는 가장 큰 도시이자 주요 입국항인 프랑수아곶의 기후가 선원과 새로 도착한 다른 사람들에게 "살인적"이었다고 썼는데, 그의 책은 식민지 시대 말 생 도맹그에 대한 유일하면서 최고인 자료이다.[12] 생 도맹그에 있는 프랑스의 평화 수비대(peacetime garrisons)는 1780년대에 단지 3% 정도만 질병으로 목숨을 잃었는데, 매년 질병으로 약 6%가 목숨을 잃었다.[13] 추측하건대, 프랑스인 남성은 사회적 지위가 제공하는 기회 덕분에 성병에 걸릴 위험이 컸던 것 같다.[14]

---

10) Charles Mozard(신문사 편집장). *Affiches Américaines*, McClellan(1992: 29)에서 인용.

11) King(2001: 44)은 백인들 사이에서 0.084의 사망률을, 유색인종 중에서 0.044의 사망률을 제시했다. Moreau de St. Méry(1787~1788, 1: 173)는 1760년대 트루(Trou)라는 군사 진영에서 백인 군인들이 "유색인 550명"의 12배 비율로 사망했다고 언급한다.

12) Moreau de St. Méry(1787~1788, 1:528). King(2001: 44~45)은 건강에 관해 논하고 있다.

13) Geggus(1979:49), Moreau de St. Méry를 인용함.

14) 1790년대 초반 프랑스인 젊은 상인 미셸 마르소동(Michel Marsaudon)의 편지는 그와 그

서인도 제도의 다른 곳에서와 마찬가지로, 생 도맹그에서도 말라리아는 새 이민자들 사이에서 불안감을 불러일으켰다. 18세기에 생도밍그의 저지대 습지가 확대되고 있었는데, 그것은 부분적으로 커피 붐으로 인한 구릉지 침식의 결과였다. 습지 확장으로 생 도맹그에 사는 말라리아 매개체인 말라리아모기(*Anopheles albimanus*)의 번식 조건이 좋아졌다.[15] 플랜테이션에 관개시설을 확장한 것도 그러한 역할을 했다. 또한 사람과 가축이 유입되면서 플랜테이션 경제의 성장이 초래되었으며, 그에 맞춰서 먹이 조건이 개선되었다. 매년 수만 명의 노예가 도착하면서 말라리아 변형체의 공급이 계속해서 갱신되었다. 1750년대까지 삼일열 말라리아 원충 및 열대열원충 형태의 말라리아는 생 도맹그에서 일상적이었으며, 4월에서 10월까지 비가 내리면 심해졌다가 건조한 달에는 약해졌다. 황열병은 일상적이지 않았다. 그 병은 예민한 사람들 사이에서 공포를 불러일으켰다.

생 도맹그의 황열병

서아프리카인 및 중앙아프리카인과, 생 도맹그에서 자란 아프리카계 크리올 성인은 황열병을 거의 두려워하지 않았다. 그러나 백인들, 특히 새로 도착한 사람들 사이에서는 황열병이 절대적인 공포를 불러일으켰다. 백인들은 주로 도시와 사탕수수 플랜테이션에 살았는데, 그곳은 그들이 이집트숲모기와 공유하고 있던 서식지였다. 생 도맹그의 모든 도시는 항구도시였으며, 그 도시들은 모두 건기 대비용·선박용 물 저장 기반 시설을 가지고 있었는데, 그로 인하여 이집트숲모기의 이상적인 번식을 위한 서식지가 되었다. 항구 뒤에는 해안 저지대

의 친구들이 자유 유색인종 여성들과 가졌던 성적인 모험에 대해 놀라울 정도로 상세하게 묘사하고 있다. Georgetown University Lauinger Library, Special Collections, Michel Marsaudon Papers. http://www.library.georgetown.cdu/dept/speccoll/ch58.hrm에서 이용 가능.

15) Molez, Desenfant, and Jacques(1998); Higuera-Gundy et al.(1999: 168).

의 사탕수수 플랜테이션이 있었는데, 그곳 역시 적절한 서식지였다(2장 참조). 내륙으로 더 깊이 들어가면 숲이 있었는데, 그 숲들은 노예들이 새로운 플랜테이션들을 개간하면서 날이 갈수록 줄어들고 있었다. 하지만 그 숲들은 여전히 황열병 바이러스를 숙주로 하는 원숭이들의 근거지일 가능성이 꽤 컸다(확실히 알 방법이 없음). 1780년대에 피를 찾는 모기들은 선택할 수 있는 대형 포유류가 약 100만 마리가 있었는데, 거기에는 58만 명의 인간, 35만 마리의 가축, 숲속에 있는 수천 마리의 추가 야생동물이나 위험한 동물이 포함되어 있었다. 프랑스의 박물학자인 데스꾸르띨(M. E. Descourtilz)은 다음과 같은 사실을 발견했다. 즉 모기는 생 도맹그 어디에나 있었지만, 특히 바다와 강가의 주거지 주변에 있었으며, 그곳에서 모기들은 아침과 저녁의 하늘을 "가렸다". 여러 서인도 지역과 마찬가지로, 생 도맹그에는 다양한 종류의 모기 떼가 모여 있었지만, 항구, 인구 및 플랜테이션이 증가함에 따라 이집트숲모기를 위한 서식지가 매일 늘어났다. 따라서 황열병 매개체의 공급이 부족한 경우는 별로 없었다.[16]

　바이러스도 마찬가지였다. 서아프리카에서 오는 교통량이 많다는 사실은 새로운 바이러스(와 모기)가 계속 도착한다는 의미였다. 하지만 1780년대까지는 비면역자가 점점 줄어들고 있었다. 생 메리의 기록에 따르면 1691년, 1733~1734년, 1743년, 1755년에 생 도맹그에서 황열병이 발생했다.[17] 프랑스 육군 의사 니콜라스 피에르 질베르(Nicolas Pierre Gilbert)는 1739년에서 1741년까지 또 다른 황열병 발생을 언급했는데, 그것이 심각하다고 봤다.[18] 1750년대 이전에는 새로운 프랑스 이민자들(비면역자)이 인구의 상당 부분을 차지하여 황열병

---

16) 포유동물에 관해서는 Descourtilz(1935: 62~67); 모기에 관해서는 p. 97. 가축 수에 대해서는 Moreau de St. Méry(1787~1788, 1:100) 참조.

17) Moreau de St. Méry(1787~1788, 1:534~535). Moreau de Jonnès(1820: 70~71)는 동의하지만 1766년에 또 다른 바이러스 발생을 추가한다. Pouppé-Desportes(1770, 1:40~186)는 이 중 몇몇 시기에 관한 자료이다.

18) Gilbert(1803: 97).

이 발생할 수 있는 여지를 만들어 냈다. 1750년대 이후에는 생 도맹그에서 면역자의 비율이 아주 높아서 황열병이 확산할 기회가 줄어들었다. 황열병 바이러스는 몇몇 선원, 군인 및 기타 새 이민자들을 죽일 수는 있었지만, 모기들이 피를 종종 면역자들에게서 취했기 때문에 자유롭게 퍼질 수는 없었다. 집단면역이 바이러스를 억제했다. 더군다나, 1780년대에는 생 도맹그에서 오랜 가뭄이 발생했는데, 그로 인해 모기의 힘이 일시적으로 약해졌을 수 있으며, 그에 따라 황열병 발병률이 감소했을 수 있다.[19] 간단히 말해서, 18세기에 황열병은 생 도맹그에서 풍토병이었으며, 새 이민자들에게는 산발적으로 치명적인 위험이었지만, 집단면역으로 그 범위가 제한되었고, 그러한 집단면역은 아프리카나 생 도맹그의 황열병 지역에서 태어나고 자란 사람들의 수적 우세로 지속되었다. 이것은 관련된 모든 사람에게 다행이었다. 왜냐하면, 다른 지역에서와 마찬가지로, 생 도맹그에서도 황열병에 걸렸을 경우, 의사들이 도움이 되기보다는 해가 되었기 때문이다.[20]

유행성 황열병은 취약한 사람들의 대거 유입을 필요로 한다. 아이티 혁명이 제공한 것이 바로 이것, 즉 수만 명의 비면역자들인데, 이들은 집단면역을 약화시켜서 아메리카 역사상 가장 큰 재앙을 불러올 수 있는 기회를 황열병 바이러스에게 주기에 충분했다.

아이티 혁명이 시작되다

1780년대에 생 도맹그는 좌절된 정치적 야망의 도가니였다. 수십 년 동안 생 도맹그에서는 노예 봉기가 다른 지역에서보다 줄어들었고 규모도 더 작았다.

---

19) Geggus(1979: 44). 전에 언급했듯이, 이것은 수비대의 건강이 개선되었음을 설명하는 데 도움이 될 수 있다.

20) Gilbert(1803: 90)는 출혈에 대한 "크리올" 치료법, 구토제, 설사약, 퀴닌(quinine), 욕용제를 설명한다.

하지만 모든 집단은 가지지 못한 무언가를 원했다. 백인들은 자신의 부와 지위에 걸맞게 파리에서 더 많은 대표성을 갖고자 했다. 유색인 대부분은 백인과의 법적인 평등을 원했다. 노예 대부분은 자유를 원했다. 이러한 야망들은 화해하기 어렵다는 것이 드러났다. 1789년 파리에서 일어난 사건에 대한 소식이 전해지자 이렇게 들끓고 있던 정치적 야망들이 불타올랐다. 프랑스 혁명의 이상, 즉 자유, 평등, 우애는 프랑스에서 충분히 급진적이었다. 생 도맹그에서는 그것들이 폭발적이었다. 프랑스에서 혁명이 전개되자, 파리 당국은 생 도맹그(그리고 일반적으로 프랑스령 카리브해)를 어떻게 해야 할지 몰랐다. 어떤 사람들은 혁명 원칙이 모든 곳에 적용되어야 하며, 따라서 아프리카 노예라도 자유롭고 평등해야 한다고 생각했다. 대부분은 다르게 느꼈다. 생 도맹그는 유용한 소득을 제공했는데, 그것은 플랜테이션 체제의 유지에 달려 있었다. 그래서 파리의 혁명세력은 주장과 행동이 일관되지 않았다. 그들은 유색인종에게 법적 평등을 부여했다가 몇 번이고 그것을 철회했다. 그들은 노예제를 폐지했다가 부활시켰다. 궁극적으로, 생 도맹그에서 일어난 사건들은 사건들 자체의 혼란스러운 논리를 따랐으며, 파리나 그 어느 곳에 있는 사람도 통제할 수 없었다.

폭력은 1790년에 유색인들 사이에서 조직적인 반란의 형태로 처음 분출했다. 그들 중에서 많은 사람이 미국 혁명 기간에 조지아에서 싸우기 위해 모집된 연대에서 군사 경험을 했다. 다른 사람들은 민병대에서 복무했었다. 노련함에도 불구하고, 그들은 곧 식민 당국에 의해 진압되었다. 외적으로는 평온함이 지배했다. 파리의 국민의회는 생 도맹그의 일부 자유 유색인에게 정치적 권리를 부여하기로 의결했으며, 그것은 자격을 얻지 못한 유색인과 백인 모두를 화나게 했다. 혼란은 계속되었다.

그리고 나서, 1791년 8월에 북부 평원에서 노예 반란이 시작되었는데, 곧 10만 명이나 되는 노예가 거기에 참여했다. 플랜테이션들이 불탔다. 살인, 보복, 잔학 행위가 만연했다. 1791년 12월에 프랑스군 파견대가 도착했지만, 벌어지고 있었던 전투들에 영향을 미치기도 전에 그 부대가 병에 걸렸다.[21] 몇 달 안에 절반이 사망했다. 폭력이 밀물처럼 밀려왔다 썰물처럼 사라지기를 반복하고, 동맹이 바뀌고, 프랑스 혁명의 우여곡절에 대한 소문들이 생 도맹그에서 새로운 분노나 안도를 유발하고, 동맹의 재편을 가져왔다. 파리가 모든 자유민의 법적 평등을 선언하자(1792년 4월), 유색인 대부분과 백인은 공통의 대의를 만들었으며, 점차 노예 반란군과의 전쟁에서 우위를 점하게 되었다. 그런 다음 1793년 2월, 유럽 내에서 젊은 생명을 위해 싸우고 있었던 프랑스 공화국은 영국에 선전포고를 했다.

이로써 프랑스 혁명의 전쟁이 확대되었는데, 20년 이상의 투쟁(1792~1815년)에서 프랑스(및 프랑스가 점령한 땅)는 일반적으로 영국, 오스트리아, 러시아를, 때로는 프로이센을 포함하는 등 수시로 변하는 연합군에 대항해서 싸웠다. 포르투갈에서 러시아까지 이르는 유럽과 이집트, 인도, 서인도 제도에서, 그리고 남아프리카와 동남아시아에서는 소규모 전투가 벌어졌다. 거대한 시민군을 창설한 프랑스는 대체로 유럽 중심부와 지상전에서 우위를 점했다. 프랑스의 적들은 가난한 변두리, 즉 스페인과 러시아에서 더 잘 버텼는데, 그곳은 프랑스 군대의 자급자족 생활 방식이 그다지 효과가 없었던 지역이다. 영국의 전략은 동맹을 맺은 다른 국가들이 유럽에서 싸우는 비용을 지불하게 하고, 프랑스의 식민지들(과 1795년에 프랑스가 네덜란드를 정복한 후에는 네덜란드의 식민지들까지)에 대항하여 해군력과 원정군을 사용하는 것이었다.

윌리엄 피트 2세와 전쟁 장관 헨리 던다스(Henry Dundas)와 관련 있는 이 전략은 서인도 제도를 중요하게 만들었다. 카리브해 무역의 수입은 프랑스와 싸우는 오스트리아, 프로이센, 러시아 군대에 영국이 보조금을 지급하는 데 도움이 될 수 있었다(실제로, 1796년에 던다스는 캐서린 대왕과 러시아를 반프랑스 연합군에 참여시키기 위한 회유책으로서 생 도맹그를 그녀에게 바치는 것을 고려했다).[22] 프

---

21) Geggus(1979: 50)는 프랑스군의 손실이 이후 영국군 파견대의 손실과 비슷하다고 말하는데, 그의 주장에 따르면 연간 50~75%를 손실했다.

랑스에게 거부되고 영국으로 향했던 수입은 두 배의 가치가 있었다. 프랑스군은 규모가 훨씬 더 컸지만, 군대의 일부 병력만을 해외에 배치할 수 있었기 때문에, 바다 건너 소규모 영국군을 이용하는 것이 의미가 있었다.

프랑스 혁명 전쟁의 발발로 서인도 제도에서 대규모 원정 전쟁이 일어났다. 소앤틸리스 제도의 여러 섬은 작은 수비대에 의해 요새화가 잘 되어 있지 않고 방어가 잘 되지 않아서 주인이 금방 바뀌었다. 생 도맹그에서 원정전은 두 단계로 이루어졌다. 첫 번째에는 1793년부터 영국군이 식민지 점령을 시도했다. 1802년에 파견된 프랑스군은 생 도맹그에서 일어난 혁명을 무산시키고 식민지의 플랜테이션 체제를 복원하려고 했다. 두 차례 개입 모두 재앙적인 전염병으로 인해 실패했다.

생 도맹그의 영국군, 1793~1798

생 도맹그에서 모든 자유민 사이의 법적인 평등에 관한 법령은 백인 식민지 주민들 사이에서 반발을 불러일으켰으며, 그 반발은 공화국 프랑스에서 보낸 위원들의 정책들로 인해 심해졌다. 많은 백인이 이민을 가 버렸다. 일부 다른 사람들은 영국과 스페인에 도움을 요청했는데, 이 나라들은 각각 혁명적인 프랑스를 약화시킬 기회를 엿보았다. 많은 프랑스인 농장주들의 축복을 받으며 영국군은 생 도맹그를 침공하기 위해 군대를 집결시켰다. 피트와 그의 동료들은 생 도맹그의 부를 대영제국에다 더하려고 했고, 프랑스에는 그것을 거부하려고 했으며, 플랜테이션 체제를 유지하려고 했다. 이를 위해 1793년 가을에 2천 여 명의 첫 파견대를 보내서 항구를 점령했다. 그러나 그들이 도착하기 전에, 생 도맹그의 혁명 위원들이 파리 정부의 승인 없이 노예제를 폐지하는 조치를 취했다(1793년 8월 29일). 그것이 모든 것을 바꿨다. 예전에는 노예 반란에 참여했던 분파들 대부분이 반혁명적인 왕과 보수파의 편을 들었다(부분적으로

---

22) Duffy(1997: 86).

스페인령 생 도맹그의 도움을 받기 위한 것이었다). 그러나 이제 반란군 노예들은 그들의 자유를 수호하기 위해서 싸웠으며, 파리의 혁명 정부 편을 들고 영국에 는 반대했는데, 영국은 구체제와 플랜테이션 노예제의 보존을 대표했다.

1793년 9월에 영국군이 도착했을 때, 농장주와 백인들은 전반적으로 그들을 환영했다. 자메이카 농장주들이 다음과 같이 언급했듯이, 황열병 바이러스도 그랬다.

> 그 해의 계절은 열대기후에서 군사작전을 하기에 최고로 불리했다. 비가 그치지 않았다. 그리고 숫자가 적어서 병사들이 필연적으로 담당해야 하는 특별 업무와 끊임없이 계속되는 피로가 날씨 상황과 합해지면서 가장 치명적인 결과를 초래했다. 서인도 제도의 군사 원정에서 변함없는 동반자였던 황열병 혹은 역병이 무서운 독성으로 맹위를 떨쳤다. 수병과 병사 모두 매일같이 너무 많은 사람이 목숨을 잃었으며, 생존자들은 동료들 사이에서 일어난 재앙을 보고 놀라움과 공포에 휩싸였다![23]

그러나 1793년 후반은 생 도맹그에 있는 영국군에게 가장 좋은 시기였다. 최초의 파견 병력은 대부분 자메이카에서 1년 이상을 보낸 노련한 남성들이었다. 어쨌든, 11월경 열병 계절이 진정되자 영국군은 수천 명의 유색인과 흑인을 모집하여 1794년 6월까지 식민지의 거의 3분의 1을 차지했으며 전투 손실은 약 50명에 불과했다. 혁명적인 프랑스의 운세가 유럽과 생 도맹그에서 기울기 시작했으며, 그래서 영국의 유일한 적은 (수많은 내전이 진행 중인 혼란스러운 상황에서) 해방 노예들로 이루어진 군대였다. 영국 해군은 프랑스가 원하더라도 생 도맹그에 보급품과 병사를 안정적으로 보낼 수 없도록 했다. 피트와 던다스는 웃어야 할 이유가 있었다.

그러나 1794년 6월, 주요 항구인 포르토프랭스에 있던 영국군에서 황열병이

---

23) Edwards(1797: 149).

발생했다. 1789년에 독일 귀족이 "타르타르 수용소(Tartar camp)"에 비유했던 포르토프랭스는 일 년 내내 강이나 개울이 없는 식민지의 건조한 지역에 있었다.[24] 이 항구는 저장된 물과 운하에 의존했으며, 그 결과 이집트숲모기가 많았던 모양이다. 약 650명의 영국군이 두 달 만에 사망했으며 전투 중에 죽은 사람은 한 명도 없었다. 1794년 6월부터 11월까지 생 도맹그의 영국군은 매달 병사의 약 10%를 잃었다. 그 해 말까지 영국군은 1,100명의 병사만이 임무를 수행할 수 있었으며, 가장 큰 항구 주변의 영토는 4개 지역에 불과했고, 바다를 제외하고는 모두 서로 격리되어 있었다. 항구도시가 영국인에게 군사적으로는 중요했지만 거주하기에는 재앙이었다.

영국군은 1794~1795년의 건조한 겨울에 다시 잠시 한숨을 돌렸다. 그러나 1795년은 곧 그 전 해보다 더 치명적이었다. 1795년 7월부터 12월까지 열병이 도는 시기에 영국군 잔류자들은 매달 13~22%씩 사망했다. 새로 도착한 사람들은 놀라운 속도로 죽어 갔는데, 마치 배에서 내려 곧장 무덤으로 가는 것처럼 보였다. 일부 영국 장교들은 그러한 노력이 비용을 들일 만한 가치가 없다고 결론지었다. 피트는 자신의 전략이 무너지는 것을 보았지만 자메이카에서의 노예 봉기를 우려하여 그대로 유지하기로 했다. 그는 새로운 군대를 생 도맹그로 보냈다.[25]

1795~1796년에 약 2만 7천 명의 영국군(과 1천 명에 가까운 여성)이 나이 든 스코틀랜드인 랠프 애버크롬비(Ralph Abercromby) 경의 지휘 아래 서인도 제도로 향했다. 그는 30년 동안 전투를 한 번도 본 적이 없었지만 던다스의 친척이었다. 주로 아일랜드인들이었던 그의 군대에는 수많은 독일인과 프랑스인 이민자뿐만 아니라 폴란드인, 스위스인, 네덜란드인 등도 포함되어 있었다. 약 1만 3천 명이 생 도맹그로 갔으며, 1796년 2월경부터 조금씩 조금씩 도착했다. 황

---

24) van Wimpffen(1817: 208).

25) 병력 수는 Geggus(1979: 44~50)에 인용된 PRO WO 17의 통계자료를 보면 알 수 있다.

열병은 그들이 육지에 도착하자마자 공격했다. 의사들은 또다시 아무 소용이 없음이 드러났다. 그중 한 사람인 로버트 잭슨은 영국과 프랑스의 의학의 효과가 거의 비슷하며, "… 해안에서 그 수가 어떻든 유럽 군인의 3분의 2가 프랑스 의사의 치료를 받든 영국 의사의 치료를 받든 올해가 다 가기 전에 사망하게 될 것이다"라고 언급했다.[26] 1796년 3월경 영국군은 생 도맹그에서 이미 6천 명가량을 잃었다. 7월에 토머스 메이트랜드(Thomas Maitland) 중령은 "우리의 모든 자랑스러운 군대가 점점 줄어들다가 없어져 버렸다"라고 썼다.[27]

이 한탄은 다소 과장된 표현이었지만, 1796년 여름에 황열병으로 인한 피해는 영국군 모두를 낙담케 했다. 요크 후사르(York Hussars)라는 연대와 함께 생 도맹그로 항해했던 토머스 핍스 하워드 중위는 일기를 썼다. 1796년 5월 1일 그는 생 몰레 니콜라스 해군 기지에 도착했다. 당시 영국군은 매일 평균 20명의 병사를 질병으로 잃고 있었다. 하워드는 앞날을 알고 있었다. "서인도 제도에서는 6월, 7월, 8월, 9월 및 10월 초를 병약한 달이라고 합니다…"[28] 7월 초, 오늘날 생마르크에서 하워드의 부대는 황열병 바이러스의 손아귀에 단단히 붙잡혀 있었다. 열흘 만에 그의 연대는 병사의 23%를 잃었는데, 그들은 열병으로 사망했다. 그는 계속해서 다음과 같이 말했다.

아직 기어 다닐 수 있는 사람들에게 이때 나타난 공포를 말로 표현하는 것은 불가능하다. 30명의 흑인이 무덤을 파서, 불행하고 불쌍하게 죽은 사람들을 묻는 일에 끊임없이 고용되고 있다. 그들은 해가 뜰 때부터 해가 질 때까지 하루 종일 간신히

---

26) Jackson(1798: 297). Cantlie(1974, 1:240)를 보면, 3만 1천 명으로 아일랜드인이 주를 이루었으며, 아베크롬비(Abercrombie)의 총 병력과 마찬가지로, 거기에는 외국인 4,500명이 포함되어 있었는데, 주로 독일인이었다.

27) Thomas Maitland to James Maitland. 15 July 1796. PRO. WO 1/64, ff. 343~354. Buckley's introduction to Howard(1985: xxxv)에서 인용.

28) Howard(1985: 43).

일을 할 수 있었는데, 죽은 자들을 위한 구덩이를 다시 파다가 그들 중 셋, 넷, 다섯 명이 함께 같은 무덤에 떨어졌다. 데드 카트(Dead Carts: 전염병이 유행하는 동안 시체를 운반하는 수레 – 옮긴이주)는 계속해서 사용되었고, 비어 있는 경우는 거의 없었으며, 각각 8~12구까지 싣고 있었지만 다른 한 대는 가득 차 있었다. 아침에 가장 건강했던 사람들이 저녁 식사를 하다가 병에 걸려서 밤에 집으로 옮겨졌다. 요컨대 무질서의 부패가 마침내 극에 달해서 수백 명의 사람들이 숨구멍마다 터져 나오는 자신들의 피에 거의 완전히 빠져 죽었다.[29]

1798년 여름, 하워드의 연대가 자메이카로 철수하기 직전에 생 도맹그의 영국군 사령관은 요크 후사르와 다른 두 연대가 "황열병으로 심하게 고통 받고 있다"라고 언급했다. 그들이 생 도맹그를 떠났을 때, 하워드의 부대는 장교와 병사가 231명이었는데, 그들은 원래 688명 중 살아남은 사람들이었다.[30] 3분의 2 정도가 사망했는데, 거의 모두가 질병 때문이었다.

영국이 생 도맹그를 점령한 마지막 몇 년에 대한 증거 자료의 질이 좋지 않은데, 어쩌면 서인도 제도에서의 군사작전에 대한 맹렬한 비판에 직면해 있었던 정부가 그것을 고의로 위조했을지도 모른다. 하지만 1797년과 1798년 사이에는 사망률이 감소한 것으로 보인다. 1797년까지 황열병에 면역력이 있고 말라리아를 앓은 남성만이 거의 예외 없이 살아남았기 때문에 이것은 당연한 결과이다. 생 도맹그에서 영국군이 입은 피해 규모는 정치적인 문제가 되었고 터무니없는 주장의 대상이 되었다. 이 문제를 가장 조심스럽게 다루는 연구자들은 1793년에서 1798년까지 점령 과정에서 영국의 다국적 군대가 생 도맹그에 약

---

29) Howard(1985: 49~50).

30) Maitland to Dundas, 6 July 1798. PRO WO 1/68(Howard, 1985: 147~156에 인쇄됨, p. 152 인용); 연대 통계자료는 PRO WO 1/899 and 17/1990 참조, Howard(1985:li, 131)에 인용. 요크 후사르는 생 도맹그에 머무는 동안 지원군을 받았을 수 있다. 이 경우에 사망률이 여기에 표시된 것보다 높았을 것이다.

2만 3천~2만 5천 명의 군대를 투입했다고 추정한다. 대략 1만 5천 명 혹은 60~65%가 거기에서 죽었다.[31] 당시 요크 후사르의 경험은 보통 수준보다 약간 더 끔찍했다.

생 도맹그에서 이루어졌던 영국군의 군사작전은 프랑스에 대항하는 좀 더 광범위한 서인도 투쟁의 일부를 이루었다. 또한 그것은 남아메리카에서 스페인 령 트리니다드와 네덜란드군 주둔지들을 차지하는 것과도 관련이 있었다. 영국 군은 가는 곳마다 황열병과 말라리아에 걸렸다. 1793년 과델루페(Guadelupe)에서 쿠퍼 윌리암스(Cooper Willyams)는 다음과 같은 것을 깨달았다. "너무나 끔찍한 황열병은 우리가 서인도 제도에 처음 왔을 때는 이미 가라앉아 있었지만, 말하자면 새로운 희생 제물들이 도착하면서 지금은 다시 깨어났다."[32] 바다에서도 문제는 똑같이 끔찍했다. 1796년 HMS 알프레드호(HMS *Alfred*: 영국 해군에 복무한 4척의 선박 – 옮긴이주)의 외과 의사는 선상 전염병을 다음과 같이 기록했다. "최악의 시기에 그 전염병이 알프레드 선상에 나타났을 때 증상은 기력

---

31) Geggus(2002: 20). Geggus(1979: 48)는 2만 200명 중 1만 2,700명이라고 하고(혹은 63%), Duffy(1987: 328, 332)는 2만 3천 명 중 1만 3,590명(혹은 60%)이라고 한다. 이러한 차이는 영국이 지휘하는 외국 군대의 수를 계산할 때 혹은 계산하지 않을 때 발생할 수 있는데, 그중에는 약 4,500명이 있었다. Jackson(1798)은 의학적 관점에서 완전히 틀렸음에도 불구하고, 전염병에 대한 자세한 설명을 제공한다.

32) Willyams(1796: 101). 당시 1794년 마르티니크에서 영국군 장교였던 바르톨로뮤 제임스는 일기에 다음과 같이 썼다. "지금 서인도 제도에 만연한 무서운 질병은 말로나 펜으로 설명할 수 없다. 생 피에르에 도착한 후 며칠 만에, 열병 속에서 나는 내 배에 있는 모든 사람을 두 번 묻었으며, 세 번째 배의 선원들은 거의 모두를 묻었다. 그리고 내가 영국에서 올 때 타고 왔고 5월 12일까지 계속 나의 우승기를 달고 다닌 에이콘 수송선(Acorn transport)에 있었던 주인과 배우자, 모든 남자와 소년들을 얘기하는 것은 너무나 충격적이고 심각하다. 돌연사가 계속되는 충격적인 장면은 실제로 보기에 끔찍했으며, 이 마을에서는 장교와 군인의 장례 행렬 외에 볼 수 있는 것이 거의 없었다. 그리고 전함들이 너무 극심하게 고통을 겪어서, 그중에 많은 전함이 배에 탄 장교와 선원을 거의 모두 묻었다"(James, 1896: 241~242).

쇠약이었다. 이마가 무겁고 때로는 극심한 두통, 허리·관절 및 사지의 심한 통증, 충혈된 채 게슴츠레 뜬 눈, 메스꺼움이나 구토, 커피 찌꺼기와 다르지 않은 불쾌한 검은 물질…"[33] 영국군의 총 인명 손실 추정치는 4만 명에서 10만 명까지인데, 하지만 5만 명에서 7만 명 정도가 가장 타당한 것 같다. 황열병 질병으로 인한 사망자 다음인 전투 사상자는 "보잘것없었다".[34] 에드먼드 버크(Edmund Burke)는 피트가 묘지를 정복하기 위해 싸우고 있다고 썼다.[35] 생 도맹그는 이 영국군 묘지의 가장 큰 부분이었지만 일부일 뿐이었다.

투생 루베르튀르

생 도맹그의 영국군은 황열병과 말라리아에 대한 저항력의 차이를 이해하는 전략가와 마주하는 불운을 겪었다. 그는 바로 투생 루베르튀르였다. 투생은 1743년경에 노예로 태어났는데, 아마도 생 도맹그 북부 평원에 있는 브레다(Bréda) 농장에서였을 것이다. 그는 마부와 조련사로 일하면서 이 지역에 대한 지식을 대단히 많이 얻었다. 그는 베테랑 택시 기사가 도시를 아는 것처럼, 생 도맹그의 지리, 도로 및 트랙을 알고 있었다. 그는 숙련된 기수가 되었다. 또한 그는 (보통 비서를 쓰는 것을 선호했지만) 읽고 쓰는 법을 배웠으며, 때때로 부둥교(vodun, 부두교 voodoo) 관행을 따랐을지 모르지만, 헌신적인 가톨릭 신자가 되었다. 그는 생 도맹그 크리올의 언어인 프랑스어로 말했으며, 자신의 아버지의 서아프리카 언어(Ewe: 토고와 가나 남동부에서 사용되는 언어-옮긴이주)를 사용했던

---

33) 외과 의사의 일기, 1798, HMS *Alfred*, PRO ADM 101/87/3.

34) Duffy(1987: 338). Duffy and Geggus(1982, 1983, 2002)의 추정치들은 가장 조심스러운 것이다. Willyams(1796: 58~60)는 군 사령관 찰스 그레이(Charles Grey) 휘하에 서인도 전역에서 복무하는 장교에 대한 데이터를 제공한다. 1794년에는 197명이 사망한 것으로 보고되었으며, 그중 86%가 "황열병 및 기타 기후에 따른 질병"으로 사망했다. 사병 7천 명 중 약 5천 명(71%)이 1794년 전투에서 사망했다(Cantlie, 1974, 1:236).

35) Geggus(1983: 699).

것 같다. 그의 주인은 투생이 30세쯤 되었을 때 그를 풀어 주었고, 그 후 그는 가끔 노예를 임대했으며 때로는 노예를 소유하기도 했다. 투생은 문화적으로 다재다능한 사람으로, 노예와 유색인 사이에서 쉽게 왔다 갔다 할 수 있었고, 백인들로부터 좋은 평판을 얻었다. 그는 또한 50대에 남다른 체력, 다치는 것을 두려워하지 않는 용기(그에게는 많은 전쟁 상처가 있었다), 정치적인 주도면밀함을 겸비했던 것으로 드러났다.[36]

또한 투생은 아프리카계 크리올(Afro-Creole) 의학의 약초, 식물 및 물약에 대해 알고 있었으며, 유럽 의학에 대해서도 분명히 어느 정도 알고 있었다. 그는 잠시 예수회 병원에서 일한 적이 있었다. 1791년 노예 봉기 초기에 그는 서신에서 자신을 노예군의 "의무 장교(médecin général)"라고 칭했다. 그는 건강과 질병 문제에 유난히 능통했으며, 세심한 주의를 기울였던 것 같다. 그리고 앞으로 보게 되겠지만, 그는 적들이 그의 전우들보다 질병으로 훨씬 더 심하게 고통을 겪게 될 것을 알고 있었다.

노예 봉기 초기 몇 달 동안 투생이 어떤 역할을 했는지는 분명하지 않다. 그러나 1792년경 그는 여러 사령관 중 한 명으로 등장했다. 1793년 중반부터 그는 스페인군과 함께 프랑스군과 유색인에 맞서 싸웠다. 그는 자신이 대표한다고 주장하는 새로운 새벽을 강조하기 위해 루베르튀르("개방")라는 이름을 채택했다. 1794년 봄에 그는 점차 편을 바꾸어 (어쨌든 많이 싸우지 않고 있었던) 스페인군을 버리고 프랑스군에 합류했다. 아마도 그는 그들이 이길 것이라고 생각했던 모양이다. 어쩌면 그는 그들의 공화국이 노예들이 자유를 누릴 수 있는 최고의 기회를 대표한다고 생각했을지도 모른다(1794년 2월에 공화국은 프랑스 제국 전역에서 노예제도를 폐지했다. 하지만 투생은 노예제 폐지 소식이 생 도맹그에 도달하기 전에 스페인에 대항했다).

어쨌든, 1794년 봄부터 투생은 옛 노예들로 이루어진 군대를 이끌고 남아 있

---

36)　전기로는 James(1989, 1938); Pluchon(1985); Bell(2007)이 있다.

는 스페인군과 영국군에 대항했는데, 스페인군은 1795년에 항복했다. 이제 문제가 더 분명해졌다. 다시 말해서 프랑스인들과 그들의 혁명은 노예를 포함한 모든 사람의 자유 편에 섰고, 영국은 플랜테이션 노예제도를 옹호했다. 이제 1만~2만 명으로 추산되는 투생의 강력한 군대가 프랑스군과 함께했다. 파벌과 군벌이 많았으며, 동맹 세력들(alignments)이 생 도맹그의 한 지역에서 다른 지역까지 현저하게 다양했다. 예를 들어, 자유 유색인 지도자 앙드레 리고(Andre Rigaud)는 남부 지방의 대부분을 통제했다. 하지만 주요 충돌은 영국군과 투생 간의 충돌이었다.

투생은 곧 자신이 게릴라전의 달인임을 보여 주었다. 그는 세트피스(set-piece) 전투를 피하고, 가능할 때 고립된 영국군을 매복 공격하는 것을 선호했다. 그는 그들을 나지막한 산들로 더 깊숙이 유인해서 결국 함정에 빠지게 했다. 그는 그가 다음에 어디에서 공격할지 영국군에게 계속 알아맞히게 했으며, 항상 영국군이 어디에 있는지 알고 있었던 것 같다. 그는 많은 노예와 노예 출신들이 제공한 정보망을 잘 활용했다. 무엇보다도, 그는 영국군을 항구와 평원에 가두었는데, 거기에서 황열병이 그들을 곧바로 죽여 버렸다.

1790년대경, 모든 사람은 고지대가 서인도 제도의 유럽인들에게 더 건강한 땅이라는 것을 알고 있었다. 그러나 영국군은 재공급을 보장하기 위해 항구를 보유해야 했으며, 플랜테이션 경제를 활성화하려면 평야를 보유해야 했다. 이것은 투생에게 완벽하게 맞아떨어졌다. 왜냐하면, 그는 우기에 황열병이 적들을 마비시켜서 생 도맹그에서 그가 가장 강력한 세력을 장악하게 되리라는 것을 알고 있었기 때문이다.

생 도맹그에서 영국군과 싸우는 동안, 투생은 또한 경쟁 세력을 제압해야 했다. 많은 경쟁 지도자들이 사라졌다. 나머지 사람들은 프랑스로 쫓겨났다. 그는 전투에서 승리할 때까지 리고 장군과 협력하여 영국군에 대항했다. 1798년 마침내 영국군이 떠나자, 투생은 모든 경쟁자, 특히 리고를 공격하여 1800년에 생 도맹그에서 최고가 되었다. 그의 지휘 아래에 아마도 2만~4만 명의 병사가 있었던 것 같다. 투생은 명목상 프랑스에 종속되는 것을 선택했지만 독립을 선언하는 것 외에는 무슨 일이든 했다. 그는 장군들에게 땅을 상으로 줬고, 군대를 이용해 다른 노예 출신들을 소작인으로 돌려보냈다. 그들은 수확량의 4분의 1을 받았고, 토지 소유자들은 4분의 3을 받았다. 그는 파리와 상의하지 않고 서인도 제도 섬의 옛 스페인령 부분을 합병했다. 그는 자메이카에서 노예 봉기를 일으키려는 프랑스인의 계획을 배신했다. 사실상 그는 자신의 외교 정책을 펼쳤다. 그는 스스로 종신 총독이 되었다. 이 모든 것이 프랑스의 새로운 강자 나폴레옹 보나파르트(Napoleon Bonaparte)에게는 너무 지나친 것이었다.

나폴레옹은 1799년 쿠데타를 통해 집권했으며, 투생처럼 혁명 원리를 막연하게 옹호했다. 하지만 그는 정치적 자유를 없애고 경쟁자를 무너뜨리고 권력을 자신에게로 모았다. 생 도맹그에서 나폴레옹은 투생과 마찬가지로 플랜테이션 경제를 재건하기를 희망했지만, 소득이 투생의 금고가 아니라 자신의 금고로 흘러가기를 원했다. 1801년경 나폴레옹은 생 도맹그를 탈환하기 위해 군대를 위험에 빠뜨리기로 마음먹었다. 영국과의 일시적인 평화가 그에게 기회를 주었는데, 그 평화 덕분에 대서양을 건너는 함대가 안전하게 통과할 수 있었다.

르클레르

이 임무를 위해 나폴레옹은 그의 처남인 샤를 빅토르 에마뉘엘 르클레르(Charles Victor Emmanuel Leclerc) 장군을 선택했다. 겸손한 부르주아 혈통과 무한한 투지를 지닌 르클레르는 1791년에 군대에 자원했다. 그는 대대에서 가장 어렸지만, 빠르게(이 군대는 혁명군이었다) 중위로 뽑혔다. 그는 툴롱, 이탈리아, 독일에서 프랑스군에 참여하여 뛰어난 활약을 펼쳤다. 그는 고속 승진하여 나폴레옹이 아끼는 여동생 폴린느(Pauline)와 결혼했는데 그때 그녀의 나이가 열일곱 살이었다. 여동생의 결혼은 그녀의 오빠에게 안도감을 주었다. 왜냐하면 자유분방했던 1790년대에도 그녀의 행동이 스캔들의 원인이 되었기 때문이다. 르클레르는 나폴레옹을 권력의 정상에 올려놓았던 1799년의 쿠데타에서 처남을 지지했다. 르클레르를 선택한 것은 나폴레옹이 이 원정을 얼마나 진지하게 받아들였는지를 말해 준다.[37]

나폴레옹은 르클레르가 은밀하게 또는 무력으로 생 도맹그에서 플랜테이션 경제를 회복하고, 프랑스에 생 도맹그를 되돌려 주고, 투생의 사실상의 독립을 끝내도록 할 작정이었다. 르클레르는 투생이 이미 하고 있었던 것처럼, 강제 노동 형태를 포함한 플랜테이션 체제를 부활시키려고 했다. 르클레르는 궁극적으로 노예제를 부활시키려고 했지만, 흑인들을 무장 해제하고 모든 흑인 지도자들을 추방할 때까지는 그것에 대해 침묵을 지켰다. 이것은 아메리카에서 수익성 있는 프랑스 제국을 재건하기 위한 첫 번째 단계였다. 나폴레옹은 프랑스를 위해 복무하는 흑인 군대가 서인도 제도를 두루 정복하고 영국으로 가는 필수 자금을 차단하며 신생 미합중국이 할 수 있기 전에 멕시코만 연안(이미 프랑스령인 루이지애나를 넘어서)을 차지할 것으로 예상했다. 나폴레옹은 그 이전의 슈아죌처럼, 1763년의 판결을 뒤집고 프랑스를 다시 한번 아메리카의 강대국으로 만드는 꿈을 꿨다. 그의 전략은 150년 전에 도덕적인 개신교도들이 자메이카를 발판 삼아 가톨릭적인 스페인 제국을 분할할 것이라는 크롬웰의 전망과 조금 비슷했다. 나폴레옹에게 생 도맹그의 재정복은 프랑스가 영국의 희생으로 아메리카 제국의 길에 다시 오르는 것이었다.[38]

1801년 말, 프랑스인들은 35척의 전함, 26척의 호위함, 2만 2천 명의 병사, 2만 명의 선원으로 구성된 함대를 구성했다. 그들은 역풍, 선적 부족으로 프랑스 항구에서 한 달을 지체했는데, 어떤 설명에서는 폴린느의 지각 때문이었다고

---

37) Meziere(1990: 16~120). Adélaïde-Merlande(2007: 286~287)는 나폴레옹이, 일부 작가들이 추정한 것처럼, 그의 누이와 지나치게 공화주의적인 군대를 생 도맹그로 보내서 그들을 제거하려고 했던 것이 아님을 보여 준다.

38) Auguste and Auguste(1985: 11~19); Adélaïde·Merlande(2007: 287~289). 나폴레옹이 르클레르에게 보낸 명령서의 텍스트는 Roussier(1937: 264~273)에 인쇄되어 있는데, 그것을 보면 아주 교활한 마음이 작동하고 있었음을 알 수 있다.

한다. 첫 파견대는 1802년 1월 말 생 도맹그에 도착했다. 그 후 몇 달 동안 더 많은 사람이 도착하여, 병사와 선원이 모두 합해 약 6만 5천 명이 되었다. 많은 사람이 라인강, 다뉴브강, 나일강 유역의 여러 전투에서 활약했던 뛰어난 군인 들이었다. 그들 중에는 폴란드인, 스위스인, 독일인, 이탈리아인 및 기타 국적 의 사람들이 많았다. 수백 명은 백인 생 도맹그인들이었는데, 그들은 최근에 고 향을 떠나와서, 이제는 승리를 거두고 돌아가기를 희망하는 사람들이었다.[39]

전쟁열

1802년 2월 르클레르가 항구들에 노력을 쏟았을 때, 투생에게는 3만 명 또는 3만 5천 명의 군인이 있었다.[40] 미국과 영국의 도움에도 불구하고, 그들에게는 프랑스에 맞설 훈련이나 장비가 거의 없었다. 투생은 그의 군대가 "지렁이처럼 벌거벗은 상태다"라고 말했다. 르클레르의 시작은 좋았다. 투생의 많은 장군이 프랑스군에 합류했다. 몇몇은 이제 재산을 소유한 사람이 되었고, 나폴레옹의 꿈에서 자신들의 멋진 미래를 볼 수 있었다. 그러나 투생과 그와 가장 가까운 부관인 앙리 크리스토프(Henri Christophe), 장 자크 데살린(Jean-Jacques Dessalines) 은 1802년 봄에 또다시 산으로 올라가서 게릴라 저항을 조직했다. 영국에 대한 투쟁과 마찬가지로, 이것은 비대칭적인 전쟁이었으며, 투생의 강점인 약자의

---

39) 참가자들의 생각은 Roussier(1937)에 있는 르클레르의 편지; Lacroix(1819); Moreau de Jonnès(1858); 신뢰성은 덜하지만 Norvins(1896) 참조. Descourtilz(1935)는 많은 끔찍한 모험을 겪은 민간인 박물학자의 또 다른 목격담이다. 고전으로는 Metral(1825)이 있다. 현 대의 연구 중에 최고는 Auguste and Auguste(1985); Dubois(2004)이다. 하지만 Adé laïde·Merlande(2007)의 간략한 분석과 Girard(2008)의 해군 문제에 관한 연구도 참조. 생 도맹그로 파견된 프랑스군 병사의 수를 둘러싸고 상당한 논란이 있는데, 문헌에 기록 된 총 병사 수는 6만에서 8만 2천에 이른다.

40) 르클레르는 기병 2천 명을 더한 1만 5천 명뿐이었다고 추산했지만[Leclerc au Ministre de la Marine, 9 février 1802, printed in Roussier(1937: 80)], 현대 학자들은 투생이 더 많은 군대를 가지고 있었다고 생각한다.

무기를 영리하게 사용해야 했다. 투생은 기동성, 기습, 매복 및 초토화 전술을 사용했다. 4월까지 건기에는 마을, 농장, 삼림이 쉽게 타 버렸다. 크리스토프의 부하들은 인구 2만 명의 마을인 프랑수아곳을 "잿더미"로 만들었다.[41] 좌절한 르클레르는 나폴레옹에게 보낸 편지에서 그 투쟁을 "아랍인들의 전쟁(guerre d'arabes)"이라고 묘사했는데, 그 전쟁에서는 매복과 도주가 이탈리아와 독일에서 르클레르가 익혔던 세트피스 전투방식을 대체했다.[42] 그는 항구와 때로는 평야를 장악할 수 있었지만, 투생의 부하들은 숲과 산을 지배했다. 르클레르는 결정적인 전투를 벌일 수 없었으며, 그는 비가 오면 황열병이 자신에게 불리하게 작용하리라는 것을 투생만큼 잘 알고 있었다.

그런데도, 1802년 봄에 투생의 추종자 중 많은 수가 흔들렸다. 비록 그들의 기준에서 볼 때, 프랑스군은 공급이 부족했지만, 투생의 "벌거벗은 지렁이"보다 훨씬 더 나은 무기를 가지고 있었다. 비록 르클레르가 더 많은 돈을 얻기 위해 정기적으로 편지를 쓰고, 그 돈을 충성심을 사는 데 사용하기는 했지만, 프랑스군은 더 많은 돈을 가지고 있었다. 많은 반군이 프랑스군이 승리하리라고 생각하는 듯했으며, 그리하여 투생에 반대표를 던졌다. 하지만 투생은 열병의 계절이 오고 있으며 그것이 총과 돈보다 더 중요하리라는 것을 알고 있었다. 2월에 그는 데살린에게 다음과 같이 썼다. "우리의 적을 제거할 장마를 기다리는 동안, 우리의 무기는 파괴와 불뿐이라는 것을 잊지 마십시오." 그는 7월과 8월까지는 방어전을 펼치다가, 그다음에 프랑스군이 훨씬 더 약해질 때 계속 공격할 것이라고 설명했다.[43]

---

41) Moreau de Jonnès(1858, 2:120).

42) Leclerc à Bonaparte, 19 février 1802, printed in Roussier(1937: 101~102). Moreau de Jonnès(1858, 2:131~133)는 프랑스군이 직면했던 매복 작전을 설명하고 있다.

43) Toussaint à Dessalines, 7 février 1802, Lacroix(1819: 320)에 인쇄됨, Auguste and Auguste(1985: 151~152)에 인용됨. 원문은 다음과 같다, "우기가 우리의 적을 제거하기를 기다리는 동안 우리의 유일한 자원은 파괴와 화재라는 것을 잊지 마십시오." 프랑스군이

투생은 자신의 전략을 완수할 수 없었다. 1802년 5월 초 그는 말을 타고 가서 르클레르를 만났으며, 자신이 소유하고 있는 시골 농장으로 물러나는 데 동의 했다. 르클레르는 순간적으로 자신이 이겼다고 생각했으며, 그의 처남에게 자신의 위치가 "아름답고 훌륭하다(*belle et brillante*)"라고 표현했다.[44] 그러나 투생은 아마도 이중 게임을 하고 있었던 것 같다. 6월에 르클레르의 요원이 가로챈 편지에 따르면, 투생은 황열병이 프랑스군을 약화시킬 때까지 기회를 노리고 있었다.[45] 그의 부하들과 경쟁 군벌 중 다수는 이미 프랑스로 건너갔는데, 이는 무기와 탄약을 획득할 수 있는 훌륭한 방법이었다. 다른 사람들이 무기를 싣는 동안 투생이 계속해서 산속을 헤집고 다녔다면, 그가 예상한 대로 프랑스군이 궁극적으로 떠났을 경우 그는 더 불리한 입장에 처하게 되었을 것이다. 그러므로 그의 항복은 아마도 황열병에 대한 믿음과 동료 반군 사령관들에 대한 두려움에 근거한 정치적 계산을 보여 주는 것인지도 모른다. 가로챈 그의 편지가 르클레르의 마음을 움직여서 투생을 완전히 제거하게 했던 것으로 보인다. 다시 말해서, 6월에 투생은 경솔하게 다른 프랑스군 장군을 만나기로 동의했다가, 포로가 되어 프랑스로 보내졌다. 서리가 내린 쥐라 산맥의 지하 감옥에 갇힌 그는 나폴레옹에게 충성을 맹세하기 위한 의도로 자기를 정당화하는 신뢰할 수 없는 회고록을 썼으며, 1803년 4월 폐 질환으로 사망했다.[46]

투생은 자신의 체포와 국외 추방으로 르클레르의 전쟁에서 승리하지 못할 것이라고 예측했었다. 그는 옳았다. 프랑스군을 위해 싸우고 있었던 크리스토

이 편지를 가로챘다. Adélalde-Merlande(2007: 289)는 투생이 그의 부하 라플롬(Laplaume)에게도 이 전략을 권장했음을 보여 주고 있다. 하지만 이 전략의 효과에 대한 문서를 보지 못했다.

44) Leclerc 11 Bonaparte, 7 mai 1802, printed in Roussier(1937: 145). 그는 또한 식민지 개발을 위해 식물학자와 광산 기술자를 파견할 것을 요청했다. Leclerc au Ministre de l'Intérieur, 8 mai 1802, printed in Roussier(1937: 148).

45) Leclerc au Ministre de la Marine, 11 juin 1802, printed in Roussier(1937: 168~169).

46) 투생의 회고록은 Roussier(1937: 311~349) 참조.

프 장군과 데살린 장군은 자신들의 재능을 이용해 옛 동료들을 무장 해제시키고 죽였다. 르클레르는 대부분 아프리카 태생인 반란군 흑인들에 대한 데살린의 공포 정치를 즐거워했으며, 그들의 이해관계가 데살린의 관심사와 다르다고 봤다.[47] 하지만 데살린은 열병의 계절을 너무 믿었다. 1802년 3월, 그는 부하들에게 용기를 내라고, 프랑스군은 오래 머물 수 없다고, 처음에는 성공할 수 있지만, 곧 병들어서 파리처럼 죽게 될 것이라고 말했다.[48]

데살린도 옳았다. 1802년 여름, 르클레르의 부하들은 식민지의 가장 귀중한 지역을 통제했다. 5월에는 그가 전쟁에서 승리한 것처럼 보였다. 그러나 투생과 데살린이 예견한 대로, 열병의 계절이 찾아왔다. 르클레르는 4월 초에 비가 시작된 것에 주목했으며, 5월에는 6천 명이 병원에 입원하고 매일 30~50명이 질병으로 사망하고 있다고 불만을 토로했다.[49] 6월에 그는 보건위원회에 전염병에 대한 보고서를 작성하도록 명령했는데, 그것이 황열병이며, 특히 불에 탄 집으로 인한 안 좋은 공기가 독성을 띤다는 사실을 알게 되었다.[50] 자신의 지위가 "훌륭하다"라고 자랑한 지 한 달 후, 그는 나폴레옹에게 편지를 보내 그의 부하들이 질병을 앓으면서 상황이 나날이 악화되고 있다고 말했다.[51] 7월 초까지 그는 매일 160명의 군인을 질병으로 잃고 있었고, 여름이 끝날 무렵에는 매일 100~120명을 잃었다.[52] 르클레르는 반란을 진압하기 위해 2만 5천 명의 병

---

47) Leclerc à Bonaparte, 16 septembre 1802, printed in Roussier(1937: 228~237). 르클레르는 데살린(p. 230)을 "흑인들의 도살자"라고 불렀다.

48) Pauléus Sannon(1920, 3:121); Fick(1990: 211~212)은 목격자인 박물학자 Descourtilz(1935: 212)에 기인한 것이다.

49) Lederc au Ministre de la Marine, 9 avril 1802 and 8 mai 1802, primed in Roussier(1937: 154~155). 르클레르는 1802년 봄, 병원에 입원한 군인의 수를 다음과 같이 보고했다.
9 February 600 ┃ 15 February 1,200 ┃ 17 February 2,000 ┃ 27 February 3,500 ┃ 1 April 5,000
Source: letters in Roussier(1937: 84, 90, 94,109, 120, 145, 151).

50) Leclerc au Ministre de la Marine, 6 juin 1802. primed in Roussier(1937: 154~155).

51) Leclerc 11 Bonaparte, 6 juin 1802, printed in Roussier(1937: 161~165).

력이 필요하다고 생각했지만, 기껏해야 그 절반밖에 없었다. 그는 이집트에서 복무했던 사람들이 다른 사람들처럼 쉽게 죽는다는 결론을 결국 내리면서도, 그들이 생 도맹그의 병에 저항할 수 있기를 바라며 그들을 요청했다.[53] 프랑수아곶의 사령관인 프랑스인 피에르 보이에르(Pierre Boyer) 장군에 따르면, 병원은 넘쳐 났고 전염병이 악화되자, 그의 적들은 "은밀하게 기뻐하며 병의 진행 상황을 추정했다".[54]

늦여름 무렵, 식민지 전역에서 반란이 일어났다. 프랑스군은 그들을 상대할 충분한 병력이 남아 있지 않았다. 9월 16일, 르클레르는 그의 유럽 군대 중 2만 8천 명이 사망하고 4,500명이 병원에 입원했으며 1,500명이 요양 중이고 4천 명이 복무에 적합하다고 보고했다.[55] 그들은 병자를 돌볼 수 있는 의료진이 충분하지 않았다(르클레르의 절박한 편지로 판단해 보면, 보건 장교와 엔지니어가 가장 부족했던 것 같다. 아마 다른 사람들보다 항구에 더 지속적으로 머물렀기 때문일 것이다).[56] 르클레르는 전염병이 예상보다 한 달 빠른, 5월 초에 시작되었기 때문에, 10월이 아니라 9월에 끝나기를 바랐으나 허사였다.[57] 하지만 전염병은 수

---

52) Leclerc au Ministre de la Marine, 6 juillet 1802, printed in Roussier(1937: 186~187). 8월 2일, 그는 과거에 캡 프랑수아의 병원에서만 매일 100명이 죽었다고 썼다. Leclerc au Ministre de la Marine, 2 août 1802, printed in Roussier(1931: 196~199).

53) Leclerc au Ministre de la Marine, 21 avril 1802 and 11 juin 1802, in Roussier(1937: 131, 168); Leclerc 11 Bonaparte, 15 février 1802, 11 juin 1802, and 16 septembre 1802, Roussier(1937: 90, 172, 233). 이집트는 말라리아에 대한 경험을 제공했을지는 모르지만, 황열병은 아니었다.

54) 익명의 저자(1971[1818]: 163)에서 인용.

55) Leclerc au Bonaparte, 16 septembre 1802. primed in Roussier(1937: 233).

56) 예를 들면, Leclerc au Minisrre de la Marine, 6 juin 1802, 11 juin 1802, 24 Juin 1802, 26 août 1802. and 16 septembre 1802, primed in Roussier(1937: 155, 167, 176~177, 220~ 221, 228). 장 르 루(Jean Le Roux, 1957: 101~102)의 회고록에 따르면, 1802년 7월 1일에 생 도맹그에 도착한 엔지니어 17명 중 16일 후에 살아남은 사람은 단 한 명뿐이었다. 기후는 르 루와 함께 생 도맹그에 갔던 남자들의 6분의 5를 "삼켜 버렸다".

그러들지 않았다. 유럽의 선원과 군인들이 떼 지어 죽었다. 프랑수아곶의 스웨덴 선박 한 척은 병으로 인하여 한 명만 제외하고 모든 선원을 잃었다. 약 4천 명의 네덜란드 선원이 "전투도 영광도 없이" 사망했다.[58] 9월 말에 르클레르는 전염병이 브뤼메르(Brumaire, 대략 10월 23일부터 11월 21일까지)까지 지속된다면, 식민지를 잃게 될 것으로 예측했다.[59]

르클레르 역시 옳았다. 프랑스인들 사이에 전염병이 퍼지면서 (1802년 7월) 과들루프에 있는 프랑스 당국이 옛 노예들의 반란을 진압한 후 노예제를 부활시켰다는 소식이 전해졌다. 생 도맹그에 노예제가 돌아왔다는 소문이 무성했다. 나폴레옹은 농장주들의 로비에 설득 당했으며, 실제로 노예무역과 노예제를 모두 승인했다(그의 아내 조세핀은 마르티니크 농장주 가문 출신이었는데, 그 가문은 그곳에서 노예 혁명으로 모든 것을 잃었다). 르클레르가 이 계획을 계속 숨겨 달라고 간청했지만, 소문을 막을 수 없었으며 파리에서는 아무런 공식적인 부인도 없었다.[60] 노예제에 대한 소식은 8월과 9월에 반군들의 결의를 강화했다. 건강한 프랑스인이 부족했기 때문에, 르클레르는 그의 군대에서 인구학적으로 흑인들에게 의존하게 되었으며, 그리하여 그들의 충성에 자신이 인질로 잡혀 있음을 알게 되었는데, 과들루프에서 오는 소식이 그러한 충성심을 약화시켰다.[61] 르클레르는 흑인을 협박해서 복종시키려는 테러 작전으로 대응했다. 그것은 역효과를 냈다. 봉기와 저항이 계속되었고 결집되었다. 크리스토프와 데

---

57) Leclerc au Bonaparre, 11 juin 1802, primed in Roussier(1937: 171~173).

58) Metlal(1985[1825]: 112~114). Mézière(1990: 232)는 황열병이 프랑스 선원 4천 명을 죽였다고 말한다. Girard(2008)는 프랑스 해군의 황열병에 대해서 논의하고 있다.

59) Leclerc Bonaparte, 26 septembre 1802, primed in Roussier(1937: 245~247).

60) Dubois(2004: 284~286).

61) Lacroix(1819: 369)는 1802년 10월 르클레르가 취약성을 이해하고 받아들여서 흑인들에게 의존했는데, 선택의 여지가 없었다고 말한다. 당시 흑인은 프랑스 육군의 8분의 7을 구성했다. Mézière(1990: 189)는 르클레르가 1803년 2월에 흑인을 모집하기 시작했다고 말한다. 과들루프 사건에 관해서는 Régent(2004) 참조.

살린의 최근 배신에도 불구하고, 10월 중순에 그들은 반란군 편으로 돌아갔으며, 약간의 불안감을 안고 복귀했다. 데살린은 북부 지방에서 프랑스군을 괴롭히는 최고의 반군 지도자가 되었다. 르클레르가 이끄는 흑인과 자유인 군대 대부분이 데살린에게로 넘어갔다. 이들은 르클레르 군대의 대다수를 이루었다. 10월 초, 르클레르는 프랑스군이 승리하려면 산에 있는 12세 이상의 모든 흑인과 평원에 있는 흑인 중 절반, 즉 20만 명을 죽여야 한다고 결론지었다.[62]

11월 초, 황열병으로 르클레르가 사망했다.[63] 폴린느와 그녀의 아들은 노랗게 변한 르클레르의 시신을 프랑스로 모시고 가서 그녀의 명백한 소원에 따라 그의 혀, 눈, 뇌를 항아리에 보존했다. 르클레르의 유해는 판테온에 있다. 폴린느는 다시 결혼하여 1825년까지 대부분 이탈리아에서 살았다. 생 도맹그 사령부는 조지 워싱턴의 전우의 아들인 도나티엔 마리 조세프 콩트 드 로샹보(Donatien-Marie-Joseph conte de Rochambeau) 장군에게 넘어갔다. 로샹보 2세는 아버지와 함께 아메리카에서 복무했으며, 1792년 프랑스 혁명군의 장군이 되었다. 생 도맹그에서 그는 학살과 고문으로 얼룩진 전쟁에서 극악무도한 잔인함으로 명성을 얻었다. 르클레르는 흑인에 대한 그의 적대감 때문에 그를 존경했다.

로샹보는 거의 절망적인 상황을 이어받았다. 생 도맹그에 파견된 3만 4천 명의 군인 중 2만 4천 명이 사망하고 7천 명이 병들었다. 3천 명(9%)만이 직무에 적합했다.[64] 그러나 곧 1만 2천 명 이상의 증원군[65]이 마침 도착해서, 로샹보

---

62) Leclerc au Bonaparte, 7 Octobre 1802, printed in Roussler(1937: 256).

63) Gilbert(1803: 60~62)는 폴린느의 역사에 관한 기록을 제공하며, 그녀의 건강에 관해서도 이야기한다.

64) Auguste and Auguste(1985: 246~247); Mézière(1990: 275)는 비슷한 수치를 가지고 있으며, 2만 1천 명이 황열병으로 사망하고 700명이 전투로 사망했다고 말한다.

65) Laroix(1819: 382, n. 2). 르클레르는 9,500명을 약속 받았다. Ministre de la Marine 11 Leclerc, 5 décembre 1802, printed in Roussier(1937: 299). 르클레르가 이 시점에 사망했지만, 그 소식은 파리에 전해지지 않았다.

가 대량 학살의 충동을 표출시킬 수 있게 되었다. 또 다른 1년 동안 프랑스군은 버텼지만 결실이 없었다. 건조한 달에 그들은 데살린의 군대를 고양이 쥐 다루듯이 했는데, 이 군대는 데살린의 아이티 경쟁자들을 파괴하는 데에도 참여했다. 1803년 4월, 비로 인해 황열병이 다시 심해져서 수천 명의 프랑스군이 사망했다. 5월경 영국과의 평화가 끝났는데, 이는 프랑스가 더이상 생 도맹그에서 안정적으로 군대를 재보급할 수 없게 되었으며, 영국이 데살린을 무장시키기 시작했음을 의미했다. 이것으로 로샹보의 운명이 결정되었다. 나폴레옹은 생 도맹그에 대한 흥미를 잃었으며, 아메리카에 프랑스 제국을 세우려는 거창한 계획을 포기했고 루이지애나를 미국에 팔았다.

종말은 1803년 11월 데살린이 프랑수아 곶 근처에서 프랑스를 이겼을 때 왔다. 며칠 만에 로샹보와 약 8천 명의 프랑스 군대와 민간인들은 전쟁 포로로 영국 군함에 탑승하여 영원히 떠났다(로샹보는 1809년까지 영국군 포로로 있다가 프랑스군에 다시 입대해 1813년 라이프치히 전투에서 부상으로 사망했다). 데살린은 남겨진 소수 프랑스인 대부분을 학살했으며, 1804년 1월 노예 혁명으로 탄생한 최초이자 유일한 국가인 아이티라는 새로운 국가를 선포했다. 아이티의 독립을 선언하는 법안의 서문에서 데살린은 피부색, 프랑스인의 잔인한 성향, "우리의 앙갚음하는 기후"를 지적하면서 아이티인들과 프랑스인들을 대조했다.[66]

---

66) 영어 텍스트는 Armitage(2007: 194)에 나와 있다. Lacroix(1819: 415)는 혁명 이후에 흑인들이 "그러한 기후의 보호 아래에서는 무적"이라고 믿었다고 말한다. 1804년 4월 28일 데살린의 연설에서 한 예가 나왔는데, 거기에서 그는 황열병에 정당성을 부여했다. 그는 그의 나라를 공격하는 어떤 나라에 대해서도 저항하며 다음과 같이 선언했다. "나를 공격할 만큼 충분히 미치고 대담한 나라는 오게 하라. 이미 그 나라가 접근해 왔으니, 아이티의 성난 천재가 대양 한가운데에서 솟아 나왔다. 그의 위협적인 면모는 파도를 혼란에 빠뜨리고 폭풍우를 일으키며, 그의 강력한 손으로 배를 흐트러뜨리거나 산산조각 낸다. 그의 무시무시한 목소리에 자연의 법칙이 복종한다. 질병, 역병, 기근, 화재, 독이 그를 계속 따라다니는 수행원이다." 그는 아이티 사람들에게 의존할 수 있다고 계속 말했는데, 그것은 통치자가 펼친 좀 더 진부한 주장이다. 이 번역은 정기 간행물 *Balance and Columbian*

사망자 추산

전체적으로 프랑스는 생 도맹그에서 혁명을 진압하기 위해 약 6만~6만 5천 명의 병력을 파견했다. 약 5만~5만 5천 명이 그곳에서 사망했는데, 대략 80~85%였다.[67] 일부는 전투나 대학살로 죽었다. 그 전쟁에서 가장 큰 전투, 즉 데살린이 점령한 진지를 18일 동안 포위 공격한 전투에서, 프랑스군은 2천 명이나 죽었다.[68] 그러나 대부분의 교전에는 소수의 프랑스군이 참여했는데, 이는 투생과 데살린이 현명해서 대규모 부대와 싸우지 않았기 때문이다. 어쨌든 군인과 전투 대부분에는 프랑스 군대든 반군이든 흑인과 자유 유색인 군대가 참여했다. 르클레르처럼, 5만 명 중 대다수가 항구, 수비대와 병원, 배에서 황열병으로 사망했다. 라크로아(Lacroix) 장군이 제시한 수치는 질병이 프랑스군 사망의 75% 이상을 차지했음을 암시한다. 1802년 늦여름 한 달 동안에 대한 르클레르의 일부 수치에 따르면, 3,350명 중 3천 명(89%)이 질병으로 사망했다.[69] 합리적인 추측은 3만 5천 또는 4만 5천 명이 질병 때문에, 압도적으로 황열병 때문에 사망했다는 것이다.[70]

프랑스의 외국인 군대는 심각한 피해를 입었다. 스위스 용병 840명 중 생 도맹그에서 11명만 유럽으로 돌아갔다(2% 미만). 스위스 용병들은 다시는 해외에

Repository (Albany) 1804년 6월 19일, Vol. 3, no. 25, p. 197에 나온다.

67) Auguste and Auguste(1985: 316). Dubois(2004: 298); Fick(1990: 236).

68) At Crête-à-Pierrot in February-March 1802(Adélaïde-Merlande, 2007: 290).

69) Lacroix(1819: 431)에 따르면, 5천 명의 군인이 전쟁에서 사망하고, 2만 651명이 질병으로 사망했다. 여기에는 질병으로 인해 훨씬 더 많이 죽었을 가능성이 있는 선원이나 관리들은 포함되지 않는데, 관리 중에서도 보건 장교들(750명이 질병으로 사망)과 엔지니어들이 그러했다. 그리고 그것은 르클레르가 죽기 9개월 전에만 적용된다. 따라서 이러한 추정치는 대략적인 지침일 뿐이다. Leclerc au Ministre de la Marine, 26 septembre 1802, printed in Roussier(1937: 242~245).

70) Pluchon(1985: 366)은 프랑스군이 1791년과 1804년 사이에 병사 5만 9천 명을 생 도맹그로 보냈고, 1만 명이 생존했으며 8천 명이 전투나 부상으로 사망했으며 약 4만 명이 황열병보다는 적게 말라리아로 사망했다고 추정한다.

서 복무하는 데 동의하지 않았다. 폴란드인 약 5천 명도 생 도맹그에서 프랑스를 위해 싸웠는데(일부는 끝 무렵에 편을 바꾸어 데살린에 합류했다), 약 4천 명(80%)이 주로 황열병으로 사망했다.[71]

비율로 따지면, 생 도맹그에서 프랑스와 동맹국이 입은 손실은 1812~1813년의 참혹한 (그리고 훨씬 더 큰) 러시아 원정을 제외한 다른 어떤 나폴레옹 전쟁의 손실도 능가했는데, 이 러시아 원정에서 나폴레옹은 온갖 이유로 군대의 90%를 잃었다. 프랑스군 약 17만 1천 명이 러시아에서 사망했으며(비프랑스군도 많이 죽었다), 이베리아 반도 원정(1808~1813년)에서는 약 8만 4천 명이 사망했고, 이집트 원정(1800~1801년)에서는 1만 3천 명이 사망한 것으로 보인다. 따라서 생 도맹그의 대실패는 규모가 아니라 치사율과 사망 원인으로서 질병의 역할로 유명했다.[72]

아이티인들도 많은 생명을 잃었다. 프랑스군 소식통들은 그들이 4천 명을 죽였다고 추정했다. 라크로아 장군은 흑인 1만 3천 명이 프랑스를 위해 싸우다 사망했으며, 그중 54%는 전투에서, 31%는 처형으로, 15%는 질병으로 사망했다고 기록했다. 경험을 통해 나온 장군의 추정은 르클레르의 9개월 지도력에 대해서만 언급하고 있다. 전투원과 비전투원인 흑인과 유색인의 실제 사망자 수는 이 수치가 시사하는 것보다 훨씬 더 많았다. 어떤 역사학자들은 5천 명에서 1만 3천 명 정도라고 말하고, 어떤 역사학자들은 8만 명이나 된다고 말한다. 1805년 아이티의 인구조사에 따르면 1780년대 이후 약 18만 명이 손실되었지만, 그 정확성은 의심된다. (추정치로) 18만 명 중 몇 명이 죽고 몇 명이 남았는지 알 수 없다. 그러나 프랑스 군대에서 싸우다 사망한 흑인들의 15%만이 병에

---

71) Anex-Cabanis(1991: 184). Pachoński and Wilson(1986: 12, 305~306). 아담 미츠키에비
     치(Adam Mickiewicz)의 폴란드 서사시 「타데우즈 씨(Pan Tadeusz)」의 한 구절은 생 도
     맹그에 있는 폴란드 장군의 운명을 한탄하고 있다.
72) 주요 나폴레옹 전투의 사상자에 대해서는 Lynn(2005: 210). Chandler(1966: 118~121) 참
     조. Lacroix(1819: 415)는 러시아 원정과 생 도맹그 원정을 비교한다.

걸렸을 가능성이 있다. 왜냐하면 그들 중 대다수는 황열병에 내성이 있거나 면역력이 있었기 때문이다.[73]

의심할 여지 없이 다른 전염병들도 많은 생명을 앗아 갔다. 프랑스 문헌에서는 일반적으로 황열병만을 언급하며, 증상에 대한 설명도 황열병에 해당한다.[74] 그러나 생 도맹그에도 말라리아가 발생했으며, 전시 상황으로 인해 확실히 그것이 악화되었다. 거의 모든 식민지의 가축을 도살했다면,[75] 남아 있는 포유류에 대한 아노펠린(얼룩날개모기—옮긴이주)의 먹이 집중이 첨예해졌을 것이다. 삼림지대를 광범위하게 불태웠다면 아노펠린 수백만 마리가 죽었을 것이다. 그러나 동시에 고지대의 침식, 침적, 저지대의 늪과 모기가 더 많이 생성되었을 것이다. 전장에 있는 모든 군대와 마찬가지로, 이질과 발진티푸스가 큰 피해를 입혔다. 그러나 사망의 계절적 변동은 모기 매개 질병과 관련이 있는데, 장마철에, 특히 늦여름에 절정을 이룬다. 항구도시에 집중된 황열병의 지형도는 동시대의 모든 논평가가 가지고 있는 생각, 즉 황열병이 단연 최대의 살인자라는 생각을 뒷받침한다.

---

73) Auguste and Auguste(1985: 314); Lacroix(1819: 431). 8만이라는 수치는 Pachortski and Wilson(1986: 303)이 제시한 것이다. Lacroix(1819: 395)는 흑인 5만 명이 "문제들(troubles)" 때문에 사망했다고 말하는데, 이는 아마 1791~1804년을 의미하는 것 같지만 명확하지 않다. 르클레르 원정의 한 가지 수수께끼는 프랑스 군대의 집단면역의 결여이다. 1790년대에 프랑스인은 영국인보다 더 많이 지역 주민들 사이에서 쉽게 이동했으며 지역 주민 수천 명을 군대에 모집했고, 도시에서는 면역력이 있는 것으로 추정되는 더 많은 아이티인들 사이에서 살았다. 아마 감염된 모기들의 밀도가 면역자 수십만 명의 존재를 상쇄할 만큼 충분히 높았을 것이다.

74) Gilbert(1803) and Moulié(1812)는 가장 자세한 설명을 제공한다. Navarranne(1943)는 의학사이다.

75) Auguste and Auguste(1985: 318).

투생의 천재성

일부 역사가들은 황열병의 위력을 강조하는 것은 투생의 업적을 폄훼하는 것이라고 반대해 왔다(일부 독자도 반대할 것이다). 르클레르는 때때로 과장 때문에 비난을 받는데, 그의 편지는 황열병으로 비롯된 손실을 한탄하는 내용으로 가득 차 있다. 일부 인종차별적인 역사학자들은 사실상 투생과 데살린에게 효과적인 지도력과 전략이 있다거나, 그들의 추종자들에게 무예가 있다고 믿기란 불가능하다고 생각했다.[76] 흑인들의 용감함과 기술 및 완고함에 대한 여러 언급뿐만 아니라, 생 도맹그에서 싸운 모든 군대에서 흑인을 열성적으로 모집한 점 때문에 이 견해는 쉽게 반박될 수 있다. 투생과 데살린이 싸운 게릴라 운동에 관한 기록으로 앞의 주장도 근거가 약해진다. 하지만 투생과 데살린이 교활하게 황열병에 의존한 것 때문에, 그 입장이 결정적으로 반박 당한다.

군 사령관으로서 투생의 도전은 그가 영국군과 특히 프랑스군, 만만찮은 베테랑 군대에 직면해 있다는 것과, 그는 대부분 군사 경험이 없고, 총기 기술도 규율에 대한 애정도 없는 노예 출신들을 쓸 수 있다는 것이었다. 모국에서 군인이었던 아프리카인들은 여러 가지 다른 군사적 전통에서 훈련을 받았으며, 1791년 이전에는 함께 일한 적이 없었다.[77] 그에게는 거의 공병도 없었고, 포병도 제한적이었으며, 비록 효과적이기는 했지만 별로 대단하지 않은 기병대를 가지고 있었다. 그는 아베르콩비와 르클레르가 갈망했던 종류의 세트피스 전투에서 승리하리라고 기대할 수 없었으며, 게릴라 작전만을 수행할 수 있었다. 그가 특별히 직면했던 문제는 건기에 살아남는 것이었는데, 그 시기에 유럽군은 병력이 손상되지 않은 채 비교적 양호한 상태를 누렸다. 그래서 그는 산속 야영지에 숨어서 계속 이동했으며 국경을 넘어 스페인령 산토도밍고로 들어가서, 추종자들에게 인내심을 갖고 "기후"가 마법을 부릴 때까지 기다리라고 했다.

---

76) 이 방면의 챔피언은 Stoddard(1914)이다.
77) 아이티 혁명의 아프리카 군인들에 관해서는 Thornton(1991) 참조.

1802년 5월에 그가 했던 것처럼 항복하는 것, 혹은 그의 부하들이 했던 것처럼 항복하고 전우들에 맞서 싸우는 것조차 전략적인 의미가 있었다. 그로 인해 수천 명의 적이 죽고 다른 사람들은 열병으로 무력해질 때까지 그들은 전투력을 유지할 수 있었으며, 심지어는 프랑스군의 호의로 무기와 탄약을 보충할 수 있었다. 그제야 그들은 단호하게 공격할 수 있었다.

황열병에 대한 저항력의 차이를 이용하지 않았더라면 투생과 데살린은 정말 형편없는 지휘관이었을 것이다. 그들의 동맹군은 바이러스였는데, 이 동맹군이 자신들의 군대를 위험에 빠뜨리지 않고 적을 무찌를 것이라는 점을 알았다. 1793~1798년 영국군의 경험으로 생 도맹그의 모든 사람이 황열병에 대한 유럽인 새 이민자들의 취약성을 알고 있었던 것이 확인되었다. 그 충돌에서 투생은 결정적인 전투를 피했으며, 산악 지대를 장악하면서 영국군을 역병이 도는 항구와 평원에 가두었다. 프랑스군과 싸울 때, 그는 똑같이 했으며, 데살린에게 보내는 편지(1802년 2월)에서 우기의 힘을 명시적으로 언급했는데, 그가 말했던 것은 모기 매개 질병의 살상력이었다. 황열병은 그들이 직면한 화력, 훈련된 (혹은 보통의) 인력의 극심한 불균형을 극복하기 위해 휘두른 무기였다. 크리스토프는 한 프랑스 장군에게 반란군이 "투생 체제"를 더 엄격하게 따르는 대신 자존심 때문에 그들이 싸워야 하는 것보다 더 많이 싸웠다고 말했다.[78] 전직 병원 노동자이자 자칭 노예군의 대장이었던 투생은 황열병이 약자의 최고 무기라는 것을 누구보다 잘 이해했으며, 그에 따라 전쟁을 벌였다.

전쟁 초기에 스페인 수비대들도 황열병에 의존하여 공격자들을 죽였으나, 그들의 전술은 투생의 것과 달랐다. 그들은 "기후"가 영향을 미칠 때까지 포위군을 늦추기 위해 값비싼 요새를 건설했다. 그는 그렇게 할 수 없었다. 스페인 사람들은 적어도 18세기 후반까지는 게릴라 전술을 추구할 수 없었다. 그들은 플랜테이션과 재산의 형태로 잃을 것이 너무 많았다. 오직 베라크루스에서만

---

78) Lacroix(1819: 366).

그들은 해안의 부를 포기하고 질병이 도움이 될 때까지 기다리면서 내륙으로 후퇴하는 것을 기꺼이 고려하는 듯 보였다(2장을 볼 것). 프랑스군과 영국군은 서로 자신들의 작은 섬들을 방어할 때, 전 수비대(어쨌든 작았다)를 희생시키더라도 항구와 플랜테이션을 유지하려고 노력해야만 했다. 투생은 침략자들로부터 항구와 플랜테이션을 보호해야 한다는 압박을 느끼지 않았다. 실제로 그와 그의 부하들은 횃불을 휘둘러 그것들을 불태웠다(비록 투생 스스로 농장주가 되었음에도 불구하고). 따라서 그는 플랜테이션 방어의 필요성에서 벗어나, 18세기 카리브해의 환경에 가장 적합한 전략을 추구할 자유가 있었다.[79]

프랑스에 대한 투생의 저항에서 황열병은 군사적 역할뿐만 아니라 정치적인 역할도 수행했다. 황열병은 프랑스 군인 수만 명을 죽였을 뿐만 아니라, 그 황열병에 대한 믿음이 수천 명이 내리는 결정에 영향을 미쳤다. 전염병이 퍼지면서 프랑스군(과 그들의 친구들)의 사기가 급속도로 떨어졌다. 폴란드 장교는 이렇게 말했다.

풀이 죽고 낙담한 이 병사는 아직 그 병에 걸리지는 않았지만 살아남지 못할 것이며, 고향 땅으로부터 먼 이곳에 자신의 뼈를 남겨 둔 채 다시는 고향 집 초가지붕을 쳐다보지 못할 것이라는 암울한 예감이 들었다. 따라서 어떤 사람들은 '인생을 최대한 살기 위해서' 광란의 방탕과 무법천지에 자신을 내팽개쳤고, 나머지 다른 사람들은 자포자기한 상태로 죽음을 준비했다. 병원은 돌봄을 받지 못한 채 바닥에 누워 있는 환자들로 넘쳐났다. 권위에 대한 모든 존경은 중단되었고, 사병은 장군과 동등했으며, 아무도 영광과 승리의 전투를 꿈꾸지 않았다. 우정은 시들었고, 마

---

79) 예를 들어, 투생에게는 한두 명의 전임자가 있었는데, 1703년 2월 과들루프를 방어한 프랑스 사령관은 영국군이 섬을 급습하자 그의 군대와 함께 거친 내륙으로 들어갔다. 농장주들은 격분했는데, 영국군이 그들의 들판과 집을 불태워 버린 것이다. 하지만 5월에 비가 오고 모기가 부화하자 병든 영국군은 섬을 포기했기 때문에, 그것은 올바른 전략이었다. 이 군사작전에 대한 설명은 Pritchard(2004: 376~377)를 참조.

음은 얼어붙었고, 군인의 노래도 무기 소리도 들리지 않았다 … 모두가 자신을 두려워했다.[80]

프랑스군과 폴란드군은 황열병에서 벗어나기를 희망하며 탈영하고 귀순했다. 투생은 많은 귀순자들을 자신의 부대에 받아들였다(데살린은 덜 환영했다). 르클레르의 병사들은 항구와 평원을 빠져나와서 건강에 좀 더 좋다고 알려진 산으로 가면 생존 가능성이 높아질 수 있으리라 생각했다. 산에서 산다는 것은 일반적으로 유럽인들에게 이데올로기적 도약인 흑인 반군 편에 서는 것을 의미했지만, 그들 중 일부는 그렇게 할 만한 이유를 발견했다.

더군다나, 황금, 두려움, 이념, 승리하는 편에 서겠다는 희망을 위해서 사람들이 편을 바꾸는 혁명 전쟁에서, 황열병의 위력은 과장되었다. 누구나 이 질병이 르클레르의 군대는 초토화시켰지만, 투생의 군대에는 해를 입히지 않았음을 보았다. 종교적 성향을 지닌 사람들에게는 이것이 전투에서 하나님의 편애를 보여 주는 증거였다. 기회주의자들의 눈에는 황열병이 프랑스군을 파괴한 것이 승자를 예언하는 듯했다. 기후가 그들의 적 프랑스군을 파괴할 것이라는 투생(과 데살린)의 주장은 사건들로 입증되었고, 그들에게 예언자라는 이름이 붙었으며, 운명이 그들 편에 있음을 모든 사람에게 보여 주었다. 그래서 황열병의 편파성(partisanship)과 그것이 불러일으킨 공포는 수만 명의 정치적 선택과 사기에 영향을 미쳤다.

아이티 혁명은 인류 역사의 형성에서 황열병과 말라리아의 역할을 고찰하는 좋은 기회를 제공한다. 1장을 떠올려 보라. 1장에서는 병원균도 사람과 마찬가지로 역사를 만들어 왔지만, 원하는 대로 만들지는 않았다고 주장했다. 그 영향력은 강력하기는 했지만, 상황에 따라 달랐다. 황열병과 말라리아로 인해 (질병

---

80) Pachonski and Wilson(1986: 56~57). 질병과 기강 해이에 관해서는 Métral(1985[1825]: 110, 115~117, 127~128).

7장 혁명적인 열병, 1790~1898 **341**

에 내성이 있는) 카리브해와 브라질의 농장주들이 아프리카 노동력에 특히 매력을 느끼게 됨으로써, 이 질병들이 수 세기에 걸쳐 수백만 명의 아프리카인에게 이루 말할 수 없는 고통을 초래하도록 도왔다는 사실을 고려하면, 이 두 감염병이 세계 역사상 가장 큰 노예 반란의 성공을 도왔어야만 했다는 것은 전적으로 타당한 말이다. 이 바이러스와 변형체는 처음에는 아메리카 대륙에서 아프리카 노예제도를 촉진했으며, 다음에는 이것의 파괴를 도왔다.

투생과 데살린에게는 또 다른 동맹자가 있었는데, 그중 하나는 그들이 모르고 있었다. 르클레르가 서신에서 언급했듯이, 1802년 장마는 일찍 시작되어 평소보다 더 오래 지속되었다.[81] 그는 살아서 그것을 보지는 못했지만, 1803년과 1804년에도 마찬가지였다. 프랑스군의 원정은 우연히도 긴 ENSO 사건(1802~1804년 중동부 열대 태평양의 수온 변화와 관련된 반복적인 기후 패턴 – 옮긴이주)과 겹쳤는데, 이는 아마도 비가 점점 더 많이 더 오래 내리고, 따라서 (다른 모든 것이 같다면) 점점 더 왕성해지는 모기들을 의미했을 것이다. 실제로 영국군은 그 정도는 아니더라도 비슷한 불운을 겪었다. 인도(거기에서는 영국군이 꽤 잘하고 있었다)에서의 극심한 가뭄과 서인도 제도 큰 섬에서의 폭우, 카리브해의 작은 섬들인 리워즈(Leewards)와 윈드워즈(Windwards)에서 더 동쪽으로 간 지역에서의 가뭄과 함께, 1790~1793년의 특징은 지난 천 년간 나타났던 것 중 가장 강력한 엘니뇨 현상이었다. 카리브해에서는 그 엘니뇨 현상이 1795년까지 지속된 것으로 보이며, 그것이 모기 개체군에 미친 영향은 아마 ENSO+1연도인 1796년에 끝났을 것이다. 황열병으로 인한 영국군의 고통은 1797~1798년에 계속 감소세였는데, 이는 모기 개체 수가 감소했음을 보여 주는 것일 수도 있지만, 분명히 당시 생 도맹그에 있던 대부분의 영국군이 사망했거나 면역력이 생겼다는 사실을

---

81) Leclerc à Bonaparte, 11 juin 1802, printed in Roussier(1937: 171~173). Roussier(1937: 299~302)에 있는, 1802년 12월 5일 해양부 장관이 르클레르에게 보낸 서신을 보면 평소보다 병든 계절이 더 오래 지속되었음을 말하고 있다.

반영하는 것이기도 하다. 예전의 사건들에서와 마찬가지로, 생 도맹그에서 ENSO는 어쨌거나 발생했을 전염병을 악화시켰을 가능성이 있다.[82]

투생과 데살린은 프랑스군을 상대로 환경을 이용하여 그들의 승리를 돕도록 했다. 그러나 그들에게는 바이러스도 엘니뇨도 아무런 도움을 줄 수 없는 다른 적들이 있었다. 아이티에서의 전투가 끝나고 데살린이 집권하기 전에, 그는 다른 분파의 유색인과 옛 노예들을 말살해야 했다. 이러한 투쟁에서 데살린은 이전의 투생과 마찬가지로 좀 더 전통적인 정치적 군사적 재능에 의존해야 했다.

여파

생 도맹그의 유행성 황열병은 유럽 군대가 가는 곳이면 어디든지 서인도 제도의 다른 곳에서도 그들의 상대를 만났다. 영국군, 프랑스군, 스페인군 모두가 약 18만 명의 병사를 잃었다. 1795~1796년에 생루시아에서 반도 전쟁의 미래 영웅인 존 무어 경이 이끄는 영국군이 노예 출신 반란자들에 맞서서 반게릴라 운동을 벌였다. "모든 종류의 열병이 그들 사이에서 널리 퍼졌기 때문에",[83] 첫 해 그의 연대 중 하나는 전투에서 병사의 96%를 잃었다. 전투가 없었던 자메이카에서는 영국군 8천 명이 사망했다(1793~1815년). 황열병은 육군, 해군 및 그 이상으로 퍼졌다. 1790년대에 서인도 제도에서 황열병은 매년 5천 명의 영국

---

82) ENSO 현상들에 관해서는 Quinn(1992); Quinn and Neal(1992); Quinn, Neal, and De Mayolo(1987); Garcia-Herrera(2008), 1789~1795 ENSO의 영향에 관해서는 Grove(2007)를 참조. 아이티에서 ENSO는 영향 면에서 일관성이 없으며, 때로는 습한 겨울과 여름 가뭄을 가져오며 때로는 더 길고 습한 장마를 가져온다. 일반적인 상태에서 벗어나는 것은 무엇이든 이집트숲모기의 힘을 증대시킬 수 있지만(사람들이 가뭄에 더 많은 물을 저장하기 때문에), 더 습한 날씨만이 얼룩날개모기에게 유리하게 작용할 수 있다. 흥미롭게도 Gilbert(1803)는 1733~1734년, 1739~1741년, 1743년, 생 도맹그에서의 황열병 발병과 가뭄의 상관관계를 주장했다(Pluchon, 1985: 366에서 인용).

83) Breen(1844: 103~107). BL Additional MSS, 57320, 57321, 57326, 57327은 그 전투에 의미를 부여한다.

상인을 죽였다.[84]

군대와 피난민의 이주로 인해 바이러스가 대서양 전역으로 퍼질 수 있는 절호의 기회가 생겼다. 1790년대, 특히 1793~1796년에 이 바이러스는 뉴올리언스(New Orleans), 아바나, 베라크루스, 가이아나, 소 앤틸리스 제도의 대부분, 버뮤다, 뉴욕, 필라델피아에서 맹렬히 퍼져 나갔는데, 생 도맹그에서 온 난민들에 의해 이곳으로 유입되었으리라 여겨지는 이 바이러스 때문에 5천 명이 사망한 듯하다.[85] 이 바이러스는 르클레르의 군사작전 여파로 훨씬 더 멀리까지 퍼졌다. 1803~1805년에 이 바이러스는 대카리브해와 북아메리카의 많은 항구와 푸에르토리코뿐만 아니라 5,600명이 사망한 지브롤터, 5천 명이 사망한 스페인의 말라가, 카르타헤나에도 퍼졌다. 1801~1804년에 스페인 전역에서 황열병은 10만 명 이상의 희생자를 냈으며, 이는 스페인 인구의 약 1%였다. 이 바이러스는 제한된 규모로 이탈리아, 네덜란드, 메클렌부르크, 작센, 헝가리, 프로이센, 오스트리아로 퍼졌다. 아마도 아이티나 다른 카리브해 지역에서 탈출한 일부 난민과 살아남은 군대가 바이러스와 모기를 대서양을 건너 가져갔던 모양인데, 거기에서 바이러스와 모기는 추위가 유럽에서 그들의 활동을 막기 전 여름 더위 속에서 몇 달 동안 번성할 수 있었다.[86]

1791~1805년 대서양 건너편에서의 황열병 대유행은 유럽인의 죽음의 덫이라는 카리브해의 명성을 더 확실하게 하는 데 도움을 주었다. 이 지역에서 수비

---

84) Anhy(1798).

85) Holliday(1796); Geggus(1979); Rodríguez Argüelles(1804: prólogo) Havana; Bustamente(1958: 80~83) Veracruz; Carrigan(1994: 20~29) Louisiana; Powell(1993) Philadelphia; PRO CO 37/164, f. 250, "Epidemic Fevers at Bermuda," Bermuda; Wellcome Library, American MSS 113, Certificats de Guadeloupe, f. 26에서 바쟁이라는 프랑스인 의사는 1794년 과들루프에서 황열병으로 "거의 모든 군대가 전멸했다"라고 회상했다.

86) Rigau-Pérez(1991) Puerto Rico; Moreau de Jonnès(1858, 2:184~200) Martinique; Sawchuk and Burke(1998) Gibraltar; Soler Cantó(1970, 1984) Cartagena; Guijarro Olivares (1968: 187) Spain as a whole; Rupp(1981) 중북부 유럽.

대를 유지하려는 군대들은 점점 더 르클레르를 모방하여 지역 노예와 노예 출신 인력을 모집해야 했다. 물론 이것은 식민지 의회에서 격렬한 저항을 불러일으켰는데, 흑인을 무장시키고 훈련시키는 것이 이보다 더 인기가 없을 수 없었다. 그러나 카리브해로 향하는 것을 두려워하는 세력은 어떤 세력도 항해하기 전에 반란을 일으킬 가능성이 있을 정도로 유럽 군대의 사망률이 높았다. 그래서 영국군은 1790년대부터 12개 연대의 노예 부대를 모집했다. 흔히 말하는 바와 같이, "기후와 관련된" 질병에 대한 흑인 노예들의 저항력은 노예주들의 반대를 압도했다. 실제로 영국군은 1795~1807년 서인도 제도에서, 어쩌면 세계에서 가장 큰 노예 구매자가 되었다.[87] 1807년에 노예 병사들이 해방되었지만, 서인도 제도에서 흑인 부대는 여전히 영국군의 특징이었다. 주로 현지에서 태어난 노예 출신으로 구성된 그들은 앤틸리스 제도의 수비대에 있는 유럽 군대보다 훨씬 건강한 것으로 드러났다. 그들의 복무는 노예제도의 도덕적 문제에 관한 관심을 불러일으키는 데 도움이 되었으며, 이에 따라 1833년 영국령 서인도 제도에 당도한 노예제도 폐지의 추진력이 강해지는 데 기여했다.[88]

이 전쟁에서 유럽 군대의 심각한 사망률은 또한 더 큰 지정학적인 야심을 만들어 냈다. 생도밍그의 참패 이후, 나폴레옹은 프랑스령 카리브 제국이 회복되리라는 전망에 신물이 나서 루이지애나와 북미의 심장부를 미국에 팔아 버렸다. 영국군은 다시는 서인도 제도에 대한 대규모 군사 원정을 하지 않았으며,(1806~1807년에 부에노스아이레스와 1814년에 뉴올리언스를 온건하게 공격하기는 했지만) 아메리카에서 새로운 영토를 획득하는 데 점점 흥미를 잃었다. 대신에 그들은 상업적 지배를 통해 아메리카에서 점점 비공식적인 제국 전략으로 전환해 갔는데, 그것은 산업혁명의 값싼 직물로 실현 가능했다. 제국 건설에 대한 그들의 노력은 인도양 해안으로 옮겨졌는데, 그곳에서는 황열병이 아닌 말라리

---

87) Duffy(1997:95). 1만 3,400명의 노예를 샀다.
88) Buckley(1979); Duffy(1997).

아가 그들의 군대를 위협했다. 프랑스는 1804년 이후 1860년대에 멕시코에 대한 돌발적인 공격이 있을 때까지 서인도 제도의 주요 군사작전에서 물러났다. 그러나 스페인은 여전히 열병이 들끓는 해안으로의 원정에 젊은이 수천 명의 목숨을 기꺼이 내던졌다.

뉴 그라나다, 1815~1820

뉴 그라나다의 부왕령은 대략 남아메리카 북부의 5분의 1을 차지했다. 부왕령의 위치와 그곳의 항구들, 특히 카르타헤나는 그곳의 생산물보다 훨씬 더 중요했다. 뉴 그라나다 부왕령은 스페인령 아메리카의 방어와 무역에 결정적이었다.

1800년에 스페인령 아메리카의 인구는 약 1,600만 명이었으며 그들 중 부르봉 왕가의 스페인으로부터 독립을 생각한 사람은 거의 없었다. 그렇게 생각했던 사람 중 일부는 고매한 사상가들이었는데, 그들에게 계몽주의 원리는 아메리카에서 부르봉 왕가의 정당성에 의문을 제기했다. 몇몇은 북미, 프랑스, 아이티에서 일어난 최근의 혁명에 좋은 인상을 받았으며, 국민을 해방시키거나 권력 행사를 즐기거나 혹은 둘 다 하기를 바랐다. 또 다른 사람들은 부르봉 왕가에 불만이 많았는데, 이 왕가의 정책들은 크리올(아메리카에서 태어난 유럽인 후손)과 원주민, 흑인 또는 혼혈인을 차별했다. 18세기 후반 부르봉 왕조의 개혁은 아메리카 제국을 근대화하고 스페인의 영향력을 강화하려 했지만, 그 과정에서 잘못된 희망을 불러일으켰으며, 특히 크리올 엘리트들 사이에서 새로운 반대 의견을 야기했다. 그 개혁은 또한 정규군에 크리올을 등록함으로써, 특히 다수의 파르도(pardos)나 부분적으로 아프리카 혈통의 사람들을 포함해서 민병대를 확장함으로써 아메리카노[89] 사이에 군사기술을 널리 퍼뜨렸다. 따라서

---

89) Chasteen(2008)을 따라서, 이 용어를 스페인령 아메리카에 사는 모든 사람을 언급하는 데

지도 7.2. 뉴 그라나다 부왕령(1810년경)

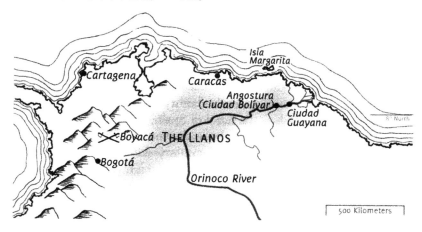

1800년까지 스페인령 아메리카에 혁명적 사고를 지닌 사람은 소수였지만, 무기 사용에 익숙한 사람들은 많았다.[90]

스페인령 아메리카에서의 혁명

1807~1808년에 나폴레옹이 스페인을 침공하여 스페인 왕을 [그의 아들 페르디난드 7세(Ferdinand VII)를 위해] 강제로 퇴위시킨 다음, 아버지와 아들을 한데 묶어 모두 프랑스로 망명시키고, 대신에 자기 형 요제프를 스페인과 그 제국의 군주로 앉히자 소수의 사람이 기회를 얻게 되었다. 이로 인해 6년간 스페인에서 주로 게릴라 형태의 전쟁이 일어났다. 이는 결국 나폴레옹이 몰락하게 된 주요한 이유였다. 페르디난드 7세에게 충성하는 우둔한 정부가 카디스에서 살아

사용한다.

90) 스페인령 아메리카의 혁명들의 원인과 과정에 대해서는 Lynch(1973); Rodrfguez O. (1998); Ramos Pérez(1996); Kinsbruner(2000); Adelman(2006); Chasteen(2008); Blanchard(2008) 참조. 뉴 그라나다의 군사 개혁에 관해서는 Kuethe(1978) 참조.

남았다. 영국군은 1809년 반도 전쟁에 합류하여 포르투갈과 스페인에서 나폴레옹의 군대와 싸웠다. 스페인령 아메리카에서 나폴레옹의 행동은 주권의 위기를 가져왔다. 보나파르트 체제에 충성을 느낀 스페인령 아메리카의 주민은 거의 없었다. 많은 사람이 추방된 왕에게 애착을 유지했지만, 다른 많은 사람은 완전히 새로운 것을 위한 기회를 봤다.[91]

　스페인령 아메리카는 스페인으로부터 자유로워졌다. 생 뱅상곶(1797년)과 트라팔가(1805년)에서의 패배와 이후의 방치로 인해 이전에 강력했던 스페인 해군이 쇠퇴했다. 영국 함대가 스페인과 서인도 제도 사이의 정상적인 교통을 방해함에 따라, 스페인령 아메리카의 무역은 영국-대서양 쪽으로 기울어졌다. 스페인의 정치적 혼란과 스페인 해군의 거의 완전한 부재로 인해 정치적 공백이 생겼다. 이로 인해 지역혁명평의회인 훈타(juntas)가 스페인령 아메리카 곳곳에서 우후죽순처럼 생겨났다. 주로 부유한 사회계층으로 구성된 이 훈타들은 모든 종류의 의제를 수행했는데, 그 의제 중 일부 경우에 특히 카라카스에서는 스페인으로부터의 독립을 포함하고 있었다.[92] 스페인의 위기가 심화함에 따라, 훈타들은 새로운 국가와 정부의 핵심을 형성하는 데 성공했다. 그들은 곧 경쟁 관계에 빠졌고, 종종 서로 전쟁을 벌이기도 했다.

　많은 개인적·경제적 이해관계가 위태로웠지만, 광범위한 정치적 측면에서 훈타들은 독립을 추구하는 사람들과, 스페인의 카디스 정부와 망명한 페르디난드 7세에게 충성하는 왕당파 사이에서 분열되었다. 주로 멕시코, 뉴 그라나다, 라플라타강 유역(River Plate: 현재 우루과이와 아르헨티나 사이의 강과 하구 일대 - 옮긴이주)에서 몇 년 동안 대혼돈의 투쟁이 이어졌다. 카디스 정부는 바다 건너 벌어지고 있는 투쟁의 결과에 영향을 미칠 수 있는 자원이 거의 없었다. 이 정부는 가능한 선에서 소규모 부대를 파견했지만, 그 부대들은 기회가 생기는 대로 탈영해

---

91)　Adelman(2006).

92)　McKinley(2002)는 카라카스에서 혁명적 정서의 성장에 대한 구체적인 설명을 제공한다.

버렸다. 그럼에도 불구하고 1813년 당시 왕당파가 라플라타강과 뉴 그라나다를 제외한 거의 모든 곳에서 권력을 잡았다. 스페인령 아메리카는 자신의 운명을 개척하고 있었다.

그런 다음 1813~1814년에 나폴레옹은 스페인에서 철수했으며, 그의 형 요제프는 마드리드에서 도망쳐 사반세기의 대부분을 뉴저지 시골에서 보냈고, 페르디난드 7세가 스페인 왕위를 계승했다. 페르디난드 7세는 스페인과 아메리카에서 절대적인 통치에 대한 확고한 야심을 가지고 있음이 드러났다. 국내 사정이 평화롭고 노련한 참전 용사 수천 명이 가까이에 있는 상황에서 그는 정치적 타협을 고려하는 데 금방 신물이 났으며 그래서 군사적인 해결책으로 합의를 봤다.[93] 그는 스페인령 아메리카의 재정복 임무를 원정대에게 맡겼으며, 그 일을 반도 전쟁의 영국 영웅인 웰링턴(Wellington) 공작이 추천한 노련하고 유능한 장군 파블로 모리요(Pablo Morillo)에게 맡겼다. 모리요는 1791년 해병대에 입대하여 트라팔가 해전에서 부상을 입었으며, 1808년 이후 프랑스군과의 전투에서 수훈을 세운 공으로 하사에서 야전 원수로 승진했다.[94]

모리요는 스페인이 아메리카에 파견한 원정대 중 가장 큰 원정대를 지휘했다. 다시 말해서, 병사 1만 2,250명과 선원 1,800명을 군함 18척과 수송선 42척에 태웠다. 그들은 1814년 스페인 기준으로 보급을 잘 받았으며, 모두가 경험으로 다져진, 프랑스와의 전쟁에 참전한 용사들이었다. 그들은 기병 1,430명과 포병 600명을 포함하고 있었지만, 고위 의무장교는 한 명뿐이었다. 그 군인들은 질병에 대한 저항력보다는 공화주의 사상에 대한 저항력으로 뽑혔다.[95]

---

93) Cosreloe(1986)는 아메리카에서의 혁명들에 대한 스페인의 대응을 고찰하고 있다.

94) Quintero Saravía(2005)가 최고의 전기이지만, Révesz(1947)도 보라. 모리요의 군 복무 기록은 Rodríguez Villa(1908, 2:1~7)에 상세하게 나와 있다.

95) Pérez Turrado(1992: 193, 206~209); Albi(1990: 147~148, 402); González Garda(1961: 131~132). 많은 저자가 모리요의 병력을 1만 200명 또는 1만 500명으로 보고 있지만, 알비의 기록물이 아마 더 신빙성이 있는 것 같다. Quintero Saravía(2005: 245~247)도 보라.

숙고 끝에 왕이 직접 모리요의 군단을 어디로 보낼지 결정했다. 그들은 목표 지점이 혁명 활동의 중심지이자 비교적 건강한 목적지인 라플라타강 유역이라는 말을 들었다. 그들은 바다에 나가서야 비로소 진실을 알게 되었다. 즉 그들은 코스타 피르메(Costa Firme)를 향해 항해하고 있었는데, 그곳은 옛 부왕령 뉴그라나다의 해안으로 아메리카 대륙에서 가장 건강에 좋지 않은 지역이라는 타이틀을 놓고 경쟁을 벌이던 지역이었다. 어떤 군인은 "경악"하며 그 소식을 접했다고 썼다.[96]

뉴 그라나다에서의 열정과 열병, 1808~1815

뉴 그라나다는 지금의 베네수엘라, 콜롬비아, 에콰도르, 파나마의 대부분 지역을 포함하고 있었다. 1777년 이후, 베네수엘라는 뉴 그라나다 내의 준자치령(a quasi-autonomous captaincy-general)이 되었다. 1808년 이전 베네수엘라의 인구는 100만 명이 채 되지 않았다. 그중 약 5분 1이 백인이었고 거의 전부가 크리오요(criollos)였다. 그들에는 소규모의 토지를 소유한 귀족이 포함되었는데, 자신의 지위와 특권을 지키려고 애쓰는 사람들이었다. 인구의 거의 절반이 혼혈 혈통인 파르도였고, 그들 중 일부는 아이티의 유색인처럼 어느 정도 번영을

그의 문서에 따르면, 총 1만 2,254명의 군인·장교와 약 1,500명의 해병이 있었다. 1821년까지 그 군대는 1명의 외과의와 7명의 조수, 39명의 일반의와 4개 병원을 보유하고 있었다. Cuerpo de Cirugia militar del Ejército Pacificador de Tierra Firme, Caracas, 23 febrero 1821, AHN Estado 8728.

96) Sevilla(1916: 24). 코스타 피르메의 이해할 수 없는 선택에 관해서는 Albi(1990: 146~147) 참조. 1815~1820년의 전투에 관한 문헌은 방대하고 일반적으로 애국적이다. Thibaud (2003)는 가장 유용한 책일 것이다. 원 사료는 마드리드의 왕립 역사 아카데미 도서관 (Biblioteca de la Real Academia de la Historia)에 있는 무리요의 기록들을 포함하고 있다.(내가 본 적은 없지만, 그의 편지 중 2,902개의 초록이 Contreras 1985에 있다.) 그의 부하들과의 서신은 AHN Estado 8717-8718에 있다. 프랑스어로 된 그의 회고록(Mémoires)(Morillo, 1826); Sevilla(1916); Brown(1819); Hinter(1819); Vowell(1831); Montalvo and Sámano(1918); Páez(1973); O'Leary(1952).

이루었지만, 대다수는 그러지 못했다. 대략 베네수엘라 인구의 10분의 1이 노예였고, 20분의 1이 자유 흑인이었다(p. 271). 카라카스는 단연코 가장 큰 도시였는데, 인구는 4만 5천 명 정도였던 것 같다. 콜롬비아 인구도 100만 명에 조금 못 미쳤는데, 이 중 백인은 약 35%였고 메스티소는 약 45%, 아메리카 원주민은 약 15%, 아프리카 노예는 약 5%를 차지했다.

소(小)농장(ranches)과 플랜테이션이 콜롬비아와 베네수엘라 경제를 지배했다. 콜롬비아의 카리브해 연안 저지대에서는 숲이 우거진 풍경 속에 설탕과 목화 플랜테이션이 자리 잡고 있었다(4장 참조). 베네수엘라 해안과 인근의 낮은 언덕에서는 목화, 인디고, 담배가 재배되었고, 특히 카카오 플랜테이션이 특징적이었다. 두 나라 인구와 부의 대부분이 플랜테이션과 해안가 도시에 집중되어 있었다. 베네수엘라인들은 베네수엘라 면적의 1% 미만을 경작했는데, 거의 전부가 해안가 근처였다. 그 나라의 나머지 부분은 숲이나 초지였다.[97]

해안으로부터 떨어진 내륙에는 야노스(llanos) 또는 평지라고 알려진 초원의 바다(the sea of grass)가 펼쳐져 있다. 콜롬비아 안데스 산맥의 산기슭에서 장대한 오리노코강(Orinoco)의 입구까지 뻗어 있는, 야노스는 스페인 크기의 약 두 배가 되는 저지대 열대 사바나 지역이었다(현재도 그렇다). 야노스의 풍화작용을 받은 토양이 이따금 작은 규모의 나무 숲과 야자나무 숲과 함께 거칠고 키 큰 풀들을 지탱하고 있었다. 울창한 덤불이 강둑을 따라 늘어서 있다. 생태학자들은 그곳이 생물 다양성으로 가득 차 있다고 생각했지만, 1800년에 그곳을 지나간 훔볼트는 그 풍경이 "압도적인 균일함(spectacular uniformity) 속에서 슬프고 침울하다"라고 느꼈다.[98] 5월부터 11월까지 우기에는 폭우가 거의 매일 내

---

97) 인구수는 Lynch(1973: 190, 227~228); Lombardi(1976, esp. 67~87); Chen and Picouet (1979: 18~20); Izard(1979: 42~64, 175~179)에 근거했으며, 토지 이용은 Izard(1979: 84)에 근거했다.

98) Humboldt(1994, 1:88).

리고, 하천과 강은 넘치고, 초원은 습지와 호수가 되고, 언덕은 섬이 된다. 1800년에는 약 100만 마리의 소들이 엄청난 수의 야생말과 노새 떼와 함께 베네수엘라의 야노스를 돌아다녔다. 그들은 재규어·카이만·아나콘다 같은 육식동물과, "믿을 수 없는" 모기 떼를 포함한 수조 마리의 곤충과 야노스를 공유했다.[99]

만약 얼룩날개모기들이 마음대로 움직인다면, 전 세계가 야노스와 같을 것이다. 그곳은 항상 덥고 대체로 습하다. 정체된 물은 번식지로 알맞았고, 물속에는 식물이 풍부했는데, 이는 가장 심한 가뭄 때를 제외하고는 결코 부족하지 않았다. 계절적으로 만들어지는 웅덩이, 연못, 호수에는 모기 유충에게 맛 좋은 유기성 잔해물로 가득하다. 수백만 개의 큰 피주머니가 물리기만을 기다리면서 돌아다니고 있었다. 달링기(거미의 일종—옮긴이주)와 알비마누스(모기 종—옮긴이주)는 둘 다 말라리아 감염의 우수한 매개체이며, 최근에 야노스에는 기타 20종의 얼룩날개모기가 아주 많았으며, 아마도 수 세기 동안 그랬을 것이다.[100] 오리노코강을 따라 사는 모든 사람들이 그 "밤마다 괴롭히는 것들"의 관심으로 고통받았지만, 일부 기록을 보면, 야노스의 모기들은 "유럽인과 새로 온 사람들"의 피를 "확실히 선호하는 것"을 알 수 있었다.[101] 비록 모기들의 이러한 변별력이

---

99) O'Leary(1952), Humphreys(1969: 2)에서 인용. 모리요는 "물고기조차 인간의 적이 되는 이 땅에서 자란 뱀, 박쥐, 그리고 다른 창조물"이라고 호소하고 있지만, 카이만을 "가장 고귀하고 아름다운 것"으로 칭찬했다. Morillo a La Torre, 3 julio 1818. AHN Estado 8717. Humboldt(1994)에는 야노스에 대한 세밀한 묘사가 포함되어 있다. Flmter(1819: 95~135)에도 세밀한 묘사가 포함되어 있다. Brown(1819); Vowell(1831, 1:18~59, 136~156); 그리고 Thibaud(2003: 161~173). Flinter(1819: 126)도 역시 빽빽한 모기 떼를 언급했다. 소의 마리 수는 Rausch(1984: 240)의 자료를 참고했지만, 더 많을 수도 있다. 원 자료(Pons, 1806, 1:10)에 따르면 베네수엘라 지역에 120만 마리라고 하지만 야노스와 정확히 일치하지는 않는다.

100) Rejmánko, Rubio-Palis, and Villegas(1999)는 동부의 야노스의 습한 서식지 23곳에서 아노펠레스 달린기와 같은 말라리아 매개체를 포함하여 얼룩날개모기 유충이 서식했음을 발견했다.

101) Vowell(1831, 1:41); Brown(1819: 59).

불가능하지는 않지만, 그 지역 주민들은 연기를 사용해서 모기가 가까이 오지 못하게 하는 경험을 더 많이 했을 가능성이 크다.[102]

얼룩날개모기의 낙원이 말라리아에 취약한 인간에게는 지옥이었다. 16세기 이후로 아프리카인이 계속해서 야노스에 들어왔고, 그들과 함께 말라리아 기생충을 들여왔다. 그 이후로 줄곧 말라리아 원충은 인간, 가축, 야생동물 개체 사이에서 퍼져 나갔다. 20세기 중반 모기를 박멸하기 위해 노력하기 전에 베네수엘라의 야노스는 남아메리카 어느 곳보다도 말라리아 감염률이 높았고, 특히 우기인 몇 개월 동안 그랬다.[103]

뉴 그라나다의 야노스에 사는 20만여 명은 야네로족으로 알려져 있는데, 주로 소를 사냥하고 말을 길들이는 목동이었다. 그들은 야생의 무리였다. 그들은 대부분이 파르도로 우기에는 소와 함께 고지대로 이동했고 건기에는 저지대로 이동했다. 그들은 불어난 강을 헤엄쳤고 먼 거리는 말을 타고 다녔으며, 훈련된 기술로 긴 창과 올가미 밧줄(소 사냥용)을 휘둘렀고, 짧은 생애 동안 불타는 태양과 쏟아지는 비를 견뎌냈다. 모리요 장군은 야네로족에게 "깊은 강을 건너거나 성이 난 황소와 싸우는 것은 그저 놀이"라고 회상했다.[104] 그들은 뛰어난 비정규 기병대(cavalry)를 만들었다.

그들은 또한 말라리아를 잘 견뎠다. 베네수엘라에서 왕당파와 함께 복무한 영국인 용병 조지 플린터(George Flinter)는 야노스에서 여덟 달을 보냈는데, 그

---

102) Vowell(1831, 1:41)은 모기 퇴치제로 연기를 사용하는 것에 대해 언급한다. 1948년 콜롬비아 야노스의 한 마을에서 반경 10마일 내에 150종 이상의 모기가 발견되었다(Rausch, 1984: 8).

103) Ayala et al.(1973); Renjifo and de Zulueta(1952); Gabaldon and Berti(1954). 데이터가 잘 구축되어 있는 지난 70년 동안, 야노스의 말라리아는 ENSO+1년에 전염병 형태로 자주 발생했다. 그러나 콜롬비아에서는 ENSO 연도에 발병 가능성이 가장 높았다(Gagnon et al., 2002).

104) 인구 수치의 경우 Morillo(1826: 168); Thibaud(2003: 165), 그리고 일반적으로 야네로스에 대한 것은 pp. 173~214.

는 야네로족은 건강하다고 주장했다. 그들은 분명 모기에 물리지 않기 위해 소 우리에서 잠을 잤다. 현대 의학 문헌에 따르면, 그런 관행이 그들의 말라리아 노출을 증가시켰을 것으로 보인다. 짐작하건대, 그들은 종종 말라리아 원충을 옮기고 다녔지만, 반복적인 노출이나 서부(중앙)아프리카 혈통 덕분에, 혹은 이 두 가지 덕분에 말라리아에 저항력이 있었던 것 같다. 반면 스페인 사람들에게 야노스는, 특히 우기에는 죽음의 덫과도 같았다. 그전은 아니더라도 1819년경 에는 모리요가 야노스에서의 질병의 계절성 알고 있었는데, 왜냐하면 그것이 그의 군사작전을 제약했기 때문이다.[105]

  야노스가 말라리아를 치르는 동안 황열병은 카리브해 연안을 휩쓸었다. 2장 에서 설명한 이유로, 항구들은 이집트숲모기에게 더할 나위 없이 적합했다. 17 세기 후반부터 황열병 전염병은 남아메리카 북부 해안 전역에서와 마찬가지로, 콜롬비아와 베네수엘라의 역사(2장과 4장)에서 중요했다. 한 해안 도시에 대해 플린터는 "그 안에서 일 년 내내 황열병이 맹위를 떨치고 있었으며, 그 맹렬함 이 누그러지지 않았다"라고 주장했다.[106] 1818년에 그 병이 발병했을 당시 일 주일에 약 50명의 목숨을 앗아 갔던 것처럼, 그 병은 종종 모리요 군대의 주요 거점인 마르가리타섬(Isla Margarita)을 공격했다. 황열병은 주기적으로 오리노 코강 하류에 있는 마을들(동부의 야노스), 특히 지금의 시우다드 볼리바르(Ciu- dad Bolivar)인 앙고스투라(Angostura)를 휩쓸기도 했는데, 이곳은 보통 이런저

---

105) Flinter(1819: 122~123); Vowell(1831, 1:41) 모기에 대해 다음과 같이 적고 있다. "그것은 심지어 말과 소의 가죽을 뚫는다. 그리고 인간의 피보다는 동물의 피를 더 좋아하는 것 같 았다. 이러한 선호로 인해 토착민들 사이에서는 가축 농장에서, 또는 우리 안에서, 소들 사이에서 잠을 자는 흔한 관습이 생겨났다. 그러나 거기에 있었기 때문에 이 곤충의 공격 에서 크게 벗어나지 못했다." 말라리아 동물강화에 관한 현대 문헌(2장에서 인용)에 따르 면 가축과 함께 사는 사람은 말라리아 발병률이 더 높다고 한다. 어쨌든 이것은 소를 기르 는 사람에게만 적용되었다. 많은 야네로스는 대신 야생 소를 사냥했다. 모리요의 인식에 대해서는 Morillo a La Terre, 12 julio 1819. AHN Estado 8717 참조.
106) Flinter(1819: 53).

린 군대가 점령하는 전략 요충지였다.[107] 모리요에 따르면, "[스페인 병사에게] 가장 사소한 위험은 적군의 존재였다." 그는 악어, 가오리, 뱀, 전갈 등을 언급했지만, 만약 그가 알았다면 아노펠레스 모기와 이집트숲모기도 위험 목록에 포함했을 것이다.[108] 모리요와 그의 병사 1만 2천 명은 뉴 그라나다에서 적군보다 모기로 인한 위험을 훨씬 더 두려워해야 했다.

그 지역 사람들은 충분히 위협적이었다. 베네수엘라 공화주의 혁명 세력 중 일부는 1810년에 스스로 독립을 선언했는데, 이는 남미 최초였다. 그들 중 몇몇은 자신의 군대를 조직하고 카우디요(caudillo)라고 하는 독립적인 군사 지도자가 되었다. 그들은 서로 싸웠고 왕당파 군사 지도자들도 마찬가지였다. 잔혹 행위, 대학살 및 대규모 처형을 특징으로 꼽을 수 있는 잔혹한 소규모 전쟁이 뉴 그라나다 전역에서, 특히 베네수엘라에서 일어났다. 뉴 그라나다에 있는 약 7천 명의 강력한 스페인 군대는 주로 아메리카노(약 80%)로 구성되어 있었으며, 그들 중 일부는 1만여 명의 민병대 중 많은 수가 그랬던 것처럼 추방된 왕에게 의무를 다하기보다는 혁명을 선호했다.[109] 가장 강력한 군대는 카리스마 넘치

---

107) Brown(1819: 106~107, 144); Vowell(1831, 1:33, 151~152). 앙고스투라는 여행자에 따르면 5천~1만 명, Chen and Picouet(1979: 20)에 따르면 6,500명이 거주하고 있었다. 1819년 황열병 발병은 Hambleton and Vivian(1967: 166~183)에서 발표된, 미 해군 군목이었던 존 햄블턴(John Hambleton)의 일기에 간략하게 설명되어 있다(pp. 173~174).

108) Morillo(1826: 227).

109) Thibaud (2003: 29~31, 36~37). Kuethe(1978: 217~218)에 인쇄된 보고타(Bogotá) 총독에 대한 수치는 정규군 3,600명과 민병대 7,730명이다. 스페인 사람들은 예상대로 뉴 그라나다에 주둔했을 때 건강이 좋지 않았다. Flinter(1819: 82~83)는 1813년 베네수엘라의 가장 중요한 요새인 푸에르토 카베요(Puerto Cabello)의 포위를 회상했다. "건강에 해로운 기후 … 곧 스페인 사람들은 매우 낮은 썰물처럼 줄어들었고 그들은 다시 줄어들어 자신들의 전선 내에서의 방어 작전으로 그들 자신을 국한시켜야 하는 굴욕적인 상황에 처했다." 베네수엘라국립기록보관소의 문서에는 1788년 8월 290명의 보병 부대를 보여 주는 짤막한 묘사(대표일 수도 있고 아닐 수도 있는)가 있는데 그중 129명이 그 달에 병원에 입원했고, 9월 1일 당시 49명이 병들어 있었으며, 8월에는 2명이 사망했다. "8월 트리니다드

고 특히 잔인했던 카우디요 호세 토마스 보베스(José Tomás Boves)를 따르는 야네로족의 군대였다. 전 스페인 해군 도선사이자 밀수업자이며 죄수였던 보베스는 수천 명의 절박한 자들을 모아 지상의 해적 선원들처럼, 그들은 가져갈 만한 것을 가지고 있는 사람들을 모조리 약탈했다. 보베스는 그의 추종자들을 "지옥의 군단"이라 부르기를 좋아했고 그들은 대담하고 숙련되고 무자비한 게릴라 전사라는 평판을 얻었다. 그들은 보베스가 살아 있던 1814년까지 백인 크리오요에 대항하는 특별한 열정을 가지고 왕당파로서 싸웠다. 몇몇 공화주의자 카우디요 중 가장 카리스마 있고 가장 운이 좋았던 사람은 시몬 볼리바르였다.

볼리바르는 1783년 부유한 집안에서 태어났다. 그의 가족은 카라카스에서 토지, 광산, 많은 노예와 주택 몇 채를 소유했다. 그의 양친은 그가 9세가 되기 전에 세상을 떠났다. 가정교사들이 그의 교육을 돌봐 주었는데, 무신론까지는 아니더라도 루소와 반교권주의에 대한 애정을 심어 주었다. 그는 14세에 민병대에 입대했고, 10대 시절에 유럽으로 여행했으며, 18세에 마드리드에서 테레사 델 토로(Teresa del Toro, 21세)와 결혼하고 고향으로 가서, 그가 후에 자신의 영지에서 신부와 보낸 가장 행복한 6개월이라고 했던 삶으로 돌아갔다. 그러나 그녀는 열병에 걸리고 5일 만에 죽어 볼리바르를 떠났고, 그는 19세에 홀아비가 되었다. 그는 유럽으로 돌아와 프랑스어와 이탈리아어를 좀 배웠고 마렝고(Marengo)에서 나폴레옹의 승리를 목격했다. 그는 허락을 얻어 몽테스키외, 볼테르, 흄, 스피노자 같은 철학자들을 연구했다. 가까운 동료에 따르면, 그는 마키아벨리를 혐오했지만 책을 읽은 지 25년이 지난 후에도 그 구절들을 기억했다고 한다.[110] 그가 가장 좋아하는 독서 분야는 고대와 근대의 역사였다. 그는

의 베테랑 보병 부대의 전력 상황에 관한 보고서(Relación del estado de la fuerza del cuerpo veterano de infanteria de Trinidad, co rrespondiente al mes de agosto)" 1788년 9월 1일, Suárez (1979: 338~339)에 출판. Pons(1806, 2:5~95)에서는 1804년의 베네수엘라 군대를 기술하고 있다.

110) O'Leary(1970: 18~19).

유럽을 떠나 잠시 미국을 방문했고 1806년에는 베네수엘라에서 뱀 구덩이 같은 정치에 전념했다. 그는 투생처럼 작고 갸름했으며 자만심이 강하고 과민했으며, 오만하고 권위적이었고, 자신에게 좋을 때는 매력적이면서 관대했고 끊임없이 마키아벨리적이었다. 투생처럼 엄청난 궁핍을 견딜 수 있었고 놀라운 체력을 보여 주었다. 안장 위에서 태어났다고 하는 야네로족은 말을 탄 그의 인내력을 인정하며 "철의 엉덩이(culo de hierro)"라고 불렀다. 투생과 달리 볼리바르가 혁명을 시작했을 때 그는 젊었고 부유했으며 종교가 없었고 백인(그것도 흑인을 싫어하는)이었다. 군 사령관으로서 그는 셀 수 없는 실수를 저질렀고, 안전한 곳으로 도피하면서 적들에게 그의 부하와 물자를 버린 적이 한 번이 아니었다. 그러나 그의 운명이 가장 암울해 보였을 때 그는 가장 좋은 상태였는데, 결단력이 있었고 운이 좋았다.[111]

목숨을 건 전쟁

1813년에 지역의 왕당파에 맞서 1만~1만 5천여 명의 반군을 이끌었을 때,[112] 볼리바르는 이제부터 그의 전쟁은 "목숨을 건 전쟁"이라고 선언했다. 그의 주요 적수인 보베스는 격려가 필요 없었고, 1814년 12월 전투에서 창에 찔리기 바로 전에 보베스는 볼리바르를 베네수엘라에서 카르타헤나까지 쫓아냈다. 보베스와 볼리바르 사이의 투쟁이 베네수엘라 내전이었고 어느 쪽에도 스페인 사람은 거의 없었다. 1815년까지 베네수엘라의 백인 약 절반이 죽임을 당했고 모두 합쳐 약 15만 명이 사망했는데, 그것은 전체 인구의 6분의 1 정도였다.[113]

1815년 4월 모리요 군단은 폭력의 소용돌이에 휘말렸는데, 베네수엘라와 콜

---

111) 수십 편의 전기 중에서, Harvey(2000)는 상세하면서도 재미있다; Lynch(2006)는 재미있고 친절하다. Q'Leary(1970: 139~142)는 많은 사람이 신뢰하고 있는 인물에 대해 상세하게 묘사한다. Vowell(1831, 1:66~67)에는 그 외의 내용이 있다.

112) Albi(1990: 111)에는 8천 명에서 2만 명으로 써 있다.

113) Rausch(1984: 170); Izard(1979: 135).

롬비아를 "평화롭게" 하고 나서 그의 부하들을 페루와 멕시코로 보내라는 지시를 받은 것이다. "중재자(El Pacificador)"라는 별명을 즐겼던 모리요는 베네수엘라의 총사령관이자 육군 원수(field marshal of army)로 임명되었다.

도착 시 모리요는 뉴 그라나다에서 가장 강력한 군대를 가지고 있었다.[114] 이제 지도자가 없는 보베스의 부하들은 대나무 창, 올가미, 말만 가지고 있었고, 야노스 밖에서는 취약했으며, 잘 훈련되고 무장한 보병대에 맞서서는 무력했다. 볼리바르의 군대와 다른 공화파 세력들은 일반적으로 무장이 안 되어 있고 남루한 성인 남자나 소년 몇백 명으로만 구성되었다. 그들은 10대 갱단과 다를 바 없었다. 1815년 "애국파(patriot)" 군인의 평균연령은 17세였고, 병장은 22세였다(볼리바르는 32세였다).[115] 그들은 누구도 대중적인 지지를 많이 얻지 못했는데, 그들이 일상적으로 재산을 몰수하고 훔치고, 남성을 징집하고, 여성을 강간하기 시작한 후로는 특히 그랬다. 이와는 대조적으로 스페인 사람들은 잘 훈련되고 잘 무장하고 기강이 더 잘 잡혀 있었다. 사건들에서 나타났듯이, 그들은 베네수엘라의 파벌들만큼 용감했고 사람을 죽이려 들었다. 그러나 모리요의 스페인 사람들 역시 대카리브해에 새로 들어온 모든 유럽 군대가 가지고 있었던 가장 큰 부담, 즉 면역 체계가 준비되어 있지 않았다.

그들만이 아니었다. 나폴레옹 전쟁이 유럽에서 종결되자 군사기술 외에는 아무것도 없는 많은 사람들이 일자리를 찾을 수 있는 곳이라면 어디든지 향했으며, 수천 명의 사람들, 주로 영국인과 아일랜드인이 볼리바르 옆에서 싸우기 위해 뉴 그라나다로 밀려왔다. 그들과 함께 코크(Cork) 출신의 10대인 대니얼 오리어리(Daniel O'Leary)가 들어왔는데, 그는 버터 상인의 아들로 군대 경험이

---

114) 모리요 군사작전의 장부(Accounts)는 Ejército de Colombia(1919); Sevilla(1916); Quintero Saravía(2005: 237~444); Stoan(1971); Morillo(1826: 1~253)를 포함한다. Adelman (2006: 272~280, 285~287, 295~299)은 정치적·재정적인 면을 다룬다.

115) Thibaud(2003: 225).

없었으며, 스페인어를 빨리 배웠고 볼리바르의 신임을 받는 장교이자 그의 부관, 그리고 나중에는 그의 전기작가이자 그의 원고(papers) 보관인이 되었다.[116] 베네수엘라 사람들은 그들을 알비온 군단(Albion Legion)으로 불렀는데, 그들 대부분은 전쟁이 끝나기 전에 질병으로 사망했다(오리어리는 중년기까지 외교관이자 작가로 활동했다). 1818년에 도착한 파견대 중 절반은 남아메리카에 발을 들인 지 몇 주 만에 사망했다. 당시 오리노코강 하류에서 복무하던 캡틴 브라운(Captain Brown)은 다음과 같이 썼다. "황열병이 이렇게 짧은 시간에 이렇게 무서운 재앙을 일으킨 적은 없었다."[117] 지원자와 용병들은 콜로넬 고든(Colonel Gordon)의 우려에 관심을 기울였을 수도 있는데, 그는 1808년 카라카스에서 영국이 군사 개입하는 데 반대하면서 "그 문제에 대한 나의 두려움은 기후, 기후, 기후이다"라고 썼다.[118] 모리요는 질병이 영국군을 죽여 없애 버릴 것이라고 몇 번이고 예견했다.[119] 하지만 그들이 버티는 동안, 외국인 군단은 볼리바르의 혁명 세력에게 유용한 군대 경험을 제공했다.

그런데도 처음에는 스페인 군대의 상황이 순조로웠다. 베네수엘라 해안을 따라, 도시들이 모리요의 통치를 받아들였고, 약 1만 명의 현지 신병들이 그의 깃발로 몰려들었다.[120] 1815년 7월경, 그는 베네수엘라를 안전하게 손에 넣었

---

116) O'Leary(1879~1888)는 전기 3권과 볼리바르의 원고 29권이다. O'Leary(1970)는 전기를 번역하고 요약한 것이다. Brown(1819)과 Vowell(1831)도 영국 군인과 자원봉사자의 경험에 대한 풍부한 설명이다. 외국 군단에 대한 것은 Hasbrouck(1928); Rodriguez(2006); Thibaud(2003: 384~394)에 있다.

117) Brown(1819: 106~107). Thibaud(2003: 389). 1820년 오코너(F. B. O'Connor)는 그의 아일랜드 병력 800명 중 539명을 베네수엘라에서 몇 주 만에 잃었다. 이 데이터는 내 동료 에릭 랭거(Erick Langer)에게 얻었다.

118) 골든 대령이 크레이그 장관(General Craig)에게 1808년 5월 7일, BL Additional MSS, 49512, f. 17.

119) 예를 들면, 1819년 11월 19일 모리요가 라 토레(La Torre)에게, AHN Estado 8717. "바르로벤토(Barlovento)에 있었던 영국인에 대해 우리가 접한 모든 소식은 매우 유리한 것이었다. 질병, 나쁜 음식, 기후가 그들을 죽이고 있기 때문이다."

다고 느꼈으며, 뉴 그라나다에서 가장 강력한 요새이자 전략적으로 가장 중요한 도시인 카르타헤나를 포위하기 위해 진군했다. 그가 콜롬비아에 접근하자, 왕당파는 자신감을 가졌고 혁명 세력들은 무기를 내려놓거나 카르타헤나의 성벽 안에 모였다. 볼리바르는 자메이카로 도피했다.

기술자들은 1741년 에슬라바와 버논의 시절 이후로 카르타헤나의 방어를 크게 강화했다. 5천 명의 스페인군과 2천여 명의 아메리카노를 비롯해 모리요는 도시의 설계를 자세히 알고 있었고, 포위군을 파괴하기 위해 "기후"에 의존한다는 것을 이해했다. 그는 1741년 버논을 방어했던 해상 방어선을 피하고 육지 쪽에서 포위하여, 굶겨 죽이기로 했다. 100일 동안 그는 도시 주변을 단단히 에워쌌다. 카르타헤나 인구의 3분의 1인 6천 명이 굶어 죽었다. 승자라고 더 나은 것은 아니었다. 포위 공격은 1815년 12월 도시가 항복하기 전인 열병의 계절 10월과 11월(우기) 동안 계속되었다. 모리요는 병력 7천 명 중 3,100명을 잃었으며, 이들 대부분은 스페인인이었고, 거의 모두 질병으로 죽었다. 흥미롭게도 모리요의 윗선 중 한 명인 라파엘 세비야(Rafael Sevilla) 대령은 회고록에서 대부분의 사망 원인이 "늪지의 긴다리모기에 물린 것"이었다고 했다.[121] 모리요의 부사령관은 스페인 군대가 지역 군대보다 병에 걸릴 가능성이 훨씬 더 크다고 언급했다.[122] 양측에서 극소수만이 교전으로 사망했다.

모리요는 현명하게도 서둘렀다. 그는 열병이 그의 군대에 (그리고 아마 그에게

---

120) Albi(1990: 152); González García(1961).

121) Sevilla(1916: 71): "사망자 대부분은 습지의 모기에 물려서 죽었다…" 이는 세비야가 말라리아모기를 의미하는 것처럼 들리지만 그는 이어서 말한다. "… 이것은 다리에 괴저성 상처를 만들고, 그 다리를 즉각 절단하지 않는 경우 사망에 이르게 했다." 모기는 괴저성 상처를 만들지 않고, 그래서 세비야가 염두에 둔 것을 알기는 어렵다. 나는 이 실망스러울 정도로 결정적이지 않은 점에 관해 콜롬비아의 의학의 역사가인 에밀리오 케베도(Emilio Quevedo)의 도움을 인정한다. 포위 작전에 대한 설명은 Quintero Saravia(2005: 277~306); Ejército de Colombia(1919: 91~125); Morillo(1826: 32~64)에 있다.

122) Miguel de la Torre, Pfrez-Tenreiro(1971: 63)에서 언급됨.

도) 영향을 줄 거라는 사실을 알았다. 카르타헤나가 함락된 후, 그는 신속하게 콜롬비아의 점령과 위협을 완료했다. 포위 공격의 마지막 주부터 1816년 7월까지 8개월 동안, 모리요는 전투에서 단지 병사 151명을 잃었는데 이는 적의 전투 사망자의 12분의 1보다 적은 수였다.[123] 그는 콜롬비아에서 승리한 것 같았으며, 그의 부대에 저항할 수 있는 군대는 없었다. 그는 혁명적인 카우디요를 뒤쫓기 위해 베네수엘라로 돌아왔다. 1816년 말경 그는 그곳의 주요 도시 모두를 통제했다.

한편 볼리바르는 침공을 시작하기 위해 아이티에서 병사 수백 명을 모았지만, 자신의 연인 중 한 사람을 쫓느라 한 달을 꾸물거렸다. 그가 연인을 뒤쫓은 것은 결국 성공했지만, 침공은 실패했고, 그는 관대하고 든든한 후원자인 알렉상드르 페시옹(Alexandre Pétion) 대통령이 있는 아이티로 서둘러 돌아가야 했다. 모리요가 이길 수 있는 위치에 있는 듯 보였다. 그러나 시간과 말라리아, 황열병이 그에게 불리했다. 만약 그가 속히 이기지 못하면 아예 이길 수 없었다.

모리요는 속히 이길 수 없었다. 그의 스페인 보병은 해안과 해안 산맥을 따라 펼쳐진 전투에서 거의 무적이었다. 그는 지역 사람을 모집할 수 있었는데, 상류층 출신의 백인들이 그의 깃발 아래로 가장 쉽게 모여들었다. 모리요는 흑인에 대한 경멸을 무시하고, 흑인을 모집하기도 했다. 그러나 그는 무기, 금, 외국 용병, 그리고 지원자, 또는 볼리바르가 베네수엘라로 비밀리에 들어가는 것을 막을 수 없었다. 그 역사적인 최악의 순간에 스페인 해군은 뉴 그라나다를 효과적으로 봉쇄할 수 없었다. 뉴 그라나다가 독립하기를 열망하는 카리브해 상인들은 볼리바르에게 배와 물자를 제공했다.

게다가 모리요의 부하들은 야노스를 통제할 수 없었다. 점차, 점점 더 많은 야네로가 왕당파 대신 혁명이나 적어도 혁명적인 카우디요들이 약속한 약탈을

---

123) Quintero Saravía(2005: 316). 이 군사작전들에 대한 자세한 설명은 Ejército de Colombia (1919: 126~202)에 있다.

선택했다.[124) 야노스는 반란군에게 "무궁무진한" 수의 말과 기동력을 제공했다. 그리고 그들은 모리요의 보병이 위험할 때만 위험을 무릅쓰고 들어갈 수 있는 피난처를 제공했다. 왜냐하면 탁 트인 사바나 지역에서 그들은 기병의 기습 공격과 말라리아에 취약했기 때문이다.[125) 아마도 1815년경에 작성된 대령에 대한 지침에서, 모리요는 그에게 "열병이 유럽인들을 끝장낼 것이기 때문에 아주 필요한 경우를 제외하고는 야노스에 그들을 보내지" 말라고 주의를 줬다.[126) 1817년에 그는 야노스에서는 보기 드문 행군에서 부하들이 겪은 고통을 기록하면서 그 지역을 "병약하고 열병이 난" 지역이라고 했다.[127) 1819년에는 야노스를 "유럽인들에게 유해하고 해롭다"라고, 즉 "배고픔, 피로, 기후가 전투보다 더 무서운" 땅이라고 묘사했다.[128) 그는 "검은 토사물이 … 그득한" 오리노코강 하류 시우다드 과야나(Ciudad Guayana)에 군대를 보낼 경우에 "치명적인 결과"가 벌어지지 않을까 두려워했다.[129) 실제로 그의 군대는 모기에 둘러싸여 있었다. 일종의 교착 상태가 벌어졌는데, 해안과 산들은 모리요의 손아귀

---

124) 이러한 변화에 관해서는 Thibaud(2003: 149~161, 332~341) 참조.

125) 광대한 야노스와 셀 수 없는 말, 그리고 그의 군대의 취약성에 대한 것은 Morillo(1826: 122~123, 168)에서, 야노스 가축에 대한 것은 Vowell(1831, 1:38, 119~120); Pons(1806, 3:270~271) on llanos livestock에서 얻음.

126) 세바스티안 데 라 칼사다(D. Sebastián de la Calzada) 대령에 지침, AHN Estado 8717 ("유럽인들은 열병으로 죽을 수 있기 때문에 절박한 필요가 아니라면 평야로 내려가서는 안 된다"). 그는 대령에게 "악성 열(malign fevers)"의 경우 아메리카인과 유럽인의 병동을 분리할 것을 계속해서 제안했다.

127) 모리요가 내무부 장관(Ministro de la Guerra)에게 1817년 4월 1일, Rodríguez Villa(1920, 1:287~295, p. 291 인용): "병든 더운 나라(enfermizo y calenturiento país)"에 출판. 한편 1817년 초에 그는 "며칠 만에 많은 병사들이 그 늪지대에서 병에 걸렸다"라고 불평했다. Révesz(1947: 87) 인용: "며칠 만에 많은 병사들이 그 늪지대에서 병에 걸렸다(en pocos días un gran número de soldados que enf enferman en aquel pantanoso terreno)."

128) 모리요가 내무부 장관에게 1819년 5월 12일, Quintera Saravia(2005: 353)에서 인용.

129) 모리요가 라 토레에게, 1817년 3월 7일, AHN Estado 8717.

에 있었지만, 바다와 드넓은 초원은 없었다. 혁명적인 카우디요들은 이동성과 말에 대한 접근성에서 우위를 누렸다. 그들은 모리요의 보병과 정면으로 맞서기보다는 야노스나 아이티로 탈출할 수 있었다.

빠르게 승리할 수 없었던 모리요의 군대는 서서히 죽음에 직면했다. 모리요의 군대는 많은 전투에서 싸웠고, 대개는 승리했으나, 전투에서 일부 병사를 잃었다. 하지만 그들은 말라리아와 황열병과의 모든 전투에서 패배했고 거의 모든 병사를 그렇게 잃었다.[130] 1816년 모리요는 질병으로 인해 죽는 병사들을 대체할 만큼 빠르게 군인을 모집할 수 없었다고 불만을 토로했다.[131] 1817년 초에 그는 부하들에게 "그 나라의" 남자를 모집하도록 지시했는데, 왜냐하면 질병으로 인해 "유럽인이 없는" 군대로 남게 될 위험에 처했기 때문이다.[132] 1817년 9월에 그는 병력의 최소 3분의 1을 질병으로 잃었고, 그가 알고 있는 것보다 더 정확하게는 "모기에 물린 것만으로도 종종 한 사람이 생명을 잃게 된다…"라고 적었다.[133] 1819년 모리요는 스페인에 보낸 편지에서 1만 2천 명의 유럽 군대 중 4분의 1도 채 남지 않았다고 적었다.[134] 회고록에서, 모리요는 차등면역의 효과를 언급하면서 군사작전의 고초를 제대로 인식하기 위해서는 "무엇보다

130) 저자는 Rebecca Earle(2000a, 2000b)의 작업을 인정하는데, 여기서 유사한 사례가 있으며, 많은 원본 자료(출처)로 안내해 주었다.

131) 모리요가 내무부 장관에게 보낸 1816년 5월 31일 자 서한에서(Rodríguez Villa, 1908, 3:164~169), 그가 베네수엘라 사람들의 재산을 요구했고, 1818년 12월까지 왕이 노예 모집을 허가하지 않은 탓에, 신병 모집에 지장이 있었다. 그래서 모리요는 자유 흑인들을 모집하기도 했다(Scoan, 1970: 394).

132) Morillo a La Torre, 28 enero 1817, AHN Estado 8717.

133) 모리요가 내무부 장관에게 1817년 9월 10일, Rodríguez Villa(1908 ed., 3:442~443)에서 출간. 여기서 모리요는 말라리아나 황열병을 모기 탓으로 돌리지 않고 온갖 질병을 모기 탓으로 돌렸다.

134) 모리요가 내무부 장관에게 1819년 9월 13일, Rodríguez Villa(1908 ed., 1:409~415)에서 인용. Ullrick(1920: 558)에서 인용. Thibaud(2003: 262~263)는 AGI, Gobierno, Caracas, leg. 55에서 일부 확증 데이터를 얻었다.

도 유럽인에게 거의 항상 치명적인, 건강에 좋지 못한 그 기후를 고려해야 한다"라고 적었다.[135] 그는 또 전쟁 전략에서 고려해야만 했던 것들을 언급하기도 했는데, 우기에는 너무 병에 걸리기 쉬워서 작전을 수행할 수 없었고, 그래서 군대가 건강을 유지할 수 있도록 더 놓은 곳을 찾아야만 했다고 말했다. 이는 스페인 사람들을 가장 괴롭혔던 질병이 기온과 관련이 있으며, 따라서 거의 확실히 모기가 매개라는 점을 보여 준다.[136]

모기와 관련된 모리요의 문제들은 전쟁이 진행되면서 악화한 것 같다. 많은 전투가 일어나기 전인 1812년에 베네수엘라에는 약 400만~500만 마리의 말, 노새, 소가 있었다. 11년 동안의 전쟁 후에는 94~95%가 감소하여 25만 마리밖에 남지 않았다. 전쟁이 시작되기 전에 가축들은 베네수엘라의 인구보다 많아서 약 5 대 1이었고 얼룩날개모기와 이집트숲모기에게 목표물이 되었다. 전쟁이 진행되면서 인구가 줄어드는 동안 가축 수는 더 빠르게 감소하여, 베네수엘라에서는 인간이 대형 포유류 중 다수로 남게 되었다. 피를 찾는 모기들에게 목표물의 수는 줄어들었지만, 사람들은 훨씬 더 큰 비중을, 즉 목표물의 셋 가운데 적어도 둘은 차지하게 되었다. 모기의 먹이 활동 범위가 좁아지면서 모든 사람을 성가시게 했고, 말라리아와 황열병에 걸리기 쉬운 많은 사람에게 심각한 불행을 가져왔다.[137]

군대의 아메리카화는 시간이 흐를수록 모리요가 탈영에 훨씬 더 취약하며, 따라서 선전과 정치적 바람의 변화에 훨씬 더 취약하다는 의미였다. 아이티에서와 마찬가지로 베네수엘라에서도 그랬다. 다시 말해, 전쟁이 점점 내전(civil war)이 되었기 때문에, 황열병과 말라리아는 군사적 중요성뿐만 아니라 정치적

---

135) Morillo(1826:167).
136) Morillo(1826: 180). 발진티푸스, 이질, 그리고 기타 일상적인 군대 질병은 고도의 영향을 받지 않는다. Brown(1819: 94)에서도 우기에 의한 제한 사항을 언급했다.
137) Brito Figueroa(1973, 1:221)에서는 1812년에 베네수엘라에 소, 말, 노새 450만 마리가 있었는데 1823년에는 25만 6천 마리였다고 적고 있다. 이 수치는 물론 추정치이다.

인 중요성도 얻게 되었다. 모리요는 계속해서 더 많은 군대를 요청했고, 지휘권을 해제해 달라고 열두 번이나 요청했는데, 특히 1818년 푸에르타 전투(La Puerta)에서 창에 찔린 후를 생각하면 이런 그의 요청을 이해할 만하다.[138]

한편, 볼리바르는 왕당파 세력이 점차 약해지는 것을 이용했다. 그는 공화주의 분파들 사이에서 합리적으로 통일된 연합 세력을 구축해 나갔고, 한때 왕당파였던 야네로들의 환심을 얻는 데 성공했으며, 그의 가장 효과적인 동맹자이자 가장 전도유망한 경쟁자였던 카우디요를 처형했다. 그는 흑인에 대한 생각을 바꾸어서 많은 사람을 그의 군대에 모집했다. 1819년에 그는 우기에 야노스를 가로질러 수천 명의 남성과 수백 명의 여성을 데리고 서쪽으로 가장 위험한 행군 모험을 했고(한 기록에 따르면, 일주일 동안 허리까지 오는 물을 헤치고 피라냐를 물리치면서), 그런 다음 해발 4천 미터의 추운 안데스 산맥을 넘어 보고타 북동쪽 고원에 도착했다.[139] 그의 군대 중 상당수가 이 행군에서 죽었는데, 여기에는 영국인 군단의 4분의 1도 포함되었다(그리고 산을 넘으면서 한 아이가 태어났다).[140] 그러나 생존자 2천 명이 콜롬비아에 도착했을 때 그곳의 낙담한 왕당파(모두 아메리카노) 극소수는 준비가 되어 있지 않았다. 볼리바르는 필요할 때는 총구를 겨누면서 지역 사람 수백 명을 모집했고, 결정적인 전투에서 단 13명의 사망으로 승리했으며(Boyacá, August 7, 1819), 스페인 당국이 도주한 후 보고타를 점령하고, 단번에 콜롬비아에 혁명을 요구했다. 역사적인 행군과 승리로 뉴그라나다에서 볼리바르는 혁명의 최고 카우디요, 즉 그가 듣기 좋아했던 "해방자(El Libertador)" 지위를 얻게 되었다. 그것이 스페인의 궁극적인 패배를 위해 꼭 필요한 것은 아니었을지 모르지만, 그러한 결과를 앞당겼다.

---

138) Quintera Saravía(2005: 392, 394); Morillo(1826: 147~148). 1819년에 그는 다시 부상을 당했다(Morillo, 1826: 186). 선원들은 또한 코스타 피르메에서 복무하는 동안 극심한 인력 손실을 겪었고 이는 일상적인 증원병 요청을 촉발한다(Pérez Turrado, 1992: 188~193).

139) Vowell(1831, 1:156~168).

140) O'Leary(1970: 158~159).

페르디난드 7세는 쉽게 포기하지 않았다. 1819년에서 1820년 사이 그는 2만의 병력으로 아메리카로 들어가는 또 다른 원정을 승인했는데, 스페인에는 자체 선박이 너무 적었기 때문에 그러기 위해서는 러시아 선박을 구입해야 했다. 선박이 카디스(Cadiz)와 그 주변으로 집결하는 동안, 모리요 전투에서 생존한 몇몇은 스페인으로 돌아와 폭동과 황열병을 퍼뜨렸다. 새로운 군대는 1820년 1월 아메리카로 향하는 항해를 피하려고 반란을 일으켰다. 그들의 공식적인 목적지는 라플라타강이었는데, 모리요 원정대의 참전 용사들은 1814~1815년에 그들의 목적지도 거기였다는 것을 기억했다. 반란군은 특히 위험이 수반되는 열대지방에서 복무하는 데 반대했는데, 모리요의 참전병들은 틀림없이 그러한 위험을 조심스럽게 설명했을 것이다. 참가자 중 한 명인, 안토니오 알칼라 갈리아노(Antonio Alcalá Galiano)는 다른 반란들이 실패했던 곳에서 혼자 반란에 성공했는데, 그것은 단지 "아메리카행 배에 오르는 것에 대한 하사관과 사병들의 반감" 때문이었다고 썼다.[141] 반란은 스페인에서 자유주의 혁명을 촉발했는데, 이 혁명은 혼란스러운 3년(1820~1823년) 동안 왕에게 입헌 정부를 강요했다.[142]

카디스의 반란이 있은 지 3개월 안에, 모리요는 볼리바르와 휴전협정을 맺으라는 지시를 받았고, 그들의 부하는 1820년 11월에 휴전하기에 이른다. 그 후 그들은 잠시 만났고, 함께 식사하고 많은 건배를 했고, 같은 지붕 아래에서, 실제로 같은 방에서 "곤히, 그들이 서로로 인해 깨어 있었던 많은 밤을 만회하는 듯이" 잠을 잤다.[143] 다음 날 아침 그들은 평화적으로 헤어졌다. 모리요는 곧 전쟁을 비교적 재능이 적은 부하에게 넘겨주고 고향으로 돌아가(1820년 12월)

---

141) Carr(1966: 127) 인용.
142) Woodward(2000: 306~309, 314). 우드워드는 두 번째 원정대가 병력 1만 4천 명이었다고 했으나 저자가 참고한 다른 모든 출처는 2만 명이라고 적고 있다.
143) O'Leary(1970: 184). 볼리바르와 모리요 사이에 오간 화기애애한 서신은 Morillo(1826: 319~340)에 출간되었다. 다른 곳에서, 모리요는 그의 회고록에서 볼리바르에 대한 경멸적인 여담을 곁들였다.

혼란스러운 스페인 정치에 합류했다. 사실상, 스페인은 1823년까지 종잡을 수 없는 전투를 지속했지만 뉴 그라나다를 잃었다. 그 해 8월에 모리요 군대의 마지막 남은 사람들은 지역 신병들(전체 약 1천 명)과 함께 베네수엘라를 떠나 쿠바로 향했다. 1826년경, 쿠바와 푸에르토리코를 제외한 모든 스페인령 아메리카는 해방되었다.[144]

계산과 여파

1813년에서 1821년까지 베네수엘라에서 페르디난드 7세(Ferdinand VII)의 대의에 복무하기 위해 총 1만 6천 명에서 1만 7천 명의 유럽군이 갔던 것 같다. 1821년에 모리요의 후임자들은 1,700명이 살아남았다고 적었다. 아마도 700명이 스페인으로 돌아왔을 것이다.[145] 뉴 그라나다를 평정하기 위해 파견된 사람 중 약 90~95%가 그곳에서 사망했다. 이미 뉴 그라나다에서 복무하고 있었던 2천여 명의 스페인 군인을 감안하면, 왕을 위해 복무했던 사람 중 약 91~96%가 임무 수행 중 사망한 것이었다. 물론 많은 사람이 전투에서 죽거나 포로로 처형되었다. 일부는 탈영했는데, 이는 왕당파 군대의 현지 모집병들 사이에서 훨씬 더 심각한 문제였다. 그러나 대부분은 질병으로 사망했고, 탈영한 사람 중 일부는 전염병이나 병원을 두려워했기 때문에 그렇게 했을 것이다.[146] 남아 있는 증거로는 더 정확히 설명할 수 없다.

질병은 모리요의 군대를 전멸시켰지만, 느릿느릿 진행되었다. 뉴 그라나다에서 스페인 군대에 닥친 재앙은 5~6년에 걸쳐 일어났다. 이는 아마도 르클레

---

144) 치명적인 열병은 1820년 이후에 남은 스페인 군대를 계속 괴롭혔다. 제이미 아버스낫(Jaime Arbuthnot)이 라 토레(La Torre)에게, 1822년 2월 23일, AHN Estado 8739. 1천 명이라는 수치에 대해서는 González García(1961: 148) 참조.

145) Albi(1990: 404).

146) 모리요 군대 내 병원에 대한 두려움에 대해서는 Earle(2000b: 288~292) 참조. Thibaud (2003: 460~465)에서는 탈영에 대해 적음.

르, 아베크롬비, 앨버말 또는 버논에게 닥쳤던 것보다 더 완벽했지만, 덜 갑작스러웠던 것 같다. 질병은 한곳 또는 몇몇 곳의 항구 주변에서 단일 전염병으로 발생했다기보다는 넓은 영토에 걸쳐 부분적으로 발생했다. 이것은 더 나은 의학적 치료의 결과가 아니었다. 말하자면, 1815년경 스페인의 의학 이론과 관행은 이전 세기에 걸쳐 불행했던 많은 군인과 선원들을 죽이는 데 도움이 된 것과 마찬가지로 구제에 도움이 되지 않았다.[147] 생각해 보건대, 거의 그 반대가 사실이었다. 다시 말해서, 모리요와 동행했던 소규모 군 의료 부대는 거의 피해를 입힐 수 없었으며, 병사들은 그 의료 부대가 닿지 않는 곳에 머물러서 이익을 봤다. 강력한 엘니뇨가 없었기 때문에(1817년과 1819년에는 중간급 정도의 엘니뇨가 있었다) 모기 매개 질병의 피해가 좀 줄었을 수 있다.

아마 다른 두 가지 요인이 더 중요했을 것이다. 첫째, 모리요의 부하들은 때때로 베네수엘라 해안 산맥(coastal cordillera)의 수백 미터 고도에 있거나, 콜롬비아 안데스 산맥의 훨씬 더 높은 고도에 있었기 때문에 이집트숲모기와 얼룩날개모기에게 알맞은 장소의 바깥쪽에 있었다. 모리요는 우기에 질병을 피하고자 부하들을 더 높은 곳으로 데려갔다.[148] 그러나 그들 모두가 항상 그곳에 머물 수는 없었다. 그들은 정치적이고 군사적인 이유로 도시와 항구를 점령해야 했기 때문이다. 하지만 고지에 머무는 동안 그들은 자메이카에 주둔한 영국군이 그랬던 것처럼, 훨씬 더 나은 건강 상태를 누렸을 것이다.[149] 둘째, 모리요의 스페인 군대는 현지에서 태어나고 자란, 왕당파의 대의에 따라 모집된 신병들 사이에서 복무했다. 그들은 종종 지역 민간인들과 살았다. 따라서 그들은 때로 황열병에 대한 집단면역의 혜택을 누렸을 것이다. 그들을 지역 인구와 섞이

---

147) 프란시스코 몬탈보(Francisco Montalvo) 총독은 후임자에게 보내는 훈령에서 베네수엘라에 있는 스페인 의료 시설을 혹평했다. 1818년 1월 30일 몬탈보가 사마노(Sámano)에게 보낸 것을 Montalvo and Sámano(1918: 136~140)에 출간함.

148) Morillo(1826: 180, 216).

149) Tulloch(1838).

게 해 준 정치적 상황이 다른 역학적 경험을 가져왔다. 바이러스와 말라리아 원충이 그들을 찾는 데 더 오랜 시간이 걸렸다. 그러나 결국, 머지않아, 그들은 거의 모두 사망했다. 그런 점에서, 모리요 휘하의 스페인의 재정복 원정은 생 도맹그에 대한 영국과 프랑스의 원정과 매우 일치했다.

아메리카를 재정복하기 위한 더 큰 원정에서, 스페인은 당시 가장 많은 병력(약 43%)을 코스타 피르메에 투입했는데, 이곳은 모든 목적지 중 건강에 가장 해로웠다. 모리요를 라플라타강으로 보냈다면 확실히 스페인에 더 행복한 결과를 가져왔을 것이다. 1819~1820년에 아르헨티나는 재정복하기에 적합한 상태였지만, 스페인은 군대를 낭비했다. 1808년 이후 스페인은 약했지만, 뉴 그라나다에 그렇게 도박을 많이 하지 않았다면 더 오랫동안 아메리카를 붙들고 있었을 것이라는 가정은 타당해 보이지 않는다. 아메리카 식민지 전역에서, 왕당파와 혁명 세력은 명확한 결과를 얻기까지 수년간 싸웠다. 다시 말해, 더 건강에 좋은 환경에서 자멸을 초래할 개입을 덜 한 것이 왕당파에게 결정적인 역할을 했을 수 있다. 적어도 제국의 일부에서는 말이다. 미미한 해군과 정치적 파벌 싸움에도 불구하고, 스페인은 필리핀, 쿠바, 푸에르토리코를 쉽게 점령했다. 물론 이 모든 것은 추측일 뿐이다. 즉 우리가 확실히 알 수 있는 것은 스페인은 베팅 장소로 뉴 그라나다를 선택했고, 결국은 졌다는 것이다.

모리요의 군대를 파멸시킨 여러 가지 전염병의 정확한 역할에 확신을 갖게 해 줄 판단의 증거는 없다. 황열병은 확실히 사망의 많은 부분에 책임이 있었다. 해안을 따라 있는 막사와 병원은 아이티에서처럼 가장 치명적인 장소였다.[150] 오리노코강 하류의 마을들에서도 정기적으로 황열병이 발생했다. 그러나 말라리아도 확실히 큰 역할을 했는데, 야노스에서는 (이전에 언급한 생태학적 이유로) 지배적이었어야 했다. 기록에는 이질과 천연두도(특히 아메리카 인디언들

---

150) 모리요가 미구엘 데 라 토레(Miguel de la Torre)에게 1815년 10월 4일, AHN, Estado 8717.

에게서) 언급되어 있으며, 당시 군대에서 항상 발생했던 것처럼 발진티푸스도 나타났다.[151]

　아마도 볼리바르와 그의 동맹군은 그들 전략의 일부로서 차등저항과 차등면역을 의도적으로 이용했을 것이다. 모리요는 그들이 그랬다고 생각하는 것 같았다. 1816년에 그는 부하에게 "그들은 우리 모두가 감염병과 질병으로 죽기를 기다리고 있을 뿐이다"라고 썼다.[152] 나중에 그는 적이 "거의 끊임없이 전투를 피했다"라고 불평했다.[153] 볼리바르와 그의 동맹군은 말라리아를 옮기는 야노스를 그들의 근거지와 이동 통로로 이용했다. 그는 황열병이 가장 위험했던 해안을 따라 꼼짝 못 하게 갇힌 모리요의 부하들을 보고 만족해 했던 것 같고, 그들을 야노스로 유인해서 행복해 했던 것 같다. 그는 질병이 그의 군대보다는 모리요의 군대에 더 심각한 문제라는 걸 분명히 알고 있었다. 1816년 6월 26일 그는 동료 장군에게 이렇게 썼다. "우리는 우리 병력을 현저히 감소시킨 끝없는 질병을 한탄해야 한다. 그러나 우리는 적이 더 큰 손실로 고통 받아야 한다는 사실에 위안을 얻는다. 이는 어느 정도는 적군의 특성 때문이고, 어느 정도는 적군이 점령한 위치 때문이다."[154] 볼리바르가 베네수엘라로 돌아오기 전, 보

---

151) 모리요가 라 토레에게, 1815년 10월 4일, AHN, Estado 8717에서는 이질을 "인류를 파괴하는 파멸적인 질병"으로 언급한다. AHN, Estado 8728의 1820년부터 산재한 서류인 "환자들의 이야기(Relaciones de Enfermos)"는 병든 병사 수십 명의 진단 기록을 보여 주는데, 그들 중에는 성병이 우세했다.

152) 볼리바르가 미구엘 데 라 토레에게, 1816년 5월 19일, AHN, Estado 8717, 이는 Earle (2000b: 292)에서 인용.

153) Morillo(1826: 224).

154) 볼리바르가 아리스멘디(Arismendi) 장군에게, 1816년 6월 26일. Bolívar(1964, 9:285~286). 인용(p. 286): "우리는 우리 군대를 현저히 축소시킨 끝도 없는 질병을 한탄해야 하지만 적군은 그 병사의 속성과 그들이 점령하고 있는 위치 때문에 그 손실을 겪어야 한다는 것을 생각하고 우리 스스로 위로한다." "병사의 속성(la naturaleza de sus soldados)" 언급을 볼 때 볼리바르는 차등저항력을 인지하고 있는 듯하다. "그들이 점령한 위치(las posiciones que ocupa)" 언급에서, 그는 분명 모리요가 점령한 해안 위치의 (건강에 좋지

야카(Boyacá)에서의 승리 후에, 그는 "애석하게도 우리가 알게 된 바와 같이, 추운 고지대에서 온 사람들은 베네수엘라에서 모두 죽을 것이다"라고 언급하면서 콜롬비아 저지대 출신 노예들로 자신의 부대원들을 채우려고 했다.[155] 그는 질병의 중대성을 인식했던 것 같고, 그에 따라 병사 모집 정책을 조정했던 것 같다. 볼리바르 병력의 건강 상태에 대한 부족한 데이터를 보면 어느 시점이든 대략 10%가 아팠음을 알 수 있고, 이것이 사실이라면 그의 부하들이 스페인 군인들보다 훨씬 더 건강했다는 의미이다.[156] 그들의 말이 시사하는 바는 모리요와 볼리바르 둘 다 질병의 영향이 한쪽으로 치우쳐 있음을 인식했다는 것이며, 이는 스페인 사람들보다 베네수엘라 사람들을 더 많이 죽였을 천연두보다 황열병과 말라리아가 더 두드러졌다는 의미이다.

볼리바르가 투생의 책에서 한 페이지를 취했을 것이라는 가정은 유혹적이다. 1815년과 1816년에 아이티를 방문했을 때 그는 아이티 혁명의 참전 용사들과 협의했다. 그는 (베네수엘라의 노예해방을 약속하는 대가로) 그들을 지원하기 위해 협상했다. 그와 그의 아이티 친구들은 모리요가 위임 받은 권한과 13년 전 르클레르의 권한 사이의 유사성을 분명히 보았다. 자신이 할 수 있는 모든 우위를 찾고 있었던 호기심 많은 볼리바르는 아이티 사람들에게 어떻게 성공했는지

않은) 속성을 인지하고 있었다. 끝도 없는 질병을 언급하면서 볼리바르는 자신이 수학자가 아님을 밝혔다.

155) 볼리바르가 산탄데르(Francisco José de Paula Santander, 1792~1840, 콜롬비아의 정치적·군사적 지도자―옮긴이주)에게, 1820년 4월 14일, Santander(1988~1990, 2:82)에서 출간. 모리요도 병 저항성을 위해 특별히 흑인 군인을 모집했다(Blanchard, 2008: 70). 그는 "건강하지 못한 국가들(países malsanos)"의 혹독함을 견딜 수 있는 노예 대대를 조직하기 위해 허가를 요청하고 권리를 부여 받았다. 1818년 1월 25일 모리요가 전쟁부에(Morillo al Ministerio de la Guerra); 1818년 12월 4일 전쟁부에서 모리요에게(Ministerio de la Guerra a Morillo), Rodríguez Villa(1908, 3:494 and 3:700)에 인쇄됨.

156) Thibaud(2003: 359~402); Blanchard(2008: 130)에는 볼리바르 군대에서의 질병에 대한 일부 데이터가 있다.

물었을 것이며, 무엇보다도 크리스토프(Christophe, 아이티의 독립운동을 이끌고 아이티의 왕이 된 인물-옮긴이주)가 이름 붙였던 "투생 체제"에 대해서도 당연히 들었을 것이다. 볼리바르와 그의 동맹군은 1814년에 멕시코 반군이 베라크루스에서 스페인 연대를 꼼짝 못 하도록 하는 데 성공했다는 걸 알았을 가능성도 있고, 아마 알았던 것 같은데, 그곳에서 그 연대의 절반이 도착 직후 황열병으로 사망했다.[157] 물론 이는 단지 추측일 뿐이다. 매우 제한적으로 남아 있는, 볼리바르와 아이티인들이 주고받은 서신에는 그가 군사적으로 우월한 세력에게 대항한 혁명 전쟁에서 승리하는 방법에 대해 조언을 구하거나 받았음을 시사하는 바가 전혀 없으며, 그가 쓴 문서 20권에도 그가 베라크루스의 경험에서 배웠다는 걸 보여 주는 바는 아무것도 없다.[158]

1819~1822년에는 아이티 혁명의 여파로 황열병이 대서양 전역에 퍼져 나갔다. 아바나, 베라크루스 및 다른 모든 스페인 제국의 거점에 새로운 스페인 군대가 주둔함으로써 지역적 규모의 발병이 일어났으며, 선박(아마도 군함)은 이 바이러스(와 어쩌면 모기)를 먼 해안가까지 옮겼다. 미국 동부 해안의 주요 도시와 이베리아 항구에서 전염병이 발생했다. 바르셀로나(Barcelona)가 가장 큰 피해를 입었던 것 같다. 도시 인구의 약 6분의 1이 8월과 12월 사이에 사망했으며, 사망자 수는 약 2만 명에 달했다.[159]

베네수엘라와 콜롬비아가 독립한 후, 볼리바르는 안데스 산맥에서 스페인과의 전투를 계속했다. 그는 남미에서 통일된 히스패닉 공화국을 원했고, 그 공화

---

157) Earle(2000b: 283).

158) Verna(1980: 477~496)에서는 1815~1816년 동안의 서신이 출간된다. 그는 배, 총, 그리고 돈을 요청했다.

159) PRO PC 1/4169 해밀턴(Hamilton)이 캐슬레이(Castlereagh)에게 1819년 9월 7일, 보스턴, 뉴욕 그리고 발티모어에 관해; 발티모어에 관해 Reese(1819) 참조; 카디스에 관해 Waddell(1990)와 Molina de Muñoz(1977) 참조; 바로셀로나에 관해 Chastel(1999) 참조, 질병이 아바나로부터 왔다고 생각되는 지역.

국은 볼리바르가 지휘봉을 잡으면 강력한 권력이 될 수 있었다. 그러나 대신에 그는 카우디요들이 지배하는 일련의 불안정한 공화국을 얻었다. 그는 자신이 살아온 길을 돌이켜 보면서, 혁명을 위해 봉사한 사람들은 "파도를 헤치며 나갔다"라고 말했는데, 이는 허무감을 나타낸 가슴 아픈 이미지이다. 1830년에 그는 폐 질환으로 (다시 투생처럼) 사망했다. 아메리카 대륙에서 스페인 제국은 이제 푸에르토리코와 쿠바섬으로만 이루어져 있었다. 수십 년간, 스페인 시장에 대한 우선적인 접근권을 유지하고자 열망했던 설탕 농장주들이 연합한 데다 대규모 군사 시설들이 있어서 이 섬들은 계속 스페인에 충성하게 되었다.

이민, 전쟁, 그리고 독립, 1830~1898: 멕시코, 미국 그리고 쿠바

모리요의 군대가 다 죽고, 스페인령 아메리카가 독립을 확보한 이후, 대카리브해 지역에서 지정학적 투쟁에 대한 이해관계가 줄어들었다. 아메리카의 운명이나 세계 은의 통제가 더는 불확실한 상태에 있지 않았다. 그러나 전쟁은 계속되었고, 면역 체계가 미비한 새로운 세대의 젊은이들은 말라리아와 황열병이 활동하는 지역으로 위험을 무릅쓰고 들어갔다.

또다시, 그들은 혼자가 아니었다. 민간인 이민자들도 지역으로 몰려들었다. 영국과 프랑스 제국에서 노예제가 폐지된 덕분에, 1840년대 이후 노예무역은 쇠퇴했다.그러나 이후 수십 년 동안 수십만 명의 인도인과 중국인이 트리니다드, 영국령 가이아나, 쿠바의 플랜테이션에서 일하기 위해 왔다. 이 노동자들 중 많은 이가 몇 년을 노동하고 난 후 고향으로 돌아갔지만, 여전히 많은 사람들이 카리브해에서 평생을 살았다. 종종 그들의 수명이 질병으로 인해 단축되었지만, 주로 남부 지방에서 온 중국인과 인도인들은 질병에 대한 개인적 경험을 통해 대개는 말리리아에 저항력을 가졌을 것이며, 뎅기열을 한 번 앓았기 때문에 황열병에 대해서 면역력은 아니더라도 어느 정도의 저항력은 가졌을 수 있다.[160] 이러한 아시아인의 유입 외에도, 특히 갈리시아(Galicia)와 아스투리아스(Asturias) 북부의 가난한 마을 출신인 스페인 사람 수십만 명이 쿠바와 푸에르토리코로 향했던 반면에, 아일랜드인과 독일인은 감자 기근과 혁명적 격변을 피해 뉴올리언스 같은 목적지들로 도주했다.

말라리아 원충은 오래 거주해 온 카리브해 사람들의 몸뿐만 아니라 모든 이민자들 사이에도 곧 퍼졌다. 이 지역 대부분에서 인구가 증가하고 플랜테이션이 추가로 확산되자 지속적인 생태 교란이 일어났고 새로 온 사람들이 말라리아를 피할 가능성은 줄어들었다.

황열병 바이러스가 새로운 아시아 이민자들의 혈류에서는 쉽게 살아남지 못했다 치더라도, 유럽 이민자들 사이에서는 번성했다. 그것들이 급증하거나, 시간이 지남에 따라 그 수가 집단면역의 보호를 압도할 만큼 커졌을 때, 전염병이 발생했다. 그렇지 않은 경우에도, 새 이민자들은 뉴올리언스와 찰스턴에서 종종 "이방인들의 질병(strangers' disease)"이라고 불렸던 질병으로 인해 눈에 띄지 않게 조금씩 사망했다.[161] 인구의 일반적인 증가와 특히 도시의 전반적인 성장

---

160) Ashcroft(1979a)에서는 19세기 영국령 가이아나의 인디언들은 황열병에 거의 걸리지 않는다는 것을 알았다. Alckin(2001: 134)에서는 영국령 가이아나의 계약 근로자 중(연간?) 아프리카인의 사망률은 1.8%, 마드라스(Madras)에서 모집한 사람들의 사망률은 8.1%, 반면 마데이라 출신의 사망은 가장 최악 였다(14%)는 것을 보여 주는 번윤 의사(Dr. Bonyun, 1848)의 PRO CO 111/250 보고서를 인용했다. 번윤 의사는 포르투갈인에게는 치명적인 독기가 "아프리카 태생에게는 잘 맞는 자극제(a congenial stimulant to the natives of Africa)"라고 생각했다.

161) Humphreys(1992); Pritchett and Tunali(1995). 확실하지는 않지만 1825~1860년경 서인도의 많은 지역에서 뎅기열이 풍토병으로 자리 잡은 것은 "교차면역"을 통해 거주 인구의 황열병 저항력을 구축하는 데 도움이 되었을 가능성이 있다(2장 참조). 노예무역이 황열병과 말라리아를 가져온 것처럼 인도인과 중국인의 유입은 뎅기열 발병을 거들었을 수도 있지만, 문제의 항해가 너무 오래 걸리고 서인도에 도달하기 전 감염자가 회복(또는 사망)하기 때문에 그 가능성은 희박해 보인다. 뎅기열 발병은 이집트숲모기와 바이러스가 감염에 취약한 많은 사람들과 함께 여행해서 바이러스가 몇 주 혹은 몇 달 동안 돌 수 있는 경

으로 인해 신생아, 신규 이민자, 모기 사이에서 황열병이 생존할 가능성이 커져 이 지역에 항상 존재하게 되었다. 1847년 앨라배마주 모빌(Mobile, Alabama)에 사는 의사인 조시아 놋(Josiah Nott, 곤충이 황열병을 전파한다고 제시한 최초의 사람 중 한 명)는 그것을 이렇게 표현했다.

> 일반적으로, 남부 해안선을 따라 숲이 처음으로 파괴되고 마을이 시작되면 간헐열 과 이장열이 생기며, 몇몇 장소에서는 악성이면서 치명적인 유형이 발생한다. 인구 가 증가함에 따라 마을이 넓어지고, 배수 및 도로포장이 도입됨에 따라 황열병, 즉 거친 들과 숲을 경멸하는 남방의 이 강력한 군주는 그 중앙에 왕홀을 심고, 다른 모 든 열병을 변두리로 몰아내고 있다.[162]

걸프 연안을 따라 놋이 관찰한 것은 대카리브해의 다른 곳에서도 있었다. 도 시가 점점 더 많아지고 커지는 것은 민간인 황열병 환자가 점점 더 많이 발생한 다는 의미였다.

황열병은 1840년대 이후에도 종종 대카리브해의 외부로 퍼졌다. 더 빈번하 고 더 빠르게 이동하는 선박은 카리브 항구를 먼 해안과 연결했고 모기와 바이 러스를 계속 전했다. 더구나 서인도에서 바이러스가 더 퍼질수록 볼티모어 (Baltimore), 바르셀로나 또는 부에노스아이레스로 향하는 선박을 타고 이동할 가능성은 더 커졌다.[163]

카리브해 연안으로의 군사 원정은 말라리아와 황열병이 인간의 계획을 파괴 할 이상적인 기회를 계속해서 제공했다. 1829년에 멕시코를 되찾으려는 스페

우에만 일어날 수 있었다.

162) Cowdrey(1996: 86) 인용. 놋은 곤충이 질병 매개체로 작용할 수 있다는 가장 일반적인 생 각만 가지고 있었다. Chernin(1983) 참조.

163) 카리브해 밖의 전염병에 대해서는 Coleman(1987); Buno(1983); Forrest(1856); Scenna (1974); Bloom(1993); Hillemand(2006) 참조.

인의 시도는 안토니오 로페즈 데 산타 안나(Antonio López de Santa Anna)에 의해 좌절되었고, 탐피코(Tampico) 근처의 티에라 칼리엔테(tierra caliente)에서 황열병에 휘말리는 재앙을 맞았다. 베라크루스 지방 태생이자 황열병 생존자인 산타 안나는 주로 지역 남성으로 이루어진 군대와 함께, 스페인군을 의도적으로 해안선을 따라 가두어 놓고, 그들을 공격하기보다는 포위하여 황열병이 최악의 영향을 미치도록 몰아넣었던 것 같다. 그는 1820년대와 1830년대의 혼란스러운 전쟁에서 경쟁자인 카우디요들과 투쟁하는 데 그와 그의 부하들, 특히 아프리카 출신 멕시코인인 하로초들(jarochos: 베라크루스 사람들을 일컫는 데 쓰는 용어 −옮긴이주)의 면역력을 유리하게 이용했다. 멕시코 시티와 외부 세계의 연결은 필연적으로 베라크루스를 통해야 했고, 카우디요들 중 산타 안나만이 여름에 그 항구도시를 안전하게 점령할 수 있었다.

산타 안나가 멕시코의 독립을 공고히 하는 동안, 1830년부터 그의 북쪽 이웃은 미국 남동부의 아메리칸 인디언들을 미시시피 전역의 새로운 거처로 이주시키는 작업에 착수했다. 이 인종 청소 프로그램에서 가장 어려웠던 부분은 플로리다에서 제2차 세미놀 전쟁(Second Seminole War, 1835~1840년)이었다. 세미놀은 주로 크릭족(Creeks), 다른 아메리카 원주민, 자유 흑인, 그리고 18세기에 스페인령 플로리다 독립군에 연합했던 도망친 노예들의 연합이었다. 1819년 플로리다가 미국의 일부가 된 후, 새로운 정착민들이 도착하여 세미놀과 갈등을 일으키고 그들의 이주를 요구했다. 세미놀은 저항했고 5년 이상 끈질긴 게릴라전을 벌였다.

처음에는 미군 장군들이 말라리아에 대한 두려움 때문에 여름에 싸우는 것은 현명하지 못하다고 생각했는데, 이는 세미놀이 미군의 효과적인 공격에도 불구하고 농작물을 심고 수확하며 생존할 수 있도록 했다. 이로 인해 새로운 장군이 더 큰 손실을 감수하고 여름 내내 싸우겠다고 할 때까지 그 작전이 연장되었다.

말라리아에 대한 저항력과 기동성은 세미놀이 이 전쟁에서 가진 몇 안 되는 이점 중 하나였다. 그들은 모두 남부 저지대에서 자랐고 그들 대부분은 말라리아가 풍토병이었던 플로리다에서 자랐다. 많은 사람들이 약간의 아프리카 혈통이었다. 또한 아프리카계가 대부분인 이른바 블랙 세미놀(Black Seminoles)이 그들의 동맹군 역할을 했다. 따라서 후천적 저항력과 어떤 경우에는 유전적 저항력도 세미놀 사람들이 플로리다의 풍토병 말라리아에 대처하는 데 도움이 되었다. 미군은 수적 우세, 무기, 퀴닌(말라리아 약으로 쓰였으며 기나나무 껍질에서 얻음ー옮긴이주), 그리고 1840년경 연중 내내 싸우겠다는 새로운 의지 덕분에 승리했다. 미군은 질병으로 군의 14%를 잃었다. 나중에 미군은 대부분의 세미놀을 오클라호마(Oklahoma)까지 호송했다. 소수는 에버글레이즈로 도망쳤다. 그리하여 미국 혁명과 베트남 전쟁 사이에 미군이 싸웠던 가장 긴 전쟁이 끝났다.[164]

제2차 세미놀 전쟁이 끝난 직후, 미군은 멕시코로 진군했다. 주변 약소국과 함께 부상하는 강국의 전통 가운데, 1845~1846년에 미국은 1848년경 멕시코 영토의 절반을 차지하게 될 전쟁을 시작했다. 미국은 텍사스를 통해 먼저 침공했지만, 북부 지역 전장에서의 성공이 멕시코의 항복을 가져오지는 않는다는 걸 알게 되었다. 제2차 세미놀 전쟁의 베테랑인 윈필드 스콧(Winfield Scott)이 군대를 이끌고 몬테주마의 홀(halls of Montezuma)로 갔을 때 결정적인 타격이 발생했다.

스콧은 대학 교육(William and Mary)을 받았으며, 제퍼슨부터 링컨까지 모든 대통령을 섬기며, 반세기 동안의 현역 군 복무를 시작하기 전에 변호사로서의 짧은 경력이 있었다. 그는 군대 역사를 공부하는 학생이었고 프랑스 군대 매뉴얼을 번역했다. 그는 생 도맹그에서 황열병이 르클레르의 군대에 한 일을 알고 있었다. 제2차 세미놀 전쟁의 참전 용사로서(많은 사람 사이에서), 그는 플로리다

---

164) Gillett(1987: 53~72). 전쟁에서 미군 병사의 약 14%(공식 집계상으로는 정규병 1,466명)가 질병으로 사망했고, 약 3%(328명)가 전투로 사망했다(Mahon, 1991: 325). 마혼은 전쟁의 모든 측면에 관해 다루었다.

에 있는 미군이 말라리아로 인해 어떤 대가를 치르게 될지 알고 있었다. 그는 적응되지 않은 군대에 미칠 열병의 결과에 대해 적당한 두려움을 가지고 있었다. 1846년 말 세심한 전략가였던 스콧은 멕시코시티로 가는 최단 경로인 티에라 칼리엔테 해안에 상륙하는 멕시코 원정을 계획했다. 그의 가장 시급한 관심사는 여름이 시작되고 황열병이 발생하기 전에 신속하게 베라크루스 항구를 점령하고 그의 군대를 내륙과 고지대에 배치하는 것이었다. 그의 장교 중 한 명인 율리시스 그랜트(Ulysses S. Grant)는 멕시코 해안에 도착한 직후 약혼자에게 편지를 쓰면서 우려를 전했다. "우리는 모두 멕시코의 이 지역에서 벗어나야 하오. 그렇지 않으면 내가 멕시코인보다 십중팔구 더 두려워하는 황열병에 걸리게 될 것이오."[165] 스콧이 언급했듯이, 베라크루스 지역은 "다른 나라들의 방어 수단보다 더 가공할 만한 적을 내놓았다. 부연하자면, 나는 황열병으로 인한 흑색 구토물을 말하는 것이다."[166]

스콧은 성공했다. 그는 자신이 바랐던 것보다 두 달 후(배들을 찾기가 어려웠음)인 3월에 상륙했음에도 불구하고, 4월 말경 멕시코시티로 가는 길에 있는 산악 지대에 그의 군대를 두었다. 스콧의 적수인 산타 안나는 1829년에 그가 스페인 군대에 했던 것처럼, 베라크루스에 있는 요새가 티에라 칼리엔테의 죽음의 전장에 미군을 가두어서 황열병이 그를 돕도록 할 만큼 충분히 오래 버틸 수 있기를 바랐다.[167] 그러나 미국의 포병은 1847년 3월 말에 베라크루스에서 단기 작전(12일)을 수행했고, 4월 중순에는 산이 시작되는 할라파(Xalapa) 인근에

---

165) McCaffrey(1992: 62)에서 인용된 1847년 2월 25일 율리시스 그랜트가 줄리아 덴트(Julia Dent)에게 보낸 편지. 전쟁에 대해서는 일반적으로 McCaffrey(1992); Winders(1997); Eisenhower(2000)의 자료에 의존했고, 어떤 문제에 대해서는 Miller(1978)의 자료에 의존했다.

166) 윈필드 스콧 소장, "베라크루스와 그 성(Vera Cruz and Its Castle)," Espinosa(2009: 71~ 72)에 인용. Eisenhower(2000: 253~254)에서는 스콧의 전략을 요약했다.

167) De paid(1997: 120).

서 산타 안나를 궤멸시켰다. 스콧은 곧 거의 모든 병력을 산으로 데려가고, 보급선과 통신선을 거의 무방비 상태로 남겨두고, 그의 군대를 적지에 있는 땅에서 생활하도록 명령함으로써 군사 문제를 연구하는 모든 사람을 놀라게 했다. 웰링턴 공작은 이제 스콧이 "졌다"라고 단언했다.[168] (후에 공작은 스콧을 천재라고 칭송하게 된다.) 이러한 그의 도박은 줄어들고 있던 병력(많은 이가 집으로 돌아갈 자격이 있는 지원자들이었다)을 황열병으로부터 보호하는 효과가 있었다. 일단 높은 곳에 올라 황열병 지역에서 벗어나면, 스콧은 시간을 들여서 최후의 공격을 준비할 수 있었다. 9월경 그는 멕시코시티를 장악했다.

병사 1만 2천여 명이 스콧과 함께 복무했다. 그들 중에는 로버트 리(Robert E. Lee), 율리시스 그랜트, 그리고 곧 유명해질 몇몇 다른 이도 있었다. 공식적으로는 단지 109명이 황열병으로 사망했다.[169] 이 행운은 의학의 발전과는 거의 관련이 없었다. 미군이 사용하는 퀴닌, 부항, 유혈(bloodletting), 관장(enemas), 수은 등은 황열병 피해자들에게 도움이 되지 않았다.[170] 그보다는 모든 것이 저지대에서 여름 보내기를 피하려 했던 스콧의 결단, 보급선에 대한 그의 도박, 그리고 전장에서 빠르게 승리할 수 있었던 그의 군대가 가진 능력 덕분이었다. 이전의 버논, 앨버말, 그리고 르클레르와 마찬가지로, 스콧의 군대가 성공하는 데 혹은 황열병에 쓰러지는 것을 보는 데 그에게 주어진 시간은 단 몇 주밖에 없었다. 그들과 달리, 스콧은 상황에 맞춰 전쟁 전략을 세웠고, 여름이 오기 전에 이집트숲모기가 따라오지 않는 고지대에 도착했다. 그가 승리함으로써

---

168) Eisenhower(2000: 298)에서 인용. 원본 출처는 스콧의 회고록이며, 스콧보다 대중적 이미지와 유산에 관심을 가진 군인이 별로 없었기 때문에 아마도 신뢰할 수는 없을 것이다.

169) Gillett(1987: 116~117). 아마 실제 합계는 수백 명이었을 것이다. Espinosa(2009: 72)에서 인용된 Vandiver(1947: 382). 전쟁에 참전한 미군 11만 5천 명 가운데 약 10%가 질병으로 사망했다.

170) Porter(1852~1858)에서는 치료법에 대해 자세히 설명하고 있다. 그는 베라크루스에서 육군 병원을 운영했다.

1848년에 캘리포니아에서 텍사스에 이르는 모든 땅이 미국에 양도되었으며, 미국의 지위를 아메리카에서 가장 강력한 권력으로 공고히 해 주었다.[171]

스콧, 리, 그랜트와 다른 사람들 수만 명은 잠시 휴식을 취했지만, 금세 전쟁에 나섰다. 대다수 사람들에게는 놀랍게도, 그리고 많은 이들에게는 실망스럽게도, 미국 남북 전쟁(American Civil War, 1861~1865년)에서는 플로리다와 캐롤라이나의 기지를 점령하고 있었던 연방군 병사들 사이에서 몇 차례 사소하게 발병한 경우가 있었음에도 불구하고, 황열병은 문제가 되지 않았다. 1863년 황열병에 감염된(또는 그가 그렇게 생각했다) 의류를 북부 항구로 들여오려고 시도한 혐의로 체포된 남부 연합군 외과 의사의 엄청난 노력에도 불구하고, 연방군 병사 436명만이 황열병으로 사망했고, 1,355건 만이 기록되었다.[172] 1862년 4월 연방군이 뉴올리언스를 점령했을 때, 대부분 사람은 황열병이 북부 군인들을 황폐화시킬 것이라고 예상했다(또한 많은 사람이 희망했다). 1850년대에 뉴올리언스에서 네 번의 심각한 발병으로 약 2만 명이 사망했으며, 이들 사망자의 대부분이 이민자였다. 그러므로 연방군에게 그 도시가 "만약 샤프란 폐하(his Saffron Majesty: 황열병-옮긴이주)가 매년 방문한다면 그 실제 가치보다 유지하는 데 훨씬 더 막대한 비용이 드는 상"임이 드러날 것이라는 기대가 있었다.[173] 하지만 그렇지 않았다. 도착하는 선박에 대한 연방군의 검역은 분명 효과가 있었다. 그럼에도 아주 적은 수의 감염된 이집트숲모기와 감염된 사람들이 점령된 뉴올리언스에 도착해서 연방군 사이에 바이러스를 퍼뜨렸다. 황열병은 1867년

---

171) 미국에서 보기에, 텍사스는 1845년 이미 연방의 일부에 속했지만, 멕시코는 과들루프 이달고 조약(Treaty of Guadeloupe Hidalgo, 1848)에서만 이를 인정했다.

172) Bollet(2002: 296~302); Schroeder-Lein(2008: 222); Robertson(1995: 370). 미국 남북 전쟁에서 질병의 역사는 다음의 출판물로 더 명확해질 것이다. *Andrew Bell's Mosquito Soldiers: Malaria, Yellow Fever and the Course of the American Civil War*(Boton Rouge. LA: LSU Press).

173) 미확인 버지니아 신문. Carrigan(1994: 84)에서 인용.

에 재발했고, 그 이후에도 1905년까지 여러 차례 재발했다.[174]

말라리아도 남북 전쟁의 결과에 거의 영향을 미치지 않았다. 말라리아는 결정적인 역할을 할 만큼 충분히 치명적이지도 않았고 그 영향 면에서 충분히 어느 한쪽에 치우치지도 않았다. 연방군이 보고한 말라리아 발병 건수는 100만 건이 훨씬 넘었지만(군에 복무한 210만 명 중), 말라리아 사망자는 4,760명에 불과했다.[175] 이 수치로 보면 말라리아는 연방군에 기록된 25만 명의 사망자를 낸 질병 원인 중 이질 및 발진티푸스에 이어 세 번째였다. 연방군이 아낌없이 사용했던 퀴닌이 도움이 되었다.[176] 말라리아는 아마 더 많은 남부 연합군 병사들을 괴롭혔을 것 같은데, 그들 중 많은 이들이 말라리아 지역에서 더 긴 여름을 보냈고, 연방군의 봉쇄로 남부 연합군 영역에서 퀴닌이 부족했기 때문이다. 로버트 리의 군대는 몸에 테레빈유(turpentine)를 바르는 것을 포함하여 많은 대체품에 의지했다.[177] 그러나 말라리아는 더 적은 수의 남부 연합군을 죽였을 것 같은데, 이는 그들의 후천적 저항력이 더 컸기 때문일 것이다. 그 기록은 남지 않아서 추측만이 가능하다.

미국 남북 전쟁에서, 황열병과 말라리아는 세 가지 주요한 이유로 결과를 만들지 못했다. 첫째, 퀴닌과 검역 같은 개입이 감염을 막거나 일부 환자를 치료했다. 둘째, 살상 기술이 너무 많이 향상되어 일반적으로 질병으로 인한 전사자 수는 전장에서 죽은 병사의 두 배에 불과했는데, 이는 미국-멕시코 전쟁에서 죽은 수의 여섯 배, 미국 독립 전쟁에서 죽은 수의 여덟 배였던 것과 비교된다.

---

174) 1850~1867년 뉴올리언스에서 황열병에 대해서는 Carrigan(1994: 58~95) 참조.
175) Ballet(2002: 289). Schroeder-Lein(2008: 219)에는 말라리아 사망자가 1만 63명이라고 적혀 있다.
176) Bollet(2002: 236)에는 연합군이 10톤의 기나나무 껍질과 약 20톤의 퀴닌을 사용했다고 적고 있다(Olllete, 1987: 273).
177) Hasegawa(2007). 이는 얼룩날개모기들이 테레빈유를 싫어했다면 도움이 되었을 것이다. 더 자주, 그들은 층층나무와 버드나무처럼 기나나무와 비슷한 뿌리에서 얻은 분말을 사용하려고 했다.

1862년 앤티텀(Antietam)에서 각 군대는 멕시코 전쟁에서 미군이 모든 원인으로 잃은 것보다 더 많은 병사를 단 하루 만에 잃었다. 세 번째이자 가장 중요한 사실은 군인 대부분이 대부분의 전쟁을 황열병과 말라리아 지역 밖에서 보냈다는 것이다.[178) 또한 네 번째 이유도 있을 수 있다. 말하자면, 병에 걸린 군인들은 인구밀도가 낮거나 연민이 드물었던 다른 작전 지역에 비해, 더 자주 음식과 물을 제공해 주는 동정심 많은 민간인의 보살핌을 받을 수 있었다.[179)

19세기의 전투들은 차등면역과 저항력이 군사적·정치적 역사를 형성하는 지속적인 힘을 보여 주지만, 그것들은 또 사람과 조직들이 몇 가지 교훈을 더 배웠음을 보여 주기도 한다. 아직 아무도 황열병과 말라리아가 어떻게 퍼지는지 이해하지 못했지만, 일상적인 격리(1820년대부터)의 출현은 모든 미생물의 확산을 억제하는 데 도움이 되었다. 말라리아와 황열병에 대한 방어막으로서 고도(elevation)의 중요성은 일반 지식이 되었으며, 말라리아에 대한 퀴닌의 효능도 마찬가지였다. 1790년대부터 서인도 제도 전역에서 영국군이 했던 것처럼,[180) 르클레르가 아이티에서 했던 것처럼, 볼리바르와 모리요가 베네수엘라에서 했던 것처럼, 그리고 미군이 남북 전쟁에서 어느 정도 그랬던 것처럼, 군대들은 가능하면 저항력 있는 군대 또는 면역력 있는 군대를 사용하려고 시도했는데, 그들이 이해한 바대로 그것은 흑인 군인을 의미했다.[181) 산타 안나 또한 그의 전투에서 티에라 칼리엔테에 익숙한 병사들, 종종 아프리카계 멕시코인들인 하로초를 이용했다. 프랑스군은 1862~1867년에 멕시코를 거의 정복하

---

178) Bollet(2002) and Oillen(1987) 외에도 황열병, 말라리아, 남북 전쟁에 관해서는 Steiner (1968) 참조.

179) 1863년 빅스버그(Vicksburg)에서 북부 병사들은 높은 비율로 (말라리아로 인해) 병에 걸렸지만, 많은 사람들이 지역 수녀원에서 도움을 받았다(Oakes, 1998).

180) Buckley(1979). 극도로 긴급한 상황에서, 18세기 내내 군대와 민병대에 흑인들이 모집되었다(Pares, 1936: 255~257).

181) 미군은 가장 말라리아가 많이 발생하는 환경에서 흑인 부대를 이용하려고 했다(Gillett, 1987: 277~278).

고 부분적으로 점령하는 동안 베라크루스 저지대에서 싸우기 위해 당시 이집트 지배에 있던 수단(Egyptian Sudan)이었던 다르푸르(Darfur) 출신의 딩카(Dinka) 노예 병사 대대를 모집했다. 나폴레옹 3세는 황열병에 저항력이 있는 군대를 찾았고, 이로써 그의 부대 가운데 하나가 1천 명에서 118명으로 감소했다. 분명 대부분의 딩카족은 발진티푸스와 결핵에는 걸렸지만, 황열병에는 면역력이 있었다.[182)

여하튼, 이 모든 교훈이 스페인 군대의 상층부에서는 충분히 인식되지 않았다. 1861년에서 1865년 사이 스페인 군대는 생 도맹그를 제국으로 복원하려는 동안 황열병과 말라리아로 엄청나게 고통을 겪었으며, 1862년 프랑스의 개입 (French intervention) 시기 동안에 멕시코 일부를 되찾으려 했을 때도 그랬고, 쿠바의 독립을 막으려 했을 때도 극심하게 시달렸다.[183)

쿠바: 무시무시한 작은 전쟁

19세기 쿠바는 빠르게 성장하는 식민지 자본주의의 요새였다. 아이티 파괴의 결과로 확장된 설탕 산업은 10년을 거듭하여 번성했고, 섬의 삼림을 파괴하고 매우 부유하고 세속적인 엘리트들을 지원했다. 농장주들은 최신 기술을 적극적으로 도입하여, 철도와 전신 전화를 스페인보다 먼저 쿠바에 도입했다. 그들은 농장에서 설탕을 가공하기 위해 증기 엔진을 사용했다. 1870년대까지 쿠바는 세계 설탕의 42%를 공급했다. 1850년 이후 노예무역이 감소하면서(그리고

---

182) Hill and Hogg(1995, esp. 30~35, 61, 103); Dabbs(1963: 226~227); Edwards(2002). 스페인 군대는 이 전쟁에서 황열병 때문에 그 명령을 무시하고 베라크루스에서 철수했다 (Moreno Fraginals and Moreno Maso, 1993: 79).
183) 생 도맹그 전쟁의 질병에 관해서는 Massons(1994, 2:185~188); Moreno Fraginals and Moreno Masó(1993: 83). 스페인은 이 전쟁에서 병사 1만 5천 명을 잃었으며 93%가 질병으로 사망했다. 도미니카인들은 차등면역과 결합될 때 게릴라전의 효과를 다시 한 번 보여 주었다.

지도 7.3. 쿠바

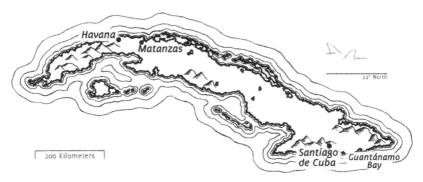

1867년에 끝났다) 쿠바는 점점 더 많은 이민자를 끌어들였다. 1880년대까지 10
만 명 이상의 중국인이 사탕수수 경작지에 일하러 왔다가 그대로 머물렀다. 매
년 수만 명의 스페인 사람이 쿠바에 왔는데, 일부는 군인으로, 일부는 계절 노
동자(연간 1만~2만 명)로 와서 사탕수수와 담배를 수확했으며, 일부는 체류를 희
망하는 이민자로 들어왔다. 1890년 쿠바 인구 170만 명 중 약 8~9%가 스페인
에서 태어났다. 체류자 수를 계산하면, 1868년에서 1894년 사이에 50만 명이
넘는 스페인 사람이 쿠바로 왔다. 이러한 높은 유입률은 황열병 바이러스를 급
속히 퍼지도록 했다. 1854년부터 거의 매년, 특히 1868~1878년처럼 대규모 병
력 이동이 있었을 때 병이 발생했다.[184]

---

184) Martínez Fortun y Foyo(1952: 28~37)에서는 쿠바 전염병 목록을 작성하고 1868~1878년
에 약 1만 1,600명의 민간인과 2만 명의 군인이 황열병으로 사망했다고 적고 있다.
Moreno Fraginals and Moreno Masó(1993: 63~64, 81~85, 99~101, 144)에서는 1868~
1880년에 스페인 군대가 매년 약 1만 5천 명의 병사를 쿠바로 보냈다고 적었으며, 매년 약
5천 명이 질병으로 사망했다고 한다. 1868~1880년 쿠바에서 스페인 군인들의 절반이 약
간 넘는 수가 황열병으로 사망했다. Guerra(1999: 654)에서도 유사한 데이터를 가지고 있
으며 황열병으로 군 병원에 입원한 군인의 21~57%(1868~1897)가 그 병으로 사망했음을
보여 준다. 35개 스페인 군 병원의 월간 원본 데이터에는 다음과 같이 적혀 있다. "황열병
에 걸린 장애인과 사망자의 일반 상황 비교 … 1867~1879(Estado general comparativo

19세기 대부분 동안, 쿠바의 엘리트들은 독립보다 스페인에 남아 있기를 선호했다. 스페인이나 스페인 혈통에서 태어난 사람들 간의 감정적 유대와는 별개로, 실질적인 이유로 쿠바인들은 스페인 사람으로 남아 있기를 원했다. 1790년에서 1867년 사이에 약 80만 명의 아프리카인을 추가로 쿠바에 데려온 노예무역은 또한 백인에게 쿠바의 아프리카화처럼 보이는 변화를 가져왔다. 노예반란은 백인들에게 불안을 고조시켰다. 스페인과 그 수비대는 사회질서의 보증인으로 남아 있었다.

그러나 노예무역이 서서히 멈추면서 점점 더 많은 노예가 자유를 얻었다(노예제는 1886년에 끝났다). 스페인에서 온 이민자는 쿠바의 피부색을 변화시켰다. 1830년에는 아프리카계 쿠바인이 인구의 거의 60%를 차지했지만 1870년에는 약 40%를 차지했고 쿠바인 4명 중 1명만이 노예였다. 이에 따라 스페인 군대를 주둔시키려는 쿠바 엘리트의 열망도 줄어들었다. 이제 스페인에 대한 쿠바의 불만이 더 큰 비중을 차지하게 되었다. 스페인은 쿠바에 막대한 세금을 부과했고 스페인 자체에서는 인정되었던 정치적 권리를 쿠바인에게 주지 않았다. 도미니카 공화국에서 실패한 스페인 전쟁(1861~1865년)에 대한 비용을 지불하기 위해 부과된 추가 세금이 화근이었다. 1868년 스페인의 혁명은 기회를 제공했다. 1868년, 가난한 동부 지역 쿠바인들이 반란의 기치를 올렸고, 곧 수천 명의 노예와 자유 흑인을 모았다. 수년간 스페인은 너무 약하고 혼란스러워서 쿠바의 반란에 대항하기 위해 어떤 것도 할 수 없었다. 그러나 1875년 (또 다른) 부르봉 왕정복고 이후, 쿠바인들 사이의 분열이 알려졌다. 많은 쿠바인, 특히 쿠

---

de los individuos invalidos y muertos de fiebre amarilla … 1867~1879)," 국립의학도서관의 원고(Bethesda, MD). 인구 및 이민 전반에 대해, Palazón Ferrando(1998); Amores Carredano(1998: 145~148)는 참조. 19세기 후반, 하바나에서는 거의 매해 500~1천 명의 민간인 황열병 사망자가 발생했으며, 이들은 주로 새로 도착한 사람들이었다(Gorgas, 1915: 71; Guerra, 1999: 654). Smallman-Raynor and Cliff(1999)는 1890년대 쿠바의 질병 환경을 검토했다.

바섬 서쪽 출신들의 도움으로 1878년경 스페인 군대는 최소한 예전의 현상 유지 상태를 회복했다. 쿠바섬의 좁은 허리를 가로지르는 방역선(cordon sanitaire)이 10년 전쟁(Ten Years War)으로 알려진 그 반란을 쿠바 동부로 제한하여 진압하는 것을 더 쉽게 만들었다.

스페인은 여전히 가난했고 모로코에서 값비싼 제국주의 전쟁을 치렀기 때문에 쿠바를 그 어느 때보다 더 강하게 압박할 수밖에 없었다. 유럽, 특히 스페인에서 사탕무의 증가는 또한 쿠바의 설탕 수출과 이에 따른 번영을 감소시켰다. 미국의 설탕 시장이 잠시 구해 줬지만, 1890년대 새로운 관세, 하와이와 루이지애나 설탕의 출현, 국제 경기 침체가 결합하여 쿠바 경제를 위기에 빠뜨렸다. 특히 피해를 준 두 개의 큰 허리케인이 고통을 가중시켰다. 민족주의적인 성향의 지식인들은 스페인이 쿠바를 통치할 권한을 부정할 만한 더 많은 이유를 찾았다. 1895년에 또 다른 반란이 일어났다.[185]

반란은 쿠바섬의 낙후된 동부에서 일어났는데 10년 전쟁의 참전 용사들, 특히 전 스페인 장교인 막시모 고메스(Maximo Gómez)와 아프리카계 쿠바인인 안토니오 마세오(Antonio Maceo)가 이끌었다. 생 도맹그에서 태어난 고메스는 젊은 시절 카리브해 전쟁에서 스페인을 위해 싸웠지만, 1868년에는 쿠바의 혁명 세력과 운명을 같이했는데, 60대 초반에 그들의 선두에서 싸웠다. 마세오는 반란에 가담하기 위해 급히 쿠바로 돌아온 많은 망명 혁명가 중 한 명이었다. 그의 아버지는 베네수엘라 출신 백인으로 쿠바로 이동하기 전에 볼리비아 전쟁에서 싸웠다. 고메스와 마세오는 둘 다 자신이 숙련된 게릴라 사령관이며 목표를 추구하는 데는 아주 무자비함을 입증했다. 그들은 어느 때나 무장도 안 되고, 옷도 허름하고, 잘 먹지도 못한 몇 천에 지나지 않는 병력을 휘하에 두고 있었기 때문에, 스페인 군대와 치열한 전투를 감당하기가 어려웠다. 가장 유명한 두

---

185) 쿠바 독립의 전개에 대하여, Amores Carredano(1998); Ferrer(1999); Pérez(1983, 2001); Tone(2006) 참조.

번의 승리에서 그들은 100명 미만의 스페인인을 죽였다.[186) 반란군은 스페인 군보다 더 많은 말과 더 큰 기동성을 가지고 있어서 필요할 때 일반 대중 속으로 사라질 수 있었다. 그러나 그 외에는 유리한 것이 거의 없었기 때문에, 그들은 매복이나 학살 또는 방화에 의존했다. 그들은 쿠바의 경제와 스페인에 대한 쿠바의 가치를 파괴하기 위해 가능한 한 모든 곳에서 마을과 플랜테이션 농장들을 불태웠다. 그들은 그 사람들에게서 생계 수단과 생필품을 빼앗음으로써 반란에 강제로 가담시키려 했다. 가담자 대부분은 젊고 미혼으로 잃을 것이 거의 없는 아프리카계 쿠바인이었다. 아마 4만 명의 남자가 3년간 반란군에서 복무했던 것 같은데, 어느 때나 이 반란군 전체 중 일부에 지나지 않았다. 쿠바인들은 양쪽에서 싸웠다. 독립보다는 스페인을 위해서 더 많이 싸웠다.

독립군(mambises)은 알려진 대로 군사적으로는 스페인 군대에 거의 위협이 되지 않았지만, 정치적으로는 승리했다. 그들은 동쪽에서 서쪽으로 거의 섬의 길이만큼 행군했고, 갈수록 불타올랐다. 그들은 스페인 사람들을 부추겨 인기 없는 정책을 펴도록 했고, 특히 미국에서 외국의 지지를 구했으며, 무엇보다 취약한 상황에서 순찰대를 찾을 때를 제외하고는 기동성을 이용하여 스페인 군대를 피했다. 그리하여 그들은 그들 이전의 워싱턴, 투생, 볼리바르와 마찬가지로, 반란을 계속해서 살렸고, 시간과 "기후"가 그들의 편에 있었기 때문에 승리하게 되었다.[187)

스페인 군대에서 고메스와 마세오는 스페인 농민들로 구성된 병력과 마주했는데, 이들은 고메스와 마세오의 부하들처럼 영양실조에 걸렸지만 무장은 훨씬 더 잘 되어 있었다. 스페인 군 복무에서 벗어날 수 있는 경제적 여유가 있다면

---

186) Tone(2006: 80, 125), 페랄레호(Peralejo) 전투에서 28명 사망, 말 티엠포(Mal Tiempo) 전투에서 65명 사망.

187) Gómez(1975: 273~369)는 얼마나 허술하고 즉흥적인 반란이었는지를 보여 주는 전쟁 일기를 썼다.

거의 모두가 그렇게 했다. 19세기 후반의 스페인 군대는 공격을 물리치고 쿠데타를 일으키는 경험이 풍부했다. 스페인군의 강령(doctrines)은 프로이센(Prussian)의 사례에서 차용한 것으로, 유럽의 재래식 전쟁에 대비하기 위해서였다. 스페인군은 주로 모로코에서 식민지 반게릴라 전쟁을 치렀지만, 필리핀, 생 도맹그, 그리고 쿠바에서도 그 전쟁을 치렀다.

1895년 초반 쿠바에서, 스페인 군대에는 군인 1만 3천 명이 있었는데, 곧 10만 명으로 증가했으며, 쿠바 비정규군 2만~3만 명이 더해졌다. 전쟁 중 20만 명 이상의 스페인 사람이 쿠바에서 복무했다. 그들은 스페인 군대에서 가장 가난했거나 가장 절실했다. 돈을 조금이라도 가진 군인은 쿠바 복무에서 벗어날 수 있었다.[188] 처음에는 아르세니오 마르티네스 캄포(Arsenio Martínez Campo) 장군이 그들을 이끌었는데, 그는 10년 전쟁의 종식을 협상하고 스페인에서 공화국을 전복시켰으며, 모로코 전투에서 대참사를 감독한 정치 장군이었다. "최후의 한 명과 마지막 한 페세타(peseta)까지" 싸우라는 지시를 받은 그는 성공하기 위해 필요한 조치들을 실행하는 것은 너무 혐오스럽다고 생각하고, 발레리아노 웨일러(Valeriano Weyler) 장군에게 자신의 소환을 요청했는데, 웨일러 장군은 곧 '학살자 웨일러(Butcher Weyler)'라는 별명을 얻게 된다.[189]

아버지가 프로이센 사람이지만 스페인 장교였던 웨일러는 16세부터 뛰어난 군 경력을 쌓았다. 그는 육군 참모 대학에서 반의 1등이었고, 청년 시절에 카리브해 복무에 자원했으며(황열병을 앓고도 살아남았음), 25세경에는 국가가 발행하는 복권에 당첨되어 부자가 되었다. 의욕이 별로 없는 사람이었다면 은퇴하고 마요르카(Mallorca)섬에 있는 집으로 갔을 수도 있다. 그러나 웨일러는 상원

---

188) Pérez(1983: 74). Pascual Martínez(1996)에서는 쿠바에서 스페인 군대 규모에 대한 공식적인 수치를 제시한다. Moreno Fraginals and Moreno Masó(1993: 132)에서는 약간 높은 수치로 나타난다.

189) Amores Carredano(1998: 251~312, esp. 251~253); Beldarraín Chaple(2005: 57).

의원이 되기 전에 다시 카리브해에, 스페인에서 내전에, 그리고 필리핀에서 반란군과의 전쟁에 참전했다. 스페인에서 보수 정부의 지원으로, 웨일러는 1896년 2월 쿠바에서 전권을 장악했다.

그는 그러한 권력을 충분히 이용했다. 웨일러는 그와 다른 사람들이 필리핀에서 이용했었고 어느 정도는 10년 전쟁에서도 사용했던 전략을 개발했는데, 이는 "재집중"으로 알려진다. 거기에는 농촌 인구를 마을과 도시로 이동시키고, 필요한 경우에는 그들을 그 마을과 도시의 가장자리에 있는 주둔지로 이동시켜 반란군을 주변 인구로부터 격리하고, 이로써 적의 은신처, 식량, 말, 신병을 차단하려는 것이 포함되어 있었다. 지휘관들은 수천 년 동안 게릴라를 상대로 여러 형태의 이 전술을 이용했는데, 웨일러의 효율성을 가진 경우는 드물었지만, 다시 여러 번 그렇게 할 것이었다. 1896년 봄부터, 웨일러의 군대는 인구의 거의 3분의 1에 해당하는 50만 명의 쿠바인을 재배치했다. 이는 반란군에게 상황을 훨씬 더 어렵게 만드는 소기의 효과를 가져왔는데, 이 반란군은 1896년 마세오가 교전 중 사망했을 때 더 큰 타격을 입었다. 그러나 재집중은 정치적으로 역효과를 가져왔다. 약 15만 명의 쿠바인(쿠바섬 인구의 9%)이 주둔지와 스페인이 점령한 마을에서 질병이나 굶주림으로 죽었는데, 이는 웨일러와 스페인 사람들에게 선전 재앙(propaganda disaster)이 되었다.[190] 스페인 징집병이 가져왔다고 알려진 천연두와 시골 쿠바인들이 도시로 끌려갔을 때 걸린 황열병은 수천 명에게 옮아 갔다. 스페인에서는 정치적 반대파가 정부를 비판하기 위해 웨일러 정책의 비인간성을 이용했으며, 미국에서는 대외 강경파 언론과 정치인들이 쿠바가 미국이 되기를 열망하며 웨일러의 잔혹함과 스페인의 통치 부적합성을 널리 알렸다.

그러나 웨일러와 스페인은 좀 더 심각한 문제를 안고 있었는데, 이집트숲모

---

190) Beldarraín Chaple(2005: 65)에서는 최대 50만 명에 달하는 더 큰 추정치를 인용한다. 그러나 Tone(2006: 223)에서는 가장 신중하게 증거를 가지고 정리했다.

기의 살인적인 활동이 그것이었다. 1890년대의 스페인 군대는 많은 결점이 있었지만, 상당히 좋은 기록을 남겼기 때문에, 이전의 군사 활동에 대해서보다 사상자를 더 정확하게 집계할 수 있다.[191] 쿠바 독립 전쟁에서, 스페인 군대는 전투로 3,100명, 질병(과 간헐적 사고)으로 4만 1천 명을 잃었다. 따라서 전체 군인 사망의 약 91%는 미생물에 의해서였다. 공식 집계에 의하면 1만 6,329명이 황열병으로 사망했으며, 이는 전체 군인 사망의 36%에 해당했다. 나머지는 말라리아, 티푸스, 이질, 그리고 기타 감염에 의해서였다. 그러나 언론인들은 스페인 의료 당국이 조직적으로 황열병 사망자를 축소 보고했으며, 징집병들의 공포를 줄이고 당국의 무능을 감추기 위해 수천의 황열병 사망을 다른 원인 탓으로 돌렸다고 주장했다. 최근 추정에 따르면 스페인 군대의 황열병 사망자는 3만 명 이상으로 쿠바에 파견된 전체 군인의 약 6분의 1이다.[192] 더군다나 적어도 4천 명이 고향으로 가는 길에 "묘지선(cemetery ships)"으로 알려진 배에서 사망했다.[193] 사망자 외에도, 살아남은 스페인 군인들은 병들어 있었다. 한 병원장은 전체 군인의 절반이 쿠바에 발을 디딘 지 두 달 내에 병원에 입원한 것으로 추정했다. 1898년 1월, 스페인 군인 11만 4천 명이 쿠바섬에 남았을 때, 6만 4천 명은 너무 아파서 임무를 수행할 수 없었다. 전쟁 중에 스페인 군인들은 약 90만 회 입원했으며, 이는 병사 1인당 여러 번에 해당하는 숫자였다.[194]

---

191) 1896년 공식적인 집계는 Larra y Cerezo(1901)에 있다. 그의 수치에 따르면 1896년 질병 사망자의 75%는 황열병에 의해서였다(p. 26). Pascual Martínez(1996: 484)에서는 공식적인 데이터를 요약했다. 자료 출처는 Diario Oficial del Ministerio de la Guerra이다.

192) Espinosa(2009: 71).

193) Moreno Fraginals and Moreno Masó(1993: 151)에 의하면 스페인으로 향하는 수송선에서 적어도 4천 명이 사망했다. 그들의 조사에서는 3천 명으로 추정한 Pérez(1983: 75)보다 더 자세하게 나타나 있다.

194) Tone(2006: 97~100); Esteban Marfil(2003: 176). Tone(2002: 284)은 무심코 900만 병원 입원을 기록했다. 황열병 전염은 동부에서 시작되어 스페인 부대가 반군을 추격하면서 서쪽으로 번졌다(Smallman-Raynor 1999: 340~342).

의료 수준은 여전히 처참했다. 퀴닌은 공급이 부족했고, 그마저도 황열병 환자에게 허비되었다. 병원은 병든 군인들이 질병을 교환하는 감염의 중심지였으며, 때때로 황열병에 걸린 후 침대에서 일어나다가 다음 날 말라리아에 희생되었다. 개미, 바퀴벌레 및 기타 기어다니는 해충이 환자를 노리는 것을 방지하기 위해 병원 측에서는 모든 침대의 다리 4개를 전부 물이 찬 냄비나 팬에 넣었다. 이는 개미가 접근하지 못하도록 한 방법이었지만, 병원 내 이집트숲모기 개체 수를 최대화하여 황열병이 빠르게 전파되도록 했다. 병원이 꽉 차자, 황열병 희생자들은 아바나 부두를 따라 늘어선 설탕 창고에 쌓였다. 항구에 있는 한 병원은 황열병으로 악명이 높아서 스페인은 그 병원을 봉쇄했다.[195] 일부 스페인 장교는 차가운 샴페인을 마셔 황열병으로부터 자신을 보호하려고 했지만, 그것은 전쟁에 기울이는 총력에 도움이 되었을 리 없다.[196] 질병 매개체로서 모기의 역할은 아직 잘 알려지지 않았지만, 곧 알려지게 될 것이었다.[197]

고메스의 오합지졸 병사들에게는 의료 혜택이 아주 적었지만, 그들이 필요로 한 것은 더 적었다. 그들은 (주로) 아프리카계 쿠바인으로, 아마도 황열병과 말라리아에 대한 유전된 저항력이 있었던 것 같고, 그들 중 많은 사람은 황열병과 말라리아 저항력이 둘 다 컸으며, 두 가지 모두에서 살아남았던 것 같다(시골 출신의 쿠바인들은 황열병을 피할 수 있었을지도 모르지만 말이다). 공식 집계에 따르면 그들은 병사 약 1,300명을 질병으로 잃었는데, 이는 단지 군인 사망자의 30%(스페인 사람의 91%와는 대조적으로)에 불과했다. 어느 정도, 이러한 결과는 그들이 황열병이 도사리고 있는 도심이 아닌 시골에 있었다는 사실에 기인했다. 그러나 주된 이유는 차등면역과 저항력이었다. 반란군은 거의 모두 황열병

---

195) Smallman-Raynor and Cliff(1999: 342); Espinosa(2009: 69).

196) Tone(2006: 154).

197) Esteban Marfil(2000); Esteban Marfil(2003)에 따르면 스페인 군 의료 기관의 노고를 좌절시켰다. Massons(1994, 2:164~173); Pérez(1983: 74~78)도 참조.

에 면역이 있었고 말라리아에 내성이 있었지만, 말라리아는 여전히 질병 사망의 대부분을 차지했었을 것이다.[198]

쿠바 반군은 황열병에 그들의 동맹군이 있음을 잘 알고 있었다. 모든 쿠바인은 황열병이 쿠바섬에 새로 온 사람들을 공격한다는 것을 알았다. 수십 년 동안 스페인 군대가 일상적으로 황열병 때문에 심하게 고통 받았다는 것을 군대 경험이 있는 사람들은 모두가 알았으며, 일부는 황열병이 새로 도착한 스페인 군대의 절반을 죽일 것이라고 예상했다. 1895년 이후 쿠바에 주둔한 스페인 군대의 소름 끼치는 경험은 모두가 분명하게 볼 수 있는 것이었다. 마세오와 고메스는, 그들 이전의 투생(과 어쩌면 볼리바르까지)처럼, 차등면역과 저항력이라는 사실을 신중히 이용하여, 단번에 혁명을 잃을 수 있는 전투를 피하고, 대신 소규모로 교전하고, 황열병이 최악의 상태에 다다르도록 내버려 두었다. 1897년 7월 야전 일기에서 고메스는 스페인 군인의 "건강 결핍"이 재정 문제와 더불어 스페인 사람들을 쿠바에서 철수하게 할 것으로 예측했다.[199] 그는 황열병에 대한 자신의 의존을 인정했으며, 종종 그에게 최고의 장군은 "6월, 7월, 그리고 8월"이라고 말했다. 그는 9월과 10월에 동등한 지위를 부여하고 1897년의 대단치 않았던 엘니뇨를 대령으로 명예 진급시켰을 수도 있다.[200]

스페인은 군대의 거의 4분의 1이 질병으로 사망했고, 나머지 대부분은 병든 상태에서 능숙한 게릴라 반란군을 진압할 수 없었다. 쿠바 전쟁에 대한 정치적 환멸로 스페인에서 새로운 정부가 집권했는데, 이 정부는 웨일러를 소환하여 정치적인 해결책을 찾기 시작했다. 그 일이 더 진행되기 전인 1898년 봄에 미국은 스페인에 전쟁을 선포했다.

존 퀸시 애덤스(John Quincy Adams) 시대 이후 미국 내 다양한 목소리들은

---

198) Tone(2006: 97~100).

199) Gómez(1975: 333).

200) Espinosa(2009: 68~69). 고메스의 인용에 대해서는, Souza y Rodríguez(1936: 228~229).

여러 차례 쿠바를 공화국에 편입시키려 했지만, 1890년대에 해외 팽창에 대한 미국인들의 열망은 최고조에 달했다. 1898년 이전에는 미국이 공식적으로 중립을 유지했지만, 미국인들은 전쟁 내내 반란군을 은밀히 지원했다. 그러더니 미국인의 생명과 재산을 보호하기 위해 아바나로 파견된 전함 메인(Maine)호가 폭발했는데, 의도치 않게, 선원 266명이 사망했다. 이는 미국이 전쟁을 선포하고 쿠바와 필리핀의 육지와 바다에서 스페인군을 공격할 충분한 이유를 제공했다. 쿠바에서 그 전쟁은 단 몇 주 동안만 계속되었다. 미국은 군인 332명 정도는 전투 중 사망으로, 3천여 명은 질병으로 인한 사망으로 잃었으며, 이들 중 다수는 전투가 중단된 후에 사망했다. 스페인은 쿠바, 푸에르토리코, 괌, 필리핀을 잃었다. 미국 외교관 존 헤이는 그것을 "훌륭한 작은 전쟁(splendid small war)"이라고 부른 것으로 유명하다.

쿠바는 1902년까지 미국의 보호령이었다. 그 이후에는 고메스, 마세오, 그리고 그들의 게릴라들 덕분에, 미국의 개입 덕분에, 그리고 황열병과 말라리아 덕분에 이름뿐인 자유였다. 쿠바인들은 그들의 영웅들을 떠받들었다. 미국인들은 그들의 영웅들을 숭배했는데, 그 영웅 중 한 사람, 즉 시어도어 루스벨트를 대통령으로 선출한 후 러시모어산(Mt. Rushmore)에 그의 초상을 새겼다. 쿠바에는 스페인 군대의 가장 치명적인 적이었던 모기에 대한 기념비가 없다.

결론

장이 길면 결론은 짧을 필요가 있다. 1790년대경에 이르면 플랜테이션 경제는 프랑스령과 영국령 카리브해 지역에서 이 경제에 적합한 경관의 대부분을 채웠으며, 생 도맹그에서 그 정점에 달했다. 플랜테이션 체제의 생태적·인구통계적 영향으로 많은 감염 모기들이 그 지역에 새로 온 거의 모든 사람을 맞이했고, 거기에 취약한 사람들은 황열병과 말라리아에 걸릴 가능성이 커졌다. 1890

년대에 이르러서는 쿠바섬 전체에서도 마찬가지였다. 그리하여 1793년에서 1898년 사이에 유럽에서 파견된 대규모 원정군은 초기에 버논과 앨버말 휘하의 원정군이 겪었던 것 같은 끔찍한 운명을 맞이했다. 아이티, 뉴 그라나다, 그리고 쿠바에서, 그들의 임무는 북아메리카의 콘월리스의 임무와 마찬가지로 혁명을 진압하는 것이었다. 콘월리스와 마찬가지로, 그들은 모두 모기 매개 질병의 편파적인 영향으로 임무 달성에 대부분 실패했다.

1770년대 이후 변화된 정치 세계에서, 차등면역의 역할은 혁명 세력의 투쟁을 지원하는 것이었다. 18세기에 스페인 제국의 방어 전략가들이 했던 것처럼, 투생, 산타 안나, 고메스의 경우, 아마 볼리바르와 다른 사람들의 경우에도, 혁명 전략가들은 황열병의 영향을 인식하고, 이를 염두에 두고 전쟁 계획을 조정했을 가능성이 매우 커 보인다. 1847년에 멕시코에서 윈필드 스콧은 분명히 황열병을 중심으로 군사작전을 계획했다. 그 당시에는 아직 아무도 황열병과 싸우는 방법을 알지 못했지만, 19세기 말엽에는 점점 더 많은 사람이 황열병과 싸우는 방법을 이해했다.

08

결론

매개체 모기와 바이러스의 정복, 1880~1914

역사에는 무작위성과 규칙성이 존재하지만 그 비율은 다양하다. 대카리브해로의 정착과 제국 건설, 전쟁, 혁명은 모든 참여자에게 명확하게 드러나지 않지만 분명히 규칙적인 패턴이 있다. 육군 장군과 해군 제독들의 용맹함과 기술은 제각각이었고, 포탄의 궤적은 바람의 영향을 받았다. 이러한 것들이 무작위성에 속한다고 볼 수 있다. 그러나 비면역자 수천 명이 그 지역에 유입되면서 황열병과 말라리아가 발생하는 일은 일상적이었다. 이것은 당혹스럽지만 그 지역 사람들에게는 예측 가능했다. 질병의 출현은 발생 시점을 제외하면 무작위적이지 않았다. 질병의 발생은 주로 바이러스의 먹잇감이 언제 도착하는지에 따라 달라졌다. 병의 심각성 정도도 많은 요인에 따라 달라지곤 했었다.

이와는 달리 황열병은 무작위성을 제한하면서 규칙적인 패턴을 형성했다. 특히 대카리브해 지역에서 벌어지는 정치적 투쟁이 낳을 결과의 가능 범위를 크게 좁혔다. 가능성이 희박한 일도 언제든지 일어날 수 있다. 핀란드인이나 마오리족이 어떻게든 그 지역 전체를 정복하지 않았는가. 그러나 이런 패턴은 스페인이 1800년까지 아메리카에서 제국을 유지할 가능성을, 1776~1826년과 1895~898년에 일어난 혁명이 군사적으로 성공할 가능성을 극적으로 높였다.

요약된 논의

좀 더 덜 철학적으로 말하자면, 이 장의 목적은 독자들에게 생태 문제와 정치 문제 일반 사이의 연관성을 설명하는 것이다. 특히 황열병의 위력과 그보다는 덜한 말라리아가 1640년대에서 1910년대까지 대카리브해 제도에서의 정착, 제국 건설, 제국의 경쟁, 혁명을 이루는 데 얼마나 큰 영향을 미쳤는지 설명하는 것이다. 1640년대 이전까지 아메리카 대륙에서 황열병의 역할은 미미했다. 그러나 황열병의 독성, 전염성, 생존자에게 완전한 면역을 부여하는 특성으로 인해 황열병에 취약한 사람과 그렇지 않은 사람의 격차는 정치적·군사적으로 큰 영향을 미쳤다. 말라리아도 마찬가지였지만 치사율이 낮고 저항력이 다양한 단계로 나눠져 있어서 황열병과 비교해 볼 때 그 정도는 덜했다.

17세기 후반과 18세기의 대서양 세력은 아무리 노력해도 아메리카 대륙에서 스페인 제국의 영토를 차지할 수 없었다. 특히 영국은 1741~1742년과 1762년에 치열하게 식민지 확보를 시도했지만, 더 많은 병력을 투입할수록 황열병이 군인과 선원들을 더 철저하게 파괴한다는 사실만을 알게 되었다. 황열병 지역 밖에서 태어나고 자란 사람들로 구성된 군대라면, 침략군은 카리브해에서 2주 이상 온전한 상태를 유지할 수 없었다. 특히 8주간의 우기 동안에는 병력의 절반 이상을 잃을 것이 거의 확실했다.

이런 절망적 가능성에도 불구하고 대카리브해 제도에서의 잠재적 보상은 많은 침략 동기를 부여했다. 스페인령 아메리카의 은과 무역을 장악하겠다는 생각은 처음에 해적, 그 후로는 정치인들의 상상을 매료시켰다. 새로운 설탕 섬을 획득한다는 아이디어 역시 강렬한 욕망을 자극했다. 하지만 (지미 클리프에게 미안하지만) 그들은 더 세게 침략해 오면 올수록 더 격렬히 죽어 갔고, 스페인 관리들은 요새를 건설하고 열병에 의존하는 것이 최선의 방어 태세라는 것을 더 분명히 알게 되었다. 모기는 무상으로 스페인 제국의 방어를 위한 보조 역할을 수행했고, 적에게 민병대 혹은 정규군보다 훨씬 더 치명적 손실을 입혔다.

이후 황열병과 말라리아는 1770년대 대서양 아메리카에서 시작된 혁명 전쟁에서 다섯 번째 혹은 여섯 번째 주역이었다. 병원균의 힘과 그에 대한 차별 저항은 워싱턴과 그린, 투생과 데살린, 볼리바르, 고메즈, 마세오 등 오합지졸 부대의 승리 확률을 높였다. 콘월리스, 르클레르, 모리요, 웨일리 장군과 그 부대의 군의관은 황열병의 급습에 아무런 대응책이 없었고 말라리아에 대한 대응도 불충분했다. 따라서 서론에서 주장한 바와 같이, 황열병과 말라리아를 옮기는 모기는 1770년대 이전 대카리브해 지정학적 현상의 토대를 이루었고, 그 이후에는 이를 약화시켰다.

매개체 모기와 바이러스 정복

이러한 문제들이 미국의 초기 역사에 어떤 영향을 미쳤는지 분석하는 일은 아주 흥미롭다. 말라리아는 미국 독립 전쟁의 승리에 도움이 되었고, 황열병은 나폴레옹이 1803년 북미의 심장부인 루이지애나를 제퍼슨 대통령에게 팔도록 설득하는 데 일조했다. 이 두 사건은 헌법과 함께 아마도 미국의 세 가지 토대 중 두 가지와 밀접하게 관련이 있다고 볼 수 있다. 1890년대 이후 제국주의 강대국으로 미국이 등장한 것도 황열병과 관련이 있다. 1898년 이후 쿠바 주둔 미군은 황열병 퇴치에 집중했으며, 그 과정에서 쌓인 지식을 토대로 미국은 파나마 운하 건설에 착수할 수 있었다. 이는 모두 잘 아는 이야기이므로 여기서는 간략히 요약하겠다. 미국은 대카리브해 제도에서 병원균과 사람이 공동으로 인간사를 통치하던 250년간의 시대를 종식시켰다.

쿠바와 황열병 통제, 1898~1900

1898년 미군이 쿠바를 점령하기 시작했을 무렵, 장군과 의사들은 황열병이 심각한 난제(難題)임을 알고 있었다. 그들은 스페인군의 참패를 예의 주시하고 있었다. 1900년 6월 월터 리드(Walter Reed) 박사가 이끄는 미 육군 황열병 위원회(U. S. Army Yellow Fever Commission)가 구성되었다. 리드 박사는 17세에 버지니아 대학교에서 의학박사 학위를 받았고 1870년대부터 주로 서부에서 군의관으로 활동했다. 그는 수많은 미국 병사뿐 아니라 대추장 제로니모(Geromino)도 치료했다.[1] 아바나로 파견되었을 때, 리드 박사와 그의 동료들은 이미 이집트숲모기를 의심하고 있었다. 19세기 동안 여러 의학자들은 질병이 모기에 의해 전염될 수 있다고 주장했다. 프랑스와 필라델피아에서 교육을 받고 프랑스-스코틀랜드계 부모를 둔 쿠바의 천재 의사 카를로스 후안 핀레이(Carlos Juan Finlay)는 1881~1882년에 가장 유력한 황열병 매개체로 이집트숲모기를 지목했다.[2] 핀레이는 자신조차 미심쩍게 생각했던 실험들을 진행했고, 그의 견해는 거의 지지를 받지 못했다. 곤충이 질병을 옮긴다는 가설은 당시에도 낯설었다. 그러나 1890년대 초 진드기가 질병 매개체로 인식되고 있었고, 1897년 영국의 한 군의관이 모기가 말라리아를 옮긴다는 사실을 결정적으로 밝혀냈다. 루이스 파스퇴르(Louis Pasteur)와 로버트 코흐(Robert Koch) 등의 미생물 연구 덕분에 당시 의료계는 큰 혼란에 빠졌고 오래된 통념과 이론은 흔들리게 되었다. 황열병에 대한 지배적 사고는 오물과 독성 그리고 감염 매개물(fomites)로 불리는 신비한 입자와 관련이 있었다.

황열병 위원회의 리드 박사 연구 팀은 먼저 오물과 감염 매개물로 황열병 발생을 연구했던 미국 외과 의사 협회의 이론을 비판해야만 했다. 그 후에야 이집

---

[1] 리드 박사의 전기는 Delaporte(1991); Bean(1982) 및 버지니아 대학교의 Philip S. Hensch Walter Reed Fever Collection 웹사이트에서 참조. 여기에는 많은 원본 문서가 포함되어 있음. http://yellowfever.lib.virginia.edu/reed/story.html

[2] 핀레이의 실험에 대한 부분은 다음을 참조. López Sfachez(2007); Chaves-Carballo(2005). 나는 모기를 벡터(매개체)로 믿는 대중적 믿음이 있었을 수도 있다는 작은 증거를 발견했는데, 1850년대에 영국의 의사는 그의 하인이 모기가 말라리아를 옮기는 것으로 믿었다고 농담 삼아 언급했다(White, 1859: 3).

트숲모기를 입증하는 실험을 할 수 있었다. 이 실험으로 인해 몇몇 실험 자원자들은 감염된 모기에 물려 사망하기도 했다. 핀레이가 하지 못했던 리드 박사 연구 팀의 성과는 인간이 초기 3일 동안만 감염력이 있고, 모기는 바이러스가 들어온 후 초기 일주일 정도만 감염력이 있다는 사실을 알아낸 것이었다. 이 사실을 알아낸 후에는 이집트숲모기를 통해 사람들을 정확하게 감염시킬 수 있었다. 리드 박사 연구 팀은 쿠바의 미 육군 총사령관 레너드 우드(Leonard Wood) 장군의 마음을 사로잡았다. 우드 장군은 의학을 전공했고 쿠바의 관료주의적 적들에 맞서 리드 연구 팀을 확고하게 지지했다. 하지만 리드 박사 연구 팀의 작업은 조롱 받기 일쑤였다. 예를 들어 1900년 11월 2일 자 ≪워싱턴 포스트≫는 다음과 같이 논평했다. "황열병에 대한 어리석고 말도 안 되는 억지 주장들 중 가장 어리석은 것은 바로 모기 가설이 만들어 낸 주장과 이론들이다."3) 그러나 이런 분위기에도 불구하고 육군 핵심 인사들의 지원으로 위원회는 증거를 완성하고 쿠바의 이집트숲모기를 통제하기 시작했다.

그 일은 또 다른 군의관 윌리엄 고가스에게 맡겨졌다. 리드 박사의 실험4)으로 회의론자들을 설득한 로가스는 19세기 후반의 전형적인 미국 의료인이었다. 그는 체계적인 과학과 과학적 결과물을 공공의 의무로 사회에 적용해야 한다고 믿었다. 그리고 무엇보다 건강한 열대 지역을 위해 (그가 자주 표현한 대로) "백인"들에게 특별한 책임이 있다고 믿었다.5) 그는 열대 지역에서 미국 백인들이 안전하게 살 수 있고 발전과 번영을 누릴 수 있는 날을 고대했다. 실제로 그는 1903년 쿠바를 점령한 목적이 황열병 퇴치였다고 주장했다.6) 그의 아버지 조시아 고가스(Josiah Gorgas)는 1847년 베라크루스에서 미군 수백 명이 황열병으

---

3) Oldstone(1998: 64~65).
4) Gorgas(1915: 72~109).
5) 그 예는 다음을 참조. Gorgas(1915: 284~292).
6) D.C. Medical Association, Gorgas Papers, Library of Congress.

로 사망하는 것을 목격했다.[7] 고가스는 어린 시절 텍사스에서 황열병을 겪었고 이후 황열병 정복을 평생의 야망으로 삼았다. 고가스와 그의 모기 퇴치 팀은 먼저 아바나와 쿠바 도시 전역에서 빗물 저장고와 저수조 등의 이집트숲모기 서식지를 철거했다. 또한 모기가 자유롭게 이동하지 못하도록 방충망과 모기장 등을 설치했다. 모기는 주요 질병 매개체이지만, 까다로운 번식 습성과 한정된 비행 범위 때문에 쉽게 통제할 수 있었다. 군 당국은 모기를 통제하는 데 필요한 고가스의 적극적인 조치를 지원했다. 1902년에 이르러 아바나에서 황열병은 1647년 이후 처음으로 완전히 사라졌다.[8]

파나마

고가스는 쿠바 다음에 파나마로 향해 자신의 재능을 발휘했다. 당시 파나마는 프랑스가 지협 횡단 운하 건설을 시도함으로써 유럽인의 무덤이라는 불명예를 안게 된 곳이었다. 스페인 정복자 발보아(Balboa)는 왕에게 파나마 운하의 당위성을 설득했다. 이후 윌리엄 패터슨과 훔볼트를 비롯한 많은 사람들이 같은 생각을 가지게 되었다. 1850년대에 지협을 가로지르는 철도가 건설되었지만, 5천~1만 명이 질병으로 사망했다. 철도는 많은 물량을 운반했지만 값비싼 운송비용이 필요했다. 그에 비해 운하는 그렇지 않았다.

프랑스의 운하 건설 시도는 1880년대부터 시작되었다. 수에즈 운하의 주역이자 불같은 열정을 지닌 기획자 페르디낭 드 레셉(Ferdinand de Lesseps)이 이

---

7) Vandiver(1947: 382). 조시아 고가스는 과장했을 수도 있다. 공식적으로 윈필드 스콧의 멕시코 침공에서 황열병으로 사망한 숫자는 109명에 불과했다. Gillett(1987: 116~117).

8) 고가스의 일대기에 대해서는 다음을 참조. Gorgas(1915); Gorgas and Hendrick(1924); Litsios(2001). 쿠바의 황열병 퇴치에 관해서는 다음을 참조. Gillett(1995); Olds tone(1998: 45~66); Chaves-Carballo(2005); Pierce and Writer(2005); 버지니아 대학의 Philip S. Hench Walter Reed Yellow Fever Collection 웹사이트(http://yellowfever.lib.virginia. edu/reed/story.html).

를 조직했다.[9] 저명한 가문의 외교관이었던 드 레셉은 1870~1871년 프랑스-프로이센 전쟁의 굴욕으로 큰 피해를 입은 프랑스를 정상 궤도에 올리고 싶었다. 이를 위해 수에즈 운하 이외에 또 다른 수익성 높은 운하를 건설할 필요가 있다고 보았다. 1879년 그는 파나마를 관통하는 해수면 운하에 대한 프랑스 정부의 지지를 얻기 위해 의원들을 매수하여 투자자를 구하고 회사를 설립했다. 첫 공사는 1882년에 시작되었다. 노동자들은 유럽 12개국에서 왔지만 주로 서인도 제도, 특히 자메이카에서 왔다. 1884년 10월 회사의 기록에 따르면 직원 수는 1만 9천 명이며, 이 중 85%가 서인도 제도 출신 흑인이었다.[10] 노동력은 평균 1만 명 정도였으며 처음에는 증기기계보다 주로 곡괭이와 삽으로 작업했다. 수천 명의 신규 입국자, 특히 유럽인들이 파나마 모기에 노출되면서 황열병과 말라리아 전염병이 발생했다. 운하를 건설하기 위해 확장된 항구는 이집트숲모기에게 적합했다. 또한 물탱크와 저수조를 갖춘 새 캠프와 막사도 마찬가지였다. 아노펠레스 알비마누스는 모기 알을 낳기에 완벽한 수백만 개의 새로운 웅덩이가 생겨나고 물고기가 접근할 수 없는 지형이 만들어지면서 번성하게 되었다.[11]

수천 명의 남성을(여성과 어린이도 적지 않았다) 질병 매개체 모기의 활동 범위 안으로 보낸 결과는 예상대로 참담했다. 총 사망자 수는 5천 명에서 2만 3천 명으로 추산된다. 고가스는 그 수치를 2만 2,189명으로 보고 프랑스 회사 직원의 연간 사망률을 24%로 계산했다.[12] 유럽 파견 노동자들이 가장 먼저 사망했으며, 전체 사망 중 3분의 1을 차지했다. 하지만 많은 아프리카 출신 노동자들도 폐렴, 결핵, 이질은 물론 황열병과 말라리아로 사망했다.[13] 프랑스 당국은

---

9)   Diesbach(1998).
10)   Heimermann(1996: 109).
11)   Sutter(2007)는 학질모기의 관점에서 운하 건설 현장의 환경 개선을 다루고 있다.
12)   Gorgas(1915: 149, 157). 고가스는 실제보다 더 프랑스를 나쁘게 서술했을 수도 있음을 고려해야 한다.
13)   특정 질병으로 인한 사망은 고사하고 서인도인 사망률에 대한 수치도 존재하지 않는다.

진실을 숨기려 했지만 많은 프랑스 엔지니어들이 파나마 행을 거부한 사실이 밝혀졌다. 운하 건설에 참여하며 그곳에서 생활한 줄스 댕글레(Jules Dingler)는 술에 취해 기운이 빠진 사람만 황열병에 걸린다고 주장했다.[14] 댕글레는 깨끗한 생활의 효과를 보여 주기 위해 가족을 파나마로 데려왔다. 그러나 그의 10대 딸은 3주 만에 황열병으로 사망했고, 곧이어 아들도 세상을 떠났으며, 얼마 후에는 그의 아내마저 사망했다.

시체가 쌓여 가면서 사기는 급격히 떨어졌다. 1887년 숨 막히는 프랑스 사회에서 벗어나고자 파나마로 온 화가 폴 고갱(Paul Gauguin) 같은 사람들 수천 명이 일찍 무덤에 묻힐까 두려워 떠났다. 그는 땡볕 아래서 긴 하루를 보내는 일이 매력적이지 않았고, 밤에는 "모기에게 잡아먹혔다"라고 말했다.[15] 그러나 고갱은 폴리네시아에서 죽기 전 프랑스로 돌아온, 운이 좋은 사람 중 하나였다. 운 좋게 살아남은 또 다른 생존자 막시모 고메스는 파나마의 운하 노동자를 감독하며 쿠바 망명 생활의 일부를 보냈다.

1885년 사망자 수가 정점에 달하자 투자자들은 패닉에 빠졌다. 파나마 현지에서 공사가 더디게 진행된 이유 중 하나는 건강한 인력이 부족했기 때문이다. 하지만 이와 더불어 산사태, 홍수, 강을 가로지는 지협의 험준한 지형을 통과해 해수면 운하를 파야 하는 물리적 어려움도 있었다. 쿠바의 스페인 군대와 마찬가지로 프랑스 병원에서는 기어다니는 곤충이 환자에게 닿지 않도록 침대 다리를 냄비나 물통에 넣었는데, 이는 결과적으로 병동을 이집트숲모기의 번식지로 만들어 버리고 말았다. 또한 그들은 인종차별주의적 관념에 따라 환자를 국적과 인종에 따라 구분해서 수용했다. 이것은 곧 황열병과 말라리아에 가장 취약

19세기 자메이카에서 황열병 빈도가 낮았기 때문에 자메이카인의 바이러스에 대한 저항력이 감소했을 수 있었지만, 서아프리카 혈통에 황열병에 대한 유전적 보호막이 있었다면 많은 자메이카인은 면역이 있었을 가능성도 있다.

14) McCullough(1977: 154).
15) McCullough(1977: 174).

한 사람들을 서로 가까이 두어 쉽게 감염되도록 한 것이다. 자메이카나 가이아 나처럼 면역력이 약한 지역의 사람들은 병원에서 혼자 지내면 집단면역이 형성되지 않을 수 있다. 고가스가 언급했듯이, 프랑스가 병원에서 전염병을 만들려고 했다면 이보다 더 잘할 수는 없었을 것이다. 1889년 회사가 파산하면서 작업의 약 40%가 진행되지 않은 채 공사가 중단되었다.16)

프랑스가 시작한 일은 미국인들이 완료했다. 미국은 미국 기업 및 엔지니어링 자질을 보여 주면서 전략적 입지를 개선하고자 했다. 먼저 미국은 파나마를 콜롬비아로부터 분리하는 혁명을 장려했다. 그리고 미국은 지협 횡단 지대의 소유권을 획득하고 1903년 프랑스 회사를 인수하여, 1904년부터 1914년까지 운하 건설을 마무리 지었다. 총 7만 5천 명의 인력이 이 프로젝트에 투입되었고, 한 번에 4만 명이 투입되기도 했다. 쿠바에서 성공을 거두었던 고가스가 보건 위생 책임자로 왔다.

고가스는 파나마에서 세 가지 장애물에 부딪혔다. 첫 번째는 미군 상층부였다. 이들은 쿠바에서의 성공 사례에도 불구하고 모기 박멸에 값비싼 가치가 있음을 믿지 않으려 했다. 한때 루스벨트 대통령은 직무가 해지될 뻔한 고가스를 지원하기 위해 일에 개입해야 했다. 만약 루스벨트의 개입이 없었다면 고가스는 직무에서 제외되었을 것이다. 두 번째 장애물은 파나마 사람들이었다. 이들은 가가호호 점검, 훈증 소독(fumigation), 개인 격리에 반대했는데, 왜냐하면 이러한 일들이 외국인들의 건강을 보호하기 위한 조치로 보였기 때문이다. 고가스는 부지런히 노력하여 파나마인들의 지지를 얻기 시작했다. 세 번째 장애물은 운하 공사 지역의 모기 번식 문제였다. 당시 운하 공사 지역에는 두 개의 작은 도시와 수 마일에 달하는 삼림이 있었다. 이곳 대부분은 1880년대에 옥수수 밭이었고 웅덩이와 늪으로 가득했었다. 프랑스가 공사하던 시기와 마찬가지로,

---

16) 관련 프랑스의 이야기는 다음 참조. McCullough(1977: 147~203); Parker(2007: 49~195); Heimermann(1996: 80~149); Gorgas(1915: 138ff). 서인도 노동에 관해서는 Jos(2004).

미국의 건설 작업은 아노펠레스 알비마누스의 번식 환경을 좋게 만들었다. 이로 인해 말라리아 감염의 위험이 커졌다.

하지만 고가스는 결단력이 있었다. 그는 국가적·외교적 난관을 극복하면서 쿠바에서 시행한 것과 유사한 방법을 사용했다. 즉 이집트숲모기의 번식지를 제거하고, 모기를 가능한 한 사람에게서 멀어지게 했다. 또한 감염된 사람들을 "발열 케이지(fever cages)"에 격리하여 모기로부터 최대한 멀리 떨어뜨려 놓았다. 그는 심지어 파나마 성당의 성수대에서 모기 유충이 발견되자 주기적으로 성수를 교체해야 한다고 주장했다. 1906년까지 이러한 조치는 성공적으로 이루어져, 운하 지역에서 황열병은 사라졌다. 고가스는 또한 말라리아 주요 매개체인 아노펠레스 알비마누스와도 싸웠다. 이 모기는 시골 지역에 수많은 번식지가 있었기 때문에 매우 까다로운 도전 과제였다. 말라리아는 황열병보다 통제하기가 더 어려웠다. 왜냐하면 말라리아에 걸렸지만 증상이 없는 사람도 보균자 역할을 할 수 있었기 때문이다. 완전한 박멸은 불가능했지만, 고가스 팀은 말라리아 발생률을 약 90%까지 낮출 수 있을 정도로 알비마누스 모기 개체 수를 억제하는 데 성공했다. 그들은 웅덩이와 연못의 물을 빼고 풀과 덤불을 베어냈다. 그리고 살충제와 기름을 써서 매개체를 공격했다. 또한 병원과 키니네를 사용하여 말라리아 원충과 싸웠다. 공식적으로 1904년부터 1914년까지 5,609명이 질병과 부상으로 사망했다. 1905년 운하 공사 지역 사망률은 미국 본토보다 세 배 높았지만, 1914년에는 사망률이 미국의 절반이 되었다.[17]

---

17) 폴 서터(Paul Sutter)의 [Tropical conquest and the rise of the environmental management state: The case of U.S. sanitary efforts in Panama, 2009]에서 파나마 운하 건설에서 건강, 환경, 이데올로기 및 권력 간의 연결을 구체적으로 서술한다. 틀에 박힌 이야기는 Ziperman(1973); Christie(1978); Litsios(2001); McCullough(1977) 그리고 Parker(2007) 참조. 사망률 데이터를 해석할 때 운하 지역은 정상 연령 분포가 아닌 주로 젊은 성인 인구가 있었고 일부 아픈 사람들이 다른 곳으로 떠나 사망했음을 고려해야 한다. 게다가 인구의 대부분을 차지하는 운하 노동자들은 전 세계에서 왔지만 대부분은 자메이카(약 1만 2,200명), 바베이도스(9,700명), 파나마(6,800명), 마르티니크(1,800명) 및 카리브해

쿠바와 파나마에서 사용된 방법은 곧 확산되었다. 걸프 연안의 미국 도시들은 1905년에 마지막 황열병 유행을 경험했고, 이때 군대의 퇴치 기술이 그 가치를 입증했다. 미국의 보건 관리, 의사, 재단들은 1920년대에 이 성전을 에콰도르와 페루, 그리고 브라질로 퍼뜨렸다. 현지 보건 당국자들은 새로운 상황에 맞게 기술을 적용했고, 약간의 저항이 있었지만 미군의 성공과 맞먹는 성과를 거두었다. 모기 방제, 특히 이집트숲모기 방제는 놀라운 성과를 거두었다. 1930년 무렵 황열병은 매우 드물게 발생했다. 그러다 1930년대에 연구자들은 안전하고 매우 효과적인 황열병 백신을 개발했다. 모기 방제와 백신 접종 프로그램으로 아메리카 대륙의 황열병은 곧 산림 지역에 국한되어 인간에게 큰 문제가 되지 않았다. 1914년 이후 황열병은 정치적 의미를 상실했고, 1950년에는 사소한 공중 보건 문제로 전락했다.[18)]

질병과 권력

고가스는 파나마에서의 방역 작업이 궁극적으로 운하 자체보다 더 중요하다고 생각했다. 그 이유는 열대 지역에 백인이 정착할 수 있는 길을 활짝 열어 줄 것이라 믿었기 때문이다.[19)] 그는 백인 정착에 대해서는 틀렸지만, 질병 통제와 운하의 상대적 중요성에 대해서는 옳았다. 말라리아와 황열병의 효과적인 통제

의 다른 지역에서 왔으므로 말라리아와 황열병에 대한 면역까지는 아니더라도 어느 정도 저항력이 있었을 것으로 추정된다. 약 9,747명이 미국에서 왔으며 뉴욕과 펜실베이니아에서 각각 1천 명 이상이 온 것으로 보인다. 운하 공사 기간 중 인구 데이터는 Greene(2009: 396~399)을 참조.

18) Cueto(1997); Farley(2004: 88~106). 황열병 통제가 특히 잘 연구된 브라질에 관해서는 다음을 참조. Cooper(1975); Stepan(1976); Franco(1976: 73~199); Chalhoub(1996); Benchimol(1999, 2001); Britto and Cardoso(1973); Lowy(2001).

19) Gorgas(1915: 291~292).

로 아메리카 대륙과 세계의 힘의 균형이 바뀌었다.

아메리카에서 황열병과 말라리아를 퇴치한 사례는 종종 끔찍한 질병을 정복한 인류(때로는 유럽과 미국)의 성공담으로 소개되기도 한다. 그리고 유럽, 특히 미국 제국주의의 일부로 소개되기도 한다. 두 관점 모두에 이의를 제기하고 싶지 않지만, 여기서는 약간 다른 전망을 제시하고자 한다.

이 책에서 살펴본 것처럼, 황열병과 말라리아는 쿠바와 파나마에서의 방역 승리 이전에 차등면역과 면역력 때문에 정치적 의미를 지닐 수 있었다. 1885~1920년경 "보건 혁명"이라고도 불리는 건강의 황금기가 시작되면서 전염병에 대한 차별적 보호는 개인과 조상의 과거 질병 경험보다 자신이 살던 사회의 부와 더 밀접하게 연관되어 있다. 깨끗한 식수 제공, 예방접종 프로그램, 그리고 효과적인 약물 치료를 통해 대부분의 전염병은 정상적 사회에서 살았다면 피할 수 있거나 치료할 수 있게 되었다. 차등 취약점의 원인이 변경된 것이다.

효과적인 백신과 약품이 쏟아지는 이 새로운 세상에서 부유하고 잘 조직된 사회일수록 국내는 물론 많은 경우 해외에서도 국민의 건강을 지킬 수 있다. 이 능력은 사회를 더욱 부유하고 강력하게 만드는 경향이 있다. 지난 세기 더 좋아진 사람들의 건강 때문에 부유한 사회와 가난한 사회의 격차가 더 벌어지는 피드백 루프가 형성되었다. 사실상 부자는 더 건강해졌고, 건강한 사람은 더 부유해졌다(그리고 더 강력해졌다).

이러한 차별화는 지나가는 단계에 불과할 수 있다. 오래전 불을 통제할 수 있는 일부 인간(혹은 호미니드) 집단이 다른 집단에 비해 큰 이점을 누렸을 때, 불이 없는 집단은 불을 얻거나 멸종했다. 그리고 얼마 후 모든 인간 집단이 불을 사용하게 되었고, 더 이상 불은 인간을 구별하는 역할을 하지 않았다. 효과적인 질병 통제와 관련해서도 동일한 패턴이 나타날 수 있다. 지난 한 세기 동안 어떤 사회는 질병 통제 기술이 있었고 어떤 사회는 그렇지 않았지만, 결국 모든 사회가 그 기술을 갖게 될 것이다. 현재 거의 모든 사회에서 70년 또는 100년 전보다 전염병으로 인한 사망률이 훨씬 낮아졌다는 많은 증거가 있다.

그러나 건강의 황금기는 결코 보편화되지 않을 수도 있으며 실제로 사라질 수도 있다. 매개체와 바이러스는 진화한다. 많은 아노펠레스 모기가 DDT 및 기타 살충제에 내성을 갖게 된 반면, 일부 말라리아 원충은 치료에 사용되는 모든 다양한 약물들에 대한 내성을 진화시켰다. 한때 공중 보건의 노력으로 멸종될 수 있는 질병으로 여겨졌던 말라리아가 세계 여러 지역에서 다시 기승을 부리고 있다. 최근 수십 년 동안 HIV, 마버그(Marburg), 에볼라(Ebola)가 그랬던 것처럼, 생소한 바이러스가 여전히 생물권에 잠복해 있으며 언제든 출현할 수 있다.

황열병처럼 익숙한 바이러스도 다시 돌아올 수 있다. 황열병은 발생 위험이 매우 낮아져 일부 사람들과 공중 보건 프로그램의 경우 비용이 더 이상 지급되지 않는다. 이런 이유로 1970년대부터 예방접종 제도는 사라졌다. 같은 이유로 모기 방제 프로그램도 중단되었다. 반면에 1980년 이후 기후 온난화로 아프리카와 아메리카에서 이집트숲모기 확산에 유리한 환경이 조성되었다. 최근 뎅기열이 재유행하는 이유 중 하나는 이집트숲모기의 부활이다. 다행히 17세기, 18세기, 19세기, 20세기 초 아메리카 대륙에서 황열병이 공포가 되기까지는 많은 우연이 겹쳐서 일어났고, 오늘날에도 여전히 많은 우연이 겹쳐서 일어날 것이다. 황열병은 앞으로 수십 년 동안 더 자주, 더 광범위하게 발생할 가능성이 높다. 그러나 다행히도 인류 역사를 지배했던 그 경력은 이제 막바지에 이르렀다.

참고문헌

MANUSCRIPT SOURCES

I. National Archives of the United Kingdom (formerly Public Record Office or PRO, in Kew, UK)

War Office (WO)	924
	4/4
	43/863
	334/165
Colonial Office (CO)	5/41, 42
	37/150, 164
	117/1, 2
	137/77, 78
State Papers (SP)	42/90
	78/225
Admiralty (ADM)	1/230, 234, 237
	101/102/9
	101/233
Privy Council (PC)	1/3740, 4168, 4169, 4565
PRO	30/11/4, 6, 74

II. British Library (London, UK)

Additional Mss.

11410, 12429, 12437, 15717, 22680, 23678, 32694, 32698, 32942, 33028, 34207, 35443, 35898, 36593, 38345, 40796, 40829, 40830, 47132, 49512, 57320, 57321, 57326, 57327.

Harleian MSS	6378
Sloane MSS	3662, 3926, 3970

III. Wellcome Library (London, UK)

Manuscripts	3356
American Mss	98, 113, 144

IV. National Maritime Museum (Greenwich, UK)

MLN/153/9

ADM/L/W123

V. Library of Congress, Manuscript Division (Washington, DC)

Vernon-Wager manuscripts

Papers of the Comte de Rochambeau (15 vols.)

Papers of William Gorgas

VI. Society of the Cincinnati (Washington, DC)

Manuscripts L2001F518, L2007G37, L2008163.1-5.

VII. Massachusetts Historical Society (Boston)

Hart Papers

VIII. Biblioteca Nacional (BN, Madrid)

MSS 2,547, 10,421, 17,635, 20,144

IX. Archivo General de Indias (AGI, Seville)

Audiencia de Panamá (AP), legajos 160, 161, 162, 164

Audiencia de Méjico, legajo 1681

Audiencia de Santa Fé, legajos 572, 577-A, 940, 1009

Audiencia de Santo Domingo (SD), legajos 364, 504, 534, 1578, 1581, 1584, 1585, 1587,

2015, 2227

Contaduría, legajo 1167

Ultramar, legajo 169

X. Archivo General de Simancas (AGS, Simancas, Spain)

Secretaría de Marina, legajos 405, 406

Secretaría de Hacienda, legago 1056

XI. Archivo Histórico Nacional (AHN, Madrid)

Estado 2335, 3025, 8717, 8728, 8739

XII. Servicio Histórico Militar (SHM, Madrid)

Sección del Depósito de la Guerra, MSS 4.1.1.1

Ultramar, legajo 4.1.1.7

Signatura 52116

XIII. Archives Nationales d'Outre-Mer (Aix)

Colonies, Série B, vol. 117

XIV. St. Lucia National Archives (Castries)

Typescript by Anne French, St. Lucia Up To Now (c. 1986)

PUBLISHED DOCUMENTS, JOURNALS, DIARIES, MEMOIRS, TRAVEL ACCOUNTS, AND PRE-1850 MEDICAL TEXTS

Abarca, Silvestre de 1773. *Proyecto de defensa de la Plaza de la Habana y sus castillos* [a 353-folio manuscript from the Servicio Histórico Militar (Madrid); and Archivo Histórico Municipal de La Habana, published in facsimile in: Havana: Oficina del Historiador de la Ciudad, 1961].

Alcedo, A. de 1786-1789. *Diccionario geográfico-histórico de las Indias occidentales o Amé rica*, 5 vols. (Madrid: B. Cano).

Anonymous 1699. *The history of Caledonia, or, The Scots Colony in Darien in the West Indies with an account of the manners of the inhabitants and riches of the countrey / by a Gentleman lately arriv'd* (London: John Nutt).

Anonymous 1699. *A Letter giving a Description of the Isthmus of Darian* (Edinburgh: John Mackie).

Anonymous 1744. *A Journal of the Expedition to Carthagena, with Notes. In Answer to a Late Pamphlet; Entitled, An Account of the Expedition to Carthagena* (London: J. Roberts).

Anonymous 1762. *An Authentic Journal of the Siege of the Havana* (London: T. Jefferys).

Archivo Nacional de Cuba 1948. *Papeles sobre le toma de La Habana por los ingleses en 1762* (Havana: Archivo Nacional de Cuba).

Archivo Nacional de Cuba 1951. *Los nuevos papeles sobre la toma de La Habana por los ingleses en 1762* (Havana: Archivo Nacional de Cuba).

Archivo Nacional de Cuba 1963. *Documentos inéditos sobre la toma de La Habana por los ingleses en 1762* (Havana: Archivo Nacional de Cuba).

Arthy, Elliott 1798. *The Seaman's Advocate* (London: Richardson & Egerton).

Artur, Jacques-François 2002. *Histoire des colonies françaises de la Guiane.* Edited by Marie Polderman (Guadeloupe: Ibis Rouge).

Ashe, Thomas 1682. *Carolina, Or A Description of the Present State of that Country* (London: Printed for W.C.).

Atkins, Josiah 1975. *The Diary of Josiah Atkins.* Edited by Steven Klagle (New York: Arno Press).

Aublet, Fusée 1775. *Histoire des plantes de la Guiane Française*, 4 vols. (Paris: Didot).

Bajon, Bertrand 1777-1778. *Mémoire pour servir à l'histoire de Cayenne et de la Guyane Française*, 2 vols. (Paris: Grangé).

Bancroft, Edward 1769. *An Essay on the Natural History of Guiana, in South America* (London: T. Becket and P. A. de Hondt).

Bannister, Saxe ed. 1858. *The Writings of William Paterson: Founder of the Bank of England*, 2 vols. (London: Effingham Wilson).

Bartholomew, Benjamin 2002. *Marching to Victory: Capt. Benjamin Bartholomew's Diary of the Yorktown Campaign, May 1781 to March 1782.* Edited by E. Lee Shepard (Richmond: Virginia Historical Society).

Bell, John 1791. *An Inquiry into the Causes which Produce, and the Means of Preventing Diseases among British Officers, Soldiers, and Others in the West Indies* (London: J. Murray).

Bertin, M. 1778. *Mémoire sur les maladies de la Guadeloupe* (Guadeloupe: J. Bernard).

Blanchard, Claude 1876. *The Journal of Claude Blanchard, Commissary of the French Auxiliary Army Sent to the United States During the American Revolution 1780-1783.* Translated by William Duane (Albany, NY: J. Munsell).

Bolívar, Simón 1964-. *Escritos del libertador*, 20 vols. (Caracas: Sociedad Bolivariana de Venezuela).

Borland, Francis 1715. *Memoirs of Darien, giving a short Description of that Coun trey, with an Account of the Attempts of the Company of Scotland, to Settle a Colonie in that Place. With a Relation of some of the many Tragical Disasters, which did Attend that Design* (Glasgow: H. Brown).

Bourgeois, Nicolas 1788. *Voyages intéressans dans différentes colonies françaises, espagnoles, anglaises, &c* (London: J. F. Bastien).

Brisout de Barneville, Nicolas-François-Denis 1950. "Journal de Guerre de Brisout de Barneville, mai 1780-octobre 1781." Ed. by Gilbert Chinard. *The French American Review* 3:215-278.

Burton, J. H. ed. 1849. *The Darien Papers: Being A Selection of Original Letters and Official Documents Relating to the Establishment of A Colony at Darien by the Company of Scotland Trading to Africa and the Indies, 1695-1700* (Edinburgh: Ballantyne).

Calendar of State Papers (Colonial Series, America and West Indies), vols. 13, 35-36 (London: His Majesty's Stationery Office).

Campet, Pierre 1802. *Traité pratique des maladies graves qui règnent dans les contrées situé es sous la zone torride* (Paris: Croullebois).

Chanvalon, Jean-Baptiste Thibault de 2004 [1763]. *Voyage à la Martinique.* Edited by

Monique Pouliquen (Paris: Karthala).

Clark, James 1797. *Treatise on the Yellow Fever as It Appeared on the Island Dominica in the Years 1793, 1794, 1795, and 1796* (London: J. Murray).

Clermont-Crèvecoeur, Jean-François-Louis, Comte de 1972. "Journal of Jean-François-Louis, Comte de Clermont-Crèvecoeur." In: *The American Campaigns of Rochambeau's Army 1780, 1781, 1782, 1783.* Edited and translated by Edward C. Rice, Jr. and Anne S. K. Brown, vol. I, 15-100 (Princeton: Princeton University Press, and Providence: Brown University Press).

Colt, Sir Henry 2002. *The Voyage of Sir Henry Colt to the Islands Barbados and St. Christopher: May-August 1631.* Edited and annotated by J. Edward Hutson (Wildey: Barbados National Trust).

Conrad, Dennis M. ed. 1997. *The Papers of General Nathanael Greene. Volume IX. 11 July 1781-2 December 1781* (Chapel Hill: University of North Carolina Press).

Contreras, Remedio 1985. *Catálogo de la colección Pablo Morillo, Conde de Cartagena* (Madrid: Real Academia de la Historia).

Córdoba, Francisco Xavier de 1790. *Tratado teorico-prático del typhus á calórico communmente dicho vómito-prieto, ó fiebre amarilla* (Havana: Boloña).

Dallas, Robert Charles 1803. *The History of the Maroons, from their Origins to the Establishment of their Chief Tribe at Sierra Leone*, 2 vols. (London: Longman & Rees).

Dancer, Thomas 1781. *A Brief History of the Late Expedition Against Fort San Juan, So Far As It Relates to the Diseases of the Troops* (Kingston, Jamaica: Douglass & Aikman).

Dann, John C. ed. 1980. *The Revolution Remembered: Eyewitness Accounts of the War for Independence* (Chicago: University of Chicago Press).

Descourtilz, M.E. 1935. *Voyage d'un naturaliste en Haiti, 1799-1803* (Paris: Plon).

Dias Pimenta, Miguel 1708. *Noticias do que é o Achaque de Bicho* (Lisbon: Manescal).

Döhla, Johann Conrad 1990. *A Hessian Diary of the American Revolution.* Translated and edited by Bruce Burgoyne (Norman: University of Oklahoma Press).

Du Tertre, J.-B. 1667-1671. *Histoire générale des isles de Christophe, de la Guadeloupe, de la Martinique, et autres dans l'Amérique*, 2 vols. (Paris: T. Iolly).

Du Tertre, J.-B. 1973. *Histoire générale des Antilles habitées par les François*, 3 vols. (Fort-de-France: Editions des Horizons Caraïbes).

Edwards, Brian 1797. *An Historical Survey of the French Colony in the Island of St. Domingo: Comprehending a Short Account of Its Ancient Government, Political State,*

Population, Production and Exports (London: Stockdale).

Eslava, Sebastian 1894. "Diario de todo lo ocurrido en la expugnación de los fuertes de Bocachica y sitio de la ciudad de Cartagena de las Indias en 1741." In: *Tres tratados de América* (Madrid: Librería de Victoriano Suárez), 190-214 [no editor given].

Ewald, Johann 1979. *Diary of the American War: A Hessian Journal*. Translated and edited by Joseph P. Tustin (New Haven, CT: Yale University Press).

Fermin, Philippe 1778. *Tableau historique et politique de l'état ancien et actuel de la colonie de Surinam* (Maastricht: Dufour & Roux).

Firth, C.H. ed. 1900. *The Narrative of General Venables with an Appendix of Papers Relating to the West Indies and the Conquest of Jamaica, 1654-1655* (London: Longmans, Green and Co.).

Flinter, George 1819. *A History of the Revolution of Caracas; Comprising An Impartial Narrative of the Atrocities* (London: Allman).

France, Ministère de la Marine et des Colonies 1842. *L'Expédition du Kourou (Guyane Française), 1763-1765* (Paris: Ministère de la Marine et des Colonies).

Gage, Thomas 1648. *The English-American, his Travail by Sea and Land, or, A New Survey of the West-India's Containing a Journall of Three Thousand and Three Hundred Miles within the Main Land of America* (London: R. Cotes).

Gallatin, Gaspard de 1931. *Journal of the Siege of York-town in 1781 Operated by the General Staff of the French Army* (Washington, DC: US Government Printing Office).

Gastelbondo, Juan José de 1753. *Tratado del methodo curativo, experimentado, y aprobado de la enfermedad del vómito negro, epidémico y frequente en los puertos de las Indias Occidentales* (Madrid: n.p.).

Gilbert, Nicolas Pierre 1803. *Histoire médicale de l'armée française à Saint-Domingue en l'an dix* (Paris: Gabon).

Gómez, Máximo 1975. *Diario de campaña, 1868-1899* (Santo Domingo: Alfa y Omega).

Gorham, Joseph 1899. "Diary of Major Joseph Gorham," *Year-book of the Society of Colonial Wars in the Commonwealth of Massachusetts 1899*, 158-68 (Boston: Society of the Colonial Wars in the Commonwealth of Massachusetts).

Great Britain 1757. *The Report of the General Officers Appointed to Enquire into the Conduct of Major General Stuart and Colonels Cornwallis and Earl of Effingham* (London: M. Cooper).

Hambleton, John and James Vivian 1967. "The Orinoco River and Angostura, Venezuela in the Summer of 1819: The Narrative of a Maryland Naval Chaplain," *The Americas* 24:160-83.

Hamilton, R. 1794. *The Duties of A Regimental Surgeon Considered*, 2 vols. (London: J. Johnson).

Hartsinck, J. J. 1770. *Beschryvinge van Guiana, of de Wilde Kust, in Zuid-Amerika*, 2 vols. (Amsterdam: Tielenburg).

Hennen, John 1820. *Principles of Military Surgery* (Edinburgh: Constable).

Hillary, William 1766. *Observations on the Changes of the Air and the Concomitant Epidemical Diseases in the Island of Barbadoes* (London: Hawes).

Holliday, John 1796. *A Short Account of the Origin, Symptoms and Most Approved Method of Treating the Putrid Bilious Yellow Fever, Vulgarly Called the Black Vomit* (Boston: Manning & Loring).

Houstoun, James 1747. *Dr. Houstoun's Memoirs of His Own Life-Time* (London: Laiston Gilliver).

Howard, Thomas Phipps 1985. *The Haitian Journal of Lieutenant Howard, York Hussars, 1796-1798.* Edited by Roger N. Buckley (Knoxville: University of Tennessee Press).

Humboldt, Alexander von 1994. *La ruta de Humboldt: Colombia y Venezuela*, 2 vols. (Bogotá: Villegas).

Humphreys, R. A., ed. 1969. *The 'Detached Recollections' of General D.F. O'Leary* (London: The Athlone Press).

Hunter, John 1788. *Observations on the Diseases of the Army in Jamaica; and on the Best Means of Preserving the Health of Europeans, in that Climate* (London: G. Nicol).

Idzerda, Stanley ed. *Lafayette in the Age of the American Revolution: Selected Letters and Papers, 1776-1790. Vol. IV. April 1, 1781-December 23, 1781* (Ithaca, NY: Cornell University Press).

Insh, George Pratt ed. 1924. *Papers Relating to Ships and Voyages of the Company of Scotland Trading to Africa and the Indies (1696-1707)* (Edinburgh: Scottish History Society).

Italy, Ministerio dell'Economia Nazionale, Direzione Generale dell'Agricoltura 1925. *La risicoltura e la malaria nelle zone risicole d'Italia* (Rome: Ministerio dell'Economia Nazionale).

Jackson, Robert 1791. *A Treatise on the Fevers of Jamaica, with Some Observations on the Intermitting Fever of America* (London: Murray).

414

Jackson, Robert 1798. *An Outline of the History and Cure of Fever* (Edinburgh: Mundell).

James, Bartholomew 1896. *Journal of Rear-Admiral Bartholomew James, 1752-1828* (London: Navy Records Society).

Jefferys, Thomas 1760. *The Natural and Civil History of the French Dominions in North and South America* (London: Thomas Jefferys).

Johnson, Samuel 1977. "Thoughts on the Late Transactions Respecting Falkland's Islands." In: *The Yale Edition of the Works of Samuel Johnson. Vol. 10. Political Writings*, 346-86. Edited by Donald Greene (New Haven, CT: Yale University Press).

Juan, Jorge and Antonio de Ulloa 1748. *Relación histórica del viage a la América meridional hecho de orden de S. Mag.*, 5 vols. (Madrid: Marín).

Kalm, Peter 1771. *Travels Into North America*. Translated by J. R. Foster, 3 vols. (London: Eyres).

Kemble, Stephen 1884-85. *The Kemble Papers*, 2 vols. (New York: New York Historical Society).

Labat, Jean Baptiste 1722. *Nouveau voyage aux isles d'Amérique*, 6 vols. (Paris: Giffort).

Lacroix, Pamphile de 1995 [1819]. *La Révolution de Haïti*. Edited by Pierre Pluchon (Paris: Kathala) [First published as *Mémoires pour servir à l'histoire de la Révolution de Saint-Domingue*].

Lamb, R. 1809. *An Original and Authentic Journal of Occurences during the Late American War from Its Commencement to the Year 1783* (Dublin: Wilkinson & Courtney).

Larra y Cerezo, Ángel 1901. *Datos para la historia de la campaña sanitaria en la Guerra de Cuba* (Madrid: Imprenta de Ricardo Rojas).

Leblond, Jean-Baptiste 1805. *Observations sur la fièvre jaune, et sur les maladies des tropiques* (Paris: Barrois).

Lee, Henry 1869. *Memoirs of the War in the Southern Department of the United States*. Edited by Robert E. Lee (New York: University Publishing Company).

Le Roux, Jean 1957. "Les tribulations d'un garde du génie, 1802-1806," *Revue de Paris* 64:98-112.

Lewis, Matthew 1999. *Journal of A West India Proprietor*. Edited by Judith Terry (Oxford: Oxford University Press).

Ligon, Richard 1657. *A True and Exact History of the Island of Barbadoes* (London: P. Parker (reprinted by Frank Cass Publishers, London, 1970]).

Lind, James 1777. *An Essay on the Most Effectual Means of Preserving the Health of Seamen* in the Royal Navy and a Dissertation on Fevers and Infection (London: T. Beckett).

Lind, James 1788. An Essay on Diseases Incidental to Europeans in Hot Climates. With the Method of Preventing their Fatal Consequences (London: J. Murray).

Lining, John 1799. A Description of the American Yellow Fever, which Prevailed at Charleston, in South Carolina, in the Year 1748 (Philadelphia: Dobson).

Linn, John B. and William H. Egle, eds. 1896. "Diary of the Pennsylvania Line, May 26, 1781-April 25, 1782," Pennsylvania Archives, 11:709-62.

Lloyd, Christopher ed. 1965. The Health of Seamen: Selections from the Works of Dr. James Lind, Sir Gilbert Blane and Dr. Thomas Trotter (London: Navy Records Society).

Long, Edward 1774. The History of Jamaica, 3 vols. (London: T. Lowndes).

Mackenzie, Roderick 1699. An Exact List of All the Men, Women and Boys that Died on Board the Indian and African Company's Fleet, during their Voyage from Scotland to America, and since their Landing at Caledonia (Edinburgh: George Mosman).

Mackrill, Joseph 1796. The History of Yellow Fever (Baltimore, MD: Hayes).

Malouet, Victor Pierre 1802. Collection des mémoires et correspondances officielles sur l'administration des colonies, et notamment sur la Guiane française et hollandaise, 5 vols. (Paris: Baudouin).

Mante, Thomas 1772. The History of the Late War in North-America and the Islands of the West-Indies (London: Strachan and Cadell).

Merriman, R. D. ed. 1950. The Sergison Papers (London: Navy Records Society).

Miranda, Francisco 1963. Travels of Francisco Miranda in the United States, 1783-84. Translated by Judson P. Wood; edited by John S. Ezell (Norman: University of Oklahoma Press).

Montalvo, Francisco and Juan Sámano 1918. Los últimos virreyes de Nueva Granada: Relació n de mando del Virrey Don Francisco Montalvo y noticias del Virrey Sámano sobre le pé rdida del Reino (1803-1819) (Madrid: Editorial América).

Moreau, Pierre 1651. Histoire des derniers troubles du Brésil (Paris: Augustin Courbé).

Moreau de Jonnès, Alexandre 1817. Essai sur l'hygiène militaire des Antilles (Paris: Migneret).

Moreau de Jonnès, Alexandre 1820. Monographie historique et médicale de le fièvre jaune des Antilles (Paris: Migneret).

Moreau de Jonnès, Alexandre 1858. Adventures de guerres au temps de le République et du Consulat, 2 vols. (Paris: Pagnerre).

Moreau de St. Méry, Médéric Louis Elie 1797-1798. *Description topographique, physique, civile, politique et historique de la partie française de l'Isle Saint-Domingue*, 2 vols. (Philadelphia: chez l'auteur).

Morillo, Pablo 1826. *Mémoires du Général Morillo* (Paris: P. Dufart).

Moulié, P. 1812. *Essai sur la fièvre jaune observée au Cap Français, ile St. Domingue, pendant les années 10 et 11* (Paris: Didot).

Moseley, Benjamin 1795. *A Treatise on Tropical Diseases; on Military Operations; and on the Climate of the West Indies* (London: G. G. and J. Robinson).

National Archives of Scotland 1998. *The Darien Adventure* (Edinburgh: National Archives of Scotland).

Norvins, Jacques Marquet de Montbreton de 1896. *Mémorial de J. de Norvins*. Edited by L. de Lanzac de Laborie (Paris: Plon).

Nugent, Maria 2002. *Lady Nugent's Journal of her Residence in Jamaica from 1801 to 1805*. Edited by Philip Wright (Kingston: University of the West Indies Press).

O'Leary, Daniel Florencio 1952. *Memorias del General Daniel Florencio O'Leary, Narración*, 3 vols. (Caracas: Imprenta Nacional).

O'Leary, Simón Bolívar 1879-1888. *Memorias del General O'Leary*, 32 vols. (Caracas: Gaceta Oficial).

Oyarvide y Samartin, Roque José 1801. *Discurso apologético, que convenes clarissamente con observaciones, y experiencias, la qualidad contagiosa de la enfermedad mortifera vulgarmente llamada Vómito Negro, fiebre amarilla, ó mal de Siam* (Havana: Matias José).

Páez, José Antonio 1973. *Autobiografía del General José Antonio Páez*, 2 vols. (Caracas: Biblioteca de la Real Academia de la Historia).

Parham, Althea de Puech 1959. *My Odyssey: Experiences of a Young Refugee from Two Revolutions by A Creole of Saint Domingue* (Baton Rouge: Louisiana State University Press).

Philo-Caledon 1699. *A defence of the Scots settlement at Darien with an answer to the Spanish memorial against it, and arguments to prove that it is the interest of England to join with the Scots and protect it: to which is added a description of the countrey, and a particular account of the Scots colony* (n.p., n.p.).

Pinckard, George 1806. *Notes on the West Indies*, 3 vols. (London: Longman, Hurst, Rees & Orme, 1806) [reprinted Westport CT: Negro Universities Press, 1970].

Pistorius, Thomas 1763. *Korte en zakelyke beschryvinge van de colonie van Zuriname*

(Amsterdam: Crajenschot).

Pointis, Jean Bernard Louis Desjean, Baron de 1698. *Relation de l'éxpedition de Carthagene* (Amsterdam: Chez les Héritiers d'Antoine Schelte).

Poissonnier-Desperrières, Antoine 1763. *Traité des fièvres de l'isle de S. Domingue* (Paris: n.p.).

Pons, François Joseph de 1806. *Voyage à la partie orientale de la Tierra Firme, dans l'Amé rique Méridionale fait pendant les années 1801, 1802, 1803 et 1804*, 3 vols. (Paris: Chez Colnet).

Porter, John B. 1852-1858. "Medical and Surgical Notes of Campaigns in the War with Mexico, during the Years 1845, 1846, 1847, and 1848," *American Journal of the Medical Sciences* 23:13-37; 24:13-30; 25:25-42; 26:297-333; 35:347-52.

Pouppé-Desportes, M. 1770. *Histoire des maladies de S. Domingue*, 3 vols. (Paris: Lejay).

Préfontaine, Chevalier Brûletout de 1763. *Maison rustique à l'usage des habitans de la partie de la France équinoxiale, connue sous le nom de Cayenne* (Paris: Bauche).

Putnam, Israel 1931. *The Two Putnams, Israel and Rufus in the Havana Expedition 1762* (Hartford, CT: Connecticut Historical Society).

Ranft, B. McL., ed. 1958. *The Vernon Papers* (London: Navy Records Society).

Ratelband, K. ed. 1953. *Vijf Dagregisters van het Kasteel São Jorge Da Mina (Elmina) aan de Goudkust (1645-1647)* (The Hague: Martinus Nijhoff).

Raynal, abbé (Guillaume-Thomas-François) 1770. *Histoire philosophique et poli tique, des é tablissemens & du commerce des Européens dans les deux Indes*, 6 vols. (Amsterdam: n.p.).

Raynal, abbé (Guillaume-Thomas-François) 1798. *A Philosophical and Political History of the Settlements and Trade of the Europeans in the East and West Indies*, 6 vols. (London: Strahan).

Redfield, Levi 1798. *A Succint Account of Some Memorable Events and Remarkable Occurrences* (Brattleboro, VT: B. Smead).

Reese, David Meredith 1819. *Observations on the Epidemic of 1819, As It Prevailed in a Part of the City of Baltimore* (Baltimore, MD: author).

Reyes Sahagun, Francisco Rafael 1742. *Sinopsis crítico-médica sobre la epidemia que padeció la ilustre ciudad de Málaga en 1741* (Seville: López de Haro).

Richshoffer, Ambrosio 1978 [1677]. *Diário de um soldado da companhia das Indias ocidentais.* Translated by Alfredo de Carvalho (São Paulo: Instituição Brasileira de Difusã o Cultural).

Riley, William ed. 1948. "St. George Tucker's Journal of the Siege of Yorktown, 1781," *William and Mary Quarterly*, 3rd Series, 5:375-95.

Robertson, Archibald 1930. *Archibald Robertson: His Diaries and Sketches in America, 1762-1780.* Edited by Harry Miller Lydenberg (New York: New York Public Library).

Rodríguez Argüelles, Anacleto 1804. *Tratado de la calentura amarilla ó vómito negro* (Mexico City: Zuñiga y Ontiveros).

Roussier, Paul ed. 1937. *Lettres de Général Leclerc, Commandant en chef de l'armée de Saint-Domingue en 1802* (Paris: Société de l'Histoire des Colonies Françaises).

Saavedra de Sangronis, Francisco 1989. *Journal of Don Francisco Saavedra de Sangronis during the Commission which He Had in His Charge from 25 June 1780 until the 20th of the Same Month of 1783.* Edited by Francisco Morales Padrón; translated by Aileen Topping Moore (Gainesville: University of Florida Press).

St. Clair, Thomas Staunton 1947. *A Soldier's Sojourn in British Guiana: By Lt. Thomas Staunton St. Clair, 1806-1808.* Edited by Vincent Roth (Georgetown: The Daily Chronicle).

Salley, Alexander S. ed. 1911. *Narratives of Early Carolina, 1650-1708* (New York: Charles Scribner's Sons).

Sánchez Rubio, Marcos 1814. *Tratado sobre la fiebre biliosa y otras enfermedades* (Havana: Imprenta de Comercio).

Santander, Francisco Paulo de 1988-1990. *Cartas Santander-Bolívar*, 4 vols. (Bogotá: Fundación para la Conmemoración del Bicentenario del Natalicio y el Sesquicentenario de la Muerte del General Francisco de Paula Santander).

Sevilla, Rafael 1916. *Memorias de un official del ejército español: campañas contra Bolívar y los separatistas de América* (Madrid: Editorial América).

Sloane, Hans 1707-1725. *A Voyage to the Islands Madera, Barbados, Nieves, S. Christophers and Jamaica, with the Natural History… of the Last of Those Islands*, 2 vols. (London: Printed by B. M. for the author).

Smollett, Tobias George 1800. *The Miscellaneous Works of Tobias Smollett, M.D. with Memoirs of His Life and Writings*, 6 vols. Edited by Robert Anderson, M.D. (Edinburgh: Mundell & Son, 1800).

Stedman, John Gabriel 1988 [1790]. *Narrative of a Five Years Expedition against the Revolted Negroes of Surinam.* Edited by Richard Price and Sally Price (Baltimore, MD: Johns

Hopkins University Press).

Suárez, Santiago Gerardo ed. 1979. *Las fuerzas armadas venezolanas en la colonia* (Caracas: Fuentes para la Historia Colonial de Venezuela).

Tarleton, Banastre 1787. *A History of the Campaigns of 1780 and 1781 in the Southern Provinces of North America* (London: T. Cadell).

Taylor, John 2008. *Jamaica in 1687: The Taylor Manuscript at the National Library of Jamaica*. Edited by David Buisseret (Mona: University of the West Indies Press).

Thacher, James 1862. *Military Journal of the American Revolution* (Hartford, CT: Hurlbut, Williams & Co.).

Thurloe, John 1742. *A Collection of the State Papers of John Thurloe*, 7 vols. (London: F. Gyles).

Tilton, James 1813. *Economic Observations on Military Hospitals and the Prevention and Cure of Diseases Incident to an Army* (Wilmington, DE: J. Wilson).

Trapham, Thomas 1679. *A Discourse on the State of Health in the Island of Jamaica* (London: R. Boulter).

Vowell, Richard 1831. *Campaigns and Cruises in Venezuela and New Grenada, and in the Pacific Ocean; from 1817 to 1830*, 3 vols. (London: Longman).

von Wimpffen, Alexander-Stanislas, Baron de 1819. *A Voyage to Saint Domingo in the Years 1788, 1789, and 1790* (London: J. Wright).

Wafer, Lionel 1934 [1699]. *A New Voyage & Description of the Isthmus of America* (Oxford: Hakluyt Society).

Warren, Henry 1741. *A Treatise Concerning the Malignant Fever in Barbados, and Neighboring Islands* (London: Fletcher Gyles).

Willyams, Cooper 1796. *An Account of the Campaign in the West Indies in the Year 1794* (London: Bensley).

Winterbottom, Thomas 1803. *An Account of the Native Africans in the Neighbourhood of Sierra Leone to Which Is Added an Account of the Present State of Medicine Among Them*, 2 vols. (London: Whittingham).

BOOKS, DISSERTATIONS, AND ARTICLES (MAINLY SINCE 1850)

Abreu, Capistrano de 1997 [1907]. *Chapters of Brazil's Colonial History, 1500-1800.* Translated by Arthur Brackel (New York: Oxford University Press).

Acuña-Soto, R., D. W. Stahle, M. K. Cleaveland, and M. D. Therrell 2002. "Megadrought and Megadeath in Sixteenth-Century Mexico," *Emerging Infectious Diseases*, 8:360-2.

Adélaïde-Merlande, Jacques 2007. "L'echec de l'expédition de Saint-Domingue." In: *Alain Yacou, ed., Saint-Domingue espagnol et la revolution nègre d'Haïti (1790-1822)*, 285-93 (Paris: Karthala).

Adelman, Jeremy 2006. *Sovereignty and Revolution in the Iberian Atlantic* (Princeton, NJ: Princeton University Press).

Albi, Julio 1987. *La defensa de las Indias (1764-1799)* (Madrid: Instituto de Cooperación Iberoamericana).

Albi, Julio 1990. *Banderas olvidadas: El ejército realista en América* (Madrid: Ediciones de Cultura Hispánica).

Alckin, David 2001. *From Plantation Medicine to Public Health: The State and Medicine in British Guiana, 1838-1914* (Ph.D. dissertation, University College London).

Alsop, J. D. 2007. "Warfare and the Creation of British Imperial Medicine." In: Geoffrey L. Hudson, ed., *British Military and Naval Medicine, 1600-1830*, 23-50 (Amsterdam: Rodopi).

Álvarez Pinedo, Francisco Javier 2005. *Catálogo de expediciones a Indias (años 1710 a 1783)* (Madrid: Ministerio de Cultura).

Amarakoon, Dharmaratne, Anthony Chen, Michael Taylor, and Samuel Rawlins 2004. "Climate Variability and Patterns of Dengue in the Caribbean," *Faculty of Pure and Applied Sciences Newsletter* 15, 1:1-3 (University of the West Indies).

Ames, Ellis 1881. "The Expedition against Cartagena 1740-1," *Massachusetts Historical Society Proceedings* 18:364-78.

Amores Carredano, Juan B. 1998. *Cuba y España, 1868-1898: El final de un sueño* (Pamplona: Ediciones Universidad de Navarra).

Anderson, Virginia DeJohn 2004. *Creatures of Empire: How Domestic Animals Transformed Early America* (Oxford and New York: Oxford University Press).

Andrews, Kenneth R. 1978. *The Spanish Caribbean: Trade and Plunder, 1530-1630* (New Haven, CT: Yale University Press).

Anex-Cabanis, Danielle 1991. "Mort et morbidité aux Antilles lors de l'expédition de Saint-Domingue: Notes à propos des mercenaires suisses." In: *Mourir pour les Antilles:*

Indépendance nègre ou esclavage, 1802-1804, 1817. Edited by Michel Martin and Alain Yacou (Paris: Editions Caribéennes).

Anonymous 1971 [1818]. *History of the Island of St. Domingo* (Westport, CT: Negro Universities Press).

Archer, Christon 1971. "The Key to the Kingdom: The Defense of Veracruz, 1780-1810," *The Americas* 27:426-49.

Archer, Christon 1977. *The Army in Bourbon Mexico, 1760-1810* (Albuquerque: University of New Mexico Press).

Archer, Christon 1987. "Combating the Invisible Enemy: Health and Hospital Care in the Army of New Spain, 1760-1810," *New World* 2:49-92.

Archer, Christon ed. 2000. *The Wars of Independence in Spanish America* (Wilmington, DE: Scholarly Resources).

Archila, Ricardo 1961. *Historia de la medicina en Venezuela: época colonial* (Caracas: Vargas).

Archila, Ricardo 1966. *Historia de la medicina en Venezuela* (Mérida: Universidad de los Andes).

Armitage, David 1995. "The Scottish Vision of Empire: Intellectual Origins of the Darien Venture." In: John Robertson, ed., *A Union for Empire: Political Thought and the British Union of 1707*, 97-118 (Cambridge: Cambridge University Press).

Armitage, David 2007. *The Declaration of Independence: A Global History* (Cambridge, MA: Harvard University Press).

Arnold, David ed. 1996. *Warm Climates and Western Medicine: The Emergence of Tropical Medicine, 1500-1900* (Amsterdam: Rodopi).

Ashcroft, M. T. 1979. "Publish and Perish: A Fatal Medical Controversy," *Journal of the Royal College of Physicians of London* 13:227-30.

Ashcroft, M. T. 1979a. "Historical Evidence of Resistance to Yellow Fever Acquired by Residence in India," *Transactions of the Royal Society for Tropical Medicine and Hygiene* 73:247-8.

Auguste, Claude B. and Marcel B. Auguste 1985. *L'expédition Leclerc, 1801-1803* (Port-au-Prince: Henri Deschamps).

Ayala, Stephen, Antonio D'Alessandro, Ronald Mackenzie, and Dario Angel 1973. "Hemoparasite Infections in 830 Wild Animals from the Eastern Llanos of Colombia," *Journal of Parasitology* 59:52-9.

Bacardi y Moreau, Emilio 1972. *Crónicas de Santiago de Cuba*, 10 vols. (Madrid: Gráficas Breogán).

Barbour, James Samuel 1907. *A History of William Paterson and the Darien Company* (Edinburgh: Blackwood).

Barrett A. D. T. 1997. "Yellow Fever Vaccines," *Biologicals* 25:17-25.

Barrett, A. D. and Thomas P. Monath 2003. "Epidemiology and Ecology of Yellow Fever Virus," *Advanced Virus Research* 41:291-315.

Barrett, Alan D. T. and Stephen Higgs 2007. "Yellow Fever: A Disease that Has Yet to be Conquered," *Annual Review of Entomology* 52:209-29.

Bates, Marston 1946. "Natural History of Yellow Fever in Colombia," *Scientific Monthly* 63: 42-52.

Bean, William B. 1982. *Walter Reed: A Biography* (Charlottesville: University of Virginia Press).

Beatson, Robert 1804. *Naval and Military Memoirs of Great Britain from 1727 to 1783*, 6 vols. (London: Longman, Hurst, Rees & Orme).

Becker, Ann Marie 2005. *Smallpox in Washington's Army: Strategic Implications of the Disease during the American Revolutionary War* (Ph.D. dissertation, SUNY Stonybrook).

Beldarraín Chaple, Enrique 2005. "Notas sobre las guerras por la independencia nacional y su repercusión en el estado de salud de la población cubana." In: Luz María Espinosa Cortés and Enrique Baldarraín Chaple, eds. *Cuba y México: desastres, alimentación y salud, siglos XVIII-XIX*, 51-80 (Mexico City: Plaza y Valdés).

Bell, Madison Smartt 2007. *Toussaint Louverture: A Biography* (New York: Pantheon).

Bello, David 2005. "To Go Where No Han Could Go for Long: Malaria and the Qing Construction of Ethnic Administrative Space in Frontier Yunnan," *Modern China* 31:283-317.

Benchimol, Jaime Larry 1999. *Dos micróbios aos mosquitos: febre amarilla e a revolução pasteuriana no Brasil* (Rio de Janeiro: Fiocruz).

Benchimol, Jaime Larry 2001. *Febre amarela: a doença e a vacina, uma história inacabada* (Bio-Manguinhos/Editora Fiocruz).

Bermúdez Plata, Cristóbal 1912. *Narración de la defensa de Cartagena de Indias contra el ataque de los ingleses en 1741* (Seville: Correo de Andalucía).

Black, Jeremy 1996. "Could the British Have Won the American War of Independence?" *Journal of the Society for Army Historical Research* 74:145-54.

Blackbourn, David 2006. *The Conquest of Nature: Water, Landscape, and the Making of Modern Germany* (New York: Norton).

Blanchard, Peter 2008. *Under the Flags of Freedom: Slave Soldiers and the Wars of Independence in Spanish South America* (Pittsburgh, PA: University of Pittsburgh Press).

Blanes Martín, Tamara 1998. *Castillo de los Tres Reyes del Morro de La Habana: Historia y arquitectura* (Havana: Letras cubanas).

Blanes Martín, Tamara 2001. *Fortifiaciones del Caribe* (Havana: Letras cubanas).

Bloom, Khaled 1993. *The Mississippi Valley's Great Yellow Fever Epidemic of 1878* (Baton Rouge: Louisiana State University Press).

Bøgh, Claus, Sian E. Clarke, Margaret Pinder, Fabakary Sanyang, and Steven W. Lindsay 2001. "Effect of Passive Zooprophylaxis on Malaria Transmission in the Gambia," *Journal of Medical Entomology* 38:822-8.

Bollet, Alfred Jay 2002. *Civil War Medicine: Challenges and Triumphs* (Tuscon, AZ: Galen Press).

Bonsal, Stephen 1945. *When the French Were Here: A Narrative of the Sojourn of the French Forces in America, and Their Contribution to the Yorktown Campaign* (New York: Doubleday).

Booker, Jackie 1993. "Needed but Unwanted: Black Militiamen in Veracruz, Mexico, 1760-1810," *The Historian* 55:259-76.

Boomgaard, Peter 1992. "The Tropical Rain Forests of Suriname: Exploitation and Management, 1600-1975," *New West Indian Guide/Nieuwe West-Indische Gids* 66:207-35.

Borrego Plá, María del Carmen 1983. *Cartagena de Indias en el siglo XVI* (Seville: Escuela de Estudios Hispano-Americanos).

Boucher, Philip P. 2008. *France and the American Tropics to 1700: Tropics of Discontent?* (Baltimore, MD: Johns Hopkins University Press).

Bougerie, Raymond and Pierre Lesoeuf 1992. *Yorktown 1781: La France offre l'indépendance à l'Amérique* (Paris: Economica).

Bougerol, C. 1985. "Medical Practices in the French West Indies: Master and Slave in the 17th and 18th Centuries," *History & Anthropology* 2:125-43.

Bouma, Menno and Mark Rowland 1995. "Failure of Passive Zooprophylaxis: Cattle Ownership in Pakistan is Associated with A Higher Prevalence of Malaria," *Transactions of the Royal Society of Tropical Medicine and Hygiene* 89:351-3.

Boxer, Charles R. 1957. *The Dutch in Brazil, 1624-1654* (Oxford: Clarendon Press).

Brathwaite, Kamau 2005. *The Development of Creole Society in Jamaica, 1770-1820* (Kingston: Randle).

Brazil. Ministério da Saúde 1971. *A febre amarela no século XVII no Brasil* (Rio de Janeiro: Ministério da Saúde).

Breen, Henry H. 1844. *St Lucia: Historical, Statistical, and Descriptive* (London: Longman, Brown, Green & Longman's).

Bridenbaugh, Carl and Roberta Bridenbaugh 1972. *No Peace Beyond the Line: The English in the Caribbean, 1624-1690* (New York: Oxford University Press).

Briët, O. J. T. et al. 2003. "The Relationship between Anopheles gambiae Density and Rice Culitvation in the Savannah Zone and Forest Zone of Côte d'Ivoire," *Tropical Medicine and International Health* 8:439-48.

Britto, Rubens da Silveira and Eleyson Cardoso 1973. *A febre amarilla no Pará* (Belém: SUDAM).

Brockliss, Laurence and Colin Jones 1997. *The Medical World of Early Modern France* (Oxford: The Clarendon Press).

Brown, Christopher Leslie and Philip D. Morgan eds. 2006. *Arming Slaves: From Classical Times to the Modern Age* (New Haven, CT: Yale University Press).

Bruce-Chwatt, L. J. and Julian de Zulueta 1980. *The Rise and Fall of Malaria in Europe* (Oxford: Oxford University Press).

Brumwell, Stephen 2002. *Redcoats: The British Soldier and War in the Americas, 1755-1763* (Cambridge: Cambridge University Press).

Buchet, Christian 1991. *La lutte pour l'espace caraibe et la façade atlantique de l'amérique centrale et du sud*, 2 vols. (Paris: Librairie de l'Inde).

Buchet, Christian 1994. "The Royal Navy and the Caribbean, 1689-1763," *The Mariner's Mirror* 80:30-44.

Buchet, Christian 1997. "Quantification des pertes dans l'espace caraïbe et retombées straté giques." In: Christian Buchet, ed., *L'homme, la santé et la mer*, 177-94 (Paris: H. Champion).

Buckley, Roger 1979. *Slaves in Red Coats: The British West India Regiments, 1795-1815* (New Haven, CT: Yale University Press).

Buckley, Roger 1998. *The British Army in the West Indies: Society and the Military in the Revolutionary Age* (Gainesville: University of Florida Press).

Buño, Washington 1983. *Una crónica del Montevideo de 1857: la epidemia de fiebre amarilla* (Montevideo: Banda Oriental).

Burnard, Trevor 1999. "The Countrie Continues Sicklie': White Mortality in Jamaica, 1655-1780," *Social History of Medicine* 12:45-72.

Burnard, Trevor 2001. "E Pluribus Plures: African Ethnicities in Seventeenth and Eighteenth Century Jamaica," *Jamaican Historical Review*, 21:8-22, 56-9.

Burnard, Trevor 2008. "The Atlantic Slave Trade and African Ethnicities in Seventeenth-century Jamaica," In: David Richardson, Anthony Tibbles, and Suzanne Schwarz, eds., *Liverpool and Transatlantic Slavery* (Liverpool: Liverpool University Press), 139-64.

Bustamente, Miguel 1958. *La fiebre amarilla en México y su origen en América* (Mexico City: Secretaría de Salubridad y Asistencia).

Butel, Paul 2002. *Histoire des Antilles françaises (XVIIe-XXe siècle)* (Paris: Perrin).

Cabral de Mello, Evaldo 1998. *Olinda restaurada: Guerra e açúcar no Nordeste, 1630-1654* (Rio de Janeiro: Topbooks).

Calderón Quijano, José Antonio 1984. *Las defensas indianas en la recopilación de 1680* (Seville: Escuela de Estudios Hispano-Americanos).

Calderón Quijano, José Antonio 1984b. *Historia de las fortificaciones en Nueva España* (Madrid: Consejo Superior de Investigaciones Científicas).

Calleja Leal, Guillermo and Hugo O'Donnell 1999. *1762: La Habana inglesa: La toma de La Habana por los ingleses* (Madrid: Ediciones de Cultura Hispánica).

Cantlie, Sir Neil 1974. *A History of the Army Medical Department*, 2 vols. (Edinburgh and London: Churchill Livingstone).

Capp, Bernard 1989. *Cromwell's Navy: The Fleet and the English Revolution, 1648-1660* (Oxford: Clarendon Press).

Cardoso, Ciro Flamarion 1999. *La Guyane française (1715-1817): Aspects économiques et sociaux* (Petit-Bourg, Guadeloupe: Ibis Rouge Editions).

Carney, Judith 2001. *Black Rice: The African Origins of Rice Cultivation in the Americas* (Cambridge, MA: Harvard University Press).

Carr, Raymond 1966. *Spain, 1808-1939* (Oxford: Clarendon Press).

Carrigan, Jo Ann 1994. *The Saffron Scourge: A History of Yellow Fever in Louisiana, 1796-1805* (Lafayette: University of Southwestern Louisiana, Center for Louisiana Studies).

Carter, Henry Rose 1931. *Yellow Fever: An Epidemiological and Historical Study of Its Place of Origin* (Baltimore, MD: Williams & Wilkins).

Castillo Manrubia, Pilar 1990. "Pérdida de La Habana (1762)," *Revista de Historia Naval*

8:61-77.

Castillo Mathieu, Nicolas del 1981. *La Llave de las Indias* (Bogotá: El Tiempo).

Castro Gutiérrez, Felipe 1996. *Nueva ley y nuevo rey: Reformas borbónicas y rebelión popular en Nueva España* (Zamora: El Colegio de Michoacán).

Céspedes del Castillo, Miguel 1952. "La defensa militar del istmo de Panamá a fines del siglo XVII y comienzos del XVIII," *Anuario de Estudios Americanos*, 9:235-75.

Chaia, Jean 1958. "Échec d'une tentative de colonisation de la Guyane au XVIIIe siècle (É tude médicale de l'expedition de Kourou 1763-1764)," *Biologie médicale* 47:1-83.

Chalhoub, Sidney 1996. *Cidade febril: cortiços e epidemias na corte imperial* (São Paulo: Companha das Letras).

Chandler, David G. 1966. *The Campaigns of Napoleon* (New York: Macmillan).

Chandler, David L. 1981. *Health and Slavery in Colonial Colombia* (New York: Arno Press).

Chaplin, Joyce E. 1992. "Tidal Rice Cultivation and the Problem of Slavery in South Carolina and Georgia, 1760-1815," *William and Mary Quarterly*, 3rd series, 49:29-61.

Chaplin, Joyce E. 1993. *An Anxious Pursuit: Agricultural Innovation and Modernity in the Lower South, 1730-1815* (Chapel Hill: University of North Carolina Press).

Chase, Jonathan and Tiffany Knight 2003. "Drought-induced Mosquito Outbreaks in Wetlands," *Ecology Letters* 6:1017-24.

Chasteen, John C. 2008. *Americanos: Latin America's Struggle for Independence* (New York: Oxford University Press).

Chastel, C. 1999. "La 'peste' de Barcelone: Epidémie de fièvre jaune de 1821," *Bulletin de la Société de Pathologie Exotique* 92:405-8.

Chaves-Carballo, Enrique 2005. "Carlos Finlay and Yellow Fever: Triumph over Adversity," *Military Medicine* 170:881-5.

Chen, Anthony and Michael Taylor 2002. "Investigating the Link between the Early Season Caribbean Rainfall and the ENSO+1 Year," *International Journal of Climatology* 22:87-106.

Chen, Chi-Yi and Michel Picouet 1979. *Dinámica de la población: Caso de Venezuela* (Caracas: UCAB-Orstrom).

Chernin, Eli 1983. "Josiah Clark Nott, Insects, and Yellow Fever," *Bulletin of the New York Academy of Medicine* 59:790-802.

Childs, St. Julien Ravenel 1940. *Malaria and Colonization in the Carolina Low Country, 1526-1696* (Baltimore, MD: Johns Hopkins University Press).

Christie, Amos 1978. "Medical Conquest of the 'Big Ditch'," *Southern Medical Journal*

71:717-23.

Christophers, Samuel Rickard 1960. *Aedes aegypti, the Yellow Fever Mosquito: Its Life History, Bionomics, and Structure* (Cambridge: Cambridge University Press).

Cirillo, Vincent J. 1999. *Bullets and Bacilli: The Spanish-American War and Military Medicine* (New Brunswick, NJ: Rutgers University Press).

Clements, A. N. 2004. *The Biology of Mosquitoes*, 2 vols. (Dordrecht: Kluwer Academic).

Cloudsley-Thompson, J. L. 1976. *Insects and History* (London: Weidenfeld and Nicolson).

Clyde, David F. 1980. *Two Centuries of Health Care in Dominica* (New Delhi: Sushima Gopal).

Coclanis, Peter A. 1989. *The Shadow of A Dream: Economic Life and Death in the South Carolina Low Country, 1670-1920* (New York: Oxford University Press).

Coleman, W. 1984. "Epidemiological Method in the 1860s: Yellow Fever at St. Nazaire," *Bulletin of the History of Medicine* 58:145-63.

Coleman, W. 1987. *Yellow Fever in the North: The Methods of Early Epidemiology* (Madison: University of Wisconsin Press).

Collis, Louise 1965. *The Life of Captain John Stedman, 1744-1797* (London: Michael Joseph).

Comité d'Histoire du Service de Santé 1982. *Histoire de la médicine aux armées*, 4 vols. (Paris: LaVauzelle).

Cooper, Donald B. 1975. "Brazil's Long Fight Against Epidemic Disease, 1849-1917, with Special Emphasis on Yellow Fever," *Bulletin of the New York Academy of Medicine* 51:672-96.

Corbett, Sir Julian 1907. *England in the Seven Years' War: A Study in Combined Strategy* (London: Longman's and Green).

Cordero del Campillo, M. 2001. "Las grandes epidemías en la América colonial," *Archivos Zootécnicas*, 50:597-612.

Costa, Carlos Alberto Amaral 1973. *Oswaldo Cruz e a febre amarela no Para* (Belem: Conselho Estadual de Cultura).

Costeloe, Michael P. 1986. *Response to Revolution: Imperial Spain and the Spanish American Revolutions, 1810-1840* (Cambridge: Cambridge University Press).

Cowdrey, Albert 1996. *This Land, This South: An Environmental History* (Lexington: University of Kentucky Press).

Crawford, Dorothy 2003. *The Invisible Enemy: A Natural History of Viruses* (New York: Oxford University Press).

Crawfurd, Raymond 1909. *The Last Days of Charles II* (Oxford: Clarendon Press).

Crewe, Duncan 1993. *Yellow Jack and the Worm: British Naval Administration in the West Indies, 1739-1748* (Liverpool: Liverpool University Press).

Cronon, William 1984. *Changes in the Land: Indians, Colonists, and the Ecology of New England* (New York: Hill and Wang).

Crosby, Alfred W. 1972. *The Columbian Exchange: Biological and Cultural Consequences of 1492* (Westport, CT: Greenwood [reprinted 2003]).

Crosby, Alfred W. 1986. *Ecological Imperialism: The Biological Expansion of Europe, 900 to 1900* (New York: Cambridge University Press).

Cueto, Marcos 1997. *El regreso de las epidémias: salud y sociedad en el Perú del siglo XX* (Lima: Instituto de Estudios Peruanos).

Cullen, Edward 1853. *Isthmus of Darien Ship Canal* (London: Effingham Wilson).

Cundall, Frank 1926. *The Darien Venture* (New York: Hispanic Society of America).

Curtin, Philip 1990. *The Rise and Fall of the Plantation Complex: Essays in Atlantic History* (New York: Cambridge University Press).

Curtin, Philip 1993. "Disease Exchange Across the Tropical Atlantic," *History and Philosophy of the Life Sciences* 15:329-56.

Curtin, Philip 1998. *Disease and Empire: The Health of European Troops in the Conquest of Africa* (New York: Cambridge University Press).

Curtis, Jason H., Mark Brenner, and David A. Hodell 2001. "Climate Change in the Circum-Caribbean (Late Pleistocene to Present) and Implications for Regional Biogeography." In: Charles A. Woods and Florence E. Sergile, eds., *Biogeography of the West Indies* (Boca Raton, FL: CRC Press), 35-54.

Dabbs, Jack A. 1963. *The French Army in Mexico, 1864-1867* (The Hague: Mouton).

Daubigny, E. 1892. *Choiseul et la France d'outre-mer après le traité de Paris* (Paris: Hachette).

Davis, Burke 1970. *The Campaign That Won America: The Story of Yorktown* (New York: Dial Press).

Dean, Warren 1995. *With Broadaxe and Firebrand: The Destruction of the Brazilian Atlantic Forest* (Berkeley: University of California Press).

De Barros, Juanita 2004. "Setting Things right': Medicine and Magic in British Guiana, 1803-38," *Slavery and Abolition* 25:28-50.

De Barros, Juanita 2007. "Dispensers, Obeah, and Quackery: Medical Rivalries in Post-

Slavery British Guiana," *Social History of Medicine* 20:243-61.

Debien, Gabriel 1941. *Une plantation de Saint-Domingue: La sucrerie Galbaud du Fort, 1690-1802* (Cairo: Institut Français d'Archéologie Orientale du Caire).

de la Fuente, Alejandro 1993. "Población y crecimiento en Cuba (siglos XVI y XVII): Un estudio regional," *European Review of Latin American and Caribbean Studies* 55:59-93.

Delaporte, François 1991. *The History of Yellow Fever: An Essay on the Birth of Tropical Medicine.* Translated by Arthur Goldhammer (Cambridge, MA: MIT Press).

Denham, Woodrow W. 1987. *West Indian Green Monkeys: Problems in Historical Biogeography.* Contributions to Primatology, No. 24 (Basel: Karger).

DePalo, William 1997. *The Mexican National Army, 1822-1852* (College Station: Texas A&M Press).

de Roode, Jacobus, Andrew J. Yates, and Sonia Altizer 2008. "Virulence-transmission Trade-offs and Population Divergence in Virulence in a Naturally Occurring Butterfly Parasite," *Proceedings of the National Academy of Sciences* 105:7489-94.

Dethloff, Henry C. 1988. *A History of the American Rice Industry, 1685-1985* (College Station: Texas A&M Press).

Diamond, Jared. 1997. *Guns, Germs and Steel: The Fates of Human Societies* (New York: W. W. Norton).

Diaz, Henry and Gregory McCabe 1999. "A Possible Connection between the 1878 Yellow Fever Epidemic in the Southern United States and the 1877-78 El Niño Episode," *Bulletin of the American Meteorological Society* 80:21-7.

Díaz Pardo, Camilo 2006. "Las epidemías en la Cartagena de Indias del siglo XVI-XVII: Una aproximación a los discursos de la salud y el impacto de las epidemías y los matices ideológicos subyacentes en la sociedad colonial," *Memorias. Revista Digital de Historia y Arqueología desde el Caribe 3* (unpagi nated). Viewed at: http://redalyc.uaemex.mx.

Diesbach, Ghislain de 1998. *Ferdinand de Lesseps* (Paris: Perrin).

Dobson, Mary J. 1989. "Mortality Gradients and Disease Exchanges: Comparisons from Old England and Colonial America," *Social Science Medicine* 2:259-97.

Dobson, Mary J. 1997. *Contours of Death and Disease in Early Modern England* (Cambridge: Cambridge University Press).

Dos Santos, Roseli La Corte, Oswaldo Paulo Forattini, and Marcelo Nascimento Burattini 2004. "Anopheles albitarsis s.l. (Diptera: Culicidae) Survivorship and Density in a Rice Irrigation Area of the State of São Paulo, Brazil," *Journal of Medical Entomology* 41:997-

1000.

Downs, W. G. 1982. "The Known and the Unknown in Yellow Fever Ecology and Epidemiology," *Ecology of Disease* 1(2-3):103-10.

Dubois, Laurent 2004. *Avengers of the New World: The Story of the Haitian Revolution* (Cambridge, MA: Harvard University Press).

Duffy, Christopher 1985. *Siege Warfare. Vol. II. The Fortress in the Age of Vauban and Frederick the Great* (London: Routledge and Kegan Paul).

Duffy, John 1953. *Epidemics in Colonial America* (Baton Rouge: Louisiana State University Press).

Duffy, John 1988. "The Impact of Malaria on the South." In: *Disease and Distinctiveness in the American South*, Todd L. Savitt and James Harvey Young, eds., 29-54 (Knoxville: University of Tennessee Press).

Duffy, Michael 1987. *Soldiers, Sugar, and Seapower: The British Expeditions to the West Indies and the War against Revolutionary France* (Oxford: Oxford University Press).

Duffy, Michael 1997. "The French Revolution and British Attitudes to the West Indian Colonies." In: *A Turbulent Time: The French Revolution and the Greater Caribbean*, David Barry Gaspar and David Patrick Geggus, eds., 78-101 (Bloomington: Indiana University Press).

Duncan, Louis C. 1931. *Medical Men in the American Revolution, 1775-1783* (Carlisle Barracks, PA: Medical Field Service School).

Dunn, Richard S. 1972. *Sugar and Slaves: The Rise of the Planter Class in the English West Indies, 1624-1713* (New York: W. W. Norton).

Earle, Rebecca 2000a. *Spain and the Independence of Colombia, 1810-1825* (Exeter: University of Exeter Press).

Earle, Rebecca 2000b. "'A Grave for Europeans'? Disease, Death, and the Spanish-American Revolutions." In: Christon Archer, ed., *The Wars of Independence in Spanish America*, 283-97 (Wilmington, DE: Scholarly Resources).

Edelson, S. Max 2006. *Plantation Enterprise in Colonial South Carolina* (Cambridge, MA: Harvard University Press).

Edwards, John N. 2002 [1872]. *Shelby's Expedition to Mexico* (Fayetteville: University of Arkansas Press).

Eelking, Max von 1863. *Die deutschen hülfstruppen um nordamerikanischen befreiungskriege, 1776 bis 1783* (Hanover: Helwing).

Ehrman, John 1953. *The Navy in the War of William III, 1689-1697* (Cambridge: Cambridge University Press).

Eisenhower, John S. D. 2000. *So Far from God: The U.S. War with Mexico, 1846-1848* (Norman: University of Oklahoma Press).

Ejército de Colombia 1919. *Campaña de invasión del Teniente General Don Pablo Morillo, 1815-1816* (Bogotá: Talleres del Estado Mayor General).

Eltis, David, Philip Morgan, and David Richardson 2007. "Agency and Diaspora in Atlantic History: Reassessing the African Contribution to Rice Cultivation in the Americas," *American Historical Review* 112:1329-58.

Endfield, Georgina 2008. *Climate and Society in Colonial Mexico: A Study in Vulnerability* (Malden, MA: Blackwell).

Engerman, Stanley and Barry Higman 1997. "The Demographic Structure of the Caribbean Slave Societies in the Eighteenth and Nineteenth Centuries." In Colin Palmer, ed., *General History of the Caribbean. Vol 3. The Slave Societies of the Caribbean*, 45-104 (London: UNESCO Publishing).

Esptein, David M. 1984. "The Kourou Expedition to Guiana: The Genesis of a Black Legend," *Boletín de Estudios Latinoamericanos y del Caribe* 37:85-97.

Espinosa, Mariola 2003. *Epidemic Invasions: Yellow Fever, Public Health, and the Limits of Cuban Independence, 1878 through the Early Republic* (Ph.D. dissertation, University of North Carolina).

Espinosa, Mariola 2009. "The Invincible Generals: Yellow Fever and the Fight for Empire in Cuba, 1868-1898." In: Poonam Bula, ed., *Biomedicine as A Contested Site: Some Revelations in Imperial Contexts*, 67-78 (Lanham, MD; Rowman & Littlefield).

Espinosa Cortés, Luz María, and Enrique Baldarraín Chaple eds. 2005. *Cuba y México: desastres, alimentación y salud, siglos XVIII-XIX* (Mexico City: Plaza y Valdés).

Esteban Marfil, Bonifacio 2000. *La Sanidad militar española en la guerra de Cuba (1895-1898)* (Ph.D. dissertation, Universidad Autónoma de Madrid).

Esteban Marfil, Bonifacio 2003. "Los hospitales militares en la Isla de Cuba durante la guerra de 1895-1898," *Asclepio* 55:173-99.

Ewald, Paul 1994. *The Evolution of Infectious Disease* (New York and Oxford: Oxford University Press).

Eymeri, Jean-Claude 1992. *Histoire de la médecine aux Antilles et en Guyane* (Paris: L'Harmattan).

Fenn, Elizabeth 2001. *Pox Americana: The Great Smallpox Epidemic of 1775-1782* (New York: Hill & Wang).

Ferling, John 2007. *Almost a Miracle: The American Victory in the War of Independence* (New York: Oxford University Press).

Fernández Almagro, M. 1946. *Política naval de la España moderna y contemporánea* (Madrid: Instituto de Estudios Políticos).

Fernández Duro, Cesáreo 1895-1903. *Armada española desde la unión de los reinos de Castilla y de León*, 9 vols. (Madrid: tipográfico "Sucesores de Rivadeneyra").

Fernando, C. H. 1993. "Rice Field Ecology and Fish Culture: An Overview," *Hydrobiologia* 259:91-113.

Ferrer, Ada 1999. *Insurgent Cuba: Race, Nation, and Revolution, 1868-1898* (Chapel Hill: University of North Carolina Press).

Fett, Sharla M. 2002. *Working Cures: Healing, Health and Power on Southern Slave Plantations* (Chapel Hill: University of North Carolina Press).

Fick, Carolyn 1990. *The Making of Haiti: The Saint Domingue Revolution from Below* (Knoxville: University of Tennessee Press).

Federico Brito Figueroa, 1973. *Historia económica y social de Venezuela: una estructura para su estudio*, 3 vols. (Caracas: Universidad Central de Venezuela).

Fissel, Mark and David Trim eds. 2005. *Amphibious Warfare, 1000-1700: Commerce, State Formation, and European Expansion* (Leiden: Brill Academic).

Flinn, Michael ed. 1977. *Scottish Population History* (Cambridge: Cambridge University Press).

Flores-Mendoza, Carmen, Rodolfo A. Cunha, Daye S. Rocha, and Ricardo Lourenço-de-Oliveira 1996. "Blood-meal Sources of Anopheles aquasalis (Diptera: Culicidae) in a South-eastern State of Brazil," *Revista de Saúde Pública* 30:129-34.

Forrest, William S. 1856. *The Great Pestilence in Virginia* (New York: Derby & Jackson).

Forrester, Andrew 2004. *The Man Who Saw the Future* (New York: Texere).

Foster, George M. 1987. "On the Origins of Humoral Medicine in Latin America," *Medical Anthropology Quarterly*, 1:355-93.

Foster, Woodbridge and Frank Eischen 1987. "Frequency of Blood-feeding in Relation to Sugar Availability in Aedes aegypti and Anopheles quadrimaculatus (Diptera: Culicidae)," *Annals of the Entomological Society of America* 80: 103-8.

Fowler, Will 2007. *Santa Anna of Mexico* (Albuquerque: University of New Mexico Press).

Franco, Odair 1976. *Historia da Febre-Amarela no Brazil* (Rio de Janeiro: Ministerio da Saú de).

Fraser, Walter J. 1989. *Charleston! Charleston!: The History of A Southern City* (Columbia: University of South Carolina Press).

Frederickson, E. Christian 1993. *Bionomics and Control of Anopheles albimanus* (Washington, DC: Pan American Health Organization, Technical Paper No. 34).

Frederiksen, H. 1955. "Historical Evidence for Interference between Dengue and Yellow Fever," *American Journal of Tropical Medical Hygiene* 4:483-91.

Frey, Sylvia R. 1981. *The British Soldier in America: A Social History of Military Life in the Revolutionary Period* (Austin: University of Texas Press).

Frey, Sylvia R. 1991. *Water from the Rock: Black Resistance in a Revolutionary Age* (Princeton, NJ: Princeton University Press).

Funes Monzote, Reinaldo 2004. *De bosque a sabana: azúcar, deforestación y medio ambiente en Cuba, 1492-1926* (Mexico City: Siglo XXI).

Gabaldon, Arnoldo and Arturo Luis Berti 1954. "The First Large Area in the Tropical Zone to Report Malaria Eradication: North-Central Venezuela," *American Journal of Tropical Medicine and Hygiene* 3:793-807.

Gagnon, Alexandre S., Andrew B. G. Bush, and Karen E. Smoyer-Tomic 2001. "Dengue Epidemics and the El Niño Southern Oscillation," *Climate Research* 19:35-43.

Gagnon, Alexandre S., Andrew B. Bush, and Karen E. Smoyer-Tomic 2002. "The El Niño Southern Oscillation and Malaria Epidemics in South America," *International Journal of Biometeorology* 46:81-9.

Galloway, J. H. 1989. *The Sugar Cane Industry: An Historical Geography from Its Origins to 1914* (Cambridge: Cambridge University Press).

Gallup-Diaz, Ignacio 2004. *The Door of the Seas and Key to the Universe: Indian Politics and Imperial Rivalry in the Darién, 1640-1750* (New York: Columbia University Press).

García, Gloria 2002. "Negros y mulatos en una ciudad portuaria: La Habana, 1760-1800." In: Bernardo García Díaz and Sergio Guerra Vilaboy, eds., *La Habana/Veracruz, Veracruz/La Habana: Las dos orillas* (Veracruz: Universidad Veracruziana), 165-73.

García del Pino, César 2002. *La toma de La Habana por los ingleses y sus antecedentes* (Havana: Editorial de Ciencias Sociales).

Garcia-Herrera, R., H. F. Diaz, R. R. Garcia, M. R. Prieto, D. Barriopedro, R. Moyano, and E. Hernandez 2008. "A Chronology of El Niño Events from Primary Documentary Sources in Northern Peru," *Journal of Climate* 21:1948-62.

Garrigus, John 2006. *Before Haiti: Race and Citizenship in French Saint-Domingue* (London: Palgrave Macmillan).

Gaspar, David Barry and David P. Geggus eds. 1997. *A Turbulent Time: The French Revolution and the Greater Caribbean* (Bloomington: University of Indiana Press).

Gast Galvis, Augusto 1982. *Historia de la fiebre amarilla en Colombia* (Bogotá: Ministerio de Salud).

Geggus, David 1979. "Yellow Fever in the 1790s," *Medical History* 23:38-58.

Geggus, David 1982. *Slavery, War and Revolution: The British Occupation of Saint Domingue, 1793-1798* (Oxford: Oxford University Press).

Geggus, David 1983. "The Cost of Pitt's Campaign in the Caribbean," *The Historical Journal* 26:699-706.

Geggus, David 2002. *Haitian Revolutionary Studies* (Bloomington: University of Indiana Press).

Ghaninia, Majid, Mattias Larsson, Bill S. Hansson, and Rickard Ignell 2008. "Natural Odor Ligands for Olfactory Receptor Neurons of the Female Mosquito Aedes aegypti: Use of Gas Chromatography-linked Single Sensillum Recordings," *Journal of Experimental Biology* 211:3020-7.

Giannini, Alessandra, Yochanan Kushnir, and Mark A. Cane 2000. "Interannual Variability of Caribbean Rainfall, ENSO, and the Atlantic Ocean," *Journal of Climate* 13:297-311.

Gillett, Mary C. 1990 [1981]. *The Army Medical Department, 1775-1818* (Washington, DC: Center of Military History, US Army).

Gillett, Mary C. 1987. *The Army Medical Department, 1818-1865* (Washington, DC: Center of Military History, US Army).

Gillett, Mary C. 1995. *The Army Medical Department, 1865-1917* (Washington, DC: Center of Military History, US Army).

Giraldo, Manuel Lucena ed. 1991. *El bosque ilustrado: estudios sobre la política española en América* (Madrid: ICONA and Instituto de la Ingenieria de España).

Girard, Philippe R. 2008. "The Ugly Duckling: The French Navy and the Saint-Domingue Expedition 1801-1803," *International Journal of Naval History* 7, no. 3 (no pagination; online at http://ijnhonline.org/volume7_number3_Deco8/pdfs/Giraud.pdf).

Githeko, Andrew, Steve Lindsay, Ulisses Confalonieri, and Jonathan Patz 2000. "Climate Change and Vector-borne Diseases: A Regional Approach," *Bulletin of the World Health*

Organization 78:1136-47.

Glete, Jan 2006. *Naval History, 1500-1680* (London: Ashgate).

Gómez Pérez, Carmen 1983. "La población de Cartagena de Indias a principios del siglo XVIII," *Temas Americanístas* 2:14-18.

González García, Sebastián 1961. "Al aniquilamineto del ejército expedicionario de Costa Firme (1815-1823)," *Revista de Indias* 22:129-50.

Goodyear, James D. 1978. "The Sugar Connection: A New Perspective on the History of Yellow Fever," *Bulletin of the History of Medicine* 52:5-21.

Gordon, B. Le Roy 1977. *Human Geography and Ecology in the Sinú Country of Colombia* (Westport, CT: Greenwood).

Gordon, John W. 2003. *South Carolina and the American Revolution: A Battlefield History* (Columbia: University of South Carolina Press).

Gorgas, Marie and B. J. Hendrick 1924. *William Crawford Gorgas: His Life and Work* (New York: Doubleday).

Gorgas, William C. 1915. *Sanitation in Panama* (New York: Appleton).

Goslinga, Cornelis C. 1979. *A Short History of the Netherlands Antilles and Surinam* (The Hague: Martinus Nijhoff).

Gottschalk, Louis 1942. *Lafayette and the Close of the American Revolution* (Chicago: University of Chicago Press).

Gouvêa, Fernando da Cruz 1998. *Maurício de Nassau e o Brasil holandês* (Recife: Editora de Universidade Federal de Pernambuco).

Gragg, Larry 2003. *Englishmen Transplanted: The English Colonization of Barbados, 1627-1660* (New York: Oxford University Press).

Grahn, Lance 1997. *The Political Economy of Smuggling: Regional Informal Economies in Early Bourbon New Granada* (Boulder, CO: Westview).

Grainger, John D. 2005. *The Battle of Yorktown, 1781: A Reassessment* (Woodbridge, UK: Boydell Press).

Greene, Jerome A. 2005. *The Guns of Independence: The Siege of Yorktown 1781* (New York: Savas Beatie).

Greene, Julie 2009. *The Canal Builders: Making America's Empire at the Panama Canal* (New York: Penguin).

Griggs, Peter 2007. "Deforestation and Sugar Cane Growing in Eastern Australia, 1860-1995," *Environment and History* 13:255-84.

Grmek, Mirko 1997. "Les débuts de quarantine maritime." In: Christian Buchet. ed., *L'homme, la santé et la mer*, 39-60 (Paris: H. Champion).

Grove, Richard H. 1995. *Green Imperialism: Colonial Expansion, Tropical Island Edens, and the Origins of Environmentalism, 1600-1860* (New York: Cambridge University Press).

Grove, Richard H. 2007. "The Great El Niño of 1789-93 and Its Global Consequences: Reconstructing an Extreme Climate Event in World Environmental History," *Medieval History Journal* 10:75-98.

Guerra, C. A., R. W. Snow, and S. I. Hay 2006. "A Global Assessment of Closed Forests, Deforestation, and Malaria Risk," *Annals of Tropical Medicine and Parasitology* 100:189-204.

Guerra, Francisco 1965. "Early Texts on Yellow Fever," *Clio Medica* 1:59-60.

Guerra, Francisco 1966. "The Influence of Disease on Race, Logistics and Colonization in the Antilles," *American Journal of Tropical Medicine and Hygiene* 69:23-35.

Guerra, Francisco 1968. "Primeros escritos sobe la fiebre amarilla." In: *Ensayos científicos: escritos en homenaje a Tomás Romay*. Edited by José López Sánchez, 293-304 (Havana: Academia de Ciencias de Cuba).

Guerra, Francisco 1979. "Medicine in Dutch Brazil, 1624-1654." In: E. van den Boogart, ed., *Johan Maurits van Nassau-Siegen, 1604-1679: A Humanist Prince in Europe and Brazil* (The Hague: Johan Maurits van Nassau Stichting).

Guerra, Francisco 1994. *El hospital en Hispanoamérica y Filipinas, 1492-1898* (Madrid: Ministerio de Sanidad y Consumo).

Guerra, Francisco 1999. *Epidemiología américana y filipina* (Madrid: Ministerio de Sanidad y Consumo).

Guijarro Olivares, J. 1948. "Aportación al estudio histórico de la fiebre amarilla," *Anuario de Estudios Americanos* 5:363-96.

Guijarro Olivares, J. 1968. "La fiebre amarilla en España durante los siglos XVIII y XIX." In: *Ensayos científicos: escritos en homenaje a Tomás Romay*. Edited by José López Sánchez, 175-98 (Havana: Academia de Ciencias de Cuba).

Guiteras, Pedro 1856. *Historia de la conquista de La Habana por los ingleses* (Philadelphia: Perry and McMillan).

Gunkel, Alexander and Jerome Handler 1969. "A Swiss Medical Doctor's Description of Barbados in 1661: The Account of Felix Christian Spoeri," *Journal of the Barbados Museum and Historical Society* 33:3-13.

Gunkel, Alexander and Jerome Handler 1970. "A German Indentured Servant in Barbados in 1652: The Account of Heinrich von Uchteritz," *Journal of the Barbados Museum and Historical Society* 33:91-100.

Hall, N. A. T. 1985. "Maritime Maroons: Grand Marronage from the Danish West Indies," *William and Mary Quarterly*, 3rd Series, 42:476-98.

Hallahan, William H. 2004. *The Day the Revolution Ended: 19 October 1781* (Hoboken, NJ: John Wiley & Sons).

Halstead, Scott B. 1997. "Epidemiology of Dengue and Dengue Hemorrhagic Fever." In: D. J. Gubler and G. Kuno, eds., *Dengue and Dengue Hemorrhagic Fever*, 23-44 (New York and Oxford: CAB International).

Hamilton, Douglas J. 2005. *Scotland, the Caribbean, and the Atlantic World, 1750-1820* (Manchester: Manchester University Press).

Handler, Jerome S. 2000. "Slave Medicine and Obeah in Barbados, circa 1650 to 1834," *New West Indian Guide/Nieuwe West-Indische Gids* 74(2000): 57-90.

Harding, Richard 1991. *Amphibious Warfare in the Eighteenth Century: The British Expedition to the West Indies, 1740-1742* (Woodbridge, UK: Boydell Press).

Harris, D. R. 1962. "The Invasion of Oceanic Islands by Alien Plants," *Transactions of the Institute of British Geographers* 31:67-82.

Harris, David R. 1965. *Plants, Animals, and Man in the Outer Leeward Islands, West Indies: An Ecological Study of Antigua, Barbuda, and Anguilla.* University of California Publications in Geography No. 18. (Berkeley: University of California Press).

Harrison, Mark 1996. "'The Tender Frame of Man': Disease, Climate, and Racial Difference in India and the West Indies, 1760-1860," *Bulletin of the History of Medicine* 70:68-93.

Harrison, Mark 2004. *Disease and the Modern World: 1500 to the Present Day* (Cambridge: Polity Press).

Harrison, Mark 2007. "Disease and Medicine in the Armies of the British India, 1750-1830: The Treatment of Fevers and the Emergence of Tropical Therapeutics." In: Geoffrey L. Hudson, ed., *British Military and Naval Medicine, 1600-1830*, 87-119 (Amsterdam: Rodopi).

Hart, Francis Russell 1929. *The Disaster of Darien: The Story of the Scots Settlement and the Causes of Its Failure* (Boston: Houghton Mifflin).

Hart, Francis Russell 1931. *The Siege of Havana, 1762* (Boston: Houghton and Mifflin).

Harvey, Robert 2000. *Liberators: Latin America's Struggle for Independence, 1810-1830* (London: John Murrary).

Hasbrouck, Alfred 1928. *Foreign Legionaries in the Liberation of Spanish South America* (New York: Columbia University Press).

Hasegawa, Guy R. 2007. "Quinine Substitutes in the Confederate Army," *Military Medicine* 172:650-5.

Haug, Gerald H., Konrad A. Hughen, Daniel M. Sigman, Larry C. Peterson, and Ursula Röhl 2001. "Southward Migration of the Intertropical Convergence Zone through the Holocene," *Science* 293:1304-7.

Hay, Simon, Monica Myers, Donald Burke, David Vaughn, Timothy Endy, Nisalak Ananda, G. Dennis Shanks, Robert Snow, and David Rogers 2000. "Etiology of Interepidemic Periods of Mosquito-borne Disease," *Proceedings of the National Academy of Sciences* 97(16):9335-9.

Haycock, David Boyd 2002. "Exterminated by the Bloody Flux: Dysentery in Eighteenth-century Naval and Military Accounts," *Journal for Maritime Research* (unpaginated). Viewed at: http://www.jmr.nmm.ac.uk/server/show/ConJmrArticle.1/setPaginate/No.

Heimermann, Benoît 1996. *Suez & Panama: La fabuleuese épopée de Ferdinand de Lesseps* (Paris: Arthaud).

Helg, Aline 2004. *Liberty and Equality in Caribbean Colombia, 1770-1835* (Chapel Hill: University of North Carolina Press).

Henry, A. 1981. *La Guyane française: Son histoire, 1604-1946* (Cayenne: Guyane Presse Diffusion).

Hermosilla Molina, Antonio 1978. *Epidemia de fiebre amarilla en Sevilla en el año 1800* (Seville: ¡Oiga!).

Higman, Barry 2000. "The Sugar Revolution," *Economic History Review* 53:213-36.

Higuera-Gundy, Antonia, Mark Brenner, David Hodell, Jason Curtis, Barbara Leyden, and Michael Binford 1999. "A 10,300 14C yr Record of Climate and Vegetation Change from Haiti," *Quaternary Research* 52:159-70.

Hill, Richard and Peter Hogg 1995. *A Black Corps d'Élite: An Egyptian Sudanese Conscript Battalion with the French Army in Mexico, 1863-1867, and Its Survivors in Subsequent African History* (East Lansing: Michigan State University Press).

Hillemand, Bernard 2006. "L'épidémie de fièvre jaune de Saint-Nazaire en 1861" *Histoire des Sciences Medicales* 40:23-36.

Hodell, David A., Mark Brenner, Jason Curtis, Roger Medina-González, Enrique Idlefonso-

Chan Can, Alma Albornoz-Pat, and Thomas Guilderson 2005. "Climate Change on the Yucatan Peninsula during the Little Ice Age," *Quaternary Research* 63:109-21.

Hoffman, Paul E. 1980. *The Spanish Crown and the Defense of the Caribbean, 1535-1585* (Baton Rouge: Louisiana State University Press).

Honigsbaum, Mark 2001. *The Fever Trail: In Search of the Cure for Malaria* (New York: Farrar, Straus & Giroux).

Hoogbergen, Wim 1990. *The Boni Maroon Wars in Suriname* (Leiden: E.J. Brill).

Horsfall, William R. 1972 [1955]. *Mosquitoes: Their Bionomics and Relation to Disease* (New York: Hafner).

Houdaille, Jacques 1973. "Quelques données sur la population de Saint-Domingue au XVIIIe siècle," *Population* 28:859-72.

Houlding, J. A. 1981. *Fit for Service: The Training of the British Army, 1715-1795* (Oxford: Clarendon Press).

Hudson, Geoffrey L. ed. 2007. *British Military and Naval Medicine, 1600-1830* (Amsterdam: Rodopi).

Hudson, J. E. 1984. "Anopheles darlingi (Diptera Culicidae) in the Surinamese Rain Forest," *Bulletin of Entomological Research* 74:129-42.

Humphreys, Margaret 1992. *Yellow Fever and the South* (New Brunswick, NJ: Rutgers University Press).

Insh, George Pratt 1932. *The Company of Scotland Trading to Africa and the Indies* (London and New York: Charles Scribner's Sons).

Israel, Jonathan 1982. *The Dutch Republic and the Hispanic World, 1606-1661* (Oxford: Clarendon Press).

Izard, Miguel 1979. *El miedo a la revolución: la lucha por la libertad en Venezuela (1770-1830)* (Madrid: Editorial Tecnos).

Jackson, J. C. B. 1997. "Reefs since Columbus," *Coral Reefs 16, Supplement*, S223-S232.

Jaen Suárez, Omar 1998. *La población del Istmo de Panamá. Desde el siglo XVI hasta el siglo XX. Estudio de geohistoria* (Madrid: Agencia Española de Cooperación Internacional).

James, C. L. R. 1989. *Black Jacobins: Toussaint L'Ouverture and the San Domingo Revolution* (New York: Vintage Books).

Jos, Joseph 2004. *Guadeloupéens et Martiniquais au canal de Panamá* (Paris: Harmattan).

Jury, Mark, Björn Malmgren, and Amos Winter 2007. "Subregional Precipitation Climate of the Caribbean and Relationships with ENSO and NAO," *Journal of Geophysical Research* 112. Viewed at: www.agu.org/pubs/crossref/2007/2006JD007541.shtml.

Jutikkala, Eino 1955. "The Great Finnish Famine in 1696-97," *Scandinavian Economic History Review* 3:48-63.

Kagan, Richard 2000. "A World without Walls: City and Town in Colonial Spanish America." In: James D. Tracy, ed., *City Walls: The Urban Enceinte in Global Perspective*, 117-54 (Cambridge: Cambridge University Press).

Kaiser, P. 1994. "The 'Quads,' Anopheles quadrimaculatus Say," *Wing Beats*, 5,3:8-9.

Kamen, Henry 2003. *Spain's Road to Empire: The Making of a World Power, 1492-1763* (London: Penguin).

Keevil, J. J., Christopher Lloyd, and Jack L. S. Coulter 1957-1963. *Medicine and the Navy, 1200-1900*, 4 vols. (Edinburgh and London: Livingstone).

Kempthorne, G. A. 1935. "The Expedition to Cartagena," *Journal of the Royal Army Medical Corps* 64:272-8.

Kent, Lauren B., Kimberley K. O. Walden, and Hugh Robertson 2008. "The Gr Family of Candidate Gustatory and Olfactory Receptors in the Yellow-Fever Mosquito Aedes aegypti," *Chemical Senses* 33(1):79-93.

Keppel, Sonia 1981. *Three Brothers at Havana 1762* (Salisbury, UK: Michael Russell).

Ketchum, Richard M. 2004. *Victory at Yorktown: The Campaign that Won the Revolution* (New York: Henry Holt).

Kimber, Clarissa T. 1988. *Martinique Revisited: The Changing Plant Geographies of a West Indian Island* (College Station: Texas A&M Press).

King, Stewart R. 2001. *Blue Coat or Powdered Wig: Free People of Color in Pre-Revolutionary Saint Domingue* (Athens: University of Georgia Press).

Kinsbruner, Jay 2000. *Independence in Spanish America: Civil Wars, Revolutions, and Underdevelopment* (Albuquerque: University of New Mexico Press).

Kiple, K. F. and K. C. Ornelas 1996. "Race, War, and Tropical Medicine in the Eighteenth-century Caribbean," *Clio Medica* 35:65-79.

Kiple, K. F. and K. C. Ornelas 1996a. "After the Encounter: Disease and Demographics in the Lesser Antilles." In: Robert Paquette and Stanley Engerman, eds., *The Lesser Antilles in the Age of European Expansion*, 51-67 (Gainesville: University of Florida Press).

Kiple, Kenneth F. 1986. *The Caribbean Slave: A Biological History* (New York: Cambridge University Press).

Kiple, Kenneth F. 2001. "Response to Sheldon Watts: Yellow Fever Immunities in West Africa and the Americas in the Age of Slavery and Beyond: A Reappraisal," *Journal of Social History* 34(4), 969-74.

Kipping, Ernst 1965. *Die Truppen von Hessen-Kassel im amerikanischen Unabhängigkeits krieg, 1776-1783* (Darmstadt: Wehr und Wissen Verlagsgesellschaft).

Kjaergaard, Thorkild 2000. "Disease and Environment: Disease Patterns in Northern Europe since the Middle Ages, Viewed in Ecohistorical Light." In: Dorte Gannik and Laila Launsø, eds., *Disease, Knowledge, and Society*, 15-25 (Copenhagen: Samfundslitteratur).

Klein, Herbert S. 1999. *The Atlantic Slave Trade* (New York: Cambridge University Press).

Klooster, Wim 1997. *The Dutch in the Americas, 1600-1800* (Providence, RI: John Carter Brown Library).

Klooster, Wim 1998. *Illicit Riches: Dutch Trade in the Caribbean, 1648-1795* (Leiden: KITLV Press).

Knaut, Andrew L. 1997. "Yellow Fever and the Late Colonial Public Health Response in the Port of Vera Cruz," *Hispanic American Historical Review* 77:619-44.

Knight, Roger 2005. *The Pursuit of Victory: The Life and Achievement of Horatio Nelson* (New York: Basic Books).

Komp, William H. W. 1942. *The Anopheline Mosquitoes of the Caribbean Region*, Bulletin No. 179 (Washington, DC: National Institute of Health).

Kopperman, Paul E. 2007. "The British Army in North America and the West Indies, 1755-83: A Medical Perspective." In: Geoffrey L. Hudson, ed., *British Military and Naval Medicine, 1600-1830*, 51-86 (Amsterdam: Rodopi).

Kornfeld, Eve 1984. "Crisis in the Capital: The Cultural Significance of Philadelphia's Great Yellow Fever Epidemic," *Pennsylvania History* 3:189-205.

Kuethe, Allan J. 1978. *Military Reform and Society in New Granada, 1773-1808* (Gainesville: University Presses of Florida).

Kuethe, Allan J. 1986. *Cuba, 1753-1815: Crown, Military, and Society* (Knoxville: University of Tennessee Press).

Kupperman, Karen 1984. "Fear of Hot Climates in the Anglo-American Colonial Experience," *William and Mary Quarterly*, 3rd series, 41:213-40.

Kuriyama, Shigehisa 1995. "Interpreting the History of Bloodletting," *Journal of the History of Medicine and Allied Sciences* 50:11-46.

Lambert, Robert Stansbury 1987. *South Carolina Loyalists in the American Revolution* (Columbia: University of South Carolina Press).

Landers, John 2004. *The Field and the Forge: Population, Production and Power in the Pre-industrial West* (Oxford: Oxford University Press).

Larin, Robert 2006. *Canadiens en Guyane, 1754-1805* (Paris: Presses Universitaires Paris-Sorbonne).

La Rosa Corzo, Gabino 1988. *Los palenques del Oriente de Cuba: Resistencia y acoso* (Havana: Editorial Academia).

Laurent-Ropa, Denis 1993. *Haïti: Une colonie française, 1625-1802* (Paris: Harmattan).

Le Roy y Cassa, Jorge 1930. *La primera epidemia de fiebre amarilla en la Habana* (Havana: La Propagandista).

Lewis, F. R. 1940. "John Morris and the Carthagena Expedition," *Mariner's Mirror* 26:257-69.

Litsios, Socrates 2001. "William Crawford Gorgas (1854-1920)," *Perspectives in Biology and Medicine* 44:368-78.

Littlefield, Daniel 1981. *Rice and Slaves* (Baton Rouge: Louisiana State University Press).

Livi Bacci, Massimo 2005. *Conquista: La distruzione degli indios Americani* (Bologna: Il Mulino).

Livi Bacci, Massimo 2006. "The Depopulation of Hispanic America after the Conquest," *Population and Development Review* 32,2:199-232.

Lloyd, Christopher ed. 1965. *The Health of Seamen: Selections from the Works of Dr. James Lind, Sir Gilbert Blane, and Dr. Thomas Trotter* (London: Navy Records Society).

Lombardi, John V. 1976. *People and Places in Colonial Venezuela* (Bloomington: Indiana University Press).

López Sánchez, José 1997. *Cuba. Medicina y civilización. Siglos XVII y XVIII* (Havana: Editorial Científico-Técnica).

López Sánchez, José 2007. *Finlay: El hombre y la verdad científica* (Havana: Editorial Científico-Técnica).

Lounibos, L. Philip 2002. "Invasions by Insect Vectors of Human Disease," *Annual Review of Entomology* 47:233-66.

Lowenthal, David 1952. "Colonial Experiments in French Guiana, 1760-1800," *Hispanic American Historical Review* 32:22-43.

Löwi, Llana 2001. *Virus, moustiques et modernité: la fièvre jaune au Brésil, entre science et politique* (Paris: Editions des Archives Contemporaines).

Lucena Salmoral, Manuel 1973. "Los diarios anónimos sobre el ataque de Vernon a Cartagena existentes en Colombia," *Anuario de Estudios Americanos* 30:337-469.

Lumpkin, Henry 1981. *From Savannah to Yorktown: The American Revolution in the South* (Columbia: University of South Carolina Press).

Lynch, John 1973. *The Spanish-American Revolutions, 1808-1826* (New York: Norton).

Lynch, John 2006. *Simón Bolívar: A Life* (New Haven, CT: Yale University Press).

Lynn, John 2005. "Nations in Arms, 1763-1815." In: Geoffrey Parker, ed., *The Cambridge History of Warfare*, 189-216 (Cambridge: Cambridge University Press).

McAlister, Lyle 1953. "The Reorganization of the Army in New Spain, 1763-1765," *Hispanic American Historical Review* 33:1-32.

McCaffrey, James M. 1992. *Army of Manifest Destiny: The American Soldier in the Mexican War, 1846-1848* (New York: New York University Press).

McCandless, Peter 2007. "Revolutionary Fever: Disease and War in the Lower South, 1776-1783," *Transactions of the American Clinical and Climatological Association* 118:225-49.

McCann, James 2005. *Maize and Grace: Africa's Encounter with a New World Crop, 1500-2000* (Cambridge, MA: Harvard University Press).

McClellan, James 1992. *Colonialism and Science: Saint Domingue in the Old Regime* (Baltimore, MD: Johns Hopkins University Press).

McCullough, David 1977. *The Path Between the Seas: The Creation of the Panama Canal, 1870-1914* (New York: Simon and Schuster).

McFarlane, Anthony 1993. *Colombia before Independence: Economy, Society and Politics under Bourbon Rule* (New York: Cambridge University Press).

McKinley, P. Michael 2002. *Pre-revolutionary Caracas: Politics, Economy, and Society, 1777-1811* (Cambridge: Cambridge University Press).

McLaughlin, R. E. and D. A. Focks 1990. "Effects of Cattle Density on New Jersey Light Trap Mosquito Captures in the Rice/Cattle Ecosystem of South-western Louisiana," *Journal of the American Mosquito Control Association* 6:283-6.

McNeill, J. R. 1985. *The Atlantic Empires of France and Spain: Louisbourg and Havana, 1700-1763* (Chapel Hill: University of North Carolina Press).

McNeill, J. R. 1999. "Epidemics, Environment and Empire: Yellow Fever and Geopolitics in the American Tropics, 1650-1825," *Environment and History* 5:175-84.

McNeill, J. R. 2000. *Something New Under the Sun: An Environmental History of the Twentieth-century World* (New York: W. W. Norton).

McNeill, William H. 1976. *Plagues and Peoples* (New York: Doubleday).

McPhail, B. 1994. "Through a Glass Darkly: Scots and Indians Converge at Darién," *Eigh-teenth-Century Life* 18:129-47.

McSherry, J. A. 1986. "Some Medical Aspects of the Darien Scheme; Was It Dengue?" *Scottish Medical Journal* 27:183-4.

Mahon, John K. 1991. *History of the Second Seminole War, 1835-42* (Gainesville: University of Florida Press).

Maier, Walter A. 2008. "Das Verschwinden der Malaria in Europa: Ursachen und Konsequenzen." In: Wiebke Bebermeier, Anna-Sarah Hennig, and Mathias Mutz, eds., *Vom Wasser: Umweltgeschichtliche Perspektiven auf Konflikte, Risiken und Nutzungsformen* (Göttingen: Books on Demand GmbH).

Major, R. 1940. *War and Disease* (London: Hutchinson).

Malmgren, Björn, Amos Winter, and Deliang Chen 1998. "El Niño-Southern Oscillation and North Atlantic Oscillation Control of Climate in Puerto Rico," *Journal of Climate* 11:2713-17.

Mam-Lam-Fouck, Serge 1996. *Histoire générale de la Guyane française des débuts de la colonisation à l'aube de l'an 2000* (Cayenne: Ibis Rouge Editions).

Marchena Fernández, Juan 1982. *La institución militar en Cartagena de Indias en el siglo XVIII* (Seville: Escuela de Estudios Hispano-Americanos).

Marchena Fernández, Juan 1983. *Oficiales y soldados en el ejército de América* (Seville: Escuela de Estudios Hispano-Americanos).

Marco Dorta, Enrique 1960. *Cartagena de Indias: Puerto y plaza fuerte* (Cartagena: Amadó).

Marcus, Willy 1905. *Choiseul und die Katastrophe am Kourouflusse: Eine Episode aus Frankreichs Kolonialgeschichte* (Breslau: Marcus).

Marianneau, P., P. Desprès, and V. Deubel 1999. "Connaissances récentes sur la pathologie de la fièvre jaune et questions pour le future," *Bulletin de la Société de Pathologie Exotique* 92:435-5.

Marrero, Levi 1972-1992. *Cuba: Economía y sociedad*, 15 vols. (Madrid: Editorial Playor).

Marshall, Henry and Alexander Tulloch 1838. *Statistical Report on the Sickness, Mortality, and Invaliding among the Troops in the West Indies* (London: W. Clowes & Sons).

Marshall, P. J. 2005. *The Making and Unmaking of Empires: Britain, India, and America, c. 1750-1783* (Oxford: Oxford University Press).

Martínez Cerro, Manuel 2001. "La sanidad naval durante la Guerra de Sucesión española (1701-1715)." In: *La Guerra de Sucesión en España y América.* Edited by Cátedra 'General

Castaños' Región Militar Sur, 451-60 (Madrid: Deimos).

Martínez Dolmau, Eduardo 1943. *La política colonial y extranjera de los Reyes españoles de la Casa de Austria y de Borbón y la toma de la Habana por los ingleses* (Havana: Siglo XX).

Martínez Fortún Foyo, José Andrés 1947. *Cronología médica cubana: contribución al estudio de la historia de la medicina en Cuba*, 3 vols. (Havana: n.p.).

Martínez Fortún Foyo, José Andrés 1952. *Epidemiología: Síntesis cronológica* (Havana: Cuadernos de Historia Sanitaria).

Marx, Karl 1852. *The Eighteenth Brumaire of Louis Napoleon.* Viewed at: http://www.marxists.org/archive/marx/works/1852/18th-brumaire/index.htm.

Massad, Eduardo, Marcelo Nascimento Burattini, Francisco Antonio Bezerra Coutinho, and Luiz Fernandes Lopez 2003. "Dengue and the Risk of Urban Yellow Fever Reintroduction in São Paulo State, Brazil," *Revista da Saúde Pública* 37(4):477-84.

Massons, José María 1994. *Historia de la sanidad militar española*, 4 vols. (Barcelona: Pomares-Corredor).

Matta Rodríguez, Enrique de la 1979. *El asalto de Pointis a Cartagena de Indias* (Seville: Escuela de Estudios Hispano-Americanos).

Mello, Evaldo Cabral de 1998. *Olinda restaurada: guerra e açúcar no Nordeste, 1630-1654* (Rio de Janeiro: Topbooks).

Melville, Elinor G. K. 1994. *A Plague of Sheep: Environmental Consequences of the Conquest of Mexico* (New York: Cambridge University Press).

Menard, Russell R. 2006. *Sweet Negotiations: Sugar, Slavery and Plantation Agriculture in Early Barbados* (Charlottesville: University of Virginia Press).

Merrens, H. Roy and George D. Terry 1984. "Dying in Paradise: Malaria, Mortality, and the Perceptual Environment in Colonial South Carolina," *Journal of Southern History* 50:533-50.

Merrill, Gordon C. 1958. *The Historical Geography of St. Kitts and Nevis, The West Indies, Publicación* no. 232 (Mexico City: Instituto Panamericano de Geografía e Historia).

Metral, Antoine 1985 [1825]. *Histoire de l'expédition des français à Saint-Domingue sous le consulat de Napoléon Bonaparte (1802-1803)* (Paris: Karthala).

Mézière, Henri 1990. *Le général Leclerc (1772-1802) et l'expédition de Saint-Domingue* (Paris: Tallandier).

Michel, Jacques 1989. *La Guyane sous l'ancien régime: Le désastre de Kourou et ses scan-*

daleuses suites judiciaires (Paris: L'Harmattan).

Middlekauf, Robert 2005. *The Glorious Cause: The American Revolution, 1763-1789* (New York: Oxford University Press).

Miller, Roger G. 1978. "Yellow Jack at Vera Cruz," *Prologue: Journal of the National Archives* 10:43-52.

Mintz, Sidney 1985. *Sweetness and Power: The Place of Sugar in Modern History* (New York: Viking).

Moitt, Bernard 2001. *Women and Slavery in the French Antilles, 1635-1848* (Bloomington: Indiana University Press).

Molez, J.-F., P. Desenfant, and J.-R. Jacques 1998. "Bio-écologie en Haïti d'Anopheles albimanus Wiedemann, 1820 (Diptera: Culicidae)," *Bulletin de la Société de Pathologie Exotique* 91:334-9.

Molina de Muñoz, Stella-Maris 1977. "La expedición pacificadora al Río de la Plata de 1819," *Revista de Historia Militar* 21:51-75.

Monath, Thomas P. 1999. "Yellow Fever." In: R. Guerrant, D. H. Walker, and P. F. Weller, eds., *Tropical Infectious Diseases, 1253-64* (Philadelphia: Churchill Livingstone).

Monath, Thomas P. 2001. "Yellow Fever: An Update." *The Lancet: Infectious Diseases* 1:11-20.

Morales Padrón, Francisco 2003. *Spanish Jamaica* (Kingston: Ian Randle).

Moreno Fraginals, Manuel 1978. *El ingenio: complejo económico social cubano del azúcar*, 3 vols. (Havana: Editorial de Ciencias Sociales).

Moreno Fraginals, Manuel and José J. Moreno Masó 1993. *Guerra, migración y muerte: El ejército español en Cuba como vía migratoria* (Gijón: Ediciones Júcar).

Morgan, Philip D. 1998. *Slave Counterpoint: Black Culture in the Eighteenth-Century Chesapeake and Low Country* (Chapel Hill: University of North Carolina Press).

Morgan, William Thomas 1932. "The Expedition of Baron de Pointis against Cartagena," *American Historical Review* 37:237-54.

Moss, Norton H. 1966. "The British Navy and the Caribbean, 1689-1697," *Mariner's Mirror* 52: 13-40.

Moya Pons, Frank 2007. *History of the Caribbean: Plantations, Trade and War in the Atlantic World* (Princeton, NJ: Markus Wiener).

Navarranne, P. 1943. "Une expédition coloniale ayant tourné à la catastrophe épidémiologique: Saint-Domingue," *Médecine Tropicale* 3:288-303.

Navarro García, Luís 1998. *Las guerras de España en Cuba* (Madrid: Encuentro).

Nerzic, Jean-Yves and Christian Buchet 2002. *Marins et filibustiers: Carthagène 1697* (Paris: PyréGraph).

Nowell, Charles 1962. "The Defense of Cartagena," *Hispanic American Historical Review*, 42: 477-501.

Nuwer, Deanne Stephens 2009. *Plague among the Magnolias: The 1878 Yellow Fever Epidemic in Mississippi* (Tuscaloosa: University of Alabama Press).

Oakes, Mary Paulinus 1998. *Angels of Mercy: An Eyewitness Account of Civil War and Yellow Fever a Sister of Mercy* (Baltimore, MD: Cathedral Foundation Press).

Oldstone, Michael 1998. *Viruses, Plagues and History* (New York: Oxford University Press).

Olwell, Robert 1998. *Masters, Slaves and Subjects: The Culture of Power in the South Carolina Low Country, 1740-1790* (Ithaca, NY: Cornell University Press).

O'Malley, Claudia M. 1992. "The Biology of Anopheles Quadrimaculatus Say," *Proceedings of the Seventy-Ninth Annual Meeting of the New Jersey Mosquito Control Association*, 136-44. Viewed at: http://www.rci.rutgers.edu/~insects/mal5.htm.

Oman, Carola 1953. *Sir John Moore* (London: Hodder & Stoughton).

Ortega Pereyra, Ovidio 1998. *El real arsenal de La Habana: La construcción naval en La Habana bajo la dominación colonial española* (Havana: Letras Cubanas).

Ortiz, Fernando 1916. *Hampa afro-cubana. Los negros esclavos* (Havana: Revista Bimestre Cubana).

Ortiz Escamilla, Juan 2008. *El teatro de la guerra: Veracruz: 1750-1825* (Castelló de la Plana: Publicacions de la Universitat Jaume I).

O'Shaugnessy, Andrew 1996. "Redcoats and Slaves in the British Caribbean." In: Robert Paquette and Stanley Engerman, eds., *The Lesser Antilles in the Age of European Expansion*, 105-27 (Gainesville: University of Florida Press).

Pabon, José Daniel and Rubén Santiago Nicholls 2005. "El cambio climático y la salud humana," *Biomédica* 25:5-8.

Pachoński, Jan and Reuel Wilson 1986. *Poland's Caribbean Tragedy: A Study of Polish Legions in the Haitian War of Independence* (Boulder, CO: East European Monographs).

Packard, Randall 2007. *The Making of a Tropical Disease: A Short History of Malaria* (Baltimore, MD: Johns Hopkins University Press).

Palacio Castañeda, Germán 2006. *Fiebre de tierra caliente: una historia ambiental de Colombia, 1850-1930* (Bogotá: ILSA).

Palacios Preciado, Jorge 1973. *La trata de negros por Cartagena de Indias* (Tunja: Universidad Pedagógica y Tecnológica de Colombia).

Palazón Ferrando, Salvador 1998. "La emigración española a Cuba durante el siglo XX." In: Salvador Palazón Ferrando and Candelaria Saiz Pastor, eds., *La ilusión de un imperio: Las relaciones económicos hispano-cubanas en el último siglo de dominación colonial*, 49-75 (Alicante: Universidad de Alicante).

Palmer, Colin 1997. "The Slave Trade, African Slavers, and the Demography of the Caribbean to 1750," In: Franklin Knight, ed., *The General History of the Caribbean*. Vol. III. The Slave Societies of the Caribbean, 9-44 (London: UNESCO Publishing).

Pancake, John 1985. *This Destructive War: The British Campaign in the Carolinas, 1780-1782* (Tuscaloosa: University of Alabama Press).

Parcero Torre, Celia María 1998. *La pérdida de La Habana y las reformas borbónicas en Cuba, 1760-1773* (Valladolid: Junta de Castilla y León).

Parcero Torre, Celia María 2003. "El primer plan para la defensa de Cuba (1771)," *Revista mé xicana del Caribe* 15:137-58.

Pares, Richard 1936. *War and Trade in the West Indies, 1739-1763* (Oxford: Clarendon Press).

Parker, Geoffrey 2000. "The Artillery Fortress as an Engine of European Expansion, 1480-1750." In: James D. Tracy, ed., *City Walls: The Urban Enceinte in Global Perspective*, 386-416 (Cambridge: Cambridge University Press).

Parker, Matthew 2007. *Panama Fever* (New York: Doubleday).

Parsons, James 1962. *The Green Turtle and Man* (Gainesville: University of Florida Press).

Pascual Martínez, Pedro 1996. "Combatientes, muertos, y prófugos del ejército español en la a de la independencia de Cuba (1895-1898)," *Estudios de historia social y económica de América* 13:479-85.

Patch, Robert 1996. "Sacraments and Disease in Mérida, Yucatán, Mexico, 1648-1727," *The Historian* 58:731-43.

Patterson, K. David 1992. "Yellow Fever Epidemics and Mortality in the United States, 1693-1905," *Social Science and Medicine* 34:855-65.

Pauléus Sannon, H. 1920. *Histoire de Toussaint-Louverture* (Port-au-Prince: A. A. Héraux).

Perdue, Peter 2005. *China Marches West: The Qing Conquest of Central Eurasia* (Cambridge, MA: Belknap Press of Harvard University Press).

Pérez, Louis 1983. *Cuba between Empires, 1878-1902* (Pittsburgh, PA: University of Pittsburgh Press).

Pérez, Louis 2001. *Winds of Change: Hurricanes and the Transformation of Nineteenth-century Cuba* (Chapel Hill: University of North Carolina Press).

Pérez de la Riva, Juan 1935. "Inglaterra y Cuba en la primera mitad del siglo XVIII: Expedición contra Santiago de Cuba en 1741," *Revista bimestre cubana* 36:50-66.

Pérez Guzmán, Francisco 2002. "Las fortalezas de La Habana, 1538-1789." In: Bernardo García Díaz and Sergio Guerra Vilaboy, eds., *La Habana/Veracruz, Veracruz/La Habana: Las dos orillas*, 135-47 (Veracruz: Universidad Veracruziana).

Pérez-Mejía, Ángela 2002. *A Geography of Hard Times: Narratives about Travel to South America, 1780-1849* (Albany, NY: SUNY Press).

Pérez-Tenreiro, Tomás 1971. *Don Miguel de La Torre y Pando: Relación de sus campañas en Costa Firme, 1815/1822* (Valencia: Oficina de Educación Cultura del Estado Carabobo).

Pérez Turrado, Gaspar 1992. *La marina española en la independencia de Costa Firme* (Madrid: Editorial Naval).

Pezuela, Jacobo de 1868. *Historia de la Isla de Cuba*, 4 vols. (Madrid: Bailly-Balliere).

Piecuch, Jim 2008. *Three Peoples, One King: Loyalists, Indians and Slaves in the Revolutionary South, 1775-1782* (Columbia: University of South Carolina Press).

Pierce, John R. and James V. Writer 2005. *Yellow Jack: How Yellow Fever Ravaged America and Walter Reed Discovered Its Deadly Secrets* (New York: John Wiley).

Placer Cervera, Gustavo 2003. *Los defensores del Morro* (Havana: Ediciones Unión).

Pluchon, Pierre 1985. *Histoire des médecins et pharmaciens de marine et des colonies* (Toulouse: Bibliothèque Historique Privat).

Pluchon, Pierre 1987. *Vaudou, sorciers, empoisonneurs: de Saint-Domingue à Haiti* (Paris: Karthala).

Pluchon, Pierre ed. 1989. *Toussaint Louverture: Un révolutionnaire noir d'Ancien Régime* (Paris: Fayard).

Polderman, Marie 2004. *La Guyane française, 1676-1763* (Guyane: Ibis Rouge).

Porras Troconis, Gabriel 1942. "La toma de Cartagena por Pointis," *América Española* 14:81-90.

Porter, Roy 1997. *The Greatest Benefit to Mankind: A Medical History of Humanity from Antiquity to the Present* (London: HarperCollins).

Portuondo Zúñiga, Olga 1996. *Santiago de Cuba desde su fundación hasta la Guerra de los Diez Años* (Santiago de Cuba: Editorial Oriente).

Pouliquen, Monique 2002. "Jean-Baptiste Mathieu Thibault de Chanvalon et l'affaire du

Kourou'," *Généalogie et histoire de la Caraibe* 144:3372-9.

Poveda, Germán et al. 2001. "Coupling between Annual and ENSO Timescales in the Malaria-Climate Association in Colombia," *Environmental Health Perspectives* 109:489-93.

Powell, John H. 1993. *Bring Out Your Dead: The Great Plague of Yellow Fever in Philadelphia in 1793* (Philadelphia: University of Pennsylvania Press).

Prebble, John 1968. *The Darien Disaster* (London: Secker & Warburg).

Prinzing, Friedrich 1916. *Epidemics Resulting from Wars* (Oxford: Clarendon Press).

Pritchard, James 2004. *In Search of Empire: The French in the Americas, 1670-1730* (Cambridge: Cambridge University Press).

Pritchett, Jonathan and Insan Tunali 1995. "Strangers' Disease: Determinants of Yellow Fever Mortality during the New Orleans Epidemic of 1853," *Explorations in Economic History* 32:517-39.

Pulsipher, Lydia M. 1986. *Seventeenth Century Montserrat: An Environmental Impact Statement.* Historical Geography Research Series, No. 17. (Norwich, UK: Geo Books).

Quinn, W. H. 1992. "A Study of Southern Oscillation-related Climatic Activ ity for A.D. 622-1990 Incorporating Nile River Flood Data." In: H. F. Diaz and V. Markgraf, eds., *El Niño: Historical and Paleoclimatic Aspects of the Southern Oscillation*, 119-50 (Cambridge: Cambridge University Press).

Quinn, W. H. and V. Neal 1992. "The Historical Record of El Niño Events." In R. S. Bradley and P. D. Jones, eds., *Climate Since A.D. 1500*, 623-648 (London: Routledge).

Quinn, W. H., V. T. Neal, and S. E. A. De Mayolo 1987. "El Niño Occurrences Over the Past Four and a Half Centuries," *Journal of Geophysical Research* 92(C13):14.449-61.

Quintero Saravia, Gonzalo M. 2002. *Don Blas de Lezo: Defensor de Cartagena de Indias* (Bogotá: Planeta).

Quintero Saravia, Gonzalo M. 2006. *Pablo Morillo: General de dos mundos* (Bogotá: Planeta).

Ramos Pérez, Demetrio 1996. *España en la independencia de América* (Madrid: Mapfre).

Raudzens, George 1997. "In Search of Better Quantification for War History-Numerical Superiority and Casualty Rates in Early Modern Europe," *War and Society* 15:1-30.

Rausch, Jane 1984. *A Tropical Plains Frontier: The Llanos of Colombia, 1531-1831* (Albuquerque: University of New Mexico Press).

Régent, Frédéric 2004. *Esclavage, métissage, liberté: La Revolution française en Guadeloupe, 1789-1802* (Paris: Grasset)

Reiss, Oscar 1998. *Medicine and the American Revolution* (Jefferson, NC: McFarland & Co.).

Rejmánko, E., Y. Rubio-Palis, and L. Villegas 1999. "Larval Habitats of Anopheline Mosquitoes in the Upper Orinoco, Venezuela," *Journal of Vector Ecology* 24:130-7

Renjifo, Santiago and Julian de Zulueta 1952. "Five Years' Observations of Rural Malaria in Eastern Colombia," *American Journal of Tropical Medicine and Hygiene* 1:598-611.

Renny, Robert 1807. *A History of Jamaica* (London: Cawthorn).

Restrepo, Berta Nelly 2004. "Fiebre amarilla," *Revista CES Medicina* 18:69-82.

Restrepo Canal, Carlos 1941. "El sitio de Cartagena por el Almirante Vernon," *Boletín de historia y antigüidades* 28:447-67.

Révesz, Andrés 1947. *Morillo: El Teniente General Don Pablo Morillo, primer Conde de Cartagena* (Madrid: Gran Capitán).

Richmond, Sir Herbert 1920. *The Navy in the War of 1739-48*, 3 vols. (Cambridge: Cambridge University Press).

Riera, Juan 1981. *Medicina y ciencia en la España Ilustrada* (Valladolid: Universidad de Valladolid, Secretariado de Publicaciones).

Riera, Juan 1982. *Estudios y documentos sobre arroz y paludismo en Valencia* (siglo XVIII) (Valladolid: Universidad de Valladolid, Secretariado de Publi caciones).

Rigau-Pérez, José G. 1991. "Muerte por mosquito: la epidemia de fiebre amarilla en San Juan de Puerto Rico 1804-1805," *Boletín de la Asociación Médica de Puerto Rico* 83:58-60.

Robertson, Andrew G. 1995. "From Asps to Allegations: Biological Warfare in History," *Military Medicine* 160:369-73.

Rocco, Fiammetta 2003. *The Miraculous Fever-Tree: Malaria and the Quest for a Cure That Changed the World* (New York: Harper Collins).

Rodger, N. A. M. 1986. *The Wooden World: An Anatomy of the Georgian Navy* (London: Fontana).

Rodger, N. A. M. 2004. *The Command of the Ocean: A Naval History of Britain, 1649-1815* (London: Penguin).

Rodhain, François and Leon Rosen 1997. "Mosquito Vectors in Dengue Virus-vector Relationships." In: D. J. Gubler and G. Juno, eds., *Dengue and Dengue Hemorrhagic Fever*, 45-60 (New York and Oxford: CAB International).

Rodriguez, Moises Enrique 2006. *Freedom's Mercenaries: British Volunteers in the Wars of Independence of Latin America*. Vol. I. Northern South America (Oxford: Hamilton Books).

Rodríguez Demorizi, Emilio 1956-1957. "Invasión inglesa de 1655," *Boletín del Archivo Ge-*

neral de la Nación [Dominican Republic] 19:6-161, 20:6-70.

Rodríguez O., Jaime E. 1998. *The Independence of Spanish America* (Cambridge: Cambridge University Press).

Rodríguez Villa, Antonio 1908-10. *El Teniente General Don Pablo Morillo*, 4 vols. (Madrid: Tipográfico de Fortanet).

Rodríguez Villa, Antonio 1920. *El Teniente General Don Pablo Morillo*, 2 vols. (Madrid: Editorial América).

Roig de Leuschenring, Emilio 1950. *Cuba no debe su independencia a los Estados Unidos* (Havana: Sociedad Cubana de Estudios Históricos e Internacionales).

Rothschild, Emma 2006. "A Horrible Tragedy in the French Atlantic," *Past and Present* 192: 67-108.

Ruíz Rivera, Julián 2001. "La defensa de Cartagena de Indias durante la Guerra de Sucesión." In: *La Guerra de Sucesión en España y América*. Edited by Cátedra 'General Castaños' Región Militar Sur, 293-324 (Madrid: Deimos).

Rupp, Johannes-Peter 1981. *Gelbfieberabwehr in Mitteleuropa*. Düsseldorfer Arbeiten zur Geschichte der Medezin. Beiheft VI. (Düsseldorf: Triltsch Druck und Verlag).

Rutman, Darrett and Anita Rutman 1976. "Of Agues and Fevers: Malaria in the Early Chesapeake," *William and Mary Quarterly*, 3rd Series, 33:33-60.

Sánchez-Albornoz, Nicolás 1974. *The Population of Latin America: A History* (Berkeley: University of California Press).

Sandoski, C. A. et al. 1987. "Sampling and Distribution of Anopheles Quadrimaculatus Immatures in Rice Fields," *Journal of the American Mosquito Control Association* 3:611-15.

Sands, John O. 1983. *Yorktown's Captive Fleet* (Charlottesville: University of Virginia Press).

Santos Filho, Lycurgo de Castro 1977-1991. *História geral da medicina brasileira*, 2 vols. (São Paulo: Editora de Universidade de São Paulo).

Sanz Camañes, Porfirio 2004. *Las ciudades en la América hispana. Siglos XV al XVIII* (Madrid: Silex).

Sauer, Carl 1966. *The Early Spanish Main* (Berkeley: University of California Press).

Saul, Allan 2003. "Zooprophylaxis or Zoopotentiation: The Outcome of Introducing Animals on Vector Transmission Is Highly Dependent on the Mosquito Mortality while Searching," *Malaria Journal* 2:1-18.

Savas, Theodore P. and J. David Dameron 2006. *A Guide to the Battles of the American Revolution* (New York: Savas & Beattie).

Sawchuk, Lawrence A. and Stacie D. A. Burke 1998. "Gibraltar's 1804 Yellow Fever Scourge: The Search for Scapegoats," *Journal of the History of Medicine and Allied Sciences* 53:3-42.

Scenna, Miguel Ángel 1974. *Cuando murió Buenos Aires, 1871* (Buenos Aires: La Bastilla).

Schomburgk, Robert H. 1998 [1848]. *The History of Barbados* (London: Frank Cass).

Schroeder-Lein, Glenna R. 2008. *The Encyclopedia of Civil War Medicine* (Armonk, NY: M. E. Sharpe).

Schwartz, Stuart B. 1985. *Sugar Plantations in the Formation of Brazilian Society: Bahia, 1550-1835* (New York: Cambridge University Press).

Schwartz, Stuart B. 1997. "Spaniards, Pardos, and the Missing Mestizos: Identities and Racial Categories in the Early Hispanic Caribbean," *New West Indian Guide/Nieuwe West-Indische Gids* 71:5-19.

Schwartz, Stuart B. ed. 2004. *Tropical Babylons: Sugar and the Making of the Atlantic World, 1450-1680* (Chapel Hill: University of North Carolina Press).

Scott, Samuel F. 1998. *From Yorktown to Valmy: The Transformation of the French Army in an Age of Revolution* (Boulder: University of Colorado Press).

Segovia Salas, Rodolfo 1996. *Las fortificaciones de Cartagena de Indias: Estrategia e historia* (Bogotá: El Áncora).

Segovia Salas, Rodolfo 1997. "Cartagena de Indias: Historiografía de sus fortificaciones," *Boletín Cultural y Bibliográfico* 45 (unpaginated). Viewed at: http://www.banrep.gov.co/blaavirtual/boleti1/bo1145a.htm.

Sehdev, Paul 2002. "The Origin of Quarantine," *Arcanum* 35:1071-2.

Sheridan, Richard B. 1985. *Doctors and Slaves: A Medical and Demographic History of the British West Indies, 1680-1834* (Cambridge: Cambridge University Press).

Shryock, Richard H. 1960. *Medicine and Society in America, 1660-1860* (Ithaca, NY: Cornell University Press).

Shy, John 1990. *A People Numerous and Armed: Reflections on the Military Struggle for American Independence* (Ann Arbor: University of Michigan Press).

Silver, Timothy 1990. *A New Face on the Countryside: Indians, Colonists, and Slaves in South Atlantic Forests, 1500-1800* (New York: Cambridge University Press).

Simms, Brendan 2007. *Three Victories and a Defeat: The Rise and Fall of the First British Empire, 1714-1783* (London: Penguin).

Slosek, Jean 1986. "Aedes aegypti Mosquitoes in the Americas: A Review of their Interactions with the Human Population," *Social Science and Medicine* 23(3):249-57.

Smallman-Raynor, M. R. and A. D. Cliff 1999. "The Spatial Dynamics of Epidemic Diseases in War and Peace: Cuba and the Insurrection against Spain, 1895-98," *Transactions of the Institute of British Geographers* 24:331-52.

Smallman-Raynor, M. R. and A. D. Cliff 2004. *War Epidemics: An Historical Geography of Infectious Diseases in Military Conflict and Civil Strife, 1850-2000* (Oxford: Oxford University Press).

Smelser, Marshall 1955. *The Campaign for the Sugar Islands, 1759: A Study of Amphibious Warfare* (Chapel Hill: University of North Carolina Press).

Smith, Adam 1976 [1776]. *An Inquiry into the Nature and Causes of the Wealth of Nations* (Chicago: University of Chicago Press).

Smith, G. E. Gordon and Mary E. Gibson 1986. "Yellow Fever in South Wales, 1865," *Medical History* 30:322-40.

Smith, Paul H. 1964. *Loyalists and Redcoats: A Study in British Revolutionary Policy* (Chapel Hill: University of North Carolina Press).

Smout, T. C. 1963. *Scottish Trade on the Eve of the Union* (Edinburgh: Oliver & Boyd).

Solano Alonso, Jairo 1998. *Salud, cultura y sociedad: Cartagena de Indias, siglos XVI y XVII* (Barranquilla: Universidad del Atlántico).

Soler Cantó, Juan 1970. *Cuatro siglos de epidemias en Cartagena* (Cartagena: Caja de Ahorros del Sureste de España).

Soler Cantó, Juan 1984. "Un coloso que se jubila: El hospital militar de marina de Cartagena," *Revista de Historia Naval* 2:103-14.

Solórzano Ramos, Armando 1997. *Fiebre dorada o fiebre amarilla? La fundación Rockefeller en México (1911-1924)* (Guadalajara: Universidad de Guadala- jara).

Soriano Lleras, Andrés 1966. *La medicina en el Nuevo Reino de Granada durante la conquista y la colonia* (Bogotá: Universidad Nacional de Colombia).

Sota, T. and M. Mogi 1989. "Effectiveness of Zooprophylaxis in Malaria Control: A Theoretical Inquiry, with a Mosquito Model for Two Bloodmeal Hosts," *Medical and Veterinary Entomology* 3:337-45.

Souty, François J. L. 1988. "Le Brésil néerlandais, 1624-1654," *Revue d'histoire moderne et contemporaine* 35:182-239.

Souza, Antonio de 1948. *De Recôncavo aos Guararapes* (Rio de Janeiro: Gráfica Laemmert).

Souza y Rodríguez, Benigno 1936. *Máximo Gómez, el Generalísimo* (Havana: Trópico).

Spielman, Andrew and Michael D'Antonio 2001. *Mosquito* (New York: Hyperion).

Stahle, David and Malcolm K. Cleaveland 1992. "Reconstruction and Analysis of Spring Rainfall over the Southeastern U.S. for the Past 1000 Years," *Bulletin of the American Meteorological Society* 73:1947-61.

Steckel, Richard H. 2000. "A Population History of the Caribbean." In: Michael R. Haines and Richard H. Steckel, eds., *A Population History of North America*, 483-528 (New York: Cambridge University Press).

Steelman, C. D., D. M. Chambers, and P. E. Schilling 1981. "The Effects of Cultural Practices on Mosquito Abundance and Distribution in the Louisiana Ricefield Ecosystem," *Mosquito News* 41:233-40.

Stein, Robert 1979. *The French Slave Trade in the Eighteenth Century: An Old Regime Business* (Madison: University of Wisconsin Press).

Steiner, Paul E. 1968. *Disease in the Civil War* (Springfield, IL: Thomas).

Stepan, Nancy Leys 1976. *Beginnings of Brazilian Science: Oswaldo Cruz, Medical Research, and Policy, 1890-1920* (New York: Science History Publications).

Stewart, Mart A. 1996. *"What Nature Suffers to Groe": Life, Labor, and Landscape on the Georgia Coast, 1680-1920* (Athens: University of Georgia Press).

Stiprian, Alex van 1993. *Surinaams Contrast: Roofbouw en overleven in een Caraibische plantagekolonie, 1750-1863* (Leiden: KITLV Uitgeverij).

Stoan, Stephen Kuzman 1970. *Pablo Morillo and Venezuela, 1815-1820* (Ph.D. dissertation, Duke University).

Stoddard, Lothrop 1914. *The French Revolution in San Domingo* (New York: Houghton Mifflin).

Storrs, Christopher 1999. "Disaster at Darien (1698-1700)? The Persistence of Spanish Imperial Power on the Eve of the Demise of the Spanish Habsburgs," *European History Quarterly* 29(1):5-38.

Strode, George K. ed. 1951. *Yellow Fever* (New York: McGraw-Hill).

Stuart, David 2004. *Dangerous Garden: The Quest for Plants to Change Our Lives* (Cambridge, MA: Harvard University Press).

Sugden, John 2004. *Nelson: A Dream of Glory, 1758-1797* (New York: Henry Holt).

Sumner, Judith 2000. *The Natural History of Medicinal Plants* (Portland, OR: Timber Press).

Sutherst, Robert W. 2004. "Global Change and Human Vulnerability to Vector-Borne Diseases," *Clinical Microbiology Reviews* 17:136-73.

Sutter, Paul 2007. "Nature's Agents of Agents of Empire? Entomological Workers and Environmental Change during the Construction of the Panama Canal," *Isis* 98:724-54.

Sutter, Paul 2009. "Tropical Conquest and the Rise of the Environmental Management State: The Case of U.S. Sanitary Efforts in Panama." In: Alfred McCoy and Francisco Scarano, eds., *Colonial Crucible: Empire in the Making of the Modern American State*, 317-26 (Madison: University of Wisconsin Press).

Tabachnik, W. J. 1998. "Arthropod-borne Emerging Disease Issues." In: R. M. Krause, ed., *Emerging Infections*, 411-30 (San Diego, CA: Academic Press).

Talman, C. F. 1906. "Climatology of Haiti in the Eighteenth Century," *Monthly Weather Review* 34:64-73.

Taylor, S. A. G. 1969. *The Western Design: An Account of Cromwell's Expedition to the Caribbean* (London: Solstice).

Temkin, Owsei 1973. *Galenism: Rise and Decline of a Medical Philosophy* (Ithaca, NY: Cornell University Press).

Terry, George David 1981. *'Champaign Country': A Social History of an Eighteenth Century Lowcountry Parish in South Carolina* (Ph.D dissertation, University of South Carolina).

Thibaud, Clément 2003. *Repúblicas en armas: Los ejércitos bolivarianos en la Guerra de Independencia en Colombia y Venezuela* (Bogotá: Instituto Francés de Estudios Andinos).

Thibaudault, Pierre 1995. *Echec de la démesure en Guyana: autour de l'expédition de Kourou* (Lezay: Pairault).

Thompson, Alvin O. 2006. *Flight to Freedom: African Runaways and Maroons in the Americas* (Kingston, Jamaica: University of the West Indies Press).

Thornton, John K. 1991. "African Soldiers in the Haitian Revolution," *Journal of Caribbean History* 25:58-72.

Thurmes, Marion 2006. *Les métropolitains en Guyane: Une intégration sociale entre individu et groupe culturel*. Thèse de Doctorat (Sociologie), Université Montpellier III-Paul Valéry.

Tomori, Oyewale 2004. "Yellow Fever: The Recurring Plague," *Critical Reviews in Clinical Laboratory Sciences* 41:391-427.

Tone, John Lawrence 2002. "How the Mosquito (Man) Liberated Cuba," *History and Technology* 18:277-308.

Tone, John Lawrence 2006. *War and Genocide in Cuba, 1895-1898* (Chapel Hill: University of North Carolina Press).

Torres Ramírez, Bibiano 1981. *La armada de barlovento* (Seville: Escuela de Estudios Hispano-Americanos)

Toth, Stephen A. 2006. *Beyond Papillon: The French Overseas Penal Colonies, 1854-1952* (Lincoln and London: University of Nebraska Press).

Touchet, Julien 2004. *Botanique et colonisation en Guyane française (1720-1848)* (Cayenne: Ibis Rouge Editions).

Traubel, Horace ed. 1906-1961. *With Walt Whitman in Camden*, 7 vols. (Boston: Small, Maynard).

Tsai, Theodore 2000. "Yellow Fever." In: G. T. Strickland, ed., *Hunter's Tropical Medicine and Emerging Infectious Diseases*, 272-5 (Philadelphia: Saunders).

Tulloch, A. M. 1838. "On the Sickness and Mortality of the Troops in the West Indies," *Journal of the Statistical Society of London* 1:216-30, 428-44.

Ullrick, Laura 1920. "Morillo's Attempt to Pacify Venezuela," *Hispanic American Historical Review* 3:535-65.

Uprimmy, Elena and Jimena Lobo Guerrero 2007. "Arqueología vemos, de otras cosas no sabemos: Resultados recientes en arqueología histórica en la ciudad de Cartagena de Indias," *Digital de Historia y Arqueología desde el Caribe* 4 (unpaginated). Viewed at: http://redalyc.uaemex.mx.

Urteaga, Luís 1997. *Ideas medioambientales en el siglo XVIII* (Madrid: Ediciones Akal).

Urteaga, Luís 1987. *La tierra esquilmada: Las ideas sobre la conservación de la naturaleza en la cultura española del siglo XVIII* (Barcelona: Ediciones Serbal).

Vainio, Jari and Felicity Cutts 1998. *Yellow Fever* (Geneva: World Health Organization).

Valdés, Antonio 1813. *Historia de la Isla de Cuba y en especial de La Habana* (Havana: Oficina de la Cena).

Valtierra, Angel 1954. *Pedro Claver, S.J., el santo que libertó una raza: su vida y su época* (Bogotá: Imprenta Nacional).

Vandiver, Frank 1947. "The Mexican War Experience of Josiah Gorgas," *Journal of Southern History* 13:373-94.

Van Der Kuyp, E. 1950. *Contribution to the Study of the Malarial Epidemiology in Surinam* (Amsterdam: Koninlijke Vereeniging Indisch Instituut).

van Hoboken, W. J. 1955. *Witte de With in Brazilie, 1648-1649* (Amsterdam: Noord-Hollandsche Uitg. Mij.).

Vasconcelos, Pedro Fernando da Costa 2003. "Febre amarela," *Revista da Sociedade Brasi-*

leira da Medicina Tropical 36:275-93.

Vauban, Sébastien Le Prestre de 1968. *A Manual of Siegecraft*. Translated by G. Rothrock (Ann Arbor: University of Michigan Press).

Ventocilla, Jorge, Heraclio Herrera, and Valerio Núñez eds. 1995. *Plants and Animals in the Life of the Kuna* (Austin: University of Texas Press).

Verna, Paul 1980. *Petión y Bolívar: Una etapa decisiva en la emancipación de Hispanoamérica (1790-1830)* (Caracas: Bicentenario de Simón Bolívar).

Victoria, Pablo 2005. *El día 1 que España derrotó a Inglaterra* (Barcelona: Áltera).

Vidal Ortega, Antonino 2002. *Cartagena de Indias y la región histórica del Caribe, 1580-1640* (Madrid: Consejo Superior de Investigaciones Científicas).

Vieira, Alberto 1999. "História e eco-história: Repensar e reescrever a história económica da Madeira." In: Alberto Vieira, ed., *História e meio-ambiente: O impacto da expansão europeia*, 77-121 (Funchal: Centro de Estudos de História do Atlântico).

Vittor, A. Y. et al. 2006. "The Effect of Deforestation on the Human-biting Rate of Anopheles darlingi, the Primary Vector of Falciparum Malaria in the Peruvian Amazon," *American Journal of Tropical Medicine and Hygiene* 74:3-11.

Waddell, D. 1990-1992. "Yellow Fever in Europe in the Early 19th Century-Cadiz 1819." *Scottish Society for the History of Medicine. Report of Proceedings* (1990-1992), 20-34.

Ward, James A. 1972. *Yellow Fever in Latin America: A Geographical Study* (Liverpool: Centre for Latin American Studies, University of Liverpool).

Watanabe, T., A. Winter, and T. Oba 2001. "Seasonal Changes in Sea Surface Temperature and Salinity during the Little Ice Age in the Caribbean Sea Deduced from Mg/Ca and 180/160 Ratios in Corals," *Marine Geology* 173:21-35.

Watt, Douglas 2006. *The Price of Scotland: Darien, Union, and the Wealth of Nations* (Edinburgh: Luath).

Watts, David 1966. "Man's Influence on the Vegetation of Barbados, 1627-1800," *University of Hull Occasional Papers in Geography*, 4:1-96.

Watts, David 1987. *The West Indies: Patterns of Development, Culture, and Environmental Change since 1492* (Cambridge: Cambridge University Press).

Watts, Sheldon 2001. "Yellow Fever Immunities in West Africa and the Amer-icas in the Age of Slavery and Beyond: A Reappraisal," *Journal of Social History* 34:955-67.

Weaver, Karol K. 2002. "The Enslaved Healers of Eighteenth-Century Saint Domingue," *Bulletin of the History of Medicine* 76:429-60.

Weaver, Karol K. 2006. *Medical Revolutionaries: The Enslaved Healers of Eighteenth-Century Saint Domingue* (Urbana: University of Illinois Press).

Webb, James L. A. 2008. *Humanity's Burden: A Global History of Malaria* (New York: Cambridge University Press).

Wells, Robert V. 1975. *The Population of the British Colonies in America before 1776* (Princeton, NJ: Princeton University Press).

White, J. 1859. *On Health, as Depending on the Condition of the Air* (London: Hamilton, Adams).

Whitehead, Neil L. 1999. "The Crises and Transformations of Invaded Societies: The Caribbean (1492-1580)." In: Frank Salomon and Stuart B. Schwartz, eds., *The Cambridge History of the Native Peoples of the Americas, III, South America, Part 1*, 864-903 (Cambridge: Cambridge University Press).

Wickwire, Franklin and Mary Wickwire 1970. Cornwallis: The American Adventure (Boston: Houghton Mifflin).

Wilkinson, Clive 2004. *The British Navy and the State in the 18th Century* (Woodbridge, UK: Boydell Press).

Wilkinson, R. L. 1995. "Yellow Fever: Ecology, Epidemiology, and Role in the Collapse of the Classic Lowland Maya Civilization," *Medical Anthropology* 16:269-94.

Williamson, J. A. 1923. *English Colonies in Guiana and on the Amazon, 1604-1668* (Oxford: Clarendon Press).

Wilson, David K. 2005. *The Southern Strategy: Britain's Conquest of South Carolina and Georgia, 1775-1780* (Columbia: University of South Carolina Press).

Winders, Richard Bruce 1997. *Mr. Polk's Army: The American Military Experience in the Mexican War* (College Station: Texas A&M University Press).

Winsor, Justin 1889. *Narrative and Critical History of America*, 4 vols. (Boston: Houghton Mifflin).

Winter, Amos, Hiroshi Ishioroshi, Tsuyoshi Watanabe, Tadamichi Oba, and John Christy 2000. "Caribbean Sea Surface Temperatures: Two-to-three Degrees Cooler than Present during the Little Ice Age," *Geophysical Research Letters* 27:3365-8.

Wood, Peter 1974. *Black Majority: Negroes in Colonial South Carolina from 1670 through the Stono Rebellion* (New York: Knopf).

Wooden, Allen C. 1976. "Dr. Jean Francois Coste and the French Army in the American Revolution," *Delaware Medical Journal* 48:397-402.

Woodward, Margaret L. 2000. "The Spanish Army and the Loss of America, 1810-1824." In: Christon Archer, ed., *The Wars of Independence in Spanish America*, 299-319 (Wilmington, DE: Scholarly Resources).

Woolley, Benjamin 2005. *Heal Thyself: Nicholas Culpeper and the Seventeenth-Century Struggle to Bring Medicine to the People* (New York: HarperCollins).

Wright, Irene A. 1930. "The Spanish Resistance to the English Occupation of Jamaica, 1655-1660," *Transactions of the Royal Historical Society*, 4th series, 13:117-47.

Wright, Robert K. 1983. *The Continental Army* (Washington, DC: US Army Center of Military History).

Yacou, Alain ed. 2007. *Saint-Domingue espagnol et la revolution nègre d'Haïti* (1790-1822) (Paris: Karthala).

Zapatero, Juan Manuel 1957. "La heroica defensa de Cartagena de Indias," *Revista de Historia Militar* 1:115-55.

Zapatero, Juan Manuel 1964. *La guerra del Caribe en el siglo XVIII* (San Juan, PR: Instituto de Cultura Puertorriqueña).

Zapatero, Juan Manuel 1978. *La fortificación abaluartada en América* (San Juan, PR: Instituto de Cultura Puertorriqueña).

Zapatero, Juan Manuel 1979. *Historia de las fortificaciones de Cartagena de Indias* (Madrid: Ediciones Culturas Hispánicas).

Zapatero, Juan Manuel 1989. "Las llaves' fortificadas de la América Hispana," *Revista de Cultura Militar* 1:131-40.

Zinsser, Hans 1935. *Rats, Lice, and History* (Boston: Little, Brown).

Ziperman, H. Haskell 1973. "A Medical History of the Panama Canal," *Surgery, Gynecology, and Obstetrics* 137:104-14.

Zulueta, Julián de 1992. "Health and Military Factors in Vernon's Failure at Cartagena," *Mariner's Mirror* 78:127-41.

Zúñiga Ángel, Gonzalo 1997. *San Luís de Bocachica: un gigante olvidado en la historia colonial de Cartagena de Indias* (Cartagena: Punto Centro-Forum).

찾아보기

옮긴이의 글
삶으로 체감되는 기후 위기와 모기

　코페르니쿠스 기후변화 서비스(Copernicus Climate Change Service: C3S)는 유럽연합(EU)의 주요 지구 관측 프로그램인 코페르니쿠스(Copernicus)의 일환으로 기후변화에 대한 데이터를 수집·분석·제공하는 서비스이다. 유럽중기예보센터(ECMWF)가 운영하며, 전 세계적으로 기후변화와 관련된 정보를 제공함으로써 정부, 기업, 학계, 일반 시민이 기후변화에 대처할 수 있도록 돕는 역할을 목표로 한다. 이 코페르니쿠스 기후변화 서비스의 2024년 9월 데이터는 우리에게 시사하는 바가 적지 않다.

　2015년 파리에서 2020년부터 모든 국가가 참여하는 신 기후체제의 근간이

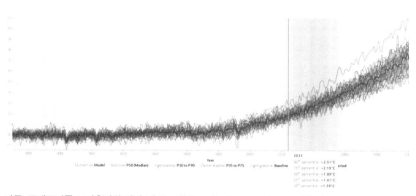

자료: 코페르니쿠스 기후변화 서비스(https://atlas.climate.copernicus.eu/atlas)

될 파리협정(Paris Agreement)이 체결되었는데, 이 협정의 근간은 지구 평균기온 상승을 산업화 이전 대비 2℃보다 상당히 낮은 수준으로 유지하고, 1.5℃로 제한하기 위해 노력한다는 장기 목표 아래 전 세계 모든 국가가 2020년부터 기후 행동에 참여하는 것이다.[1] 하지만 코페르니쿠스 기후변화 서비스에 의하면 2024년 평균온도는 산업혁명 이전과 비교하여 1.89℃ 올라갔고 일부 지역은 2.51℃ 상승했다고 한다. 2025년도의 평균온도는 지금과 같은 상황이 큰 변화 없이 유지된다면 산업혁명 이후 2℃ 이상 올라갈 것은 확실해 보인다. 기후변화로 인한 피해가 비선형적으로 급격히 증가한다고 예측했던 마지노선이 2℃ 였으니 그렇게 더웠던 2024년의 여름이 우리 아이들의 기억에는 가장 짧고 시원했던 여름으로 기억될지도 모르겠다.

　　디스토피아적인 미래는 어느새 현실로 다가왔다. 2024년 9월 기준 우크라이나-러시아 전쟁과 이스라엘-헤즈볼라-이란 전쟁에 더 초점이 가 있으며 11월 미국 대선의 향배와 미-중 무역 갈등의 결론 등이 우리의 일상에 더 큰 영향을 미치리라 전망하는 것이 일반적이다. 친환경이나 문명 전환 등의 용어는 우리 삶의 우선순위에서 멀어진 듯하다. 다가올지 말지 확실하지 않은 위기에 대비하기보다는 당장 눈앞에서 펼쳐지는 문제에 집중하는 것이 현실적이며 동시에 현명해 보인다. 전기 자동차를 생산할지 아니면 하이브리드 자동차를 생산할지, 반도체는 어떤 국가에서 어떤 영향 관계 아래 생산될지가 더욱 중요해 보인다. 에너지 전환이나 신재생 에너지 등의 용어 또한 예전 이야기처럼 느껴진다. 이것이 현재 인간계에서 벌어지고 있는 일이다.

　　그렇다면 자연계에서는 어떤 일이 벌어지고 있을까? 대표 역자 둘 다 대구 출신 부모님 밑에서 자라 생선은 갈치와 고등어가 전부인 줄 알았다. 명태나 오징어, 그리고 조기도 먹은 기억이 있기는 하지만 갈치와 고등어의 기억이 압도적이었다. 특히 명태는 생태, 동태, 황태, 코다리, 노가리 등으로 다양하게 부르

며 탕이나 찜, 국의 형태로 곧잘 먹었던 것 같지만 생선이라고 하면 역시 약간의 소금 간에 기름이 좌르르 흐르는 구이가 제격이라는 점은 누구도 부정하기 어려울 것이다. 하지만 시장에서 갈치, 고등어, 조기, 명태가 점점 사라져, 현재 초·중·고교생들에게는 일상적으로 먹는 친근한 생선은 아닐 것이다. 게다가 동해의 밤을 밝히던 오징어잡이 배의 장관도 사라진 지 오래이다. 다시 대구 이야기인데, 한때 대구 출신 미스 코리아나 미녀 배우가 많았고, 이들이 모두 대구 능금(당시에 사과 대신 자주 쓰던 표현)을 많이 먹어서 그렇다는 말이 있었다. 물론 사실 관계는 확인할 수 없지만, 아침 사과는 황금이란 말이 있듯이 사과가 좋은 과일이라는 점은 부정할 수 없다. 그런데 이제 대구 경북에서는 사과가 잘 자라지 못하고 충청도나 경기 이남에서 사과 농사가 이루어진다고 한다.

온난화나 기후 위기를 주제로 이야기하면 무겁기도 하고 무섭기도 하고 구체적인 이미지가 머릿속에 떠오르지 않기도 하지만 먹을거리로 이야기하면 조금 더 구체적이면서도 부드럽게 이해할 수 있다.

한국은 기후변화의 중심 국가이다. 이산화탄소 배출량에서도 그렇지만 수온과 평균온도의 변화를 기반으로 수확되는 작물과 생선의 종류를 파악하면 그 변화를 직접적으로 체감할 수 있다. 장바구니로 알 수 있는 것은 물가만이 아니다. 물론 하우스 재배와 기타 온도 및 습도를 제어하여 재배한 작물이나 수입 작물을 비롯한 생선 때문에 대형 마트에서는 제철 과일을 확인하기가 어려울 수도 있다. 그래서 가끔 재래시장을 가야 하는지도 모를 일이다.

앞서 언급한 것처럼 기온이 계속 상승하는 것은 부정하기 어려운 상수이다. 그렇다고 모든 것을 포기하고 받아들이자는 이야기는 아니다. 이산화탄소 배출은 관리·규제되어야 하고 전 세계적인 캠페인 역시 꾸준히 이루어져야 하며, 무엇보다 신재생 에너지를 집중적으로 육성해야 한다. 또한 논쟁의 여지는 있지만 핵발전·핵분열이든 핵융합이든 원자력 에너지도 계속 육성해야 한다. 동시에 이산화탄소 포집과 관련된 기술도 꾸준히 개발되어야 한다. 이러한 노력들이 구체적 성과를 보인다면 온도 상승의 속도를 줄일 수 있을 것이고, 오존층 파괴를 극복해 낸 것과 마찬가지로 미래 언젠가는 이 온난화의 위기에서 탈출하는 것이 아예 불가능하지는 않을 것이다.

무턱대고 기대만 하고 있을 수는 없다. 우리는 현재보다 더 더워지고 더 추워진 환경에 적응할 준비를 해야 한다. 또한 환경 변화로 인한 새로운 질병, 특히 전염병에 대비해야 한다. 이제 팬데믹의 기억을 많이 잊은 것 같지만 코로나19라는 새로운 전염병은 앞서 언급한 것처럼, 환경 변화로 인해 동식물의 서식지가 변한 탓이다. 명태나 갈치가 더 차가운 바닷물을 따라 더 북쪽으로 이동하면 그 빈자리를 아열대 거주 생선들이 채운다. 물론 우리는 생선을 소비하는 관점에서, 주로 잡히는 생선이 변한 것만 본다. 하지만 플랑크톤부터 먹이 사슬, 즉 전체 생태계가 움직이는 것이다. 이 과정에서 원래 거주하던 생물들과 이주한 생물이 영향을 주고받을 수밖에 없다. 바다뿐만 아니라 육지에서도 마찬가지이다. 사과 재배지의 변동은 그저 사과 과수원의 위치가 옮겨 가는 것이 아니라 관련된 곤충, 동물 등 모든 생태계가 이동하는 것이다. 이 과정에서 서로 관련이 없던 생물들이 만난다. 코로나19 바이러스의 탄생을 예로 들어 말하면 온난화의 영향으로 박쥐의 서식지가 중국 남부 지역에서 내륙으로 바뀌면서, 그 변화로 인해 코로나19가 탄생한 것이다. 다시 말하면, 앞으로 인수공통감염병이 새롭게 나타날 가능성은 상당히 크다. 게르만 민족의 대이동이나 난민 사태와는 비교도 할 수 없는 생태계의 변화가 일어나고 있다. 이것은 생태계 대이동이라 할 수 있는데, 어쩔 수 없이 어떤 종은 멸종하고 열대지방은 훨씬 더워지고 그리하여 새로운 생명이 등장할 것이다. 지구의 역사가 그렇게 흘러왔듯 말이다.

앞으로 두어 차례 이상 새로운 팬데믹이 올 것이고, 그때 또 마스크를 쓰고 다녀야 하겠지만 우리는 이제 그렇게 당황하지 않을 것이며 백신의 개발 또한 상대적으로 더 빨라질 것이다. 하지만 아마 인간은 스스로의 무지몽매함으로 멸종할 것이다. 그리고 인간 종은 이기적 존재가 아니라 탐욕적 존재였음을 증명할 것이다.

2024년 2월 15일 목요일 오후 3:42

2024년 11월 1일 금요일 오후 6:59

▌같은 아파트에서 2024년 2월 15일과 11월 1일에 역자 최명호가 직접 촬영한 사진이다. 2024년 기준 한국 또한 모기가 10개월 정도 활동하고 있음을 보여 주는 증거이다.

이 시점에 우리가 잊고 있는 것이 있다. 바로 모기 매개 감염병이다. 이제 코로나19 바이러스 같은 사스 바이러스 계통의 질병 정복은 상대적으로 쉬울 듯하다. 하지만 더 더워진 여름, 더 길어진 모기의 활동 기간으로 모기 매개 질병에 노출될 가능성이 점점 더 커지고 있는 반면, 모기 매개 질병에 대한 우리의 지식은 상당히 빈약하다. 1930년대부터 1960년대까지는 여름철에 일본뇌염이 자주 발생했다. 하지만 대대적인 예방접종의 결과로 지금은 그 존재 자체가 희미해진 편이다. 그러나 우리가 모르는 사이, 1990년대 후반부터 말라리아 발생이 급증했으며, 최근 몇 년간 다시 증가하는 추세인데, 2023년에는 말라리아 사례가 최근 12년 중 최고 수준을 기록하기도 했다. 우리에게 생소한 뎅기열, 지카 바이러스, 치쿤구니아열 같은 모기 매개 질병이 유행한다면 일반 감기나 독감 증세와 비슷하여 증상만으로는 병명을 확실히 알기 어렵고 백신이나 치료제가 충분하지 않아 코로나 팬데믹보다 더 큰 혼란이 찾아올 수 있다. 무엇보다 치사율이 상당히 높은 황열병이 유행하면 코로나 팬데믹과 비교도 할 수 없는 카오스가 펼쳐질 가능성도 있다. 무엇보다 온난화의 영향으로 모기는 늦봄과 초가을에 극성을 부릴 것이고, 난방이 잘되는 곳에서는 365일 모기를 보게 될 것이다. 무엇보다 염려되는 바는 훨씬 더워진 열대 지역에 새로운 변종 모기들이 등장하리란 점이다. 이들은 더 위험한 전염병을 매개할 테고 이로 인한 새로운 질병의 탄생과 유행은 피할 수 없을 것이다.

『모기 제국』은 역사학자 존 로버트 맥닐의 저서로, 17세기부터 20세기 초까지의 카리브해 지역을 대상으로 제국의 형성과 붕괴를 생태학적 관점에서 고찰한다. 특히 말라리아와 황열병 같은 모기 매개 질병이 유럽 제국의 군대와 식민지배에 미친 영향을 중점적으로 분석한다. 이 책의 핵심 주제는 모기가 전파하는 질병들이 당시 유럽 제국의 군사 활동과 정치적 결과에 중대한 영향을 미쳤다는 것이다. 카리브해와 라틴아메리카에서는 모기 매개 질병이 유럽인에게 매우 치명적이었으며, 이 지역에서 오랫동안 생활해 온 아프리카 출신 노예 및 원주민은 이러한 질병에 어느 정도 면역을 갖추고 있었기 때문에 유럽 제국들이 지속적으로 식민 통치를 유지하는 데 큰 난관으로 작용했다. 이 책은 미국 독립전쟁이나 아이티 혁명 같은 역사적 사건들이 단지 군사적·정치적 요소뿐만 아니라, 기후와 생태적 요인, 특히 질병의 확산과 밀접한 관계가 있음을 강조한다. 맥닐은 이 책을 통해 제국의 흥망성쇠를 이해하는 데 질병과 환경이 중요한 결정적 요소임을 명확히 드러낸다. 따라서 『모기 제국』은 전통적인 군사적·정치적 접근이 아닌 생태학적 관점에서 제국주의를 재해석하는 학술적 계기를 제공하며, 더 나아가 산업문명에서 생태문명으로의 전환기에 우리가 겪을지도 모르는 사태를 준비할 수 있는 교훈을 제공한다.

이 책이 나오기까지 많은 이들의 노고와 도움이 있었다. 최명호 교수는 이 책을 선정하여 더 넓은 견지에서 카리브해와 라틴아메리카의 역사를 볼 수 있게 했다. 만약 최명호 교수가 이 책의 번역 작업에 욕심을 내지 않았더라면 이 집트숲모기와 아노펠레스 모기의 역사적 역할에 대해서는 모르고 넘어갔을 가능성이 크다. 노용석 교수는 번역과 더불어 후반부 교정 작업을 도맡아 번역의 완성도를 끌어올리는 데 큰 노력을 기울였다. 당시 교정 작업을 도왔던 부경대학교 대학원생들(김소현, 성채현, 박다은, 강한솔, 박기열, 박하영)에게 이 자리를 빌려 감사 인사를 전한다. 또한 한국외국어대학교로부터도 많은 도움을 받았다. 김윤경 교수와 장수환 교수는 7장의 번역에 참여했고, 조구호 교수는 여러 모로 도움을 주었다. 이처럼 여러 분의 노력과 열정이 이 책에 투여되었기에,

부디 많은 이들이 인간의 역사에 등장했던 모기들의 활동을 보면서 생명과 역사, 환경의 변화에 대해 좀 더 성찰하는 시간을 가졌으면 한다.

2025년 1월
역자를 대표하여
노용석·최명호

지은이

존 로버트 맥닐 (John Robert McNeill)

미국의 저명한 환경사학자이며, 조지타운 대학교에서 역사학 및 국제관계학 교수로 재직 중이다. 맥닐은 환경사 분야의 선구적인 연구자로 평가 받으며, 특히 20세기 환경사 연구에 큰 기여를 해 왔다.

대표작인 *Something New Under the Sun* (2000)은 20세기 인류 활동이 환경에 미친 영향을 심도 있게 분석하고 있다. *Mosquito Empires: Ecology and War in the Greater Caribbean, 1620-1914* (2010) 또한 말라리아 같은 질병이 제국주의 전쟁에 미친 영향을 설명하는 독창적인 연구이다. 그는 이 책으로 질병, 전쟁, 그리고 환경의 상호작용을 분석하여 학계의 주목을 받았다.

맥닐은 다수의 학술상을 받았으며, 2018년에는 네덜란드 왕립 예술과학 아카데미에서 수여하는 하이네켄 상을 받았다. 또한 미국 예술과 과학 아카데미(2017)와 유럽 아카데미(2021)에 선출되며 학문적 업적을 인정 받았다.

옮긴이

김윤경

한국외국어대학교 중남미연구소 HK 연구교수이다. 라틴아메리카 역사 전공자로서 원주민의 세계관과 사회운동, 종교사, 여성사에 관심을 가지고 연구하고 있다. 저서로는 『라틴아메리카 문화 '흠뻑': 라틴아메리카를 즐기다』(2023, 공저), 『라틴아메리카 생태를 읽다』(2023, 공저) 등이 있으며, 역서로는 『과거는 살아 있다: 라틴아메리카 환경사』(2022, 공역), 『메소아메리카 전통의 꼬스모비시온 '우주와 신성'』(2021, 공역), 『메소아메리카 전통의 꼬스모비시온 '신과 인간'』(2021, 공역) 등이 있다.

노용석

부경대학교 국제지역학부 교수이다. 역사적으로 빈번하게 발생한 각종 국가폭력과 과거사 청산을 분석하면서 라틴아메리카 지역을 연구해 왔다. 주요 저서로는 『국가폭력과 유해발굴의 사회문화사』(2018), 『라틴아메리카의 과거청산과 민주주의』(2014) 등이 있다.

장수환

한국외국어대학교 중남미연구소 HK 연구교수이다. 도시와 자연경관의 역사적 변화 과정이 주요 관심분야이다. 콜럼버스 이전과 이후 라틴아메리카 지역의 도시변천 과정과 자연경관의 변화에 관해 연구하면서 쿠바, 브라질, 멕시코 등에 관해 연구해 왔다. 주요 저서로는 『아바나 연대기』(2023), 『라틴아메리카 문화 '흠뻑': 라틴아메리카를 즐기다』(2023, 공저) 등이 있다.

최명호

한국외국어대학교 스페인어과 강사이다. 멕시코 및 베네수엘라 지역 연구, 불평등 문제, 생태 문명 전환 등에 관심을 두고 연구하고 있다. 주요 저서로는 『이주와 불평등: 라틴아메리카 이주 현상에 대한 사회문화적 고찰』(2021), *Desigualdades, pobreza y papel del Estado en América Latina*(2021) 등이 있다.

생태문명총서 5
한울아카데미 2559

모기 제국

대카리브해의 생태와 전쟁, 1620~1914

지은이 | 존 로버트 맥닐
옮긴이 | 김윤경·노용석·장수환·최명호
펴낸이 | 김종수
펴낸곳 | 한울엠플러스(주)
편 집 | 배소영

초판 1쇄 인쇄 | 2025년 1월 31일
초판 1쇄 발행 | 2025년 2월 7일

주소 | 10881 경기도 파주시 광인사길 153 한울시소빌딩 3층
전화 | 031-955-0655
팩스 | 031-955-0656
홈페이지 | www.hanulmplus.kr
등록 | 제406-2015-000143호

Printed in Korea.
ISBN 978-89-460-7559-7 93950 (양장)
       978-89-460-8356-1 93950 (무선)

* 책값은 겉표지에 표시되어 있습니다.
* 무선제본 책을 교재로 사용하시려면 본사로 연락해 주시기 바랍니다.

이 책은 2019년 대한민국 교육부와 한국연구재단의 지원을 받아 수행된 연구임
(NRF-과제번호: NRF-2019S1A6A3A02058027)